図解事典

建築のしくみ

建築図解事典編集委員会編

彰国社

建築図解事典編集委員会

委員長　吉田倬郎（工学院大学名誉教授）
委　員　浦江真人（東洋大学理工学部建築学科教授）
　　　　　担当：構造

　　　　大橋好光（東京都市大学名誉教授）
　　　　　担当：構造

　　　　清家　剛（東京大学大学院新領域創成科学研究科社会文化環境学専攻教授）
　　　　　担当：各部構法

　　　　山畑信博（東北芸術工科大学デザイン工学部建築・環境デザイン学科教授）
　　　　　担当：設備・性能・機能、エクステリア・インテリア

　　　　遠藤和義（工学院大学建築学部建築学科教授）
　　　　　担当：生産

　　　　名取　発（東洋大学ライフデザイン学部人間環境デザイン学科准教授）
　　　　　担当：各部構法

はじめに

　建築は、多種多様な要素によって構成されている。
　ものとしての構成を見るなら、さまざまな材料に対し、一連の手順と必要な手段が施され建築が形成されるという、工法に着目した見方と、建築を構成する物的な要素がどのように組み合わされ一体化し、建築の全体や部分となっているかという、構法に着目した見方がある。
　使われ方を見ると、建築は各々の役割を担った空間が、ある関係をもって集合し、全体としての建築の機能が実現されることとなる。こうした見方において、床・壁・屋根・開口部などの部位や、各種設備は、各空間の役割の実現、また、建築全体としての機能の実現に密接に関わっている。
　建築は、その用途の種類にかかわらず、安全で使いやすく快適であることなどが一般に求められる。そして建築は、こうしたことにそれぞれ対応できるようにつくられている。また、立地に応じて、集落、街並み、さらには都市を構成する要素としてのあり方が求められる。環境や文化、そして次の世代への配慮も、現代の建築にとって、重要な使命である。
　このように建築は、ものとして形づくられるとともに、その目的に即した使われ方に対応し、さらには、建築としての一般的なあり方が問われるが、こうしたことを満足できるよう、多種多様な要素によって構成されているのである。また、建築は、全体として、あるいは、それを構成する部分として、さまざまなしくみによって諸要求に対応しているといえる。
　本書は、建築におけるさまざまなしくみを、図解という手法で明らかにしようとしている。具体的には、構法に着目することが図解という手法の活用に有効であると考え、これを中心に内容を構成しているが、可能な範囲で、工法、機能、さらには環境や文化に関わる内容も取り込んでいる。
　図解は、言葉による説明が困難なものを、一目瞭然に伝えることができる。このことは、特に建築の初学者にとって、ものの理解に役立つ点である。また、図解は、実物の中で説明しなくてよい部分を省略できる点で、実物以上にものの理解にとって有効な面がある。さまざまな要求条件や、歴史的文化的背景に対応してつくられている建築の全体または部分について、特定の視点からとらえてこれを図解することは、建築についてより深い理解に達することへの有力な助けとなることが期待される。
　本書ではキーワードを設け、これに対応づけて図解している。限られたキーワードでは、扱う範囲におのずと限界があるが、本書で行った図解は、キーワードを説明する手法としてみるならば、普遍性があるものと考えている。本書で扱えなかったキーワードについて、読者の創意による図解がまとめられることがあるならば、それも本書の意図の一環である。

2001年1月

　　　　　　　　　　　　　　　　　　　吉田倬郎（建築図解事典編集委員会委員長）

本書の構成と見方・読み方

本書では、建築を構法の視点からとらえるにあたり、構造と各部構法の、大きく2つのカテゴリーを設け、この2つのカテゴリーについては、図解するキーワードを体系的に設定している。また、具体的なものに即したキーワードに加え、構造については構造計画に関連するキーワード、各部構法については各部位のしくみに対応するキーワードを設け、図解している。

構造と各部構法のほかには、設備・性能・機能、エクステリア・インテリア、生産、という3つのカテゴリーを設けている。これらのカテゴリーのキーワードは、構法の理解に重要である、もののしくみに特徴がある、現代の建築を理解するうえで重要である、といった観点から設定している。したがって、各カテゴリーについていえば必ずしも体系的ではなく、偏ったものとなっていることは否めない。また、キ

●各キーワードは、見開き2ページ単位で1つの項目が構成され、原則的にキーワード名（和文・英文）、キーワードの概略的な説明、大きな図（左ページ）と小さな図（右ページ）、そして各々の大小の図の解説によって、1つのキーワードに対する全体的な視点から部分的な要素に関する理解の流れがスムーズにわかりやすく図解されている。

- キーワード名：建築の全体と部分のしくみに関わる157のキーワードを掲載。
- カテゴリー
- フィールド
- キーワードの説明
- 大きな図の見出し
- 大きな図の解説
- 大きな図：キーワードをヴィジュアルに理解しやすくするために、概略的・例示的に解説する図を効果的に配置。アイソメを中心に、パースや概念図などで適切に図解。
- 大きな図のディテール：大きな図のディテールを紹介することによって、それを構成する部位や諸要素への注視を導いている。
- 大きな図のディテールの補足的な説明

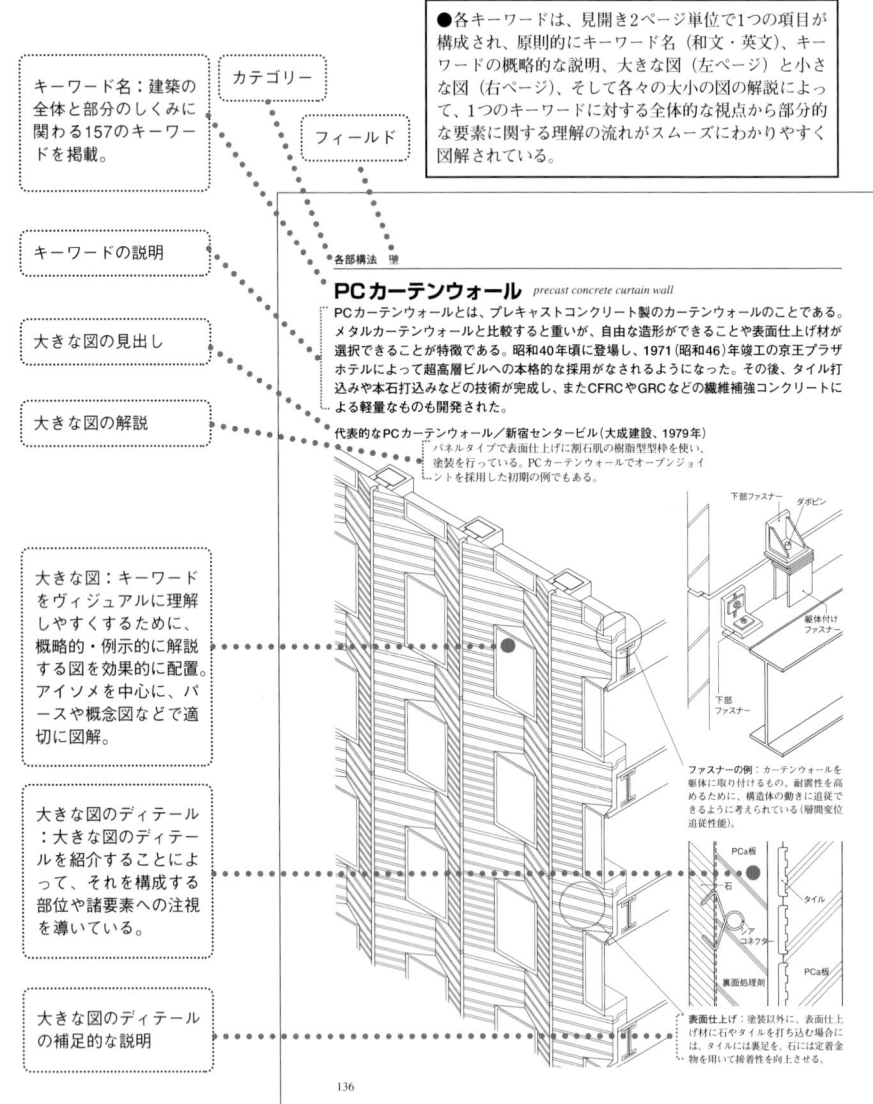

ーワードによっては、内容が広範であったり概念的であったりして、苦心の図解のものもあるが、これらのキーワードは本書の内容に奥行と幅をもたらす重要な位置づけにある。

各キーワードについては、要点を説明するコメントと、大きい図解を作成し、あと、スペースの許す限り、小さい図解と、短いコメントを作成することを原則としているが、これは、即物的なキーワードについては、ねらい通りのものができたと考えている。一方、数は多くないが、概念的な、あるいは、行為やプロセスにかかわるようなキーワードについては、執筆者に創意工夫をお願いしている。

また、本書で扱う内容は、建築について、ものとしてのあり方に重点があるとはいえ、全体的なあるとらえ方に基づいている。それは、構法的なとらえ方といってよい。

●157のキーワードは、まず「構造」「各部構法」「設備・性能・機能」「エクステリア・インテリア」「生産」の5つのカテゴリーで構成され、さらにその次のキーワードを区分する階層が25のフィールドによってまとめられている。

●本書の特徴として、巻末の索引を充実させている。目次を構成するキーワードのほかにも、建築のしくみに関わる用語は多いが、そのうち本書の図解に役立つ用語を収録し、索引を利用して、ヴィジュアルに理解できるようにしている。

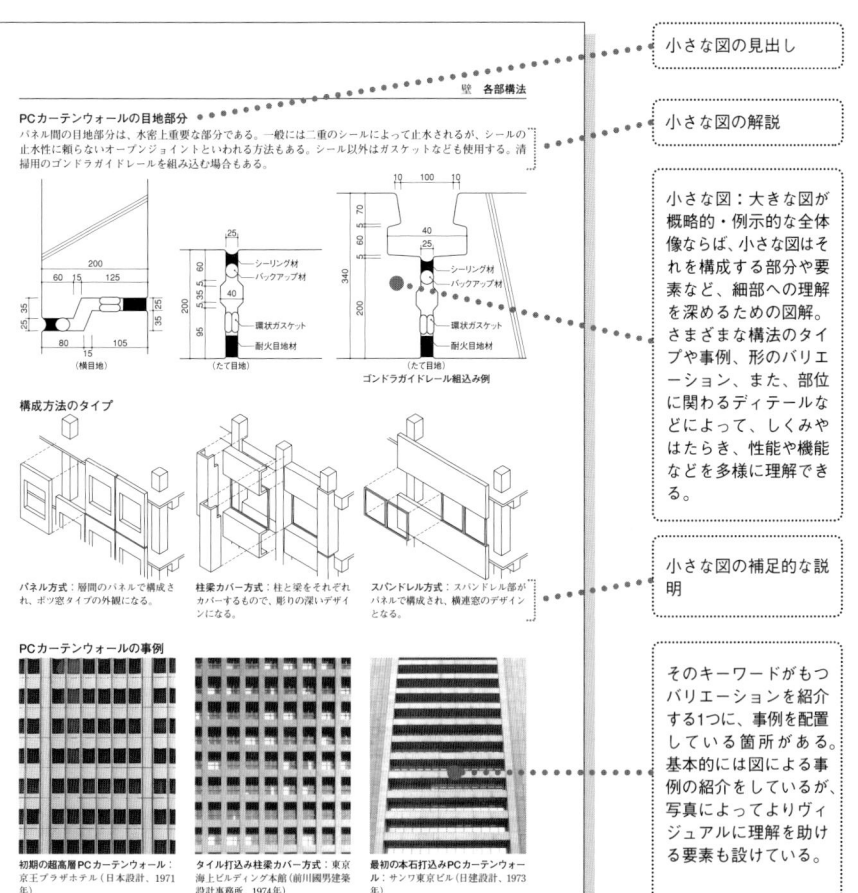

……… 小さな図の見出し

……… 小さな図の解説

……… 小さな図：大きな図が概略的・例示的な全体像ならば、小さな図はそれを構成する部分や要素など、細部への理解を深めるための図解。さまざまな構法のタイプや事例、形のバリエーション、また、部位に関わるディテールなどによって、しくみやはたらき、性能や機能などを多様に理解できる。

……… 小さな図の補足的な説明

……… そのキーワードがもつバリエーションを紹介する1つに、事例を配置している箇所がある。基本的には図による事例の紹介をしているが、写真によってよりヴィジュアルに理解を助ける要素も設けている。

目　次

構造 ——————————————————————— 11

【構造計画】
建築計画と構造計画　12
構造方式と架構形式　14
荷重と応力　16
耐震設計　18
耐風設計　20
免震構造　22
制振（制震）構造　24
基礎構造　26

【中低層建築】
木質系戸建住宅　28
鉄骨系戸建住宅　30
壁式鉄筋コンクリート構造　32
低層混構造　34
PCa工法　36
平板構造　38
組積造・補強コンクリートブロック構造　40
鉄筋コンクリート組積造　42

【中高層建築】
コンクリート系ラーメン構造　44
鉄骨系ラーメン構造　46
鉄骨系複合構造　48

【超高層・超超高層建築】
コア構造　50
外殻（チューブ）構造　52
メガストラクチュア　54

【大空間・大スパン建築】
トラス構造　56

スペースフレーム構造　58
吊り構造・張弦梁構造　60
アーチ構造・ヴォールト構造　62
PC構造　64
シェル構造　66
折板構造　68
膜構造　70

【木質系構造】
木質系の構造計画　72
在来軸組構法　74
新しい軸組構法　76
ツーバイフォー構法　78
3階建木造　80
木質パネル構法　82
ログハウス　84
集成材構造　86
基礎　88
床組　90
軸組　92
壁・耐力壁　94
小屋組　96
接合・継手・仕口　98
接合金物　100

【伝統的木造】
住宅（町屋[家]・農家）　102
住宅（寝殿造り・書院造り・数寄屋造り）　104
城郭（天守）の構造・意匠　106
洋館の構造・意匠　108
社寺建築　110

各部構法 ——————————————113

【屋根】
屋根のしくみ 114
草葺き・板葺き・樹皮葺き 116
瓦葺き 118
戸建住宅の金属屋根 120
大規模建築物の金属屋根 122
陸屋根 124
いろいろな屋根 126

【壁】
壁のしくみ 128
伝統的な外壁 130
現代の戸建住宅の外壁 132
メタルカーテンウォール 134
PCカーテンウォール 136
ALCパネルによる外壁 138
タイル仕上げ 140
石張り仕上げ 142
ガラスによる外壁 144
壁の内部仕上げ 146
間仕切り 148
そのほかの乾式外壁 150

【床】
床のしくみ 152
畳 154
板・フローリング 156
石・タイル・れんが 158
カーペット 160
OAフロア・床配線 162

合成樹脂系・そのほかの床仕上げ 164

【天井】
天井のしくみ 166
天井の仕上げ 168
伝統的な天井 170
システム天井 172

【開口部】
開口部のしくみ 174
窓の役割 176
金属製の窓 178
木製の窓 180
天窓・換気のための開口部 182
住宅の出入口 184
和室の建具 186
オフィスなどの出入口 188
雨戸とシャッター 190
鍵と錠 192
開口部を支える補助部品 194

【階段・バルコニーほか】
階段の構成 196
木製の階段 198
鉄筋コンクリートの階段 200
鉄骨の階段 202
階段の手摺 204
エスカレーター 206
エレベーター 208
バルコニー 210

設備・性能・機能 ——————————————213

【設備】
浴室・洗面・トイレユニット　214
システムキッチン　216
給水・排水・給湯のしくみ　218
室内気候のコントロール　220
電気を用いる設備　222
快適な放射暖冷房　224
ソーラーシステム　226
火災に対処するしくみ　228
エネルギーの有効利用　230
駐車場のしくみ　232

【性能】
熱をさえぎる　234
空気のコントロール　236
光を操る　238
音を制御する　240

防水・雨仕舞　242
火災を防ぐ　244
強風対策　246
雪の構法　248
迷わないサイン計画　250
人の寸法・動きを読む　252

【高機能空間】
クリーンルーム　254
アトリウム　256

【高機能建築】
インテリジェントビル　258
サステナブル建築　260
障害者・高齢者に使いやすい建築　262

エクステリア・インテリア ——————————————265

【外構】
住宅まわり　266
オフィスビルまわり　268

【街並み】
街並み　270
広場　272

屋外広告物と都市景観　274

【しつらえ】
数寄屋風のしつらえ　276
造付け家具　278

生産 ——281

【製図】
モデュール・木割り　282
板図　284
CAD　286

【施工手順】
在来木造住宅の施工　288
オフィスビルの施工　290
集合住宅の施工　292
ドーム屋根の施工　294

【工事】
大工道具　296
左官道具　298
タワークレーン　300
仮設　302
逆打ち工法　304
型枠　306

施工ロボット　308
ビル自動化施工　310
建物の解体工法　312

【維持・保全】
保存と再生　314
外壁の補修・改修工事　316
躯体の大規模改修工事　318
建築のリサイクル　320

【プレファブリケーション】
PCa製作　322
PCa板の製作工場　324
プレカット工法　326
鉄骨の製作工場　328
軽量鉄骨プレファブ住宅の製作　330
部品工場　332

あとがき　335
執筆者一覧　338
図版関係リスト　340
索引　344

構造

【構造計画】
【中低層建築】
【中高層建築】
【超高層・超超高層建築】
【大空間・大スパン建築】
【木質系構造】
【伝統的木造】

構造　構造計画

建築計画と構造計画 *architectural planning and structural planning*

建築計画とは、建築空間で営まれる人間の生活、行動、意識、感覚などをもとに、空間を計画することをいう。そして、人々が安心してすごせる安全性、便利で使いやすい機能性、長持ちする耐久性、つくりやすい施工性、よいものを安くつくる経済性などについても考えなければならない。構造計画には、荷重・外力および地盤条件の把握、構造方式（架構形式、地業形式）および構造種別（構造材料）の検討、骨組の応力および変形についての断面計算、建物の用途や耐用年数に応じた安全率の算定、建物の用途や機能、設備、法規などの制約条件の満足、施工技術や工期・構法などの検討、安全性や機能性を満足させつつ総建設費を低くするなどの役割がある。構造計画は建築計画の可能性を開くものでもあるが、厳しい制約ともなる。両者の調和が図られることは、優れた建築の要件であるといえる。特に超高層建築は、建築計画的にも構造計画的にも条件は厳しくなる。

超高層オフィスビルの平面計画

オフィスビルの基準階平面は大きく分けて、事務室空間、共用空間、管理関係空間から構成される。共用空間と管理関係空間を耐震壁やブレースなどの水平耐力要素と一体化させたものがコアである。一方、事務室空間はフレキシビリティが求められ、壁や柱のない大空間が望ましい。そのため、基準寸法（モジュール）によるグリッドプランニングをして、間仕切りや設備をシステム化、ユニット化するのが一般的である。

センターコアタイプ／霞が関ビル（三井不動産＋山下寿郎設計事務所、1968年）：36階建、S造。日本初の本格的超高層ビルで、コアにはスリットの入ったRC造の耐震壁を採用している。

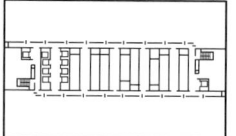

オープンコアタイプ／サンシャイン60（三菱地所、1978年）：60階建、S造。コアはエレベーターシャフト、特別避難階段および非常用エレベーターを有する付室からなる。

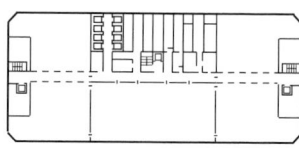

片コア＋分離コアタイプ／新宿アイランドタワー（住宅・都市整備公団＋日本設計、1995年）：44階建、S造。中央部の北西側にメインコア、長辺方向両端にサブコアを配置している。

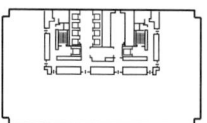

片コアタイプ／新宿モノリスビル（日本設計、1990年）：30階建、S造。広い事務室を確保するため偏心コアとし、外周の列柱を短スパンにした外殻（チューブ）構造とした。

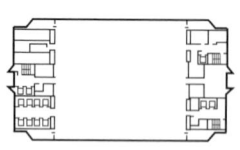

分離コアタイプ／日本電気本社ビル（日建設計、1990年）：43階建、S造。アトリウムをもつ低層部の上に風抜け穴があり、その上に高層部が載った3層構造である。

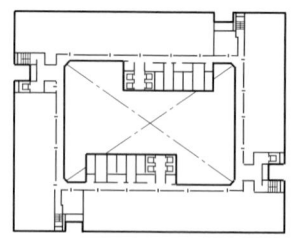

アトリウムタイプ／新宿NSビル（日建設計、1982年）：30階建、S造。30階まで吹抜けの大アトリウムは4本の細長い板状の建物に囲まれた形をしている。

超高層住宅の平面計画

超高層集合住宅では風揺れや遮音性、居住性と経済性などの理由から鉄筋コンクリート構造（RC造）、鉄骨鉄筋コンクリート構造（SRC造）、コンクリート充填鋼管構造（CFT造）のコンクリート系の構造方式が多い。基準階の平面形状は細長い板状のものは少なく、中庭型や凹型、星型など塔状のものが多い。構造方式もラーメン構造や外殻（チューブ）構造が採用され、住戸境壁は石こうボードなどの非耐力壁となっているため、住戸のプランニングの自由度が高い。

板状タイプ／芦屋浜高層住宅（ASTM企業連合、1979年）：29階建。S造のメガストラクチュアで階段室を柱とし、5階ごとの共用階を梁とし、その間に4階建の壁式中層住宅が組み込まれている。

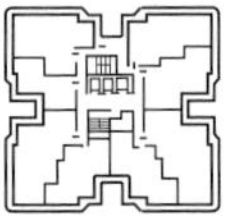

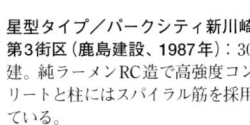

星型タイプ／パークシティ新川崎・第3街区（鹿島建設、1987年）：30階建。純ラーメンRC造で高強度コンクリートと柱にはスパイラル筋を採用している。

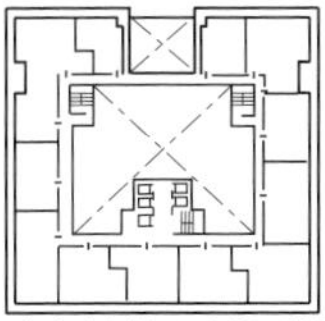

凹型タイプ／六甲アイランドシティコースト3番街（竹中工務店、1991年）：41階建、SRC＋RC造。住戸内部の自由度を高めるため住戸奥行方向を1スパンとし間口も最大限に確保した。

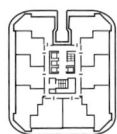

凹型タイプ／大川端リバーシティ21・H棟（三井建設、1989年）：40階建、SRC造。外殻構造で中心部のコアから外に向かって水回り、居室、バルコニーとなっている。

星型タイプ／ベルパークシティ・G棟（三井建設、1984年）：36階建、SRC＋S造。トライスター型で、外殻構造やPC小梁による無柱大空間で全住戸南向きとなっている。

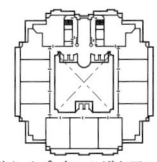

中庭型タイプ／エルザタワー55（竹中工務店、1998年）：55階建。長方形の外殻を90°に交差させた二重外殻構造で、柱はCFT構造である。

超高層ホテルの平面計画

ホテルの基準階の構成主体は客室であり、空間の単位が小さい。標準的な2人部屋（ツインベッドルーム）で25〜50m²で、幅4m奥行8m程度である。このように奥行が小さい単位空間を片廊下や中廊下で並べると単純な薄い板状になり、建物全体の踏ん張り上から高層化に限界が出てくる。そこで二重廊下や円形、三角形、星型にしたり、中庭を設けて奥行をもたせると面積効率は悪くなるが、全体の踏ん張りという点では有利になる。

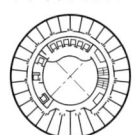

中庭型片廊下タイプ／新横浜プリンスホテル（清水建設、1992年）：43階建。外筒と内筒からなる二重外殻構造で、内筒の内側は吹抜けとなっている。

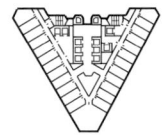

片コア型片廊下タイプ／幕張プリンスホテル（丹下健三・都市・建築設計研究所、1993年）：49階建。全客室が海に面するV字形のS造の列柱の中央に、SRC造の三角形のコアが配置されている。

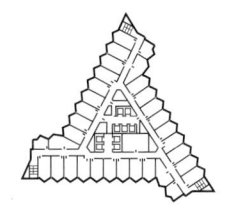

星型センターコアタイプ／東京全日空ホテル（観光企画設計社、1985年）：36階建、S造。平面的に有効性を高め、三角形コアフレームと三角形外周フレームで構成されている。

分離コア型中廊下タイプ／大阪ヒルトンインターナショナル（竹中工務店、1986年）：34階建、S造。両端コアの大小の半円はエレベーターおよびエレベーターホール、非常用階段になっている。

センターコア型二重廊下タイプ／京王プラザホテル（日本設計、1971年）：47階建、S造。長手方向のスパンを2分割、3分割、全部と変化させ、客室の広さを変えている。

＊スケールはすべて1：2,400

構造　構造計画

構造方式と架構形式 *structural system and skeleton system*

構造方式には、鉛直方向に高さを伸ばして高層化していく方式と、水平方向にスパンを広げて大空間化する方式がある。前者の代表はラーメン構造であり、このほかに壁式構造、外殻（チューブ）構造、コア構造、メガストラクチュアなどがある。後者には、トラス構造、アーチ構造、平板構造、吊り構造、折板構造、シェル構造、膜構造などがある。鉛直方向に伸ばす構造方式では水平荷重（地震力や風圧力）が構造設計上の支配的な荷重となり、水平方向に広げる構造方式では鉛直荷重（固定荷重や積載荷重）が支配的となる。使用する材料による構造種別としては、鋼材（鉄骨構造、軽量鉄骨構造）、コンクリートと鋼材（鉄筋コンクリート構造、鉄骨鉄筋コンクリート構造、コンクリート充填鋼管構造）、コンクリートブロックと鋼材（補強コンクリートブロック構造）、木材（木構造）などがある。

建物の高さと構造方式

建物の骨組の外力に抵抗する基本的な方式は図の5つである。壁式構造は大きな空間が取りにくく自重も大きいため、低層建築に向いている。ラーメン構造は平面計画上の自由度が高いが、高層になるにつれ変形が大きくなり、水平耐力の確保にも限りがある。ラーメン構造に水平荷重に対する耐震壁やブレースを組み合わせると水平抵抗力も大きくなり、水平方向の変形も低減できる。この耐震壁やブレースは、連層連続に配置してコアとすることが多い。ラーメン構造の外周部のスパンを小さくして、壁的な架構にしたものが外殻構造である。チューブには、一重または二重のもののほか、2つのチューブを組み合わせて構成されたものがある。メガストラクチュアは、トラスで構成された巨大な柱や1階分の高さの梁などによって高い水平剛性をもたせた構造方式である。

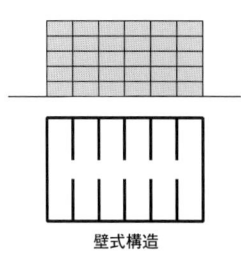

壁式構造

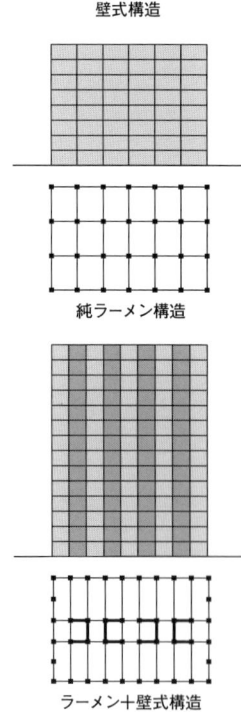

純ラーメン構造

ラーメン＋壁式構造

外殻構造

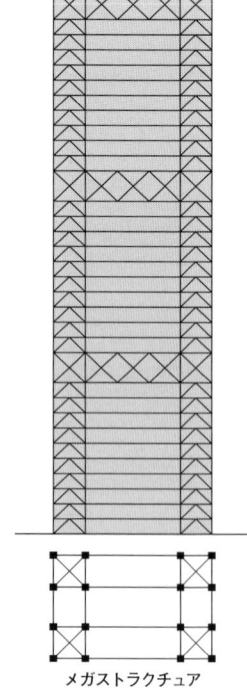

メガストラクチュア

構造計画　構造

大空間の架構形式

大空間を覆う屋根は、屋根の重さなどの鉛直荷重が主な荷重として作用するため、できるだけ自重を軽くすることが求められる。部材にかかる曲げ応力を減らして、引張力や圧縮力の軸力で抵抗するようにすると部材を細くすることができる。単純梁よりもアーチが有利なのは、曲げ応力よりも圧縮力が支配的になるからであり、同様に吊り構造のケーブルは引張力のみが働き、トラス構造は軸力だけが生じる。ただし、軽くて変形しやすい吊り構造や膜構造では風荷重が大きな影響を及ぼす。

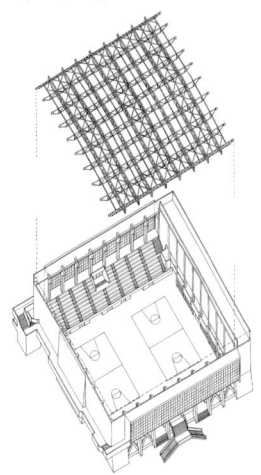

鉄骨トラスによる並列梁構造／熊本県立体育館（梓設計、1982年）：スパンは56.8mで、鋼管による平行弦三角トラスからなる。

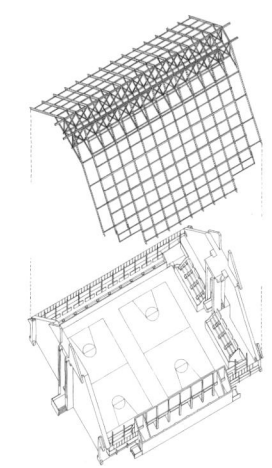

合掌型鉄骨屋根構造／洞峰公園体育館（大高建築設計事務所、1980年）：棟部を形成するダブルワーレントラスに登り梁が架けられている。

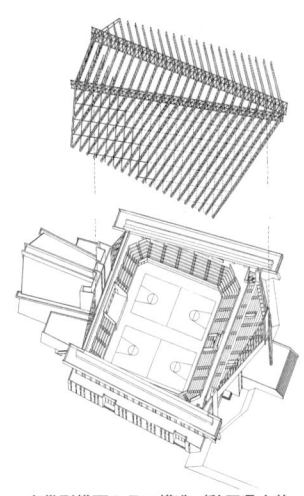

合掌型構面トラス構造／秋田県立体育館（日本大学斎藤謙次研究室、1968年）：スパンは58mから73mに変化し、3m間隔に25列配した台形梁からなる。

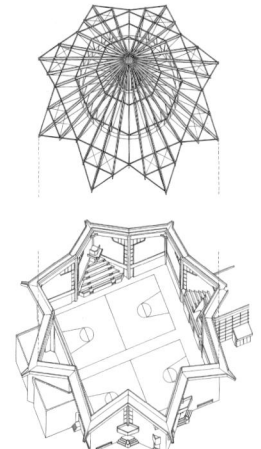

山形アーチ式張弦梁構造／桃生町農業者トレーニングセンター（アトリエ・K、1980年）：正方形を45°ずらして重ねた星型平面に、最大スパン52mの放射形張弦梁が架かる。

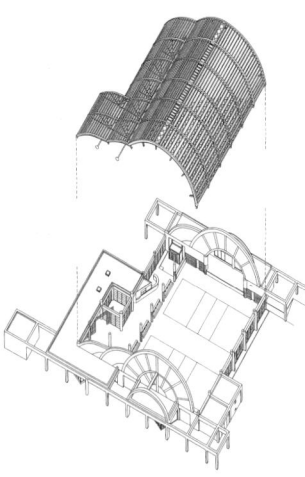

連続した鉄骨アーチ構造／石原なち子記念体育館（長島孝一＋AUR建築・都市・研究・コンサルタント、1980年）：最大31.5mのスパンに、半径が約11mの3連続アーチからなる。

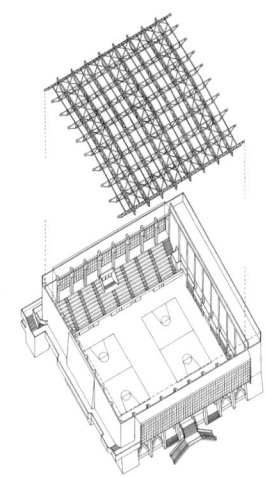

鉄骨トラスによる張弦梁構造／横須賀市総合体育館（松本陽一設計事務所、1978年）：スパンは約60mで、平行弦トラスと緊張部材のケーブルを中央付近の束で隔てて固定している。

構造　構造計画

荷重と応力 *load and stress*

建物には自然現象などによってさまざまな力がはたらいている。この力に対して建物が抵抗できなければ建物は壊れてしまう。この力を荷重や外力という。また、柱や壁などの部材に荷重や外力がかかり、その内部に生じる抵抗力のことを応力という。一般に建物に作用する荷重は固定荷重（自重）、積載荷重、積雪荷重、風荷重（風圧力）、地震荷重、土圧、地下水圧、機械の振動や温度差によるものなどがある。応力には圧縮力や引張力などの軸力とせん断力、曲げモーメントなどがある。建物の構造方式や使用材料、用途、立地条件や地域などを考慮して、その建物にどれくらいの荷重が作用するかを算定し、その力に対して建物の各部位に十分な耐力があるかどうかを確認し、建物の構造上の安全性を確保しなければならない。

荷重・外力の種類

荷重には、地球の重力による垂直方向の力（鉛直荷重）と、風や地震などの作用による水平方向の力（水平荷重）がある。また、常に建物に作用している力（常時荷重）と、一時的に建物に作用する力（臨時荷重）にも分類される。構造設計上は、常時荷重による長期に生じる力と、常時荷重に臨時荷重を加えたものを短期に生じる力として取り扱い、構造耐力上主要な部分ごとに長期および短期の応力度が、長期に生じる力または短期に生じる力に対する各許容応力度を超えないことを確かめなければならない。

作用方向による分類	原因による分類	作用期間による分類
鉛直荷重 （重力による力）	固定荷重	常時荷重（長期）
	積載荷重	
	積雪荷重	
水平荷重 （空気・地盤の作用による力）	風荷重	臨時荷重（短期）
	地震荷重	
	土圧・水圧	常時荷重
そのほか	振動・衝撃・熱・強制変位	実況による

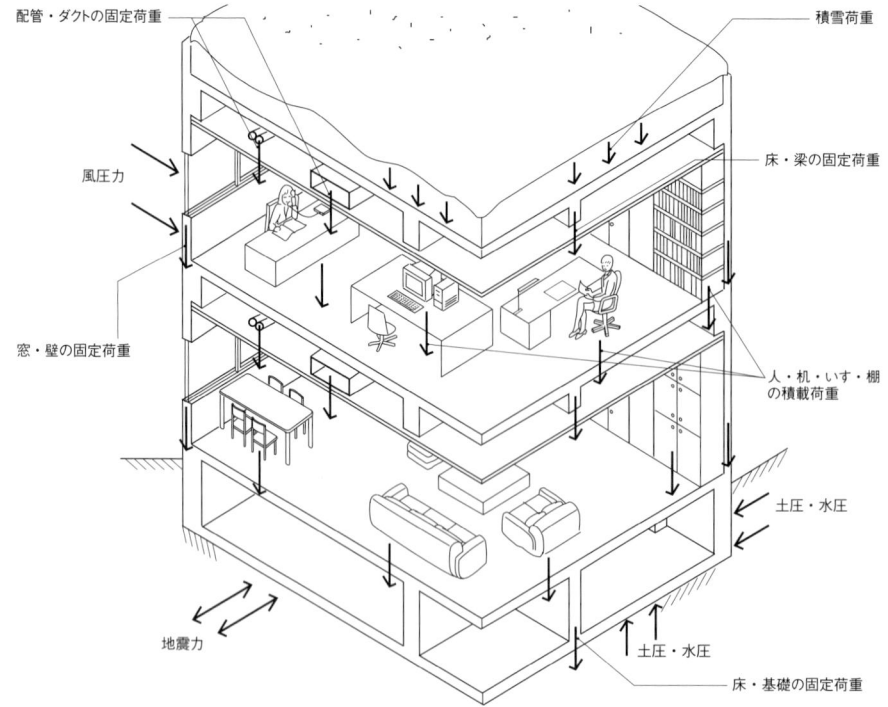

荷重と構造要素

剛接合とは、部材と部材の接合点における角度が外力を受けて骨組が変形した後でも変化しない接合形式をいい、ラーメンとは各節点で部材が剛に接合されている骨組である。鉛直荷重に対する構造方式では、ラーメン構造に比べスパンを長くしたり、骨組の重量（自重、固定荷重）を軽くすることができる。水平荷重に対するものには、ラーメン構造に比べ水平荷重に対して強くすることができるため、ラーメン構造を補強する耐震要素として使われている。

接合部の種類

地盤やほかの構造物に接合されている点を支点、2つ以上の部材の交点のことを節点という。部材に外力が作用すると、支点に反力が生じて部材は静止の状態を保つ。支点に生じる反力の数は支持方法によって異なり、移動端は移動方向に垂直な方向に1個、回転端は直交2方向に2個、固定端は直交2方向と固定端モーメント1個の反力が生じる。部材が互いに剛に接合されている（ラーメン）節点を剛節点、お互いに回転できるような節点をピン節点という。

応力と変形

軸方向力は外力が材軸方向に作用するときの応力で、任意点をお互いに引っ張り合う場合を引張力、圧縮し合う場合を圧縮力という。せん断力とは、外力が部材を材軸と直角方向に切断するように作用するときの任意点に生じる一対の力をいう。曲げモーメントとは、外力が部材を曲げる作用をするときに任意点に生じる一対のモーメントをいう。座屈とは、外力がしだいに増加していくとある時点で急にそれまでとは変形様式を変える現象をいう。

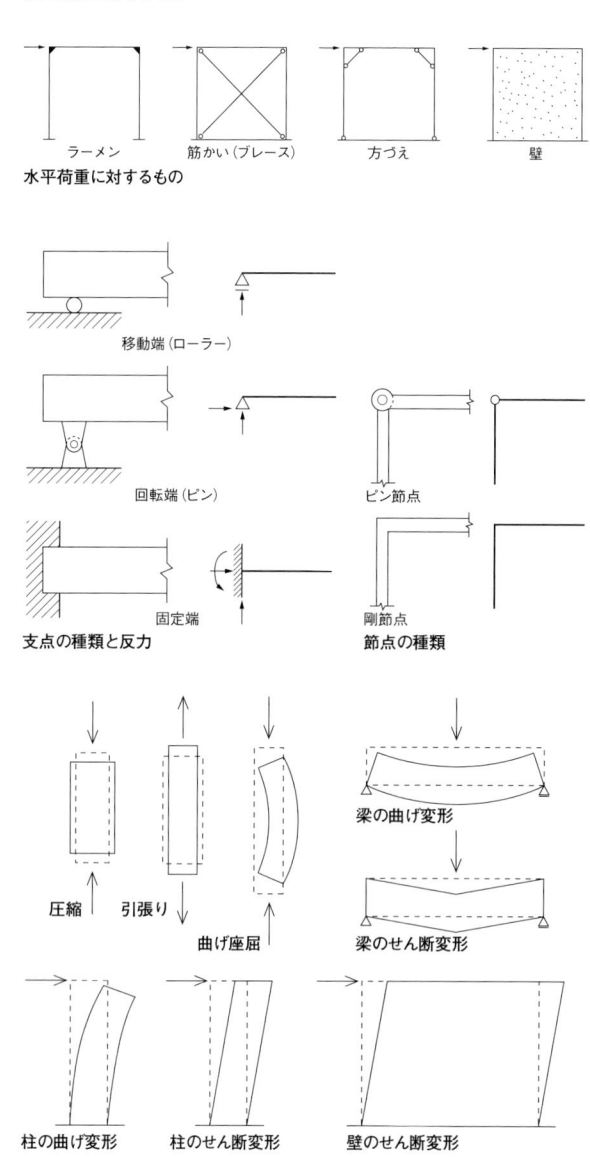

構造　構造計画

耐震設計 *earthquake resistant design (seismic design)*

地震力によって建物が受ける力は、地震力の大きさや地盤の固さ、および建物の固有の周期によって異なってくる。地震力の大きさは静的な水平力として評価され、一般的には建物が高くなる（固有周期が長くなる）にしたがい、建物重量に対する水平力の比率は小さくなる。ある方向の地震力に対しては、同じ方向の耐震要素（フレームや壁）が、それぞれの剛性に比例して抵抗する。建物が地震に耐えるためには、必要な強度と粘りをもった耐震要素が、平面的・断面的にバランスよく配置されることが重要である。

建物にかかる地震荷重

震源から伝わってくる地震波は、地表面付近の地盤が軟らかいほど増幅され、また、建物が高くなり固有周期が長くなると揺れる力は小さくなる。さらに建物の上層階ほど揺れる力（加速度）が大きい傾向がある。これらを考慮して建物に加わる地震荷重を決め、建物各層への水平力として評価される。

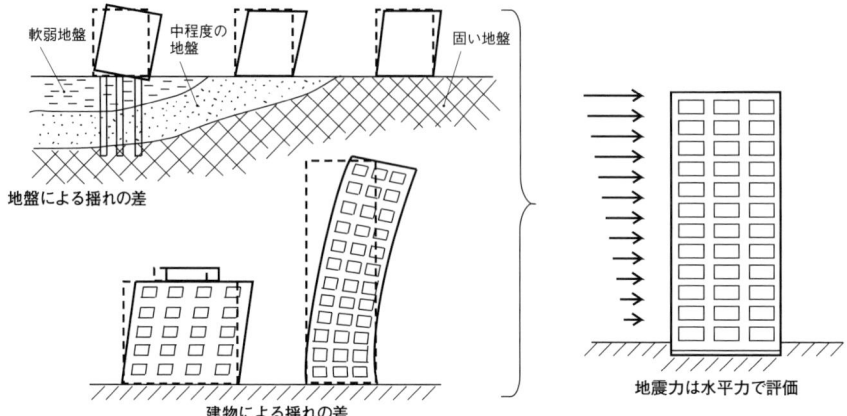

耐震要素の配置

建物は3次元的なものであり、地震力もさまざまな方向から受けるが、整形な建物では2次元のフレームの集合と見なして力の流れを考えるとわかりやすい。地震力の方向と平行なフレームが力を負担し、各階ごとに柱や耐震壁などの剛性に比例して地震力を負担する。

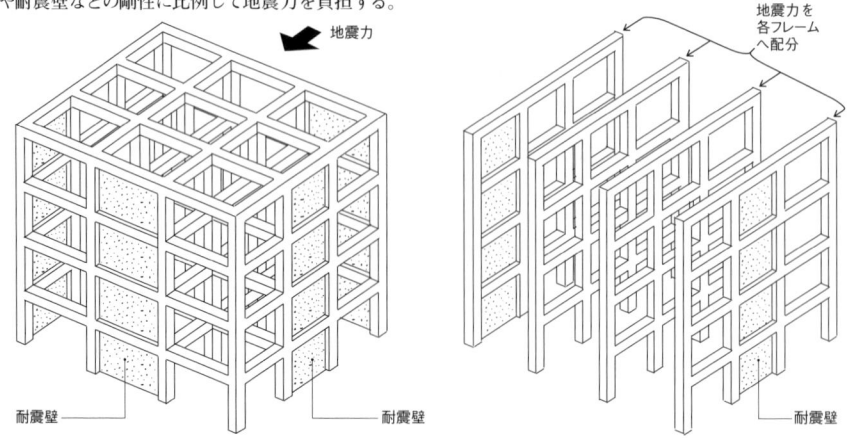

架構の変形抵抗

構造物に水平力を与えると、やがて弾性限耐力を過ぎ、変形が急激に増加し、最大強度に至る。頻度の高い地震では弾性限耐力以下に留まり、大地震時には最大強度を超えないように設計する。下図は、ハッチ部の面積が地震に耐える能力の大きさを示す。

部材の強度と粘りの関係

強度の大きい耐震要素は粘りを必要としない。壁やブレースは粘りが小さく、ラーメン架構は粘りが大きい。

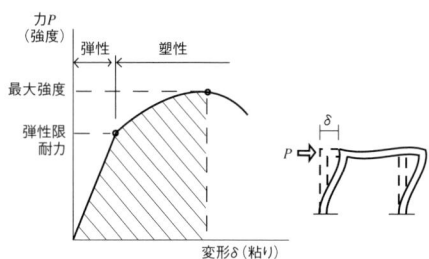
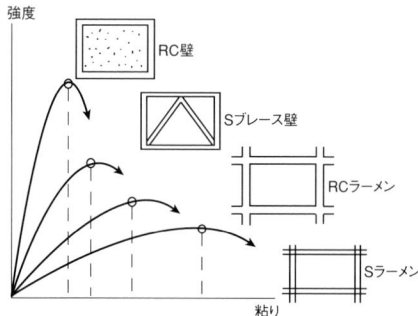

耐震要素の平面的バランス

耐震要素の平面的なバランスが悪い建物は、地震力を受けたときにねじれをともなって回転するような変形が生じやすくなり、剛性の弱い部分が大きく変形し、その部分の被害が増大するおそれがある。地震力は慣性力であるため、その力の中心は重心と一致する。平面的なバランスがとれるということは、地震力の中心つまり重心と耐震要素の硬さの中心(剛心と呼ぶ)が一致することである。平面的な剛性(フレームの硬さ)が均一な建物でも、セットバックしている場合には、下層階では重心が中心から偏りを生じるためバランスが悪くなる。また、耐震壁や鉄骨ブレースのように剛性の大きい耐震要素が偏って配置されている建物ではバランスが悪くなりやすい。

耐震要素の断面的バランス

耐震要素の剛性が上下方向で均一でなく、硬い層と軟らかい層が混在する場合には、軟らかい層に地震力が集中し、その層が受ける力やその層の変形が大きくなり、被害が増大するおそれがある。特に、2階から上部に壁が多く1階に壁のない建物はピロティ建築と呼ばれ、地震時には1階がつぶれるような被害が数多く発生している。建物はいくつかのフレームから構成されており、それぞれのフレームが上下方向にバランスがとれていれば理想的であるが、各階でのフレームの剛性の総和によりバランスがとれていてもよい。

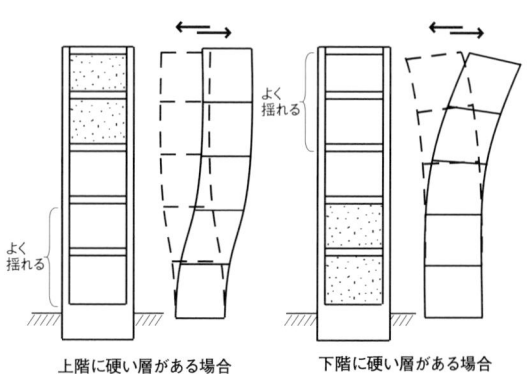

構造　構造計画

耐風設計 *wind resistant design*

強風による建物の代表的な被害は、屋根や屋根葺き材が飛ばされる、外壁が剥がれる、窓ガラスが割れるといったものである。建築物の耐風設計では、それらの被害をなくすため、建物の窓ガラス・外壁などの外郭部材や屋根葺き材などの外装部材と建物全体の構造体としての耐風性能が求められる。建物の設計用風荷重は、設計用瞬間最大風速圧(あるいは設計用平均速度圧とガスト影響係数の積)と風力係数の積で与えられる。細い建物や高層建築では、居住性に関連して風揺れも耐風設計の重要な問題である。

建物にかかる風圧力

風圧力は、原則として速度圧に風力係数を乗じて求められる。速度圧に最大瞬間速度圧を用いる場合や、時間平均速度圧とガスト影響係数の積で表す場合がある。建築物の剛性が低くなってより揺れやすくなると、その効果で風圧力は増幅される。ガスト影響係数はこのような効果を表すために用いられている。

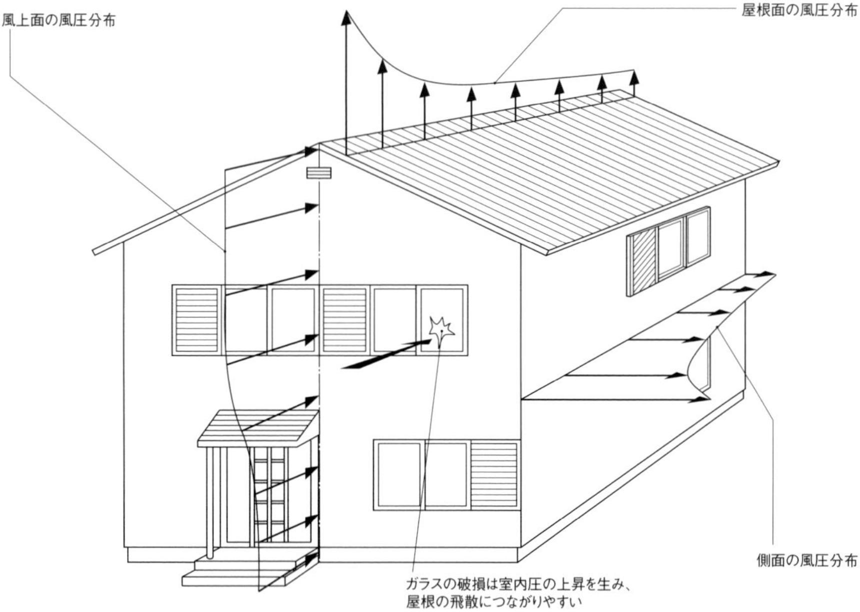

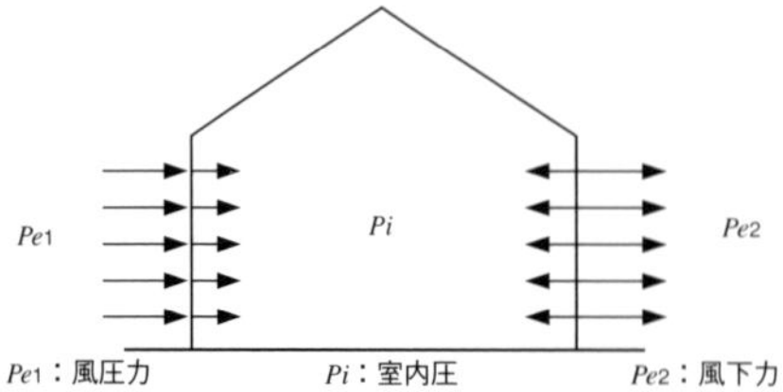

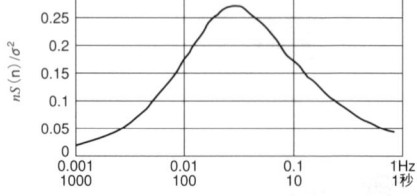

風の卓越周期：風には息があり、一定の風速で吹き続けるのではなく、時間変動している。卓越周期は50秒前後。高層建築物などで固有周期が長くなると、風の時間変動によって大きく揺れることになる。

P_{e1}：風上力　　P_i：室内圧　　P_{e2}：風下力

建物全体の風力＝$P_{e1}+P_{e2}$
(*屋根面に作用する風力を無視した)
風上壁面の風力＝$P_{e1}+P_i$
風下壁面の風力＝$P_{e2}-P_i$

風圧力：風圧力は、対象とする建物では風上面と風下面の風圧の差、外郭部材では外圧と室内圧の差で求められる。

風速の鉛直分布

風速は、地上から高くなるにつれて大きく、地上に近づくにつれて小さい。これは、建物や樹木などが抵抗して、風速を弱めるからである。大都市の中心では建物が密集しているため抵抗が多いが、海上などでは少ない。建築基準法はこの違いを地表面粗度区分で考慮している（Ⅰ：開けた場所〜Ⅳ：大都市の中心）。

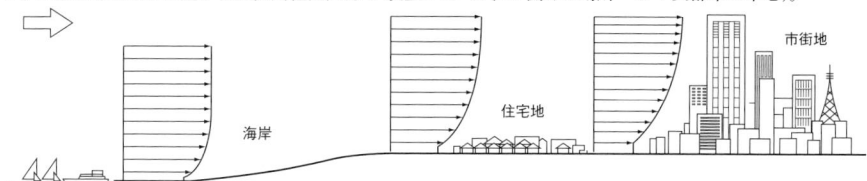

代表的な風力係数

建物は風によって押す力や引く力を受ける。一般に風上面は押す力、そのほかの面は引く力を受ける。屋根面や側面の風上隅付近では、「局部風圧」といって特に大きな引く力を受ける。押す力の場合は風力係数は正、引く力の場合は負の値となる。

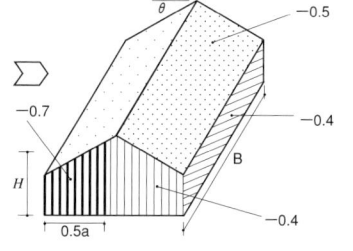

風上壁面の高さ5mを超える部分は、
$(Z/H)^{0.4}$
高さ5m以下の部分は、
$(5/H)^{0.4}$
風上屋根面（$\theta = 20°$とする）
+0.1と−0.65
の2種を考える
Z：対象とする部位の高さ
a：Bと$2H$の小さなほうの値
B：風向に対する幅
＊建物の屋根平均高さHが5mを超える建設場所の地表面粗度区分Ⅲ（一般的な住宅地）を仮定

建物まわりの風の流れ

建物にあたる風は、建物の上部や左右をすり抜けて風下に流れていく。このとき建物前面には、大きな縦の渦が形成される。左右にすり抜ける風は、建物の風上隅付近で風を強める。また、渦の発生も見られる。ビル風の現象の多くはこの現象による。建物の背面には、風の弱い領域が形成される。

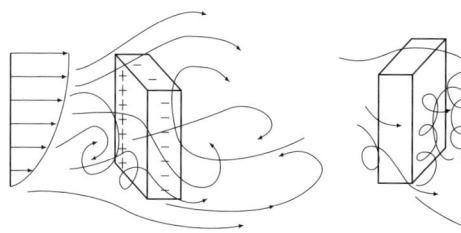

耐風設計の事例

高層建築では、カーテンウォールやガラスの耐風設計などに細心の注意が払われる。構造骨組についても、設計用風荷重が地震力を上まわる例があり、入念な耐風設計が要求されている。風揺れを軽減するために制振装置を設置している例もある。

横浜ランドマークタワー（ヒュー・スタビンス＋三菱地所、1993年）：わが国の超高層建築として、はじめて風荷重にによって主要骨組が決められた事例。従来のわが国の超高層建築では風荷重よりも地震荷重を主体にした構造設計が行われてきたが、高さ296mのこの建物では横揺れの固有周期が長くなり、風荷重が地震荷重を上まわった。さらに制振装置を設置して、横揺れを35〜40％低減している。

日本電気本社ビル（日建設計、1990年）：建物周囲の気流を調整するため、この地点の主な風向きである南北方向に幅42m、高さ15mの風抜き穴が建物中央部に設けられている。これによって、壁面に吹き降りるビル風の約30％が低減されている。東西方向の風に対しては建物の奥行を小さくし、上空へいくほど風が強くなることに対処して3段式のセットバックとなっている。

構造　構造計画

免震構造 *seismically isolated structure*

一般の建物は、建物全体で地震動の振動エネルギーを吸収する。大地震時には大梁や柱に損傷が生じ、建物の機能が損なわれるおそれもある。一方、免震構造の建物は、大地震時においてほかの層よりも大きく水平変形する「免震層」を建物下部に備え、上部建物を地盤と共振しにくくし、同時に振動エネルギーを集中的に吸収する。上部建物には振動エネルギーが伝わりにくくなるため、大地震時に損傷が生じる可能性が低くなる。建物利用者の生命を守るだけでなく、機能の維持、収蔵物の保護が可能となり、地震時の恐怖感も緩和できる。免震層は50〜60cmの水平変形が生じてもよい構造とする。

免震層を構成する免震部材

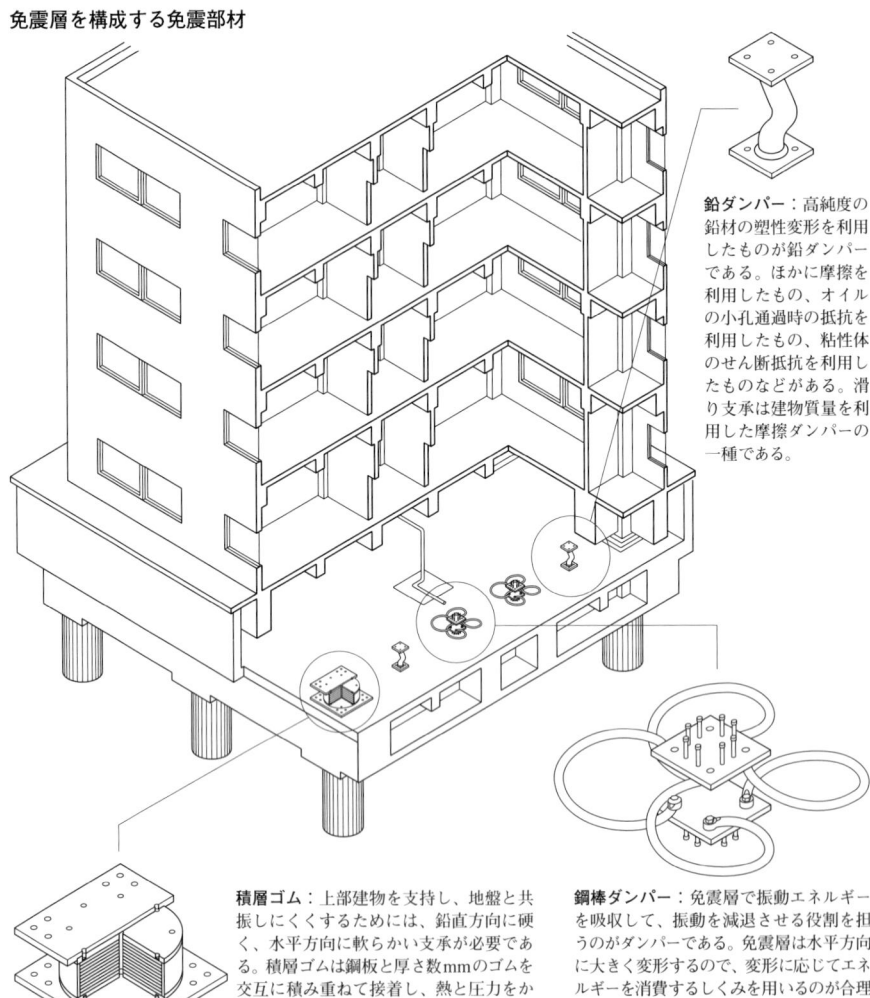

鉛ダンパー：高純度の鉛材の塑性変形を利用したものが鉛ダンパーである。ほかに摩擦を利用したもの、オイルの小孔通過時の抵抗を利用したもの、粘性体のせん断抵抗を利用したものなどがある。滑り支承は建物質量を利用した摩擦ダンパーの一種である。

積層ゴム：上部建物を支持し、地盤と共振しにくくするためには、鉛直方向に硬く、水平方向に軟らかい支承が必要である。積層ゴムは鋼板と厚さ数mmのゴムを交互に積み重ねて接着し、熱と圧力をかけてゴム特有の弾性を発現したもので、この条件を満足する。

鋼棒ダンパー：免震層で振動エネルギーを吸収して、振動を減退させる役割を担うのがダンパーである。免震層は水平方向に大きく変形するので、変形に応じてエネルギーを消費するしくみを用いるのが合理的である。鋼棒ダンパーは鋼材の塑性変形を利用している。

構造計画　構造

地震時における建物の揺れの比較

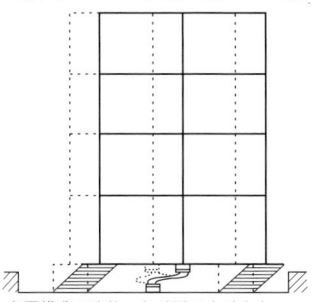
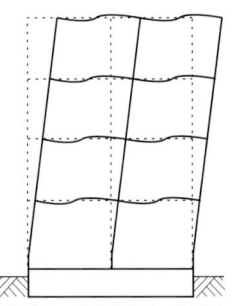
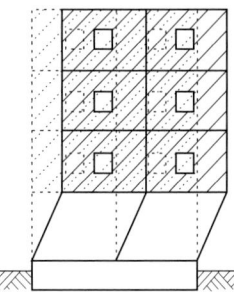

免震構造の建物：免震層が水平方向に極端に軟らかいため、地震時の変形の大部分が免震層に集中する。上部構造の揺れはゆっくりしていて、家具の転倒や外壁の剥離が起こりにくく、柱や梁の損傷もほとんど生じない。歩行の困難な人が利用する施設に適している。

一般の建物：一般の建物は、地震時には建物全体に振動が伝わり、家具が転倒したり、外壁が剥離したりする。柱や梁に損傷が生じることもある。各層にほぼ同程度の変形が生じる。

一部の層が軟らかい建物：1階がピロティで2階以上に壁が多い建物など、ある層だけがほかに比べて軟らかい場合、地震時の変形が軟らかい層に集中し、崩壊のおそれがある。崩壊した層に甚大な被害が生じ、ほかの層の被害が少なくても建物は使用不能になる。

免震層の位置

免震層の位置は、建物の機能と構造的な性質に応じて選定する。基礎免震はピットが必要であるが、非免震部分との取合いは最小限ですみ、建物全体に免震の効果を与えることができる(a,b)。中間層免震はエレベーターや階段の取合いが難しい。地下を多層にしたり(c)、また、ピットを設ける余地がない場合や特定階より上部が地震時に振られやすい構造(d)に適する。この場合、免震部材には耐火被覆が必要である。

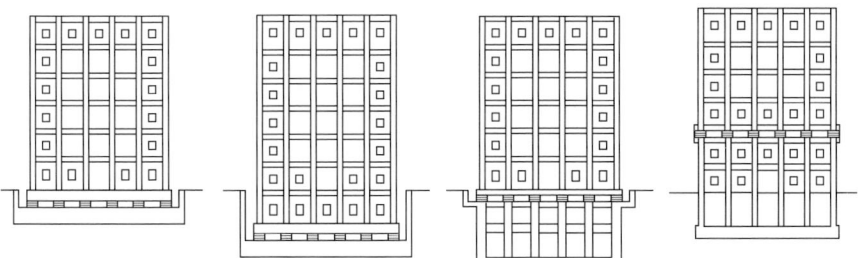

(a) 基礎免震：地下階がない場合

(b) 基礎免震：地下階がある場合

(c) 中間層免震：1階に設ける場合

(d) 中間層免震：2階以上に設ける場合

免震部材の能力と特性

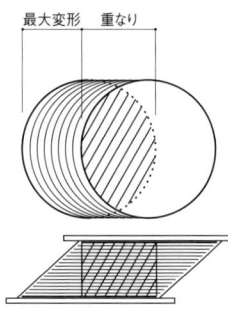

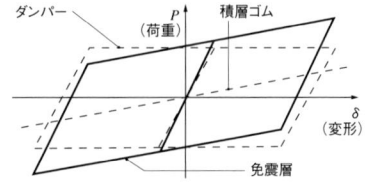

大変形時の鉛直支持能力：免震部材は、大変形時でも建物質量を確実に支えられることが求められる。積層ゴムは、最大変形時でも重なりの部分が直径1/2以上あるように設計する。小径の積層ゴムを用いる際には、大変形時に建物の質量を支えられるしくみが必要である。

免震層の水平荷重と変形の関係：積層ゴムは、大変形時でも弾性のままである。ダンパーはごく小変形時は弾性であるが、早期に降伏して塑性変形が生じる。両者を足し合わせたものが、実線で示した免震層の水平荷重と変形の関係(復元力特性)である。

構造　構造計画

制振(制震)構造 *vibration (seismic) control structure*

建物や施設あるいは設備機器は、常に何らかの振動を受けている。広い意味で振動を制御することを制振と考えれば、同様の意味の言葉である除振や防振、あるいは免震もその範疇に含まれる。通常、制振を目的別に考えると、強風に対するものと地震に対するものに分けて考えることができる。建物の制振が能動的に振動を制御するシステムであるとすれば、それは振動を制御する動力を含むシステム、つまりアクティブ制振となる。一方、地震や強風に対して建物の受ける振動を装置もしくは骨組の性状変化によって共振状態を避けるシステムも、振動を抑制するという意味で制振と考えることができ、それはパッシブ制振となる。

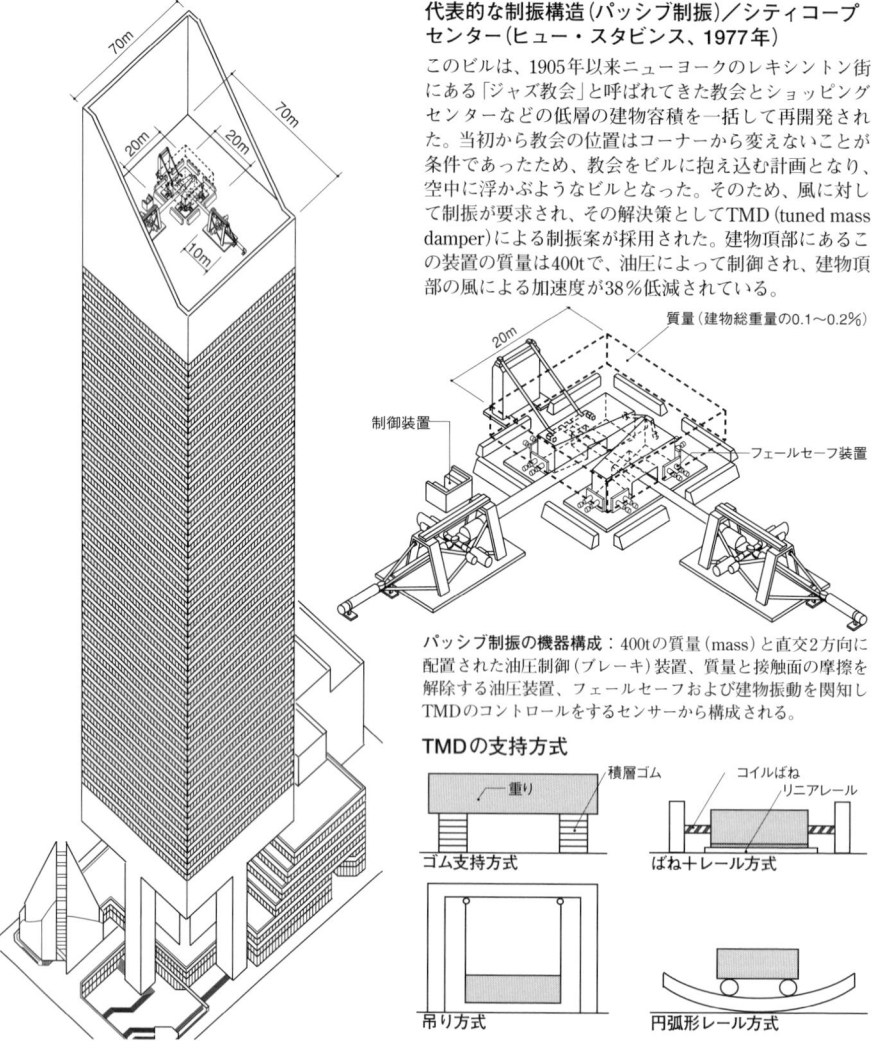

代表的な制振構造(パッシブ制振)／シティコープセンター(ヒュー・スタビンス、1977年)

このビルは、1905年以来ニューヨークのレキシントン街にある「ジャズ教会」と呼ばれてきた教会とショッピングセンターなどの低層の建物容積を一括して再開発された。当初から教会の位置はコーナーから変えないことが条件であったため、教会をビルに抱え込む計画となり、空中に浮かぶようなビルとなった。そのため、風に対して制振が要求され、その解決策としてTMD (tuned mass damper)による制振案が採用された。建物頂部にあるこの装置の質量は400tで、油圧によって制御され、建物頂部の風による加速度が38%低減されている。

パッシブ制振の機器構成：400tの質量(mass)と直交2方向に配置された油圧制御(ブレーキ)装置、質量と接触面の摩擦を解除する油圧装置、フェールセーフおよび建物振動を関知しTMDのコントロールをするセンサーから構成される。

TMDの支持方式

ゴム支持方式／ばね+レール方式／吊り方式／円弧形レール方式

制振構造のバリエーション

制振構造には、質量の慣性力によって制振力をかけるものと、構造フレームの中にエネルギー吸収部材を配置するものに分けられる。質量の慣性力による場合は、アクチュエーターによって動的に制御（アクティブ）するものと、質量と建物周期の同調制御（パッシブ）によるものがある。

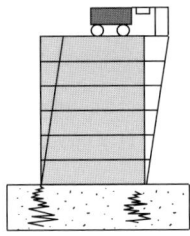

アクティブ制振：付加質量とアクチュエーターの共同によって制振制御。

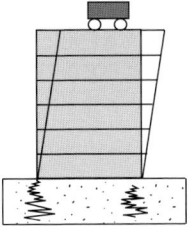

パッシブ制振(a)：付加質量の逆慣性力によって制振制御。

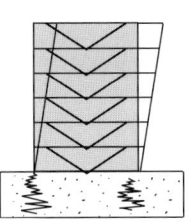

パッシブ制御(b)：ダンパーなどによって構造特性を可変にし制御する。

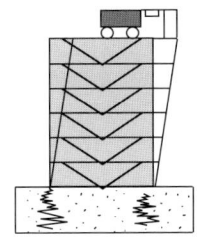

ハイブリッド制御：ダンパーおよびAMDなどによって制振制御。

アクティブ制振装置のしくみ

建物の揺れは多次モードで揺れるため、風に対しても地震に対してもセンサーと連動したフィードバックによる制御が有効になる。この制御方式では、建物の振動あるいは地動を関知し、オンタイムで揺れの特性を解析してフィードバックをかける。

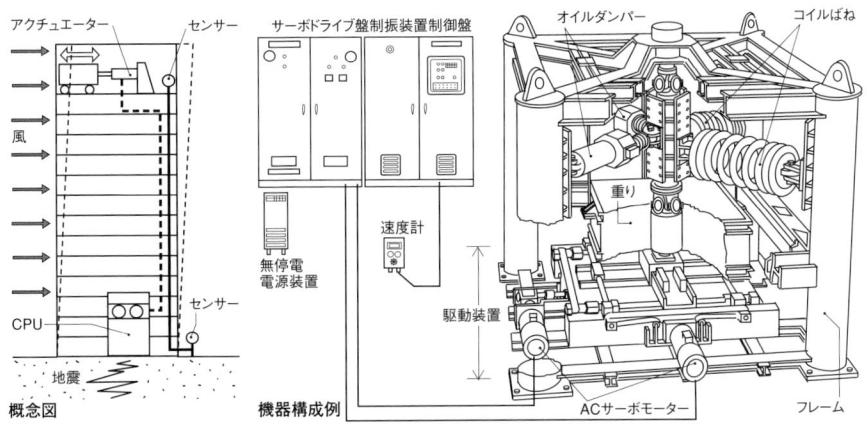

概念図　　機器構成例

制振ダンパーの種類

ダンパーは力の作用速度を和らげ、同じ力積量に対し、時間を延ばして力を減少させる。この効果によって地震時のエネルギーを吸収する。装置の材料には、極低降伏点鋼、オイル、粘弾性体などが実用化されている。

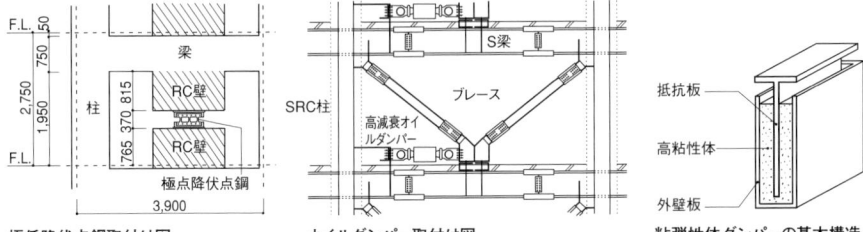

極低降伏点鋼取付け図　　オイルダンパー取付け図　　粘弾性体ダンパーの基本構造

構造　構造計画

基礎構造 *foundation*

基礎の役目は、建物に作用する力（自重などの鉛直荷重や地震力などの水平荷重）によって、建物が横に移動したり、沈下したり、浮き上がったりしないように、地盤上にしっかりと建物を支えることである。基礎は建物を支えるために、十分な耐力をもった固い地盤（支持地盤）によって支持されなければならない。支持地盤をどの地層とするかは、基礎を設計する際に非常に重要な問題である。一方、構造物の基礎の沈下量が一様でなく、場所によって異なる場合を不同沈下という。不同沈下が生じると構造物が傾斜したり、構造体にひび割れが発生したりする。

地下の構造
地下連続壁と杭基礎が支持地盤まで到達し、建物の荷重を支えている。

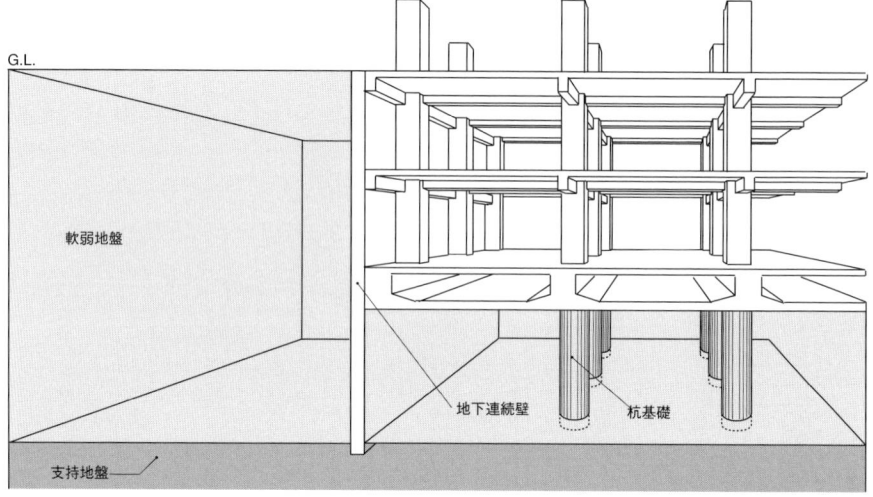

山留め壁の種類
地盤を掘削する（根切りの）際に、周囲の地盤の崩壊を防ぐために設けられる構造物が山留め壁である。地下連続壁は仮設ではなく、建物の構造体地中外壁、また杭基礎の機能をもつことが多い。

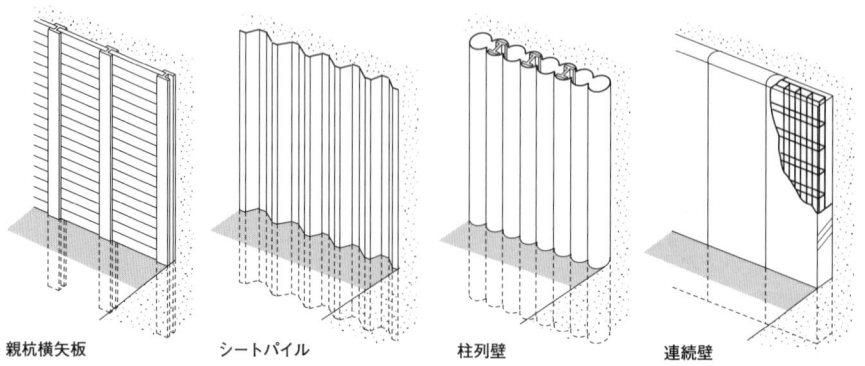

直接基礎の種類

直接基礎は、上部構造物の荷重を直接地盤に伝達する基礎である。構造物全体の底面積が1枚の基礎スラブからなるべた基礎と、底面積がいくつかに分割された基礎スラブからなるフーチング基礎に分けられる。

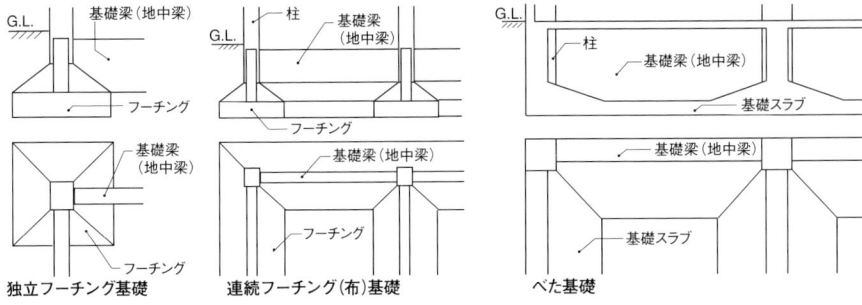

独立フーチング基礎　　連続フーチング(布)基礎　　べた基礎

杭基礎の種類

杭基礎は、表層の地盤が軟弱で支持層までの深さが深く、直接基礎では建物を十分に支持できない場合に用いられる。杭基礎の種類には、支持力のとり方から、地盤と杭周面の摩擦力だけで建物を支持させる摩擦杭と、硬質地盤に貫入した杭先端の支持力で支持させる先端支持杭、そしてそれらの併用杭がある。

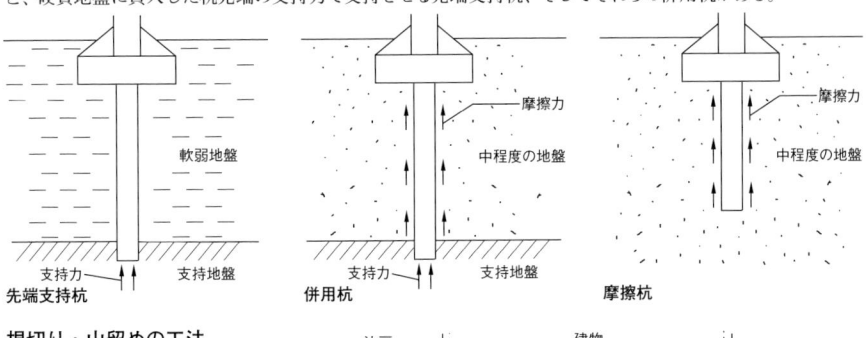

先端支持杭　　　　　　併用杭　　　　　　　　摩擦杭

根切り・山留めの工法

良好な地盤で敷地が広い場合には、法(のり)付きオープンカット工法が施工能率もよく、経済的である。アースアンカー工法は切梁が不要なため、掘削や地下躯体工事の作業性がよい。水平切梁工法は山留め壁にかかる土圧を水平に組んだ切梁で支持する最も一般的な工法である。

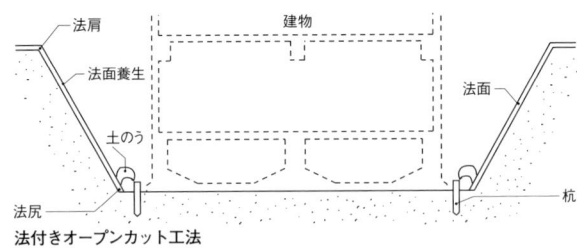

法付きオープンカット工法

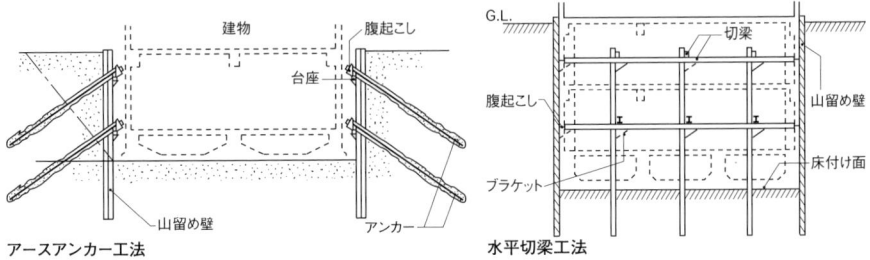

アースアンカー工法　　　　水平切梁工法

構造　中低層建築

木質系戸建住宅 *detached house by timber structure*

わが国では木質系の戸建住宅は、基本的に3階建てまでが建てられている。そして、木質系戸建住宅には、在来軸組構法とも呼ばれる軸組構法、ツーバイフォー構法とも呼ばれる枠組壁構法、プレファブ構法とも呼ばれる木質系工業化住宅、そしてログハウスと呼ばれる丸太組構法がある。これらは、設計の際に準拠する基準の違いによる分類である。構造的にはそれぞれ、軸組構造、壁式構造、接着パネル構造で、丸太組構法は塁木構造と呼ばれることがある。

在来軸組構法
柱と、胴差・桁・梁などの横架材からなる軸組に、筋かいを設けて鉛直構面を固め、火打により水平構面を固める。小屋は、一般的に和小屋である。

ツーバイフォー構法
2×4インチの断面の木材を主として用いることからその名がある。枠材に合板を釘打ちしたパネルで壁や床を構成する。小屋は、一般にトラス構造である。

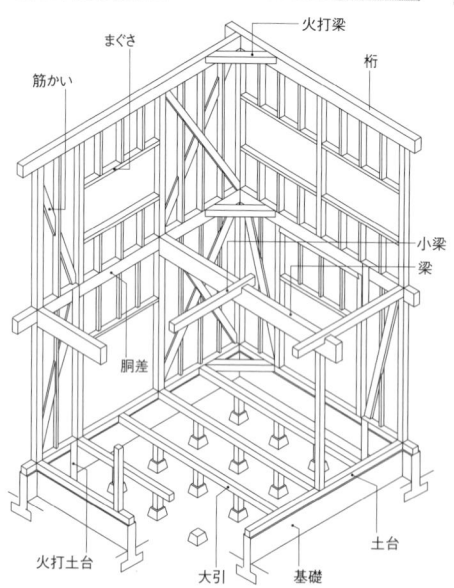
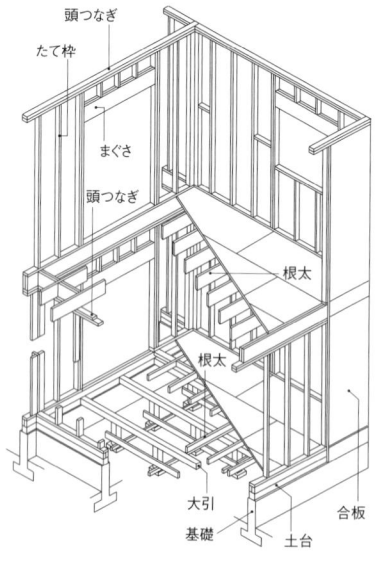

床と軸組の構成：柱梁の接合は仕口と呼ばれ、羽子板ボルトなどの金物で補強する。部材の軸方向の接合を継手という。水平力には筋かいを設けて抵抗する。

床と壁の構成：床の上に壁パネルを載せ、その上に2階床を載せる、プラットフォーム構法である。パネルは、工場で製作する場合と現場で製作する場合とがある。

プレファブ構法

工場であらかじめ(pre)組み立て(fabricate)、現場の工数を削減する生産方法をプレファブリケーションと呼ぶ。こうした生産方式を取り入れた住宅をプレファブ住宅という。

丸太組構法

log constructionを訳したもので、丸太や製材を水平に積み重ねて壁を構成する構法を丸太組構法という。校倉構法と呼ぶこともある。わが国では、技術基準にしたがって設計される。

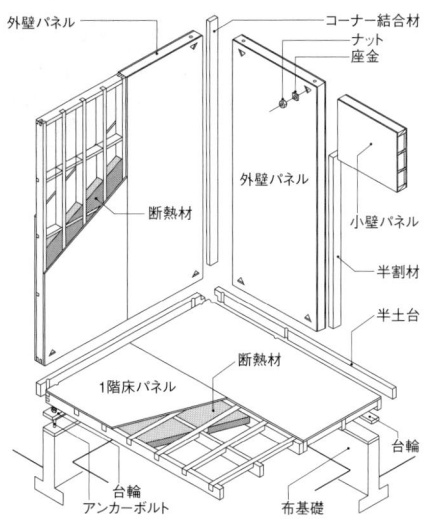

床と壁の構成:木質系プレファブ住宅の多くは、接着パネル構造である。パネルの構成や大きさはメーカー、システムによって異なっている。

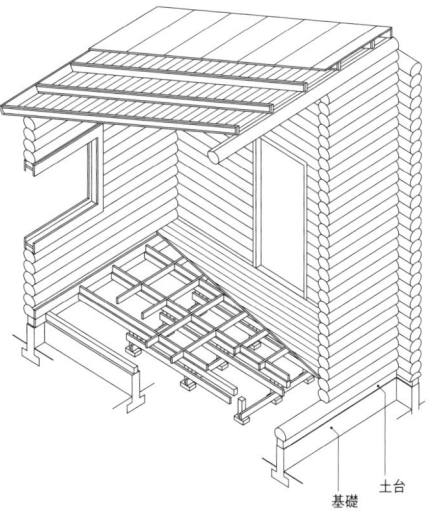

床と壁の構成:交差部には、校木を突き出すプロジェクトタイプと、突き出さないフラッシュタイプがある。わが国では、一般的に前者が建設されている。

木質系住宅の分類

木質系住宅の構法の名称は、それぞれ独自の由来をもっている。「在来構法」は、新しい構法とそれ以前の構法を区別したもので、具体的な構法を意味するものではない。「軸組構法」が具体的な構法と対応する。また、「ツーバイフォー構法」は部材の断面寸法を意味し、「プレファブ」は生産方法からその名がつけられたものである。「プレファブ住宅」の多くは、構造的には壁式構法で、ツーバーフォー構法とも同様な構造を有している。

構造による分類

軸組構造	在来軸組構法、プレファブ住宅の一部
壁式構造	ツーバイフォー構法、プレファブ住宅
塁木構造	ログハウス、校倉構造

基準による分類

在来軸組構法	建築基準法施行令第3章3節「木造」
ツーバイフォー構法	国土交通省告示1540号「枠組壁工法・プレハブ工法」
プレファブ構法	日本建築センター「工業化認定制度による認定」
ログハウス	建設省告示2023号「丸太組構法技術基準」

構造　中低層建築

鉄骨系戸建住宅 detached house by steel structure

鉄骨系戸建住宅の大半はプレファブ住宅である。外壁にALCなどの軽量コンクリートを用いた住宅をコンクリート系と呼ぶことがあるが、構造材が鋼材であるため、鉄骨構造に分類される。柱や梁などの接合方式にはピン接合と剛接合がある。前者はブレース構造やトラス構造となり、後者はラーメン構造となる。また、工場での生産方式によりパネル方式とユニット方式に分類される。鉄骨構造のプレファブ住宅では、一般に軽量形鋼を使用する。軽量形鋼は、厚さ6mm以下の薄板の鋼材を折曲げ加工したものである。厚さが6mmを超える鋼材は重量鉄骨という。わが国で軽量形鋼が生産が開始されたのは1955(昭和30)年、軽量鉄骨構造のプレファブ住宅が登場したのは1959(昭和34)年である。

軽量鉄骨系プレファブ住宅の架構
図は、ブレース構造・パネル方式の例である。長方形の柱・梁フレームにX型のブレースを組み込んだ壁パネルを工場生産している。

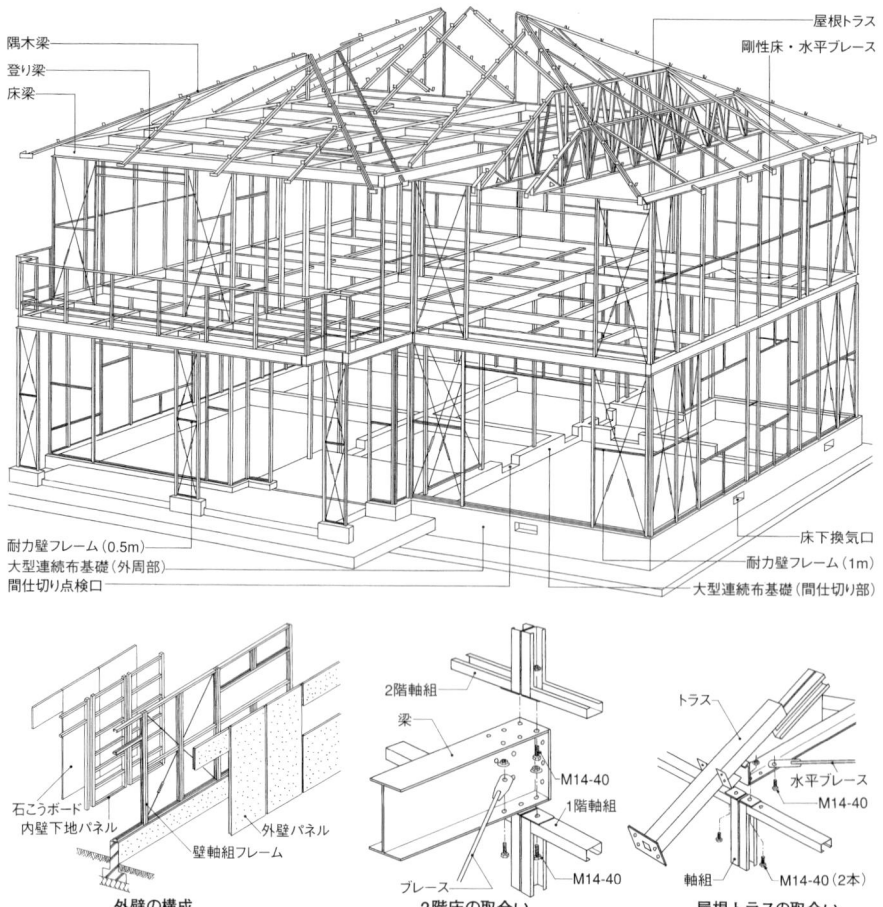

外壁の構成　　　2階床の取合い　　　屋根トラスの取合い

中低層建築　構造

鉄骨系戸建住宅の構法

鉄骨プレファブ住宅には、ブレース構造、ラーメン構造があり、さらに工場生産の度合いで分類すれば、パネル方式とユニット方式に分けられる。一方、プレファブ以外の鉄骨系住宅は重量鉄骨を使用するものが多いが、ユニット方式やパネル方式などの方式はとらず、現場で柱や梁の軸組を接合する。工場での生産性や現場での施工性を考えて、柱と梁はワンサイドボルトなどを用いて直接接合するなどの工夫がなされている。

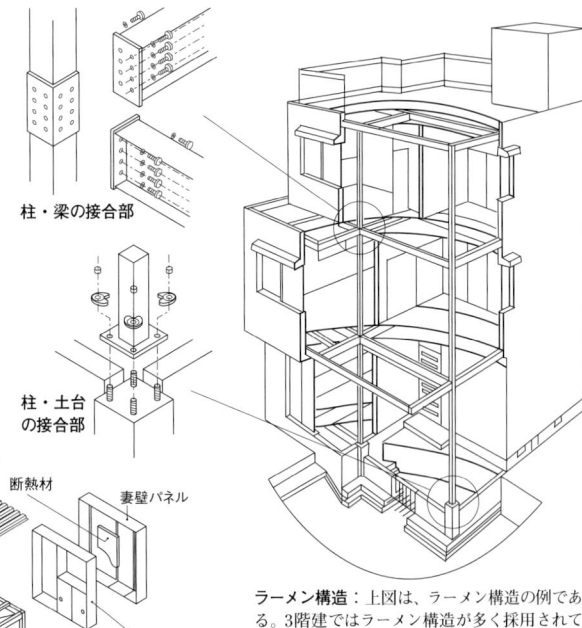

柱・梁の接合部

柱・土台の接合部

ラーメン構造：上図は、ラーメン構造の例である。3階建てではラーメン構造が多く採用されている。柱・梁の接合部の強度が要求されるため、使用鋼材は重量鉄骨が一般的である。

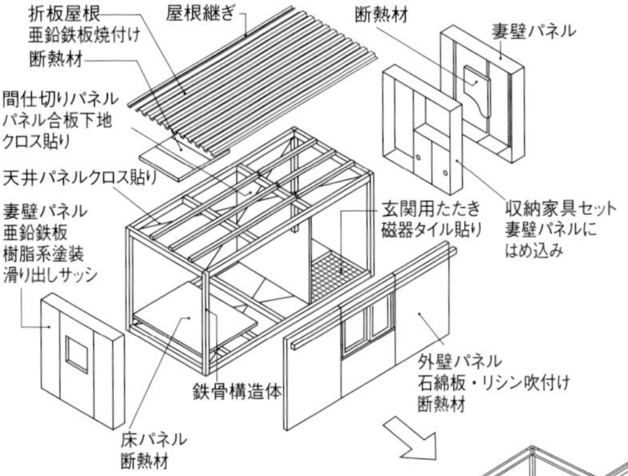

ユニットの構成

ユニット方式：右図は、ユニット方式の例である。工場で鉄骨を直方体に組み、外壁パネルや断熱材、設備機器なども組み込んだ状態で工場から出荷される。「工業化」という意味では最も進んだ方式である。ただし、ユニットを組み上げた形で道路を輸送するため、直方体の大きさが制限される。

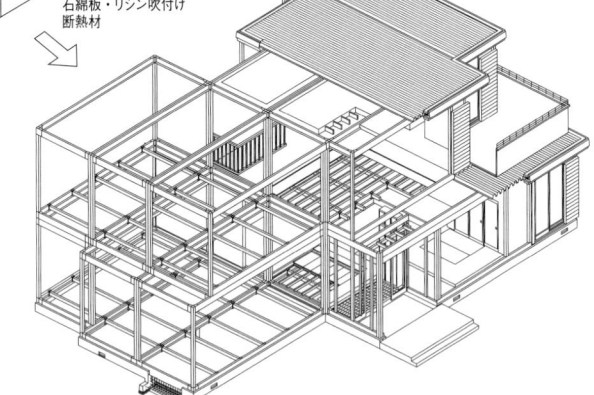

軽量鉄骨の種類

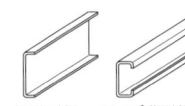 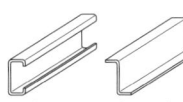 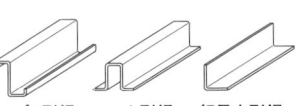  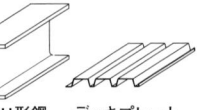

軽溝形鋼　リップ溝形鋼　軽Z形鋼　リップZ形鋼　ハット形鋼　軽量山形鋼　軽量H形鋼　デッキプレート

31

構造　中低層建築

壁式鉄筋コンクリート構造 *box frame type reinforced concrete structure*

住宅のように壁の多い建物のつくり方として、柱や梁を用いずに壁と床だけで建物の構造部を構成していく方法を壁式構造という。柱型が出ないため平面計画がすっきりしたものになる。ただし、一定の量の壁をバランスよく配置する必要がある。通常は5階建、軒高16m以下まで建設可能である。一方、集合住宅などでよく用いられるものに壁式ラーメン構造があるが、梁間方向は戸境壁を利用して壁式構造とし、桁行方向は開口部が多いためラーメン構造とする形式である。11階建、軒高34m以下まで建設可能である。

壁式鉄筋コンクリート構造の構成

壁式鉄筋コンクリート構造は、梁間方向・桁行方向とも十分な耐力壁が配置され、耐力壁どうしは壁梁で緊結される。

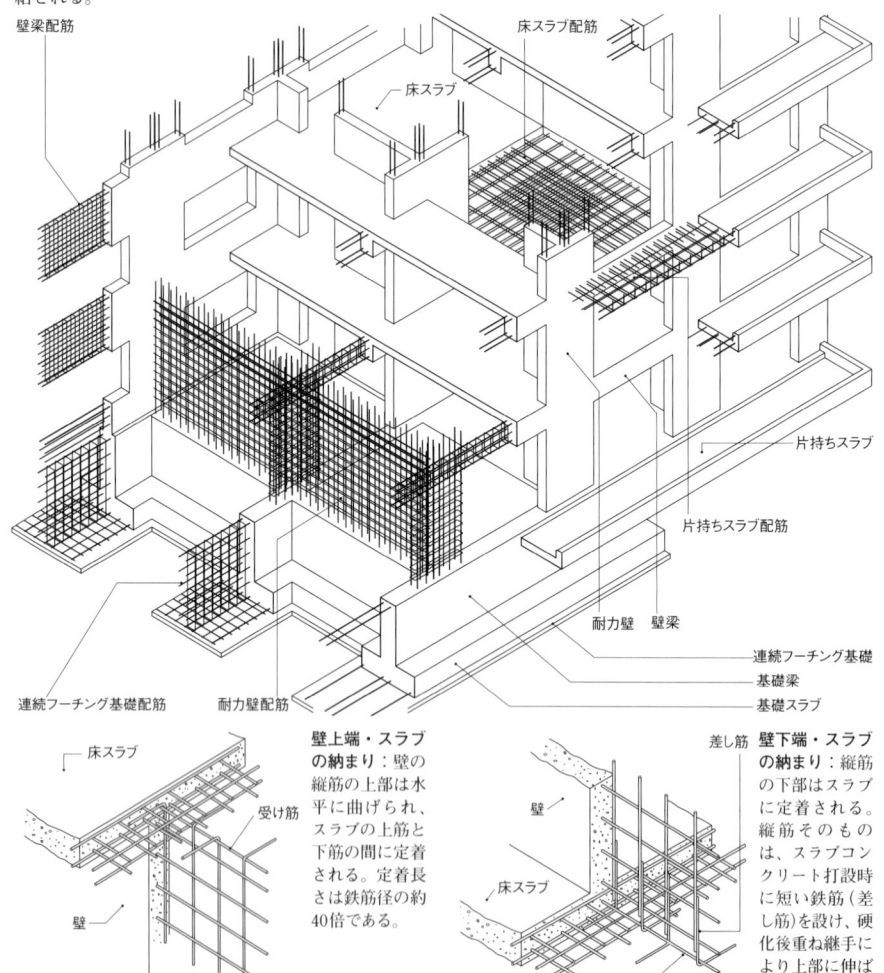

壁上端・スラブの納まり：壁の縦筋の上部は水平に曲げられ、スラブの上筋と下筋の間に定着される。定着長さは鉄筋径の約40倍である。

壁下端・スラブの納まり：縦筋の下部はスラブに定着される。縦筋そのものは、スラブコンクリート打設時に短い鉄筋（差し筋）を設け、硬化後重ね継手により上部に伸ばす。

壁式構造の壁量規定

各階ごとにX方向、Y方向に対して、それぞれ規定の壁量を満たすことが必要である。壁量はそれぞれの方向で、壁の長さの合計(cm)をその階の床面積(m^2)で割った値で示される。壁の厚さを規定の値よりも厚くすると、必要壁量が低減できる場合もある。

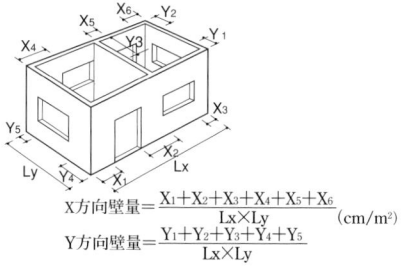

$$X方向壁量 = \frac{X_1 + X_2 + X_3 + X_4 + X_5 + X_6}{Lx \times Ly} \quad (cm/m^2)$$

$$Y方向壁量 = \frac{Y_1 + Y_2 + Y_3 + Y_4 + Y_5}{Lx \times Ly} \quad (cm/m^2)$$

必要な壁量

建物の階	壁量(cm/m^2)
最上階から数えた階数が4および5の地上階	15
そのほかの地上階	12
地階	20

壁配筋と各部の納まり

壁式構造では、壁は柱としての役割をもつため、端部には曲げ補強筋(縦筋の一部)が配され、横筋は柱のフープ筋の役割をもつ。壁梁は壁の一部でもあるが、梁としての役割をもち、上下端に曲げ補強筋(上端筋、下端筋)が配され、あばら筋が設けられる。壁梁の中間部は、一般の壁筋と同じである。

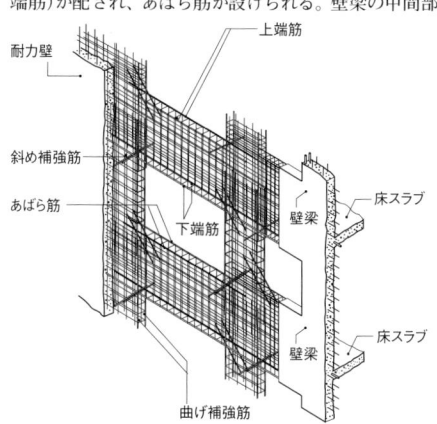

壁式構造の壁配筋：壁端部に曲げ補強筋、壁梁の上下端に主筋(曲げ補強筋)が設けられ、壁梁の補強筋は壁の中に定着される。

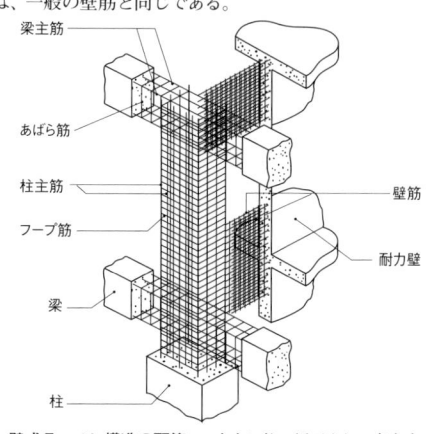

壁式ラーメン構造の配筋：1方向に柱、梁があり、直交方向の壁は柱と取り合うため、端部の曲げ補強筋はない。壁の横筋は柱に定着される。

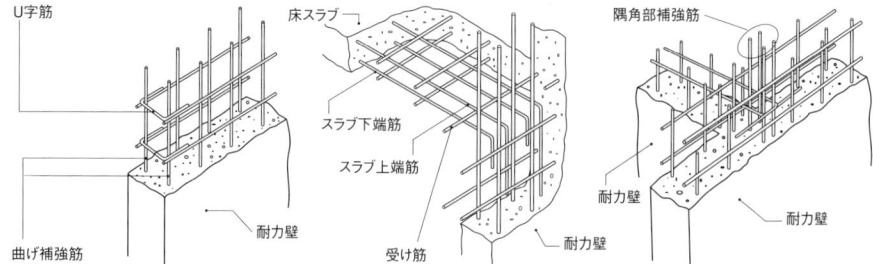

壁端部の納まり：端部には曲げ補強筋(縦筋の一部)が設けられ、横筋の端部はU字筋などを用い、補強筋を拘束する。

スラブ端・壁筋の納まり：スラブ筋の端部は下向き(逆スラブの場合には上向き)に曲げられ、壁の中に定着される。

L字形壁筋の納まり：壁の交差部では、縦筋は曲げ補強筋が配され、横筋は定着1方向の壁に他方向の鉄筋が定着される。

構造　中低層建築

低層混構造　low-rise composite structure

1つの建物の中に、異種の構造材料や構造形式を組み合わせた構造を混合構造（混構造）と呼ぶ。異種の構造材料の組合せには、鉄筋コンクリート造、鉄骨造、木造など、構造材料の数に応じて組合せがある。建物内での組合せ方には、平面的組合せ、立体的組合せ、そして梁や柱などの一部の部位を異種材料でつくるものがある。また、壁式やラーメン、トラスなどの異種の構造形式の組合せ方には、平面的・立体的組合せのほか、梁間桁行の方向で組み合わせるものがある。いずれも、構造材料、構造形式の力学的性能の違いを考慮することが重要である。

代表的な混構造／さとうボックス（宮脇檀建築研究室、1974年）
異種の構造材料を組み合わせた混構造の例。上層階を木造、下層階を鉄筋コンクリート造としたもの。上層階と下層階で異なった構造とする場合には、上層には鉄骨造や木造などの比較的軽量の構造を用いる。

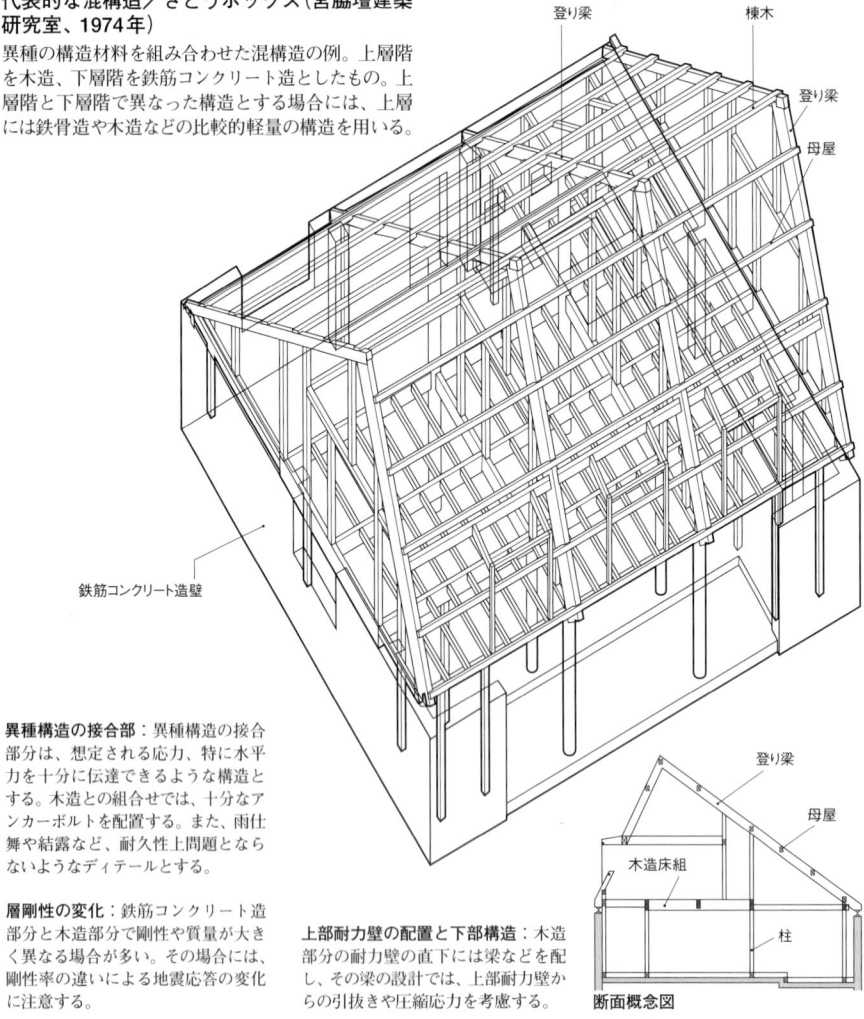

異種構造の接合部：異種構造の接合部分は、想定される応力、特に水平力を十分に伝達できるような構造とする。木造との組合せでは、十分なアンカーボルトを配置する。また、雨仕舞や結露など、耐久性上問題とならないようなディテールとする。

層剛性の変化：鉄筋コンクリート造部分と木造部分で剛性や質量が大きく異なる場合が多い。その場合には、剛性率の違いによる地震応答の変化に注意する。

上部耐力壁の配置と下部構造：木造部分の耐力壁の直下には梁などを配し、その梁の設計では、上部耐力壁からの引抜きや圧縮応力を考慮する。

中低層建築　構造

異種の構造形式を組み合わせた事例

鉄筋コンクリート構造の上に、大断面集成材の屋根を架けたもの。異種構造形式の立体的組合せでは、構造材料も異種の場合が多い。

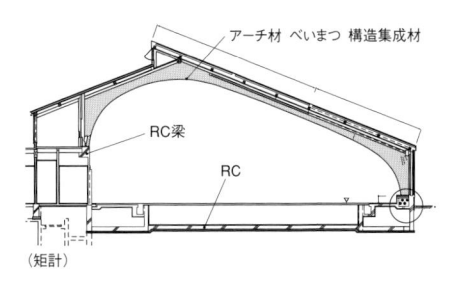

太陽の郷スポーツガーデン（竹中工務店、1983年）

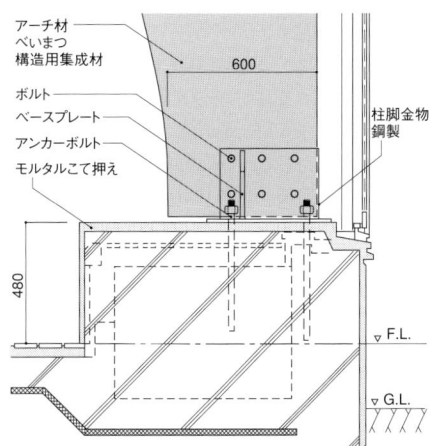

接合部ディテール：木造は、現場での加工が容易である。異種材料との組合せでは、相互の接続箇所における精度の管理が重要である。

異種の構造材料の組合せ

木造との組合せでは、防火区画の必要性から、平面的に木造の一部に鉄筋コンクリート造を挟み込んだものがある。

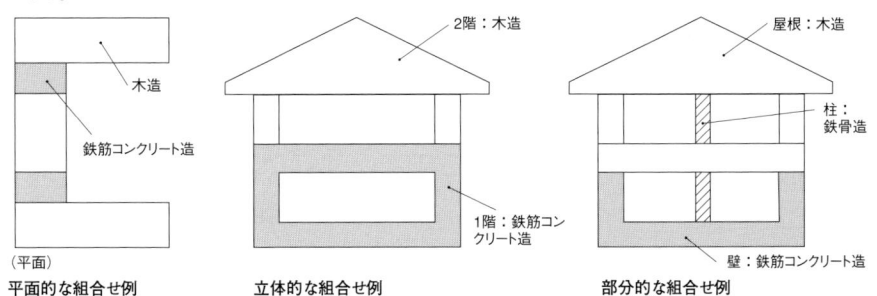

平面的な組合せ例　　立体的な組合せ例　　部分的な組合せ例

異種の構造形式の組合せ

木造との組合せでは、水平構面や接合部の剛性にも配慮する。また、集合住宅などでは、梁間方向と桁行方向で構造形式を変えることがある。

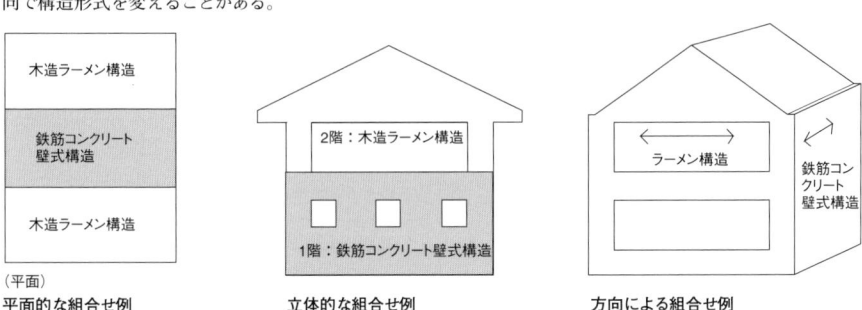

平面的な組合せ例　　立体的な組合せ例　　方向による組合せ例

構造　中低層建築

PCa工法 construction method of precast reinforced concrete

PCa工法とは、プレキャストコンクリート部材を組み立てて空間を構成する工法をいう。中層集合住宅では、ルームサイズの大型PCa板による壁式構造が採用される。1955（昭和30）年頃から試作研究が始まり、1965（昭和40）年頃からの日本住宅公団（現・都市基盤整備公団）の団地建設への採用を契機に本格的に実施されるようになった。量産効果と工場生産化率を高め、それによる高品質、短工期を特徴としている。外壁の仕上げについては在来の方法に加え、タイル打込み、レリーフ模様、磨き仕上げなども開発されている。

大型パネルPCa工法による中層集合住宅
5階建、30戸の場合の構成例。通常は基礎、1階床板、1階壁板、上階床板、上階壁板、最上階床板、最上階壁板、屋根板の順で施工される。図はこの手順からおおよその組立順序に従った構成を表している。

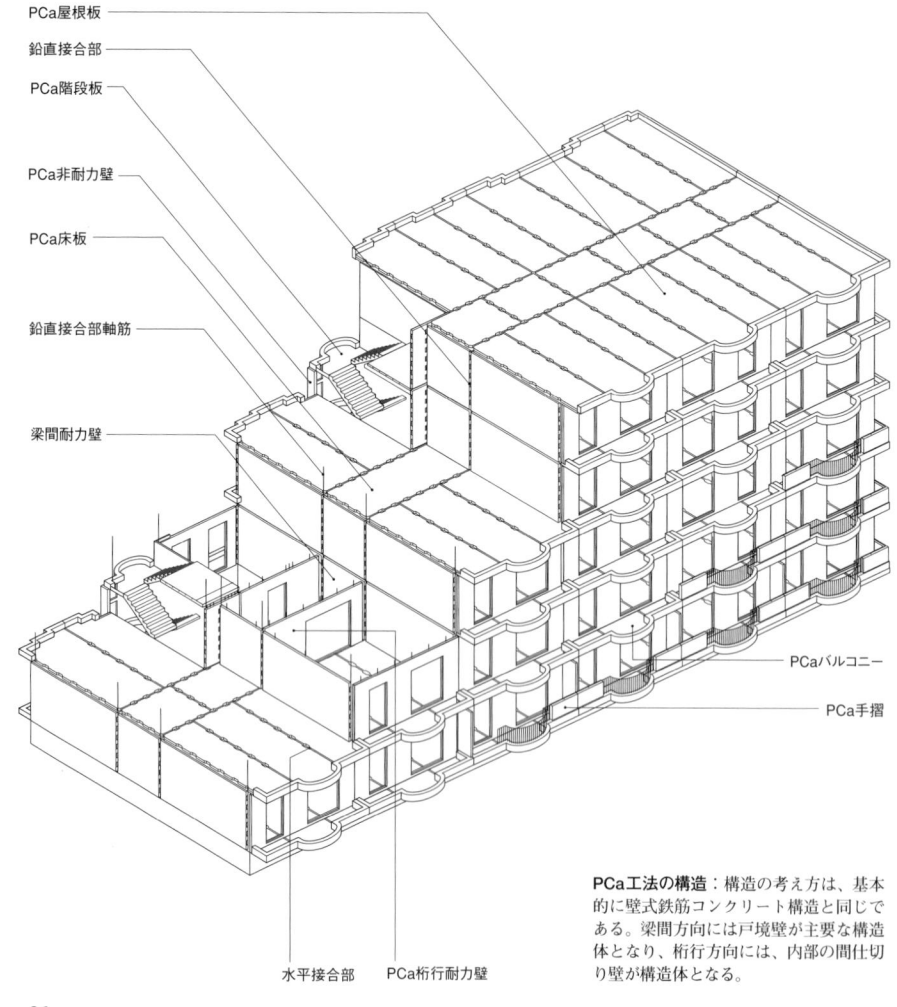

- PCa屋根板
- 鉛直接合部
- PCa階段板
- PCa非耐力壁
- PCa床板
- 鉛直接合部軸筋
- 梁間耐力壁
- PCaバルコニー
- PCa手摺
- 水平接合部
- PCa桁行耐力壁

PCa工法の構造：構造の考え方は、基本的に壁式鉄筋コンクリート構造と同じである。梁間方向には戸境壁が主要な構造体となり、桁行方向には、内部の間仕切り壁が構造体となる。

中低層建築　構造

PCa工法による住宅の平面計画

住宅公団に採用された当初は同一の型枠を使用し、画一的なプランを大量に供給するための手段であったが、近年は多様なプランに個別対応するようになってきた。壁式構造のため、戸境壁だけでなく桁行方向にも構造となる壁のつながる面（構面）が必要となる。

日本住宅公団(当時)の標準設計による
住戸平面例(SPH)

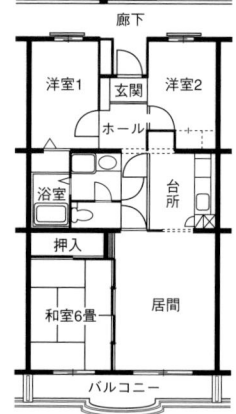

現在の住戸平面例(4構面)

住戸の構成

各住戸は複数の壁板と床板から構成される。これらは乾式または湿式の方法で組み立てられる。工業化率を高めるために、設備配管などを埋め込む場合もある。また、PCa板の接合はPCa工法の中で重要な技術要素である。鉄筋を緊結してコンクリートを打設する方法と、溶接モルタルを充填する方法などがある。

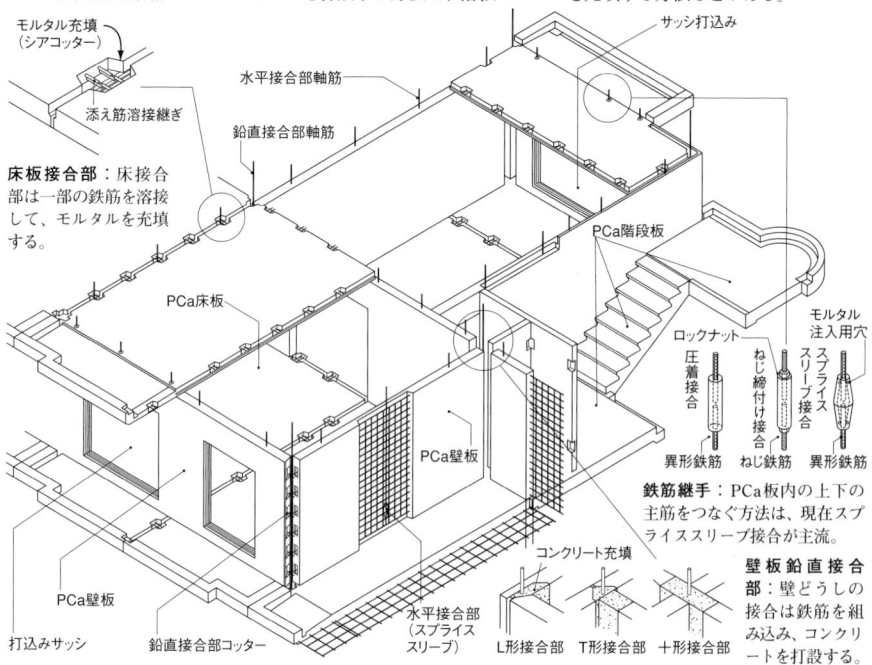

床板接合部：床接合部は一部の鉄筋を溶接して、モルタルを充填する。

鉄筋継手：PCa板内の上下の主筋をつなぐ方法は、現在スプライススリーブ接合が主流。

壁板鉛直接合部：壁どうしの接合は鉄筋を組み込み、コンクリートを打設する。

構造　中低層建築

平板構造 *plate structure*

平板構造は構造形式上からは、形状が平面要素で構成され、作用する外力あるいは荷重が面外から作用する構造形式と定義される。一般に屋根および床の構造として適用され、通常の梁床構造に比べて大スパンの空間を支えることができる。平板を支持するためには2方向に支持する形式と1方向で支持する形式、および特殊な形式として柱あるいは柱の直上に設けるキャピタルで直接支持するフラットスラブ形式がある。いずれの形式も荷重が大きく、より大きなスパンを支えるために、コンクリートにプレストレスを導入する場合がある。

平板構造の構成（フラットスラブ構造）
フラットスラブ構造は平板構造の一種で、スラブが梁の仲介なく直接柱に接する構造である。水平抵抗が少ないため、耐力壁で水平抵抗を補う必要がある。

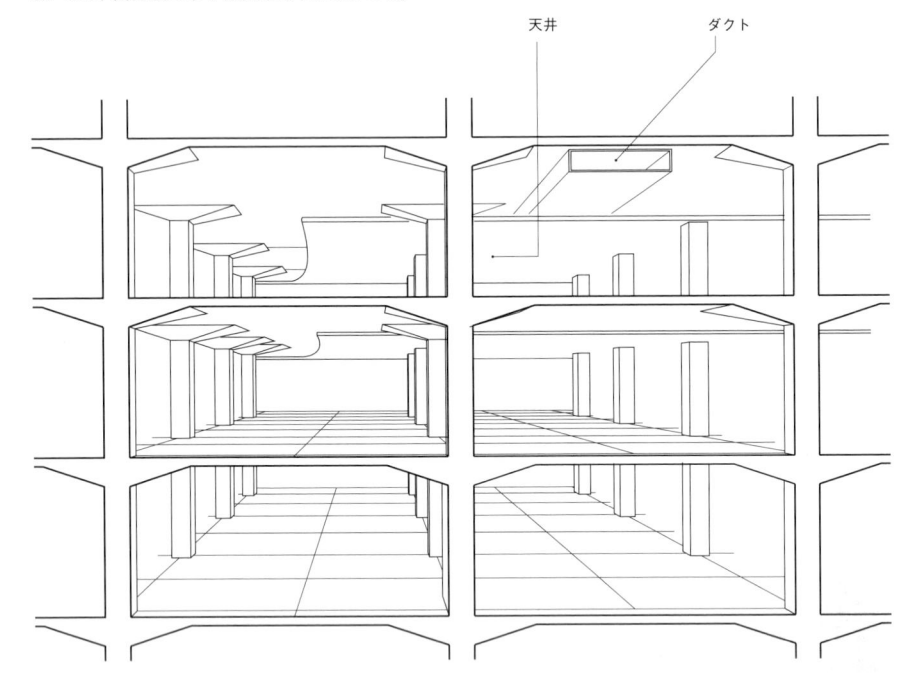

プレートの種類
フラットスラブ構造の平板の部分を総称してプレートという。右図のように、プレートは柱への応力を分散し集中応力とならないように、キャピタルあるいはプレートを二重にしたドロッププレートを設ける方式と、プレートを直に柱で受けるキャンティレバー形式とする方式がある。

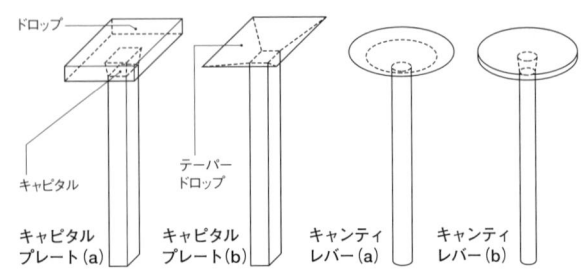

中低層建築　構造

平板構造のタイプ

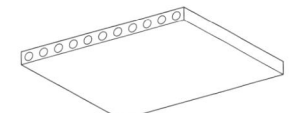

中空（パイプ）スラブ：鉄筋コンクリート板の自重を低減するため、スラブ板の中に円形断面の中空部を設けた平板構造。軽量化によって比較的大きなスパンが可能。

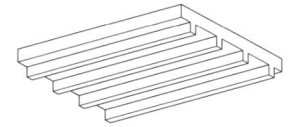

ジョイストスラブ：板状の小梁をスラブに設けた平板構造。軽量化のために、ジョイスト部分にプレストレストコンクリートを用いるのが一般的。

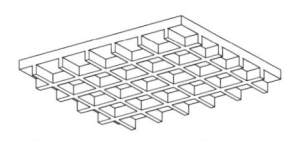

グリッド（ワッフル）スラブ：スラブを格子状にすることによって軽量化を図った平板構造。比較的大スパンを飛ばすことが可能。

平板構造のしくみ

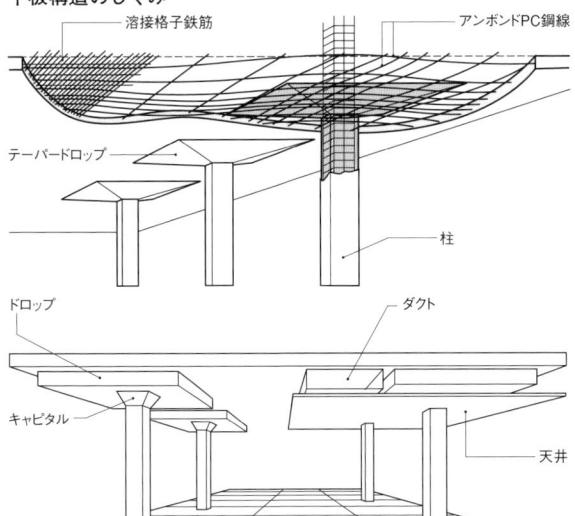

溶接格子鉄筋／アンボンドPC鋼線／テーパードロップ／柱／ドロップ／ダクト／キャピタル／天井

テーパードロップによる構造方式：ドロッププレートにテーパーをつけ、平板からの応力を連続的に柱に伝える構造方式。柱頭近傍のデザイン効果があるがコンクリート型枠は難しくなる。

キャピタルプレートによる構造方式：通常、柱頭まわりの応力を緩和するために設けるプレートをキャピタルといい、キャピタルだけでは応力の緩和が出来ない場合は、さらにドロッププレートを設けて二重のキャピタルとする。

平板構造の事例

グリッドスラブ／イエール大学アートギャラリー（ルイス・カーン、1953年）：この建物のプレートは、鉄筋コンクリートの小梁が細かいグリッドに設けられ、全体では1枚のプレートの構造性状を示す。グリッドにすることにより全体の重量を軽減している。

キャンティレバースラブ／ジョンソン・ワックス社事務棟（フランク・ロイド・ライト、1936年）：この建物の屋根は、柱から片持ちでせり出した円盤のプレート群で構成されている。この構造方式ではキャンティレバーの円盤の隙間部分は軽量の構造材で覆われている。

39

構造　中低層建築

組積造・補強コンクリートブロック構造 *masonry structure, reinforced concrete block structure*

組積造は組積構造ともいい、主体構造を石材、れんが、コンクリートブロックなどの小単体の材料を積み重ねてつくった構造物で、古くから建物に使用され続けている耐久性の高い構造物である。一方、補強コンクリートブロック構造は、組積造の弱点である耐震性能を向上させる目的で補強鉄筋を縦横に配筋した構造物で、空洞コンクリートブロックを使用してつくった補強組積造であるともいえる。補強組積造としては、わが国ではセラミックブロックを使用した補強セラミックブロック構造や、型枠状コンクリートブロックを用いた型枠コンクリートブロック構造、RMユニットを用いた鉄筋コンクリート組積造などがある。

補強コンクリートブロック構造の構成
コンクリートブロック構造の耐力壁は縦方向の鉄筋（曲げ補強）と横方向の鉄筋（せん断補強）とモルタルによって補強されている。また、壁は鉄筋コンクリート構造の基礎梁（布基礎）と臥梁（がりょう）に挟まれて一体化されている。既製のコンクリートブロックは、強度が小さく低層住宅や小規模建築に向いている。

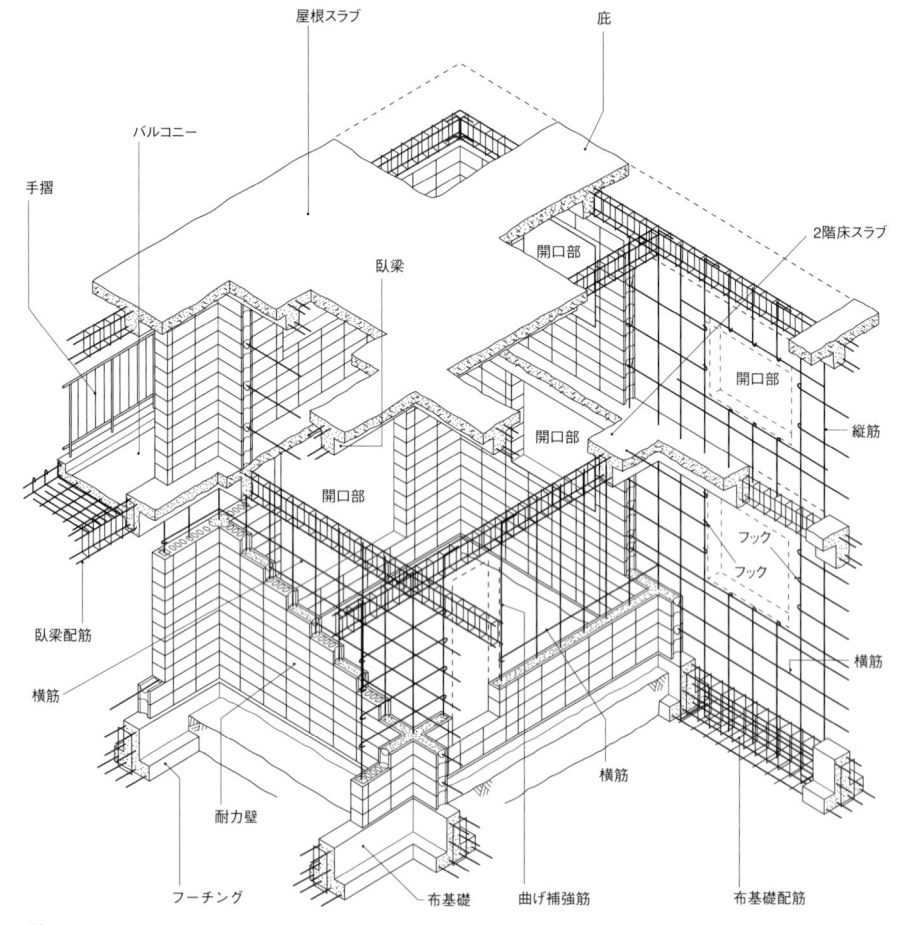

組積造のバリエーション

組積造は、鉄筋で補強する技術が開発されるまでは、破れ目地積みで行ってきた。芋目地ができないように、多くのボンディングパターンが開発された。

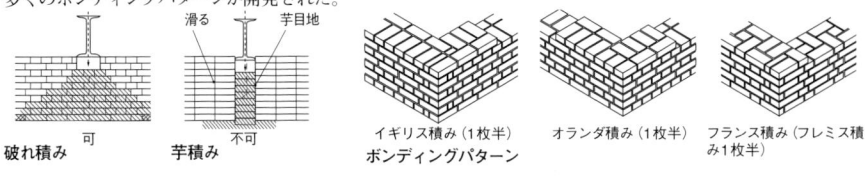

破れ積み　可
芋積み　不可
イギリス積み（1枚半）
オランダ積み（1枚半）
フランス積み（フレミス積み1枚半）
ボンディングパターン

アーチとヴォールトのバリエーション

アーチは開口部をつくるため技術で、ヴォールトは天井をつくるための技術である。

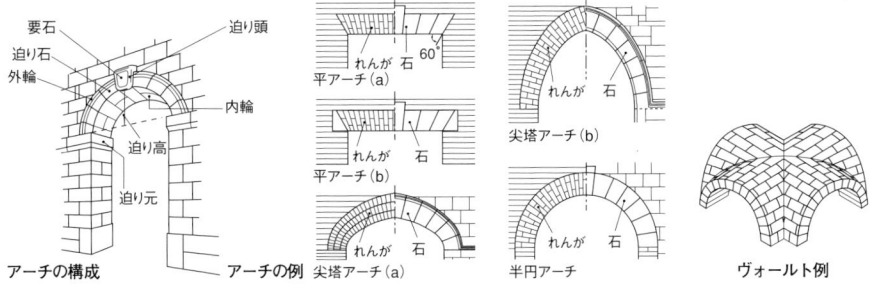

アーチの構成（要石、迫り石、外輪、内輪、迫り頭、迫り高、迫り元）
アーチの例
平アーチ（a）
平アーチ（b）
尖塔アーチ（a）
尖塔アーチ（b）
半円アーチ
ヴォールト例

補強コンクリートブロック造の外断熱二重壁構法の例

補強コンクリートブロック構造は、芋積み施工を原則としてきた。組積造の考え方からすると外れるが、芋積みは鉄筋で補強したうえで組積施工がしやすい長所もある。この長所を生かす目的で、鉄筋は一体の連続した鉄筋を使用し、臥梁（がりょう）にしっかり定着させて耐震性能を向上させる。同様な構造に、補強れんが構造、補強セラミックブロック構造、型枠コンクリートブロック構造などがある。これらの構造は、すべて蓄熱容量が木造などの軽量な建築と比べて優れているため、省エネルギー構法として外断熱構法が普及しつつある。

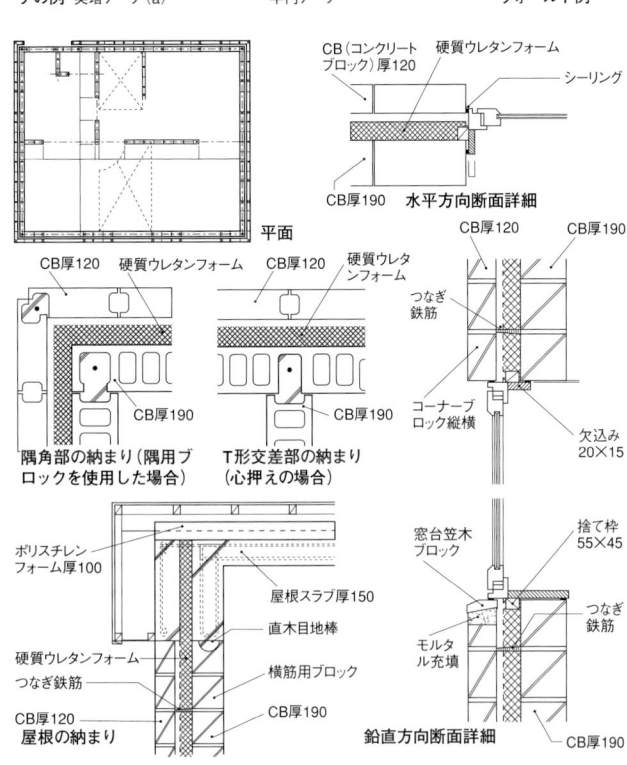

平面
隅角部の納まり（隅用ブロックを使用した場合）
T形交差部の納まり（心押えの場合）
屋根の納まり
水平方向断面詳細
鉛直方向断面詳細

構造　中低層建築

鉄筋コンクリート組積造
hybrid structure of reinforced concrete and masonry

20世紀の前半、世界各地で発生した大規模な地震は、ヨーロッパにおいて伝統的に建設されてきた焼成れんがによる無筋の組積造に対して多大な被害をもたらした。補強組積造は、その反省のうえに立って考え出された建築構法であり、アメリカ西海岸およびニュージーランドを中心に多用され、そして地震が多発するラテンアメリカやアジアの地域に急速に普及しつつある。わが国においては、耐震性とともに耐久性や防水性の大きな耐火構造が求められ、組積造と鉄筋コンクリート構造（RC造）の長所を発揮するように、両構造のハイブリッド構造としての性格をより鮮明にし新しく開発されたのが、鉄筋コンクリート組積造である。鉄筋コンクリート組積造の構造は、これまでの型枠コンクリートブロック構造とは基本的に異なり、①RCの臥梁（がりょう）が不要、②曲げ補強筋の重ね継手が可能（縦筋のあと施工可）、③5層までの建物の建築が可能となる。

鉄筋コンクリート組積造の構成
モジュール化した小型の薄肉打込み型枠を活用した一種の壁式鉄筋コンクリート構造で、組積造の耐久性と鉄筋コンクリート構造の耐震性をあわせもつ。

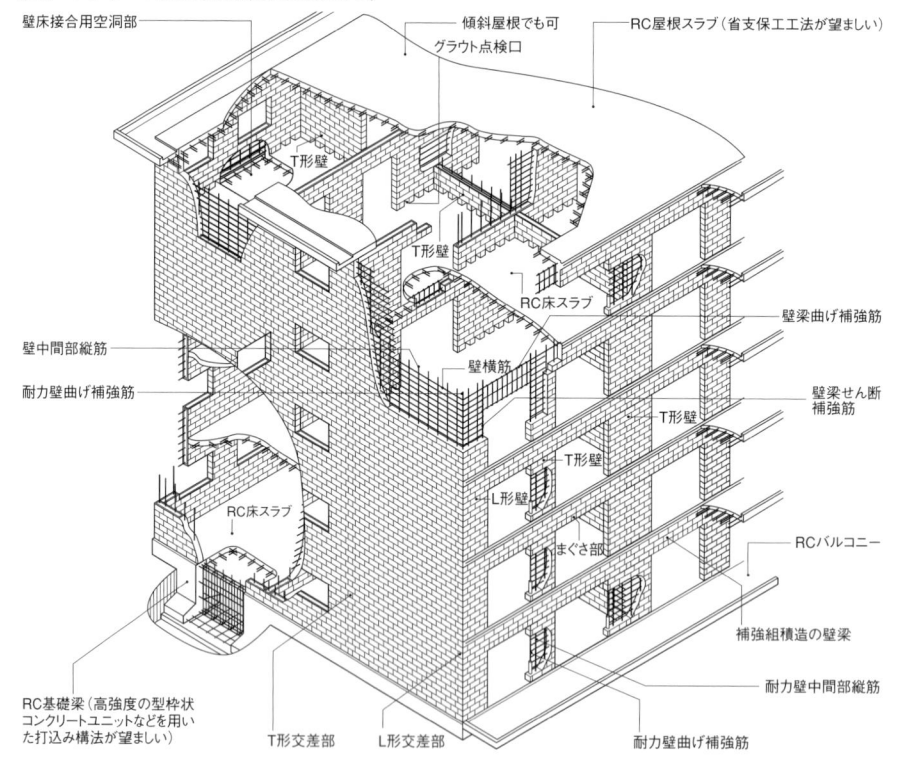

鉄筋コンクリート組積造の特徴
○壁式鉄筋コンクリート構造と同等の耐震性。
○高品質のれんが、および石材を用いた組積造との同等の耐久性。
○必要な細部設計ならびに荘重な外観を容易に実現。
○近代建築構法にとって不可欠な、適切な施工速度と信頼性。
○気密性の高い空間と自然素材の活用によって、寒冷地から蒸暑地までの広範囲の気象環境下でも適用できる優れた環境性能。

中低層建築　構造

鉄筋コンクリート組積造と型枠コンクリートブロック構造の相違

下図は、壁梁と壁との取合い部におけるユニットと鉄筋をそれぞれ比較することによって、鉄筋コンクリート組積造と型枠コンクリートブロック構造の違いを示している。

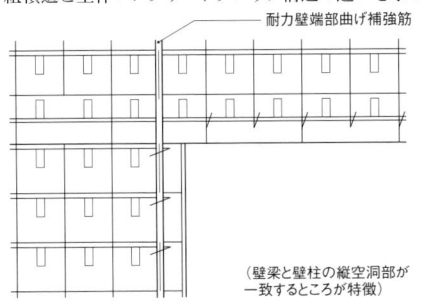

鉄筋コンクリート組積造：梁は鉄筋コンクリート組積造の壁梁とすることによって、組積造としての外観となる。

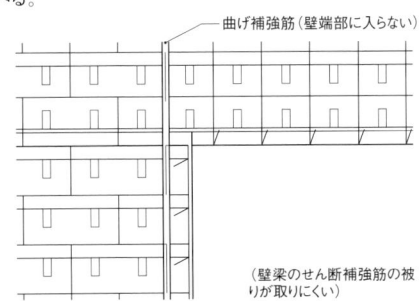

型枠コンクリートブロック構造：梁は鉄筋コンクリート構造の臥梁とする。外観上、RC梁が現れる。

鉄筋コンクリート組積造のユニットのしくみ

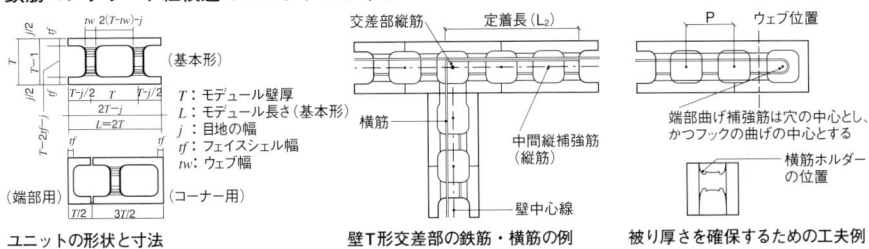

- T：モデュール壁厚
- L：モデュール長さ(基本形)
- j：目地の幅
- tf：フェイスシェル幅
- tw：ウェブ幅

ユニットの形状と寸法／壁T形交差部の鉄筋・横筋の例／被り厚さを確保するための工夫例

施工工程の特徴

RCの型枠工事の代わりに、ユニットを用いて打込み型枠構法とし、外力作用時にユニットと内部コンクリート(グラウト)がともにはたらくように工夫された施工工程となっている。

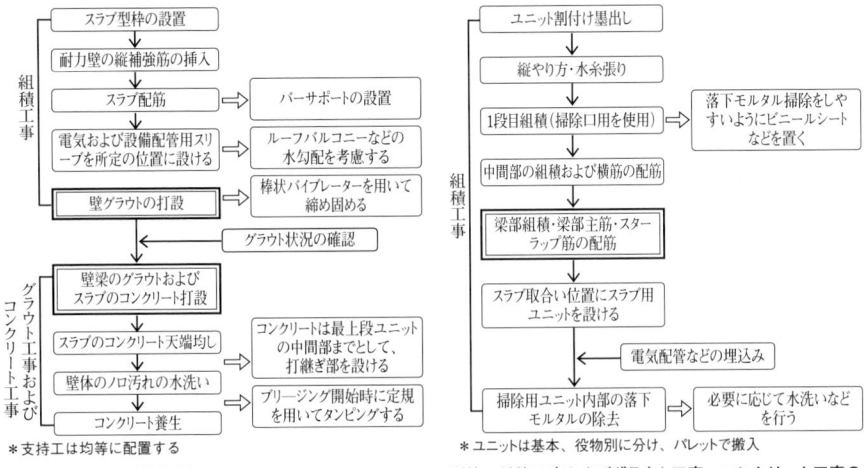

組積工事のフロー(基準階)

- スラブ型枠の設置
- 耐力壁の縦補強筋の挿入
- スラブ配筋 → バーサポートの設置
- 電気および設備配管用スリーブを所定の位置に設ける → ルーフバルコニーなどの水勾配を考慮する
- 壁グラウトの打設 → 棒状バイブレーターを用いて締め固める
- グラウト状況の確認
- 壁梁のグラウトおよびスラブのコンクリート打設
- スラブのコンクリート天端均し → コンクリートは最上段ユニットの中間部までとして、打継ぎ部を設ける
- 壁体のノロ汚れの水洗い → ブリージング開始時に定規を用いてタンピングする
- コンクリート養生

＊支持工は均等に配置する

型枠・鉄筋工事およびグラウト工事・コンクリート工事のフロー(基準階)

- ユニット割付け墨出し
- 縦やり方・水糸張り
- 1段目組積(掃除口用を使用) → 落下モルタル掃除をしやすいようにビニールシートなどを置く
- 中間部の組積および横筋の配筋
- 梁部組積・梁部主筋・スターラップ筋の配筋
- スラブ取合い位置にスラブ用ユニットを設ける
- 電気配管などの埋込み
- 掃除用ユニット内部の落下モルタルの除去 → 必要に応じて水洗いなどを行う

＊ユニットは基本、役別に分け、パレットで搬入

構造　中高層建築

コンクリート系ラーメン構造(RC造・高層RC造) *reinforced concrete structure, high-rise reinforced concrete structure*

材料として鉄筋コンクリートを構造部材に用いる場合、構造形式としては柱と梁によって構成される剛な骨組をつくるラーメン構造が広く用いられている。RCのラーメン構造は、各部材を一体として構築することができ、地震に対して強く安全な構造を得やすい。また耐火性や耐久性に優れ、剛性が高く、揺れの面から居住性が高いことが特徴である。一方、自重が大きいため大スパンに不向きで、基礎や杭への負担が大きくなる。RC建築の高層化は、構造設計法および施工技術の高度化、コンクリートや鉄筋など材料の高強度化によって実現されている。

コンクリート系ラーメン構造の特徴

コンクリート系ラーメン構造は、大別すると柱、梁、床スラブ、耐震壁の構造部材と、これらの接合部から構成される。RC造の特徴は引張力を鉄筋に、圧縮力を鉄筋とコンクリートに負担させることであり、適切な断面設計とともに、各部材には力の流れを考えて適切な位置に鉄筋を配置しなければならない。また、ラーメンに十分な強度と変形がはたらくためには、接合部においても適切な強度と変形性能が必要となる。

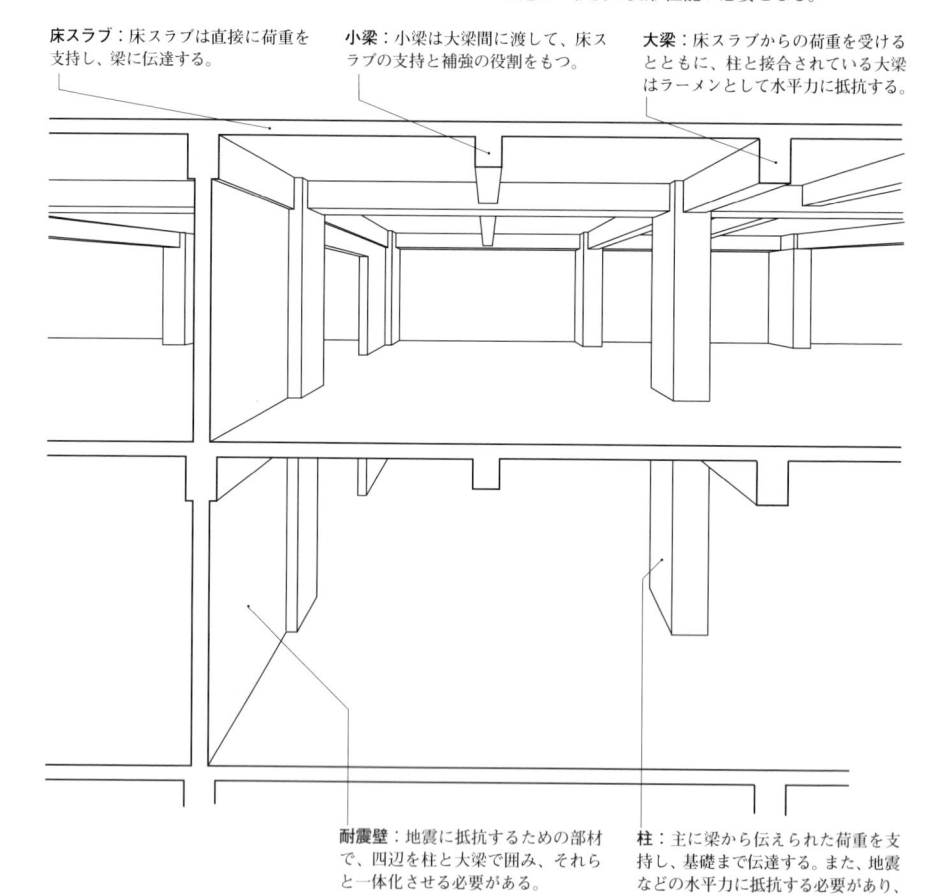

床スラブ：床スラブは直接に荷重を支持し、梁に伝達する。

小梁：小梁は大梁間に渡して、床スラブの支持と補強の役割をもつ。

大梁：床スラブからの荷重を受けるとともに、柱と接合されている大梁はラーメンとして水平力に抵抗する。

耐震壁：地震に抵抗するための部材で、四辺を柱と大梁で囲み、それらと一体化させる必要がある。

柱：主に梁から伝えられた荷重を支持し、基礎まで伝達する。また、地震などの水平力に抵抗する必要があり、粘り強い設計にしなければならない。

各構造部材の特徴と構成

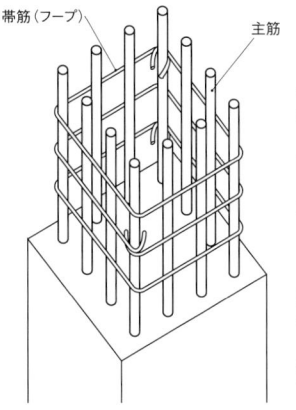

柱：柱の鉄筋は基本的に、主筋（4本以上）と帯筋から構成される。せん断力に対する補強とともに圧縮力によって主筋が外側に座屈するのを防止し、かつ内部のコンクリートが膨れ出して壊れるのを防いでいる。

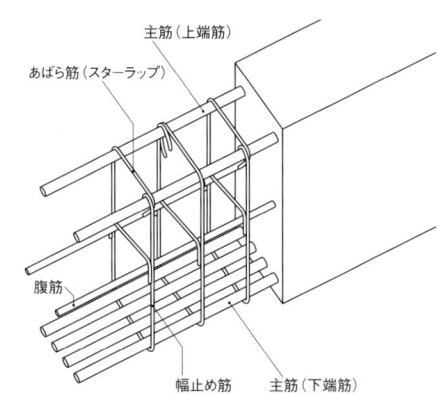

梁：梁の鉄筋は上下の主筋とせん断補強筋であるあばら筋から基本的に構成される。主筋は曲げモーメントに有効にはたらくように配されるが、圧縮側にも主筋を配する複筋としなければならない。

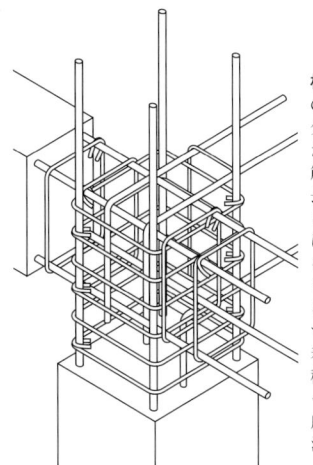

柱梁接合部：梁の応力を柱に十分に伝達させるためには、梁主筋を適切な定着長さで柱に定着させる。梁主筋は柱に柱中心線を超えてから折り曲げて定着するか、引通しにする。必要な定着長さは鉄筋の種類、コンクリートの種類や強度などによって決定される。

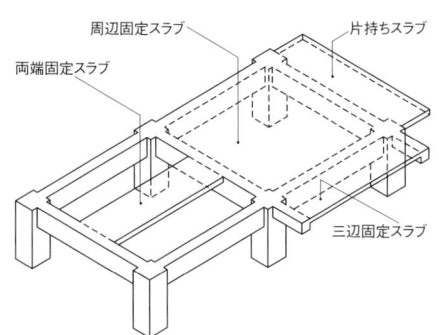

床スラブ：単にスラブともいう。床スラブの応力は周辺の支持状態で異なる。また、床スラブは人間が直接使用する部材であり、強度のほかに剛性を確保し、たわみや地震に対する配慮が必要である。

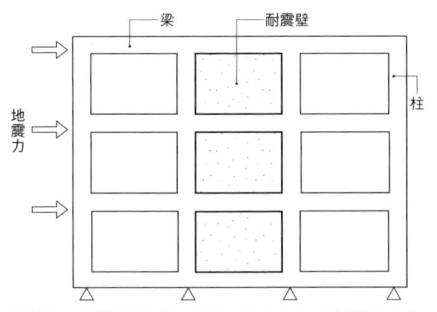

耐震壁：耐震壁が有効にはたらくためには、平面的にも立体的にもバランスよく配置する。高さ方向に連続的に配置した耐震壁（連層耐震壁）は、地震力を上階から下階へ、さらに基礎まで順次伝達する。

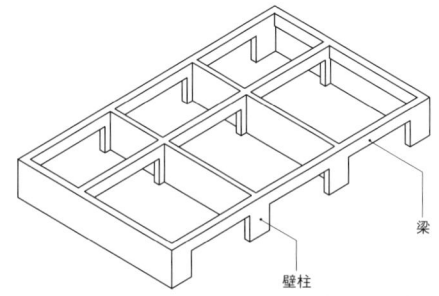

壁式ラーメンRC造：RC造のラーメン構造と壁式構造を併用し、共同住宅などのRC造の中高層化を可能とした構造形式。梁間方向を連層耐震壁による壁式構造とし、かつ桁行方向を偏平な柱を含む剛節架構（壁式ラーメン）としたRC造である。中高層建築に適用される。

構造　中高層建築

鉄骨系ラーメン構造 *steel framed structure*

柱と梁が剛接された鉄骨造は、戸建の住宅や中高層のオフィスビル、また集合住宅から60階程度の超高層建築に至るまで、鉄骨構造の建築では最も一般的に用いられる構造形式である。超高層建築が出現してからは、軽量化・高性能化の要求によって各種形式の耐震要素を組み込んだ耐震構造が考案されてきた。鉄骨構造は鉄筋コンクリートのような一体構造とは異なり、鋼材を所定の形状と寸法に切断・穴あけし、ボルトや溶接によって柱・梁などの部材を製作し、これらを接合して架構を完成させる組立構造である。

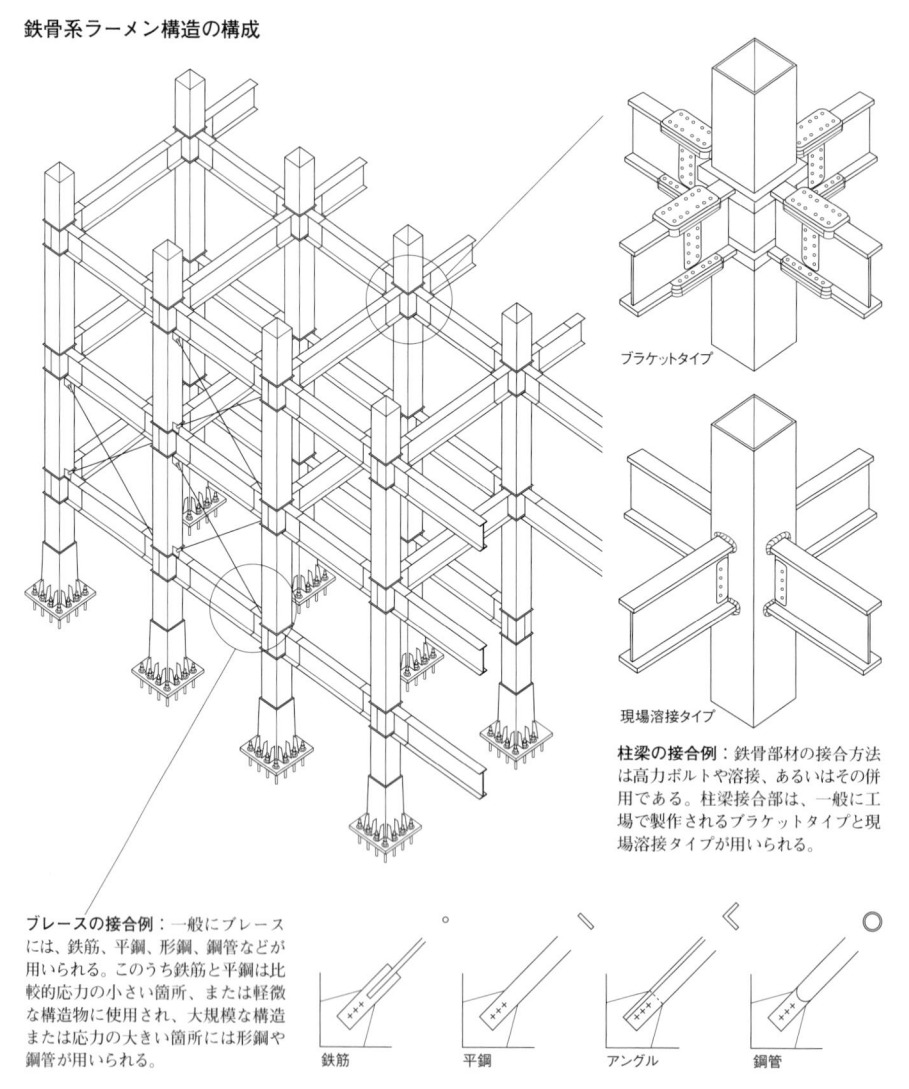

鉄骨系ラーメン構造の構成

ブラケットタイプ

現場溶接タイプ

柱梁の接合例：鉄骨部材の接合方法は高力ボルトや溶接、あるいはその併用である。柱梁接合部は、一般に工場で製作されるブラケットタイプと現場溶接タイプが用いられる。

ブレースの接合例：一般にブレースには、鉄筋、平鋼、形鋼、鋼管などが用いられる。このうち鉄筋と平鋼は比較的応力の小さい箇所、または軽微な構造物に使用され、大規模な構造または応力の大きい箇所には形鋼や鋼管が用いられる。

鉄筋　　平鋼　　アングル　　鋼管

鉄骨の断面形状
鉄骨構造に用いられる鋼材を形状的に分類すれば、棒鋼、平鋼、鋼板のほかに、下図に示す形鋼や鋼管などがある。これらの断面寸法には種々あり、それぞれJISに定められている。

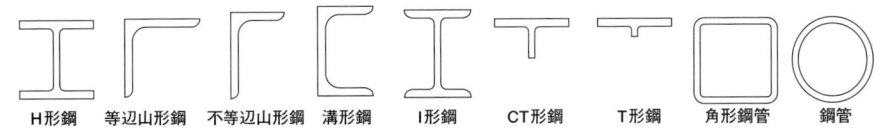

H形鋼　等辺山形鋼　不等辺山形鋼　溝形鋼　I形鋼　CT形鋼　T形鋼　角形鋼管　鋼管

ボルト接合の方法
ボルト溶接には、普通ボルト接合と高力ボルト摩擦接合があり、普通ボルト接合はせん断力により、高力ボルト摩擦接合は摩擦により力を伝達させる。

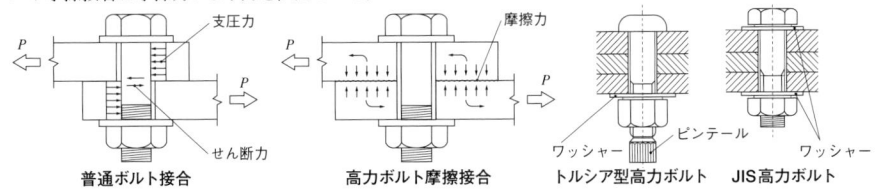

普通ボルト接合　　高力ボルト摩擦接合　　トルシア型高力ボルト　　JIS高力ボルト

溶接接合の方法
溶接とは、金属材料がその接合箇所において溶融状態となって結合される接合法である。ボルト接合のように穴をあける必要はなく、接合部の連続性が保て、剛性が高く気密性もよい。建築構造物の溶接に最も多く用いられるのは、アーク溶接である。アーク溶接はアークを安定させ、溶融金属中に有害な物質混入することを防ぐことが必要で、そのためにさまざまな工夫がなされている。

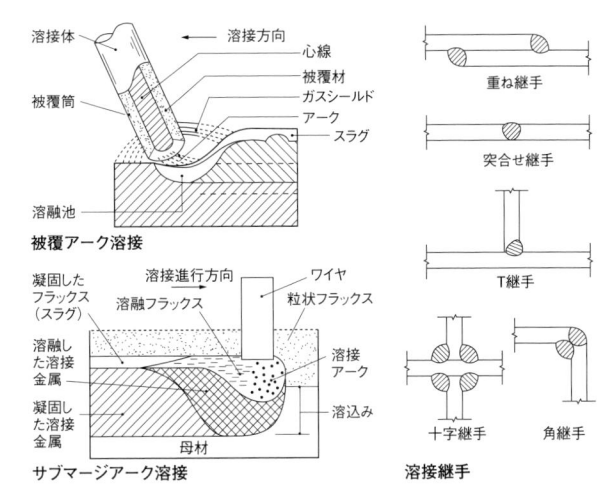

被覆アーク溶接　　サブマージアーク溶接　　溶接継手

重ね継手／突合せ継手／T継手／十字継手／角継手

固定型柱脚の種類
曲げモーメントを伝える固定型柱脚には、露出型柱脚、根巻き型柱脚、埋込み型柱脚の3つの形式がある。露出型柱脚の使用にあたっては、固定度の低下ということを考慮する必要がある。

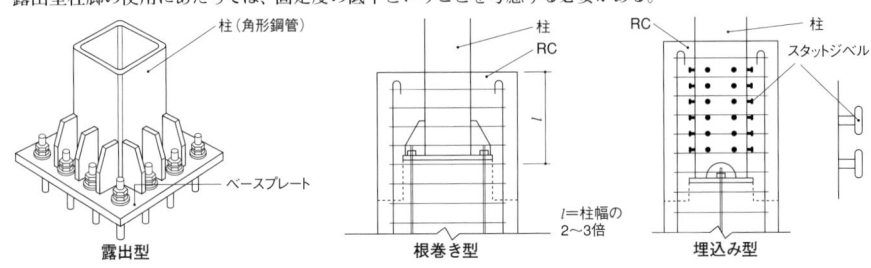

露出型　　根巻き型（$l=$柱幅の2〜3倍）　　埋込み型

構造　中高層建築

鉄骨系複合構造（SRC造/CFT造）
composite structures (steel and reinforce concrete structure/concrete-filled steel tube structure)

鉄骨は粘りがあり、引張力に強い反面、圧縮力には座屈による耐力の低下があり、剛さも比較的小さい。一方、コンクリートは引張りに弱いが圧縮に強く、剛さは大きい。鉄骨の長所を生かし、短所をコンクリートの長所によって補わせた構造が鉄骨系複合構造である。代表的なものには、鉄筋コンクリートに鉄骨を内蔵させた鉄骨鉄筋コンクリート構造（SRC造）があげられる。鉄骨に対して鋼管を用いたものを鋼管コンクリート構造として区別しているが、このうちコンクリートを鋼管の内部にのみ充填させた充填形鋼管コンクリート構造（CFT造）が、最近多く利用されている。

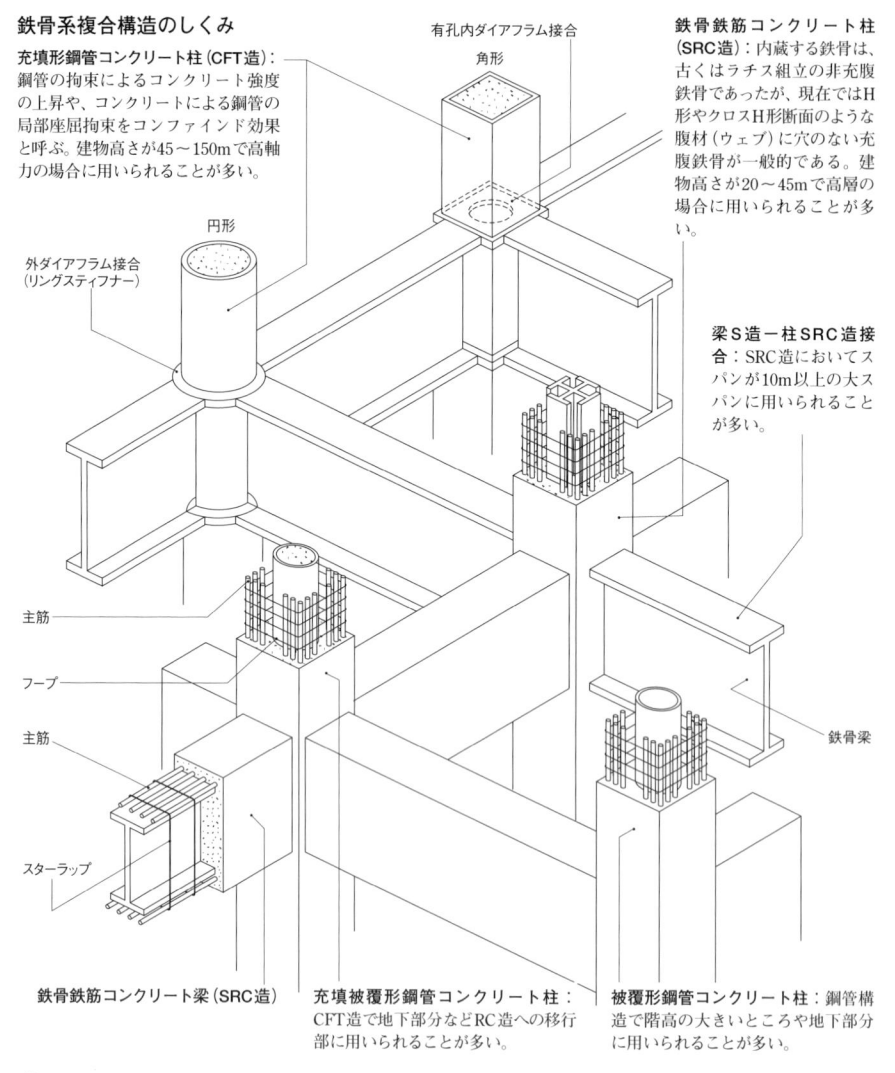

鉄骨系複合構造のしくみ

充填形鋼管コンクリート柱（CFT造）：鋼管の拘束によるコンクリート強度の上昇や、コンクリートによる鋼管の局部座屈拘束をコンファインド効果と呼ぶ。建物高さが45～150mで高軸力の場合に用いられることが多い。

有孔内ダイアフラム接合

角形

円形

外ダイアフラム接合（リングスティフナー）

鉄骨鉄筋コンクリート柱（SRC造）：内蔵する鉄骨は、古くはラチス組立の非充腹鉄骨であったが、現在ではH形やクロスH形断面のような腹材（ウェブ）に穴のない充腹鉄骨が一般的である。建物高さが20～45mで高層の場合に用いられることが多い。

梁S造－柱SRC造接合：SRC造においてスパンが10m以上の大スパンに用いられることが多い。

主筋

フープ

主筋

鉄骨梁

スターラップ

鉄骨鉄筋コンクリート梁（SRC造）

充填被覆形鋼管コンクリート柱：CFT造で地下部分などRC造への移行部に用いられることが多い。

被覆形鋼管コンクリート柱：鋼管構造で階高の大きいところや地下部分に用いられることが多い。

中高層建築 **構造**

そのほかの鉄骨系複合構造

鉄骨部材の座屈をコンクリートにより拘束させて、圧縮抵抗を十分に発揮させたり、鉄骨に引張力、コンクリートに圧縮力を分担させて、それぞれの長所を生かすことによって、より合理的な複合構造を実現することができる。

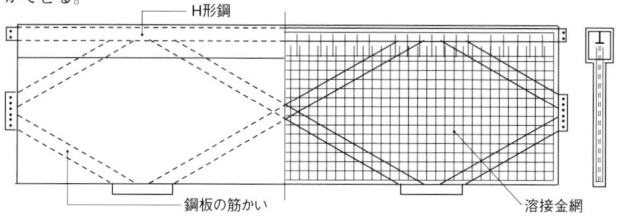

合成壁：コンクリート板で鋼板筋かいの曲げ座屈を防止させる。

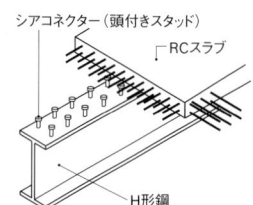

合成梁：鉄骨梁にRCスラブを緊結し、スラブに圧縮力を分担させて曲げ抵抗を向上させる。

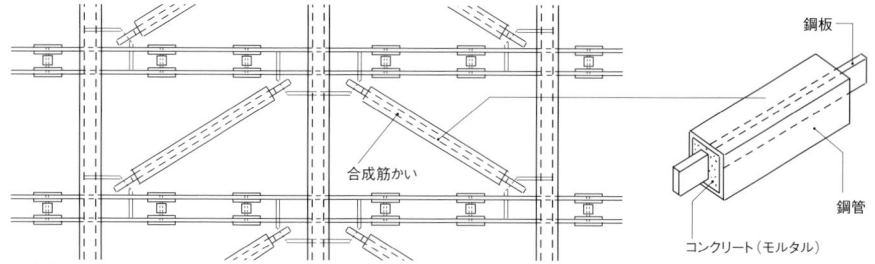

合成筋かい：鋼管コンクリートで鋼板筋かいの曲げ座屈を防止し、引張力と圧縮力に有効な筋かいとする。

複合構造の特徴

SRC造はRC造の短所を補うとともに長所を有し、外力にともなう建物の変形が小さく居住性に富み、耐火性能にも優れている。CFT造は逆に、S造の長所である設計の自由度や部材の工場製作加工が可能で、施工性に有利である。

特性 \ 構造種別	RC	SRC	CFT	S
空間の自由度	□	○	○	◎
高層建築への適応性	□	○	○	◎
地震・台風時の揺れ	◎	◎	○	□
耐火性	◎	◎	○	□
施工性	○	□	○	◎

鋼材量 小（コンクリート系）⟹ 多（鉄骨系）

◎：非常に優れている
○：優れている
□：普通

部材の累加耐力と塑性変形能力

複合部材の累加耐力とは、鉄骨とコンクリートの単独の耐力の和（ベクトル和）で表すことができる。塑性変形能力とは部材が降伏した後、どれだけその耐力を維持して変形できるかを示すもので、地震力のエネルギー吸収の観点から重要である。鉄骨の塑性変形能力は、局部座屈によって評価される。複合構造ではコンクリートによって座屈が拘束され、変形能力を向上させる。

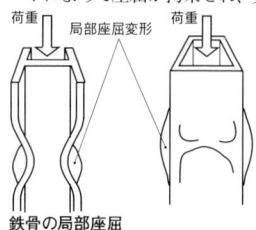

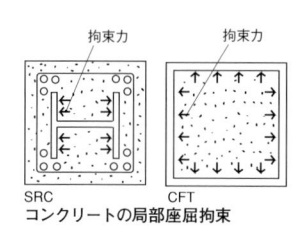

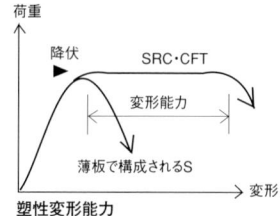

鉄骨の局部座屈

コンクリートの局部座屈拘束

塑性変形能力

構造　超高層・超超高層建築

コア構造　*core structure*

コアは中心部にあって集中した機能を果たす部分をさし、機能上・構造上の両者の意味を包含している。構造上の役割を重視する場合は特に構造コアといい、構造要素を効果的に配置したコアをコア構造という。高層オフィスの場合、機能上はオフィスワークのユーティリティである倉庫、階段、水まわり、設備機械室など諸室を縦にまとめたエリアをさす。構造上のコアは、構造計画上連層の構造要素として耐震構造計画あるいは耐風構造計画において有効に利用する部分をさす。計画にあたってはコアと梁を接続し、より強固な架構とする。また、コアが分散する場合は、コアどうしを組み合わせ、スーパービームを接続してスーパーフレームとすることも考えられる。

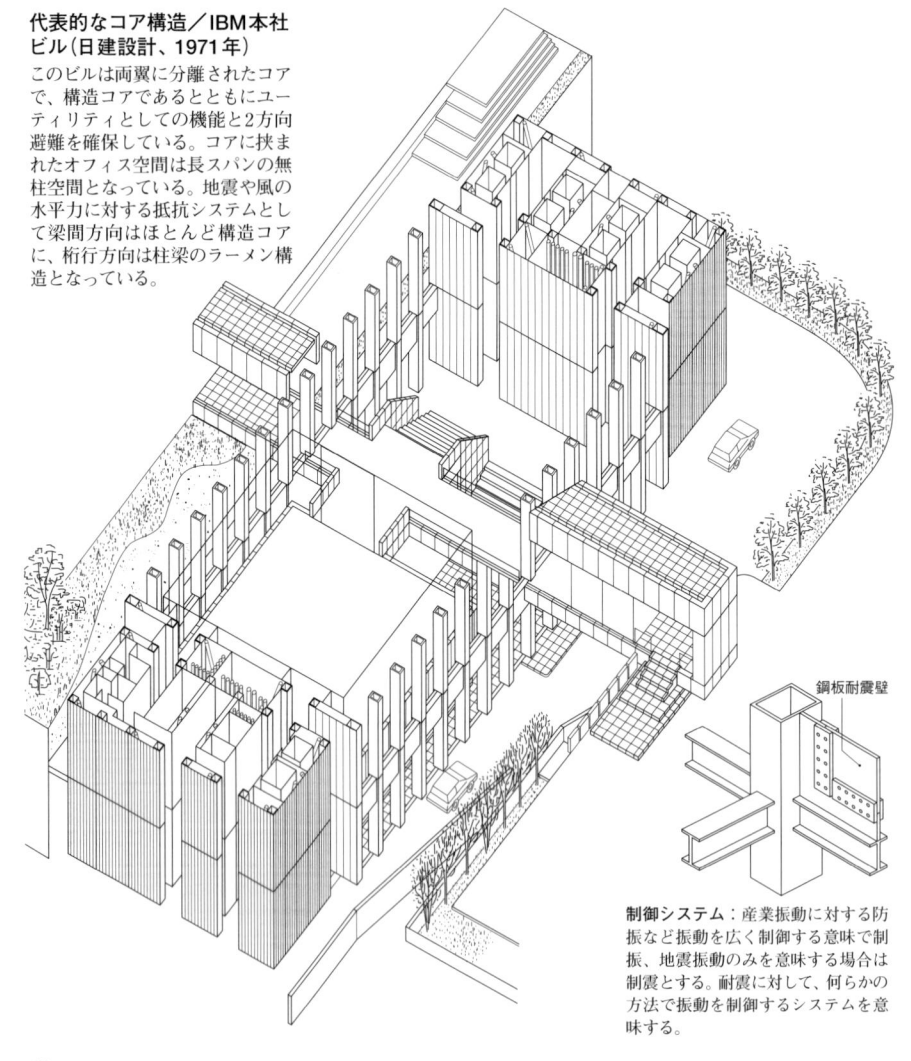

代表的なコア構造／IBM本社ビル（日建設計、1971年）
このビルは両翼に分離されたコアで、構造コアであるとともにユーティリティとしての機能と2方向避難を確保している。コアに挟まれたオフィス空間は長スパンの無柱空間となっている。地震や風の水平力に対する抵抗システムとして梁間方向はほとんど構造コアに、桁行方向は柱梁のラーメン構造となっている。

鋼板耐震壁

制御システム：産業振動に対する防振など振動を広く制御する意味で制振、地震振動のみを意味する場合は制震とする。耐震に対して、何らかの方法で振動を制御するシステムを意味する。

超高層・超超高層建築　**構造**

コアのタイプ

コアのタイプは、単一コアと複数コアに分類される。単一コアは境界梁によって全体曲げを是正し、水平力に有効な抵抗を示すようにする。一方、複数コアは日の型やそのほかの形のスーパーフレームを構成し、全体架構の剛性耐力を確保する。

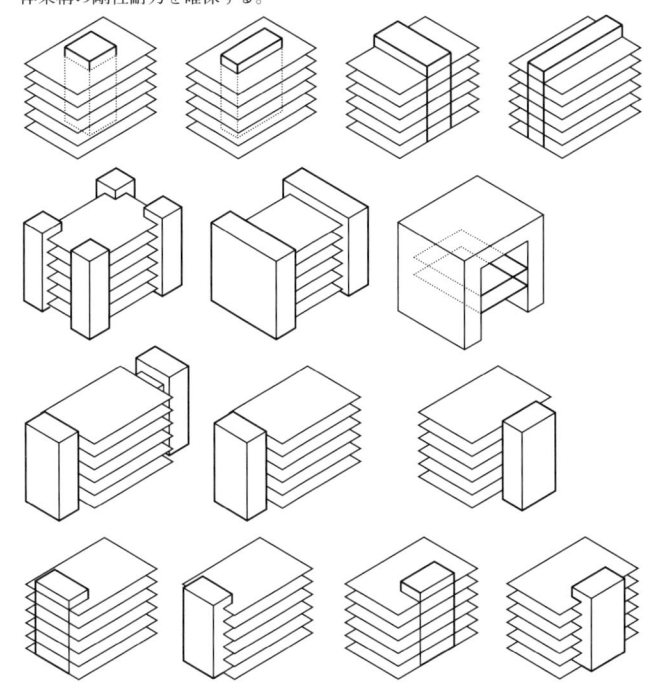

センターコア（単一コア）：コアの位置が中央に配置され、境界を配置する形式外殻構造と組み合わせる形式二重シャフト構造が考えられる。

分散コア（複数コア）：コアの位置をなるべく外側に配置し、内部空間の分断を避ける形式。分離した縦コアと設備階などの特殊階の水平架構を組み合わせ、スーパーフレームとすることがある。

分離コア（複数コア）：均質な事務空間を確保するため、コア部を外へ分離して廊下などで連結する形式。コアに配置した構造要素の剛性が低下し、耐震架構として利用しにくい。

片寄せコア（単一コア）：コアの位置が計画上分離することができず、片寄せとしている形式。コア内の構造要素が偏心するため、構造上バランスを確保するのが難しい。

コア構造の事例

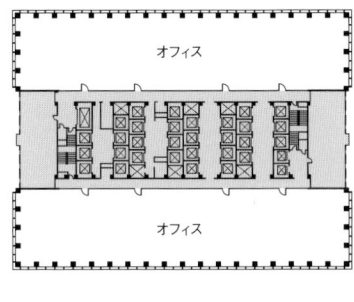

センターコア／新宿三井ビルディング（三井不動産＋日本設計、1974年）：両側のオフィス空間に挟まれたリニアなセンターコアで、構造システムから分離されている。水平抵抗システムは建物外周に配置され、特に両妻の大きなブレースは建物の表情をつくっている。桁行方向は通常の柱梁のラーメン構造である。

片寄せコア／千駄ヶ谷インテス（竹中工務店、1991年）：このビルの平面は半月状の独特の形をしており、柱梁のラーメン構造の一部に、ユーティリティとしてのコアが融合している。

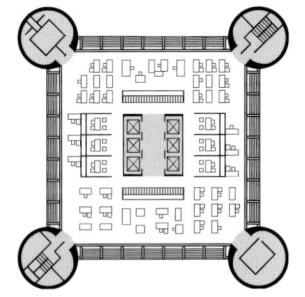

分散コア／ナイツ・オブ・コロンバスホール（ケヴィン・ローチ＋ジョン・ディンケル、1967年）：避難・設備用スペースをそれぞれ対角状に配置された円筒形シャフトに納め、それらを結ぶスーパーフレームと床構造を支持している。中央にエレベーターを含むユーティリティが位置する。

51

構造　超高層・超超高層建築

外殻（チューブ）構造 *hull structure*

超高層建築は風や地震による水平力を受ける。地震のほとんどないニューヨークでも、通常の気圧を大きく変動させるハリケーンが北上すれば、過大な水平力を受けることになる。わが国のような地震国では、超高層建築は常に水平力に対して抵抗方法を考える必要がある。水平力に対して建物の抵抗はなるべくせん断変形によるほうが効率的といえる。このためせん断変形に有利なように、外側に水平抵抗要素を配置した外殻構造が考えられた。一方オフィスビルでは、柱や壁のない空間が計画上有効であるため、外殻構造はこの点においても多くのビルの構造計画に採用されている。

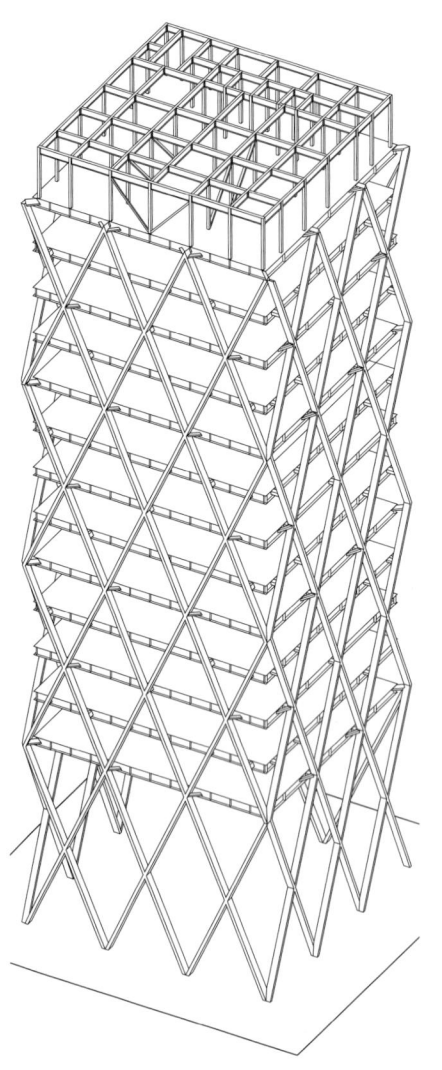

代表的な外殻構造／SANKYO新東京本社ビル（プランテック総合計画事務所、1999年）

このビルは斜め格子の特徴ある外観をしている。この斜めに張りめぐらせたかご状の架構は、建物の重量を伝えるとともに、外殻構造として地震や強風の抵抗要素となっている。また、斜めの部材の一部は地震エネルギーを吸収する制震部材となっている。耐震計画は、地震エネルギー吸収部材と常時荷重を支える構造を分離し、地震に対する損傷を制御している。斜めのメッシュはお互いに座屈長さを極小にし、結果としてスレンダーな構造部材によりデザインの意図を実現している。

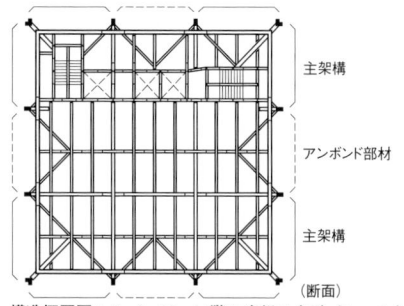

主架構
アンボンド部材
主架構
（断面）

構造概要図：2・6・10・14階の床組は水平ブレースを入れ、平面剛性を高めている。

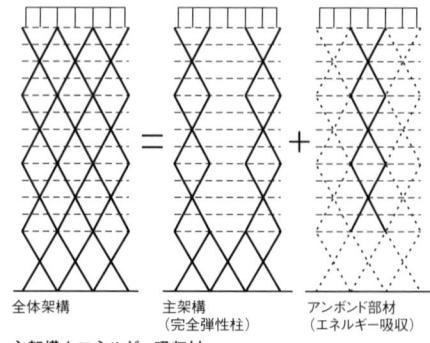

全体架構 ＝ 主架構（完全弾性柱） ＋ アンボンド部材（エネルギー吸収）

主架構＋エネルギー吸収材

超高層・超超高層建築　**構造**

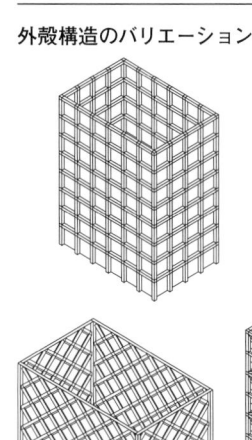

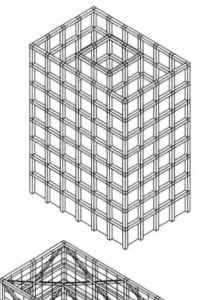

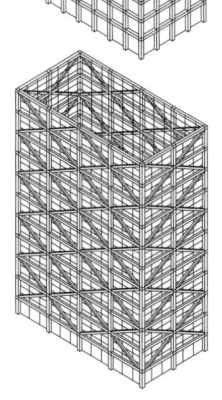

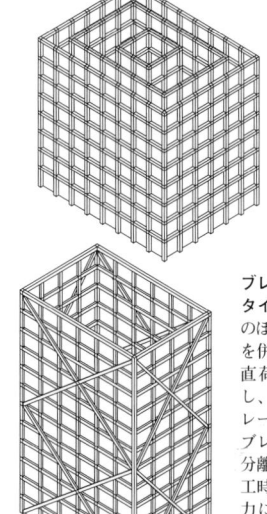

外殻構造のバリエーション

純ラーメンチューブのタイプ：水平材と垂直材によって構成される、格子状の外殻、ブレースや耐震壁を併設しないラーメン構造。水平力にはモーメントのみで抵抗するため、モーメントフレームとも呼ばれる。

ブレース付きチューブのタイプ：水平・垂直部材のほかに、斜めのブレースを併設した外殻構造。鉛直荷重を柱・梁で支持し、水平力は主としてブレースで抵抗するタイプ。ブレースを鉛直荷重から分離することによって、施工時の歪み調整や温度応力に対して明快になる。特に建物全体にわたる大型ブレースを配置する場合に有効。

置換え部分のデザイン

建物の外側に構造要素を配置すると、下層階での出入口、地下階での駐車場の柱の配置上、適切な階に短スパンの柱を配置したベルトストラクチュアを設け、置換えをする必要がある。この置換え(丘立ち)部分を右図のようにデザインする例がある。

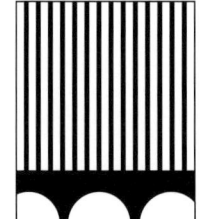

IBMビル(シアトル)

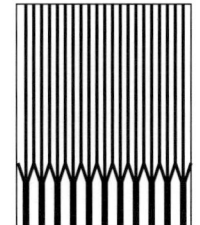

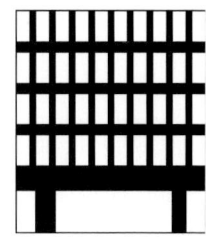

世界貿易センター
(ニューヨーク)

ファイナンシャルセンター
(シアトル)

オフィスビルにおける水平抵抗要素の配置

均質な多層空間を構成するオフィスビルの水平抵抗要素は、コアまわりか建物の外周のいずれかに配置する。それは、水平抵抗要素は地盤面を固定端とする一種のキャンティレバーと見なすことができ、高さと水平抵抗の比率(アスペクト比)によって架構全体曲げ卓越型、あるいはせん断卓越型に変形性状が分かれる。一般的に曲げ卓越型は、右図に示すように建物下部での端部の変動軸力が極端に大きくなり、合理的な柱の設計が難しくなる。この柱軸力を均等化させるためにベルトストラクチュアを設けたり、境界梁で曲げ戻しを期待した構造計画とする。外殻構造は水平抵抗要素の幅をできるだけ大きくとれることは、外殻構造の構造計画のうえで優れている点である。

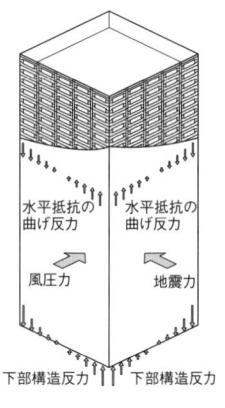

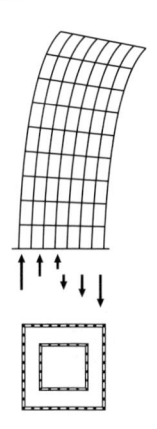

水平抵抗の曲げ反力　水平抵抗の曲げ反力

風圧力　地震力

下部構造反力　下部構造反力

53

構造　超高層・超超高層建築

メガストラクチュア　*mega-structure*

メガストラクチュアを直訳すれば「巨大構造」であるが、超高層建築や大スパン建築などで、個々の構造部材（柱や梁）を剛接合したり、ブレースで組み合わせることによって、個材の強度や剛性の単純和以上の効果を得ることを意図した「上位」の架構を形成するものをいう。複数層に渡るせいを有するメガ梁（あるいはスーパー梁）や1スパン分以上の幅を有するメガ柱（あるいはスーパー柱）により、大空間を柱なしで覆うことが可能になり、また剛性の増大によって振動を抑え、居住性を向上させることができる。

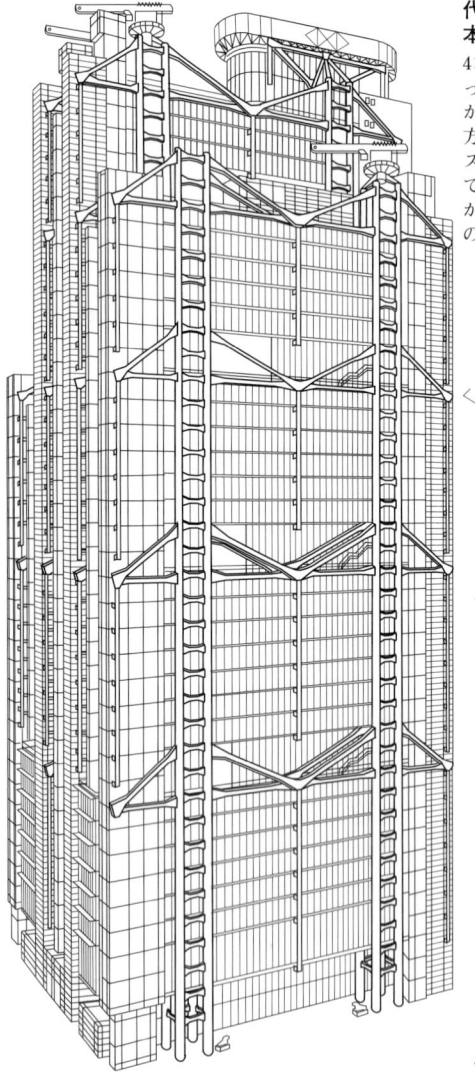

代表的なメガストラクチュア／香港上海銀行本店（ノーマン・フォスター、1986年）
4本の鋼管柱が各階でボックス梁によって一体となって形成されたマスト（フィーレンデールトラス柱）が平面上で2列×4本配される。マストどうしは東西方向には2層分のせいを有するサスペンショントラス、南北方向にはクロスブレースにより5つのレベルで連結される。中間階の床はサスペンショントラスから吊られるため、地表レベルではマスト以外に柱のない空間が実現される。

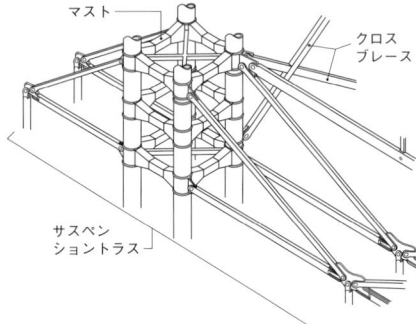

マストとサスペンショントラスの取合い

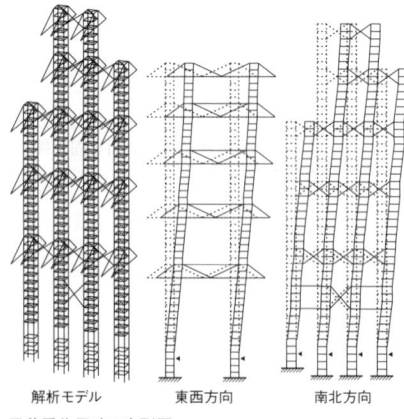

風荷重作用時の変形図
解析モデル　東西方向　南北方向

超高層・超超高層建築　構造

メガストラクチュアと組立材とのアナロジー

H形鋼や角形鋼管が製造される以前は、断面効率のよいH形状やボックス形状を得るため、山形鋼、平鋼、溝形鋼をリベットでつづり合わせて組立材とした。メガストラクチュアを構成するメガ柱などの発想は、組立材のアイデアをひとまわりスケールアップしたものととらえることができる。

つづり合せによる組立部材

メガストラクチュアの事例

複数の大空間を内包する高層建築や、各階に無柱のオフィス空間が求められた超高層建築、また最少の支点で長大スパンをとばす屋根架構などにおいて、メガストラクチュアの事例を見ることができる。

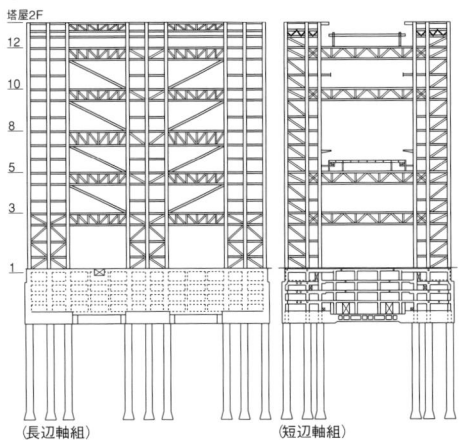

大阪国際会議場（黒川紀章建築都市設計事務所、1999年）：6本のスーパーコラムとスーパートラスにより、会議場やイベントホールといった大空間を垂直に重ねた構成を実現している。長辺方向にはパッシブ型制震装置（アンボンドブレース）を組み入れ、地震エネルギーを吸収させている。

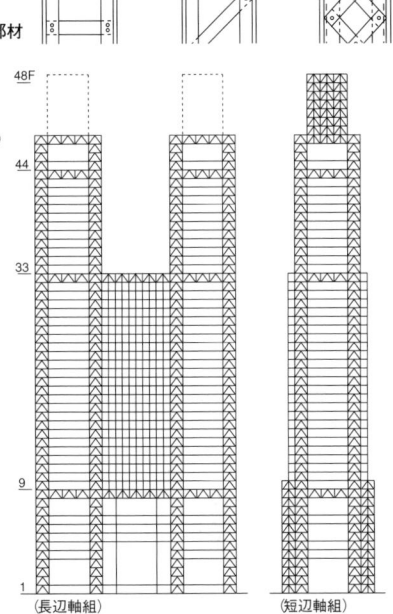

東京都庁舎・第1庁舎（丹下健三・都市・建築設計研究所、1990年）：複雑に出入りする外壁形状から受ける印象とは裏腹に、スーパー柱とスーパー梁が整然と配置されている。前者の内部は縦動線や設備シャフト、後者の層は設備機械室として利用されている。

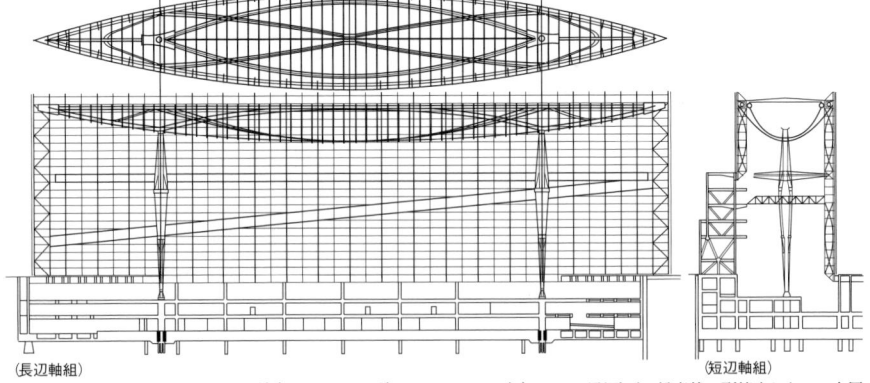

東京国際フォーラム・ガラスホール棟（ラファエル・ヴィニオリ、1996年）：レンズ型平面で船底状の形態をしたこの大屋根は2本の大柱に支持される。全体を1本の梁と見なしたときの曲げモーメントを軸力に分解し、圧縮力負担のアーチ状の鋼管および引張力負担のカテナリー状のケーブル、両者をつなぐリング材から構成されている。

構造　大空間・大スパン建築

トラス構造 *truss structure*

基本のグリッドが三角形で、線材によって構成される構造ユニットあるいは構造方式をトラス構造と総称している。トラス構造には平面トラスと立体トラスがあり、平面トラスは大スパンの1方向に応力を伝達する構造に適用され、立体トラスはスペースフレームに含まれ、より大スパンの構造に適用される。力学的にはトラスは、部材が三角形を構成するため、荷重・外力に対して軸方向応力で全体の荷重伝達がなされ、部材の応力としての曲げは2次的な大きさとなる。またトラス構造は、屋根・床を支え、壁を構成することもある。

代表的なトラス構造／センズベリーセンター（ノーマン・フォスター、1977年）
屋根面・壁面ともにパイプのトラスで構成されている。トラスの断面も三角形を構成する、いわゆる三角トラスで、部材のジョイントは溶接されたガセットプレートどうしをボルトで接合している。

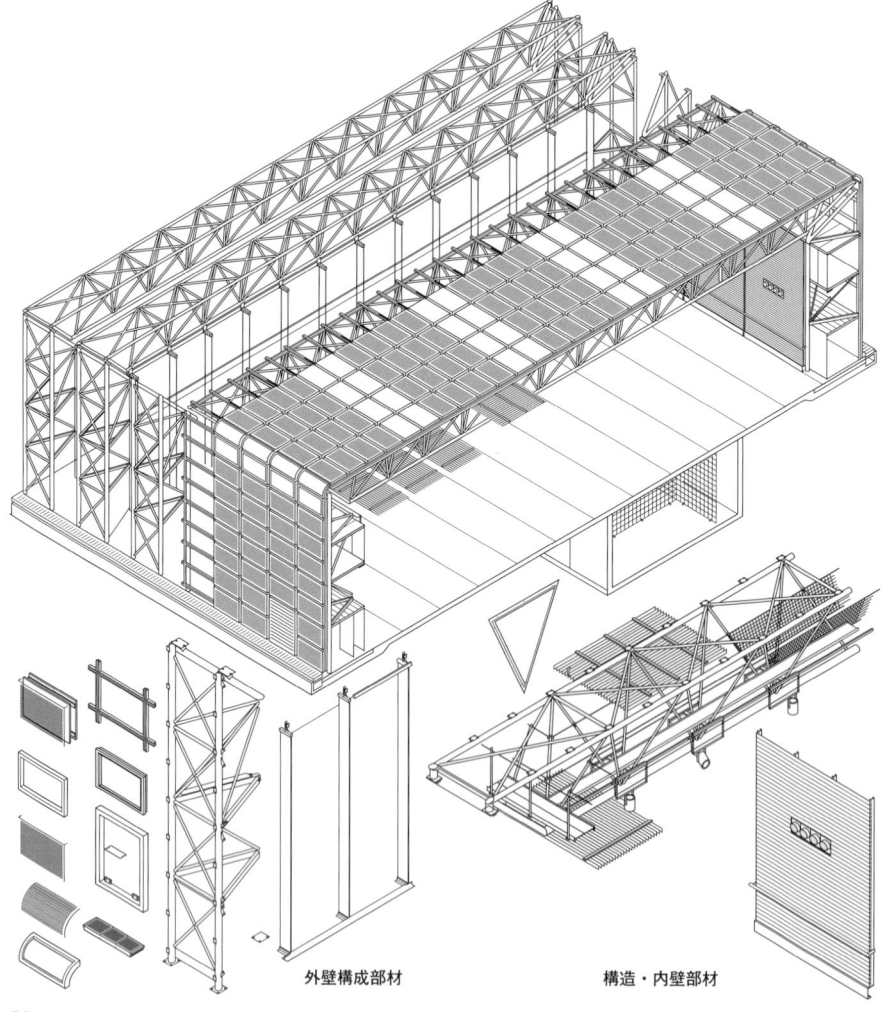

外壁構成部材　　　　構造・内壁部材

トラスの原理

節点Eに力が作用すると、部材A－D、B－E、C－FおよびD－E、E－Fは圧縮力を、部材B－D、B－Fは引張力を受ける。このようにトラス構造では、常に部材の応力は接点で釣り合うことにより、力が流れる。

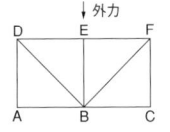

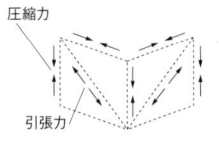

平面トラスのタイプ

平面トラスは、平行弦トラス、山形トラス、山形平行弦トラスの3つに分類される。平行弦トラスは主に大スパンの床を支えるトラスである。山形トラスは主に大スパンの屋根を支えるトラスであり、そのうちフィンクトラスは屋根勾配の高い場合に適用される。山形平行弦トラスも山形トラスと同様に屋根を支えるトラスであるが、より屋内空間を広くとれる。ただし、鉛直荷重に対してスラスト（水平移動）が生じる。

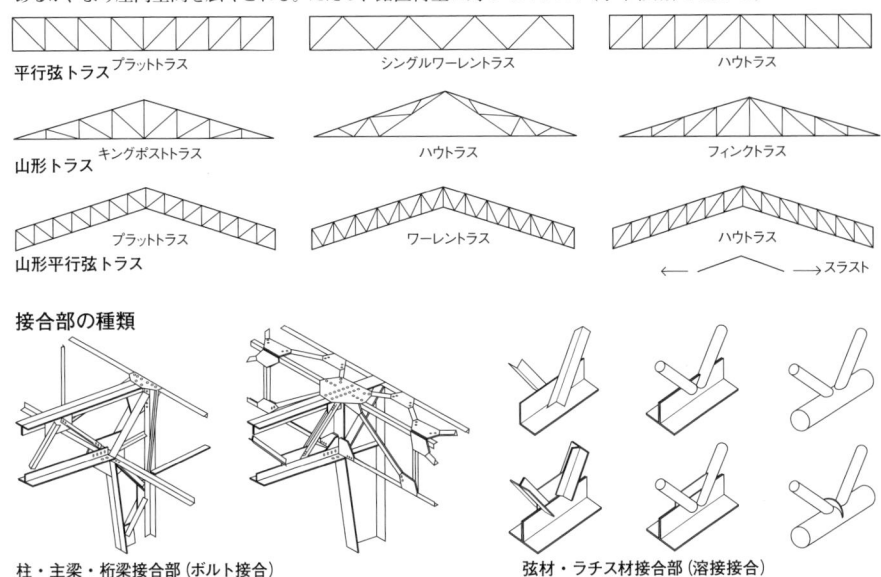

平行弦トラス　プラットトラス
シングルワーレントラス
ハウトラス

山形トラス　キングポストトラス
ハウトラス
フィンクトラス

山形平行弦トラス　プラットトラス
ワーレントラス
ハウトラス　スラスト

接合部の種類

柱・主梁・桁梁接合部（ボルト接合）
弦材・ラチス材接合部（溶接接合）

トラス構造の事例

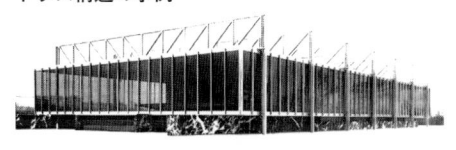

プラットトラス／マンハイムの劇場（ミース・ファン・デル・ローエ、1953年）：約50mの梁スパンを、プラットトラスで架け渡している。屋根の荷重のすべてを1スパンで支えている。

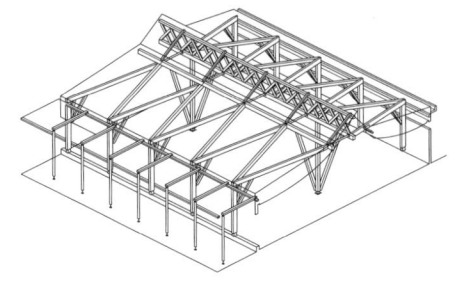

キングポストトラス／上田市マルチメディア情報センター（小宮山昭＋ユニテ設計・計画、1995年）：この建物の屋根を構成する構造方式は山形トラスの一種で、下弦材がアーチの形状をしていることに特徴がある。木構造であるため接合部の設計が重要になるが、支配的な荷重が鉛直力であることから、引張材を丸鋼とすることにより軽快な接合部を実現している。山形トラスの分類からは一種のキングポストトラスに含まれる。

構造　大空間・大スパン建築

スペースフレーム構造　*space frame structure*

スペースフレーム構造は立体構造とも呼ばれ、直線部材を同一平面内だけでなく、3次元的に組み立てた架構によって大空間を覆う構造である。また、曲率を有する面であれば単層で構成されるものもある。各部材に大梁・小梁といった上位・下位の格付けがなく、架構が同格の部材で構成される。どの点の荷重も2方向に伝達されるため部材断面を小さくすることができ、結果的に構造体の軽量化が実現できる。1点に多くの方向から部材が集中して取り合うため、接合部の技術の発展がこの構造形式を可能にした。

代表的なスペースフレーム構造／大阪万国博覧会お祭り広場（丹下健三十上田篤十磯崎新ほか、1970年）

291×108mの平面を38mの高さで覆う鋼管立体トラス。多数の部材を接合することに起因する誤差の蓄積を避けるため、組立施工には極めて高い精度が要求される。ここでは鋼管の長さ方向および取付き角度の調整機構を組み込んだ洗練されたディテールが考案された。節点のボールジョイント（φ800mm）と鋼管（φ300〜500mm）の端部に溶接されるキャップに鋳鋼品が大規模に使用されたことは、その後のヨーロッパ建築界を刺激したといわれる。

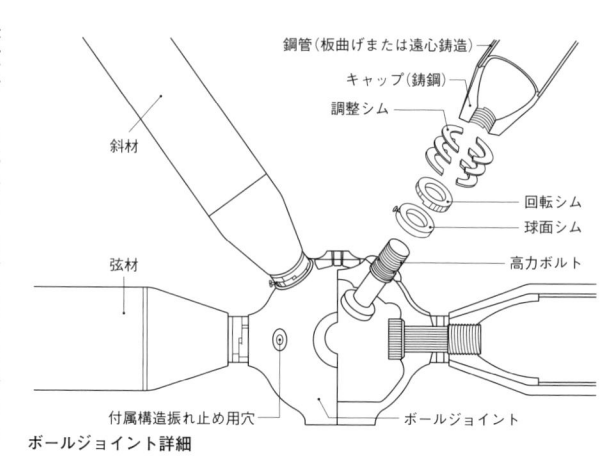

ボールジョイント詳細

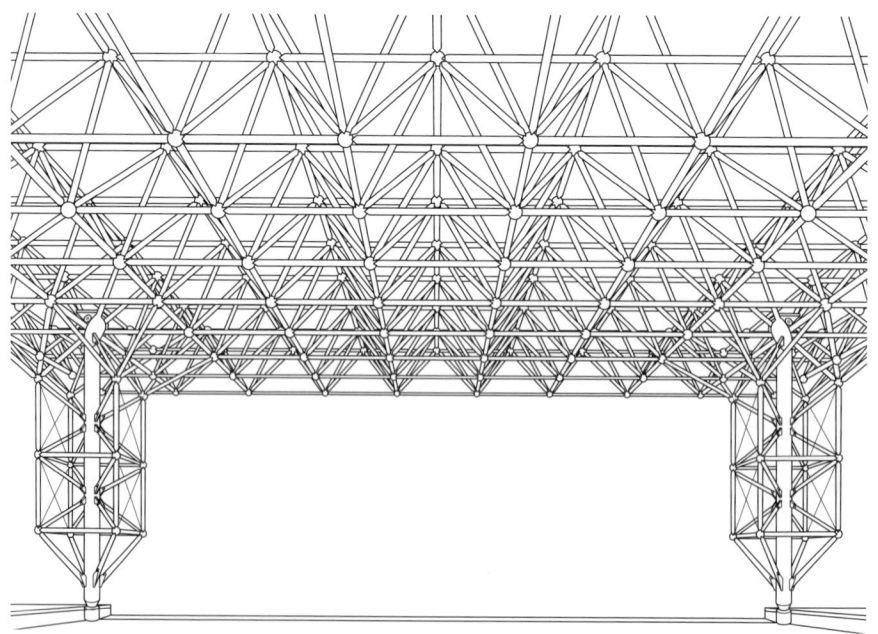

鋼管（板曲げまたは遠心鋳造）
キャップ（鋳鋼）
調整シム
回転シム
球面シム
高力ボルト
斜材
弦材
付属構造振れ止め用穴
ボールジョイント

大空間・大スパン建築　構造

形態のバリエーション
平板、ヴォールト、ドーム、シェルなど全体として面を構成するさまざまな形態がスペースフレームによって実現可能である。

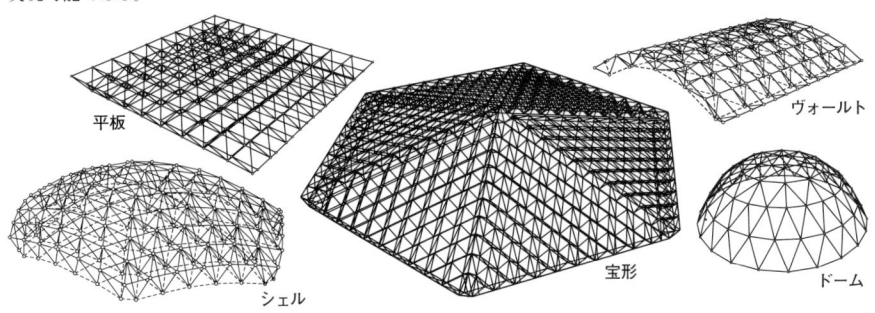

平板　　宝形　　ヴォールト
シェル　　　　　ドーム

立体トラスの接合部のバリエーション
接合方向の自由度、耐力などの力学的特性、部材軸の偏心量、部材加工性、施工性などさまざまな因子を考慮した接合部が考案されている。

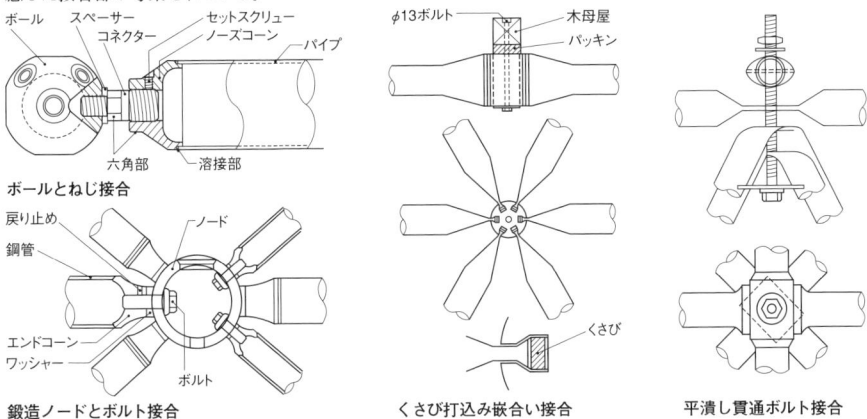

ボール　スペーサー　セットスクリュー　　φ13ボルト　木母屋
　　コネクター　ノーズコーン　　　　　　　　　パッキン
　　　　　　　　　　　パイプ

　　　　　六角部　溶接部

ボールとねじ接合

戻り止め
鋼管
　　　　　ノード
エンドコーン
ワッシャー
　　　　　ボルト

　　　　　　　　　　くさび

鍛造ノードとボルト接合　　**くさび打込み嵌合い接合**　　**平潰し貫通ボルト接合**

スペースフレーム構造の事例

モントリオール万国博覧会アメリカ館（バックミンスター・フラー、1967年）：フラーが開発したジオデシック（測地線）ドームの適用例。直径76mの球面を、内接する正二十面体の頂点どうしを測地線（大円）で結んで球面正三角形に分割し、これをさらに三角形に分割したものが形態の基本となっている。

巨大航空機格納庫計画案（コンラッド・ワックスマン、1950-53年）：1950年代にアメリカのワックスマンが考案した、正四面体で構成される巨大で平板な立体トラスシステム。1節点に最大20本の部材を簡単なハンマーで接続することが可能とされたが、13の要素の組合せのため複雑なものであった。

構造　大空間・大スパン建築

吊り構造・張弦梁構造 suspension structure, beam string structure

吊り構造は、吊り屋根構造と吊り床構造に大別される。吊り材としてのケーブル材の役割から、ケーブルが屋根面を形成するもの、別の構造要素でつくられた屋根面や床面などをケーブルで吊る形式などがある。張弦梁構造は、アーチ効果や圧縮抵抗をもつビーム（梁）に、スラスト（推力）吸収やサスペンション効果をもつストリング（引張材）が束材を介して結合された混合構造である。

代表的な吊り屋根構造／茨城県笠原運動公園体育館（アトリエ・K、1974年）

この建物は、①吊りおよび押えの両ケーブル群と屋根中央を吊り方向に走る吊り鉄骨（逆アーチ）とから構成されるケーブルネット式吊り屋根構造、②ケーブル群をつなぎ止めて下部構造へ屋根反力を伝達する境界縁梁構造、そして、③縁梁を支えている建物外周の二重壁およびその跳ね出し部を支える階段コアと隅部下端を結ぶつなぎ梁からなる下部支持構造という、3つの構造系によって成り立っている。

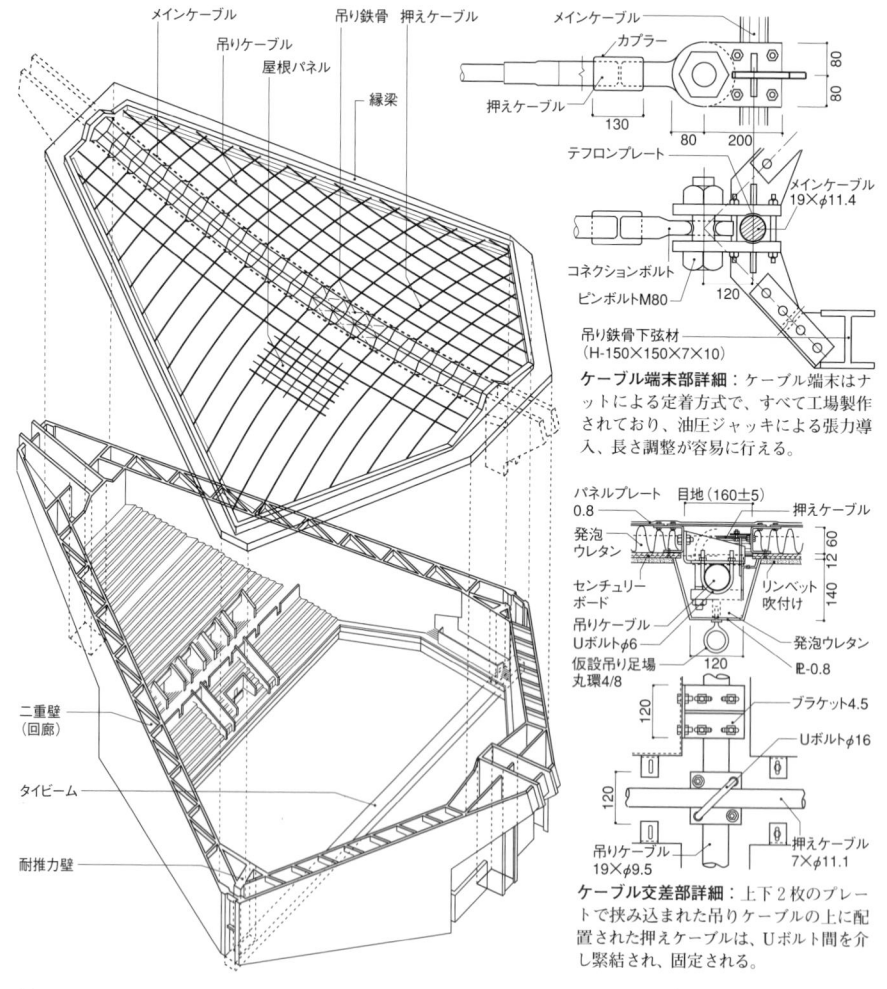

ケーブル端末部詳細：ケーブル端末はナットによる定着方式で、すべて工場製作されており、油圧ジャッキによる張力導入、長さ調整が容易に行える。

ケーブル交差部詳細：上下2枚のプレートで挟み込まれた吊りケーブルの上に配置された押えケーブルは、Uボルト間を介し緊結され、固定される。

大空間・大スパン建築　構造

吊り構造のタイプ

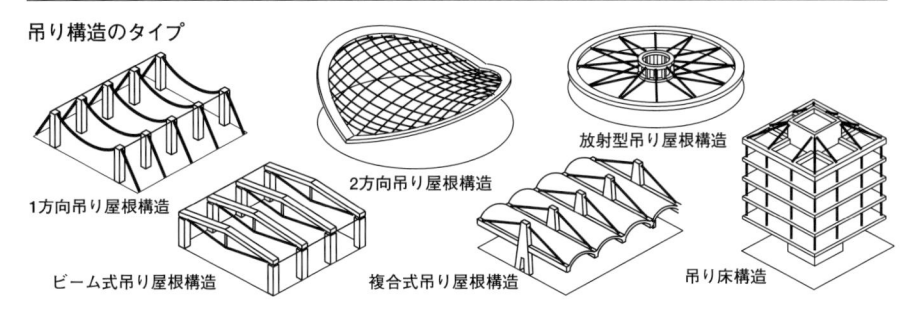

1方向吊り屋根構造
2方向吊り屋根構造
放射型吊り屋根構造
ビーム式吊り屋根構造
複合式吊り屋根構造
吊り床構造

張弦梁構造の基本形と応用

張弦梁構造の基本形の第1は、束を介したアウトケーブル式の梁で偏心曲げと吊上げ効果により、曲げ応力の均一化と減少が図れる。第2はタイ付きアーチで、アーチのライズが小さくなった場合、中央部に束を挿入すると、サスペンションアーチの原形を想起させる。第3は斜張式吊り屋根で、斜張式に要求される高い支柱やバックステイを不要とする張弦梁構造の特徴となっている。

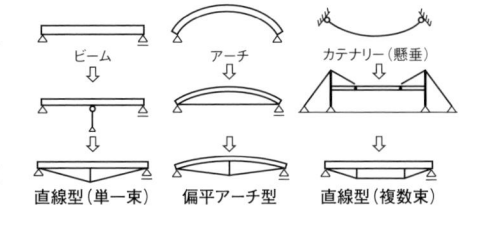

ビーム
アーチ
カテナリー（懸垂）
⇩
⇩
⇩
直線型（単一束）
偏平アーチ型
直線型（複数束）

吊り構造・張弦梁構造の事例

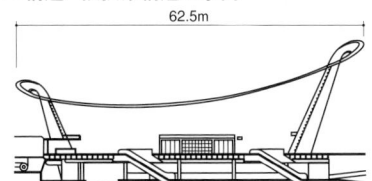

62.5m

1方向吊り屋根構造／ダラス空港ターミナルビル（エーロ・サーリネン、1962年）：相対する傾斜した柱の頂点から吊られた1方向ケーブルでカテナリー曲線が形成されている。コンクリート屋根の重量によって、ケーブルにプレストレスが導入される形式。

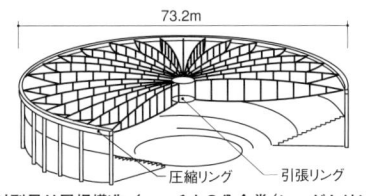

73.2m　圧縮リング　引張リング

放射型吊り屋根構造／ユーチカの公会堂（レ・ゼトリン・アソシエイツ＋ゲーロン＆セルツァー、1959年）：車輪型では、車輪のリムが圧縮リング、スポークがケーブルに対応する。ケーブルの張力をリングの圧縮力で釣り合わせる形式。

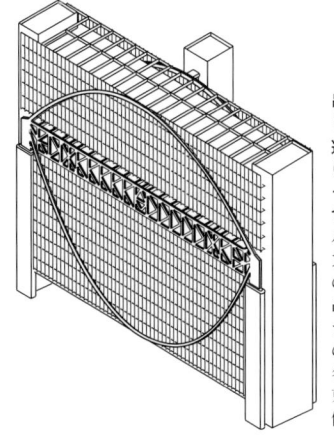

吊り床構造／ミネアポリス連邦準備銀行（グンナー・バーカーツ、1971年）：スパン100m、12階建の両側のコア柱から吊られたカテナリー曲線状のケーブルが、各階の重量を束材を介して伝える形式。

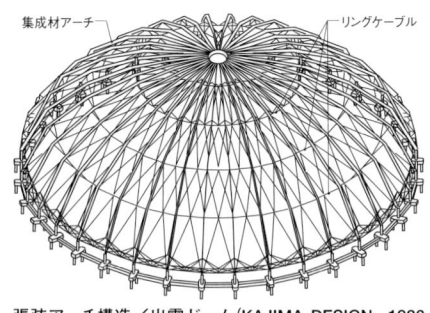

集成材アーチ　リングケーブル

張弦アーチ構造／出雲ドーム（KAJIMA DESIGN、1992年）：直径約140m、高さ43mのドームは、放射状に配置された36本の大断面集成材アーチ、引張リング、鉄骨造の圧縮リング、束材、PC鋼棒の張弦材、RC造の柱およびケーブルが配置された膜屋根からなるハイブリッド構造である。

構造　大空間・大スパン建築

アーチ構造・ヴォールト構造 *arch structure, vault structure*

アーチ構造は、古くは石やれんがを曲線状に積み上げた迫り持ち構造であり、鉛直荷重に対しては軸圧縮力のみで抵抗する。アーチが十分な耐力をもつには、スパン（幅）に適合したライズ（高さ）が必要となる。スパンとライズの比で、アーチ脚部を広げようとするスラスト（推力）が変化する。アーチの安定化のためには、このスラストの処理が重要な課題となる。アーチの支持方法は、固定アーチ、2ヒンジアーチ、3ヒンジアーチがある。静定構造である2ヒンジ・3ヒンジアーチに対して、固定アーチはスラストの変化は少ないが、基礎に曲げが生じたり、温度変化や不同沈下による影響が大きくなる。一方、アーチをトンネル状に並列に並べてできるものが、ヴォールト構造である。アーチの一種であり、脚元にスラストが生じるため、ヴォールトを壁で支持する場合には厚い壁が必要になる。

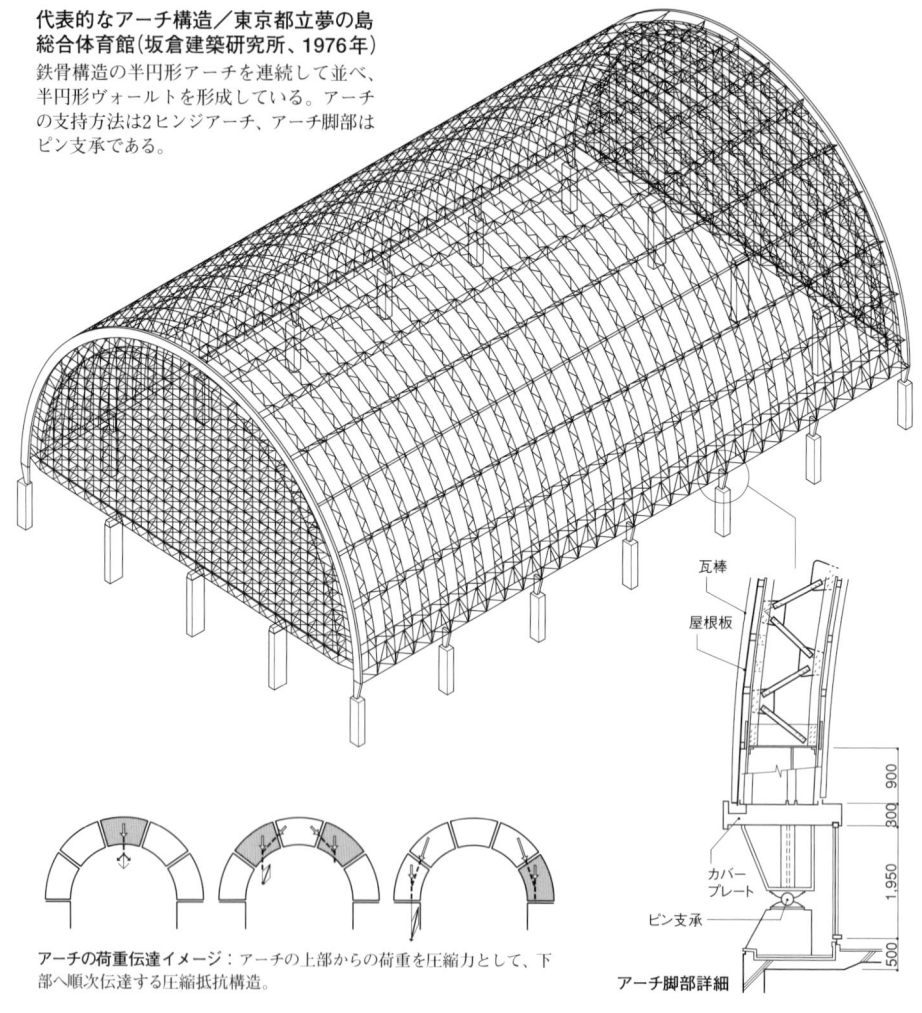

代表的なアーチ構造／東京都立夢の島総合体育館（坂倉建築研究所、1976年）
鉄骨構造の半円形アーチを連続して並べ、半円形ヴォールトを形成している。アーチの支持方法は2ヒンジアーチ、アーチ脚部はピン支承である。

アーチの荷重伝達イメージ：アーチの上部からの荷重を圧縮力として、下部へ順次伝達する圧縮抵抗構造。

アーチ脚部詳細

大空間・大スパン建築　構造

アーチのタイプ
アーチ支点は、固定とヒンジの場合がある。固定は、温度応力、地盤沈下に敏感であるが、2ヒンジでは支点の回転により高い曲げ応力が生じない。3ヒンジは不同沈下に対して曲げ変形を起こさない。

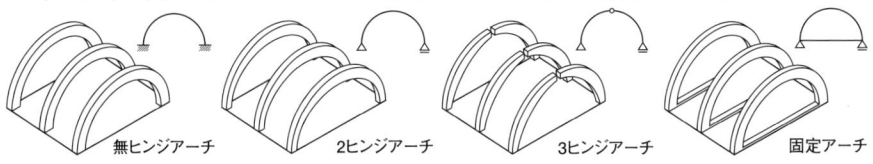

無ヒンジアーチ　　2ヒンジアーチ　　3ヒンジアーチ　　固定アーチ

スラストの処理方法
アーチ構造で発生するスラスト処理には、引張りに強いタイロッドによってアーチ両端を緊結してスラストを相殺する方法(a)や、アーチ両脚部を地中に配置したタイビームでつなぎ、スラストを処理する方法(b)、また、アーチ脚部に重い控え壁(バットレス)やフライングバットレスを設置する方法がある(c, d)。

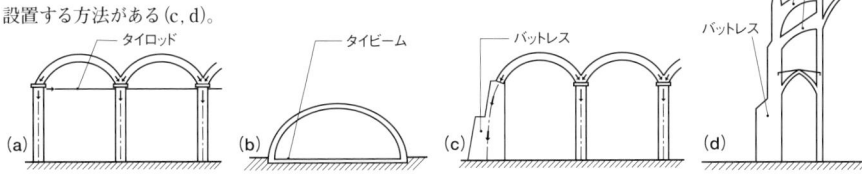

(a) タイロッド　(b) タイビーム　(c) バットレス　(d) フライングバットレス／バットレス

ヴォールト構造とスラスト
ヴォールトのスラストによって、アーチと壁面の境目には力が壁面にはたらくため、壁は一般に厚く重いことが要求される。2つのヴォールトを交差させると交差ヴォールトができ、荷重はその交差線に沿って伝達される。また、ヴォールトの形を尖頭アーチにすると、ライズを自由に選べ、交差部分での調整やスラストの加減ができるようになる。

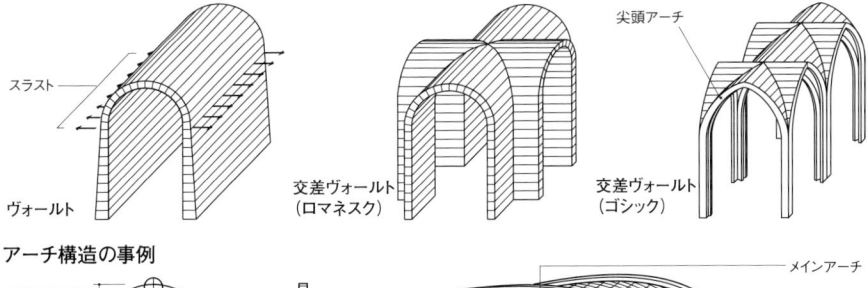

スラスト／ヴォールト　　交差ヴォールト（ロマネスク）　　尖頭アーチ／交差ヴォールト（ゴシック）

アーチ構造の事例

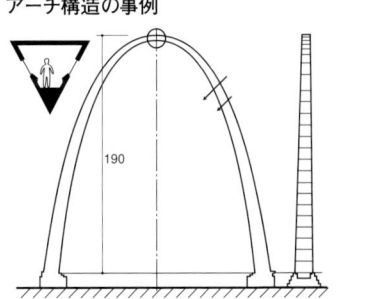

固定アーチ構造／ジェファーソンメモリアルアーチ（エーロ・サーリネン、1964年）：スパン・ライズともに192mで、アーチ脚部が固定された独立アーチ構造。中空の三角形断面内部のエレベーターでアーチ頂部観覧室まで上れる。

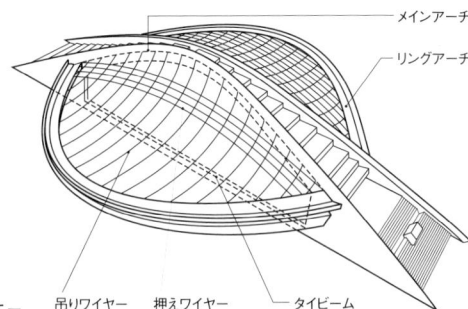

メインアーチ／リングアーチ／吊りワイヤー／押えワイヤー／タイビーム

境界アーチ構造／岩手県営体育館（小林美夫研究室、1967年）：屋根からの引張り力によって圧縮リング的な釣合い系を形成する、メインアーチとリングアーチの境界構造。

63

構造　大空間・大スパン建築

PC構造　*prestressed concrete structure*

PC（プレストレストコンクリート）構造とは、引張力に弱いコンクリートにPC鋼材を用いてあらかじめ圧縮力を加えておき、荷重を受けたときにコンクリートに生じる引張応力を打ち消すように考えられた構造形式である。コンクリートの引張強度は圧縮強度の約1/10であるため、鉄筋コンクリート構造では、圧縮力はコンクリートが負担し、引張力は鉄筋が負担するように考えられている。PC構造は、常時荷重に対して部材に引張応力が生じないように、部材の全断面を有効に利用しようとするものである。したがって主に大スパンや荷重の大きい梁部材として使用され、その梁せいは鉄筋コンクリート構造に比べ小さくすることができる。また、鉄筋コンクリート構造では引張応力が発生したコンクリートに亀裂が生じることがあるが、プレストレスによってあらかじめコンクリートに圧縮力を加えておくことによって亀裂を防ぐことができる。圧縮力を加えるために、高強度の鋼材（PC鋼材）が緊張材として用いられ、コンクリートも高強度のものが使用される。

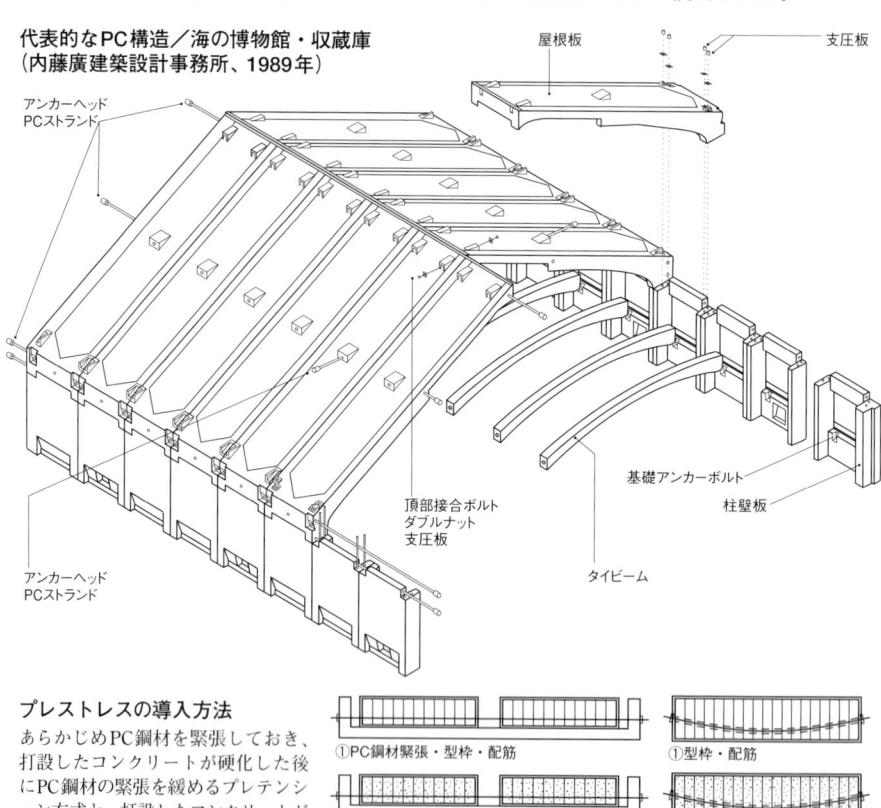

代表的なPC構造／海の博物館・収蔵庫
（内藤廣建築設計事務所、1989年）

アンカーヘッド
PCストランド

屋根板

支圧板

基礎アンカーボルト

柱壁板

頂部接合ボルト
ダブルナット
支圧板

タイビーム

アンカーヘッド
PCストランド

プレストレスの導入方法

あらかじめPC鋼材を緊張しておき、打設したコンクリートが硬化した後にPC鋼材の緊張を緩めるプレテンション方式と、打設したコンクリートが硬化した後にPC鋼材を緊張し、端部をくさびやねじで固定するポストテンション方式がある。後者の場合、PC鋼材はコンクリートに埋め込んださや管（シース）の中を通している。

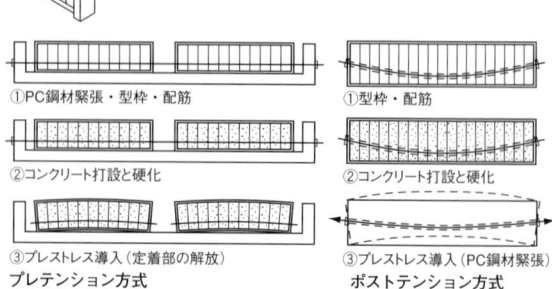

①PC鋼材緊張・型枠・配筋
②コンクリート打設と硬化
③プレストレス導入（定着部の解放）
プレテンション方式

①型枠・配筋
②コンクリート打設と硬化
③プレストレス導入（PC鋼材緊張）
ポストテンション方式

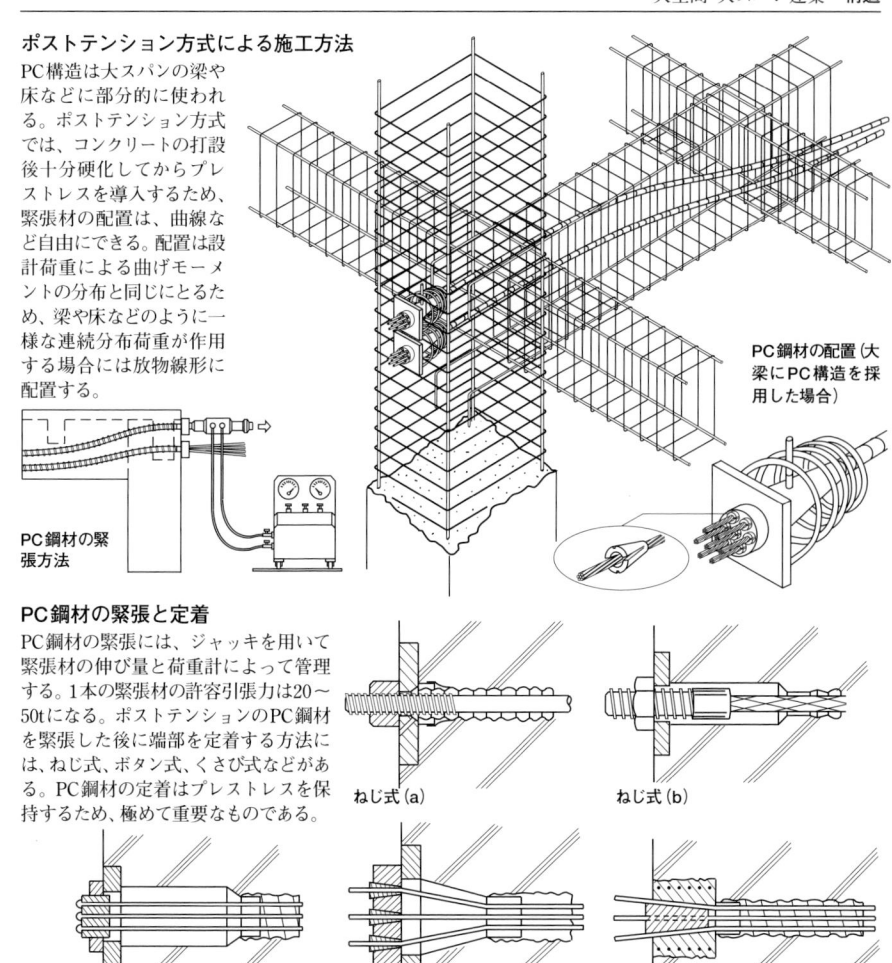

ポストテンション方式による施工方法

PC構造は大スパンの梁や床などに部分的に使われる。ポストテンション方式では、コンクリートの打設後十分硬化してからプレストレスを導入するため、緊張材の配置は、曲線など自由にできる。配置は設計荷重による曲げモーメントの分布と同じにとるため、梁や床などのように一様な連続分布荷重が作用する場合には放物線形に配置する。

PC鋼材の緊張方法

PC鋼材の配置(大梁にPC構造を採用した場合)

PC鋼材の緊張と定着

PC鋼材の緊張には、ジャッキを用いて緊張材の伸び量と荷重計によって管理する。1本の緊張材の許容引張力は20〜50tになる。ポストテンションのPC鋼材を緊張した後に端部を定着する方法には、ねじ式、ボタン式、くさび式などがある。PC鋼材の定着はプレストレスを保持するため、極めて重要なものである。

ねじ式(a)　　ねじ式(b)

ボタン式　　くさび式(a)　　くさび式(b)

PC鋼材の種類

PC鋼材にはPC鋼線、PC鋼より線、PC鋼棒などがあり、鉄筋の3〜5倍の強度をもつ。ポストテンション方式には、PC鋼材の緊張後にシース内にセメントミルクを注入してPC鋼材に付着(ボンド)をもたせる方式と、PC鋼材と防錆材(グリース)が入ったシースを用いたアンボンド工法がある。

種類	PC鋼線 JIS G3536	PC鋼より線 JIS G3536				PC鋼棒 JIS G3109	アンボンドPC鋼材
		2本より、3本より	7本より	19本より			
断面	(異形鋼線もあり)					(異種鋼棒もあり)	PC鋼より線 / PC鋼棒 / シース / 防錆材(グリースなど)
寸法	5〜9mm	2.9mm×2　2.9mm×3	9.3〜15.2mm	17.8〜21.8mm		7.4〜32mm	
強度	145〜175kg/mm²	195kg/mm²	175〜190kg/mm²	185〜190kg/mm²		90〜145kg/mm²	
姿図							

構造　大空間・大スパン建築

シェル構造　*shell structure*

シェル構造は、厚さがスパンや曲率半径などの寸法に対して非常に小さな曲面板で形成され、自重や外力などの荷重を主として曲面内を流れる膜応力で伝達するため、曲げモーメントの発生を極力小さくすることができる。曲面の形は、理論解析および施工の容易さから、円筒形をはじめ、球形、円錐形、コノイド、HPなど幾何学的な形態が多いが、コンピューターを駆使した解析手法の発達によって、近年では数式によらない自由曲面も実現されている。曲面の決定に膜材料やチェーン、ネットを用いた張力モデルを作成し、これを石こうなどで固めて反転した自由曲面をもつシェルも実用化されている。

代表的なシェル構造／東京国際貿易センター2号館（村田政眞建築設計事務所、1959年）
直径120mの球殻を切断して大きな開口を設けた球形シェルで、球面を6分割した区画を単位として鉄骨骨組によって構成されている。アーチの脚部周辺の鉄骨シェルに応力が集中するため、裁断部を正面アーチとアーチ下部のタイビームで補強し、またシェル下部を周辺の剛な鉄筋コンクリートで補強している。さらに、リングにより伝えられたシェルの内面力は、屋根の接線方向に広がるV字状の柱に伝達される。

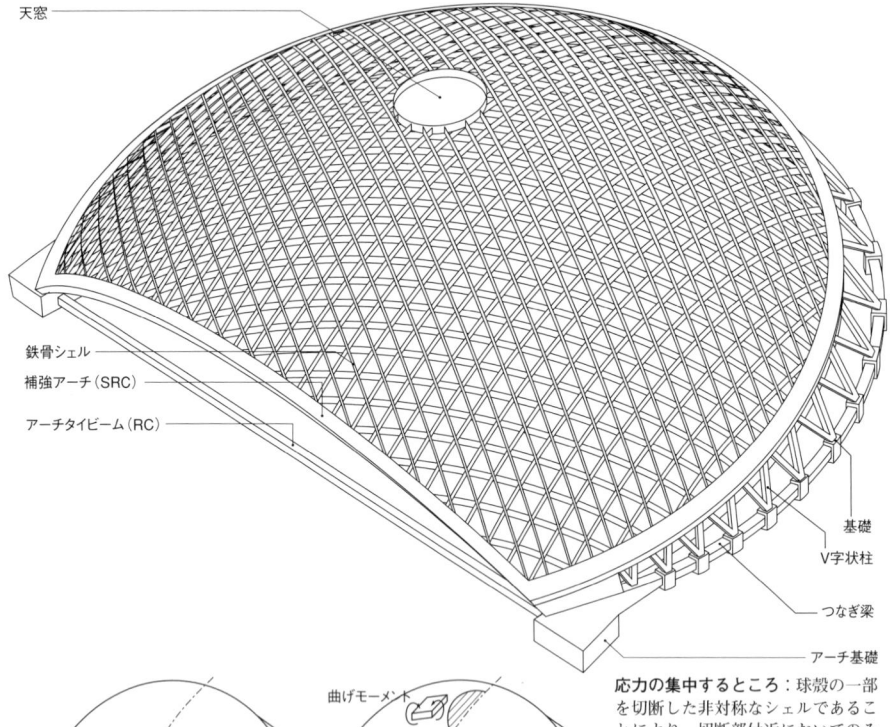

応力の集中するところ：球殻の一部を切断した非対称なシェルであることにより、切断部付近においてのみ応力が著しく乱される。切断部を補強しているアーチがシェル外方に傾斜しているため、切断口に沿ってアーチ自重が外力として作用し、シェルが引張りを受けてアーチ付近では応力のかく乱が起き、脚部近傍のシェル部に応力が集中する。

大空間・大スパン建築　**構造**

シェルのタイプ

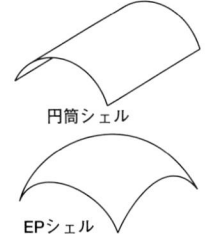

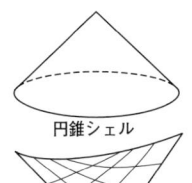

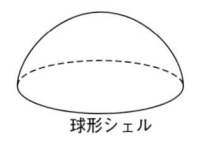

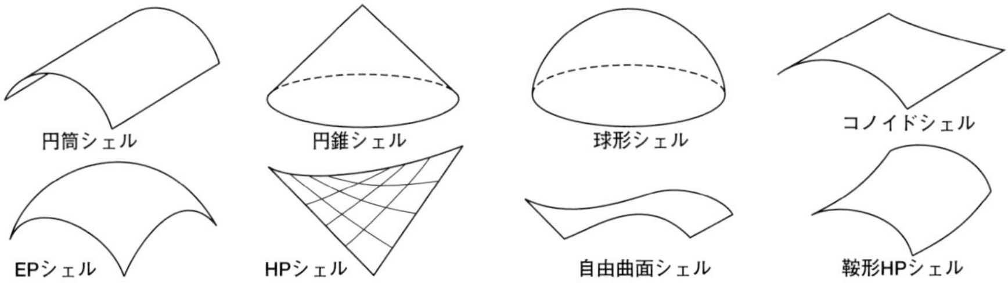

円筒シェル　　円錐シェル　　球形シェル　　コノイドシェル

EPシェル　　HPシェル　　自由曲面シェル　　鞍形HPシェル

シェルの力の流れ

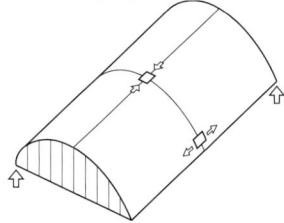

円筒-ロングシェル：応力伝達は主として、長手方向のプレート作用によるもので、非対称荷重を受ける場合にはアーチ作用がはたらく。

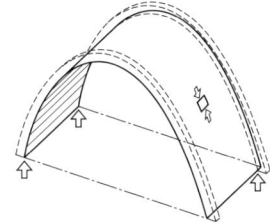

円筒-ショートシェル：応力伝達は主として、アーチ作用によるもので、非対称荷重を受ける場合にはプレート作用がはたらく。

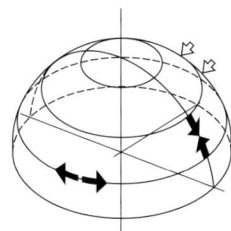

球形シェル：鉛直荷重に対して頂部では下に、周辺部では外側に変形するが、フープ（緯線方向）力で抵抗できる。

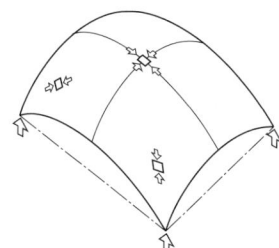

EPシェル：直交両方向ともアーチ作用により、荷重は境界部に伝達される。終端には、両方向のアーチ軸力がかかる。

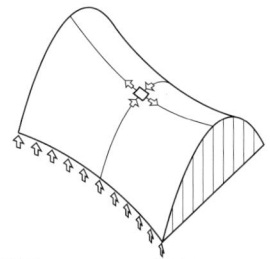

鞍形シェル：アーチ作用とサスペンション作用が直交してはたらき、境界部にはアーチのスラストとサスペンションの引張力がはたらく。

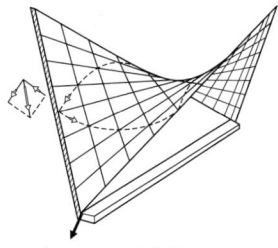

HPシェル：アーチ作用とサスペンション作用が直交にはたらく。面内応力の合力は縁方向に作用するため、縁に曲げは生じない。

シェル構造の事例

格子シェル構造／マンハイム多目的ホール（ムッチュラー建築設計事務所、1975年）：2段に組まれた5cm角の木材を、50cm間隔で2方向に交差して格子状に組んだ木造格子シェル。

逆さシェル構造／デイティンゲンのガソリンスタンド（ハインツ・イスラー、1968年）：逆さ吊りアーチの手法に似た方法で、合理的なシェルの形態につくられている。

構造　大空間・大スパン建築

折板構造 *folded plate structure*

折板構造とは、平面板を折り曲げた組合せによって、筒状、円錐状、あるいは多面体形状の立体架構を形成し、外力に対しては主として面内力で抵抗するメカニズムをもつ面構造システムである。力が面に直角に作用すればスラブ作用がはたらき、面に平行に作用すればプレート作用がはたらく。面の裾および面の断面の剛性を増して、形態を維持することが抵抗メカニズムを機能させる条件となるが、一方で剛性および変形が急変すると応力集中が生じるため、補剛材の設計には注意を要する。

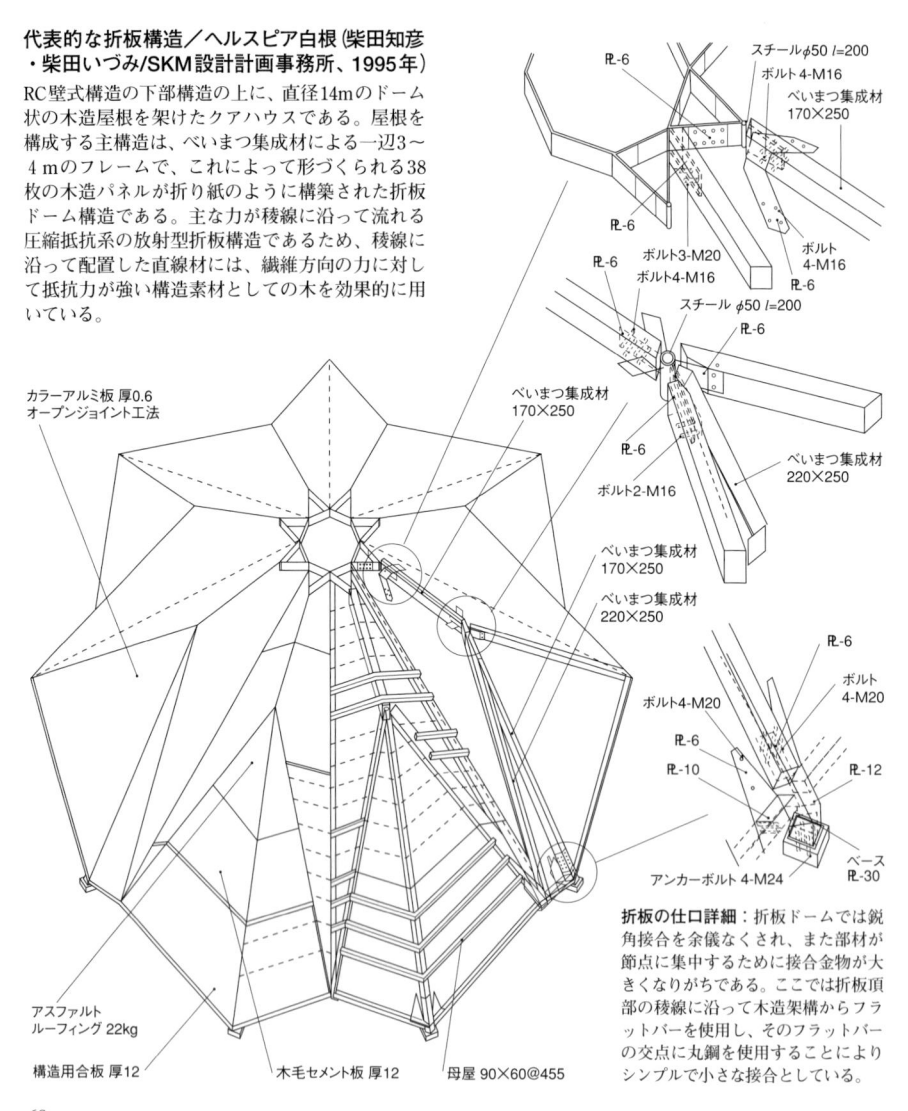

代表的な折板構造／ヘルスピア白根（柴田知彦・柴田いづみ／SKM設計計画事務所、1995年）
RC壁式構造の下部構造の上に、直径14mのドーム状の木造屋根を架けたクアハウスである。屋根を構成する主構造は、べいまつ集成材による一辺3〜4mのフレームで、これによって形づくられる38枚の木造パネルが折り紙のように構築された折板ドーム構造である。主な力が稜線に沿って流れる圧縮抵抗系の放射型折板構造であるため、稜線に沿って配置した直線材には、繊維方向の力に対して抵抗力が強い構造素材としての木を効果的に用いている。

カラーアルミ板 厚0.6
オープンジョイント工法

スチールφ50 *l*=200
ボルト4-M16
べいまつ集成材 170×250
凡-6
ボルト3-M20
ボルト4-M16
ボルト 4-M16
凡-6
スチールφ50 *l*=200
凡-6
べいまつ集成材 170×250
ボルト2-M16
べいまつ集成材 220×250
べいまつ集成材 170×250
べいまつ集成材 220×250
凡-6
ボルト4-M20
ボルト 4-M20
凡-6
凡-6
凡-10
凡-12
アンカーボルト 4-M24
ベース 凡-30

アスファルト
ルーフィング 22kg
構造用合板 厚12
木毛セメント板 厚12
母屋 90×60@455

折板の仕口詳細：折板ドームでは鋭角接合を余儀なくされ、また部材が節点に集中するために接合金物が大きくなりがちである。ここでは折板頂部の稜線に沿って木造構からフラットバーを使用し、そのフラットバーの交点に丸鋼を使用することによりシンプルで小さな接合としている。

大空間・大スパン建築　**構造**

折板構造のタイプ

折板の構成要素は面構造であり、角度をつけて折り曲げられた板の応力伝達は、縦・横方向の梁作用の組合せとなる。面取りした三角形板を1方向へ並べた角筒折板、放射状に配した角錐折板などがある。

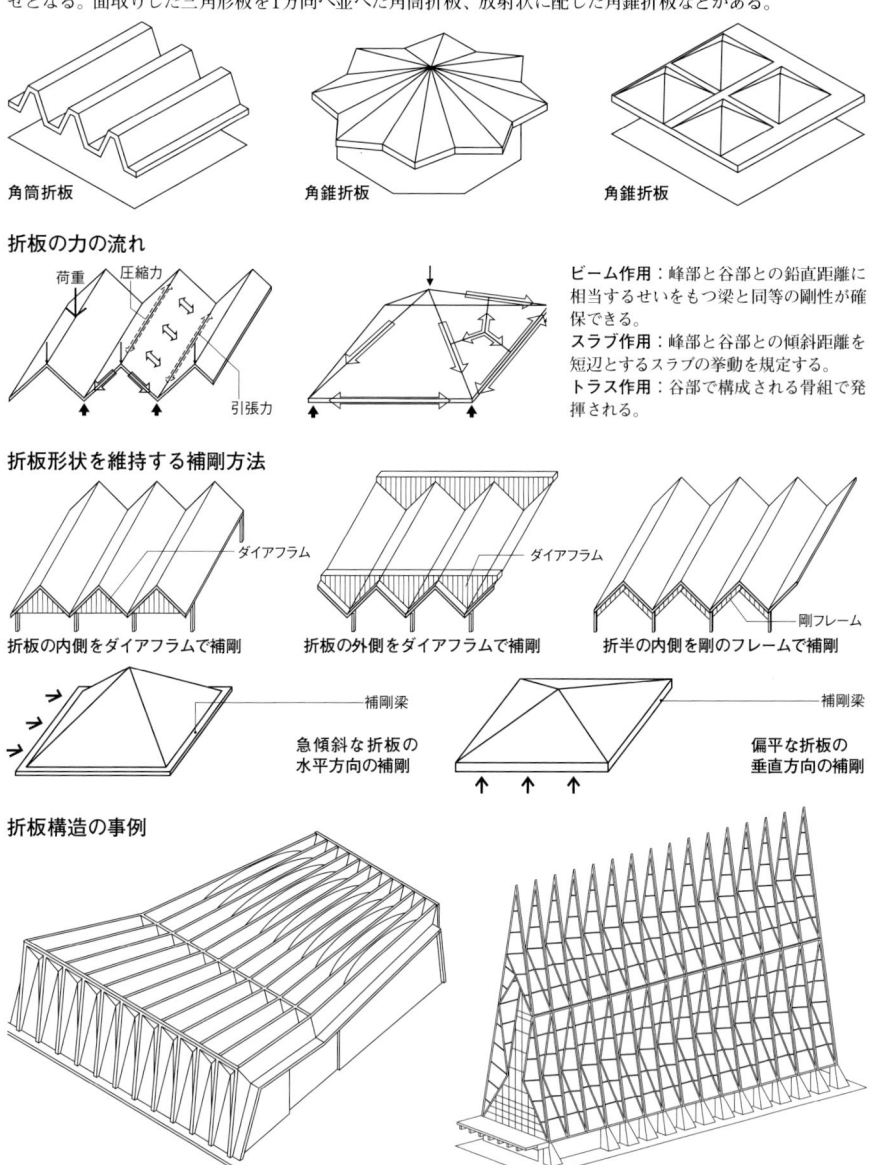

角筒折板　　　角錐折板　　　角錐折板

折板の力の流れ

荷重　圧縮力　引張力

ビーム作用：峰部と谷部との鉛直距離に相当するせいをもつ梁と同等の剛性が確保できる。
スラブ作用：峰部と谷部との傾斜距離を短辺とするスラブの挙動を規定する。
トラス作用：谷部で構成される骨組で発揮される。

折板形状を維持する補剛方法

ダイアフラム　　ダイアフラム　　剛フレーム

折板の内側をダイアフラムで補剛　　折板の外側をダイアフラムで補剛　　折半の内側を剛のフレームで補剛

補剛梁　　補剛梁

急傾斜な折板の水平方向の補剛　　偏平な折板の垂直方向の補剛

折板構造の事例

ユネスコ本部ビル会議場（マルセル・ブロイヤー、1958年）：平行稜線を形成する折板の1つの山形を、さらに斜めに折り返した斜交稜線を混用した折板の構成によって板剛性が高められるとともに、室内の造形に変化を生み出している。

アメリカ空軍士官学校の礼拝堂（S.O.M.、1961年）：鉄骨トラスによる四面体折板を組み立てることによって構成された高さ45mの教会。峰部と谷部を繰り返して組み合わせ、変化に富んだ複雑な形状が形成されている。

構造　大空間・大スパン建築

膜構造　*membrane structure*

膜構造は、空気膜構造と張力膜構造に大別される。空気膜構造は、膜の両側に気圧差を与えて膜面を張力状態にし、この引張力で外力に抵抗させる方式である。さらに力学的性質の違いから、空気支持式と空気膨張式に分類される。前者には、内外の気圧差によって正圧型と負圧型がある。一方、張力膜構造は、初期曲面のもつ曲率に依存した抵抗機構を示すガウス曲線（曲面の2方向の曲率の積で、湾曲状況を示す）が負となるサスペンション膜構造と、鋼材あるいは集成材などで構成される構造骨組間に膜を架け渡す方式の骨組膜構造に分類される。設計に関しては、複合材である膜材の複雑な材料特性を考慮した設計が必要となる。

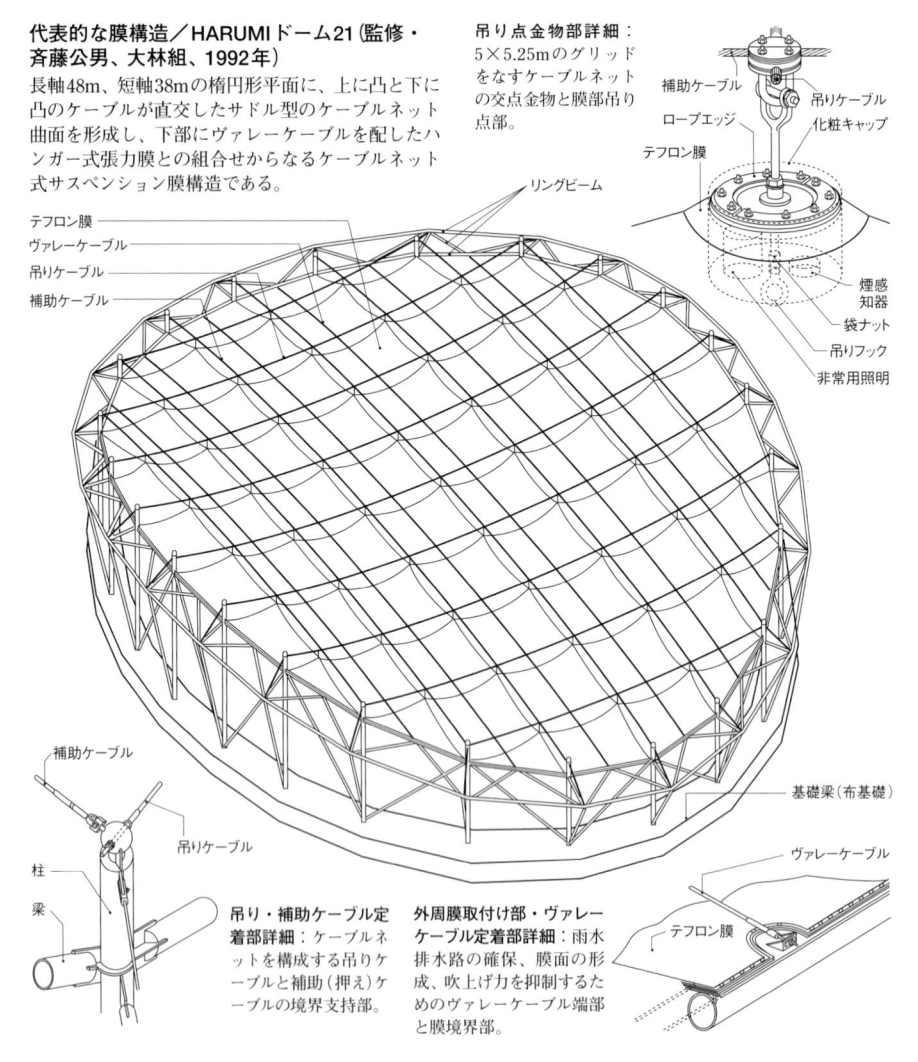

代表的な膜構造／HARUMIドーム21（監修・斉藤公男、大林組、1992年）
長軸48m、短軸38mの楕円形平面に、上に凸と下に凸のケーブルが直交したサドル型のケーブルネット曲面を形成し、下部にヴァレーケーブルを配したハンガー式張力膜との組合せからなるケーブルネット式サスペンション膜構造である。

吊り点金物部詳細：
5×5.25mのグリッドをなすケーブルネットの交点金物と膜部吊り点部。

テフロン膜
ヴァレーケーブル
吊りケーブル
補助ケーブル

補助ケーブル
吊りケーブル
ロープエッジ
化粧キャップ
テフロン膜
煙感知器
袋ナット
吊りフック
非常用照明
リングビーム

補助ケーブル
吊りケーブル
柱
梁

基礎梁（布基礎）
ヴァレーケーブル
テフロン膜

吊り・補助ケーブル定着部詳細： ケーブルネットを構成する吊りケーブルと補助（押え）ケーブルの境界支持部。

外周膜取付け部・ヴァレーケーブル定着部詳細： 雨水排水路の確保、膜面の形成、吹上げ力を抑制するためのヴァレーケーブル端部と膜境界部。

大空間・大スパン建築　構造

空気膜構造のタイプと原理

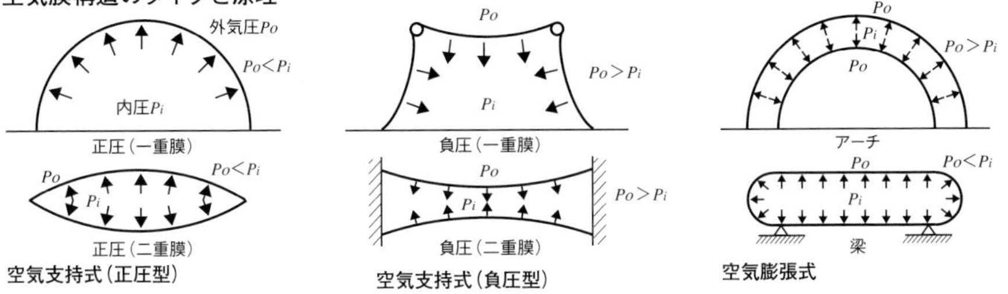

- 空気支持式（正圧型）：正圧（一重膜）／正圧（二重膜）　外気圧 P_o、内圧 P_i、$P_o < P_i$
- 空気支持式（負圧型）：負圧（一重膜）／負圧（二重膜）　$P_o > P_i$
- 空気膨張式：アーチ／梁　$P_o < P_i$

張力膜構造のタイプ

サスペンション膜／ケーブル膜／骨組膜

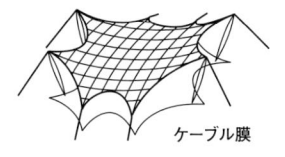

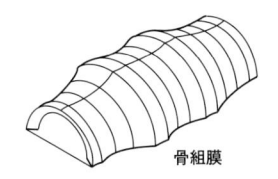

膜構造の事例

空気膨張式膜構造／大阪万国博覧会富士グループ館（村田豊、1970年）：直径4mのエアチューブ16本を並べて、ヴォールト状の構造を形成している。チューブ型の密閉空間に送られる空気は、外気圧より水柱で800mm高い気圧を維持している。

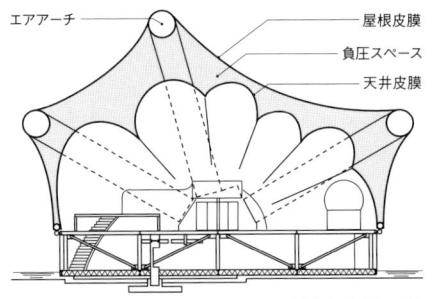

空気支持式膜構造（負圧型）／大阪万国博覧会電力館別館（村田豊、1970年）：3本のエアアーチと、その間に架け渡された屋根膜と天井膜の間を負圧式とした例。ドーム内部の空気圧を外気圧より低くして、膜面に張力を与える形式。

（図中ラベル：エアアーチ、屋根皮膜、負圧スペース、天井皮膜）

サスペンション膜構造／ケルンの屋外ダンス場（フライ・オットー、1957年）：斜め支柱とステイによって屋根面を形成し、緊張感と開放性を押し出す造形で、この構造方式の原型ともなっている。

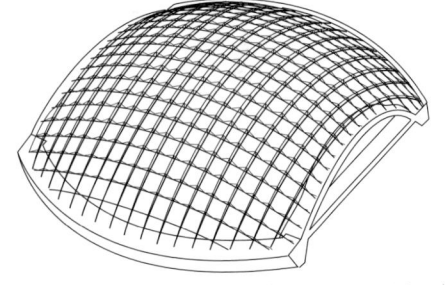

骨組膜構造／あきたスカイドーム（鹿島建設、1990年）：鋼管によるグリッドパターンの立体アーチで構成された骨組。その上層部分の張力膜屋根と下層部分の境界構造からなるアーチとの組合せによって、積雪荷重に対する信頼性の高い架構システムを構成している。

構造　木質系構造

木質系の構造計画　structural planning for timber construction

建物の構造計画は、鉛直荷重に対する計画と水平荷重に対する計画に分けられる。木質系建物は、構造形式が多様なことも特長の1つで、構造計画の要点も構造形式により異なる。木造であっても、建物に要求される性質に違いはないが、材料が木質系であること、建物の規模が比較的小さいことなどにより、いくつかの注意すべき点がある。特に住宅は、多数の小さな部材から構成されており、従って多量の接合箇所があること、また、水平構面を剛とみなすことができない場合があること、さらに、木質系材料を釘打ちなどで接合しているためその接合部の剛性を評価しないと適切な解析にならないこと、などの特徴がある。

鉛直荷重に対する計画

鉛直荷重には、固定荷重・積載荷重、および積雪荷重がある。木質材料の横架材（梁など）の設計では、強度よりも、たわみ制限により断面が決定されることが多い。その際、荷重継続によるたわみの進行（クリープ）にも、注意しなければならない。

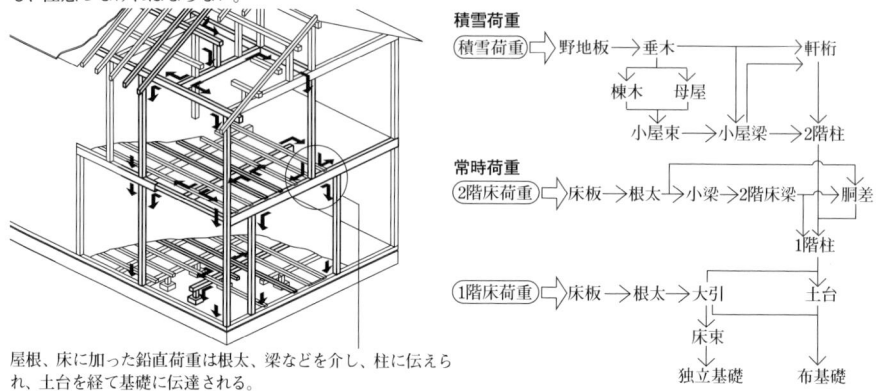

積雪荷重
積雪荷重 ⇨ 野地板 → 垂木 → 軒桁
　　　　　　　　　棟木　母屋
　　　　　　　　　小屋束 → 小屋梁 → 2階柱

常時荷重
2階床荷重 ⇨ 床板 → 根太 → 小梁 → 2階床梁 → 胴差
　　　　　　　　　　　　　　　　　　　　1階柱
1階床荷重 ⇨ 床板 → 根太 → 大引 → 土台
　　　　　　　　　　　　　床束
　　　　　　　　　　　　独立基礎　布基礎

屋根、床に加った鉛直荷重は根太、梁などを介し、柱に伝えられ、土台を経て基礎に伝達される。

水平荷重に対する計画

水平荷重としては、一般に地震力と風圧力を想定する。風圧力は一般に台風を想定する。屋根葺き材や庇などの部分と、建物全体を水平に押す力と分けて考える。比較的自重の軽い木造建物では、風圧力により、水平荷重の最大値が決定されることがある。

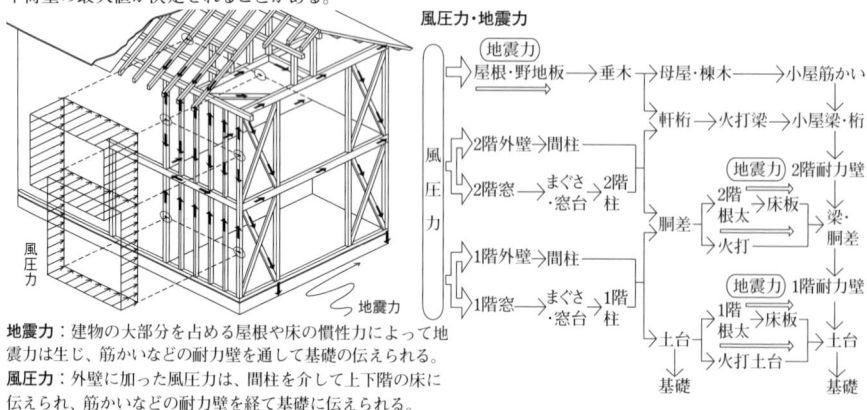

風圧力・地震力
地震力 ⇨ 屋根・野地板 → 垂木 → 母屋・棟木 → 小屋筋かい
　　　　　　　　　　　　　　軒桁 → 火打梁 → 小屋梁・桁
風圧力 ⇨ 2階外壁 → 間柱
　　　　2階窓 → まぐさ・窓台 → 2階柱
　　　　　　　　　　　　　　　地震力 2階耐力壁
　　　　　　　　　　　　　　　2階根太→床板
　　　　　　　　　　　　　　　火打 → 梁・胴差
　　　　　1階外壁 → 間柱
　　　　　1階窓 → まぐさ・窓台 → 1階柱
　　　　　　　　　　　　　　　地震力 1階耐力壁
　　　　　　　　　　　　　　　1階根太→床板
　　　　　　　　　　　　　　　土台
　　　　　　　　　　　　　　　火打土台
　　　　　　　　　　　　　　　基礎

地震力：建物の大部分を占める屋根や床の慣性力によって地震力は生じ、筋かいなどの耐力壁を通して基礎の伝えられる。
風圧力：外壁に加った風圧力は、間柱を介して上下階の床に伝えられ、筋かいなどの耐力壁を経て基礎に伝えられる。

木質系構造 構造

耐力壁の配置

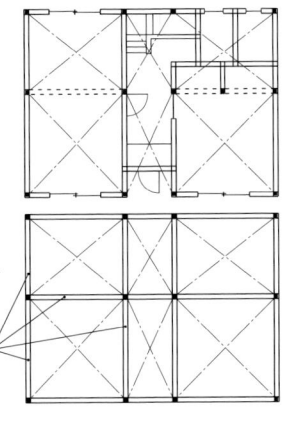

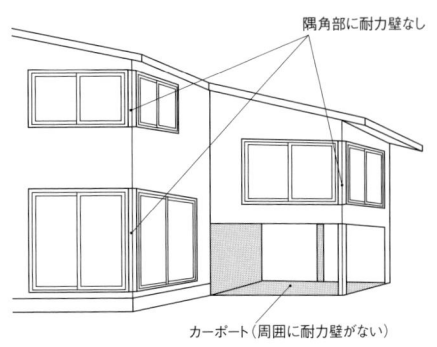

耐力壁線の設定：低層の住宅の多くは、耐力壁で水平荷重に抵抗している。耐力壁が、十分に性能を発揮するように、構造の構面を設定する。これを耐力壁線と呼び、建物を適切な大きさに区画するように設定する。

耐力壁線

問題を起こしやすい壁配置の例：耐力壁は、量的に満足するだけでなく、適切に配置する。ピロティやガレージは、壁の配置のバランスを崩すことが多い。

隅角部に耐力壁なし
カーポート（周囲に耐力壁がない）

鉛直構面の計画

直下に壁がないので耐力が発揮できない
A材が折れやすくなる
1階柱脚が浮き上がる

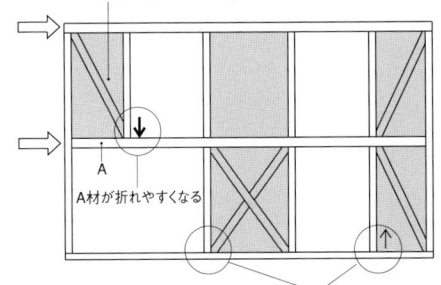

鉛直構面の構成：鉛直構面は上下でできるだけ一致させる。梁上の耐力壁は強度を適切に低減して考える。また、連層の場合には、耐力壁端部の引抜きが大きくなる。

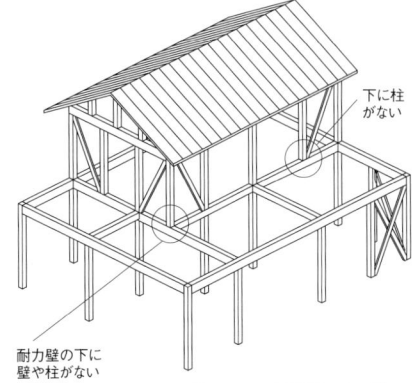

下に柱がない
耐力壁の下に壁や柱がない

問題を起こしやすい鉛直構面の上下配置例：上下階での鉛直構面のずれは、できるだけ少なくする。特に、部分2階の隅角部や南面は、直下に鉛直力を負担できる部材を配置する。

水平構面の計画

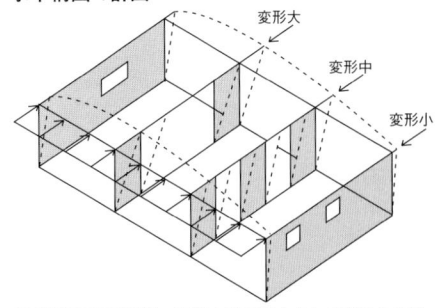

変形大
変形中
変形小

水平構面の剛性確保：屋根や床の面内方向の剛性を水平剛性という。水平剛性が低いと、壁の少ない構面は大きく変形してしまう。合板を用いることで、水平剛性を大きくすることができる。また、屋根面についても床と同様である。

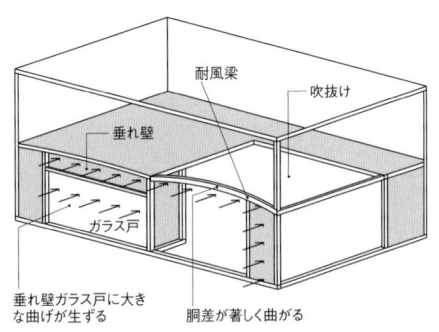

耐風梁
吹抜け
垂れ壁
ガラス戸
垂れ壁ガラス戸に大きな曲げが生じる
胴差が著しく曲がる

吹抜けと屋根開口：吹抜けは、水平構面に穴をあけることになり、建物の一体性が損なわれやすい。外周部の吹抜けでは耐風梁の設計も必要となる。屋根面の開口も同様である。

構造　木質系構造

在来軸組構法 *conventional timber framed construction*

在来軸組構法という名称は、伝統的木造から現代住宅につながる軸組構法を、ツーバーフォー構法やプレファブ構法と区別する呼び方である。構造的に、後者の2つが壁式構法であることから、単に軸組構法と呼ぶことがある。原則的に柱と横架材で鉛直荷重を負担する。水平力には筋かいを設けて抵抗するが、近年、合板を用いるものが増えている。床板や野地などには合板を、天井を含む内装の下地には石こうボードを用いる場合が多い。また、小屋組は一般的に和小屋である。同じ軸組構法でも、伝統的なものと現代的なものでは、構法が大きく異なっている。

在来軸組構法の架構

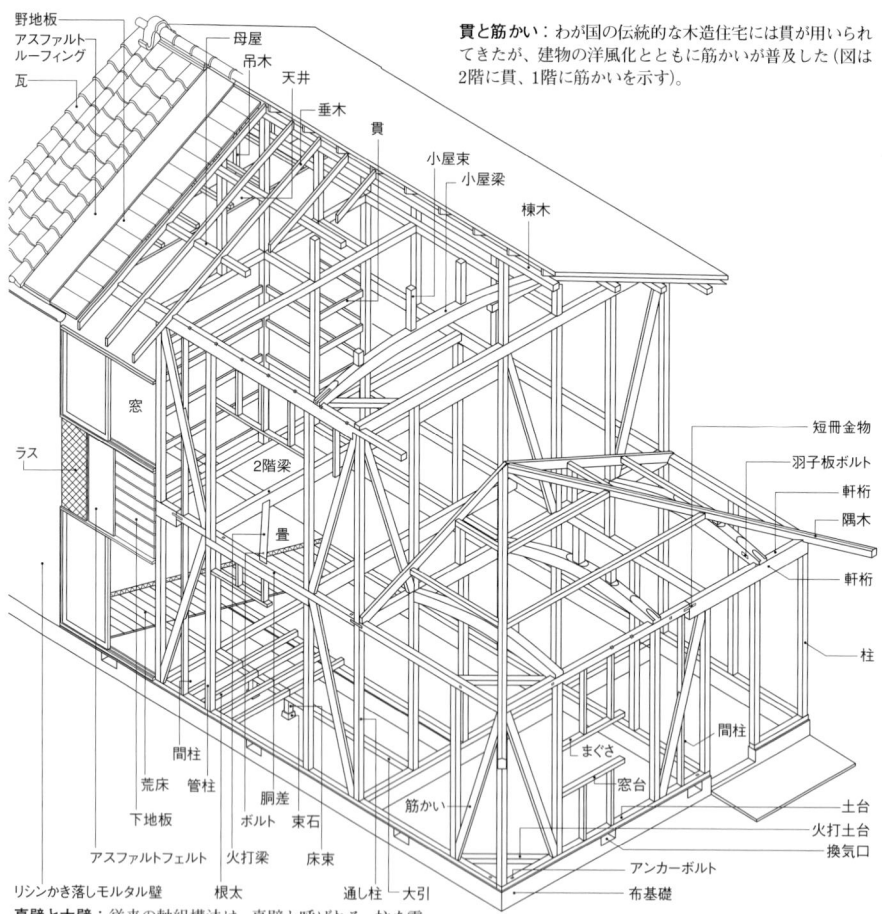

貫と筋かい：わが国の伝統的な木造住宅には貫が用いられてきたが、建物の洋風化とともに筋かいが普及した（図は2階に貫、1階に筋かいを示す）。

真壁と大壁：従来の軸組構法は、真壁と呼ばれる、柱を露わにした壁であったが、洋間の普及とともに壁で柱を覆う大壁が普及した。継手・仕口をはじめとする大工工事の技術は、真壁を前提としたものが多く、大壁構法の普及が大工工事を大きく変革したといわれている。

構法と木材生産：木造住宅の構法は、その国の木材生産とも密接に関係している。わが国では1本の丸太から柱や板を木取りしているが、それは軸組構法で用いる材料の寸法と連動している。

木質系構造　構造

軸組構法の各部構造

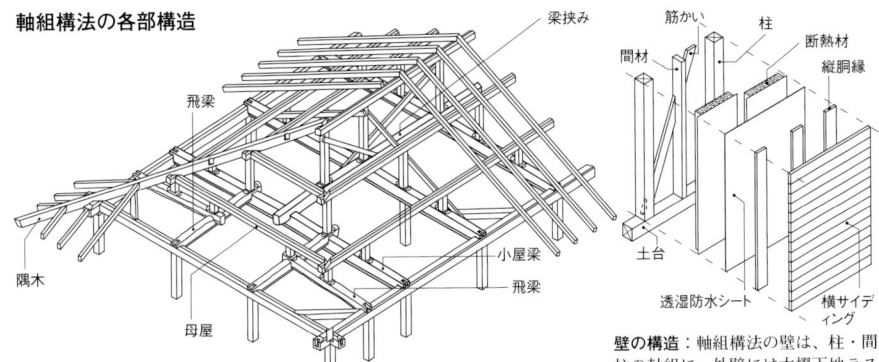

屋根の構造：屋根は、一般に和小屋である。都市部の住宅では、製材の小屋梁を用いるものが一般的である。

壁の構造：軸組構法の壁は、柱・間柱の軸組に、外壁には木摺下地ラスモルタル塗りやサイディング張りとし、内壁には石こうボードを下地に用いる。

軸組構法の地域特性

土塗りや下見板張りなどは、都市部の住宅では見られなくなっている。しかし、「せがいづくり」や「わくのうち」などの、伝統的な要素をもつ各部構法は地域性として継承されている。

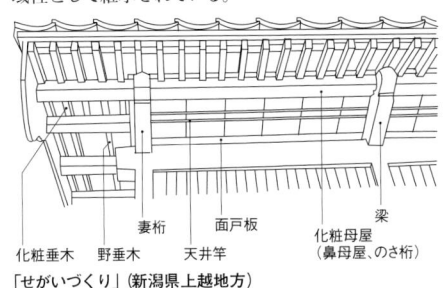

「せがいづくり」（新潟県上越地方）

「わくのうち」（富山県砺波地方）

軸組構法に使用される継手・仕口と接合金物

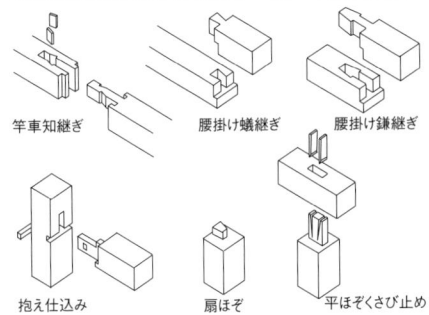

継手・仕口の種類：軸組構法は、柱と横架材を接合して架構を形成する。材軸方向の接合を継手、T字・L字の接合を仕口という。

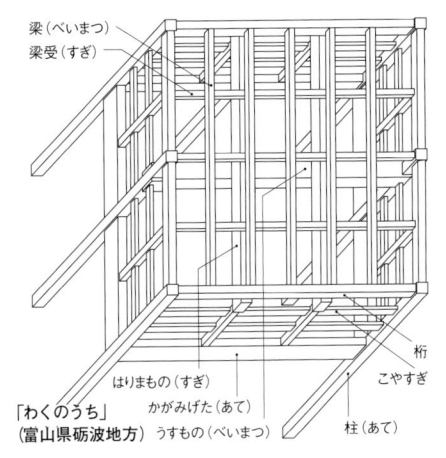

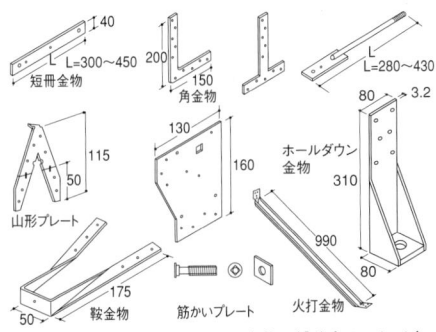

接合金物の種類：各接合部は、金物で補強することが広まってきた。軸組構法用として、日本住宅・木材技術センターの「Zマーク金物」規格がある。

構造　木質系構造

新しい軸組構法 *new timber framed construction*

軸組構法は、時代とともに各部の構法を変えてきた。現代の軸組構法は、同じ軸組構法でも伝統的なものとは異なっている。特にプレファブ住宅やツーバイフォー構法の出現以後、生産の合理化が求められ、内外壁に乾式の構法が普及した。また、1989（平成元）年に始まった「合理化認定制度」は、軸組構法の新しい工法を公的に評価するものである。この制度によって軸組構法メーカーの工法開発が促進された。これ以後、軸組構法にも集成材やOSB（オリエンテッドストランドボード）など、各種のエンジニアリングウッドの採用が増えている。

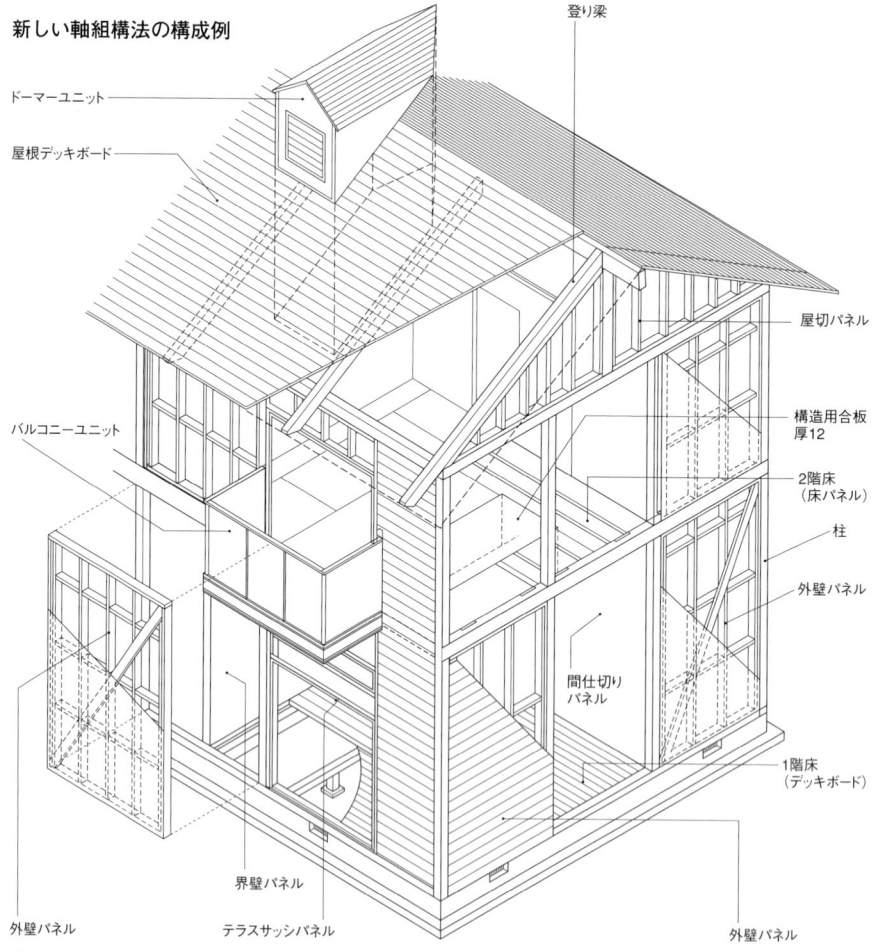

新しい軸組構法の構成例

（図中ラベル）
- 登り梁
- ドーマーユニット
- 屋根デッキボード
- 屋切パネル
- 構造用合板 厚12
- バルコニーユニット
- 2階床（床パネル）
- 柱
- 外壁パネル
- 間仕切りパネル
- 1階床（デッキボード）
- 外壁パネル
- 界壁パネル
- テラスサッシパネル
- 外壁パネル

プレカット：柱・梁などをあらかじめ工場で機械加工することをプレカットという。平面図をCAD入力することによって、継手・仕口などの加工位置や種類などを自動生成し、連動した工場ラインで加工する方式と、単独の機械による方式のものがある。工場は、住宅メーカーや材木店が運営するものと、組合などの共同利用形式のものがある。

パネル化：壁や床、屋根などをあらかじめ工場などでパネルに組み立て、現場では重機により建て込みを行う建設方法をパネル化と呼ぶ。

軸組構法の種類

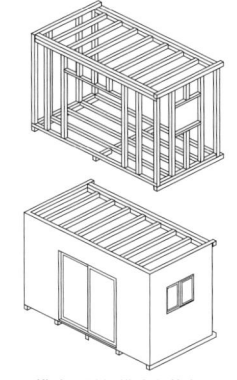

ユニット構法：軸組構法を基本にしたユニット構法。軸組構法のプレファブ住宅といえる。耐力壁には合板を用い、構造的には壁式パネル構法と同様である。

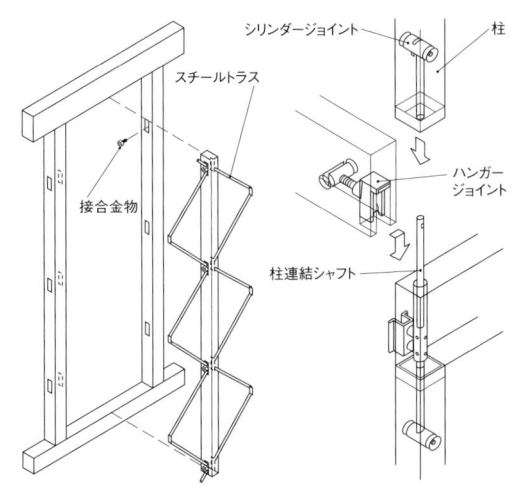

工業化構法：軸組構法でありながら、工業化住宅として開発されたもの。この構法では国産木材を使用せず、壁などにはツーバイフォー構法用のディメンションランバーを用いる。

軸組構法のパネル化

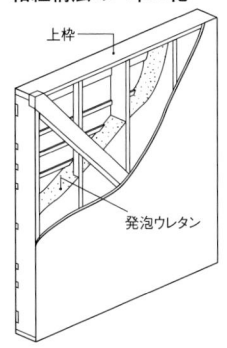

高断熱・高気密用の壁構法：外壁や床のパネル化にあわせて、断熱性・気密性を高める構法が現れている。左図では従来のグラスウールに代えて、発泡ウレタンをパネルに充填している。

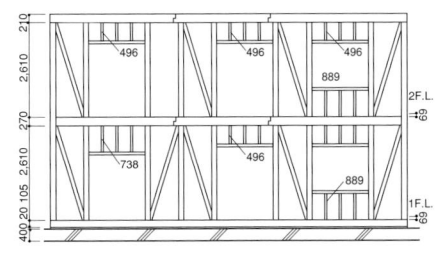

軸組の規格化：壁をパネル化すると、パネルの生産効率を高めるために軸組の規格化も行われる。横架材間距離を統一して、柱や間柱、パネルの寸法を集約している。

軸組構法に使用される金物と資材

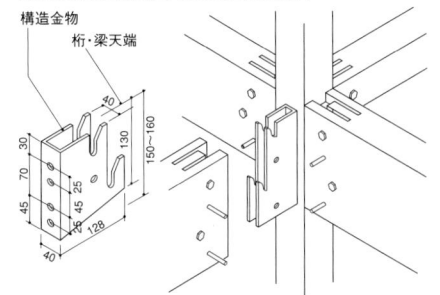

構造金物：従来の軸組構法用金物は補強金物であったが、金物自体で耐力を負担している接合方法が増えている。この場合、梁端部の加工も比較的容易である。

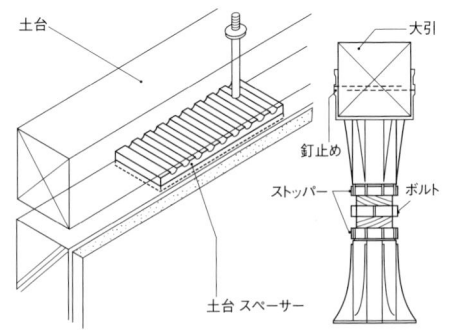

新しい資材：基礎と土台の間にスペーサーを設け、従来の基礎換気口を設けない方法が普及している。また、床束にプラスチック製のものなどが開発されている。

構造　木質系構造

ツーバイフォー構法 *light frame construction*

北米から移入された構法で、主に2インチ4インチ（204と呼ぶ）の断面の木材を使用することから、表記のように呼ばれている。204の枠材に構造用合板などを釘打ちして壁、床、屋根を構成する、パネル構法の一種である。床の上に壁、壁の上に床や屋根を載せるようにして組み立てる。こうした建方の方法をプラットフォーム構法と呼ぶ。204の実際の寸法は38×89mmであるが、北欧やニュージーランドなどでは、より大きな断面を用いている。わが国では、1974（昭和49）年に建設省告示が制定され自由に建てられるようになった。告示では、「枠組壁工法」と称する。

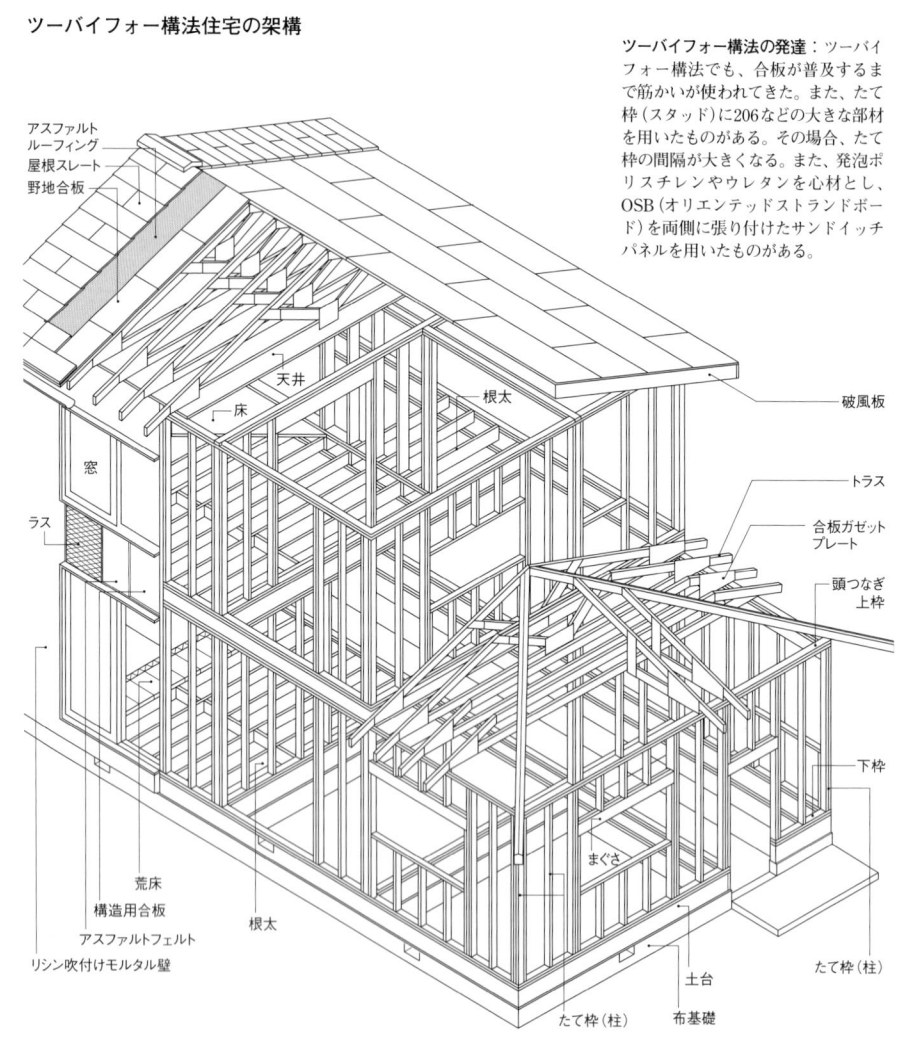

ツーバイフォー構法住宅の架構

ツーバイフォー構法の発達：ツーバイフォー構法でも、合板が普及するまで筋かいが使われてきた。また、たて枠（スタッド）に206などの大きな部材を用いたものがある。その場合、たて枠の間隔が大きくなる。また、発泡ポリスチレンやウレタンを心材とし、OSB（オリエンテッドストランドボード）を両側に張り付けたサンドイッチパネルを用いたものがある。

アスファルトルーフィング
屋根スレート
野地合板
天井
床
根太
窓
ラス
破風板
トラス
合板ガゼットプレート
頭つなぎ
上枠
下枠
荒床
構造用合板
アスファルトフェルト
リシン吹付けモルタル壁
根太
まぐさ
たて枠（柱）
土台
布基礎
たて枠（柱）

木質系構造　構造

ツーバイフォー構法の種類

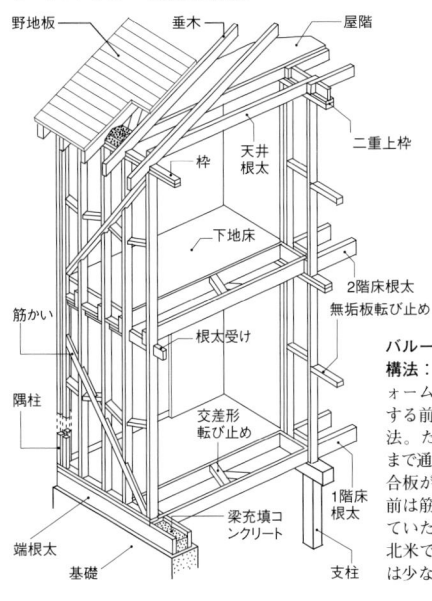

（図：野地板、垂木、屋階、二重上枠、枠、天井根太、下地床、2階床根太、無垢板転び止め、根太受け、筋かい、隅柱、交差形転び止め、1階床根太、梁充填コンクリート、端根太、基礎、支柱）

バルーンフレーム構法：プラットフォーム工法が普及する前の北米の工法。たて枠を2階まで通して用いる。合板が普及する以前は筋かいを用いていた。現在では北米でも実施事例は少ない。

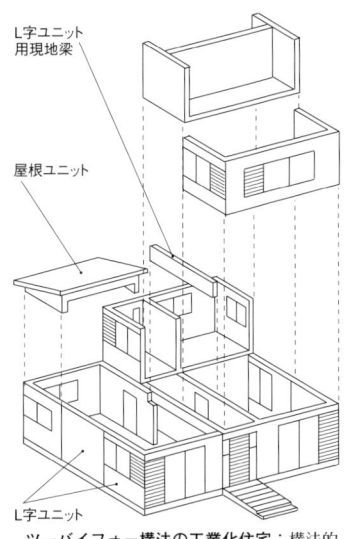

（図：L字ユニット用現地梁、屋根ユニット、L字ユニット）

ツーバイフォー構法の工業化住宅：構法的にはツーバイフォー構法であるが、ユニット化して工場生産したもの。

ツーバイフォー構法の各部構造

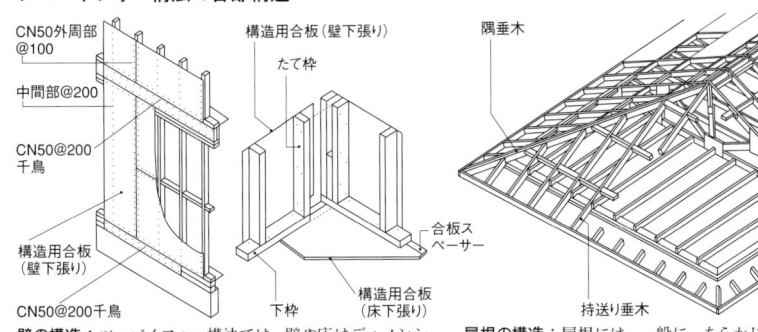

（図：CN50外周部@100、中間部@200、CN50@200千鳥、構造用合板（壁下張り）、CN50@200千鳥、構造用合板（壁下張り）、たて枠、合板スペーサー、下枠、構造用合板（床下張り））

壁の構造：ツーバイフォー構法では、壁や床はディメンションランバーと呼ばれる規格化された木材を用いる。

（図：隅垂木、持ち送り垂木）

屋根の構造：屋根には、一般に、あらかじめ工場で組み立てられたトラスが用いられる。

ツーバイフォー構法に使用される資材と接合金物

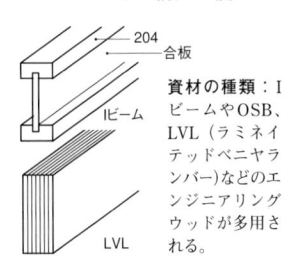

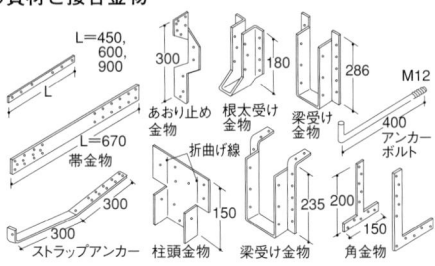

（図：204、合板、Iビーム、LVL）

資材の種類：IビームやOSB、LVL（ラミネーテッドベニヤランバー）などのエンジニアリングウッドが多用される。

（図：L=450, 600, 900 L、L=670 帯金物、300 ストラップアンカー、300 あおり止め金物、180 根太受け金物、折曲げ線、柱頭金物、286 梁受け金物、M12 400 アンカーボルト、235、200、150、150 角金物）

接合金物の種類：国内では、日本住宅・木材技術センターの「Cマーク金物」規格がある。大型の金物は、一般に輸入品を用いることが多い。

構造　木質系構造

3階建木造 *three storied wooden house*

3階建木造住宅には、小屋裏を利用した小屋裏3階建と純3階建のものがある。1987(昭和62)年および1992(平成4)年に、建築基準法・施行令が改正され、一定の防耐火性能の基準を満たせば都市部でも純3階建の木造建築が建てられるようになった。また、構造的にも、3階建住宅は構造計算が必要とされている。都市部の住宅地は、1戸あたりの敷地面積が小さくなっており、3階建の住宅が増えている。

木造3階建住宅の架構
3階建になっても基本的な構造は変わらないが、鉛直荷重や地震力、風圧力などの荷重が大きくなるので、各部の応力が大きくなる。たとえば、水平力が大きくなるため耐力壁の量が増える。そこで、架構は比較的単純で、構造計画的に無理のないものとする。また、通し柱は、2階分の長さが一般的なので、3階床は横架材勝ちになることが多い。

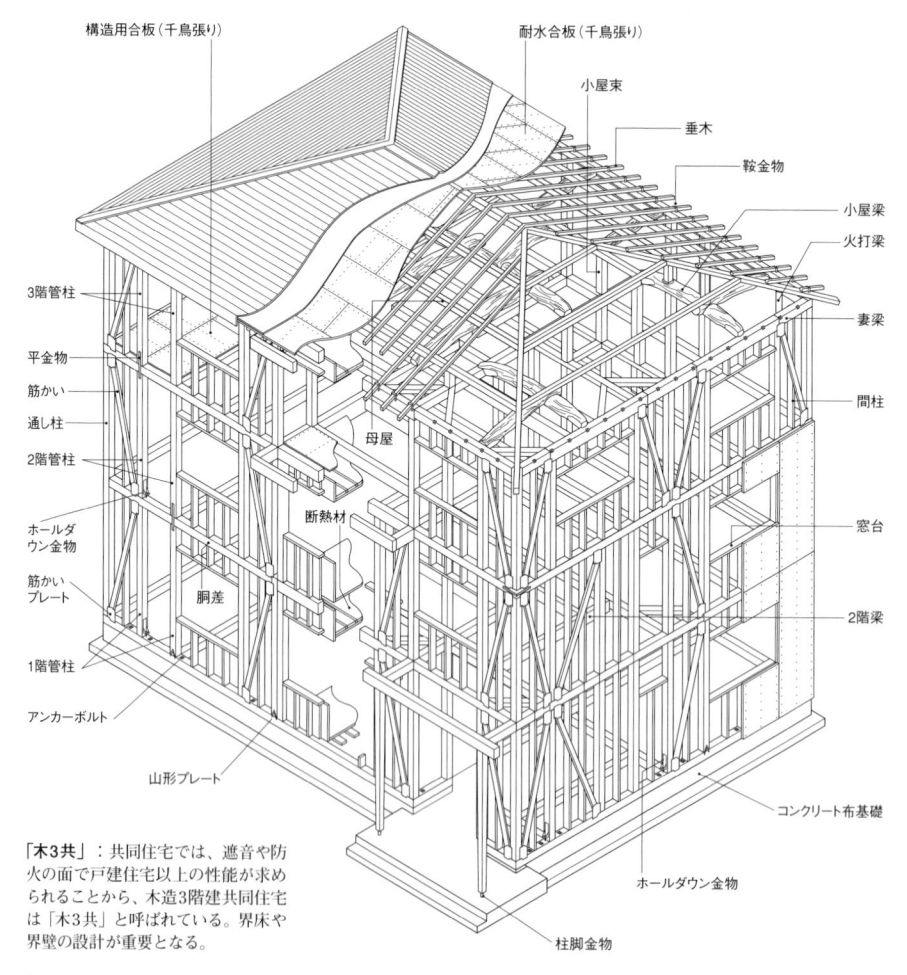

「木3共」：共同住宅では、遮音や防火の面で戸建住宅以上の性能が求められることから、木造3階建共同住宅は「木3共」と呼ばれている。界床や界壁の設計が重要となる。

界床の耐火・遮音構法

共同住宅における世帯間の床を界床という。界床には、戸建住宅よりも高い耐火性能や遮音性能が要求され、モルタルや石こうなど、質量が大きく不燃の材料を用いる。また、天井面も石こうボードなどで遮音性能を高める。

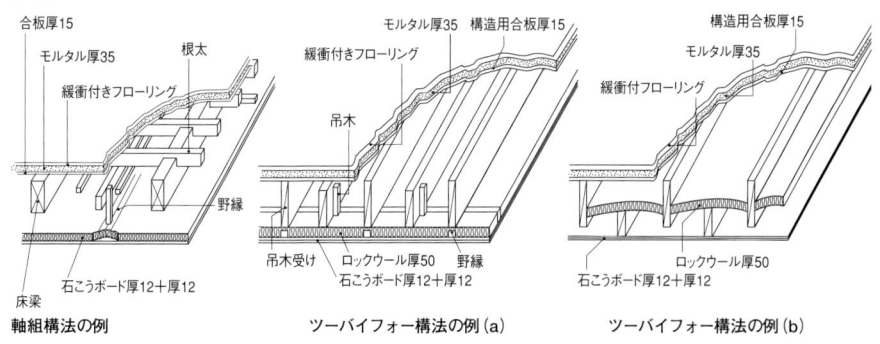

軸組構法の例　　ツーバイフォー構法の例（a）　　ツーバイフォー構法の例（b）

界壁の耐火・遮音構法

共同住宅における世帯間の壁を界壁という。界壁には、界床と同様に、高い耐火性能や遮音性能が要求される。壁を二重壁とするのが効果的である。また、壁には石こうボード重ね張りなど、質量が大きく不燃の材料を用いる。

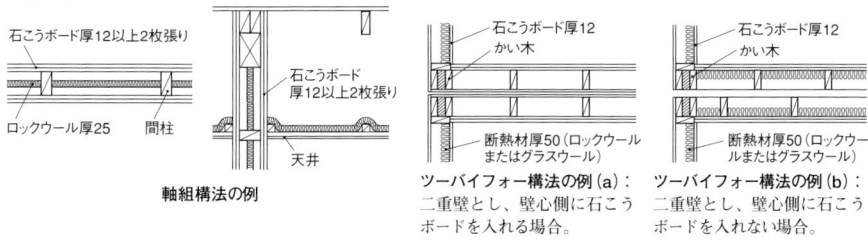

軸組構法の例

ツーバイフォー構法の例（a）：二重壁とし、壁心側に石こうボードを入れる場合。

ツーバイフォー構法の例（b）：二重壁とし、壁心側に石こうボードを入れない場合。

界壁などの防火構法

共同住宅の世帯間の仕切となる壁や床には、防火や遮音の面で高い性能が要求される。特に「木3共」の防火仕様は、防火性能や水平荷重時の変形制限などが、戸建の3階建よりも高い性能が要求される。

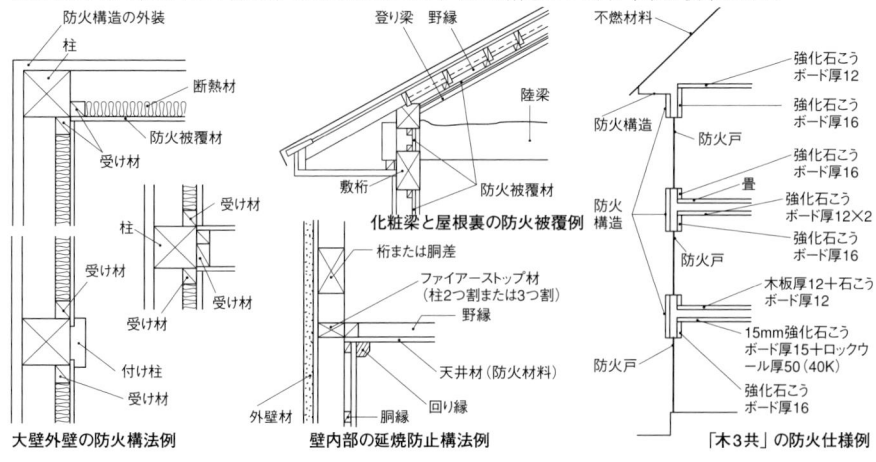

大壁外壁の防火構法例　　壁内部の延焼防止構法例　　「木3共」の防火仕様例

構造　木質系構造

木質パネル構法 *wooden panel construction*

木質パネル構法とは、柱がなく、工場生産の木質壁パネルを建て並べる壁式の構造をいう。壁パネルの大きさは、幅を910mm程度とする中型(小型)パネル、そして1部屋の一辺程度を幅とする大型パネルがある。また、高さは一般に1層の階高とするが、2階分の通しパネルとするものがある。中型(小型)パネルは、製造ラインが比較的小規模で生産可能で、運搬も容易であるが、現場での接合箇所が多い。大型パネルは、現場では重機が必要となるが、工場で内装や外装の仕上げを行うことができる。これらの構法では、床や屋根などもパネル化して工場生産している。

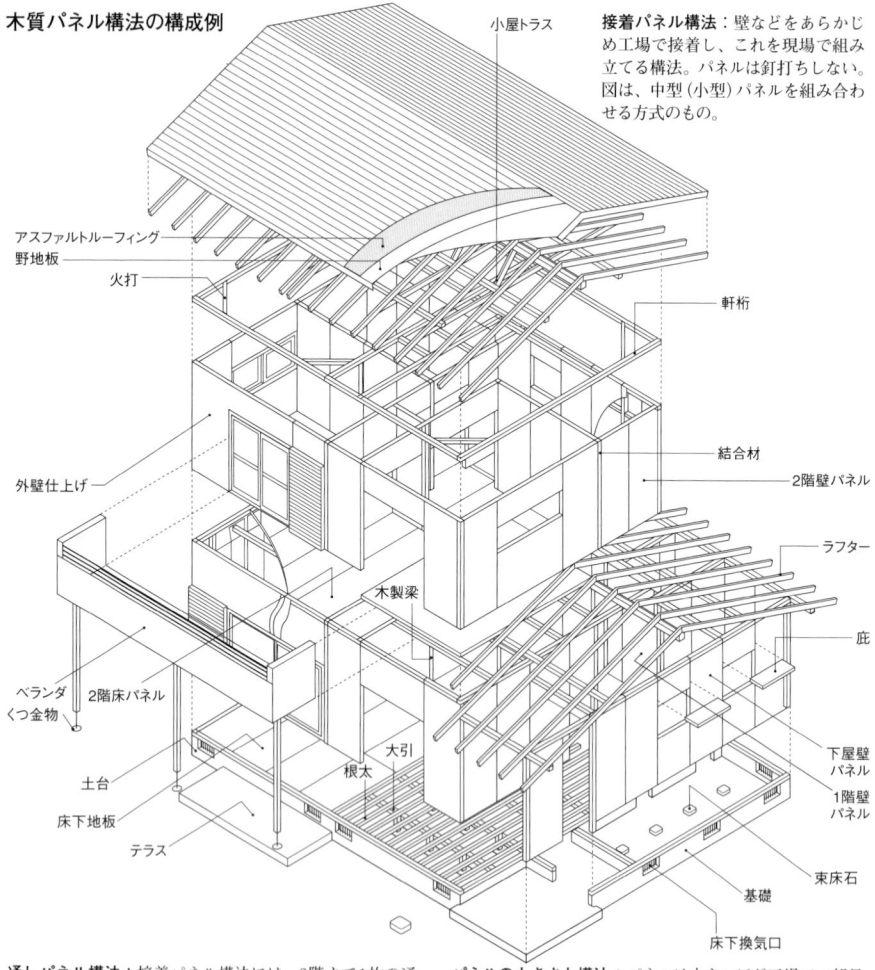

木質パネル構法の構成例

接着パネル構法：壁などをあらかじめ工場で接着し、これを現場で組み立てる構法。パネルは釘打ちしない。図は、中型(小型)パネルを組み合わせる方式のもの。

主な部位名称：小屋トラス、アスファルトルーフィング、野地板、火打、外壁仕上げ、軒桁、結合材、2階壁パネル、ラフター、木製梁、庇、ベランダ、くつ金物、2階床パネル、大引、根太、下屋壁パネル、1階壁パネル、土台、床下地板、テラス、基礎、束床石、床下換気口

通しパネル構法：接着パネル構法には、2階まで1枚の通し壁パネルとしたものがある。この場合、床がプラットフォームにならない。ツーバイフォー構法の1種であるバルーンフレーム構法と同様の構法となる。

パネルの大きさと構法：パネルは大きいほど工場での部品の集積度が高まり、かつ現場での接合箇所が少なくできる。しかし、敷地に余裕がないと、建方ができないなどのデメリットがある。

木質パネル構法の架構（1階部分）

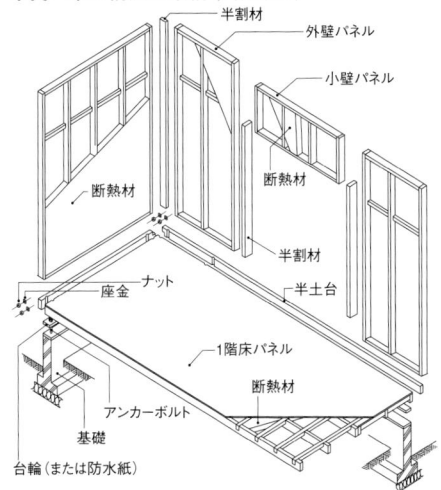

中型（小型）パネル構法：垂れ壁・腰壁が分割されている。切妻屋根の妻部分には、三角形の屋切りパネルが取り付けられる。

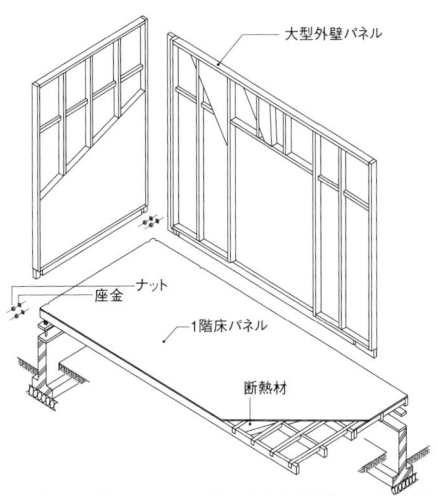

大型パネル構法：パネルは開口を含んだ門型となる。上図ではプラットフォーム構法を採用している。また、屋根は一般にトラス構法である。

通し壁パネルと床パネルの接合

通し壁パネルは、床に対して壁勝ちの納まりとなる。床は、壁パネルに取り付けた接合金物で支える。

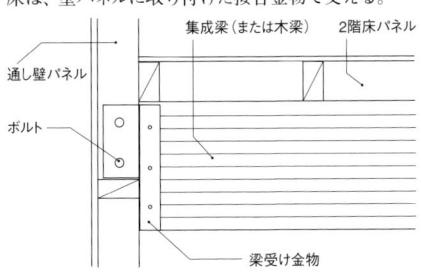

パネル構法のグリッドシステム

壁パネルをダブルグリッドで配置すると、パネル構法にもかかわらず、充填柱という柱状の部材がある。

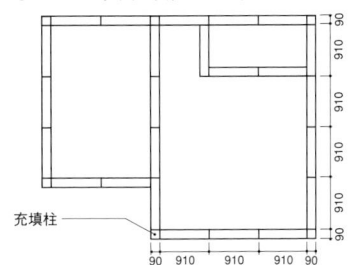

新しい木質パネル構法の例

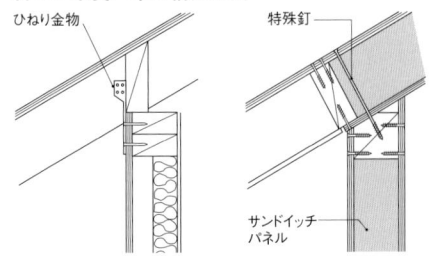

屋根と壁の接合部：従来は屋根パネルを、ひねり金物で、浮上がりを防止していた。サンドイッチパネルでは長い釘で直接屋根パネルを止め付ける。

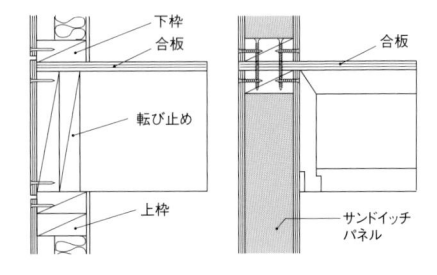

2階床と壁の接合部：プラットフォーム構法の左図に対して、右図では、壁勝ちの納まりになっている。

構造　木質系構造

ログハウス　*log house (log cabin)*

ログハウスは、丸太や製材を横に積み重ねて壁を構成する丸太組構法による建物である。この構法は、世界の森林資源の豊かな地域で紀元前から用いられてきた。日本では正倉院に代表される校倉（あぜくら）造りの倉庫などがあったが、住宅に用いられるようになったのは1970（昭和45）年以後であり、そのほとんどは、外国から輸入し、建設大臣の認定を受けて建設された。ログハウスは丸太による組積造の壁構造であり、軸組構造が一般的な日本建築の中では特異な存在であったが、1986（昭和61）年に丸太組構法に関する建設省告示が制定され、一般に自由に建てられるようになった。

ログハウスの構成
ログハウスは、一般的には丸太組構法技術基準で規定されている、延床面積300m²以下、階数2（小屋裏利用のみ）、高さ8.5m以下の範囲で計画する場合が多い。構造耐力を負担するログの断面は120cm²以上とされていて、丸太では直径12cmにあたる。ログ材の交差部は互いにかみ合わせることにより相互に安定するため、壁面から端部を20cm以上突出させる必要がある。

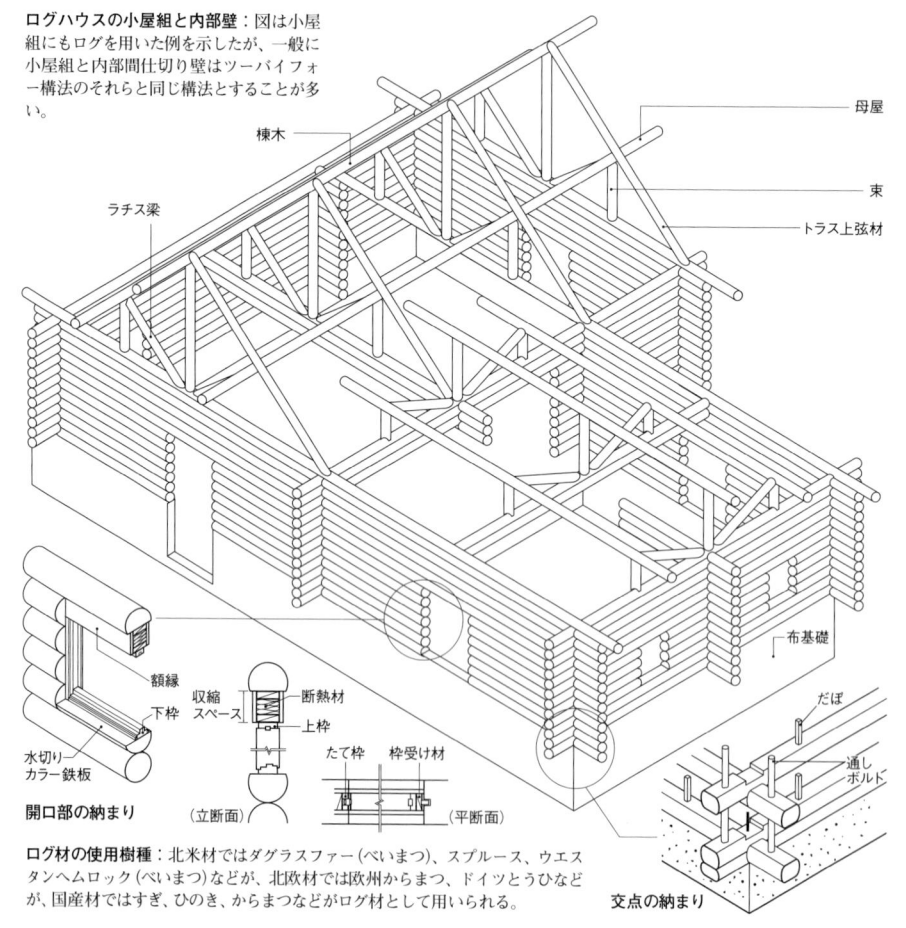

ログハウスの小屋組と内部壁：図は小屋組にもログを用いた例を示したが、一般に小屋組と内部間仕切り壁はツーバイフォー構法のそれらと同じ構法とすることが多い。

ログ材の使用樹種：北米材ではダグラスファー（べいまつ）、スプルース、ウエスタンヘムロック（べいまつ）などが、北欧材では欧州からまつ、ドイツとうひなどが、国産材ではすぎ、ひのき、からまつなどがログ材として用いられる。

木質系構造　構造

ログ材の断面
ログ材の断面は円、楕円、四角、三角などがある。円や楕円の断面は丸太を太鼓形にしたり、下側を円弧状に削り落とす場合も多い。

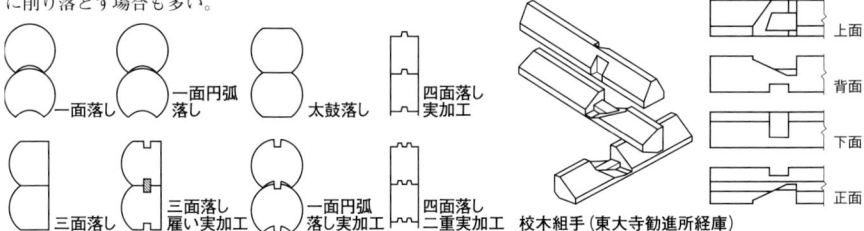

一面落し／一面円弧落し／太鼓落し／四面落し実加工／校木組手(東大寺勧進所経庫)／上面／背面／下面／正面

三面落し／三面落し雇い実加工／一面円弧落し実加工／四面落し二重実加工

ログ材の交点
ログハウスは井桁に組むことにより安定する。交差部のタイプには、双方のログ材を突出させたプロジェクトタイプと、突出し部を切り詰めて角隅としたフラッシュタイプがある。

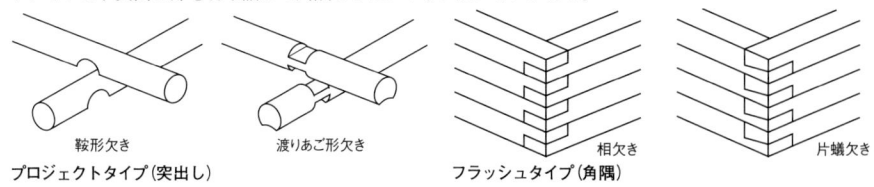

鞍形欠き／渡りあご形欠き／相欠き／片蟻欠き
プロジェクトタイプ(突出し)／フラッシュタイプ(角隅)

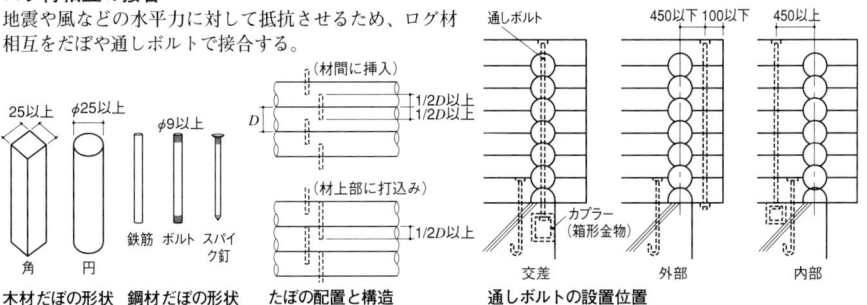

ログ材相互の接合
地震や風などの水平力に対して抵抗させるため、ログ材相互をだぼや通しボルトで接合する。

25以上／φ25以上／φ9以上
鉄筋／ボルト／スパイク釘
角／円
木材だぼの形状／鋼材だぼの形状

(材間に挿入)／1/2D以上／(材上部に打込み)／1/2D以上
たぼの配置と構造

通しボルト／450以下／100以下／450以下／カプラー(箱形金物)
交差／外部／内部
通しボルトの設置位置

ログ材の乾燥収縮
木材は、繊維と直角の方向には乾燥収縮が大きいため、横に積層したログ材は時間の経過とともに沈下する。そのため、窓、出入口枠、階段、内壁下地などの縦材との納まり部分に不具合が生じないように、収縮スペース(セトリングスペース)を設ける。

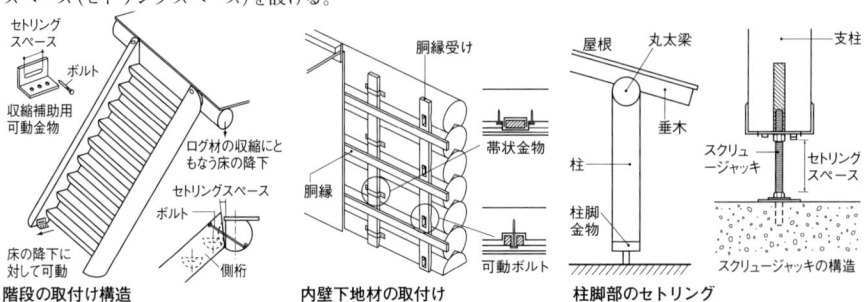

セトリングスペース／ボルト／収縮補助用可動金物／ログ材の収縮にともなう床の降下／セトリングスペース／ボルト／側桁／床の降下に対して可動
階段の取付け構造

胴縁受け／帯状金物／胴縁／可動ボルト
内壁下地材の取付け

屋根／丸太梁／垂木／柱／柱脚金物
柱脚部のセトリング

支柱／スクリュージャッキ／セトリングスペース
スクリュージャッキの構造

構造　木質系構造

集成材構造　*glued laminated timber construction*

木材をラミナと呼ばれる挽板に分割し、これを接着剤で貼り合わせて製造される集成材は、住宅をはじめ幅広い建築用途で用いられている。強度や精度に優れ、また木の質感を生かしながら自由に長大材や湾曲材が得られるため、ドームや体育館などの大架構建築の主要構造材として利用されることも多い。さらに、鋼や鉄筋コンクリートなどとの高度なハイブリッドの手法も模索されて、「集成材構造」と呼ばれる分野が確立した。このとき、集成材の構造体は必ず空間内に露出されて、構造デザインの側面が重視されていることも特徴的である。

代表的な集成材構造／海の博物館・展示棟（内藤廣建築設計事務所、1992年）
海の博物館の展示棟は、スパン18mで、湾曲集成材のアーチと登り梁を組み合わせて美しい屋根と内部空間を実現している。集成材のアーチ頂部に立体トラスを設けて剛性を確保している。

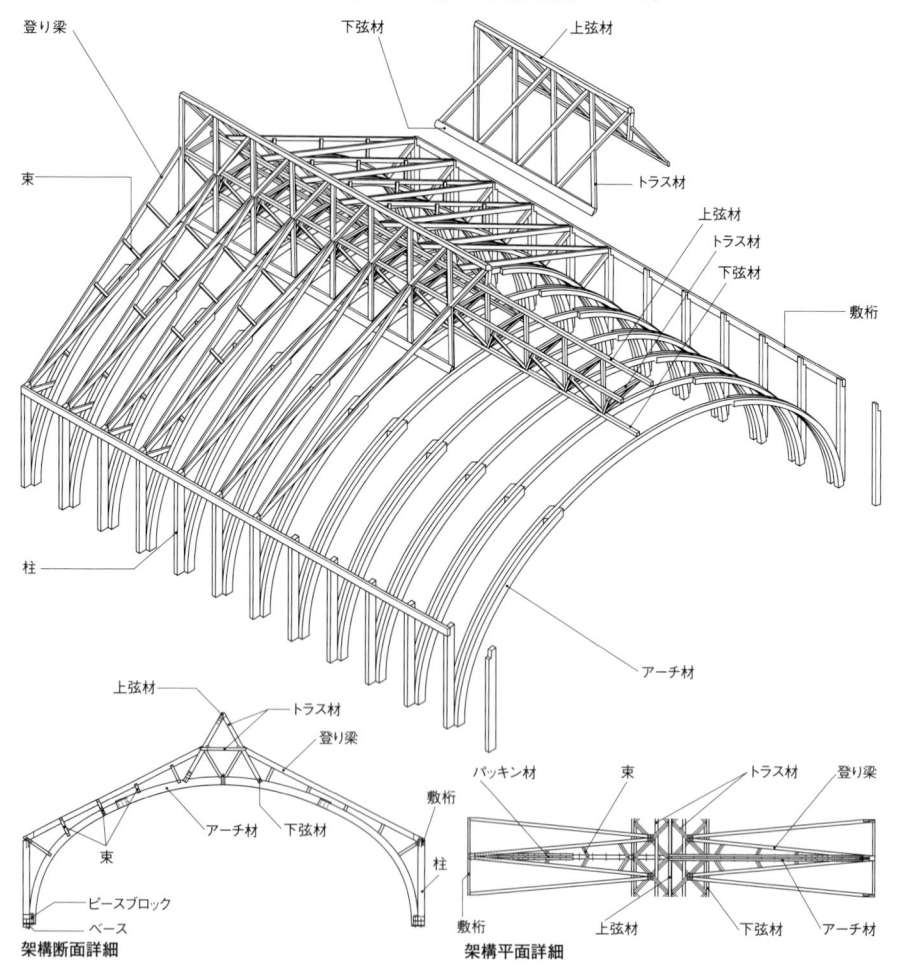

アーチ頂部・脚部の接合法

部材が圧縮力のみを負担するのがアーチ構造の原理であるが、実際の集成材アーチ構造では曲げ応力も発生する。これを抑えるため、頂部と脚部をピンとして3ヒンジアーチとするのが一般的である。建物の規模が大きくなるほど、接合部が厳密にピンとなるように設計する。小規模なものだと、頂部を剛とした2ヒンジアーチも用いられる。

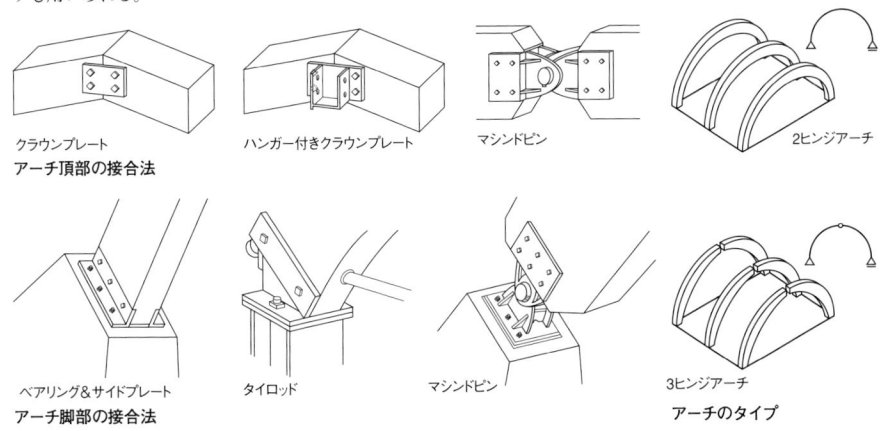

クラウンプレート
アーチ頂部の接合法

ハンガー付きクラウンプレート

マシンドピン

2ヒンジアーチ

ベアリング&サイドプレート
アーチ脚部の接合法

タイロッド

マシンドピン

3ヒンジアーチ
アーチのタイプ

集成材の構成

欠点を除去し、十分に乾燥させたラミナは、フィンガージョイントで連結され、長尺ものが製造される。これを通直に、あるいは湾曲させて積層接着させたものが集成材である。

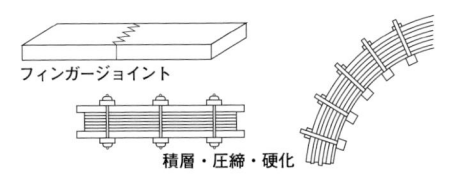

フィンガージョイント

積層・圧締・硬化

新しい部材

ベニヤ（単板）を積層接着させたLVL (laminated veneer lumber)や、割り箸状のチップを平行に並べて接着したPSL (parallel strand lumber)も、従来の集成材に代わって使われるようになった。

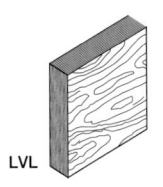

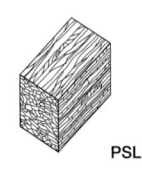

LVL

PSL

集成材構造の事例

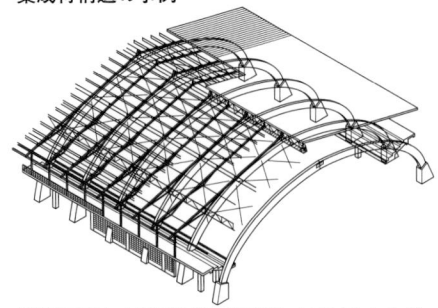

新発田厚生年金体育館（飯塚五郎蔵、1962年）：スパン36mの山形3ヒンジアーチ構造。昭和30（1955）年代には、同様の体育館が数多くつくられたが、そのうち最大のもの。以後1986年まで最大であった記念碑的作品。

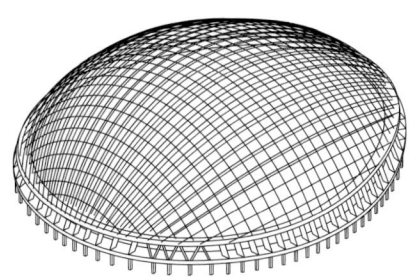

大館樹海ドーム（伊東豊雄建築設計事務所、1997年）：長辺178m、短辺157mの卵形の、世界最大級の木造ドーム。秋田すぎ集成材による大断面アーチ構造。

構造　木質系構造

基礎 *footing foundation*

基礎は、建物を地盤に固定し、また建物に加わるさまざまな力を地盤に伝えて安定を保つという重要な役割をもっている。木造住宅など軽量な建物では、基礎も比較的簡便なものが用いられる。耐力壁の下など構造上の重要な部分には鉄筋コンクリートによる布基礎（連続基礎）を回し、補助的に束石や独立基礎を配する方法が最も一般的である。特に地盤がよくない場合にはべた基礎とし、さらに杭を打つ杭基礎とする場合もある。また通常、建物の足元（基礎の上）には土台と呼ばれる水平材を設け、これをアンカーボルトで基礎と緊結する。

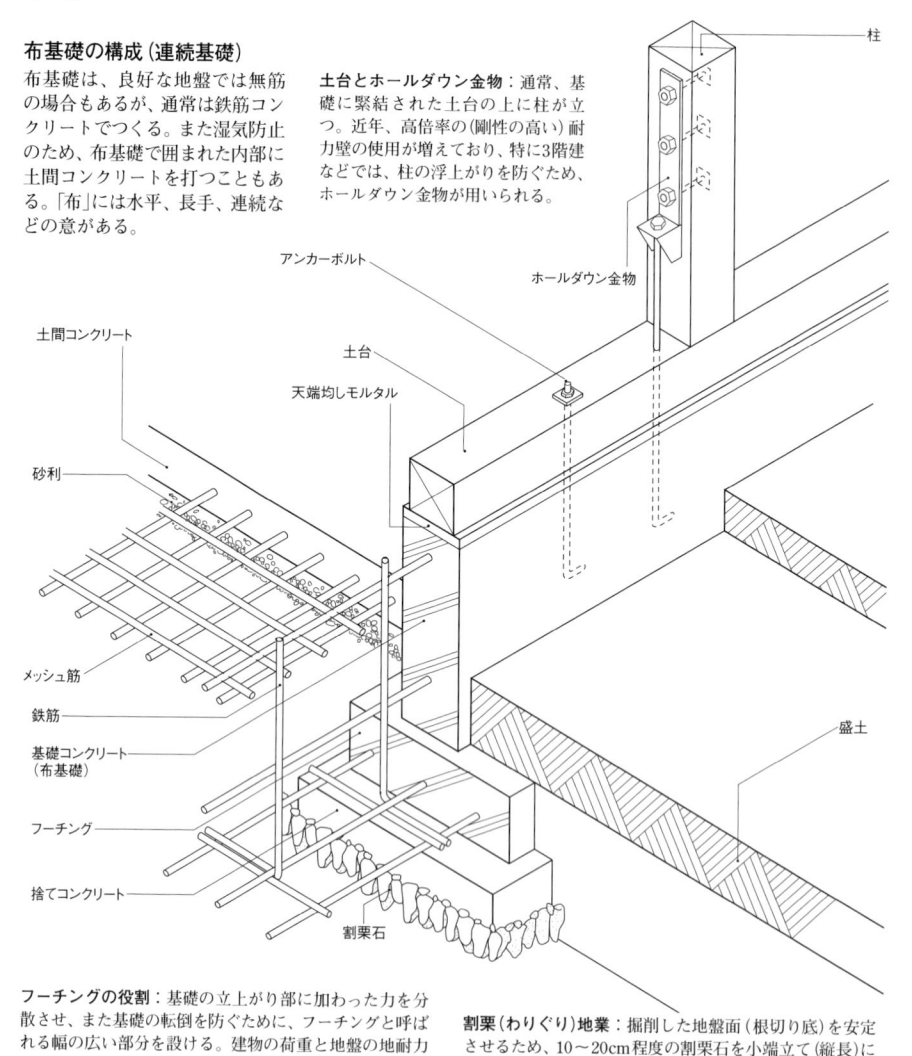

布基礎の構成（連続基礎）

布基礎は、良好な地盤では無筋の場合もあるが、通常は鉄筋コンクリートでつくる。また湿気防止のため、布基礎で囲まれた内部に土間コンクリートを打つこともある。「布」には水平、長手、連続などの意がある。

土台とホールダウン金物：通常、基礎に緊結された土台の上に柱が立つ。近年、高倍率の（剛性の高い）耐力壁の使用が増えており、特に3階建などでは、柱の浮上がりを防ぐため、ホールダウン金物が用いられる。

フーチングの役割：基礎の立上がり部に加わった力を分散させ、また基礎の転倒を防ぐために、フーチングと呼ばれる幅の広い部分を設ける。建物の荷重と地盤の地耐力に応じて、幅が決定される。

割栗（わりぐり）地業：掘削した地盤面（根切り底）を安定させるため、10～20cm程度の割栗石を小端立て（縦長）に並べ、間に目つぶし砂利を入れて突き固める。

木質系構造　構造

そのほかの基礎

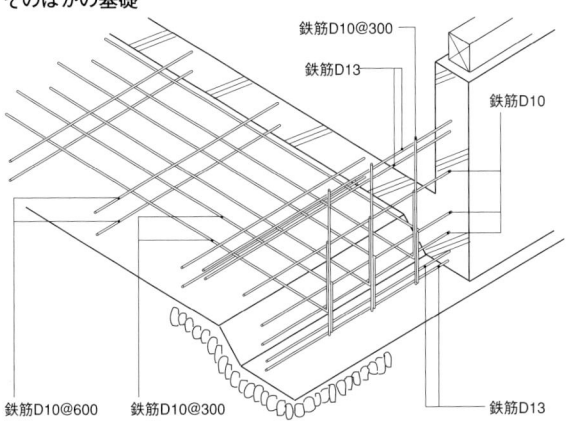

鉄筋D10@300
鉄筋D13
鉄筋D10
鉄筋D10@600
鉄筋D10@300
鉄筋D13

べた基礎：フーチングを広げて床の下全面にまで設け、1枚の板にしたもの。不同沈下しにくく、地耐力の低い場合に有効である。

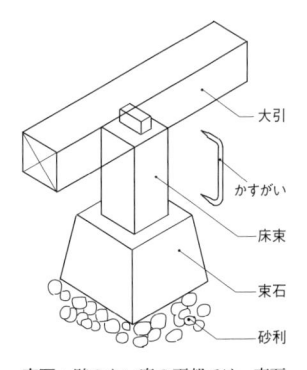

大引
かすがい
床束
束石
砂利

束石：壁のない床の下部では、束石（玉石あるいはコンクリート）の上に床束を立て、大引を支える。大引は床の鉛直荷重のみ支持する。

基礎と床下換気

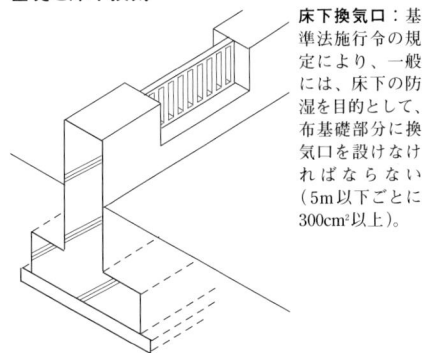

床下換気口：基準法施行令の規定により、一般には、床下の防湿を目的として、布基礎部分に換気口を設けなければならない（5m以下ごとに300cm²以上）。

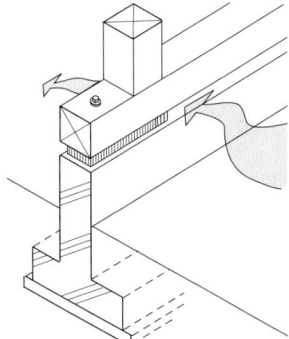

ねこ土台：基礎と土台の間に2cm程度の飼い物を挟むねこ土台と呼ばれる構法が見直されている。土台を基礎から浮かすことで湿気を防ぎ、同時に必要な床下換気口を確保することができる。

寒冷地における基礎の対策

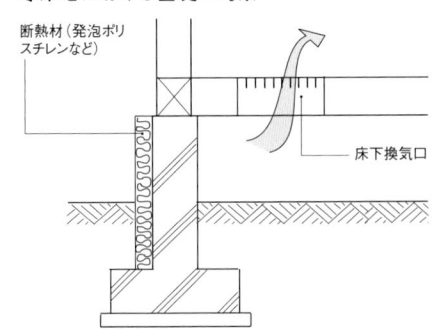

断熱材（発泡ポリスチレンなど）
床下換気口

地盤の凍上
押し上げられる
引き上げられる
凍結深度
凍上
凍着凍上

基礎断熱：寒冷地では、基礎の外側からそっくり断熱材で覆う構法がある。この場合は、室内側の床に換気口を設ける。

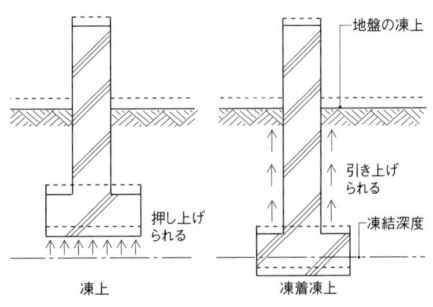

地盤の凍結深度：地盤が凍結して地中に霜柱層ができると、基礎が押し上げられ、また融解時に不同沈下を生ずるなどの不都合が生じる。寒冷地では、基礎は凍結深度以下に掘り下げる。

構造　木質系構造

床組 *floor framing*

木造住宅の床組は、束立て床、梁床、根太床に大別される。束立て床は主に1階床に、梁床は主に2階以上に用いられる。北海道などの寒冷地では、地盤凍結のおそれがあるため、1階床でも束は用いず、梁床とするのが一般的である。根太床は、廊下や押入など床スパンの小さい場合に用いるが、根太のせいを大きくして居室の床に用いる場合もある。床組は、自重や積載荷重に対して安全かつ大きなたわみが出ないようにしなければならないばかりでなく、水平力を耐力壁に伝えるはたらきもある。壁の剛性に偏りのある場合などは、床構面の強度と剛性が特に重要な構造要因となる。

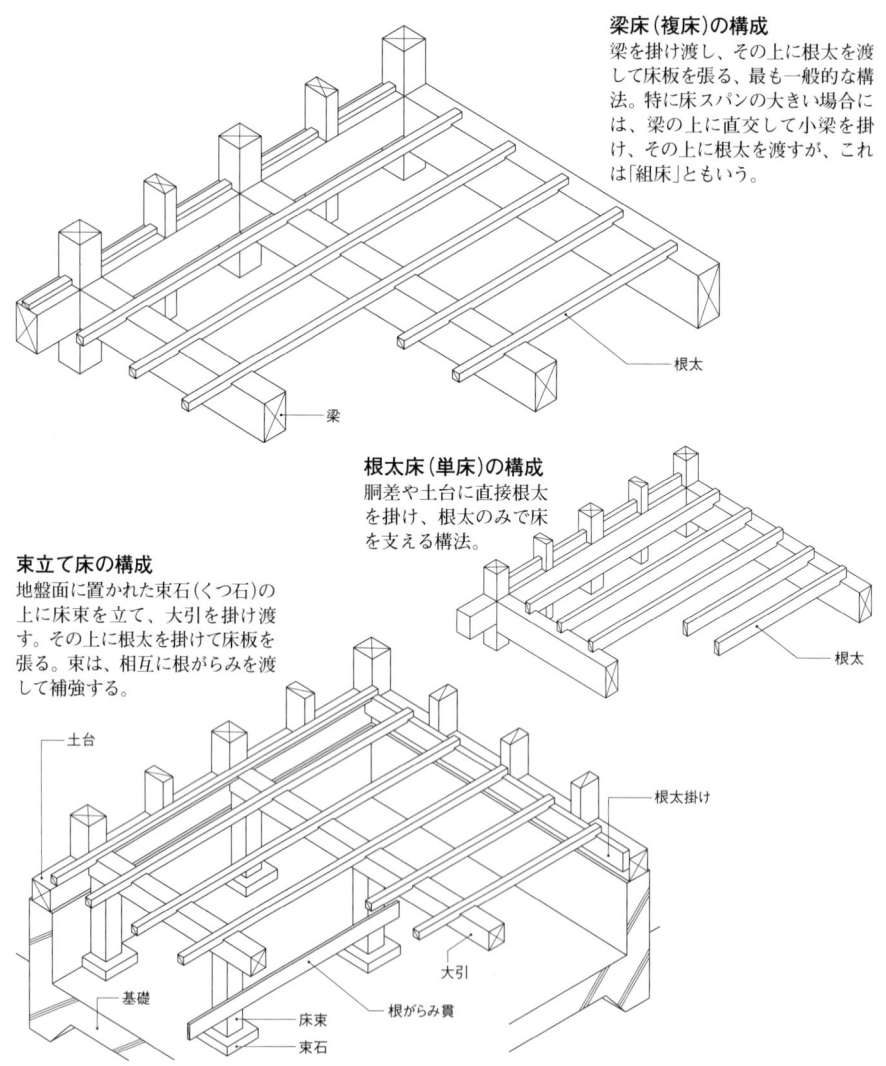

梁床（複床）の構成
梁を掛け渡し、その上に根太を渡して床板を張る、最も一般的な構法。特に床スパンの大きい場合には、梁の上に直交して小梁を掛け、その上に根太を渡すが、これは「組床」ともいう。

（根太、梁）

根太床（単床）の構成
胴差や土台に直接根太を掛け、根太のみで床を支える構法。

（根太）

束立て床の構成
地盤面に置かれた束石（くつ石）の上に床束を立て、大引を掛け渡す。その上に根太を掛けて床板を張る。束は、相互に根がらみを渡して補強する。

（土台、基礎、床束、束石、根がらみ貫、大引、根太掛け）

木質系構造　構造

さまざまな床組の構法

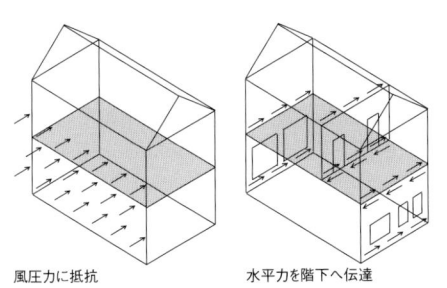

水平構面：水平構面は、風圧力や地震力によって生じる層せん断力を、直下の壁などの水平抵抗要素へ伝達する役割をもつ。木造住宅の床組は、できるだけ剛につくる。

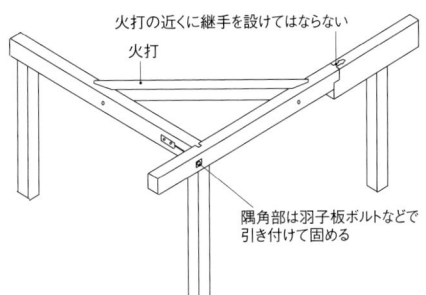

火打梁：軸組構法では、一般に床組の隅角部に火打梁を設けて水平剛性を確保する。しかし実際には、床下地合板などの面材が、水平剛性に大きく寄与している。

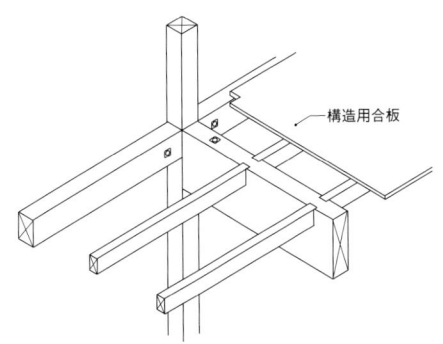

剛床：床組の剛性を得るには、横架材（土台、梁、桁、胴差など）と根太の上端をそろえ、下地合板を横架材にも被せて所定の釘で直張りして一体化するのが最も効果的である。これを剛床といい、3階建などでよく用いられる。

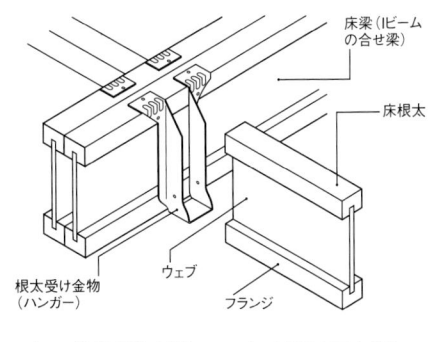

Ｉビーム（木質Ｉ形複合梁）：ウェブに合板やOSBなどを、フランジにLVLやPSLなどを組み合わせたIビームが、ツーバイフォー構法を中心に、根太や垂木に用いられている。ハンガーという金物を用いるため、横架材や耐力壁と天端がそろい、剛床を形成しやすい。

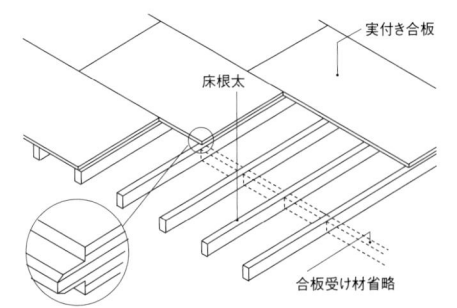

床下合板の張り方：床下地合板を張る際、通常は合板の四周を必ず根太か合板受け材に釘打ちする。本実付きの合板を用い、接着剤を併用することで、受け材を省略する仕様がある。

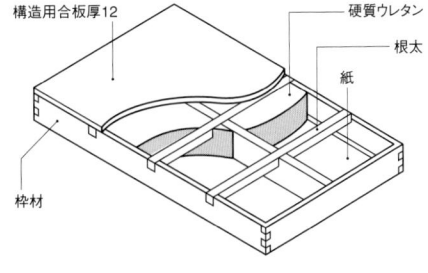

床組のパネル化：床組を工場でパネル化し、現場で敷き込む構法が工業化住宅を中心に普及している。施工の省力化・標準化がなされるうえ、早期の作業床が構成されるため作業安全性の確保にもつながる。

構造　木質系構造

軸組 *framework*

わが国の木造建築は、古来より軸組構法が発達した。伝統的な構法では、柱と、梁および長押・貫・差鴨居などの横架材との組合せで、一種のラーメン構造を構成する。これらは、軸組の仕口部分などでモーメントを伝達する機構を有しているが、部材が十分に太くなければ完全なラーメン構造としては成立しない。これに対して現在の在来軸組構法では、柱や梁、桁、胴差、土台などの軸材で軸組を構成するものの、一般に接合部はピン接合として扱う。したがって風や地震などの水平力は、主に筋かいや合板を中心とした耐力壁で負担する。

在来構法の軸組

在来構法の軸組は、鉛直材と水平材からなる。柱は上部の荷重を土台や基礎に伝える鉛直材であり、また耐力壁の枠材としてのはたらきも重要である。土台は基礎の上に設けられる水平材で、軸組の下端を固め、荷重外力を基礎に伝える役割をもつ。柱の上部に掛け渡される水平材を横架材と総称し、梁、桁、胴差などの種類がある。梁は、柱の間に掛け渡され、床組や小屋組を支える部材であり、桁は、並んだ柱の頭をつなぐ形で掛け渡される部材である。また梁間方向、桁行方向といった用語がある。胴差は、2階建の場合、1階と2階の間にあるものをいう。

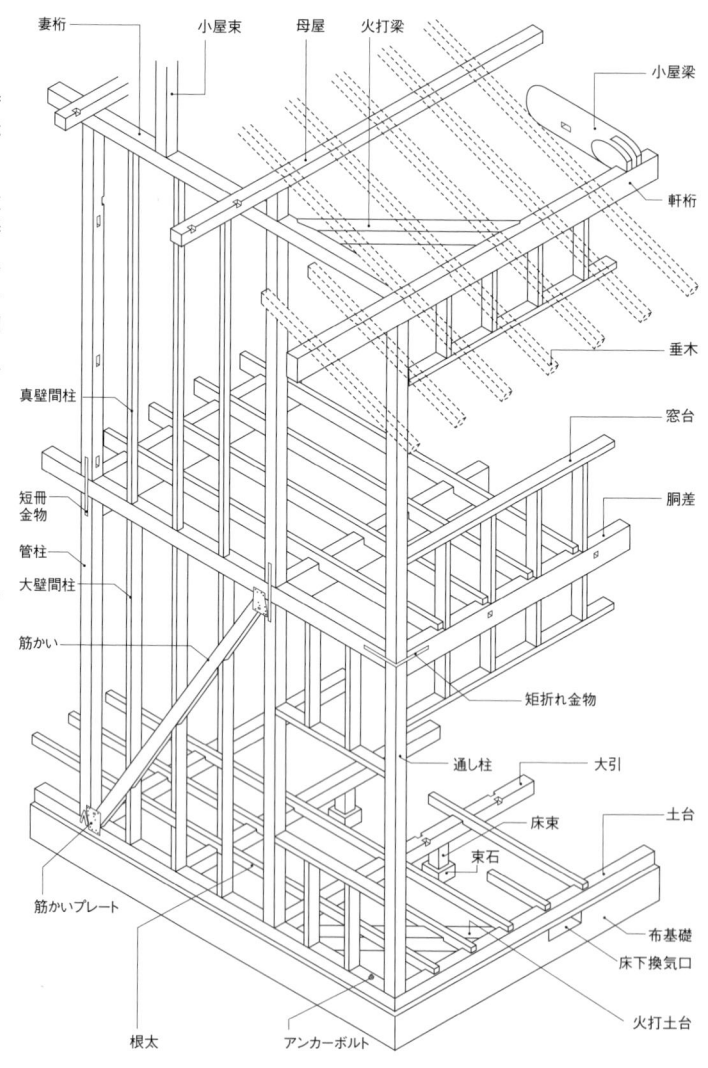

木質系構造　構造

さまざまな軸組の構法

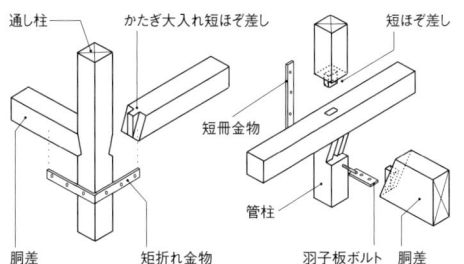

通し柱と管柱：1階分の長さの柱を管柱といい、上階と下階の間には胴差が設けられる。2階以上に渡る柱は通し柱といい、建物の隅角部など構造上主要な部分に設ける。通し柱は断面の大きい材を用いる。

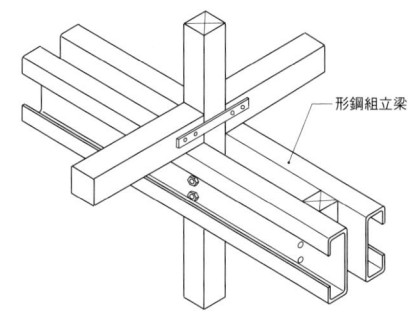

横架材のせい：柱のスパンなどによって横架材のせいは使い分けられるが、壁のパネル化などの省力化のため太いほうに統一することも多い。特に荷重の大きい場合には、部分的に鉄骨や集成材の横架材も用いられる。

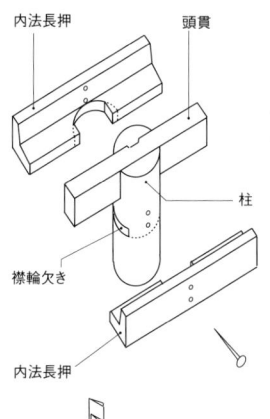

長押（伝統的な構法）：長押は、柱を両面から挟み付けて釘止めする横材である。伝統的な構法には、地長押、腰長押、内法長押、天井長押など数条の長押を入れて軸組を固めたものが多く見られたが、貫の発達によって衰退し、今日では内法長押のみが化粧材として用いられている。

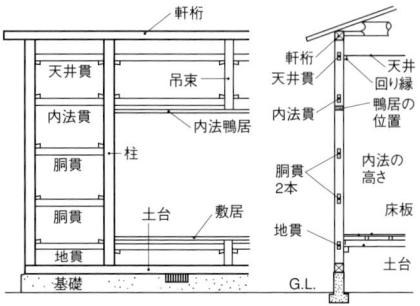

貫（伝統的な構法）：鎌倉時代に伝えられた構法で、柱を貫通して楔で固められる横材。壁の下地と構造体の両機能がある。天井貫、頭貫、内法貫、地貫、足固め貫など、3〜5段の貫で軸組を構成する。貫軸組の水平耐力は、初期剛性は低いが容易には破壊に達しない。

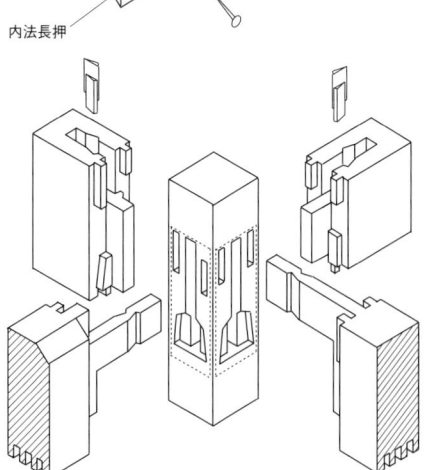

差鴨居（伝統的な構法）：鴨居の両端を柱にほぞ差しにする構造材。通常の鴨居に比べて非常にせいが高いため（1〜2尺）、軸組はラーメンのはたらきをする。主に伝統的な民家建築に用いられる。

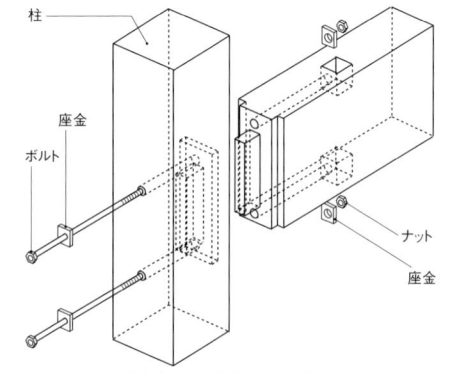

引張ボルト型接合（現代の木造ラーメン）：ジベルなどの金物や断面の大きい集成材などを用いることで、回転剛性の高い接合部が開発されている。これによって、壁の位置にとらわれないラーメン構造の建物が可能となる。

構造　木質系構造

壁・耐力壁 wall system, bearing wall

壁は、内部空間を外界と隔てるシェルターであると同時に、構造形式によっては屋根などの上部構造を支える構造体ともなる。また、水平荷重に対しても柱を含む鉛直構面で抵抗するのが一般的である。外壁に要求される性能には、さらに防火性能、遮音・断熱性能がある。住宅では高断熱・高気密の壁が増えているが、壁体内結露防止のため、通気構法が一般的となっている。また、壁の生産方式には、あらかじめ工場で製作する方式が増えている。壁の下地面材には、針葉樹合板やOSB（オリエンテッドストランドボード）などの新しい材料が採用されつつある。また、外装の仕上げは、従来ラスモルタル塗りが多かったが、近年はサイディング張りが増えている。

軸組構法の外壁
軸組構法の外壁は、柱や横架材からなる軸組に木摺やラス下地板張り、面材を下地とし、モルタル塗りやサイディング釘打ちが多い。

ツーバイフォー構法の外壁
ツーバイフォー構法の外壁は、構造用合板などの面材が釘打ちされている。これらは、たて枠の座屈を防ぎ、一部鉛直荷重も支える。外装仕上げは軸組構法と同様である。

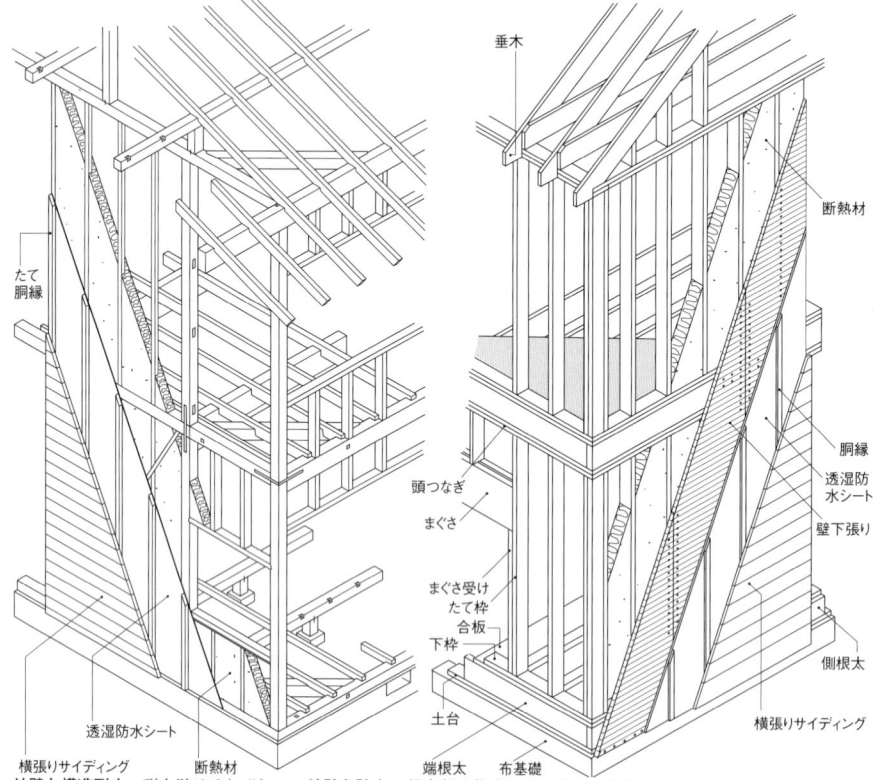

外壁と構造耐力：耐力壁はそれぞれの仕様に応じて、強度の指標である倍率が与えられている。近年は高倍率のものを、主に外周壁に配置するものが増えている。

外壁と防火：都市部の住宅には、外壁に防火性能が要求される。防火性能も、仕様ごとに性能が定められている。

外壁と断熱：外壁には断熱性能も求められている。断熱材は、グラスウールが多用されるほか、ウレタンやスチレンなどを採用するものも増えている。

木質系構造 構造

伝統的な軸組構法の外壁

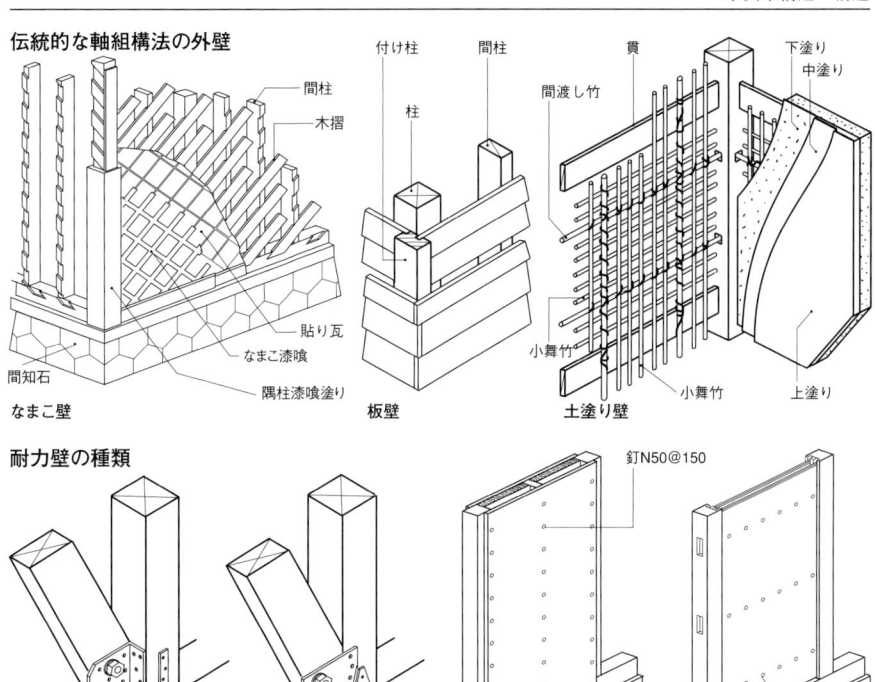

なまこ壁／板壁／土塗り壁

主な部材：間柱、木摺、貼り瓦、なまこ漆喰、隅柱漆喰塗り、間知石、付け柱、柱、貫、間渡し竹、小舞竹、下塗り、中塗り、上塗り

耐力壁の種類

筋かい耐力壁：軸組構法では、一般に筋かいを水平耐力要素としている。筋かいは、それぞれの断面の大きさに応じて、耐力の指標である倍率が定められる。

大壁耐力壁・真壁耐力壁：合板を用いた耐力壁は、大壁方式と真壁方式がある。それぞれ所定の釘を所定の間隔で打ち付けることが必要とされる。

釘N50@150

外壁の通気・断熱対策

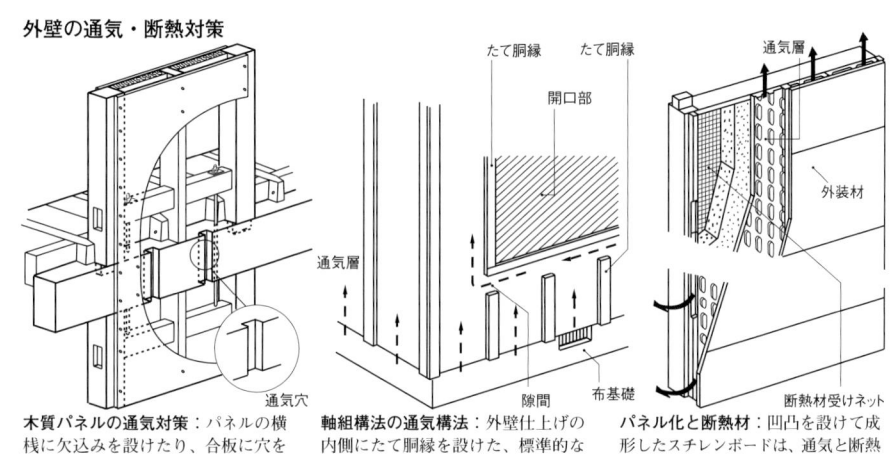

木質パネルの通気対策：パネルの横桟に欠込みを設けたり、合板に穴をあけ、壁体内通気を確保する。

軸組構法の通気構法：外壁仕上げの内側にたて胴縁を設けた、標準的な外壁通気構法。

パネル化と断熱材：凹凸を設けて成形したスチレンボードは、通気と断熱を兼ね備えている。

95

構造　木質系構造

小屋組 *roof frame*

勾配屋根において、屋根面の下にあって屋根の荷重を支える架構を小屋組という。木造住宅の場合、小屋梁と小屋束を用いる和小屋か、小屋組がトラスを構成する洋小屋かのいずれかを用いるのが一般的である。両者ともスパンや屋根形状によってさまざまな形式がある。そのほかにも、さす構造（合掌造り）、登り梁構造、垂木構造などの小屋組が古くからあり、また最近では、立体トラス、シェル、アーチといった特殊なものも見られる。一般に屋根構面においても、床組の場合と同様に水平剛性が必要とされ、火打梁、水平ブレース、面材、小屋貫、小屋筋かいなどで補強される。

和小屋の構成

和小屋組では、小屋梁の上に多数の小屋束を立てて勾配をつくる。束の上に桁行方向に棟木および母屋を載せ、その上に屋根勾配に沿って垂木を架ける。洋小屋に比べて水平力に弱いが、形態的な自由度は高い。屋根が大きな場合には、外周の柱だけでなく、内部の柱にも荷重を負担させることができる。中柱の上に桁行方向の梁（敷梁）を架け、その上に梁間方向の小屋梁を載せる。したがって、縦横に幾重もの梁が架かる場合もある。

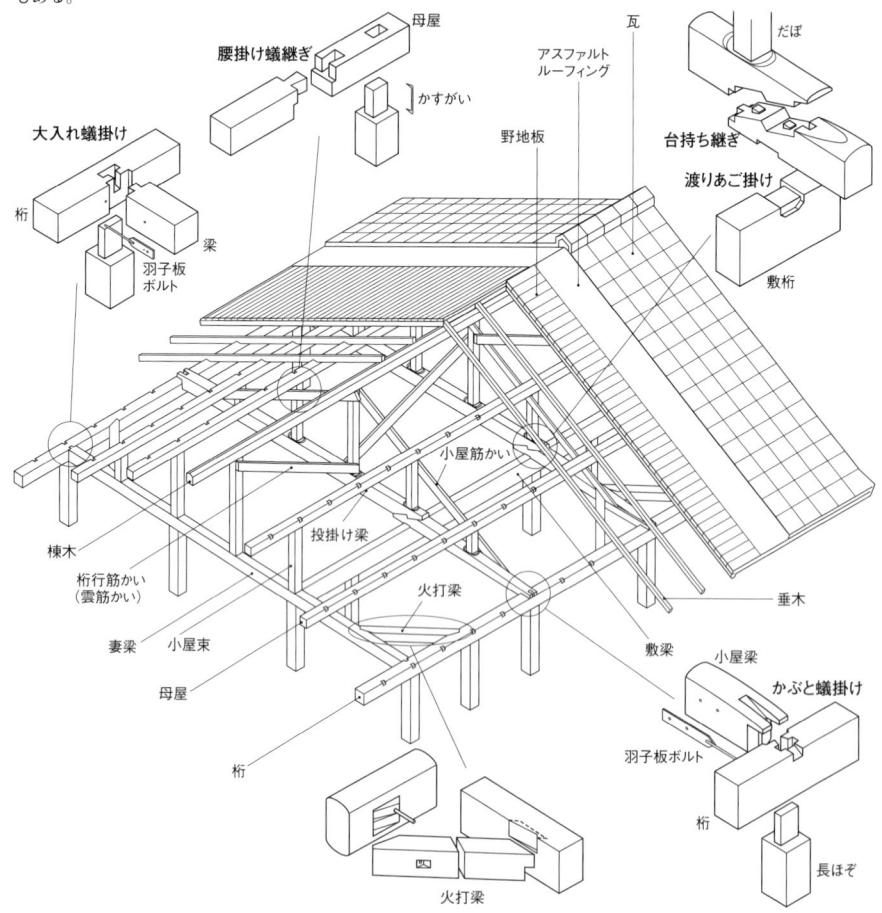

そのほかの小屋組

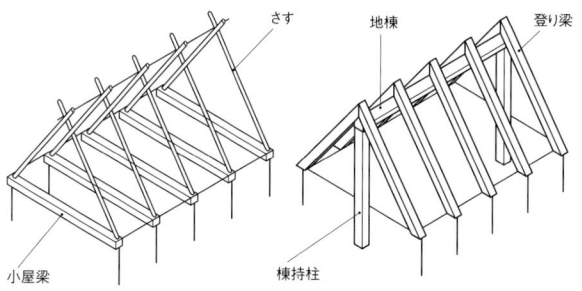

さす構造（合掌造り）：小屋梁と合掌材（さす）によって、ピン接合の大きな三角形をつくる構造。草葺きの民家に多く見られる。

登り梁構造：妻の架構や棟持柱などで支えられた棟木（地棟）から、屋根勾配に沿って傾斜した登り梁を架ける構造。

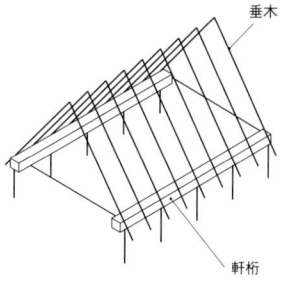

垂木小屋組：母屋を用いず、太めの垂木だけで屋根を支える小屋組。垂木には、さすに相当する場合と登り梁に相当する場合とがある。

小屋梁の納め方

小屋梁の端部と軒桁の納め方には、折置（おりおき）組と京呂（きょうろ）組がある。折置組では、柱の頂部に直接小屋梁を架けた門形フレームを並べ、これをつなぐ形で軒桁が載る。京呂（桁露）組では、側柱にまず桁を載せ、桁の上に小屋梁を載せる。現代の通常の構法は、不規則な柱や開口の配置に対応できる京呂組が用いられる。

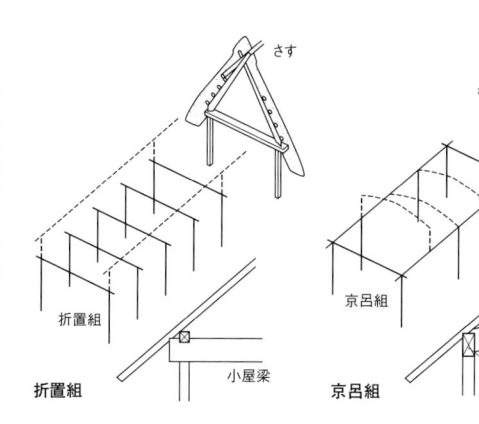

洋小屋の種類

洋小屋は小屋全体がトラスとなる。最も一般的なのが、キングポストトラス（真束小屋組）である。クイーンポストトラス（対束小屋組）やマンサードトラス（腰折屋根）は、小屋裏利用を考えたもの。ツーバイフォー構法では、圧縮材が短くなるフィンクトラスも使われる。洋小屋は和小屋に比べ、一般に大きいスパンにも対応できる。

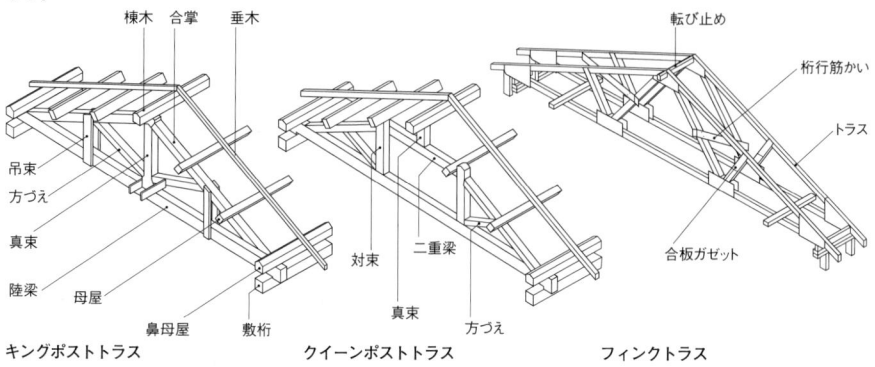

構造　木質系構造

接合・継手・仕口 *jointing*

接合とは、2つ以上の部材や部品をつなぎ合わせることをいう。接着剤によるものを化学的接合、組手・ボルト・釘などによるものを機械的接合という。部材を材の長さ方向に継ぐ接合部（I形）を継手といい、そのほかの接合部（L形、X形、T形）を総称して仕口と呼ぶ。継手は、資源やコスト、運搬の関係で1本ものが利用できない場合にやむを得ず用いる。仕口は、木造の軸組を形づくるうえでなくてはならないものである。継手・仕口を使い分ける要因としては、意匠、強度、施工性がある。近年、釘や金物を使わない複雑な継手・仕口は少なくなり、金物を併用した簡単な継手・仕口が多く用いられている。

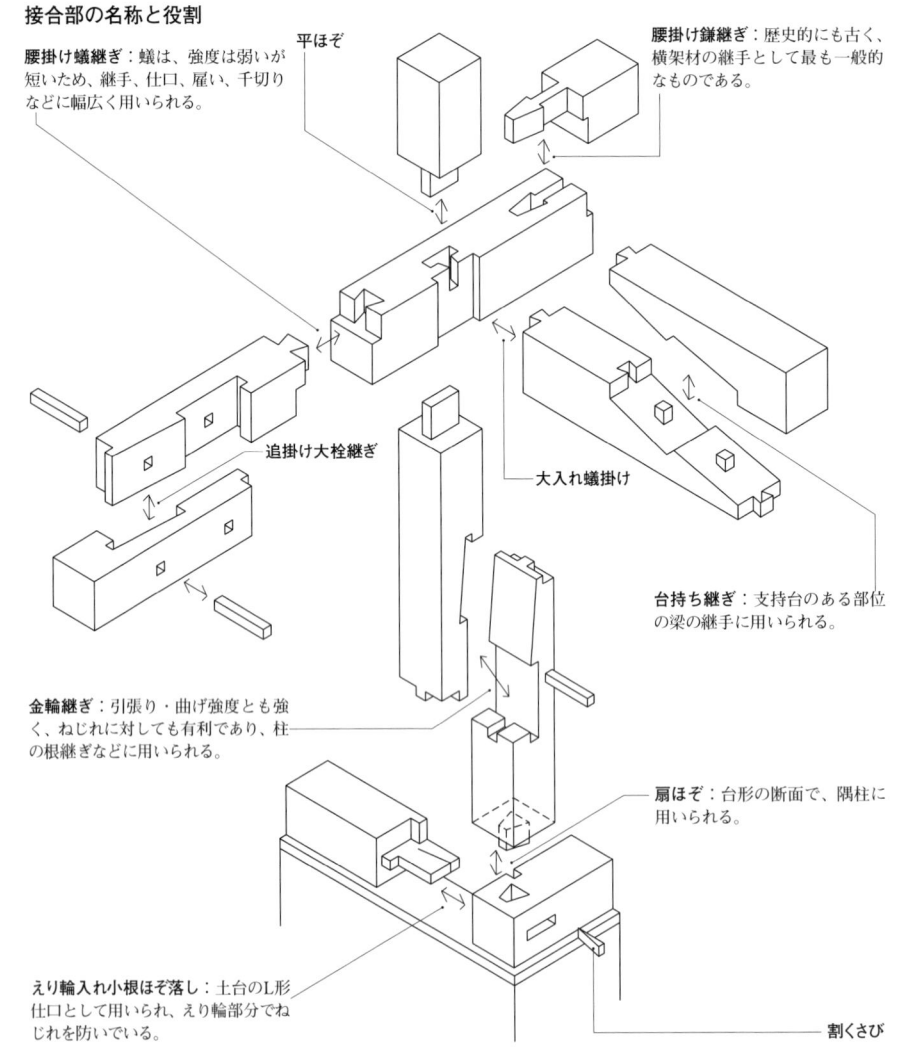

接合部の名称と役割

腰掛け蟻継ぎ：蟻は、強度は弱いが短いため、継手、仕口、雇い、千切りなどに幅広く用いられる。

平ほぞ

腰掛け鎌継ぎ：歴史的にも古く、横架材の継手として最も一般的なものである。

追掛け大栓継ぎ

大入れ蟻掛け

台持ち継ぎ：支持台のある部位の梁の継手に用いられる。

金輪継ぎ：引張り・曲げ強度とも強く、ねじれに対しても有利であり、柱の根継ぎなどに用いられる。

扇ほぞ：台形の断面で、隅柱に用いられる。

えり輪入れ小根ほぞ落し：土台のL形仕口として用いられ、えり輪部分でねじれを防いでいる。

割くさび

継手・仕口の基本形

伝統的な継手・仕口は基本的な形の組合せから成り立っている。継手の基本形には、突付け、目違い、略鎌、相欠き、殺ぎ、蟻、鎌、竿などがある。L形仕口には留め、ほぞ、T形には大入れ、蟻、X形には渡りあごなどがある。

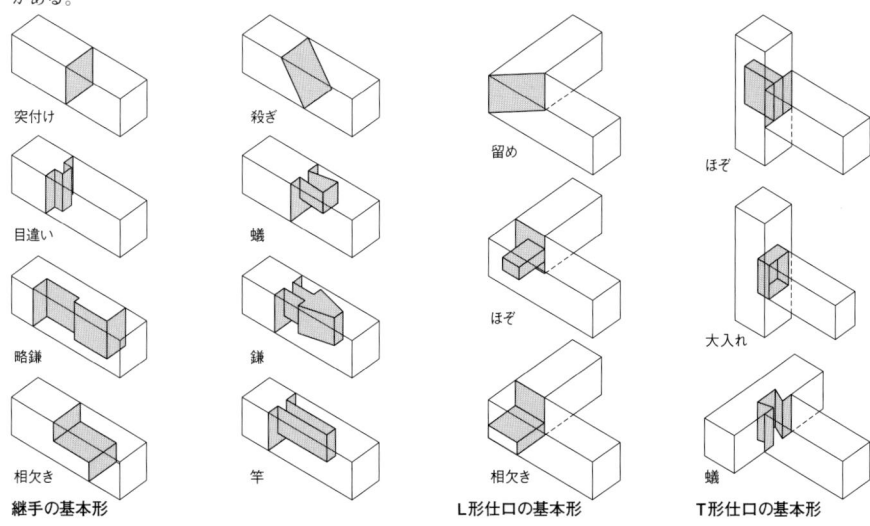

継手の基本形: 突付け、目違い、略鎌、相欠き、殺ぎ、蟻、鎌、竿

L形仕口の基本形: 留め、ほぞ、ほぞ、相欠き

T形仕口の基本形: ほぞ、大入れ、蟻

ほぞの種類と納まり

ほぞの引抜きに抵抗するため、ほぞの木口に割くさびを入れたり、込み栓を用いる。

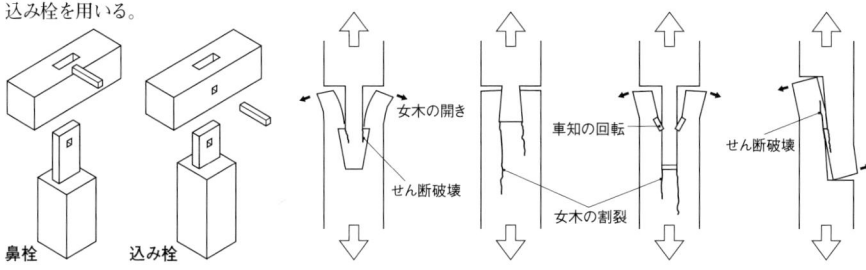

鼻栓　込み栓

接合部の強度

追掛け大栓継ぎは継手の中では強度が比較的大きいが、無継手に比べて引張りで5%、曲げで18%程度の耐力しか期待できない。

女木の開き／せん断破壊／車知の回転／女木の割裂／せん断破壊

伝統的な継手・仕口

室町時代には基本形を組み合わせた複雑な継手・仕口がつくられるようになり、江戸時代から昭和初期にかけて継手・仕口の技術が発達した。補強金物の使用が一般化すると、手間のかかる複雑な形状のものはあまり使われなくなった。

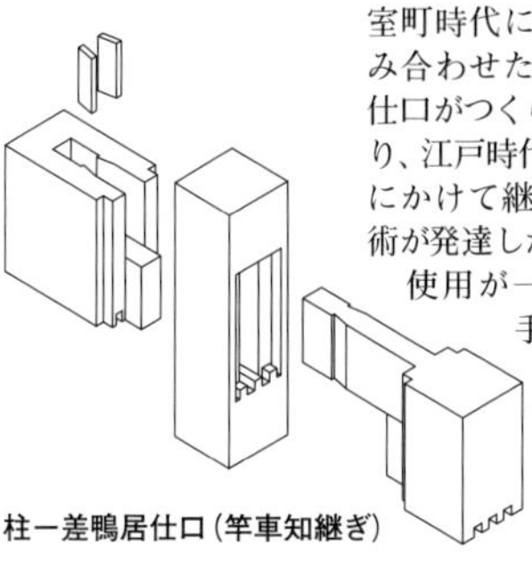

柱―差鴨居仕口（竿車知継ぎ）

機械プレカットの継手・仕口

大工の手仕事による継手・仕口加工を機械に置き換えたものである。CADとCAMを連動した全自動プレカットラインも実用化されている。

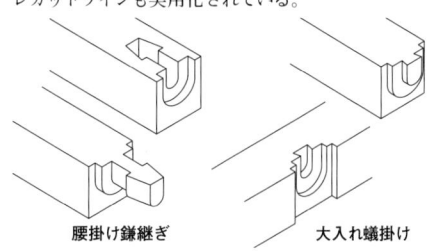

腰掛け鎌継ぎ　　大入れ蟻掛け

構造　木質系構造

接合金物 *joint metal*

接合金物とは、部材相互を接合するために接合部に取り付けた金物をいう。接合金物には、Zマーク金物のように規格化され、許容耐力も明示されているものと、接合部に必要な耐力をもとに個別に設計されるものがある。接合金物は取付け誤差や木材の乾燥収縮によってがたが生じやすいため、変形の計算では十分考慮する必要がある。また、一般に木材は脆い破壊性状を示すことが多いので、粘りのある構造とするには接合金物が先に降伏するように設計する。

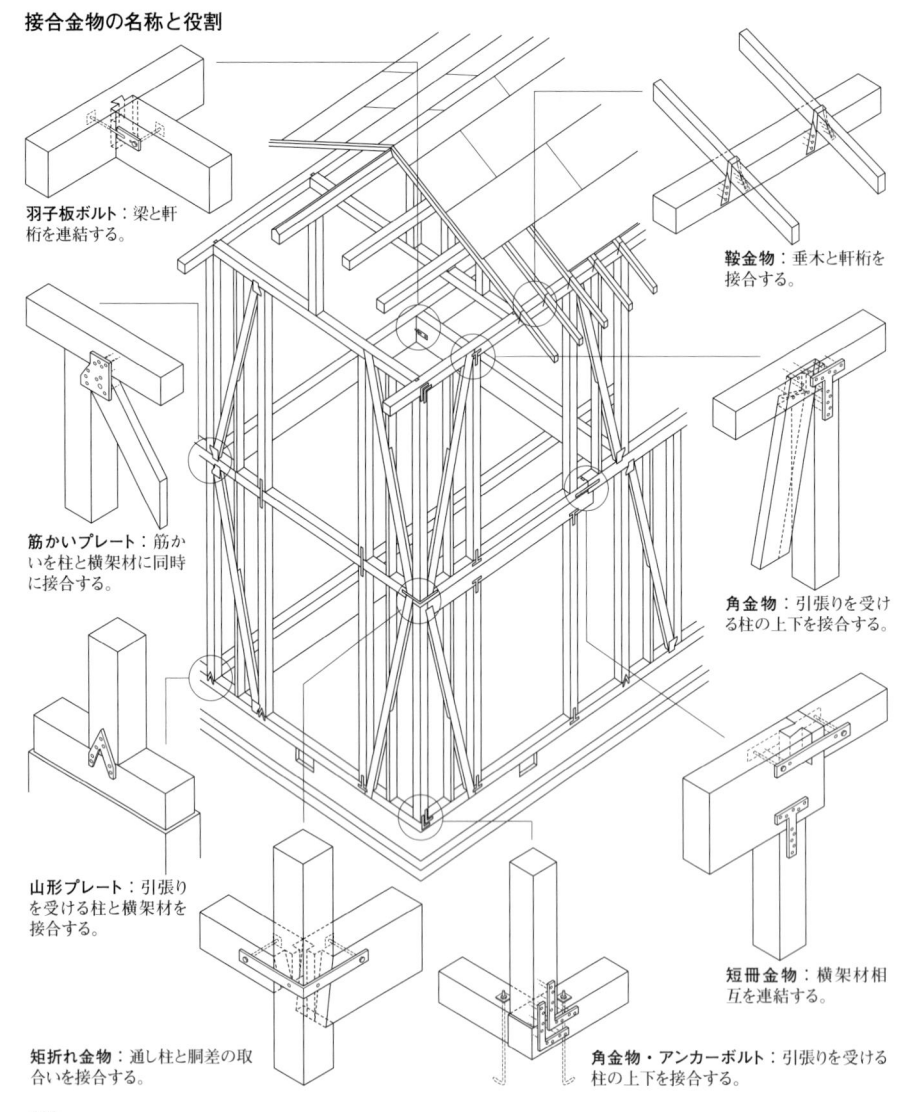

接合金物の名称と役割

羽子板ボルト：梁と軒桁を連結する。

鞍金物：垂木と軒桁を接合する。

筋かいプレート：筋かいを柱と横架材に同時に接合する。

角金物：引張りを受ける柱の上下を接合する。

山形プレート：引張りを受ける柱と横架材を接合する。

短冊金物：横架材相互を連結する。

矩折れ金物：通し柱と胴差の取合いを接合する。

角金物・アンカーボルト：引張りを受ける柱の上下を接合する。

木質系構造　構造

接合金物の種類
住宅のような小規模な建物では、Ζマーク金物やＣマーク金物が補強金物として用いられている。これらは、実験に基づき許容耐力が決められている。

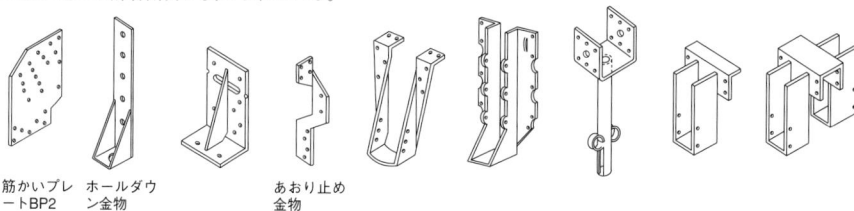

筋かいプレートBP2　ホールダウン金物
Ζマーク金物

あおり止め金物
Ｃマーク金物

アメリカの規格金物

大規模木造建築物の接合部と使用される接合具
大規模木造建築物の接合部は、形状や応力が建物ごとに異なるため、個別に設計して製作される。

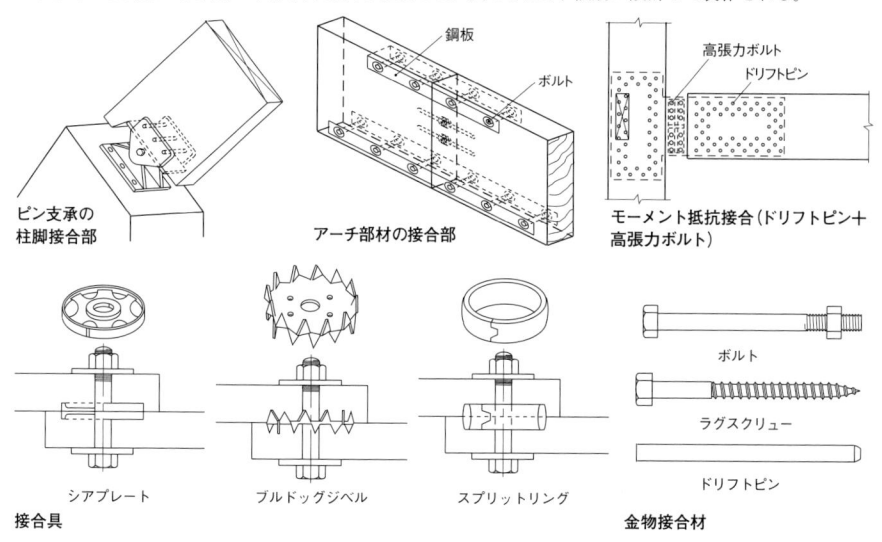

ピン支承の柱脚接合部

鋼板　ボルト
アーチ部材の接合部

高張力ボルト　ドリフトピン
モーメント抵抗接合（ドリフトピン＋高張力ボルト）

シアプレート　ブルドッグジベル　スプリットリング
接合具

ボルト　ラグスクリュー　ドリフトピン
金物接合材

合理化構法における接合金物
軸組構法の接合部を合理化するため、従来の仕口の代替として、応力のすべてを負担する接合金物が開発されている。

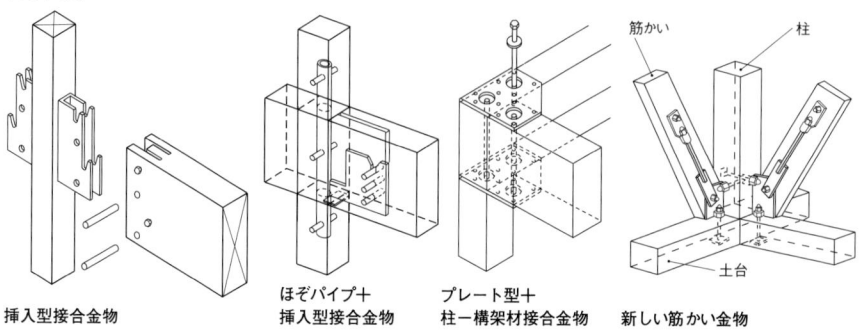

挿入型接合金物

ほぞパイプ＋挿入型接合金物

プレート型＋柱－構架材接合金物

筋かい　柱　土台
新しい筋かい金物

101

構造　伝統的木造

住宅（町屋［町家］・農家） *private house (town house, farm house)*

庶民の住宅は、古くは仮設的で簡略な形式のものだったが、江戸時代に入ると経済的な自立などにともない、一定の規模をもった恒久的な建築が出現する。現在、各地方には地域の気候や風土、産業などの違いに応じた、さまざまな形態の伝統的な住宅建築を見ることができる。しかし、その基本的な姿は江戸時代にできあがったものであり、それらは町屋（町家）と農家の2つに大別される。町屋は、間口が狭く奥行が長い敷地に接道して建ち、「通り庭」と呼ばれる奥に抜ける細長い土間をもつのが通例である。一方、農家は町屋と比較すると敷地上の制約が少ないため、規範的に共通する形式はあまりないが、広い土間床や養蚕のための2階床といった作業空間を居住空間にあわせもつ点が特徴である。

代表的な町屋／高木家住宅（奈良県橿原市、19世紀前半）

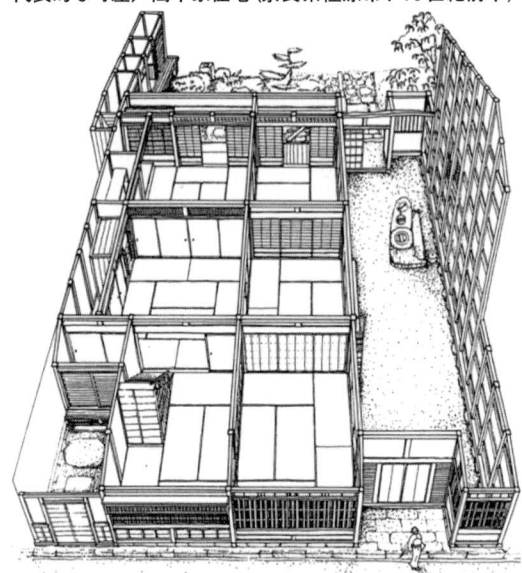

構造：両側に隣家が並ぶことが多いため、両側面は壁となるのがほとんどである。これに対して、道と平行する間口方向には内外ともに壁が少ない。このため、組立にあたっては両側の壁面を最初に立ち上げるものもある。

店構え：接道する正面を店舗として併用する場合が多い。店舗においては、建具や構えなどに店としてのさまざまな工夫がなされている。

表屋造りの配置：母屋の形式には敷地に合わせて母屋の奥行も長くする場合が多いが、下図のように店と母屋を別棟にして、店を接道させて後方に母屋を建てるものもある。これを「表屋造り」と呼ぶ。

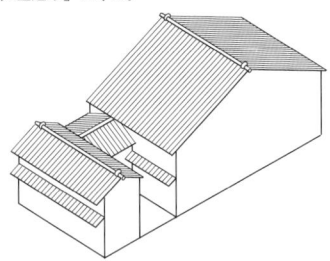

小坂家住宅（岐阜県美濃市、1773［安永2］年）

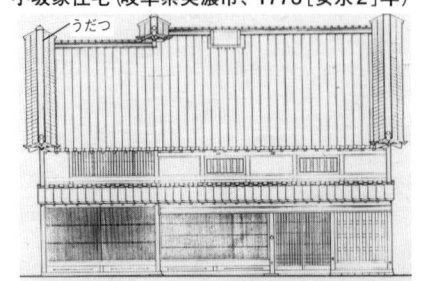

うだつ：両側面の壁は、防火に備えて漆喰で塗り込めた大壁としている場合も多い。「うだつ」は防火用に立ち上げられた両側の壁のことで、うだつのある家が連なり、それが特徴となっている街並みもある。

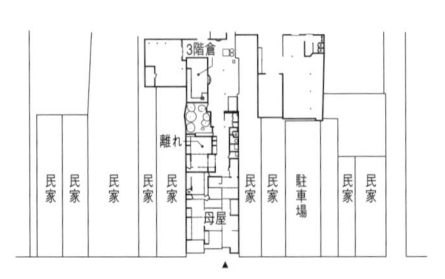

付属屋の配置：母屋が正面側に建つため、納屋や隠居家などの付属屋は、敷地の後方に配置されることになる。

伝統的木造　構造

代表的な農家／牧村家住宅（岐阜県揖斐郡大野町、1702［元禄14］年頃）

付属屋の配置：建物の配置は、「屋敷構え」と称される。敷地を囲むように建物を配置するもの、防風林を周囲に構えるものなど多種多様で、家屋の形式とともに地域的特徴がよく表れている。

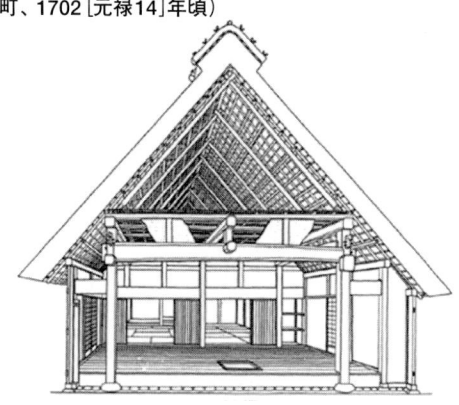

構造：床上部では部屋を細かく仕切るが、土間部では柱の多くを省略し、梁を上部に見せる。このように内部と外観とが対照的な手法をとることによってバランスが保たれている。

外観：外観は古い時代のものほど閉鎖的で、時代とともに開放的になる傾向がある。また部屋側は開放的で壁が少なく、土間側は壁が多く閉鎖的である。

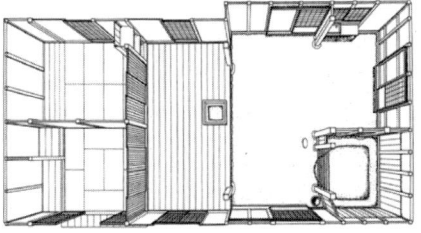

柱：室内に立つ柱の数は、古い時代の家屋ほど多く、時代とともに少なくなる傾向がある。これは、長大なつなぎ梁の多用や差鴨居の導入などの架構技術の発達によるものである。

さまざまな形の民家

かぶと造り：渋谷家住宅（山形県東田川郡朝日村、1822［文政5］年）

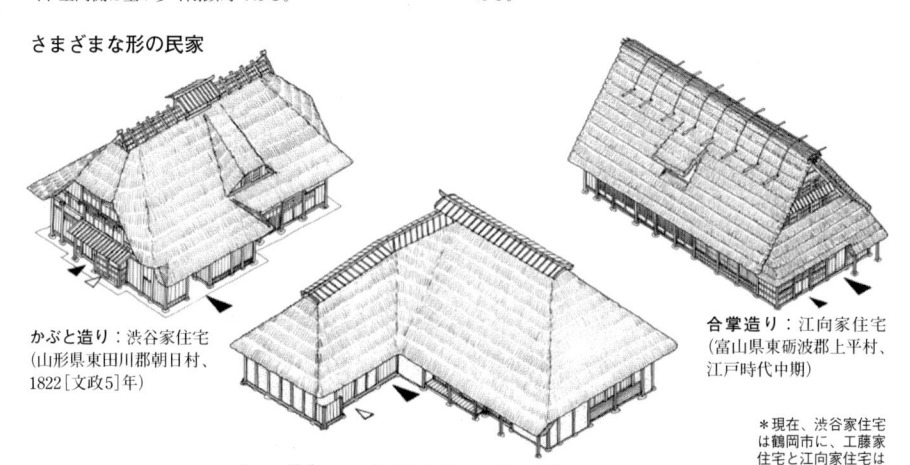

曲がり屋造り：工藤家住宅（岩手県紫波郡紫波町、1751～1764［宝暦年間］年頃）

合掌造り：江向家住宅（富山県東砺波郡上平村、江戸時代中期）

＊現在、渋谷家住宅は鶴岡市に、工藤家住宅と江向家住宅は川崎市立日本民家園に移築

構造　伝統的木造

住宅（寝殿造り・書院造り・数寄屋造り）
residence (shinden-zukuri, shoin-zukuri, sukiya-zukuri)

支配者階級の住宅は、儀礼や接客、裁判などの場となるなど、公的な機能を兼ね備えることが多い。このため、庶民の住宅に比較すると大規模で複雑な構成をもつ。寝殿造りや書院造りは、そうした住宅の最も代表的なもので、寝殿や書院が公的な機能をもつ部分に該当する。寝殿や書院に共通する特徴の1つは、壁の少ない開放的な平面をもつことで、これはその機能からの要求による部分が多い。寝殿造りは平安時代の貴族住宅に代表されるが、現存する遺構はない。書院造りは江戸時代の武家住宅に代表される。また、数寄屋造りは、寝殿や書院の建築形式を継承・発展させた開放的な建物に、室町時代からつくられるようになった茶室の意匠を取り入れた建築の形式で、その呼称は現代建築にも用いられる。

代表的な書院造り／二条城二の丸御殿（京都府京都市、17世紀前半[慶長〜寛永]）

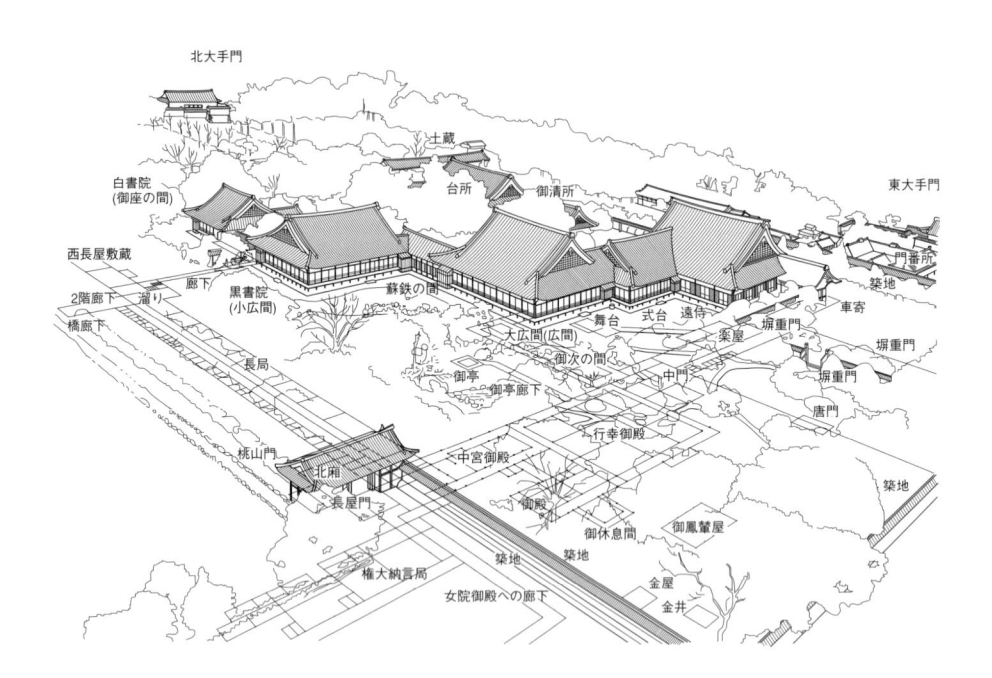

配置：書院造りは、各棟の棟を前後にずらして建てる雁行形と呼ばれる配置に特徴がある。二条城にはそれがよく表れている。一方、平安時代の寝殿造りでは、現存する遺構がないため詳細は不明だが、寝殿を中心に左右対称に近い配置を基本としていたと考えられている。

屋根の構成：支配者階級の住宅は複数の棟からなり、平面のみならず屋根も複雑な構成となる。二条城は瓦葺きだが、こうした複雑な屋根を可能にしたのは、そもそも桧皮(ひわだ)やこけらなどの小さく柔軟性に富む植物系材料で屋根が葺かれていたためである。さらに、植物性材料の荷重の軽さは、寝殿・書院の開放的な意匠を可能にした1つの要因と考えられる。

各建物の意匠：白書院、黒書院、大広間、遠侍の各建物は、いずれも書院造りの特徴を備えた開放的な平面の建物である。各建物にはそれぞれ異なる機能があり、その機能に応じて欄間や襖などの内部の意匠が変えられている。

伝統的木造　構造

そのほかの伝統的木造住宅の様式

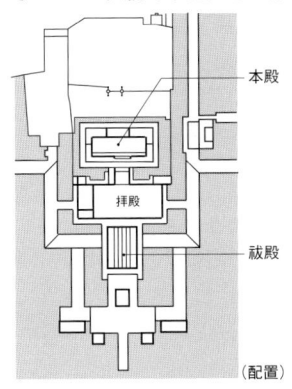

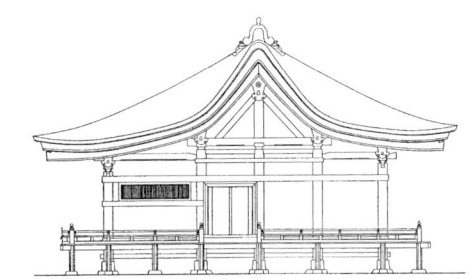

(配置)

寝殿造り／厳島神社本殿（広島県宮島町、1241[仁治2]年・1571[元亀2年])：屋根が桧皮葺きで、舟肘木以外の組物を用いない住宅風の造りである。平安時代の寝殿造りの様子をうかがうことのできる、数少ない遺構の1つとされている。太い円柱を用いることや左右対称に近い配置などに、その特徴がよく表れている。平安時代には貫が普及しておらず、柱の自立に頼る構造で、柱には太い材を用いたと推定されている。

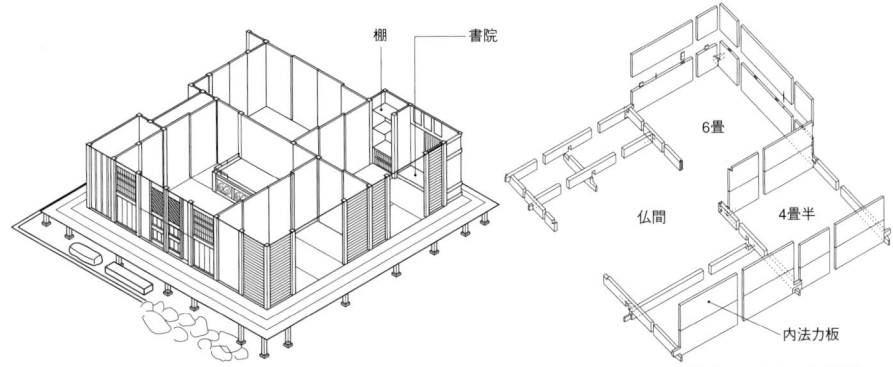

寝殿造り～書院造りの移行期／慈照寺東求堂（京都府京都市、1485[文明17]年）：寝殿造りから書院造りに移行する中間に位置する中世の住宅建築遺構。棚、書院を備えること、柱が角柱で細いこと、また畳敷き詰めの部屋が多いことなどに平安時代の寝殿造りとは異なる時代の特徴を見ることができる。

慈照寺東求堂の小壁の構造：開放的な支配階級の住宅建築は、壁が少なく柱が細いため、水平方向の耐力という点でやや問題がある。このため慈照寺東求堂では、室内の天井高および小壁の高さを高くとり、小壁に板を入れることによって強度を得ている。

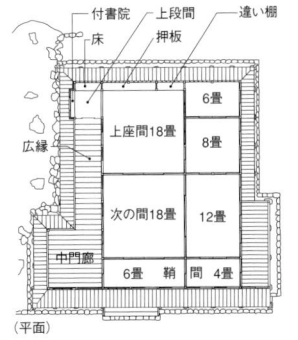

初期の書院造り／園城寺光浄院客殿（滋賀県大津市、1601[慶長6]年頃）：床（とこ）、棚、書院がそろうなど、書院の定法が整った初期の事例。室町から桃山時代にかけて、主要な建物を「主殿」と呼んでいることから、この時代の遺構をのちの書院造りと区別して「主殿造り」と称することもある。

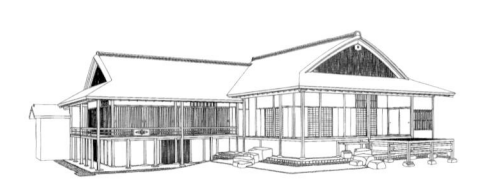

初期の数寄屋造り／桂離宮中書院（京都府京都市、1641[寛永18]年）：増築時復原図。桂離宮は、書院造りに数寄屋風の意匠を取り入れた最初期の遺構で、皮付きの柱や丸太材が用いられており、現代の数寄屋造りに通じる数多くの意匠を見ることができる。

構造　伝統的木造

城郭(天守)の構造・意匠　*donjon*

城郭は、天守、櫓、御殿などからなる複合軍事施設である。天守は、物見櫓と城主の居所を兼ねた城郭の中心となる施設である。本格的な最初の天守は、織田信長が築いた安土城天守といわれている。その後、慶長年間(1596～1613年)に天守は盛んにつくられるようになったが、1615(元和元)年の一国一城令などにともない、それ以後はほとんどつくられることがなくなった。初期の天守は物見櫓の上に小さな座敷を載せて楼閣風につくった簡略的なものであったが、時代とともに権力の象徴となるような華美で高層化した天守へと発展・変化していったと推定されている。また城郭には、天守のほかにも各種の門などの付属施設に独特の意匠・形式をもつものが数多くつくられた。それらはその後の建築に意匠・形式のうえだけでなく、技術的にも広く影響を及ぼした。

代表的な城郭(天守)／姫路城大天守(兵庫県姫路市、1608[慶長13]年)

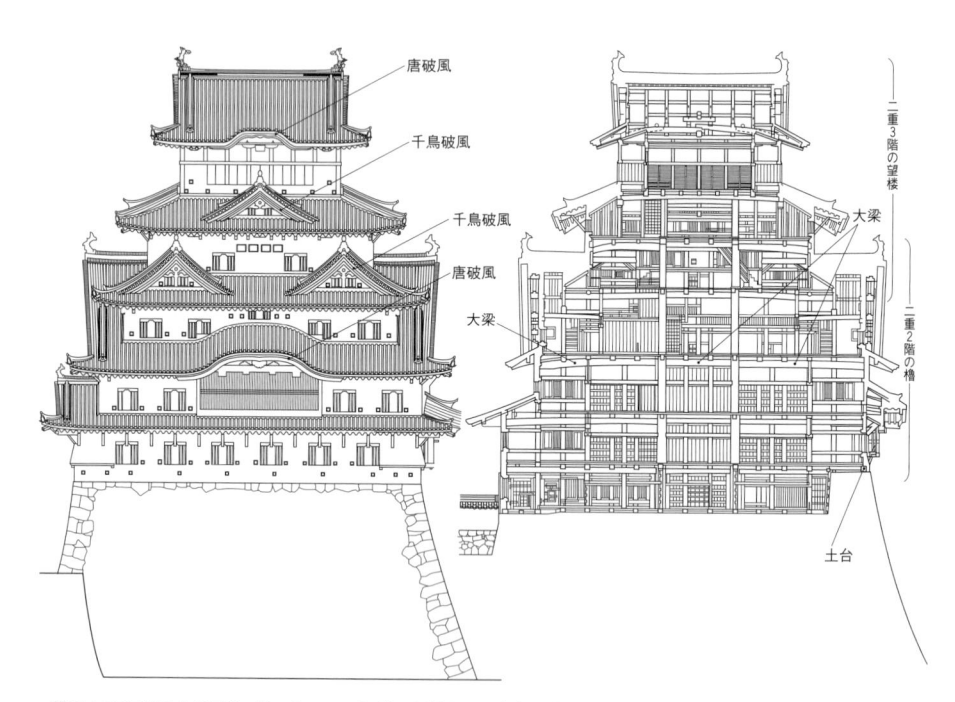

構造：二重2階の入母屋造の櫓の上に、二重3階の望楼を載せた形式である。

外壁：漆喰塗りの外観に特徴があるが、これは本来防火のためのもので軍事施設としての城郭建築の性格をよく表している。外部に漆喰を塗り込める技法は城郭建築を契機に、その後、住宅建築などを中心に広く普及したと考えられている。屋根の千鳥破風や唐破風は、華美となった天守の性格をよく示している。

内部架構：内部にはその後の民家建築に見られる差鴨居の技法と共通する大梁を架けて、柱を省略する技法が見られる。

土台：土台も城郭建築を契機として、その後、住宅建築を中心に広く普及した技法の1つと考えられている。

伝統的木造　構造

城郭の構成

近世の城郭は、天守を中心にしてさまざまな建物から構成されている、いわば複合建築であった。敷地は本丸、二の丸などからなり、天守以外にもさまざまな形式の城郭ならではの建物が存在した。

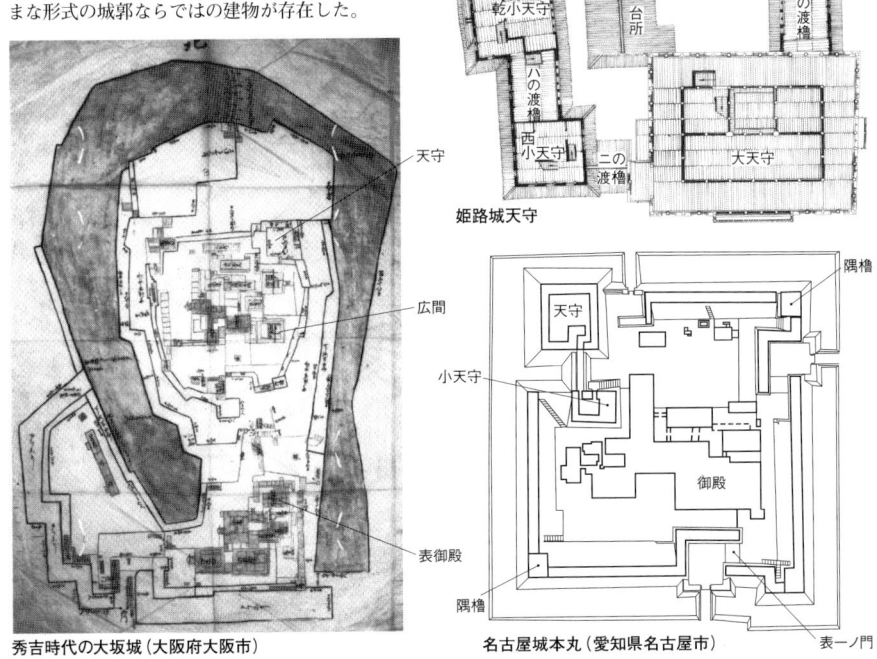

姫路城天守

秀吉時代の大坂城（大阪府大阪市）

名古屋城本丸（愛知県名古屋市）

付属施設（門）の事例

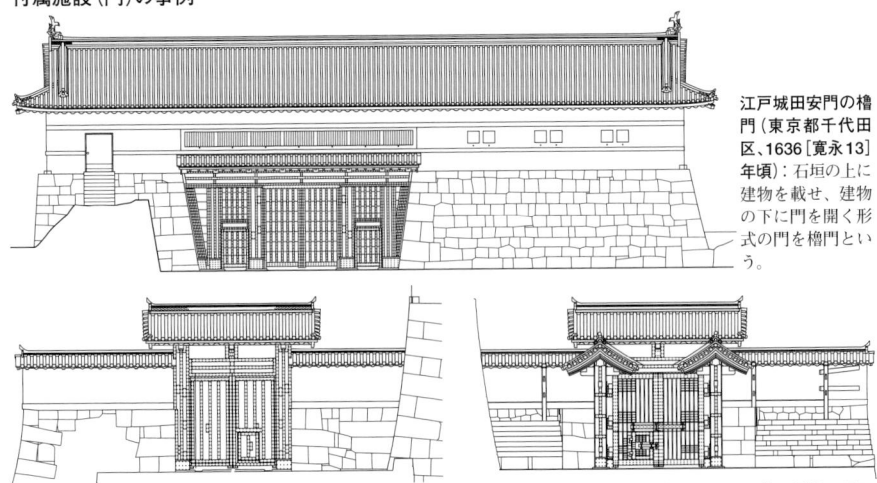

江戸城田安門の櫓門（東京都千代田区、1636［寛永13］年頃）：石垣の上に建物を載せ、建物の下に門を開く形式の門を櫓門という。

江戸城清水門の高麗門（東京都千代田区、1658［万治元］年頃）：大屋根の背後に控えの屋根をつくり、控え屋根の下に開いた扉が納まるような形式とした門を高麗門と呼ぶ。高麗門は、城郭以外にも武家住宅や社寺にもつくられた。

構造　伝統的木造

洋館の構造・意匠 *western-style building*

わが国における洋館の建設は、江戸時代末期にすでに外国と交流のあった居留地(横浜、神戸、長崎ほか)などの地域で見られるが、全国的には明治期以降のものと考えてよい。洋館の特徴は、洋風の意匠の導入、れんがや石などの新たな素材の使用、小屋組トラスの使用などに代表される。ただし明治初期には、外国人またはその指導による一部の洋館を除けば、本格的な建物は少ない。また、明治初期に日本人が独自に建設した洋館は「擬洋風」と呼ばれ、多くの部分を伝統的な技法によったものであった。本格的な形式の洋館が各地に多数建設されるようになるのは明治中期以降のことで、近代的な建築教育を受けた日本人建築家の誕生にともない、その数は増加していった。

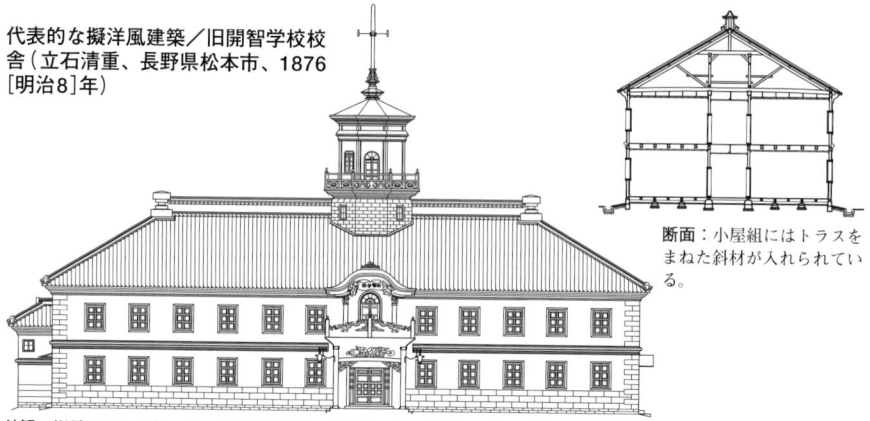

代表的な擬洋風建築／旧開智学校校舎(立石清重、長野県松本市、1876[明治8]年)

断面：小屋組にはトラスをまねた斜材が入れられている。

外観：縦長のガラス窓、アーチ型の開口部、玄関ポーチ、大壁造で隅を石積み風にする外壁などに洋風の意匠が取り入れられている。入口中央の唐破風、屋根の瓦葺き、漆喰塗りの外壁などは、江戸時代以前からの伝統的技法による。設計を手がけた立石清重は松本出身の大工棟梁。

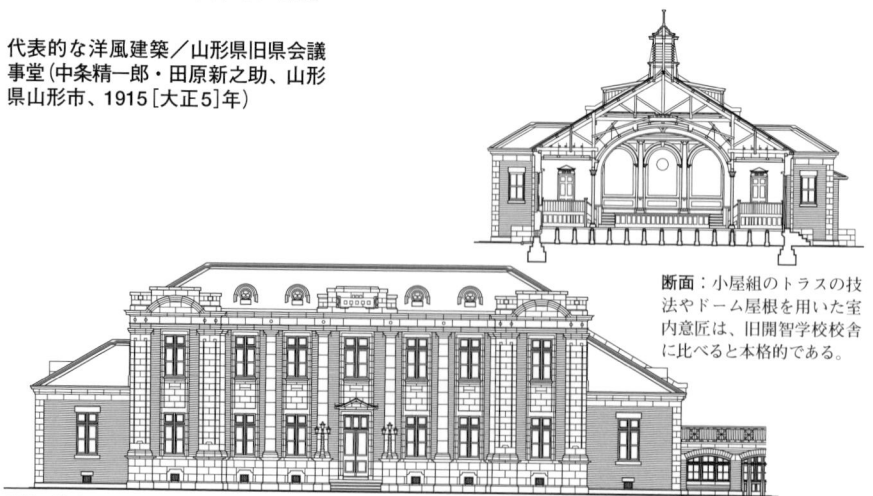

代表的な洋風建築／山形県旧県会議事堂(中条精一郎・田原新之助、山形県山形市、1915[大正5]年)

断面：小屋組のトラスの技法やドーム屋根を用いた室内意匠は、旧開智学校校舎に比べると本格的である。

外観：外壁に柱型を表し、屋根にドーマーウィンドウを開くなど、旧開智学校校舎に比べると外観に本格的な洋風の意匠が用いられている。屋根はスレート葺きで、洋風建築にはしばしば用いられている。

伝統的木造　構造

洋館に用いられた小屋構造の事例

洋式の構造手法のうち、明治期に最も積極的な導入が図られたのはトラスである。伝統的な和小屋では大空間をもつ木造建物の建設が困難であったが、トラスの導入によってそれが可能となった。

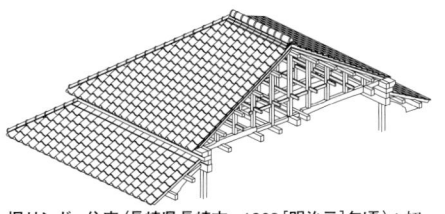

旧リンガー住宅（長崎県長崎市、1868［明治元］年頃）：初期の洋館には、伝統的な技法がしばしば用いられた。この小屋組はその好例。

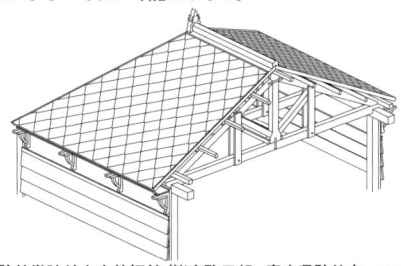

弘前学院外人宣教師館（桜庭駒五郎、青森県弘前市、1906［明治39］年）：屋根は鉄板葺き。金属板による屋根も洋館の流行とともに普及した。

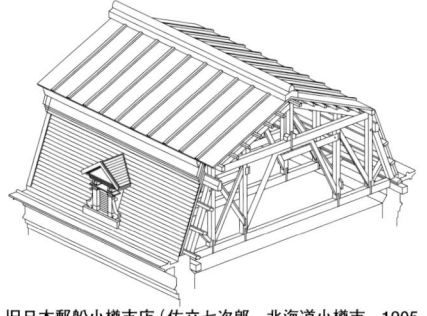

旧日本郵船小樽支店（佐立七次郎、北海道小樽市、1905［明治38］年）：途中で勾配を変えるマンサード屋根は、洋館にしばしば用いられた。

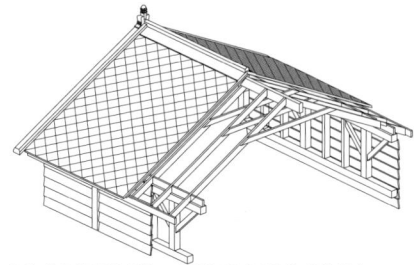

北海道大学農学部第2農場穀物庫（北海道札幌市、1877［明治10］年）：北海道には、北海道開拓と関連して、早い時期に本格的な洋風建築が数多くつくられた。この建物はその一例。

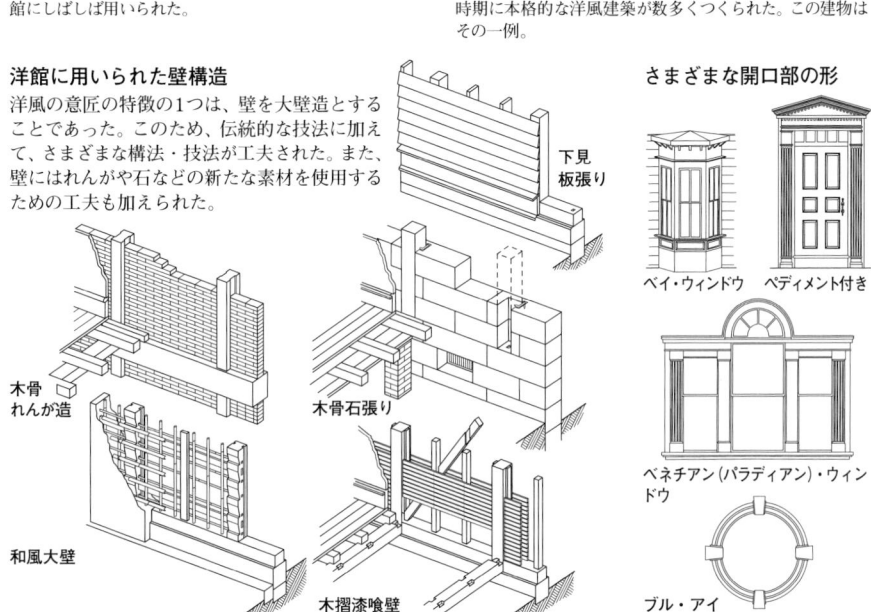

洋館に用いられた壁構造

洋風の意匠の特徴の1つは、壁を大壁造とすることであった。このため、伝統的な技法に加えて、さまざまな構法・技法が工夫された。また、壁にはれんがや石などの新たな素材を使用するための工夫も加えられた。

下見板張り

木骨れんが造

木骨石張り

和風大壁

木摺漆喰壁

さまざまな開口部の形

ベイ・ウィンドウ

ペディメント付き

ベネチアン（パラディアン）・ウィンドウ

ブル・アイ

構造　伝統的木造

社寺建築 *shrine and temple*

社寺建築にはさまざまなものがあるが、伊勢神宮や出雲大社などの例外を除けば、寺院・神社ともに建築の形式はよく似ている。多くの社寺建築の特徴をつくり出している代表的な部分としては、まず深い軒の出と軒反りの曲線があげられる。深い軒の出は軒を支える組物、小屋裏の桔木(はねぎ)による構造上の工夫などによってつくられており、軒反りは軒を構成する各部の緻密な寸法調整などによってつくられている。また、社寺建築では神仏を荘厳するという性格から、構造上の役割を果たす部材が装飾的に扱われていることが多い。そのため、それらの部材の形態や使用方法には、各時代の特徴がよく表れている。

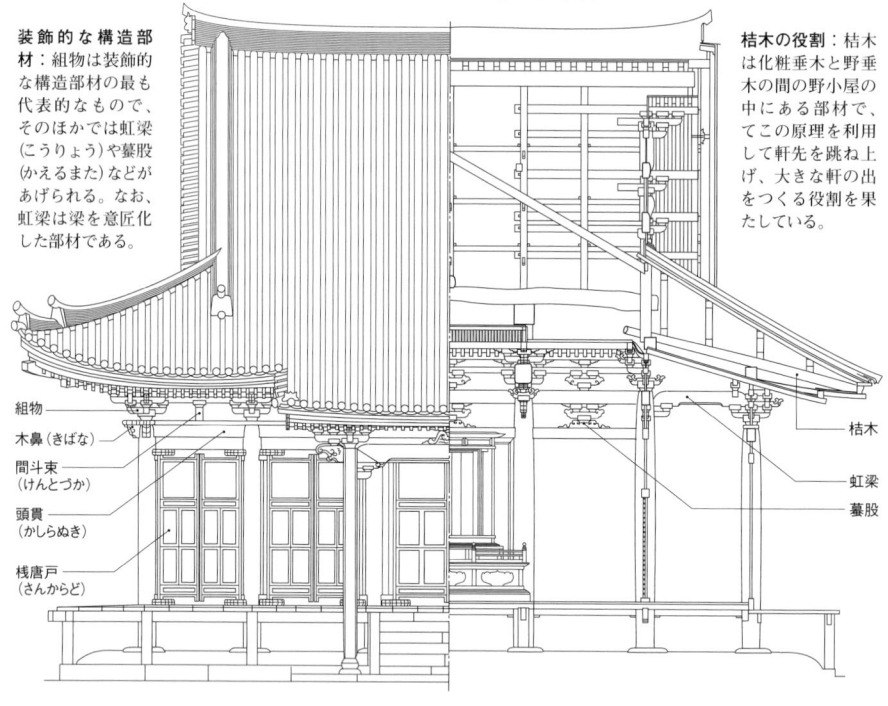

代表的な社寺建築／明王院本堂(広島県福山市、1321[元応3]年)

装飾的な構造部材：組物は装飾的な構造部材の最も代表的なもので、そのほかでは虹梁(こうりょう)や蟇股(かえるまた)などがあげられる。なお、虹梁は梁を意匠化した部材である。

桔木の役割：桔木は化粧垂木と野垂木の間の野小屋の中にある部材で、てこの原理を利用して軒先を跳ね上げ、大きな軒の出をつくる役割を果たしている。

組物
木鼻(きばな)
間斗束(けんとづか)
頭貫(かしらぬき)
桟唐戸(さんからど)
桔木
虹梁
蟇股

各時代における蟇股の形
虹梁や蟇股の形態、絵様、彫刻は、時代を判定する場合や時代ごとの変化を知るうえで重要な指標の1つである。

中尊寺金色堂(岩手県西磐井郡平泉町)、1124[天治元]年)

法隆寺金堂(奈良県生駒郡斑鳩町、7世紀後半)

西明寺本堂(滋賀県犬上郡甲良町、13世紀初頭)

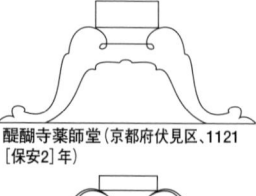

醍醐寺薬師堂(京都府伏見区、1121[保安2]年)

聖神社本殿(大阪府和泉市、1604[慶長9]年)

伝統的木造　構造

さまざまな組物の形

組物を重ねて壁面から外側にもち出すことによって、大きな軒の出をつくることができる。組物は壁面からもち出された組物の数によって、二手先（ふたてさき）、三手先（みてさき）などと呼ばれる。

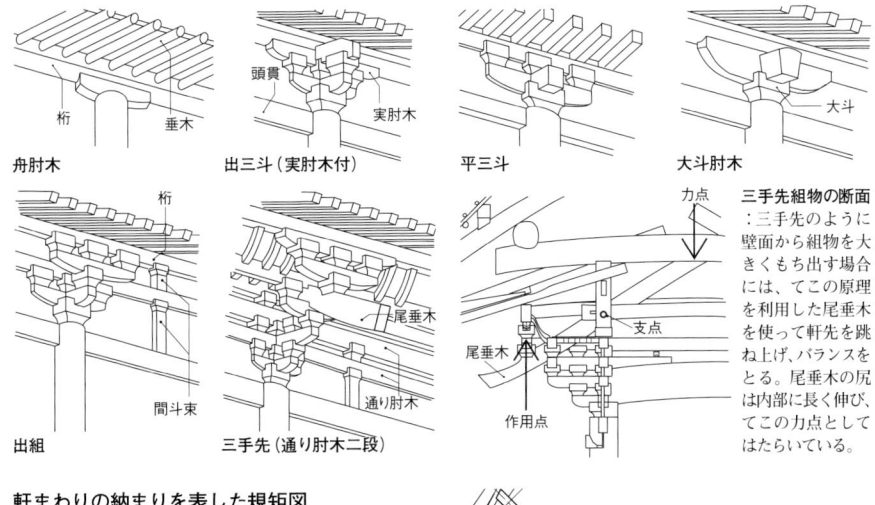

舟肘木　　　　出三斗（実肘木付）　　　平三斗　　　　大斗肘木

出組　　　　三手先（通り肘木二段）

三手先組物の断面：三手先のように壁面から組物を大きくもち出す場合には、てこの原理を利用した尾垂木を使って軒先を跳ね上げ、バランスをとる。尾垂木の尻は内部に長く伸び、てこの力点としてはたらいている。

軒まわりの納まりを表した規矩図

隅木、木負（きおい）、かや負は、屋根の形や軒の反りを決定するための重要な部材で、部材どうしの複雑な寸法調整を必要とする。職人たちはこれをさしがねを用いた規矩術で決定するが、それを図化したものが規矩図（きくず）である。右図は扇垂木（おおぎだるぎ）の規矩図で、軒裏に見える化粧垂木を放射状に配置したものを扇垂木という。扇垂木の納まりは垂木ごとに部材の取合いが変化するため、最も困難なものの1つといわれている。

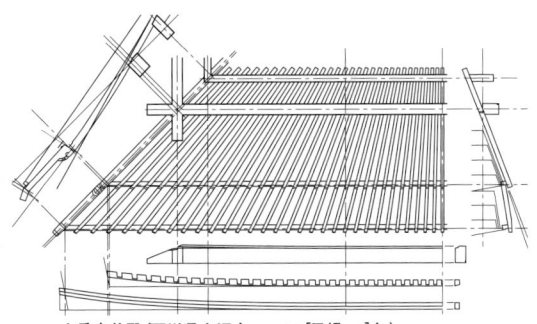

大乗寺仏殿（石川県金沢市、1702［元禄15］年）

大仏様と禅宗様

大仏様と禅宗様は鎌倉時代に導入された新様式である。一方、それ以前の様式を総称して和様と呼ぶ。新様式と和様の構造上の最大の違いは、新様式が貫（ぬき）を用いている点にある。また、虹梁や組物などを内部空間に見せて、より装飾的に扱う点も和様には見られない新様式の特徴である。

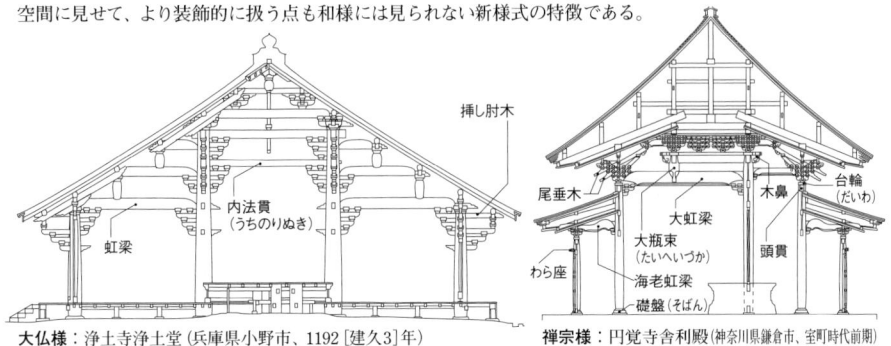

大仏様：浄土寺浄土堂（兵庫県小野市、1192［建久3］年）

禅宗様：円覚寺舎利殿（神奈川県鎌倉市、室町時代前期）

各部構法

【屋根】
【壁】
【床】
【天井】
【開口部】
【階段・バルコニーほか】

各部構法　屋根

屋根のしくみ　roof system

屋根とは建物の上部にある覆いで、建物の内部と外部を仕切るものである。通常は、雨や風、雪、日光を遮るなどの機能をもつが、建物の使用目的や気候条件によって要求される性能が異なる場合がある。たとえば、雨のほとんど降らない地域では雨に対する性能は不用であり、温室では日光を積極的に採り入れる必要がある。屋根の形状には、屋根面の形状や数、傾斜の違いによってさまざまなものが存在するが、大きく分けると傾斜屋根と陸（ろく）屋根がある。屋根の葺き材にも多くの種類があるが、雨水の浸入を避けるためには材料によらず、葺き材の下端が下の材の上端を覆う「羽重ね」に葺くのが原則である。

傾斜屋根まわりの名称
流れ方向に外壁より外側に張り出した屋根部分を軒、窓などの上に壁から突き出すように設けられた小さな屋根を庇という。屋根と外壁の取合い部や谷は、雨仕舞上の弱点となるため注意が必要である。特に陸谷と呼ばれる水平な谷部分はなるべく用いないほうがよいとされている。

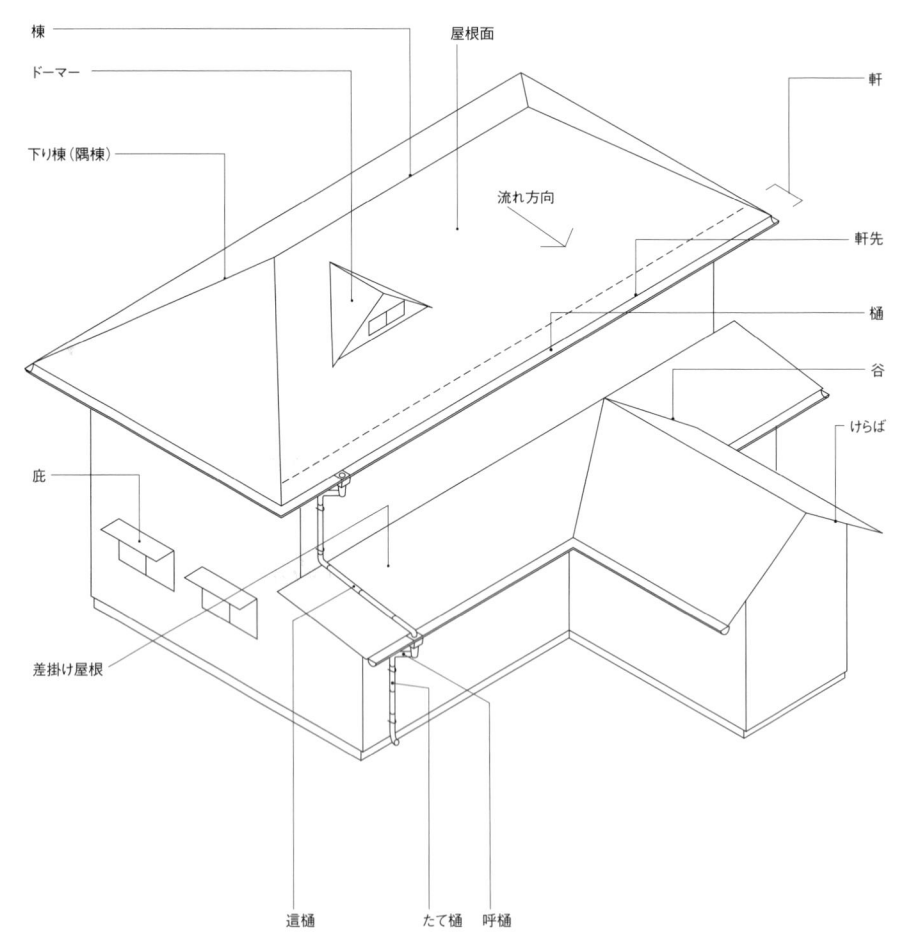

陸屋根まわりの名称

陸屋根では水平部分に防水層を設けるが、雨水が外壁面にあふれ出さないように納めるために、屋上周囲にパラペットと呼ばれる立上り部が必要となる。水平部には緩やかな傾斜があり、雨水は排水口へと流れる。また、屋上にはエレベーター機械室、階段室などの突き出した部分があることが多く、これをペントハウス（塔屋）という。パラペットの下端部やペントハウスの出隅の下端部などは、熱による床スラブの伸縮などによって屋上防水層が切れる可能性があるため、防水層を増し張りするなどの対策をとる。傾斜屋根と同様に、窓の上部には庇を設ける場合もある。

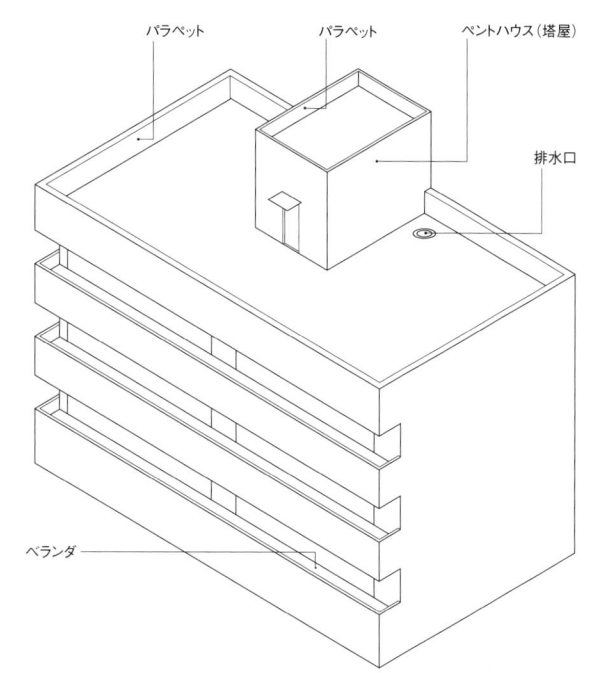

代表的な屋根形状

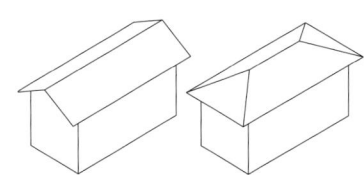

切妻：基本的な屋根形状の1つ。単純な形状のプランに向く。

寄棟：同一勾配の屋根面で構成され、いかなるプランにも陸谷をつくることなく屋根が架けられる。

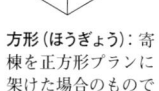

方形（ほうぎょう）：寄棟を正方形プランに架けた場合のものである。

入母屋：寄棟の一部を切妻にした形状をしている。

片流れ：最も単純な屋根形状で、物置など簡便な建物に用いられるが、上端部が雨仕舞上の弱点となる。

屋根勾配と葺き材の関係

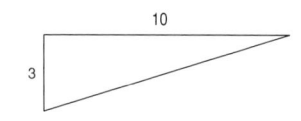

屋根勾配の表し方：「3/10勾配」=「3寸勾配」(1尺に対して3寸の勾配)。なお、10寸勾配を矩(かね)勾配という。

屋根勾配と葺き材の例

勾配屋根		陸屋根	
葺き材	勾配	葺き材	勾配
茅葺き	6/10〜1	アスファルト防水	1/100
柿葺き	3/10〜5/10	シード防水	1/100
桟瓦葺き	4/10〜7/10	金属板防水	1/100
スレート葺き	3/10〜7/10		
金属板葺き	1/10〜1		

各部構法　屋根

草葺き・板葺き・樹皮葺き　thatch roofing, wood single roofing, bark roofing

草葺きや板葺き、また樹皮葺きは、伝統的な屋根を葺く手法の中で、植物を葺き材に使った代表的なものである。草葺きとは、かや、わら、よしなどで屋根を葺くものである。一方、板葺きは木の板で屋根を葺いたものだが、すぎまたはさわらの手割り板を葺くこけら葺きが代表的なものである。樹皮葺きの代表的なものが、桧皮(ひわだ)葺きと杉皮葺きである。現在は伝統的な民家や社寺建築に残っているものがほとんどであるが、最近では材料や職人の確保が難しく、維持することが困難になってきている。

かや葺き屋根(合掌造り)の構成(富山県東砺波郡平村・上平村、五箇山)

草葺きの代表的なものにかや葺きがある。かやとは屋根を葺く草の総称で、狭義にはすすきをさす。このほか、イネ科の多年草やよし、麦わら、稲わらなどが用いられている。断熱性と通気性に優れるが、火災に弱いのが難点である。また、かや葺き屋根の構造となる下地には、さす構造と垂木構造がある。近年、かや葺き屋根を維持することができないため、金属屋根で覆う場合があるが、通気性などのかや葺きの特性を失わせてしまうことになる。

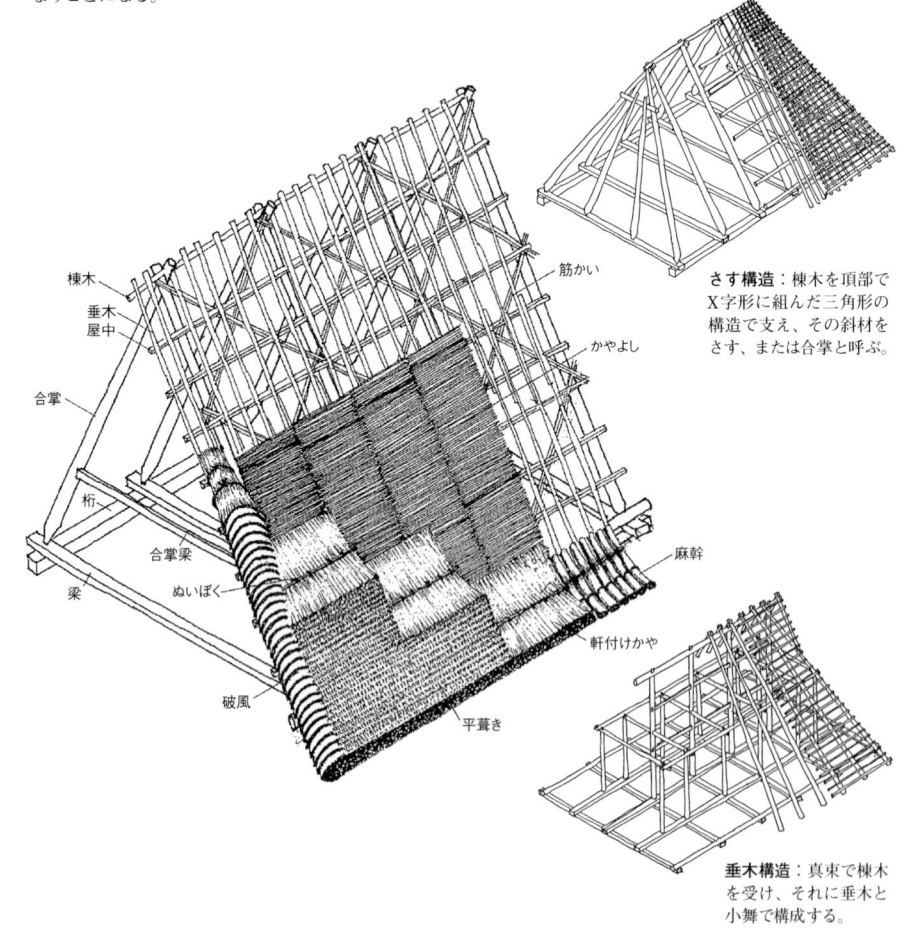

棟木
垂木
屋中
合掌
桁
合掌梁
梁
ぬいぼく
破風
平葺き
筋かい
かやよし
麻幹
軒付けかや

さす構造：棟木を頂部でX字形に組んだ三角形の構造で支え、その斜材をさす、または合掌と呼ぶ。

垂木構造：真束で棟木を受け、それに垂木と小舞で構成する。

116

屋根　各部構法

かや葺きの棟仕舞

棟の葺き納めを棟仕舞という。結いによる棟仕舞は素朴だが、手入れを要する。一方、職人によるものは、納まりが技巧的で耐久性も優れる。

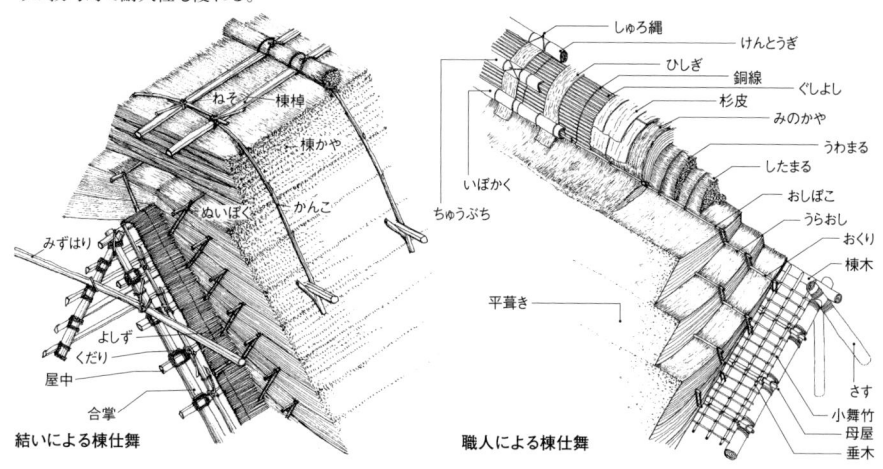

結いによる棟仕舞　　職人による棟仕舞

こけら葺きの種類

こけらとは屋根を葺く板の総称である。狭義にはすぎの板のことをいう。ほかに、さわらの場合は木羽板、くりの場合はくれという。木羽葺きやくれ葺きは石置き屋根が一般的で、こけら板葺きの場合、板は竹釘で固定する。

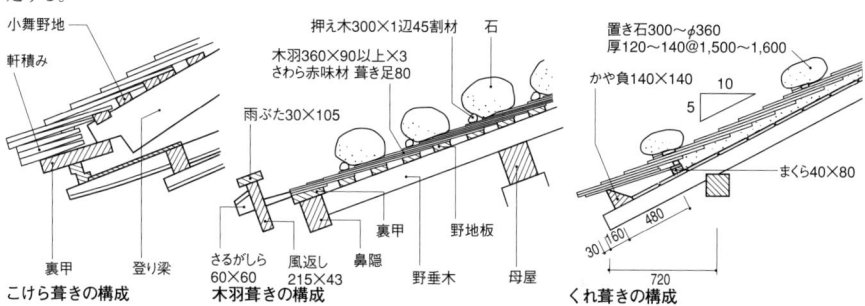

こけら葺きの構成　　木羽葺きの構成　　くれ葺きの構成

樹皮葺きの種類

樹皮葺きは、樹皮を重ねて葺き材とするもの。材料としては桧皮（ひわだ）、杉皮、しらかばの皮が用いられる。桧皮葺きは社寺建築に用いられ、杉皮葺きは民家や数寄屋に主として用いられる。

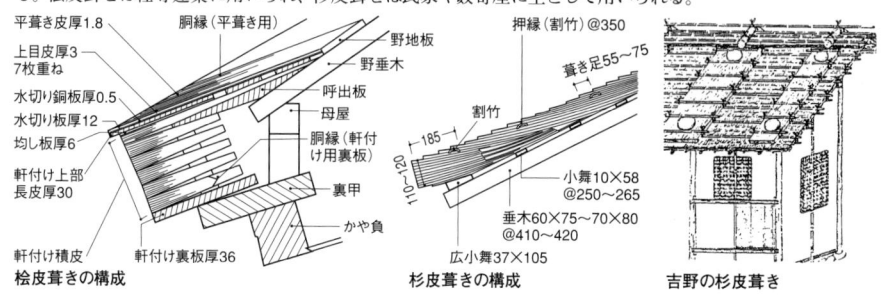

桧皮葺きの構成　　杉皮葺きの構成　　吉野の杉皮葺き

117

各部構法　屋根

瓦葺き *tile roofing*

瓦とは、板をあらかじめ加工して、重なりを少なくできるようにした屋根葺き材の総称で、粘土またはセメントを原材料とするものが多い。これらによって葺かれた屋根を瓦葺きといい、その種類には、本瓦葺き、桟瓦葺き、洋瓦葺きなどがある。社寺建築に本瓦葺き、一般住宅に桟瓦葺きが多用される。重量があるため耐震上は不利であるが、耐久性に優れ、熱容量が大きいなどの特徴がある。

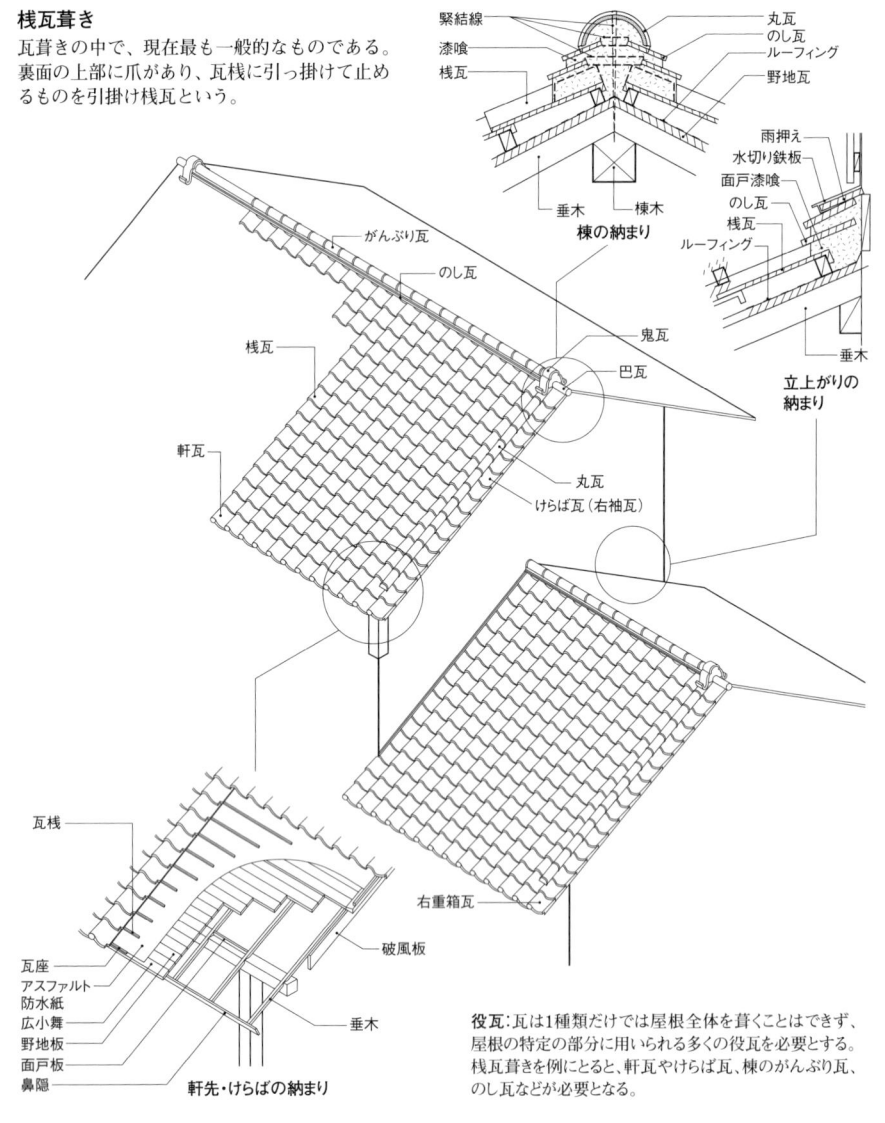

桟瓦葺き

瓦葺きの中で、現在最も一般的なものである。裏面の上部に爪があり、瓦桟に引っ掛けて止めるものを引掛け桟瓦という。

役瓦：瓦は1種類だけでは屋根全体を葺くことはできず、屋根の特定の部分に用いられる多くの役瓦を必要とする。桟瓦葺きを例にとると、軒瓦やけらば瓦、棟のがんぶり瓦、のし瓦などが必要となる。

そのほかの瓦葺き

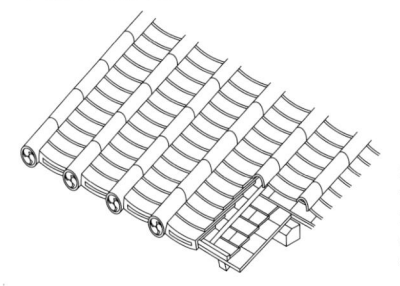

本瓦葺き：凹面をなすほぼ方形の平瓦と丸瓦を交互に葺くもの。社寺建築に多く使われる。

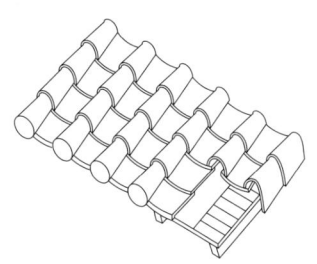

スペイン瓦葺き：洋瓦の代表的なもの。

瓦の種類

瓦は材料と形による種類がある。材料による分類では、JISによると粘土瓦、セメント瓦、厚板スレート、コンクリート瓦があるが、一般に広く使われているのは粘土瓦である。粘土瓦はその形状により、本瓦、和瓦、スペイン瓦、S瓦、フランス瓦、平形瓦、波形瓦などに分類できる。

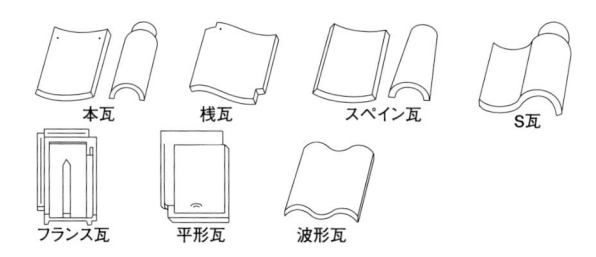

本瓦　桟瓦　スペイン瓦　S瓦
フランス瓦　平形瓦　波形瓦

桟瓦の種類

桟瓦にも形状や機能の異なるいくつかの種類がある。

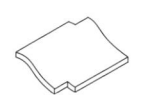

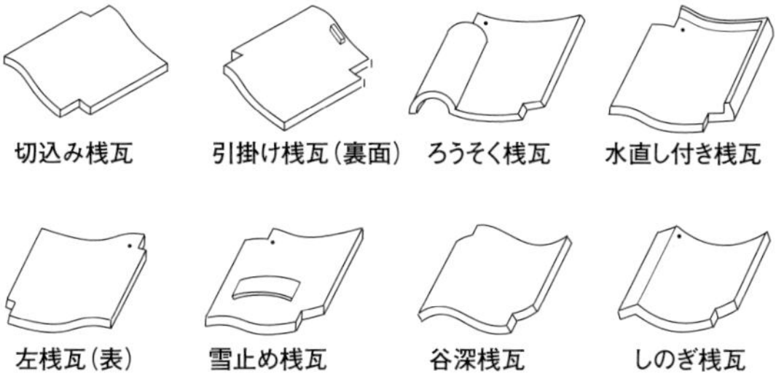

切込み桟瓦　引掛け桟瓦（裏面）　ろうそく桟瓦　水直し付き桟瓦
左桟瓦（表）　雪止め桟瓦　谷深桟瓦　しのぎ桟瓦

桟瓦の重なり

桟瓦葺きは、本瓦葺きで2種類の瓦を必要とするのに対し、1種類の瓦で葺けるのが特徴である。

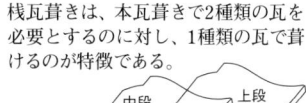

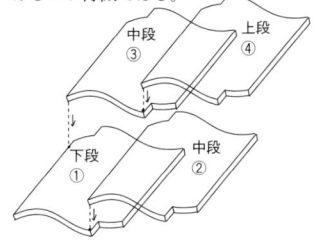

中段③　上段④
下段①　中段②

瓦の葺き方の種類

伝統的な方法では、桟もしくは土を下地に葺く。土は、仕上がりが美しくなる反面、屋根の重量が増し、耐震性にも劣る。現在の一般的な葺き方では、銅線で緊結したり、釘で止め付けていることが多い。

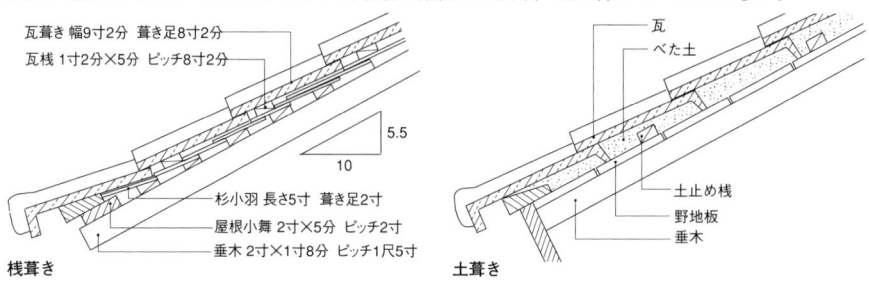

瓦葺き 幅9寸2分　葺き足8寸2分
瓦桟 1寸2分×5分　ピッチ8寸2分
5.5 / 10
杉小羽 長さ5寸　葺き足2寸
屋根小舞 2寸×5分　ピッチ2寸
垂木 2寸×1寸8分　ピッチ1尺5寸

桟葺き

瓦
べた土
土止め桟
野地板
垂木

土葺き

各部構法　屋根

戸建住宅の金属屋根 *metal roofing of detached house*

わが国において、金属板葺きの屋根が一般的に普及してきたのは明治後期以降である。当初、葺き材には亜鉛めっき鋼板（トタン）、錫めっき鋼板（ブリキ）、銅板が用いられ、平葺きによって葺かれた。平葺きは一文字葺きが基本形で、その応用として一文字葺きとは異なった意匠となる菱葺き、亀甲葺きがある。平葺きの金属板は、端部を折曲げ加工する「はぜ」によって接合される。はぜの加工は手作業の板金工事によるものであるが、現在では、現場での加工が少なくすむように、あらかじめ金属板の端部に折曲げ加工が施されている工業化製品も用いられている。

平葺きの構成（一文字葺き）

屋根葺きは「羽重ね」に葺くのが原則となっている。この場合も上の葺き板の下端が、下の葺き板の上部を包み込む「羽重ね」になっている。

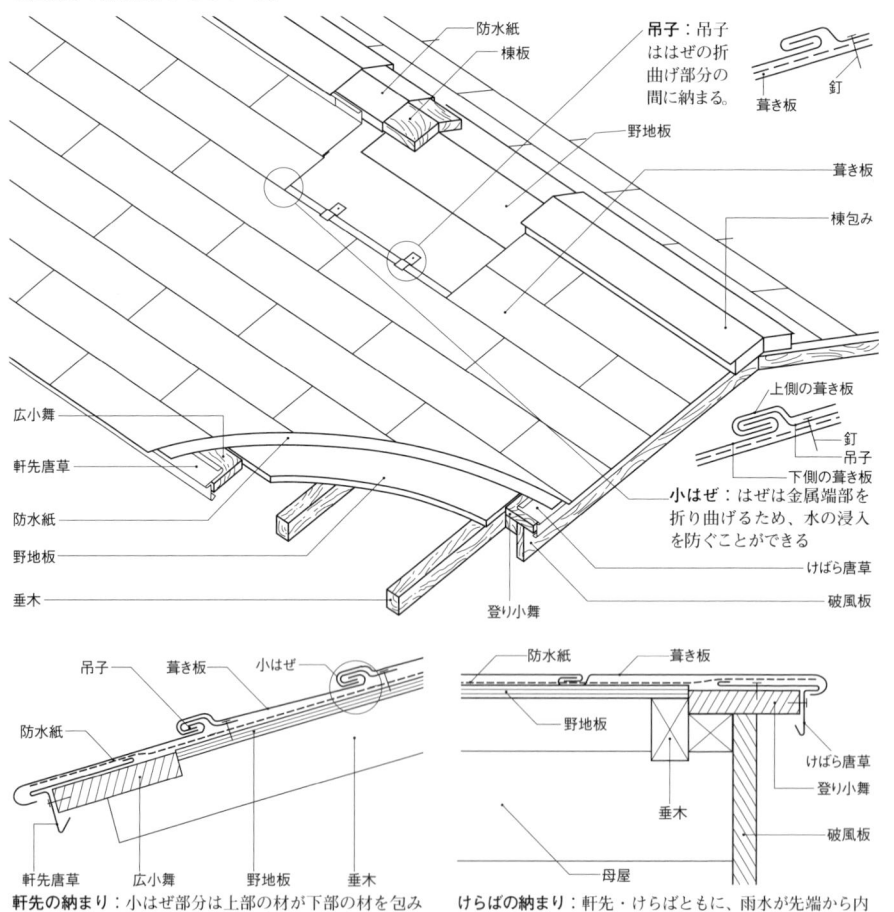

吊子：吊子ははぜの折曲げ部分の間に納まる。

小はぜ：はぜは金属端部を折り曲げるため、水の浸入を防ぐことができる

軒先の納まり：小はぜ部分は上部の材が下部の材を包み込む形に納め、雨水が内部に浸入せずに下方に流れるようにする。

けらばの納まり：軒先・けらばともに、雨水が先端から内部にまわり込まないように、唐草によって水を切る。

屋根　各部構法

そのほかの金属屋根の葺き方

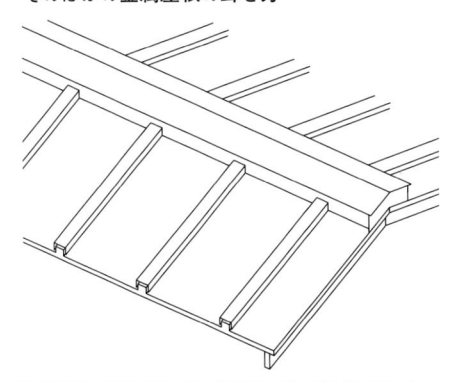

瓦棒葺き：主たる葺き材の隙間を、別の材を被せることで補っていると考えると、広義には本瓦葺きと同一の葺き方であるということができる。

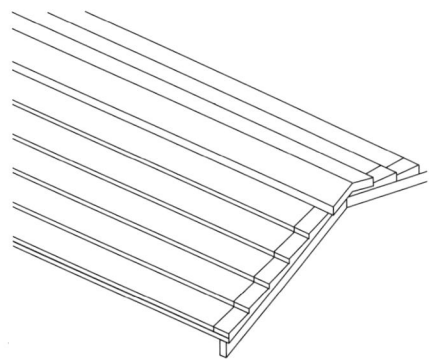

横葺き：横葺きには、野地板を段状に葺いた上に長尺の金属板をはぜで接合して葺く「段葺き」と、接合部に段状の加工を施してある長尺の金属板を用いる狭義の「横葺き」の2種類がある。

瓦棒葺きの各部位の納まり

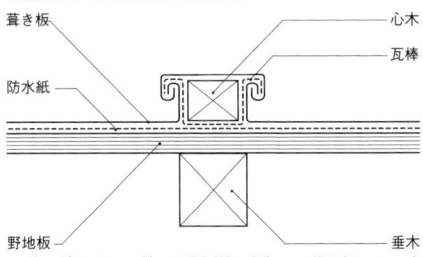

（葺き板／心木／瓦棒／防水紙／野地板／垂木）
（棟包み／棟板／通し付子／瓦棒／防水紙／野地板／棟木）

瓦棒の納まり：瓦棒の間隔（働き幅）は、葺き板となる金属板の幅と瓦棒部分のはぜに必要な寸法を考慮して決定し、原則として垂木の間隔もそれに合わせる。

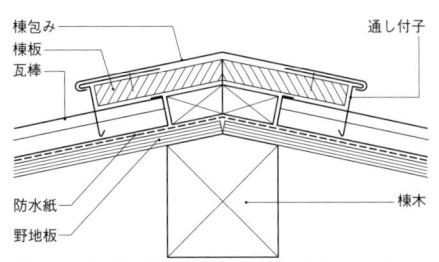

棟の納まり：葺き材の最上部である棟は雨仕舞上、最も重要な部位である。金属板葺きでは棟包み板で葺き材の上端部を覆って納める。かや葺きや瓦葺きでも原則的には同様である。

はぜの種類

葺き板を折曲げ加工によって接合する方法。あだ折れは、唐草の端部の処理などに用いる。

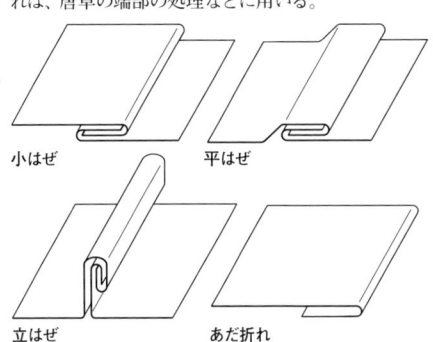

小はぜ　平はぜ　立はぜ　あだ折れ

平葺きのバリエーション

菱葺きも亀甲葺きも、葺き材の端部ははぜによって相互に接合される。

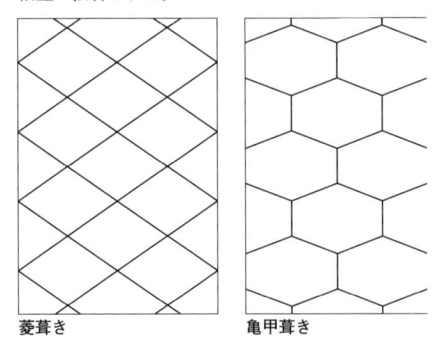

菱葺き　亀甲葺き

大規模建築物の金属屋根 *metal roofing of large scale building*

金属板は、吸水性や透水性がないため、接合部の水密性が十分であれば水密性の高い屋根を葺くことができる。また加工が容易であるため、複雑な屋根形状の建物にも用いることができる。最近では、材料の多様化や加工技術、施工技術の向上などによって、新たな葺き材や構法が多く開発されている。大面積の勾配屋根に長尺の金属板の溶接工法を用いるといった例は、意匠性を有しながら安定した水密性を確保しており、金属屋根の特徴を生かしたものであるといえる。

チタン溶接防水工法の金属屋根

チタン（もしくはステンレス）の長尺をシーム溶接（電気抵抗溶接）したものは、葺き板全体を完全に一体化させる工法であり、完全な水密性と気密性が確保できる。そのため、大規模屋根や複雑な形状の屋根、または改修工事の防水層に利用される。しかし、完全一体となるため、熱による伸縮で応力が集中し、破損などが生じないディテールにする必要がある。

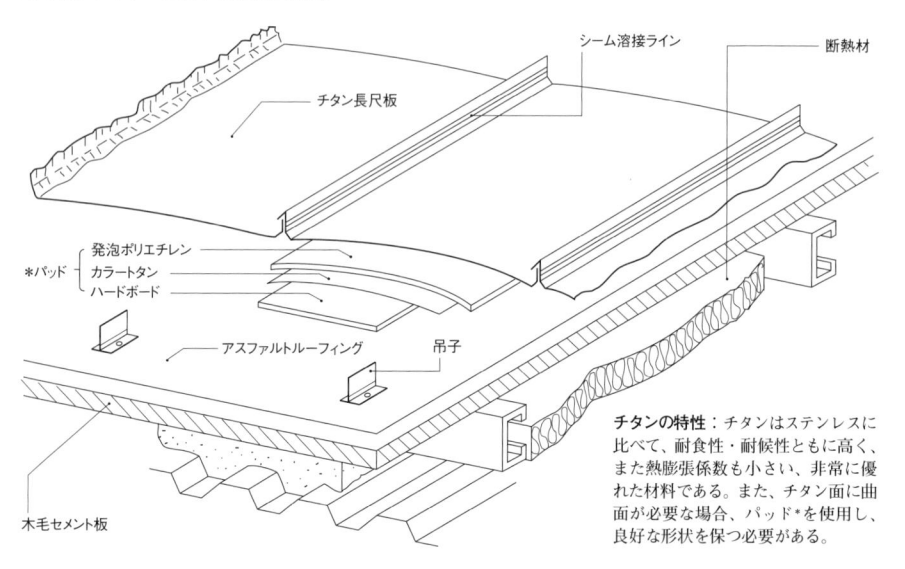

チタンの特性：チタンはステンレスに比べて、耐食性・耐候性ともに高く、また熱膨張係数も小さい、非常に優れた材料である。また、チタン面に曲面が必要な場合、パッド*を使用し、良好な形状を保つ必要がある。

シーム溶接の工程

シーム溶接部分は、吊子と金属板をスポット溶接した後、はぜ折りしてシーム溶接を行う。それぞれの工程は専用の機械を用いる。中規模以下の屋根では、このシーム溶接の手間を省いた工法も行われている。この場合、はぜ部分の毛細管現象によって漏水が生じるのを防ぐため、はぜ部分に工夫をする必要がある。

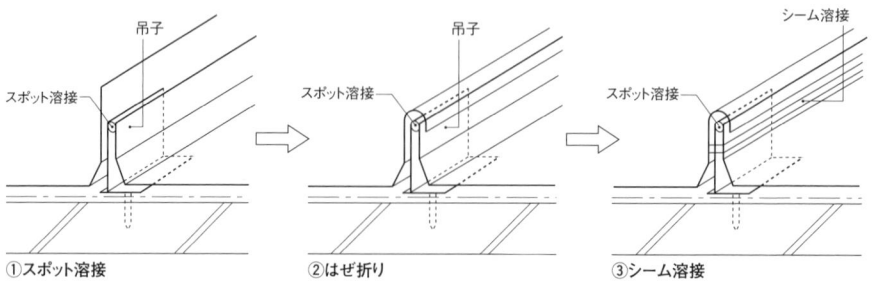

①スポット溶接　②はぜ折り　③シーム溶接

金属屋根の葺き方の種類

金属製の屋根の葺き方には、長尺板を使用した瓦棒葺き、はぜ葺き、折板葺きなどのほかに、構成材料が小さい一文字葺き、菱葺きなどがあり、屋根の規模・形状、金属板の種類、コストなどの条件によって選択される。金属屋根は軽いことが長所であるが、その一方、耐風性の点では不利となる。軽く変形しやすいために、強風時にばたつきが生じたり、また1カ所が破損した場合には、被害が一気に拡大するおそれがある。特に弱点となる軒先などは、確実な納まりが必要となる。

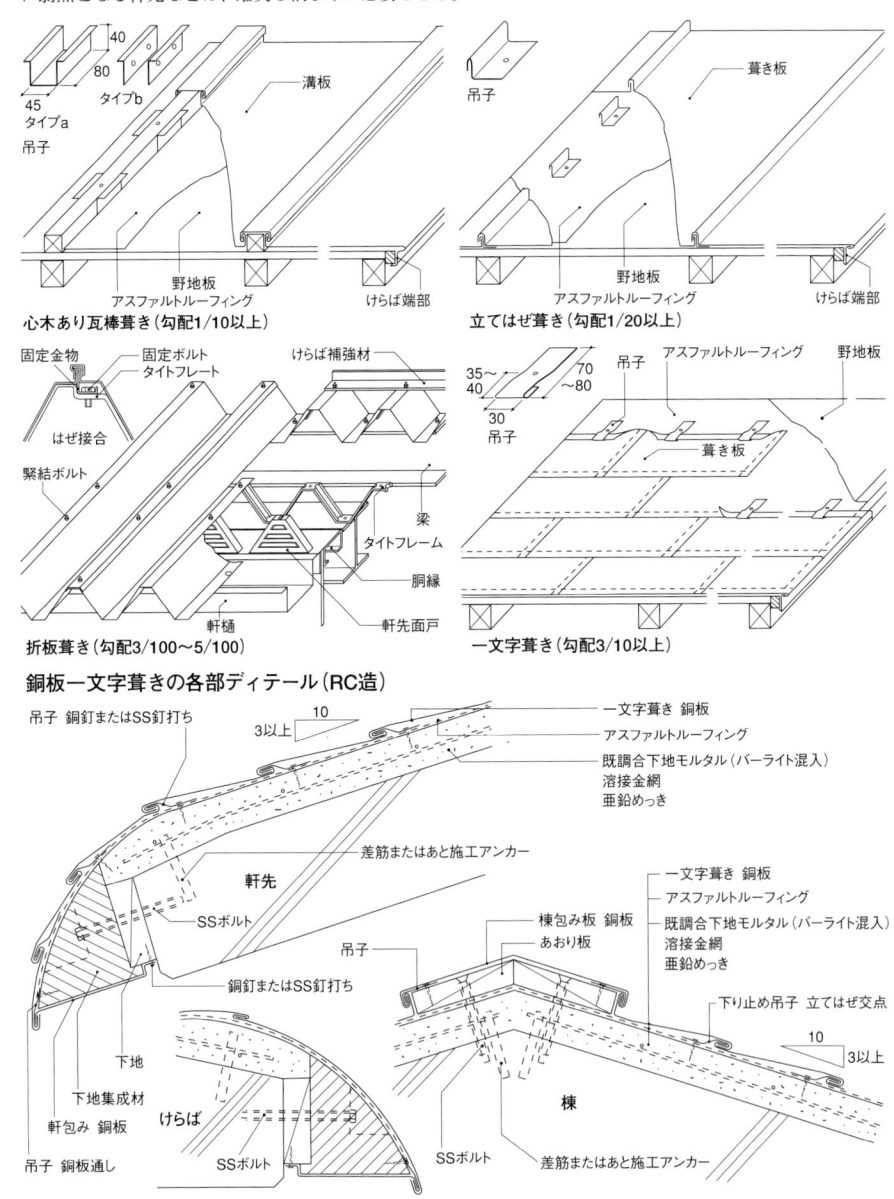

心木あり瓦棒葺き(勾配1/10以上)

立てはぜ葺き(勾配1/20以上)

折板葺き(勾配3/100〜5/100)

一文字葺き(勾配3/10以上)

銅板一文字葺きの各部ディテール(RC造)

各部構法　屋根

陸屋根 *flat roofing*

陸(ろく)屋根とは、水平もしくは勾配が非常に小さい屋根のことで、RC造やSRC造、S造に多く見られる。一般には、1/100～1/50の水勾配をつけ、水がルーフドレン(排水口)へ流れるようにする。防水には、アスファルト防水やシート防水、塗膜防水など、屋根面に不透水性被膜を形成するメンブレン防水が使われ、施工後は水張り試験などによって防水性が確認される。したがって、勾配屋根に用いられるような葺き材は使用できない。また、陸屋根からの漏水は、防水層の破断・剥離や防水層自体の劣化、ドレンまわりの排水不良などによって起こるため、これらの定期的な点検が不可欠である。

アスファルト防水の層構成（密着・内断熱・歩行用）

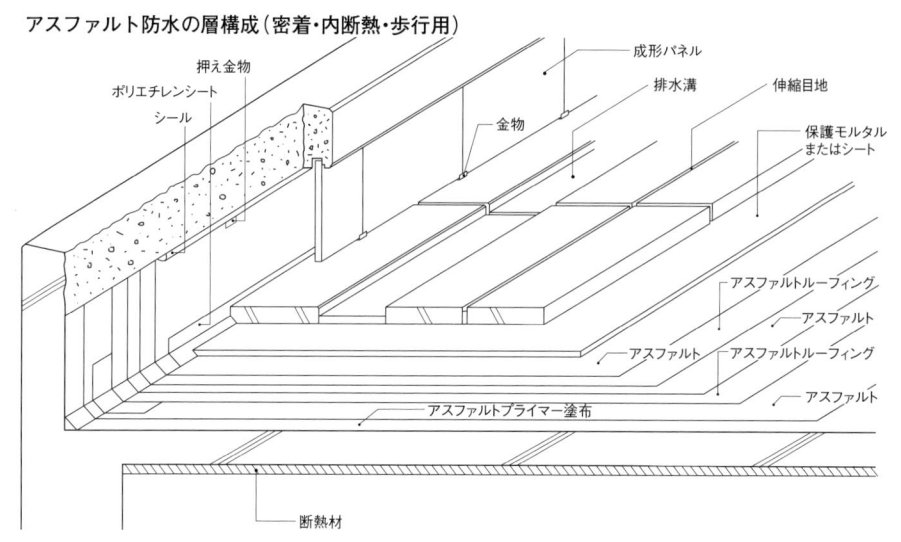

アスファルトルーフィングと溶融アスファルトを交互に積層した防水層をアスファルト防水という。溶融アスファルトを流し込むことによって、どんな隙間でも埋めることができ、水密性の高い防水層を形成する。また、高い耐久性を確保できる。層構成は、密着・絶縁、外断熱・内断熱、露出防水かどうかなど、条件によって異なる。最近では、アスファルトルーフィングの質を向上させ、溶融アスファルトを用いない工法(トーチ工法)も認知されつつある。トーチ工法は、アスファルトとシート防水の中間的な性質をもつ。

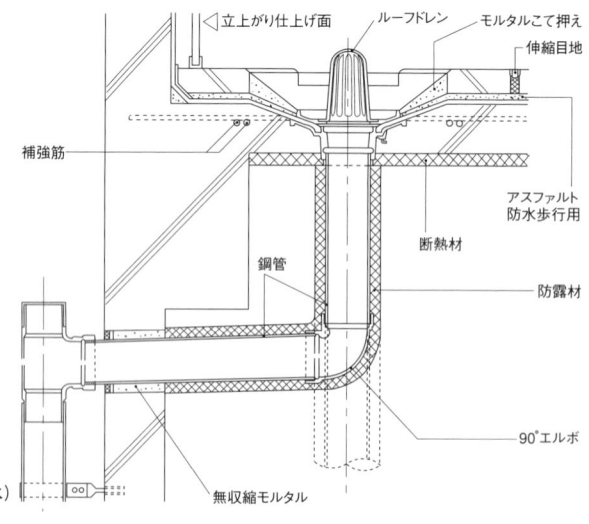

ルーフドレンたて型（アスファルト防水）

シート防水の層構成（絶縁・外断熱・非歩行）

加硫ゴム系、塩化ビニル樹脂系などのシートを接着剤または専用金物で固定する防水層をシート防水という。アスファルト防水に比べ、耐用年数は短いが、施工性がよく、メンテナンスが容易である。アスファルト防水と同じく、シート防水の層構成も条件によって異なる。

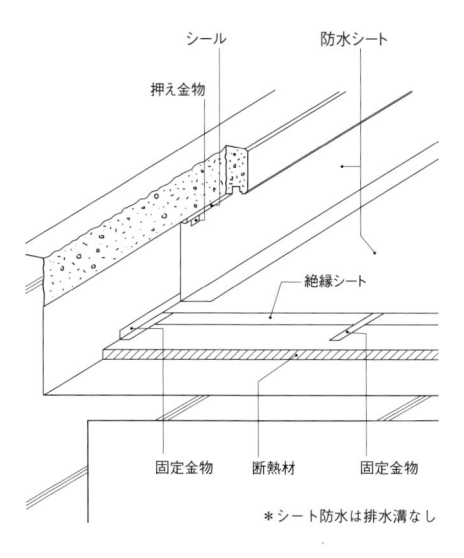

防水層の構成例

砂付きルーフィング
アスファルト
ルーフィング（絶縁）
断熱材
RC
アスファルト
ルーフィング
アスファルト
アスファルトプライマー

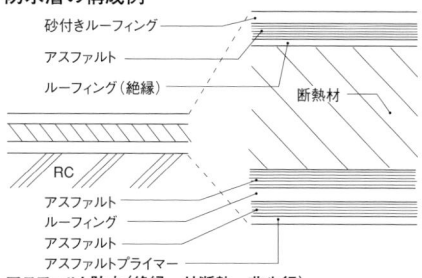

アスファルト防水（絶縁・外断熱・非歩行）

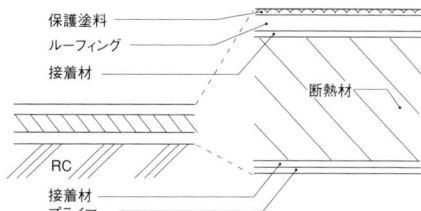

保護塗料
ルーフィング
接着材
断熱材
RC
接着材
プライマー

シート防水（密着・外断熱・非歩行）

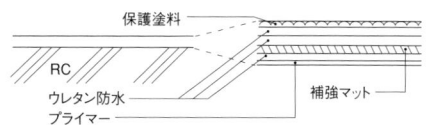

保護塗料
RC
ウレタン防水
プライマー
補強マット

塗膜防水：庇や、屋根付きの屋外通路、バルコニーなどに用いられる。

＊シート防水は排水溝なし

パラペットなどの立上がり部分の納まり

パラペット部分は、防水層の内側に水が入り込むのを防ぐ重要な部分である。RC造でパラペット高さが十分に確保できる場合はRCの防水あごを設けるが、高さが足りない場合や、乾式外壁（ALC、押出し成形セメント板）の場合には金属笠木を設ける。また、デザイン上の理由によって金属笠木を使用する場合もある。

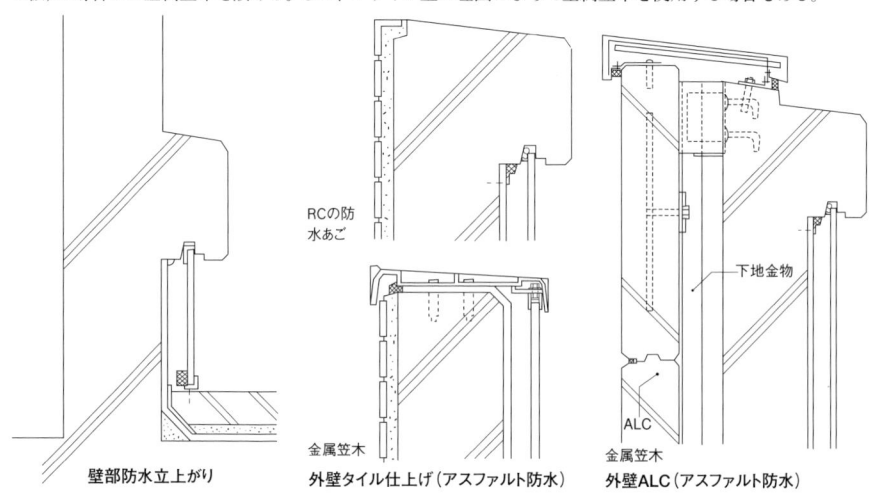

壁部防水立上がり

RCの防水あご
金属笠木
外壁タイル仕上げ（アスファルト防水）

下地金物
ALC
金属笠木
外壁ALC（アスファルト防水）

各部構法　屋根

いろいろな屋根 *various roofing*

屋根の葺き方の中で最も基本的なものは、薄い定型の板を重ねて並べるシングル葺きであり、こけら葺きや天然石を含むスレート葺きなども含まれる。瓦葺きは、形状に曲面を取り入れた瓦を用い、シングル葺きに比べ、重なりを小さくしたものである。これ以外に、屋根の架構と仕上げを兼ねた葺き方が、折板や波形板である。これらは1方向に剛性をもたせ、垂木や野地板を省略して、直接母屋に架け渡す構法である。また、テントなどの幕も屋根の仕上げとしては重要であり、架構と一体となってさまざまな空間に対応可能である。

折板などの屋根の葺き方

折板による屋根には、折り曲げた金属板を角波状断面に成形した屋根葺き用材料を用いる。流水断面が大きいため、3/100程度の緩勾配で葺くことができる。固定法によって重ね方式、はぜ方式、嵌合（がんごう）方式の3種類がある。また、波形スレート葺きは波形に成形した石綿スレートなどを用いて葺く方式で、下地のない屋根構法として普及している。

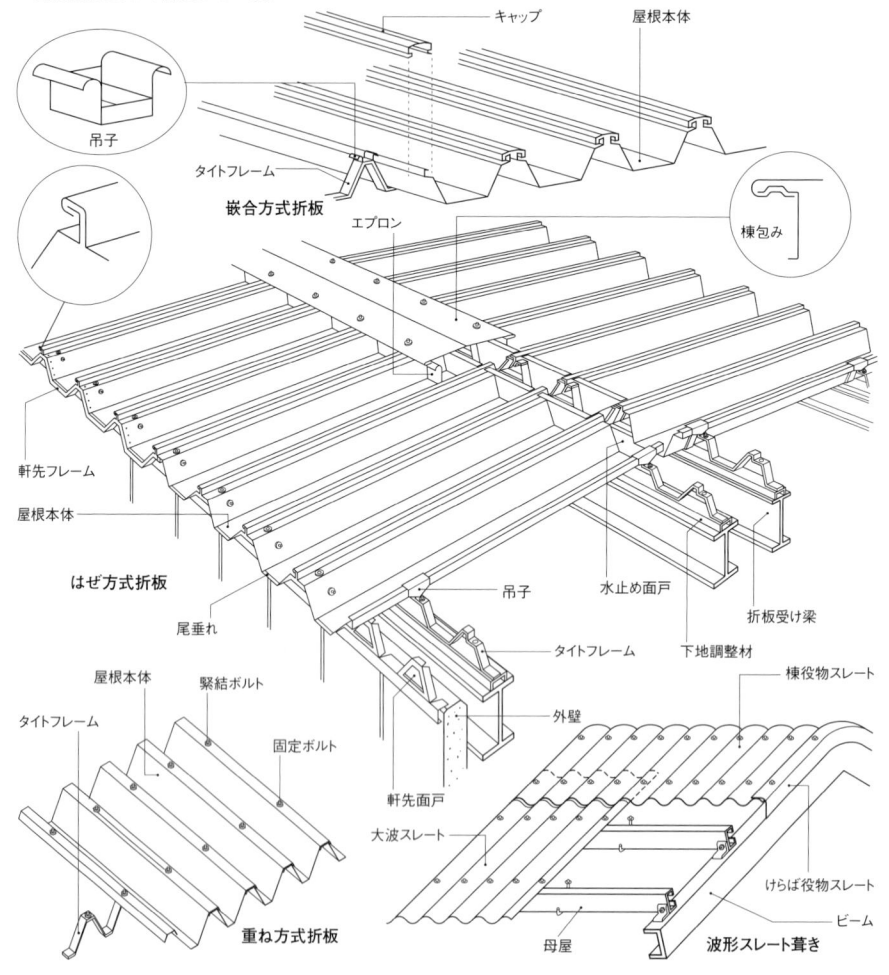

屋根　各部構法

シングル葺きの種類
シングル葺きは、横方向に隙間ができるのため、1段上の板とのずれの2倍以上の奥行の板を用いて、隙間からの水を受けなければならない。デザイン的に、あるいは材料を節約するうえで、さまざまな葺き方が工夫されている。

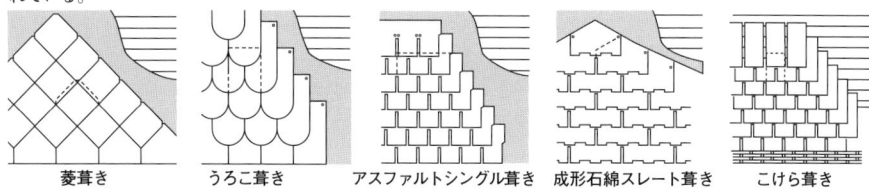

菱葺き　うろこ葺き　アスファルトシングル葺き　成形石綿スレート葺き　こけら葺き

スレート葺きの構成
石や石綿セメント板などの薄板材料を用いて、これを重ね合わせながら屋根を葺く手法。屋根葺き材として用いられる石は、玄昌石、鉄平石、大谷石、コーガ石などである。

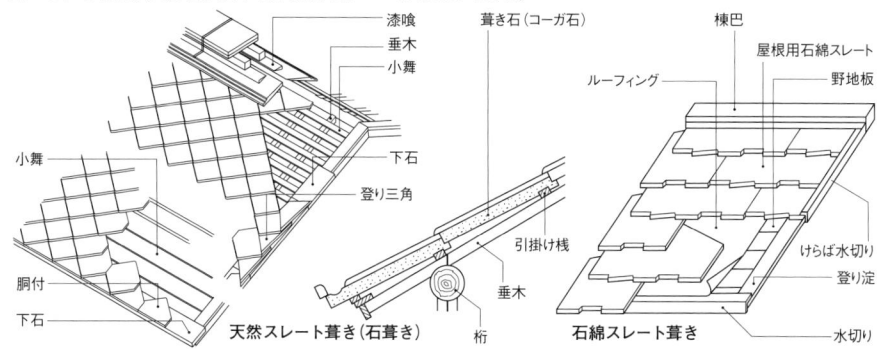

天然スレート葺き（石葺き）　石綿スレート葺き

膜による屋根構成の事例
テフロンなどの材料で、架構と一体となったデザインが多く見られる。架構への止付け、周辺部での雨仕舞がポイントとなる。

サスペンション膜構造／ラ・サンテ（竹中工務店、1988年）：膜の内面に張力を与えることによって、形状を安定させる構造である。基本形は鞍形曲面であるが、膜の内面に与える初期張力の方向によって、さまざまな形状がある。

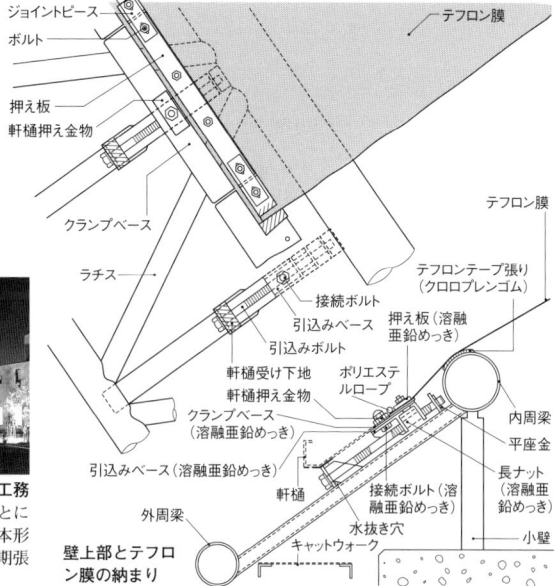

壁上部とテフロン膜の納まり

各部構法　壁

壁のしくみ *wall system*

壁には屋内と屋外を区切る外周壁と、屋内の部屋を区切る間仕切りがある。また、荷重を負担する耐力壁か負担しない非耐力壁かによって、構法が異なってくる。外周壁は建物の表情をつくるだけでなく、快適な室内環境をつくり出すために、熱、光、空気、音などをコントロールすることが求められ、これに対応する各種性能を満たさなければならない。さらに、外周壁ではコーナー部分やその周辺、開口部との取合い、間仕切りでは天井や床、ほかの壁との取合いなどが、設計・施工上工夫の必要な部分になる。

壁の種類と性能

壁には外周壁と間仕切り（内壁ともいう）があり、そのそれぞれに耐力壁と非耐力壁がある。また、壁の中で特に外周壁には、数多くの性能が求められる。これらは建物ごとに、個別の条件を設定しなければならない。

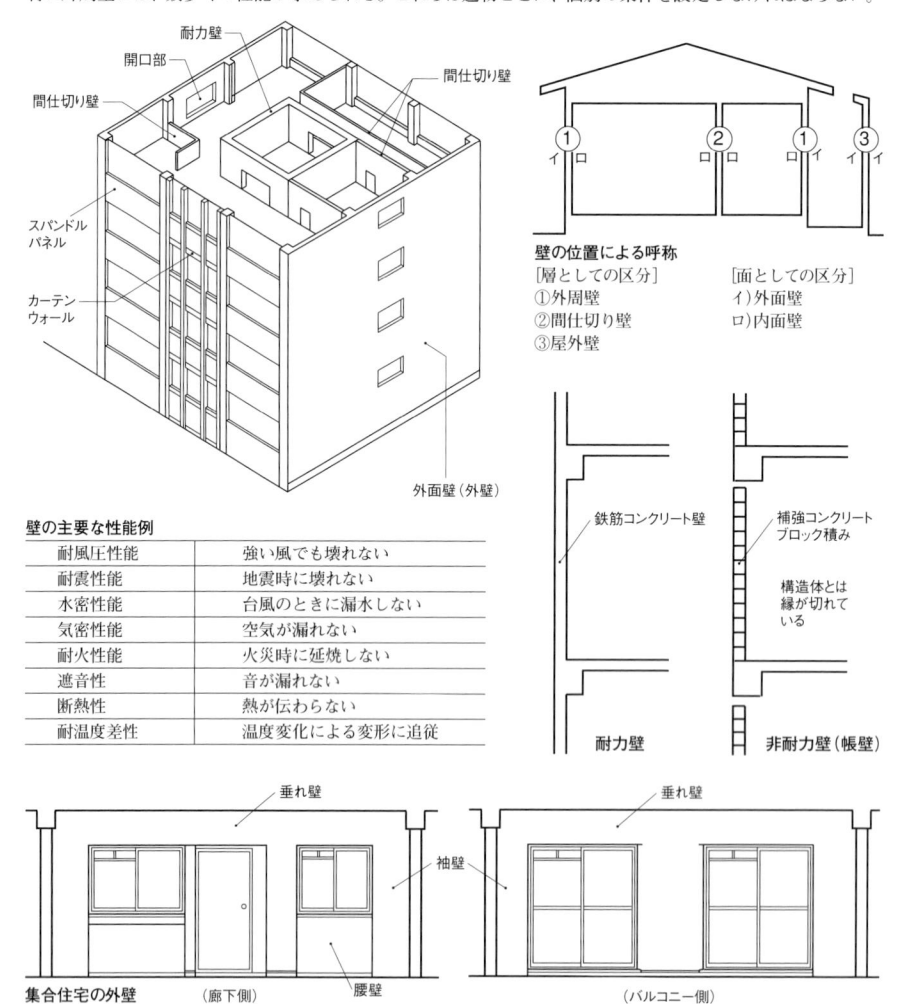

壁の位置による呼称
[層としての区分]
①外周壁
②間仕切り壁
③屋外壁

[面としての区分]
イ）外面壁
ロ）内面壁

壁の主要な性能例

耐風圧性能	強い風でも壊れない
耐震性能	地震時に壊れない
水密性能	台風のときに漏水しない
気密性能	空気が漏れない
耐火性能	火災時に延焼しない
遮音性	音が漏れない
断熱性	熱が伝わらない
耐温度差性	温度変化による変形に追従

外壁の耐火性能

外壁の求められる耐火性能には、隣家からの類焼防止と上階への延焼防止がある。後者については、スパンドレル部分で延焼を防止する必要がある。また、火災時には排煙機能や非常用進入口も必要となる。

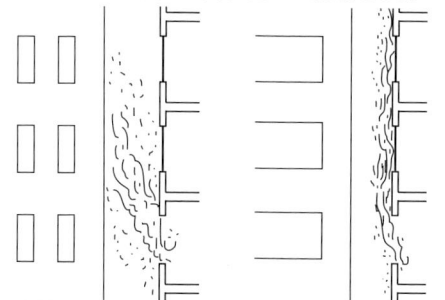

外壁開口の形状と噴出炎の性状

金属カーテンウォールのスパンドレル部の納まり例

外壁の耐震性能

外壁は地震時に部材が破損・脱落しないように配慮する必要がある。その耐震性能は、揺れに対してどの程度対応できるかを表す層間変位追従性能で示されることが多い。層間変位とは、地震時に建物の床の間に生じるずれのことで、一般に下図のラジアン角 R で表す。たとえば $R=1/300$ で補修なしに使い続けること、$R=1/100$ で脱落しないことなどと、性能値を設定する。重量の大きなものでは、慣性力を考慮に入れる場合もある。層間変位追従方式には、スウェイ方式とロッキング方式がある。

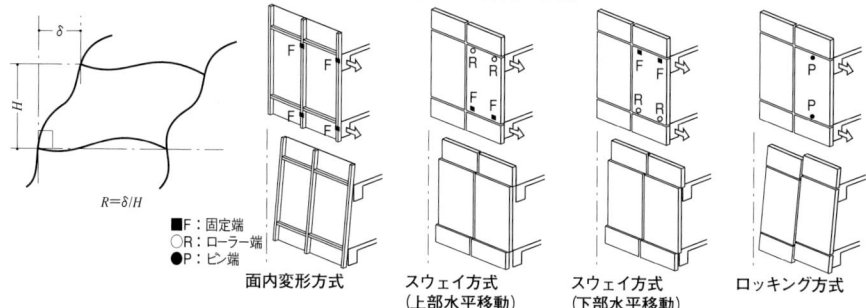

$R = \delta / H$

■：固定端
○：ローラー端
●：ピン端

面内変形方式 / スウェイ方式（上部水平移動）/ スウェイ方式（下部水平移動）/ ロッキング方式

外壁の層構成

壁は仕上げとそれを支える躯体、およびその間にあって壁を接続する下地に分けることができる。一般に下地に対して小さな部材で構成するものと、層間の大きな部材で構成されるものがある。

骨組	下地	仕上げ	
鉄骨造	ALC板	塗り構法	塗料
コンクリートブロック造	プラスターボード	接着剤を貼る構法	布
コンクリート造	モルタル	モルタルなどで張り付ける構法	タイル
壁体なし	下地なし	大型部品をはめ込む構法	カーテンウォール

各部構法　壁

伝統的な外壁 *traditional exterior wall*

木造の伝統的な外壁は、土壁と板壁である。土壁は、大きく真壁と大壁に分けられる。真壁は柱や梁といった架構が露出しており、大壁は柱や梁などの上から土が塗られるため、外からは構造体などが見えない。土の粒子や色、性質は土の産地によって異なり、地方によってさまざまな仕上げがある。板壁の板のはぎ方は、その断面形状によって多くの種類が存在するが、横目地部分をミクロに見た場合、屋根材の「羽重ね」と同様に、水に対して外勾配もしくは立上がりを設けることが基本である。

土壁の構成

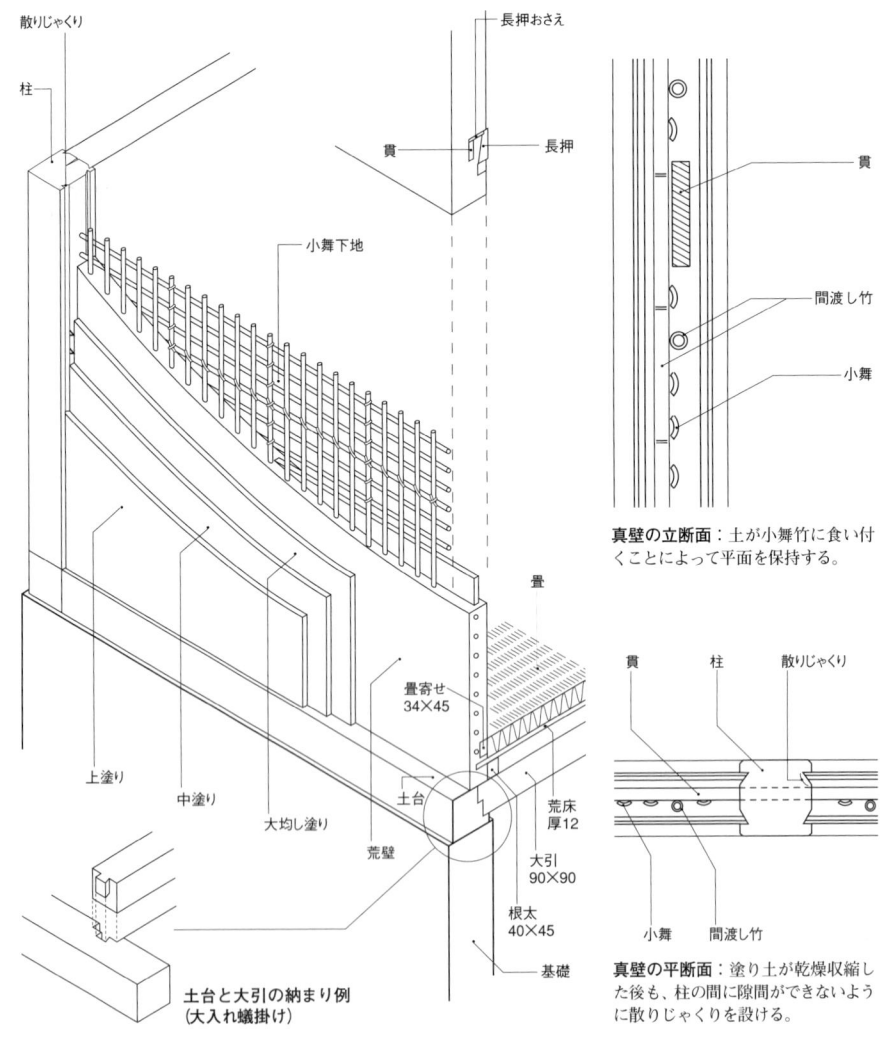

真壁の立断面：土が小舞竹に食い付くことによって平面を保持する。

真壁の平断面：塗り土が乾燥収縮した後も、柱の間に隙間ができないように散りじゃくりを設ける。

壁　各部構法

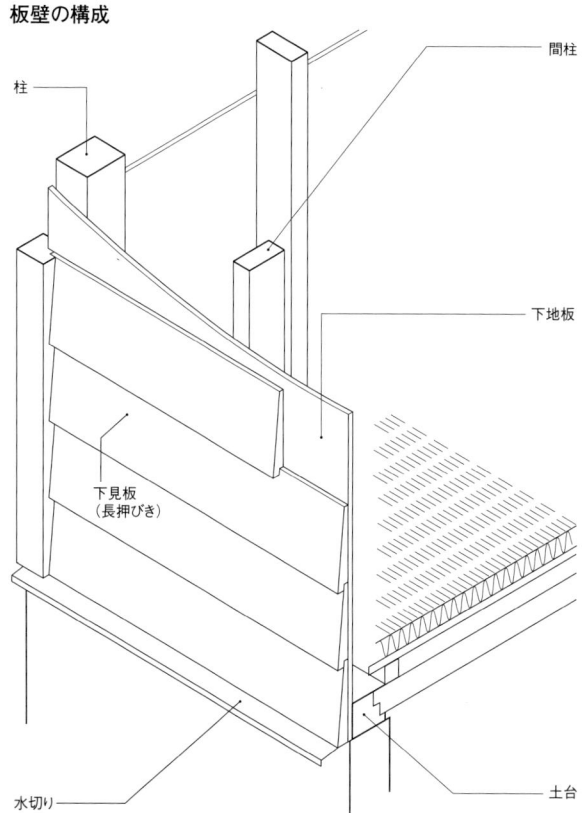

板壁の構成

板張り（南京下見）：通常の板を用いる場合と、上図のように長押びきの板を用いる場合がある。接合部の断面は、雨水の浸入を防ぐためのじゃくりを設けている。

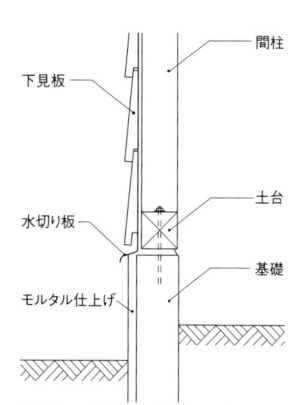

板張りの立断面：防水紙は水切り板の立上がり部分まで張り、雨水が内部に入った場合でも水切り板によって外部へ排出されるようにする。

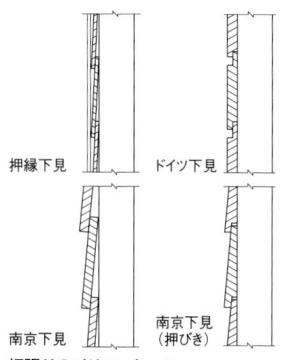

板張りのバリエーション

そのほかの伝統的な外壁

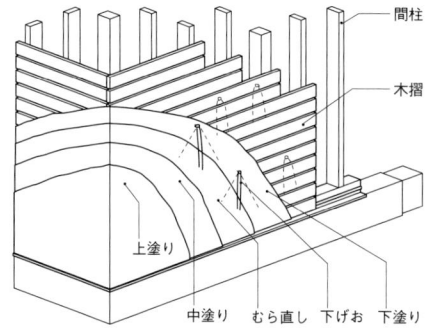

大壁：真壁の小舞に加え、柱の外側にも小舞下地を設ける。外側からは柱・梁などは見えない。

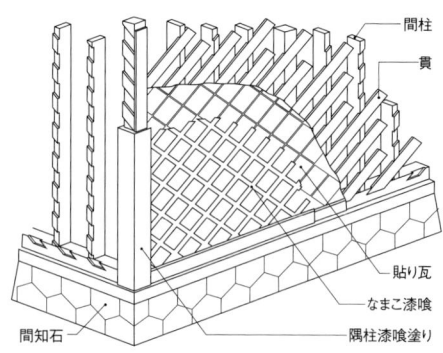

なまこ壁：通常は腰より下の部分に貼られる。もともとは防火目的とした仕上げであった。

各部構法　壁

現代の戸建住宅の外壁　*modern exterior wall of detached house*

現代の戸建住宅に多く用いられる外壁仕上げは、木造の場合、主にサイディング張り仕上げやラスモルタル仕上げである。サイディング張りは、釘やビスなどを用いて胴縁などの下地に取り付ける乾式工法で、出隅のカバーや最下部の水切り板などの付属金物とともに、部品メーカーが製品として供給している。一方、ラスモルタルは湿式工法で、「メタルラス下地モルタル仕上げ」の通称である。プレファブ住宅では、水密性や断熱性、施工の簡便性などの理由から、乾式工法の仕上げ材が用いられる例が多い。

サイディング張り仕上げ

窯業系・金属系のサイディングは、木材に比べて接合部の形状を複雑に加工することが可能なため、雨仕舞に対する性能を確保しつつ、簡易な嵌合（がんごう）方式にする工夫がなされている。また、材を取り付けるための下地が簡易にすむものが多いので、外壁の改修にも適している。

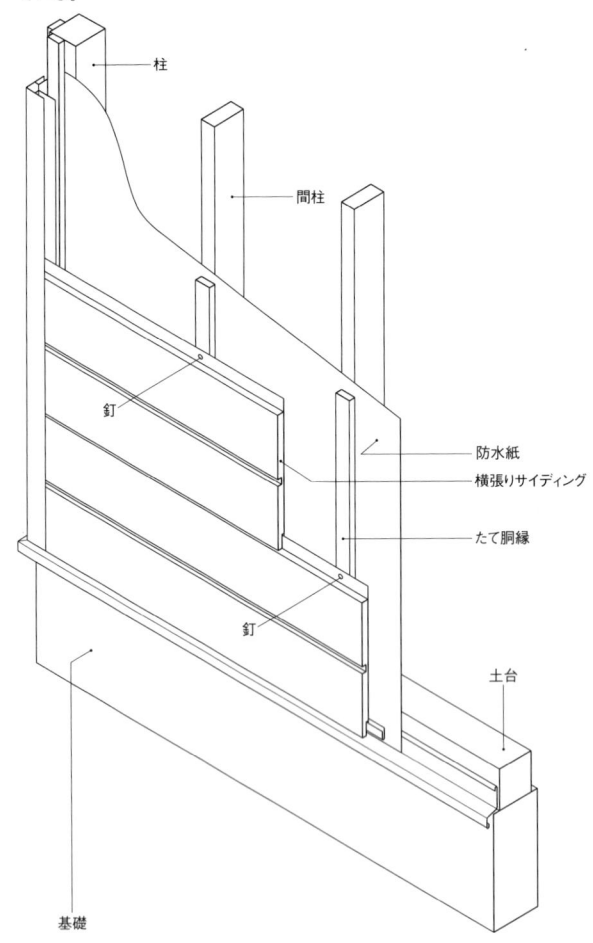

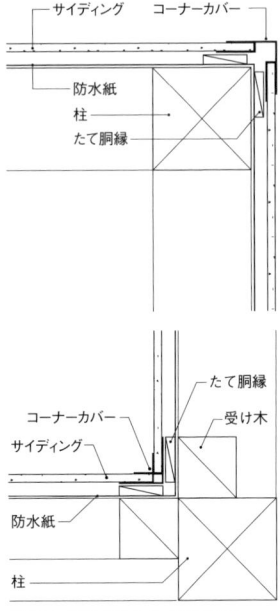

出隅と入隅の納まり：隅角部はコーナーカバーなどの役物で納める。また、防水紙を二重に張り、防水性を高める場合もある。

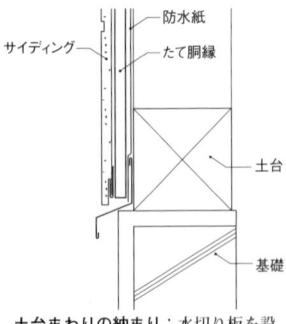

土台まわりの納まり：水切り板を設け、土台を雨水から保護する。

そのほかの外壁仕上げ

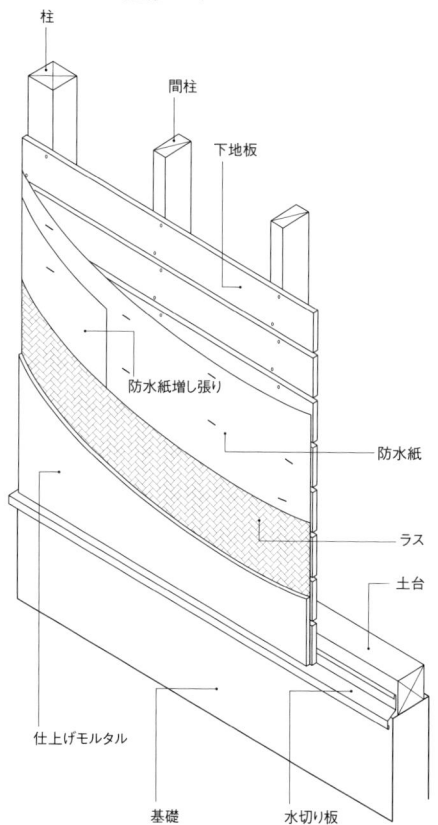

ラスモルタル仕上げ：防水紙とラスは、それぞれステープルで下地に止め付けられている。下地板はラスの下地だけでなく、構造的な補助材としての役割をもつため、腐りにくく、強度が高いことが必要である。材の厚みなどにもよるが、すぎ材またはひのき材がよいとされている。

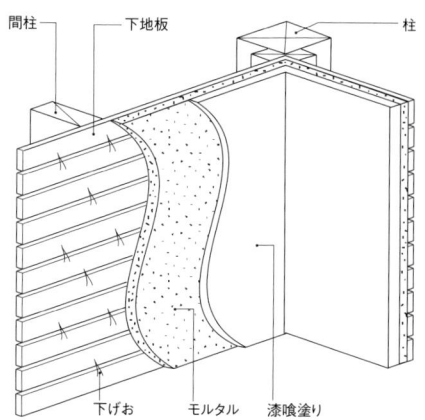

木摺下地モルタル仕上げ

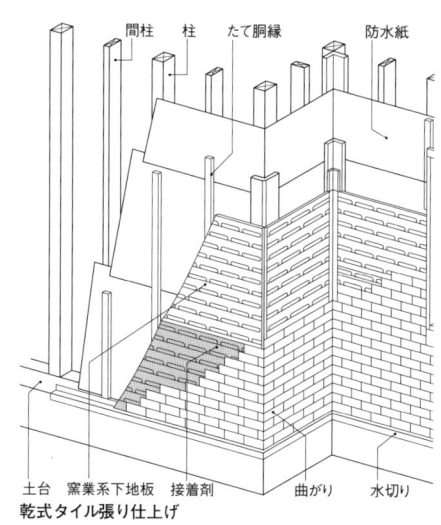

乾式タイル張り仕上げ

プレファブ戸建住宅に用いられる外装材の種類

プレファブ各社は、主に窯業系の材料でデザインの工夫を凝らしたオリジナルの外装を使う。

軽量気泡コンクリートの外装材による事例

窯業系パネルの外装材による事例

アルミ複合パネルの外装材による事例

各部構法　壁

メタルカーテンウォール　*metal curtain wall*

カーテンウォールとは、広義には非耐力壁全般を意味するが、日本では一般にプレファブ化され、足場なしに施工されるシステム化された外周壁をさす。その中でメタルカーテンウォールとは、金属材料によって構成されるものをさすが、主としてアルミニウムが使われる。軽量で水密・気密性能が高く、1965（昭和40）年から霞が関ビルなどの超高層ビルの外壁に採用され、発展してきた。金属材料とガラスを組み合わせて、さまざまなデザインをつくり出している。

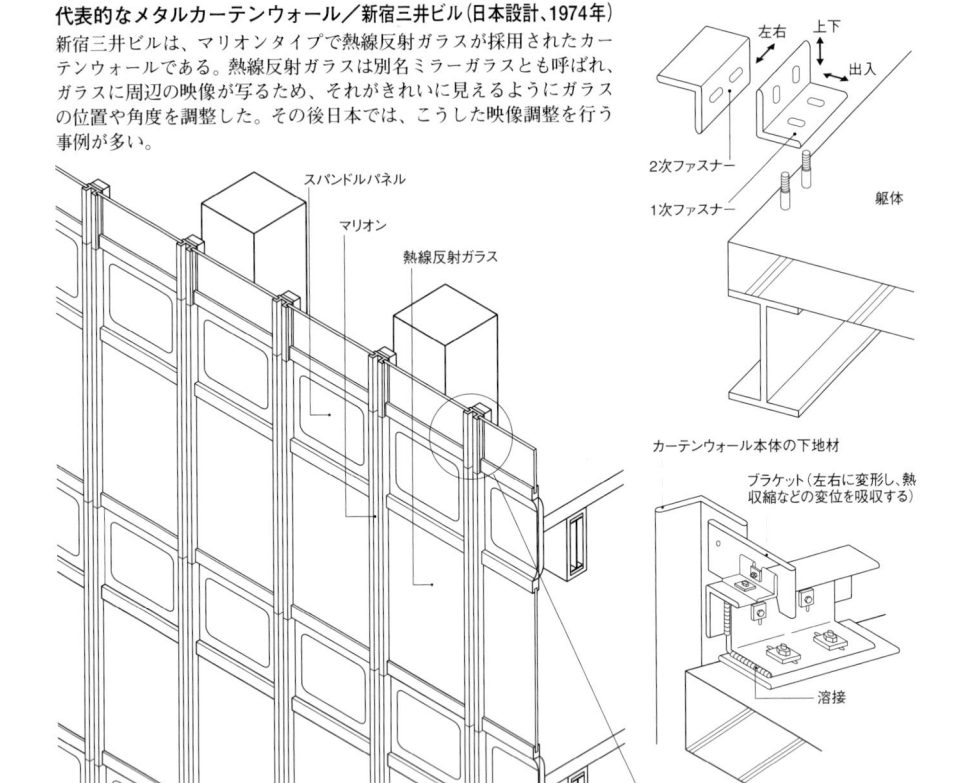

代表的なメタルカーテンウォール／新宿三井ビル（日本設計、1974年）
新宿三井ビルは、マリオンタイプで熱線反射ガラスが採用されたカーテンウォールである。熱線反射ガラスは別名ミラーガラスとも呼ばれ、ガラスに周辺の映像が写るため、それがきれいに見えるようにガラスの位置や角度を調整した。その後日本では、こうした映像調整を行う事例が多い。

スパンドルパネル
マリオン
熱線反射ガラス

左右
上下
出入
2次ファスナー
1次ファスナー
躯体

カーテンウォール本体の下地材
ブラケット（左右に変形し、熱収縮などの変位を吸収する）
溶接

ファスナーの例：カーテンウォールと躯体を取り付けるもの。躯体側から1次と2次に分かれる場合が多く、施工誤差や地震による変位を吸収できるしくみになっている。

表面仕上げ：基本的にはガラスと金属のみで構成されるが、色や表面仕上げの種類にはバリエーションがある。1990年代になって、石を組み込むものも登場した。

壁　各部構法

マリオンタイプの構成方法
メタルカーテンウォールの代表的な構成方法。方立の間にガラスやパネルが組み込まれて構成される。方立を室内側に隠すバックマリオンタイプも多い。

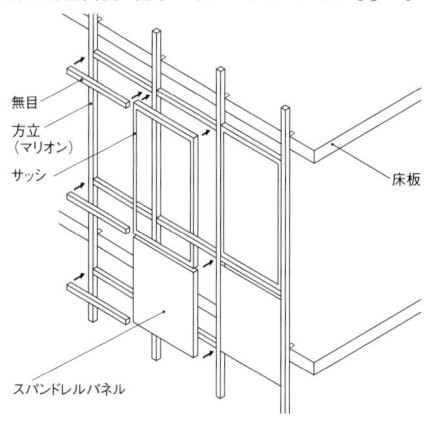

層間部分の構成
層間部分は防耐火性能が求められる。金属材料は一般的に耐火性能が低いため、耐火ボードなどを組み込む。

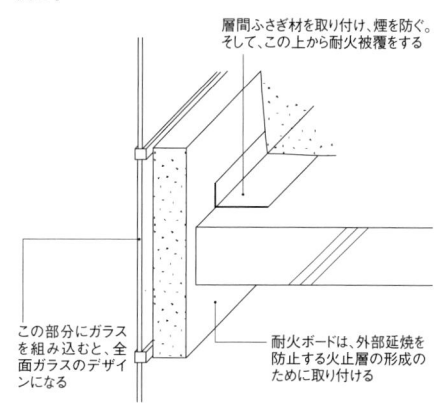

- 無目
- 方立（マリオン）
- サッシ
- 床板
- スパンドレルパネル

- 層間ふさぎ材を取り付け、煙を防ぐ。そして、この上から耐火被覆をする
- この部分にガラスを組み込むと、全面ガラスのデザインになる
- 耐火ボードは、外部延焼を防止する火止層の形成のために取り付ける

接合部の設計
接合部には室内側と室外側の両方にシールをするクローズドジョイント方式と、接合部を外気に開放して水の浸入を防ぐオープンジョイント方式がある。これらを実現するために、アルミの押出し型材による複雑な断面形状となっている。

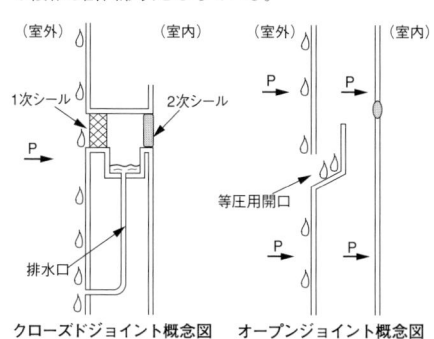

- 1次シール
- 2次シール
- 排水口
- 等圧用開口

クローズドジョイント概念図　　オープンジョイント概念図

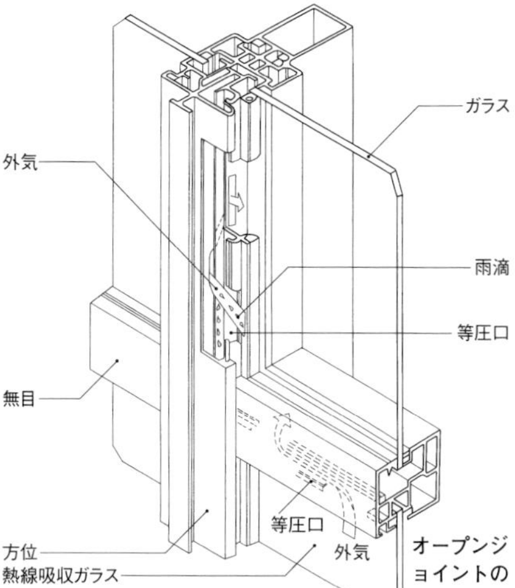

- ガラス
- 雨滴
- 等圧口
- 外気
- 無目
- 方位
- 熱線吸収ガラス
- 等圧口
- 外気

オープンジョイントの交差部の例

メタルカーテンウォールの事例

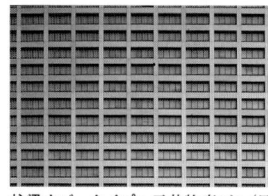

柱梁カバータイプ：三井物産ビル（日建設計、1976年）

アルミのパネルタイプ：新日鉱ビル（日本設計、1988年）

全面ガラスのSSG構法：クリスタルタワー（竹中工務店、1990年）

各部構法　壁

PCカーテンウォール　*precast concrete curtain wall*

PCカーテンウォールとは、プレキャストコンクリート製のカーテンウォールのことである。メタルカーテンウォールと比較すると重いが、自由な造形ができることや表面仕上げ材が選択できることが特徴である。昭和40年頃に登場し、1971(昭和46)年竣工の京王プラザホテルによって超高層ビルへの本格的な採用がなされるようになった。その後、タイル打込みや本石打込みなどの技術が完成し、またCFRCやGRCなどの繊維補強コンクリートによる軽量なものも開発された。

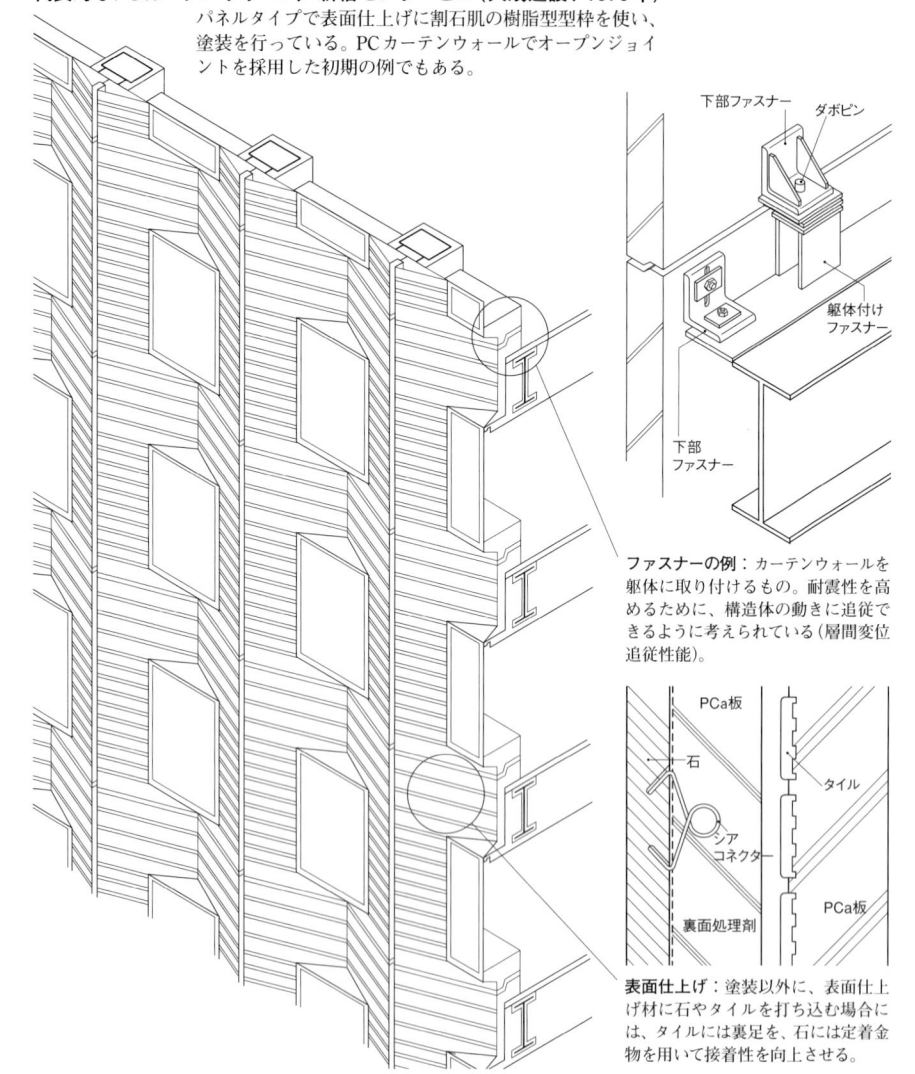

代表的なPCカーテンウォール／新宿センタービル(大成建設、1979年)

パネルタイプで表面仕上げに割石肌の樹脂型型枠を使い、塗装を行っている。PCカーテンウォールでオープンジョイントを採用した初期の例でもある。

下部ファスナー　ダボピン　躯体付けファスナー　下部ファスナー

ファスナーの例：カーテンウォールを躯体に取り付けるもの。耐震性を高めるために、構造体の動きに追従できるように考えられている(層間変位追従性能)。

PCa板　石　シアコネクター　裏面処理剤　タイル　PCa板

表面仕上げ：塗装以外に、表面仕上げ材に石やタイルを打ち込む場合には、タイルには裏足を、石には定着金物を用いて接着性を向上させる。

壁　各部構法

PCカーテンウォールの目地部分

パネル間の目地部分は、水密上重要な部分である。一般には二重のシールによって止水されるが、シールの止水性に頼らないオープンジョイントといわれる方法もある。シール以外はガスケットなども使用する。清掃用のゴンドラガイドレールを組み込む場合もある。

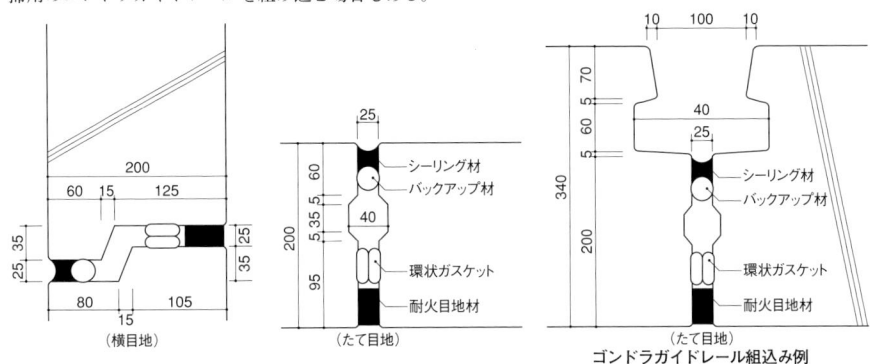

（横目地）　　（たて目地）　　（たて目地）ゴンドラガイドレール組込み例

構成方法のタイプ

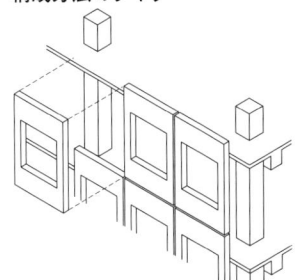

パネル方式：層間のパネルで構成され、ポツ窓タイプの外観になる。

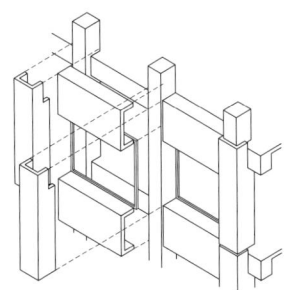

柱梁カバー方式：柱と梁をそれぞれカバーするもので、彫りの深いデザインになる。

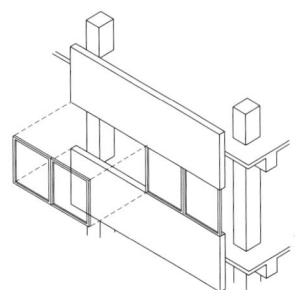

スパンドレル方式：スパンドレル部がパネルで構成され、横連窓のデザインとなる。

PCカーテンウォールの事例

初期の超高層PCカーテンウォール：京王プラザホテル（日本設計、1971年）

タイル打込み柱梁カバー方式：東京海上ビルディング本館（前川國男建築設計事務所、1974年）

最初の本石打込みPCカーテンウォール：サンワ東京ビル（日建設計、1973年）

各部構法　壁

ALCパネルによる外壁　*ALC panel*

乾式外壁材の中で、最も普及しているのがALCである。ALCは1960年代にヨーロッパから導入され、近年鉄骨造の増加とともに急速に普及した。断熱性、遮音性、耐火性に優れ、加工も比較的容易なために建築の外壁だけでなく、間仕切りや床などにも使われる。外壁には大きく分けて縦壁構法と横壁構法があり、さらに取付け方法によって構法が分かれる。製造上の都合から、短辺は60cmが標準となっている。また、コーナーの役物パネルや表面に模様をつけたデザインパネルなどもある。

鉄骨造の構造物に取り付けられたALC

ALCとはautoclaved light-weight concreteの略で、オートクレーブ養生した軽量気泡コンクリートのことである。下図では、外壁と床・屋根にALCが使われ、外壁は縦壁構法となっている。また床は、2階床のようにALCを使う場合と、3階床のようにデッキプレートを使い、コンクリートを打設する場合がある。

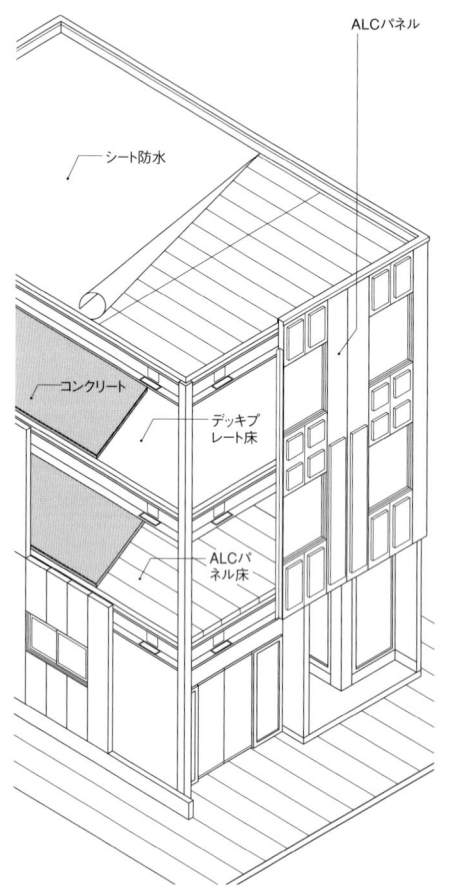

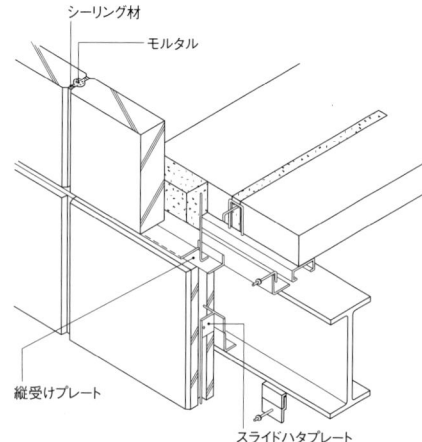

ALCの取付け部分詳細：上図は縦壁スライド構法による取付け詳細の例。パネルは金物を用いて取り付けられる。金物は構法により異なる。

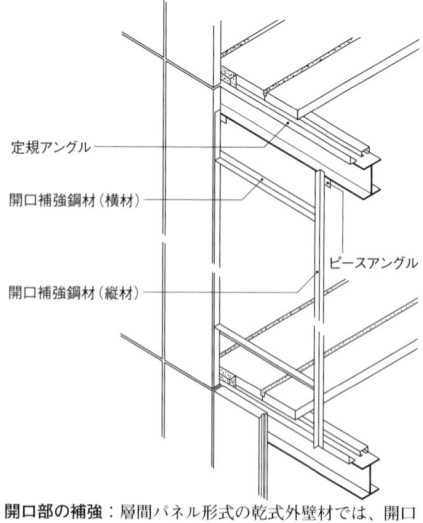

開口部の補強：層間パネル形式の乾式外壁材では、開口部を形成するために別途補強材を取り付ける必要がある。

ALCパネルの種類

パネルは標準のパネルのほかに、表面を加工して模様をつけたデザインパネルやL字形のコーナーパネルなどがある。

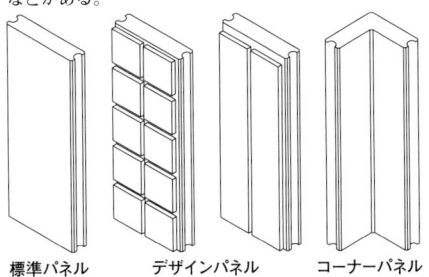

標準パネル　デザインパネル　コーナーパネル

パネル間の目地

ALCパネルどうしの目地の形状は、構法などによりいくつかの形がある。

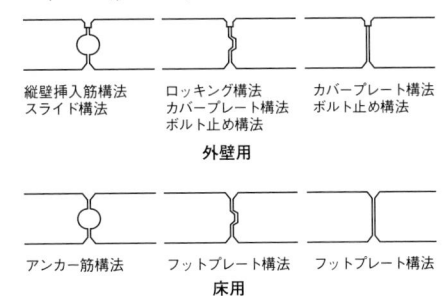

縦壁挿入筋構法　ロッキング構法　カバープレート構法
スライド構法　カバープレート構法　ボルト止め構法
　　　　　　　ボルト止め構法

外壁用

アンカー筋構法　フットプレート構法　フットプレート構法

床用

ALCの耐震性能

ALCは、地震時の変形が鉄筋コンクリート造よりも比較的大きい鉄骨造に取り付けられることが多いため、耐震性能を確保することが重要である。ALCは地震時に起きる躯体の層間変位に対して追従することにより、耐震性能を確保する。その方法は縦壁と横壁で異なり、右図のようにいくつかあるが、基本的には取付け部分で可動となるように金物で工夫し、各パネルが動くことによって層間変位に追従する。なお、2001(平成13)年にALC取付け構法標準(ALC協会)が全面的に見直され、縦壁では挿入筋構法を削除し、スライド構法とロッキング構法に集約され、横壁ではカバープレート構法を削除し、ボルト止め構法に集約されることになった。

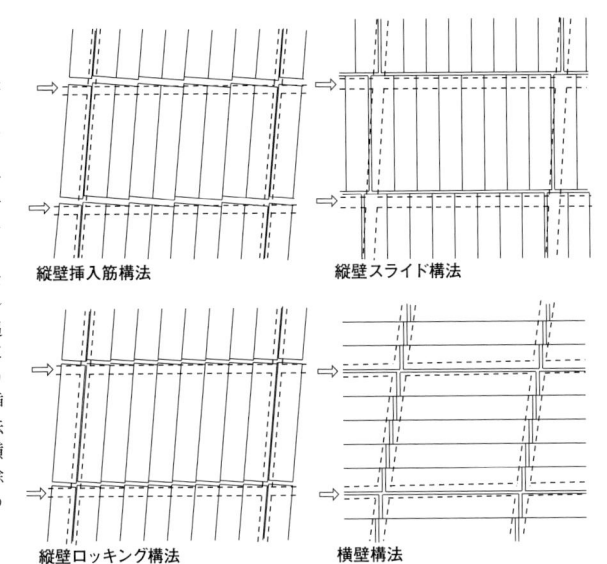

縦壁挿入筋構法　縦壁スライド構法

縦壁ロッキング構法　横壁構法

ALCの製造方法

鉄筋を組み込んだモールドと呼ばれる箱の中に原料を流し込み、それが発泡したところで脱型し、切断してパネルを成形した後、オートクレーブ養生を施す。モールドの高さが60cmの基準寸法となっており、これ以上の幅のパネルは、PCaと同様のつくり方となる。

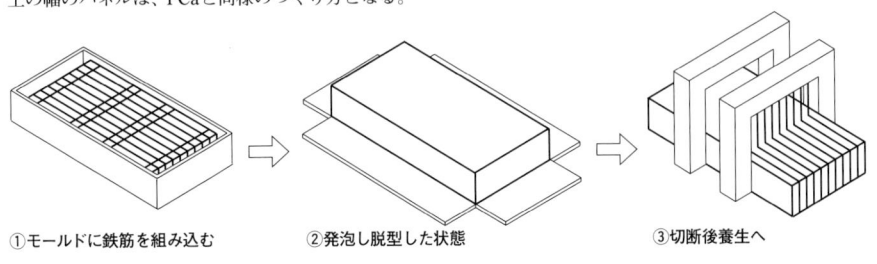

①モールドに鉄筋を組み込む　②発泡し脱型した状態　③切断後養生へ

各部構法　壁

タイル仕上げ *tile finish*

わが国のタイル仕上げは、れんが造建築の高級な仕上げとして外壁表面に施された化粧れんががもとになっている。化粧れんががやがて薄くなり、あるいは釉薬がかけられ、明治末期から大正期にかけてしだいに薄物である外装タイルへと変化していった。かつては陶器質のタイルが用いられることもあったが、水を吸ってしばしば凍害を起こすことから、外装には磁器質またはせっ器質のタイルに限って用いられるようになった。また、現在では剥離防止とエフロレッセンス防止のために、構法・工法の改良が加えられてきている。

外壁タイル仕上げ

タイルは素地の質によって、磁器質、せっ器質、陶器質の3つに分けられる。また、釉薬（タイル表面に施すガラス質）の有無によって、施釉タイルと無釉タイルに分けられる。タイルの色は多種多様であり、表面仕上げも平滑なもの以外にクラッチ仕上げなどがあり、多彩な表現が可能である。

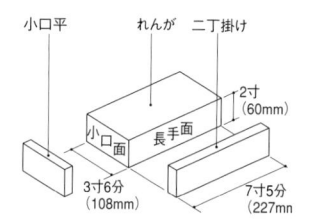

外装タイルとれんがの寸法：タイルの寸法はれんがの寸法に由来している。

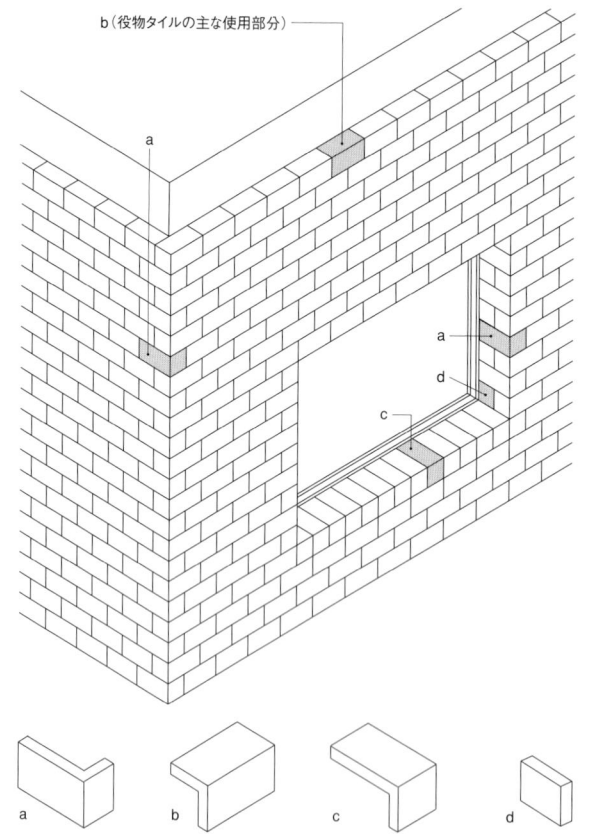

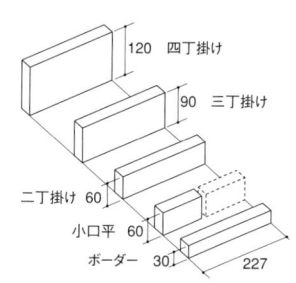

外装タイルの名称：寸法によって上図のような名称がある。このうち、小口、二丁掛け、三丁掛けなどがよく用いられる。このほかにモザイクタイル（50角、50二丁）などのタイルもある。

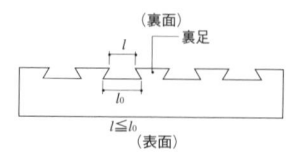

外装タイルの裏足：タイルの裏面には、タイルと張付けモルタルの付着力を得るために、蟻足形状の裏足が設けられている。

役物タイル：一般部に使用されるタイルとは形状や寸法が異なるタイルを役物タイルと呼ばれ、出隅、開口部まわり、笠木部分などに用いられる。

施工方法の種類

タイル張り工法は、後張り工法、先付け工法、乾式工法の3つに分類される。タイルの剥離や、張付けモルタルから炭酸カルシウムが析出するエフロレッセンスを防ぐため、さまざまな工法が開発されている。このうち乾式工法には、専用下地パネルと接着剤による工法や、乾式石張りのように大型タイルを指示金物で止め付ける工法などがある。施工時の工法の選択においては、構造体の種類、使用するタイルの大きさ、施工性、工期、コストなどが重要な条件となる。

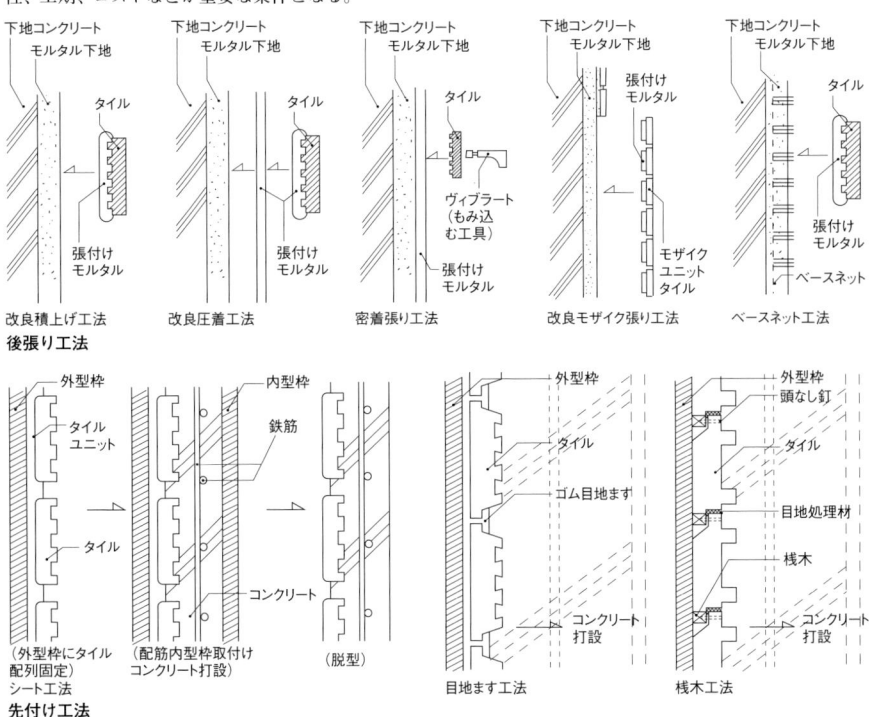

後張り工法
- 改良積上げ工法
- 改良圧着工法
- 密着張り工法
- 改良モザイク張り工法
- ベースネット工法

先付け工法
- シート工法（外型枠にタイル配列固定）
- （配筋内型枠取付けコンクリート打設）
- （脱型）
- 目地ます工法
- 桟木工法

伸縮目地の納まり

RC造のタイル張り仕上げの場合、コンクリートやモルタルの乾燥収縮、温度変化による材の伸縮、地震の振動など、建物の挙動によるタイルの剥離を防ぐため、主に躯体の亀裂誘発目地やコンクリート打継ぎ部と同位置に伸縮目地を設ける。このほか、異種下地や異種材料との取合い部なども設ける。

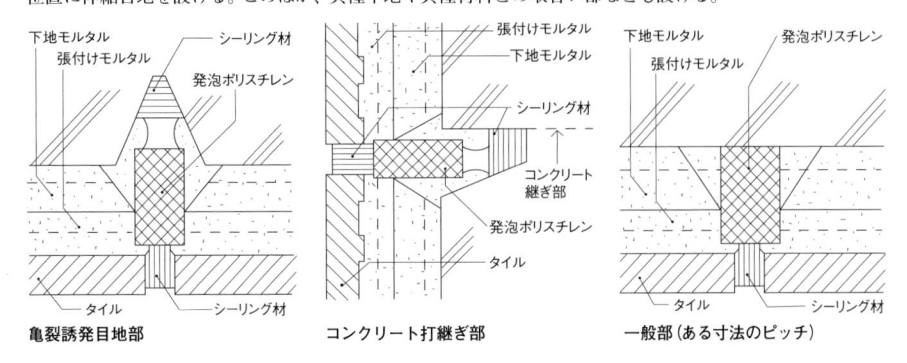

- 亀裂誘発目地部
- コンクリート打継ぎ部
- 一般部（ある寸法のピッチ）

各部構法　壁

石張り仕上げ *stone veneers finish*

石張り仕上げは、石材の面外方向には引き金物によって躯体と緊結し、面内方向にはだぼによって接合するのが基本である。湿式工法は、躯体と石材の間に裏込めモルタルを充填して石材を固定する方法で、乾式工法は金物のみによって石材を固定する方法である。湿式工法の場合、タイルと同様にエフロレッセンスに対する対策が必要である。また、乾式工法で目地にシーリングを施す場合は、シーリング材による染みが出ないように、石材とシーリング材の相性には注意する。

乾式石張り仕上げ

石板1枚ずつが金物によって躯体に取り付けられている。乾式工法ではエフロレッセンスなどの不具合が生じることは少ないが、高い施工精度や風圧に対する十分な検討が要求される。万一、割れが生じた場合でも剥離しないように裏面コーティングを施すことがある。

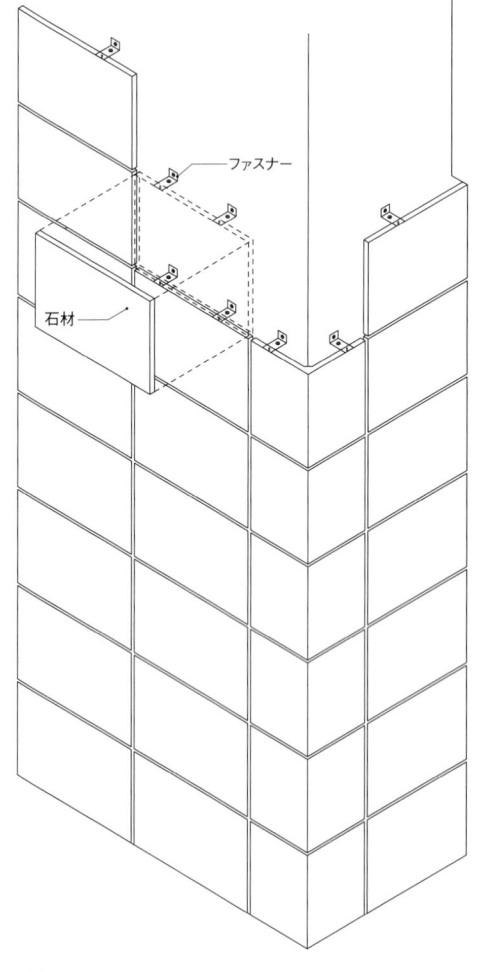

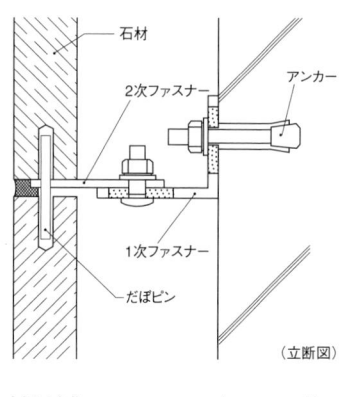

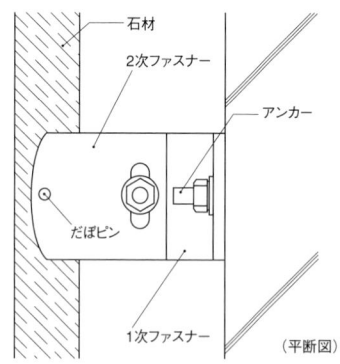

ファスナー取付け詳細：アンカーで躯体に取り付けられた1次ファスナーと、石側の2次ファスナーによって石を止め付ける。石の重量は2次ファスナーによって下端で支えられ、面外方向の固定にはだぼピンと呼ばれる棒状のピンが用いられる。

湿式石張り仕上げ（全とろ工法）

薄石の場合、裏面にまわった水分による染みや下地モルタルからエフロレッセンスの発生する可能性があるため、裏面に防水処理をすることが不可欠である。

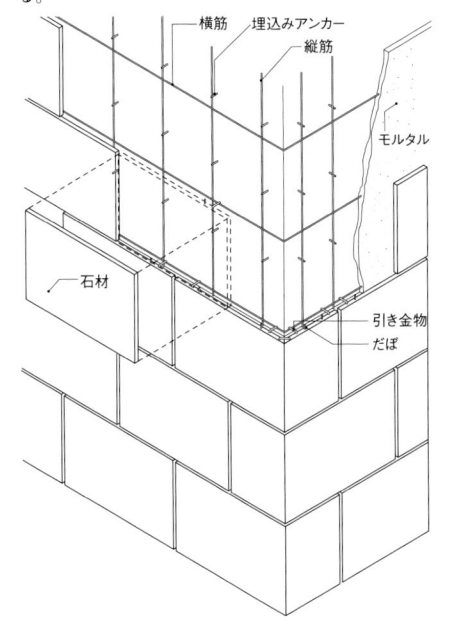

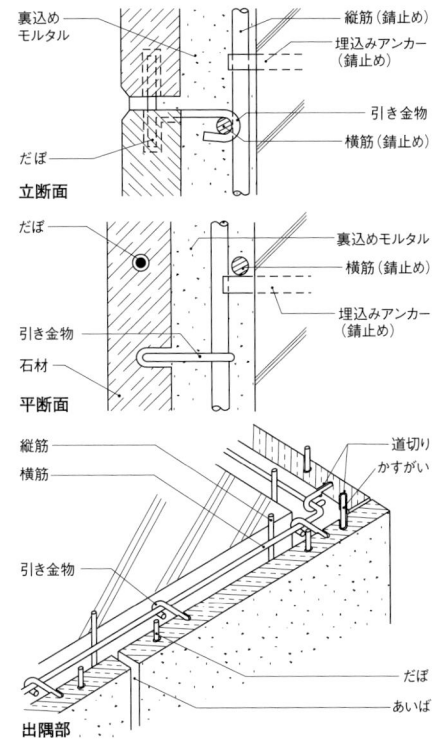

そのほかの石張り仕上げ

乾式工法の中には、石打込みPCカーテンウォール、メタルフレーム組込みカーテンウォールなどのバリエーションがある。

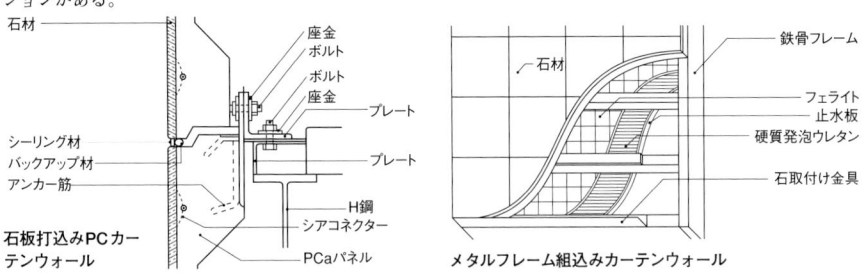

石の種類と特徴・主な用途

種類		特徴	主な用途
火成岩	花崗岩類	耐久性大、耐火性小　通称：御影石	外装（壁・床）
	安山岩類	耐久性大　鉄平石が有名	外壁（壁・床）
水成岩	粘板岩類	耐久性大、板状節理	外壁（床・屋根葺き）
	砂岩類	耐火性大、耐磨耗性小　色・硬さは成分による	内装（壁）
	凝灰岩類	耐火性大、耐久性小　大谷石が有名	内装（壁）
変成岩	大理石類	吸水性・耐久性小　白色基調のものが多い	内装（壁・床）
	蛇紋岩類	大理石とほぼ同様　濃緑基調が多い	内装（壁・床）

各部構法　壁

ガラスによる外壁　*glass facade*

ガラスは開口部に組み込まれるだけでなく、外壁面全体を構成する場合がある。全面ガラスといわれる表現は、一般にはメタルカーテンウォールによるが、さらにその中でガラスを強調する方法としてSSG構法などがある。また、これらとは別に、強化ガラスを利用して板ガラスのみで外壁面をつくる方法がある。1つはガラスを点で支持するDPG（dot point glazing）構法であり、1990年代にヨーロッパより導入された。もう1つはガラススクリーンによる方法であり、ショールームなどで盛んに使われている。ガラスブロックも開口部に使用される材料の1つだが、壁面全体に使用することもある。

ガラスを点で支持する構法

強化ガラスを点で支持してガラスによる外壁面を構成することから、DPG構法、または点支持構法などとわが国で呼ばれる。止め方にはいくつか方法があり、1960年代に開発されたパッチフィッティングシステム、1970年代のプレイナーフィッティングシステム、1980年代のラ・ヴィレットシステムなどがあり、止め方によってもデザインの可能性が異なる。透明で連続したガラス面が表現できることが特徴である。

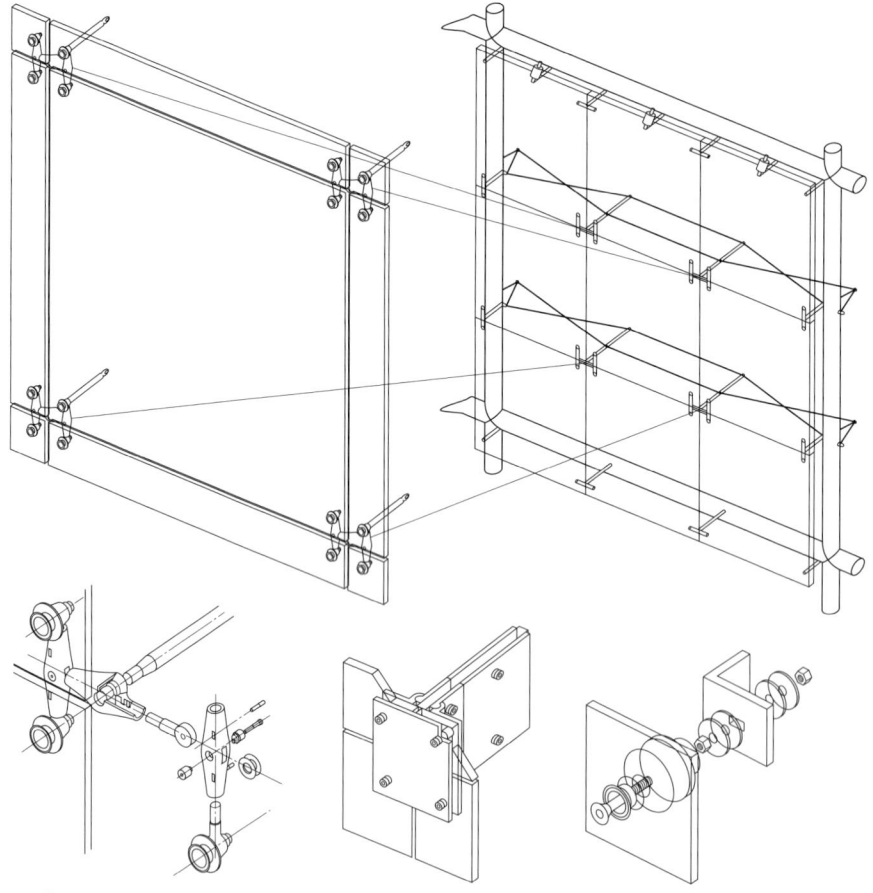

ラ・ヴィレットシステム　　　パッチフィッティングシステム　　　プレイナーフィッティングシステム

ガラススクリーンの各構法

ガラススクリーンとは、大板ガラスで床から天井までを構成したものの総称であるが、方立をガラスとすることで板ガラスのみで構成される面をつくることができる。1層のみで用いられる。

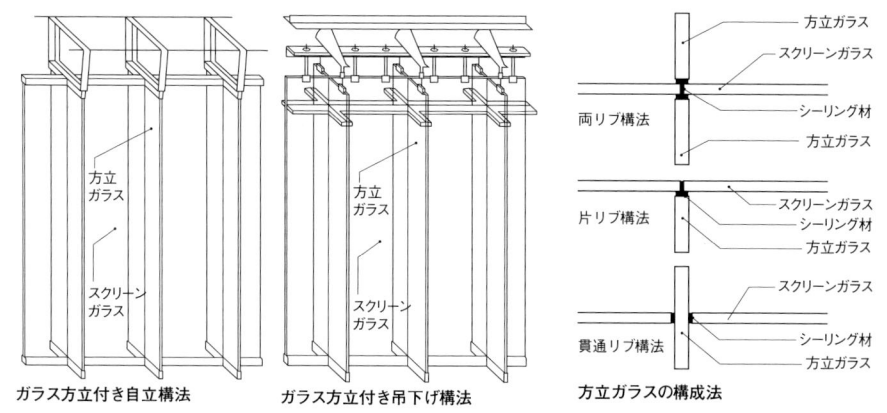

ガラス方立付き自立構法　　ガラス方立付き吊り下げ構法　　方立ガラスの構成法
（両リブ構法／片リブ構法／貫通リブ構法）

SSG構法のしくみ

メタルカーテンウォールの一種で、ガラス面をより強調した構法。構造シーラントによってガラスを内側の支持材に接着する方法であり、ガラスの外側の方立を省略できる。

ガラスブロックの構成

下図は、開口部に使用された一般的な納まりを示している。目地に鉄筋を配し、周辺部には緩衝材を入れる。

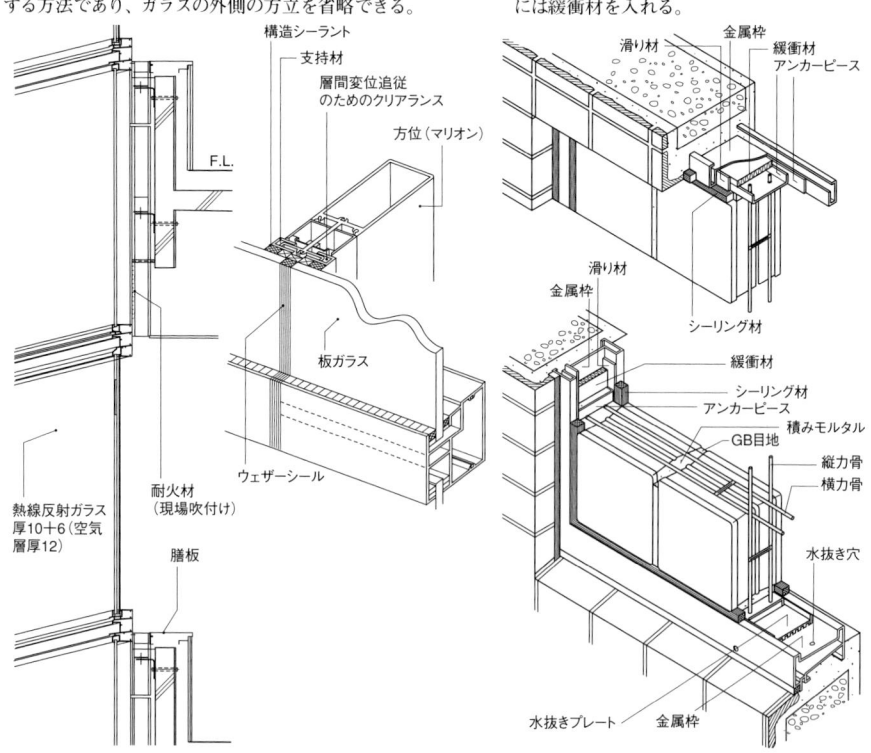

各部構法　壁

壁の内部仕上げ　*interior finish*

壁の内部仕上げには、外壁の屋内側の仕上げと、間仕切りの両面の仕上げがある。いずれにしろ、壁がどのような構法でできているかによって、下地の取付け方法と最終的な仕上げを考慮する必要がある。内部仕上げは部屋の機能やグレードによって異なるが、コンクリートの直仕上げ、ボード仕上げ、クロス仕上げなどがある。タイルや石の仕上げは外装ほど要求性能は高くないが、取付け方法は同じである。

内壁における構造体・下地・仕上げの組合せ

内壁には、構造体、下地、仕上げの組合せでさまざまな構法がある。表面仕上げのみに目がいきがちであるが、各室の状況を踏まえて適切な下地と構法を選択することが必要である。

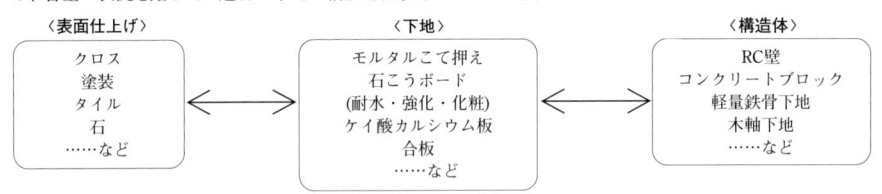

〈表面仕上げ〉
- クロス
- 塗装
- タイル
- 石
- ……など

⇔

〈下地〉
- モルタルこて押え
- 石こうボード
  (耐水・強化・化粧)
- ケイ酸カルシウム板
- 合板
- ……など

⇔

〈構造体〉
- RC壁
- コンクリートブロック
- 軽量鉄骨下地
- 木軸下地
- ……など

住宅の木製下地の仕上げ例

壁と床、壁と天井の納まりは、それぞれの下地と表面仕上げによってさまざまだが、内部空間のイメージを左右する部分である。

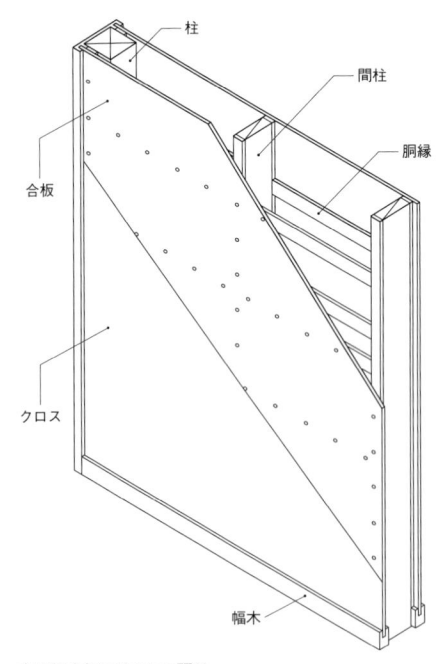

木胴縁合板下地クロス張り

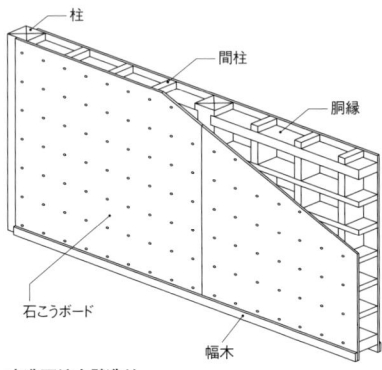

木造下地大壁造り

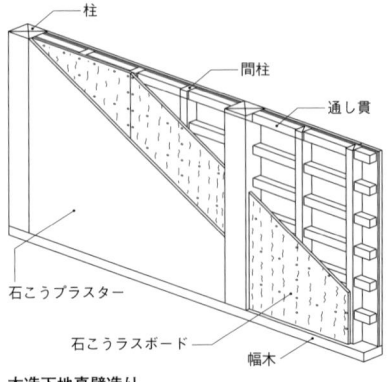

木造下地真壁造り

木造下地以外の内壁の仕上げ

木造下地以外では、金属製下地を用いるものや直貼り工法などがある。通常の室の表面仕上げには、コストの面で有利なクロスと塗装が多用されており、さまざまなメーカーから多種多様な商品が出されている。しかし近年、クロスや接着剤からのホルムアルデヒドの発生や、焼却時のダイオキシンの発生などが問題となっているので、それらに十分配慮して仕様を決定する必要がある。

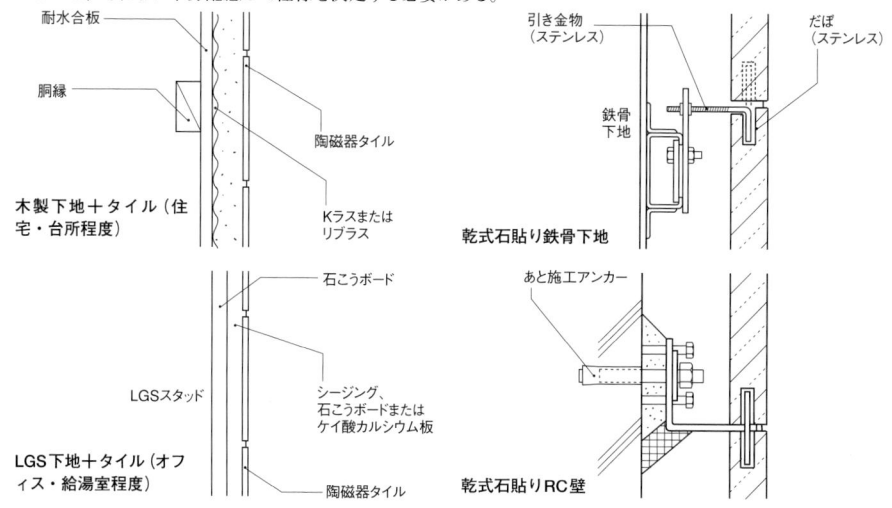

木製下地＋タイル（住宅・台所程度）: 耐水合板、胴縁、陶磁器タイル、Kラスまたはリブラス

LGS下地＋タイル（オフィス・給湯室程度）: 石こうボード、LGSスタッド、シージング石こうボードまたはケイ酸カルシウム板、陶磁器タイル

乾式石貼り鉄骨下地: 引き金物（ステンレス）、だぼ（ステンレス）、鉄骨下地

乾式石貼りRC壁: あと施工アンカー

内壁の下地・継目処理工法

接着剤の塗付けピッチ: 100〜150、300〜350、200〜250

直貼り工法：RC壁に石こうボード直貼り工法の施工は、上図の手順のとおりである。①壁面に接着剤を塗り付け、②石こうボードを建て込み、固定する。③接着剤は適度なピッチで塗り付ける。

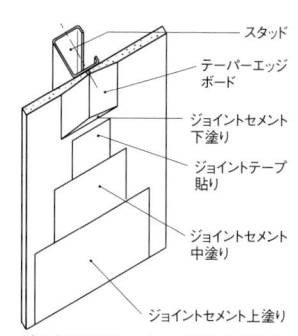

継目処理工法：ボード類を内壁仕上げとする場合は、ボードの継目が平滑になるよう処理する。

（スタッド、テーパーエッジボード、ジョイントセメント下塗り、ジョイントテープ貼り、ジョイントセメント中塗り、ジョイントセメント上塗り）

壁紙の種類と特徴

ビニル壁紙	現在主流となっている材料。プリント、エンボス、発泡などの加工技術を用い、木目や打放しコンクリート、スタッコなどを模した製品もある。施工性に優れるが、通気性がないという欠点もある。
織物壁紙	調湿性、吸音性をもち、風合いもよいが、現在ではほとんど使われない。
紙壁紙	ビニル壁紙が主流となってしまったため、紙製の壁紙を特に紙壁紙と呼ぶ。プリントやエンボス加工され、多くは表面に撥水加工が施される。
木質系壁紙	突板（木材を極薄く加工したもの）と裏打ち材を貼り合わせ、表面処理をしたもの。
無機質壁紙	水酸化アルミニウム、ひる石、金属などに裏打ちをしたもの。防火性が求められる箇所に用いられることが多い。

各部構法　壁

間仕切り *partition*

建築内部の空間を分割するためのもので、固定のもの、可動のもの、スクリーンなどがある。固定のものには、耐力壁を兼ねたものと非耐力壁のものがあり、非耐力壁の工法にはコンクリート壁などの湿式工法と、ALCなどを建て込む乾式工法がある。可動のものは可動間仕切りと呼ばれ、部屋の分割を変更することを前提とした工法で取り付けられている。スクリーンやローパーティションにはさまざまなものがある。

ALC間仕切りの施工方法

ALCは外壁にも使用可能な材料なため、単体で間仕切り壁として用いる。施工はチャンネルやL形のアングルなどを設置して建て込み、止め付ける。

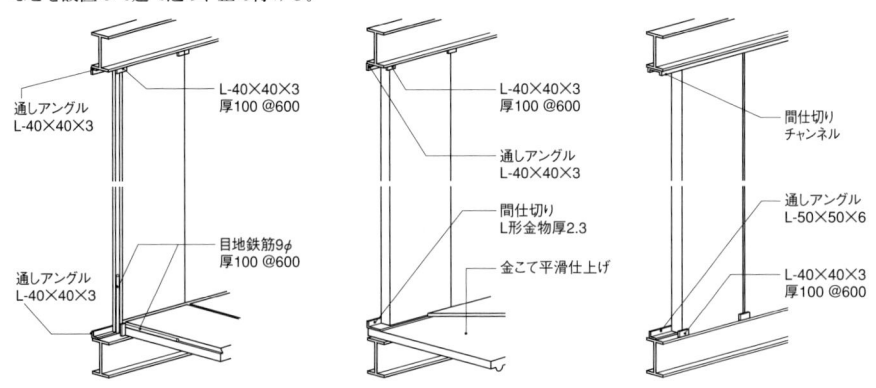

鋼製下地＋ボードの間仕切りの施工方法

鋼製の金物類を天井と床の間に下地として組み、その外側にボード類を取り付けて間仕切りとする工法。複数の材料によって構成されるため、現場作業量は多くなるが、現場でボードの位置などを調整しながら施工できるため普及している。

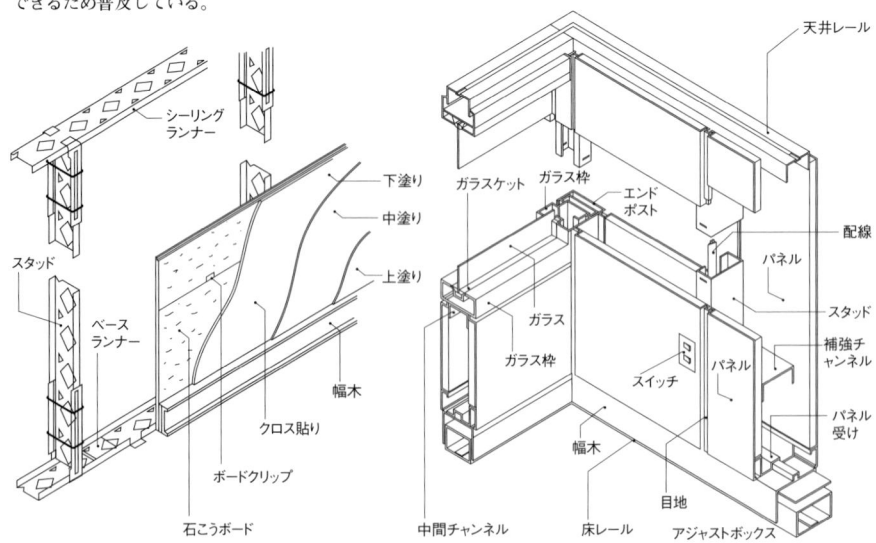

壁 各部構法

間仕切りの性能

法規上の防火区画が要求する耐火性能や、内装制限が要求する不燃仕上げ、ホテルの客室や病院などが要求する遮音性能など、計画上求められる性能に基づいて、材料や工法を選択することが必要となる。また、これらの性能は、天井まで施工するか上階のスラブまで施工するかによって、あるいはジョイント部分の納まりや内部充填物によっても大きく性能が変わってくる。

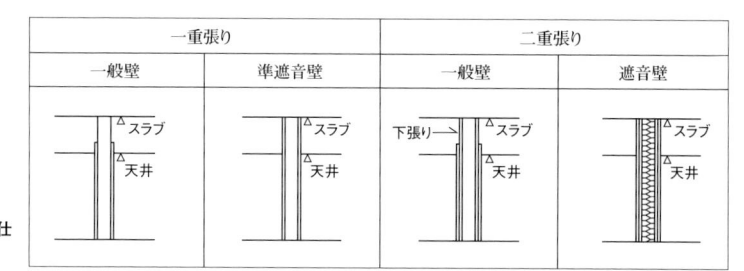

ボード類による間仕切りの施工方法

	一重張り		二重張り	
	一般壁	準遮音壁	一般壁	遮音壁

石こうボードビス留め工法（充填物なし）の性能

板厚(mm)	遮音等級	耐火・防火性能
21＋21	D-43	2時間
15＋15	D-38	1時間
12.5＋12.5	D-35	防火構造
12.5＋9.5	D-38	防火構造
12.5	D-28	―

可動間仕切りの構成

空間をある程度自由に仕切るために、可動間仕切りがある。可動間仕切りには、頻繁に動かすものと、ある程度の期間以上設置するものがある。下図は後者の例で、ドアや開口部なども組み合わせられる。高さが天井まで達しないものはローパーティションと呼ばれ、空間のモジュールとは関係なく、家具的に配置できるため、オフィスなどで多用されている。

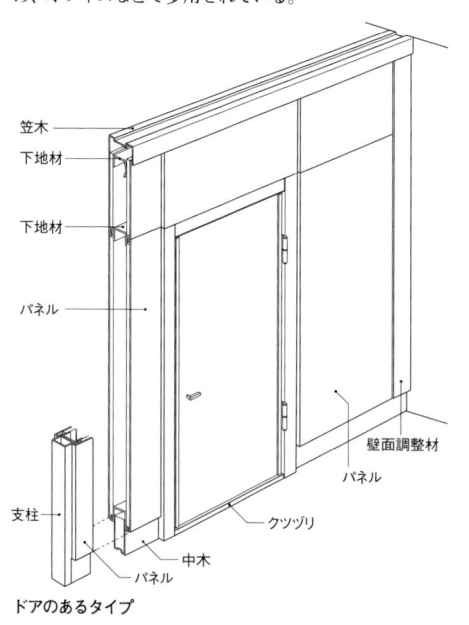

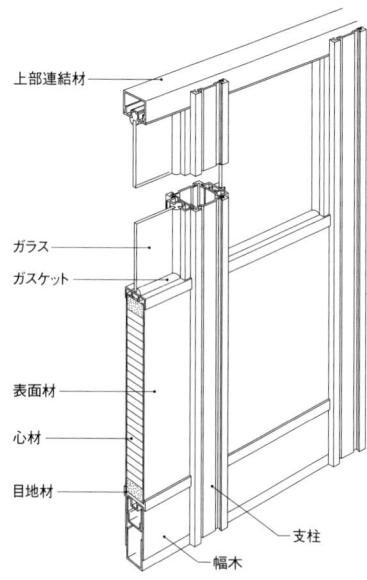

ドアのあるタイプ

ガラス開口部のあるタイプ

各部構法　壁

そのほかの乾式外壁　*the other cladding*

ALC以外の乾式外壁には、押出し成形セメント板、結晶化ガラス、金属系パネルなどがある。押出し成形セメント板は、セメントを主原料とするパネルで中空断面をもち、軽量・薄手で高い施工性を有する。結晶化ガラスは、ガラスを再加熱して加工した材料である。石や焼物のような表情を出すことができ、曲面パネルが標準で用意されてために広く普及した。また金属系パネルには、鋼板の上に焼付け塗装やほうろう仕上げを施したものなどがある。軽くて薄い金属の特性を生かして、オフィスビルの外装リニューアルなどにもよく利用される。

乾式外壁材の種類

乾式外壁材はその製造上の理由から、製造できる寸法の範囲が決まっている。また、強度上の理由によって2次加工（切欠き、穴あけなど）に対する条件もある。したがって、おのずとパネルの割付けにもその特徴が表れてくる。

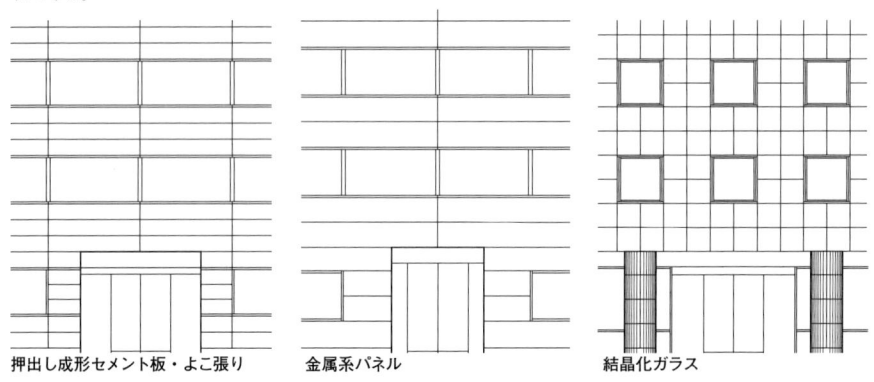

押出し成形セメント板・よこ張り　　金属系パネル　　結晶化ガラス

金属系パネルの構成

金属板だけでは形状の確保や、耐火、断熱、防露、遮音などの性能は期待できないので、ケイ酸カルシウム板などの裏打ち材を接着することが多い。断熱材を金属板で挟み込んだサンドイッチパネルや、長尺板の端部をリブ状に加工したアルミスパンドレルなどもよく利用される。

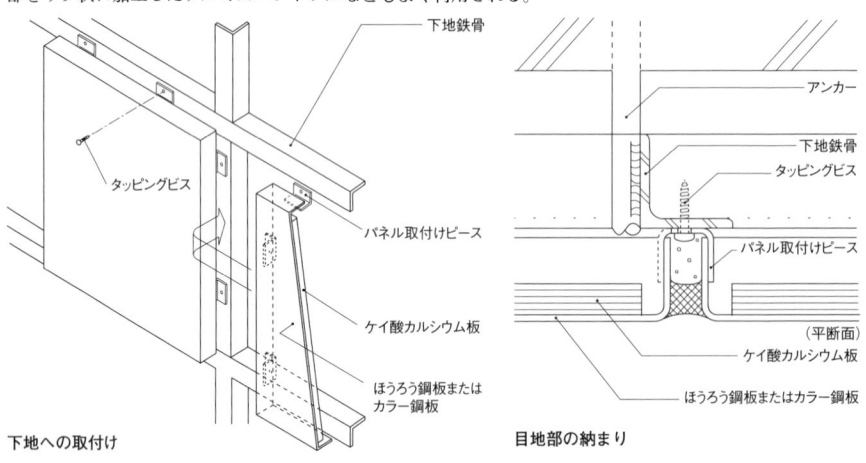

下地への取付け　　目地部の納まり

押出し成形セメント板の構成

フラットな仕上げのほかに、表面をエンボス加工やリブ加工したもの、また工場でタイルを接着したものなどがある。

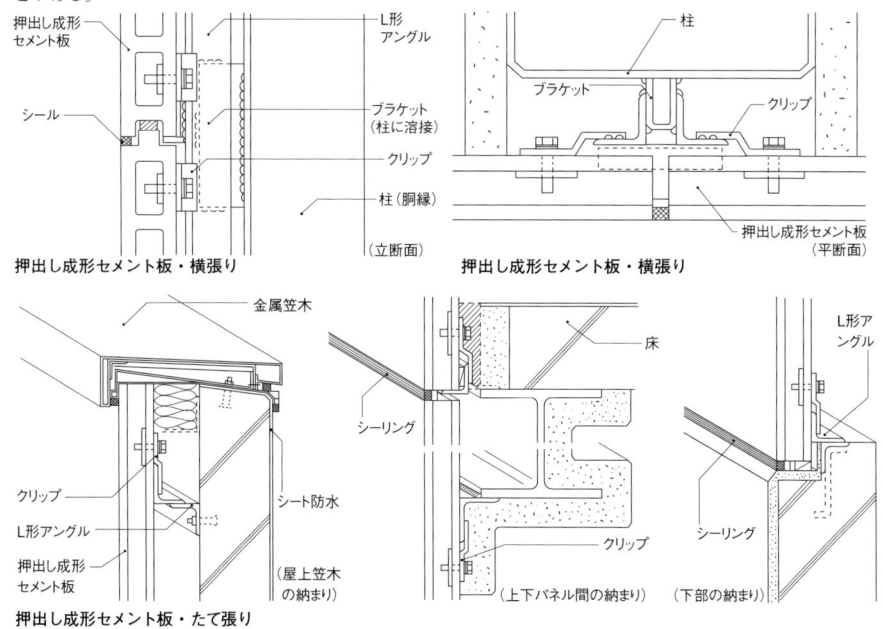

押出し成形セメント板・横張り（立断面）
・押出し成形セメント板
・シール
・L形アングル
・ブラケット（柱に溶接）
・クリップ
・柱（胴縁）

押出し成形セメント板・横張り（平断面）
・柱
・ブラケット
・クリップ
・押出し成形セメント板

押出し成形セメント板・たて張り
・金属笠木
・クリップ
・L形アングル
・押出し成形セメント板
・シート防水
・（屋上笠木の納まり）

（上下パネル間の納まり）
・床
・シーリング
・クリップ

（下部の納まり）
・L形アングル
・シーリング

結晶化ガラスの構成

単体では壁体を構成することはできないので、RCやALCパネルを下地とすることが多い。S造の場合、耐火構造とするためには、耐火ボードなど防火のための層が必要となる。

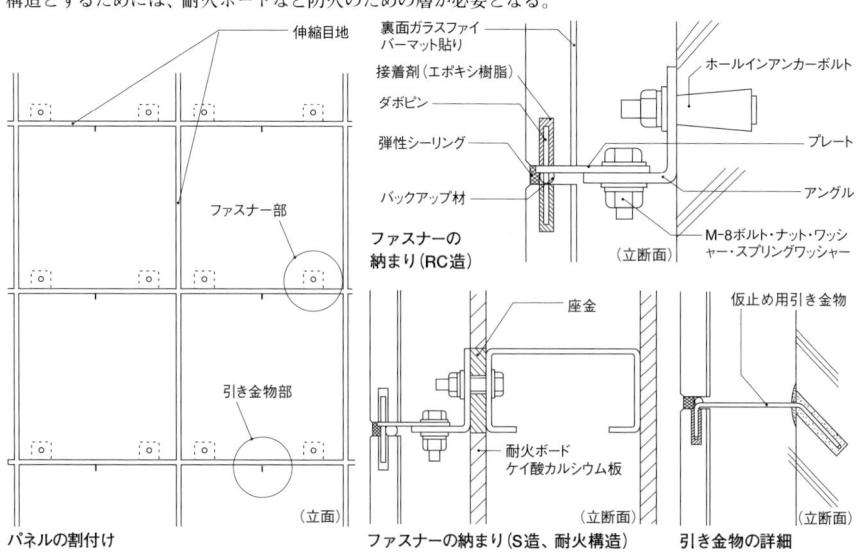

パネルの割付け（立面）
・伸縮目地
・ファスナー部
・引き金物部

ファスナーの納まり（RC造）
・裏面ガラスファイバーマット貼り
・接着剤（エポキシ樹脂）
・ダボピン
・弾性シーリング
・バックアップ材

（立断面）
・ホールインアンカーボルト
・プレート
・アングル
・M-8ボルト・ナット・ワッシャー・スプリングワッシャー

ファスナーの納まり（S造、耐火構造）（立断面）
・座金
・耐火ボード ケイ酸カルシウム板

引き金物の詳細（立断面）
・仮止め用引き金物

各部構法　床

床のしくみ　*floor system*

床はその上に常時人が乗り、歩行し、接触する部分であるため、要求される条件はほかの内装に比べて最も厳しい。快適な歩行感と安全性の確保はもちろん、高い耐久性（特に耐磨耗性）を有する必要があり、意匠的にも重要な部位である。その施工法を大別すると、「張る」「貼る」「敷く」「塗る」の4つになる。「張る」は根太などに直接張り渡して材料自身が曲げに耐えるもの、「貼る」「敷く」は平滑な下地の上に接着または置かれるもの（ただし「張る」を「貼る」の意味で用いることも少なくない）、「塗る」は同じく平坦な下地に湿式で塗り上げられるもので、それぞれに長所と短所があり、目的に応じた床仕上げ構法の選択が重要である。

代表的な床の下地

床は下地と仕上げからなる。下地は一般に構造体の一部であり、下図に示すように主体構法に依存するが、仕上げ材を施工しやすくするために表面を均したり、合板などの捨張りを施したりすることもある。また、転ばし根太による下地組や浮き床、置き床のように、構造床と仕上げの間に独自の床下地を構成する場合もあり、その場合は下地空間を配線・配管などに利用することが考えられる。

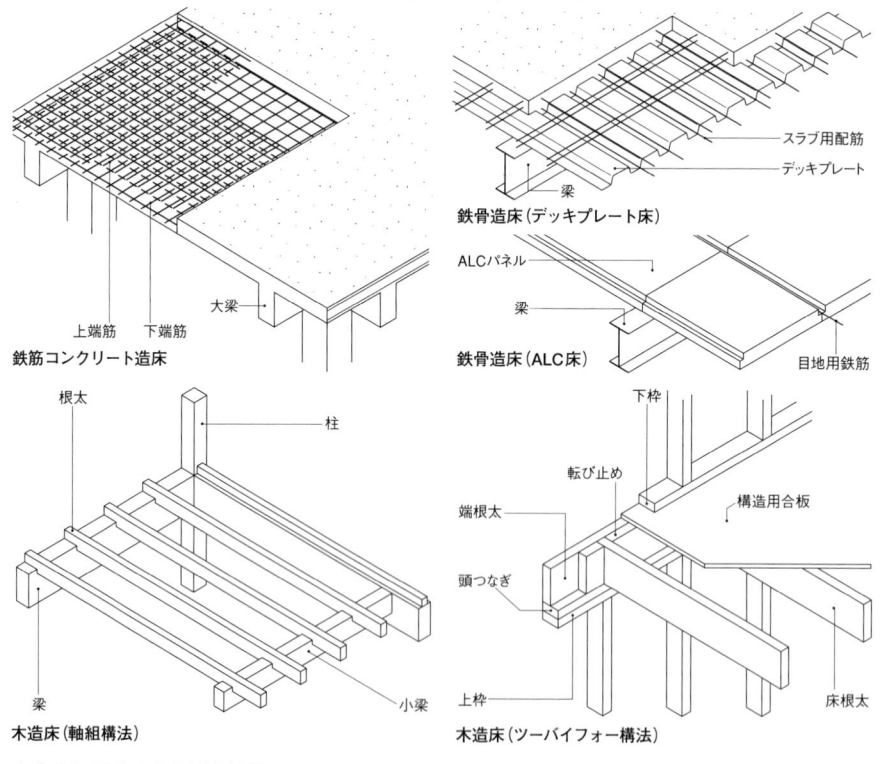

鉄筋コンクリート造床（上端筋／下端筋／大梁）

鉄骨造床（デッキプレート床）（スラブ用配筋／デッキプレート／梁）

鉄骨造床（ALC床）（ALCパネル／梁／目地用鉄筋）

木造床（軸組構法）（根太／柱／梁／小梁）

木造床（ツーバイフォー構法）（下枠／転び止め／構造用合板／端根太／頭つなぎ／上枠／床根太）

室内床に対する主な要求性能

- ○強度／剛性
- ○歩行安全性
- ○歩行／接地快適性
- ○耐磨耗性
- ○耐汚染性／清掃性
- ○遮音性／吸音性
- ○断熱性／耐熱性
- ○防火／耐火性
- ○防水／耐水性
- ○耐候性
- ○補修・更新の容易性
- ○設備の組込みの容易性
- ○高齢者／身障者対応性
- ○そのほか（帯電防止性、耐薬品性など）

床　各部構法

代表的な室内床の仕上げ

室内床の構法には、下地と仕上げの組合せによってさまざまなものがある。その代表的なものを整理すると以下のようになる。

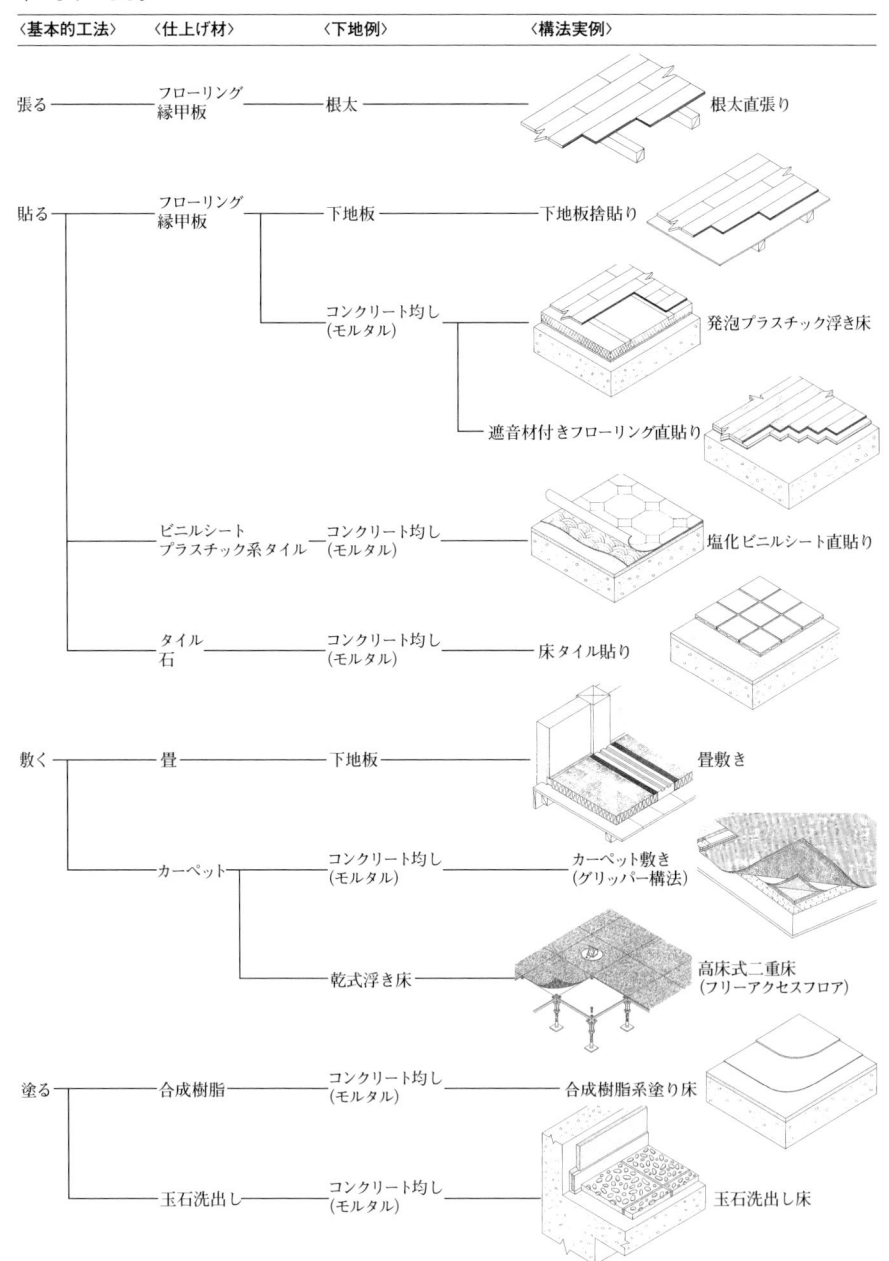

〈基本的工法〉　〈仕上げ材〉　〈下地例〉　〈構法実例〉

- 張る ── フローリング・縁甲板 ── 根太 ── 根太直張り

- 貼る ┬ フローリング・縁甲板 ┬ 下地板 ── 下地板捨貼り
  │　　　　　　　　　　　　└ コンクリート均し（モルタル）┬ 発泡プラスチック浮き床
  │　　　　　　　　　　　　　　　　　　　　　　　　　　　└ 遮音材付きフローリング直貼り
  ├ ビニルシート・プラスチック系タイル ── コンクリート均し（モルタル）── 塩化ビニルシート直貼り
  └ タイル・石 ── コンクリート均し（モルタル）── 床タイル貼り

- 敷く ┬ 畳 ── 下地板 ── 畳敷き
  └ カーペット ┬ コンクリート均し（モルタル）── カーペット敷き（グリッパー構法）
  　　　　　　　└ 乾式浮き床 ── 高床式二重床（フリーアクセスフロア）

- 塗る ┬ 合成樹脂 ── コンクリート均し（モルタル）── 合成樹脂系塗り床
  └ 玉石洗出し ── コンクリート均し（モルタル）── 玉石洗出し床

153

各部構法　床

畳 *tatami*

畳は平安時代の昔より用いられてきた、わが国独自の床仕上げ材料である。その語源は「たたむ」で、もとは折ったり重ねたりできる敷物全般を意味していたのが、やがて厚物のことを特にさすようになった。その用い方もはじめは板敷きの一部に置かれたが、書院造りの発展とともに部屋全体に敷き詰められるようになった。伝統的には、わらを縦横に数段重ねて糸締めした畳床（たたみどこ）に、藺草（いぐさ）と縫糸で畳表（たたみおもて）を張ってつくる。その大きさは、京間が長辺6尺3寸(1,909mm)、短辺3尺1寸5分(954mm)と一定なのに対し、江戸間は部屋の外寸法から柱幅を差し引いたものを分割するため一定ではない。

畳敷き仕上げ

畳は元来、荒床と呼ばれる削り加工を施していない板を張った床下地の上に敷かれた。現在は、荒床の多くは下地合板に取って代わり、またコンクリートスラブの場合には、発泡プラスチックなどの床下地が用いられることも多い。いずれの場合も、畳は部屋全体に敷き詰められるため、端部の見切りが重要となる。壁との取合いには畳寄せが用いられ、建具では敷居が見切りとなる。床の間の場合は、床框（とこがまち）や床自身で見切ることになる。

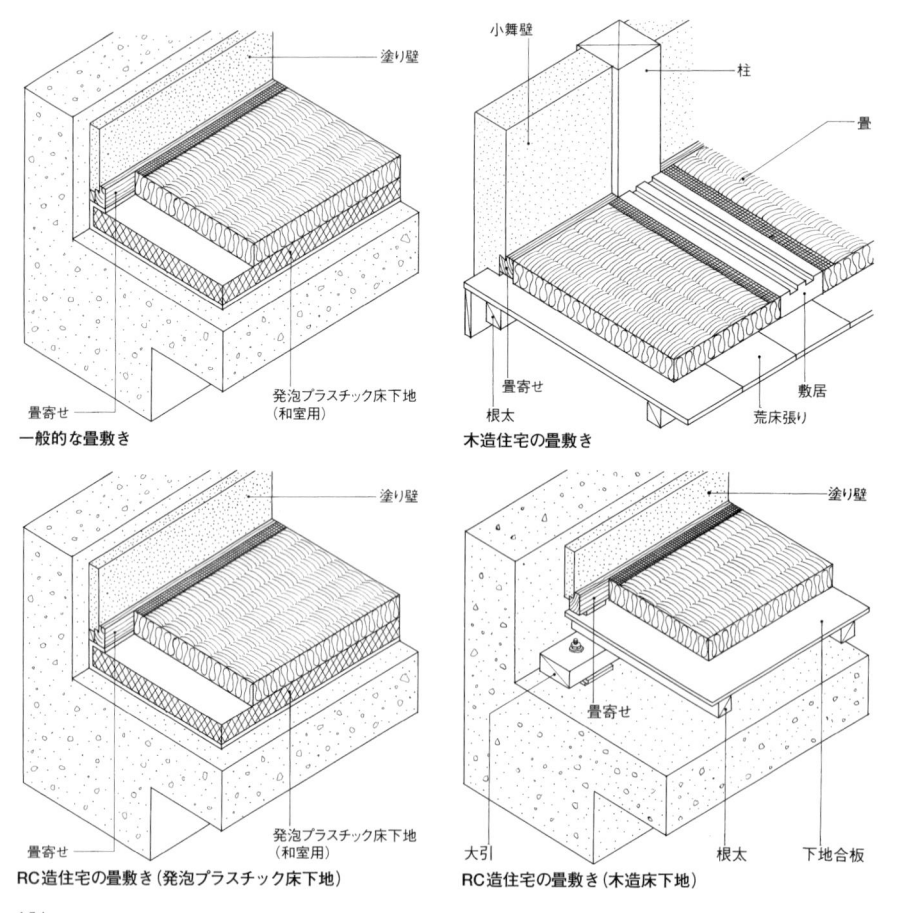

一般的な畳敷き

木造住宅の畳敷き

RC造住宅の畳敷き（発泡プラスチック床下地）

RC造住宅の畳敷き（木造床下地）

畳の構成

畳は、畳床に畳表を被せ、畳縁（たたみへり）で縫い合わせたものである。畳床は、天然のわらによる稲わら畳床と、合成樹脂などを用いた化学畳床に大別される。伝統的には稲わら畳床を手縫いでつくっていたが、今日ではその大部分は機械製であり、（わらを編んだ）裏こもの上にわらを長手、短手、長手、短手、長手と交互に敷き重ね、これらを糸締めしてつくられる。化学畳床の場合には、わらの代わりにスタイロフォームなどが用いられ、こもも化学繊維で編まれることが多く、稲わらのものに比べて湿気に強いという利点をもつ。畳表は、藺草やビニルなどを緯糸に、麻糸や化繊糸などを経糸として織ったもので、畳を新しくする場合にはこれを貼り替えればよい。畳縁は絹、麻、木綿、化繊などさまざまな材料のものがあり、柄も多様である。

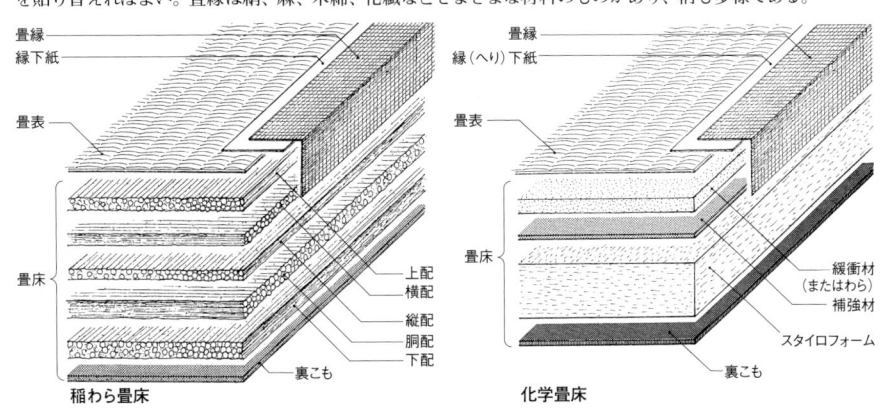

畳の敷き方

畳の敷き方は、四つ目（4枚の畳の角が1カ所に交わること）を避けることが基本になる。これは逃げがきかないため、正確に角を合わせることが難しく、転じて縁起が悪いとされるからである。ただし、床前の幅付き（床と畳の長手方向を合わせること）や広間などの場合にはこの敷き方が用いられ、四つ井敷きと呼ばれる。住宅の場合には一般に回し敷きを用いるが、乱敷きと呼ばれる特殊な方法もある。

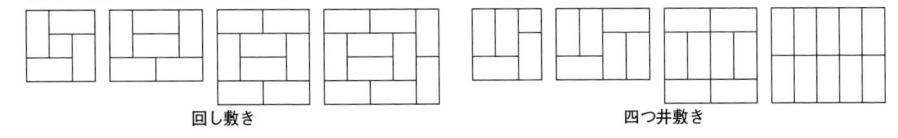

畳の寸法

畳の寸法は伝統的に、関東（東日本）と関西（西日本）とで異なる。関西では、間取りに関係なく畳の寸法は長辺が6尺3寸（1,909mm）、短辺が3尺1寸5分（954mm）と一定で、この畳自身あるいはこれを用いた間取りを京間と呼ぶ。関東では、躯体の柱間寸法が1間＝6尺（1,818mm）と一定で、部屋の幅から柱幅を差し引いた残りを畳で分割するため、畳自身の寸法は部屋の広さによって一定ではなく、これを江戸間と呼ぶ。今日では非木造の集合住宅や工業化住宅なども多く、設計寸法が多様化しているため、畳が必ずしもこれらの寸法でつくられているとは限らない。

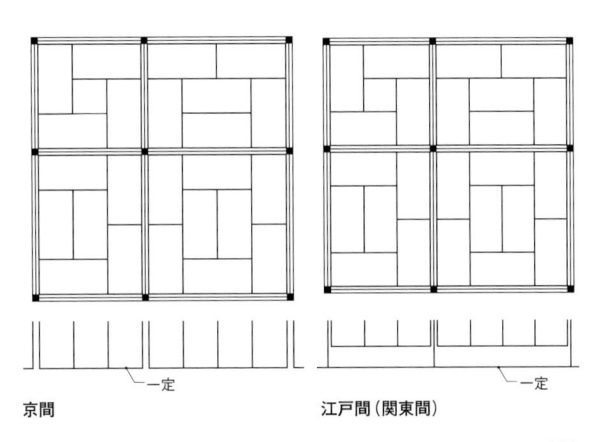

各部構造　床

板・フローリング *wood flooring*

板や木質材料を主材とした床板を、一般的にフローリングという。フローリングは材の構成により、無垢材でつくられる単層フローリングと、合板などを基材として表面に突板を接着・積層してつくられる複合フローリングに分けられる。単層フローリングは使い方によってフローリングボード、フローリングブロック、モザイクパーケットなどに、複合フローリングも根太張り用、直貼り用に分類される。最近ではマンションを中心に、床衝撃音対策として裏にクッション材などを貼り合わせた複合フローリングが多く用いられるようになっている。

複合フローリング貼り仕上げ

複合フローリングは、合板などの表面に天然木の突板を貼り合わせてできた床仕上げ材の総称で、現在ではフローリングの主流となっている。材の構成のみを無垢から複層に代替した小幅のものより、これらを一定枚数並べてワンピースとした大型のもののほうが施工性が高く、一般的である。ただし、隣り合う材の継目がそろってしまうため、乱尺調に化粧目地を入れたり、1枚のパネルを稲妻形にするなどの工夫が凝らされている。床衝撃音対策用の防音フローリングでは、裏にクッション材などを貼り合わせている。

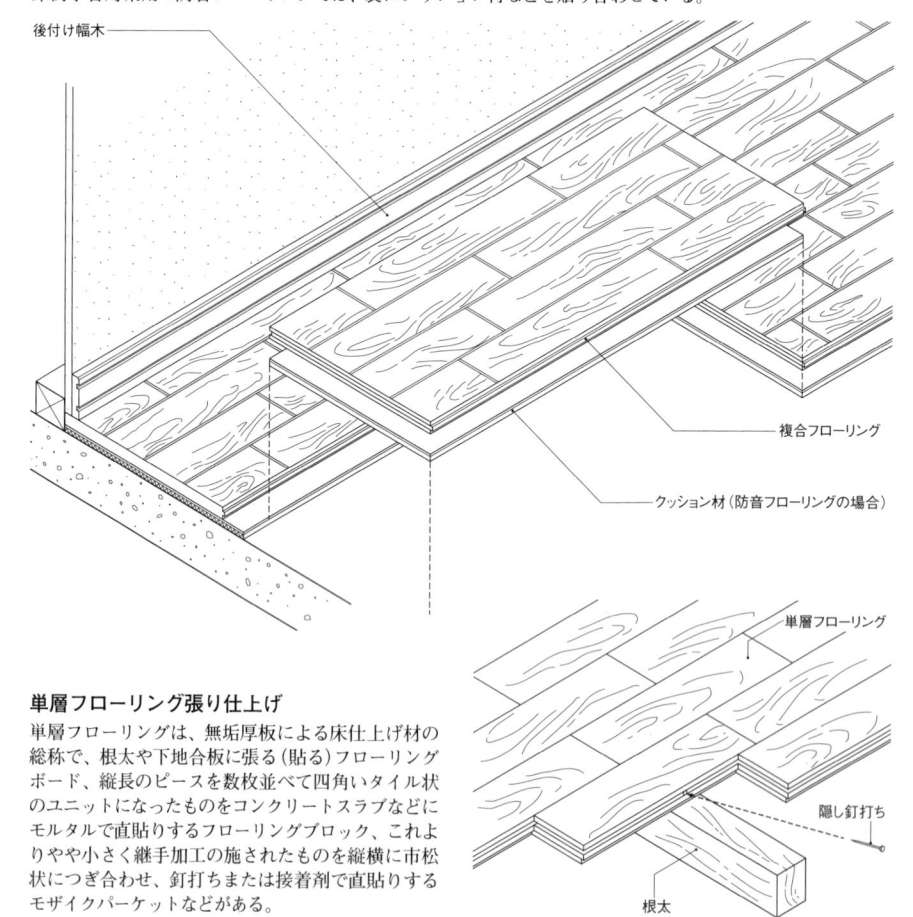

単層フローリング張り仕上げ

単層フローリングは、無垢厚板による床仕上げ材の総称で、根太や下地合板に張る（貼る）フローリングボード、縦長のピースを数枚並べて四角いタイル状のユニットになったものをコンクリートスラブなどにモルタルで直貼りするフローリングブロック、これよりやや小さく継手加工の施されたものを縦横に市松状につぎ合わせ、釘打ちまたは接着剤で直貼りするモザイクパーケットなどがある。

床　各部構法

板の種類
板を原木から取る際、中心を通る線で挽いた場合に得られるものを柾目（まさめ）、それ以外のものを板目と呼ぶ。柾目では年輪による模様は平行にそろうが、板目ではそろわないのが特徴である。

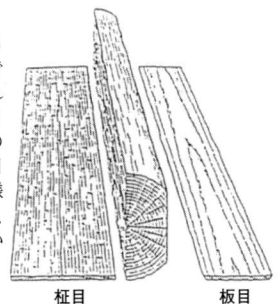

柾目　板目

板のはぎ方
隣り合う板をつなぐ方法をはぎ方という。一般に突付け、相じゃくり、実はぎ、雇い実はぎ、敷目板、目地切りなどがあるが、フローリングの場合、実はぎ（本実はぎ）が最も一般的である。

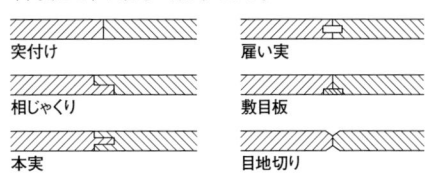

突付け　雇い実
相じゃくり　敷目板
本実　目地切り

さまざまなフローリングの施工

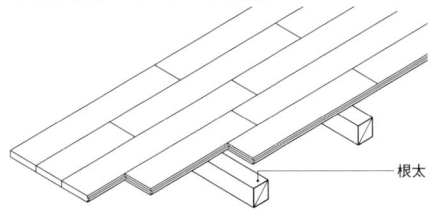

根太直張り：根太に直接釘打ちする方法。

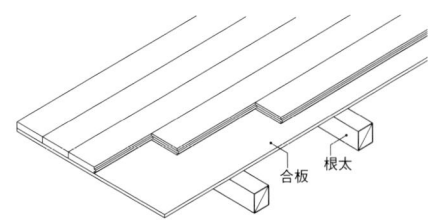

合板下地貼り：捨貼り合板やツーバイフォー構法の床合板などの上に釘打ちする方法。

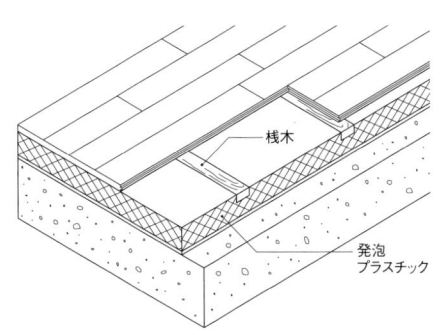

発泡プラスチック下地貼り：スラブ上に発泡プラスチック床下地を敷き詰め（モルタルで接着）、それに埋め込まれた桟木に釘打ちする方法。

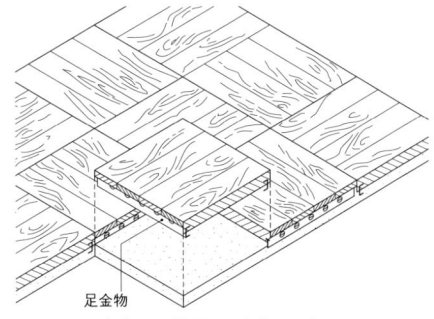

フローリングブロック貼り：足金物とともにユニットとしたものを、モルタルでスラブに接触させながら市松状に敷き詰めていく方法。

防音フローリングの床仕上げ
ダニが発生しにくく、掃除がしやすいことなどから、RC造の集合住宅でもフローリングを用いることが一般的となっているが、一方で床衝撃音が問題になりやすく、そのため現在は、フローリングとクッション材などを複合して、防音性を高めた商品が数多く供給されている。

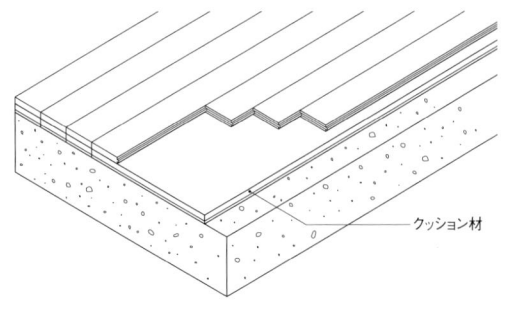

各部構法 床

石・タイル・れんが *stone, tile, brick*

石やタイルは硬く冷たい材料で、住宅の居室の床には向かないが、耐磨耗性が高く、意匠性にも優れるため、下足床に多く用いられる。特にタイルは耐水性や耐汚染性が高く、メンテナンスも容易なため、住宅でも浴室やトイレの床、玄関のたたきやポーチなどに多用される。石もこれに準じた形で用いられ、外部舗装についてはれんがもしばしば用いられる。ただし、いずれも引張強度や衝撃強度が小さいため、伸縮やたわみなどの大きな床には向かない。また、水や油がかかると滑りやすく危険なため、特に石や大きめのタイルについては配慮する必要がある。

挽石貼り仕上げ

床への石貼りは通常、硬練りモルタルまたは防水モルタルで下地を十分に均した上に、敷きモルタルを敷いて石を伏せ、叩いてなじませる。目地はセメントペーストを注ぐか、養生後に目地モルタルで化粧仕上げとする。石の表面仕上げは、バーナーやびしゃん叩きなど、ノンスリップ効果の出るものが望ましい。

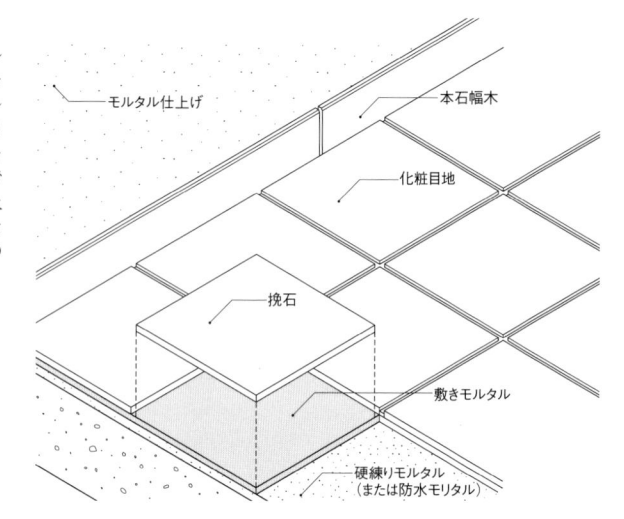

モザイクタイル貼り仕上げ

モザイクタイルは、小型（1枚50cm²以下）のタイルを並べたものをクラフト紙などに貼ってユニット化したもので、300mm角程度の大きさとするため施工性が高い。1つ1つのタイルが小さいため、水勾配をとる際などの複雑な施工にもなじみやすく、また目地が多いため、床に用いる場合にはノンスリップ効果が高い。スラブを均した上に貼付けモルタルを塗り、これにタイルユニットを伏せ、叩いて貼り付ける。

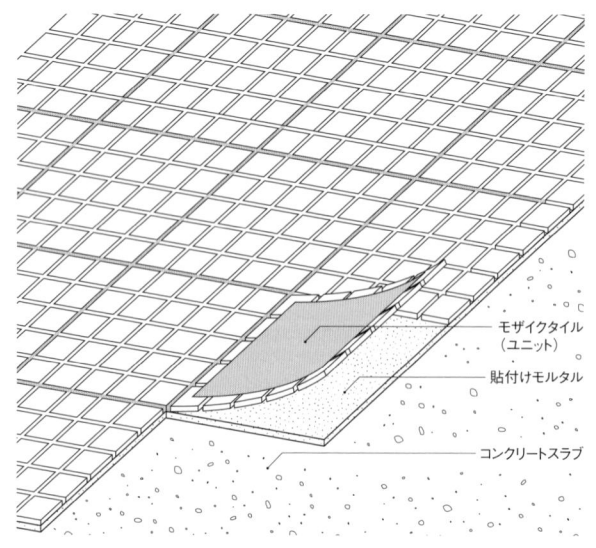

床　各部構法

そのほかの仕上げ

割石貼り：意匠上重んじられる床、または過酷な条件で使用される床などにおいて用いられる床仕上げ。敷きモルタルの上に割石をセットし、目地から注ぎとろモルタルを流し込んで空隙部分に充填する。最後は化粧目地モルタルで目地を押さえて仕上げる。

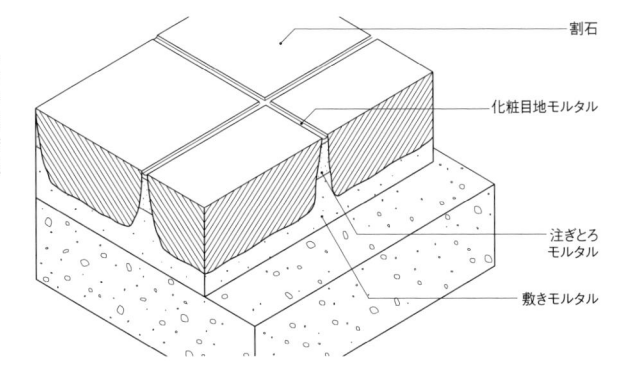

床タイル貼り：モザイクタイルより大きなタイルの場合に用いる方法で、1枚1枚別々に貼っていくもの。下地を均したあと、貼付けモルタルを用いてタイルを敷き並べる。最後は化粧目地モルタルで目地を押さえて仕上げる。

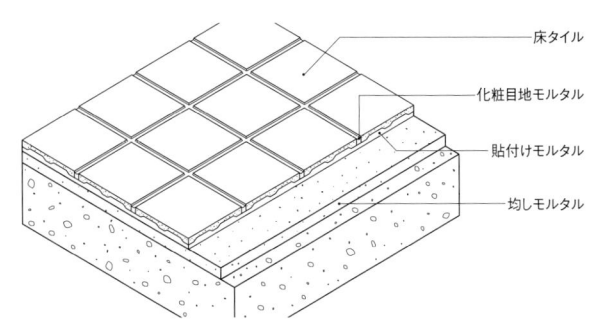

れんが貼り：主に外部や下足床に用いられる床仕上げで、古風なデザインが要求されたり、高度の耐熱性が要求される場合に用いられる。通常は小端立て貼りだが、平貼りの場合もある。硬練りの敷きモルタルの上にれんがを敷き並べ、目地をとろモルタルで充填した後、化粧目地仕上げとする。

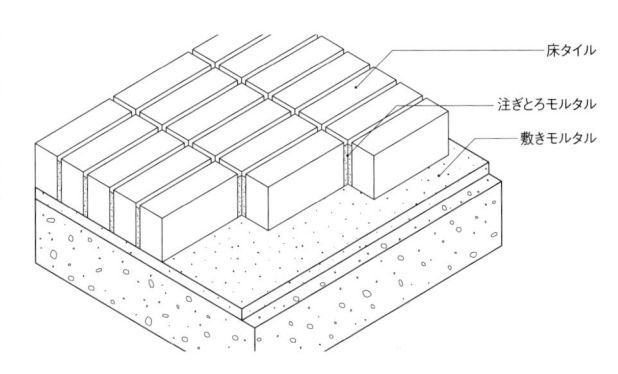

目地割り（割付け）

石やタイル、れんがなどを敷き並べるのにはいくつもの方法があるが、長方形（正方形）のみを用いて縦横に組み合わせていく主なものを示すと下図のようになる。

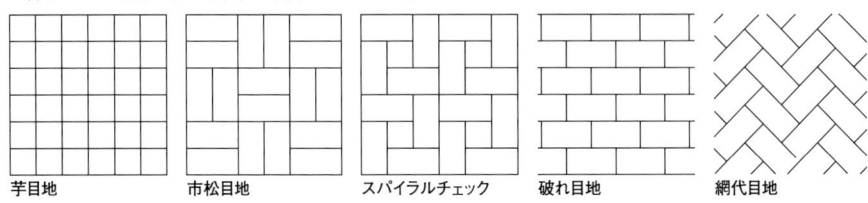

芋目地　　市松目地　　スパイラルチェック　　破れ目地　　網代目地

各部構法　床

カーペット *carpet*

カーペットは、基布に羊毛、綿毛、麻、絹、合成繊維などのパイル（毛房）を織り込んだり、接着などをして定着させた繊維系敷物の総称で、パイルの形状や定着方法によってさまざまな種類がある。ただしパイルを用いず、フェルト状の繊維をニードルで突き立てて基布に絡ませるニードルパンチなどもこれに含まれる。柔らかな感触で歩行性や安全性、保温性、吸音性に優れ、装飾性も高いことから広く用いられるが、一方、汚染性や防火性、耐薬品性などがほかの床材に比べるとやや劣り、静電気の発生などにも注意する必要がある。

カーペット敷き（グリッパー構法）仕上げ
グリッパー構法では、部屋の四周にまわしたグリッパーにカーペットを引っ掛け、伸展機で引っ張りながら敷き詰めていく。端部は巻き込むか、あるいは金物などで押さえて見切る。

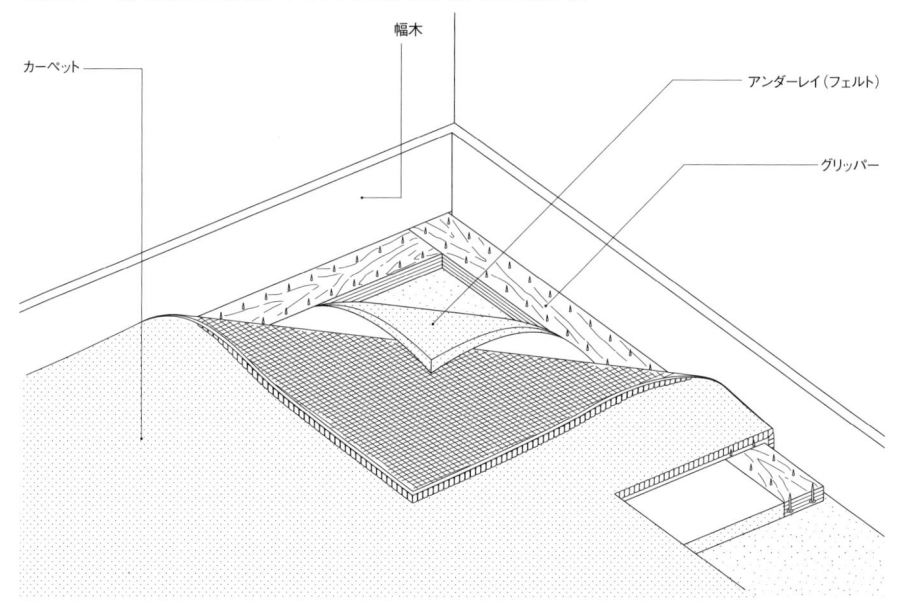

タイルカーペット敷き仕上げ
500×500mmなどのタイル状に加工されたカーペットを、ノンスリップ剤を塗って滑り止め処理をした下地に敷き詰めていく。施工性がよく、汚れに対する局所的な敷替えやOA床配線時などの一時的取外し、オフィスレイアウトの変更などへの対応性がよいため、一般事務室をはじめとする重歩行床に多く用いられている。

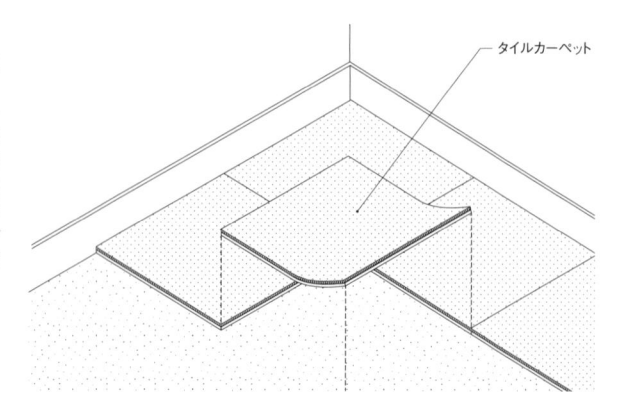

床　各部構法

カーペットの種類

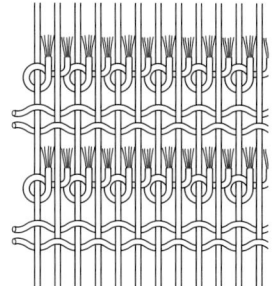

手織緞通（だんつう）：パイル糸を手で縦糸に絡めては切る作業を繰り返し、1段終わるごとに横糸および綾糸を絡めて織り進めていく方法。ペルシアじゅうたんや中国緞通のように、今日では美術工芸品的な色合いが強い。

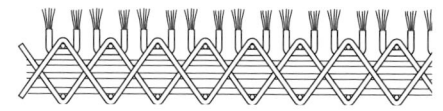

タフテットカーペット：機械刺繍の代表的な製法で、基布の裏からミシン針でパイル糸を刺繍して植え付ける方法。基布の裏に出たパイルをラテックス加工して固定したうえ、上質のものは裏布を貼り付けて補強する。製法が簡単なため量産に適し、今日のカーペットの大部分を占める。

ループカーペット：タフテットカーペットの一種だが、パイル糸の毛房（タフト）がカットでなく、連続したループ形状のものを特にいう。

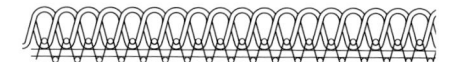

ウィルトンカーペット：機械織りの代表的製法で、覆糸とその上下の横糸を経糸（締糸）で織りながら、同時にカットパイルも織り込んでいく方法。イギリス・ウィルトン市で18世紀末から始められた。

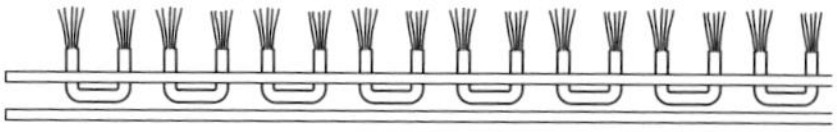

ニットカーペット：パイル糸を編みながらループを順次形成していく製法。織物や刺繍でなく、編物であるところに特徴があるが、今日ではほとんどつくられていない。

カーペットの端部の納まり

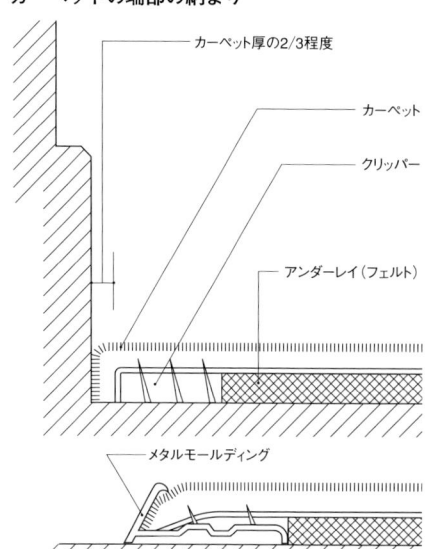

グリッパー構法：壁とグリッパーとの間隔は、カーペット厚の2/3程度とし、グリッパーから上向きに出ているピンにカーペットを引っ掛けて巻き込み、端部をその溝に差し込んで固定する。床の途中で見切る場合には、メタルモールディングなどを用いる。

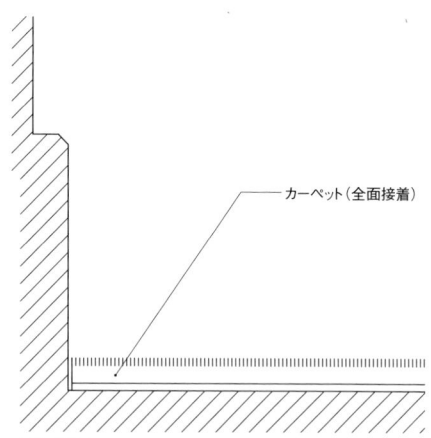

直貼り構法：コンクリート床などにカーペットを接着剤で全面接着して固定するもので、端部は突付けとするのが一般的である。

各部構法　床

OAフロア・床配線 *OA floor, floor wiring*

床とスラブの間を利用して、配線・配管などの点検・交換や変更などのフレキシビリティを高めるための二重床のシステムを、一般的にOA（office automation）フロアという。ただし、電算機室の床のように十分な床下空間を確保し、大量かつ自由な配線を実現したものは、特にフリーアクセスフロアと呼ばれ、免震機構と組み合わせて用いることもある。近年、OA化が急速に進むとともに、一般のオフィス床にも広く採用され、低床式のものが主流となっている。その多くは、正方形のフロアパネルの四隅を支柱で所定高さに保持する機構からなる。これらのほかにも床配線には、スラブに埋め込む各種の方式がある。

高床式二重床の構成（フリーアクセスフロア）
支持脚によって床板をもち上げることにより、床下に空間をつくって、配線スペースとする方式。自由な配線ができるが、十分な階高が必要となる。

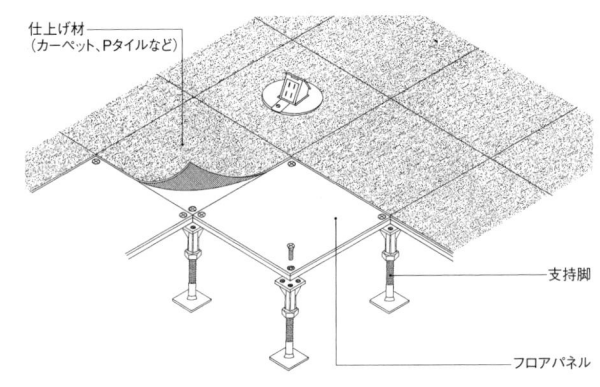

仕上げ材（カーペット、Pタイルなど）
支持脚
フロアパネル

低床式二重床の構成（OAフロア）
フリーアクセスフロアと比較して安価だが、床下空間が小さく、配線スペースは限られている。ある程度の配線の自由度しか確保できないが、階高が低い場合には有利である。

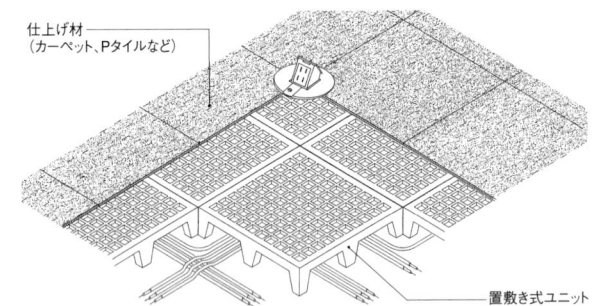

仕上げ材（カーペット、Pタイルなど）
置敷き式ユニット

免震床の構成
水平2方向に動くことが可能な支持材の上にフリーアクセスフロアを載せ、建物の揺れを吸収する免震機構としたもの。コンピューターなどの重要度の高い設備設置部分に採用することが多い。

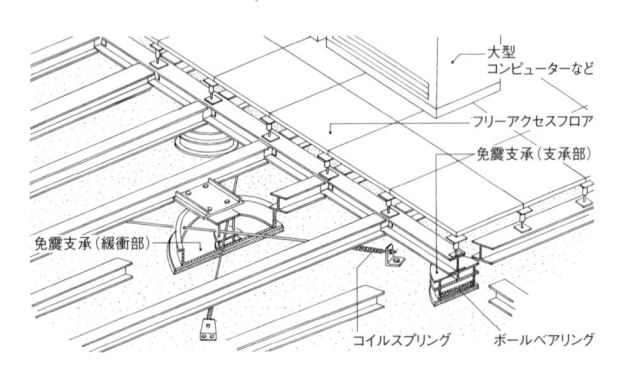

大型コンピューターなど
フリーアクセスフロア
免震支承（支承部）
免震支承（緩衝部）
コイルスプリング
ボールベアリング

床　各部構法

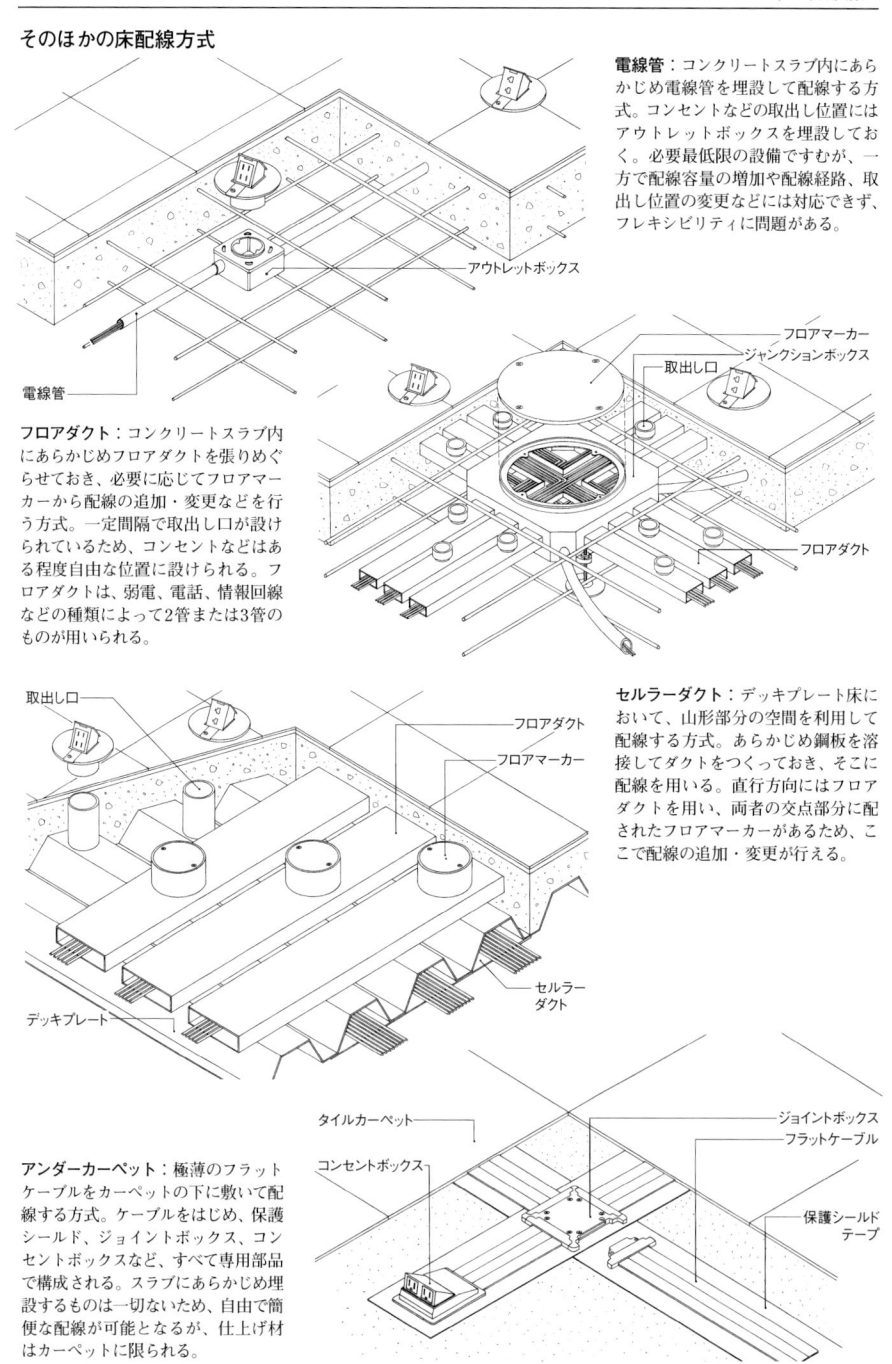

そのほかの床配線方式

電線管：コンクリートスラブ内にあらかじめ電線管を埋設して配線する方式。コンセントなどの取出し位置にはアウトレットボックスを埋設しておく。必要最低限の設備ですむが、一方で配線容量の増加や配線経路、取出し位置の変更などには対応できず、フレキシビリティに問題がある。

フロアダクト：コンクリートスラブ内にあらかじめフロアダクトを張りめぐらせておき、必要に応じてフロアマーカーから配線の追加・変更などを行う方式。一定間隔で取出し口が設けられているため、コンセントなどはある程度自由な位置に設けられる。フロアダクトは、弱電、電話、情報回線などの種類によって2管または3管のものが用いられる。

セルラーダクト：デッキプレート床において、山形部分の空間を利用して配線する方式。あらかじめ鋼板を溶接してダクトをつくっておき、そこに配線を用いる。直行方向にはフロアダクトを用い、両者の交点部分に配されたフロアマーカーがあるため、ここで配線の追加・変更が行える。

アンダーカーペット：極薄のフラットケーブルをカーペットの下に敷いて配線する方式。ケーブルをはじめ、保護シールド、ジョイントボックス、コンセントボックスなど、すべて専用部品で構成される。スラブにあらかじめ埋設するものは一切ないため、自由で簡便な配線が可能となるが、仕上げ材はカーペットに限られる。

各部構法　床

合成樹脂系・そのほかの床仕上げ *synthetic resin and the other finishes*

ビニル系やゴム系などの合成樹脂を用いた床仕上げには、タイルまたはシート状の乾式床と塗り床がある。タイルやシートは耐摩耗性や施工性、経済性などに優れるため、オフィスで広く用いられてきたが、近年デザインが多様になり、店舗などでも盛んに用いられるようになった。また、耐水や耐薬品、帯電防止、放射線防護、蛍光誘導などさまざまな機能を付加させることで、特殊用途の床としても優れた機能を発揮する。塗り床の場合はこれらに加え、継目なく複雑な形状に対応することができる。そのほか塗り床には、セメントモルタルや玉石洗出しなど左官系のものもある。

合成樹脂系床シート貼り仕上げ

耐摩耗性、耐薬品性、防水性などに比較的優れており、意匠も豊富であるため、商業施設、病院、学校などのほか、住宅の床にも用いられる。塩化ビニル樹脂を基本材料としたものが主流を占める。ビニル系には、ビニル層単体のものと、裏打ち材の上にビニル層を積層したものがあり、積層のものは裏打ち材の種類、ビニル層の発泡の有無、透明コーティング層の有無などで種類分けされる。それ以外にはリノリウム系のものやゴム系のものなどがある。いずれも下地を均した後、接着剤で貼り付ける。

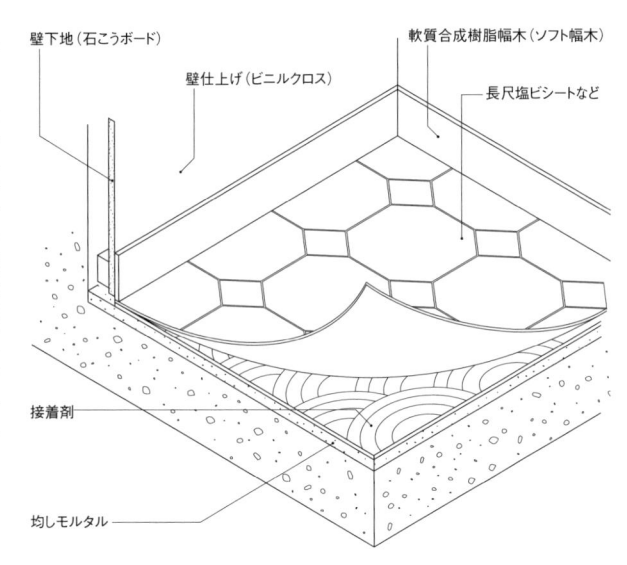

(壁下地 (石こうボード)、壁仕上げ (ビニルクロス)、軟質合成樹脂幅木 (ソフト幅木)、長尺塩ビシートなど、接着剤、均しモルタル)

合成樹脂系床タイル貼り仕上げ

合成樹脂床シートと同様、意匠性や耐摩耗性のほかに施工性や経済性などにも優れており、オフィスや商業施設をはじめ広く用いられている。塩化ビニル樹脂によるものが主流で、表面にエンボスを施すなどして意匠性を高めたものもある。そのほか、耐摩耗性がより高いものとしてゴム系タイルなどがある。

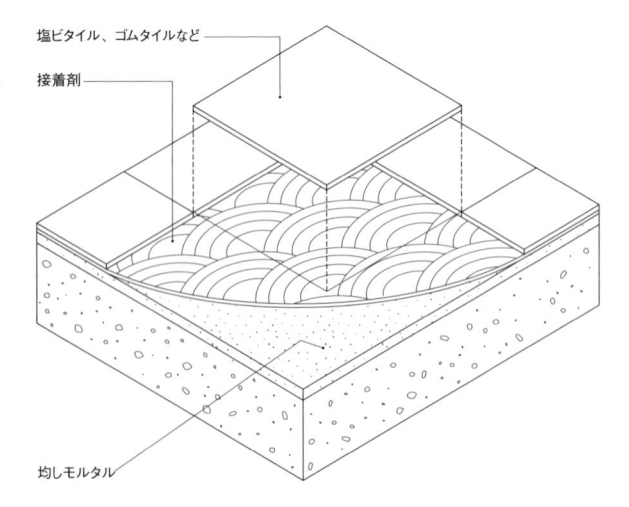

(塩ビタイル、ゴムタイルなど、接着剤、均しモルタル)

合成樹脂系塗り床の仕上げ

合成樹脂系の塗り床は、複雑な形状に容易に対応でき、シームレスであるなどの長所をもつ。その一方で品質が施工に左右されやすいという短所もあるが、生産施設、体育館、業務用厨房などでは広く用いられている。

流し延べ工法：下地にプライマーを塗ったのち、合成樹脂系の床材を流し延べながら数度重ね塗りする。珪砂を混ぜた層を入れることで、単体の重ね塗りに比べて厚い塗り床にすることができる。

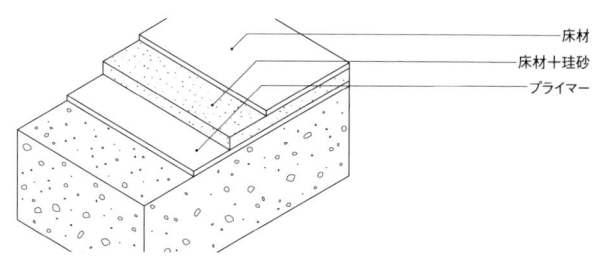

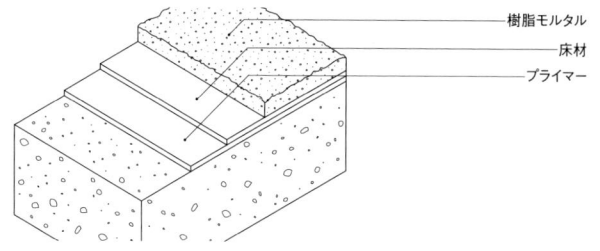

モルタル工法：多量の骨材を混入した樹脂モルタルをこてで塗り付け、比較的安価で厚い塗り床をつくる方法。

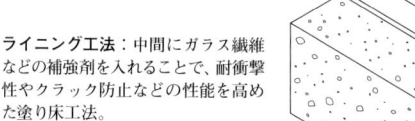

ライニング工法：中間にガラス繊維などの補強剤を入れることで、耐衝撃性やクラック防止などの性能を高めた塗り床工法。

玉石洗出し床仕上げ

和風の床で、下足部分にしばしば用いられるモルタル系塗り床の一種。下塗りモルタルを塗った後、玉石を埋め込み、清水で洗い出して仕上げる。あらかじめ等間隔に目地棒をセットしておき、モルタル硬化後にこれを取り除き、最後に目地モルタル詰めを行って仕上げる。

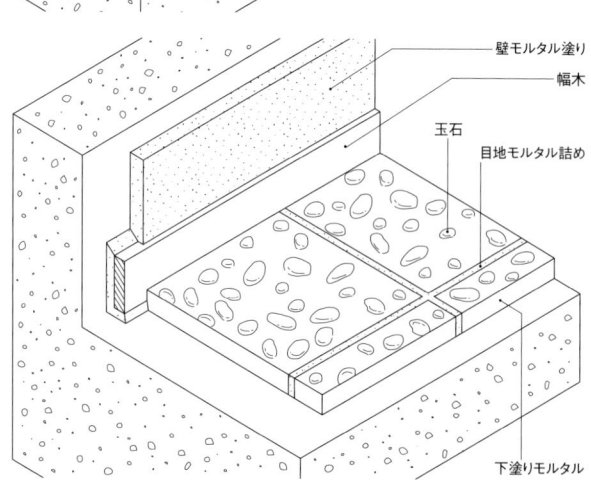

各部構法　天井

天井のしくみ　*ceiling system*

天井は室内空間の上限を構成する面で、小屋組や床組、梁型を隠し、それらを火災などから守るとともに、内部の意匠性を高める機能をもつ。そのほかに吸音・防音や遮熱など、音や熱をコントロールすることも重要な役割である。しかし、ほかの部位に比べ要求される性能のレベルが低く、構造的にも軽微なものとなることが多い。構造体に直接天井を取り付けない場合、小屋組や床組との間に小屋裏、天井懐が形成される。特に天井懐においては、天井下地の構成や設備配管、ダクトなどの配置について、設計段階で十分に考慮する必要がある。

吊り天井の構成

天井面が梁や床スラブなどの構造躯体から吊られている。天井下地は主として吊木受け、吊木、野縁受け、野縁で構成されるが、支持方法により部材が省略・付加されることがある。また、吊り天井の懐には電気配線や空調配管などが組み込まれる場合がある。

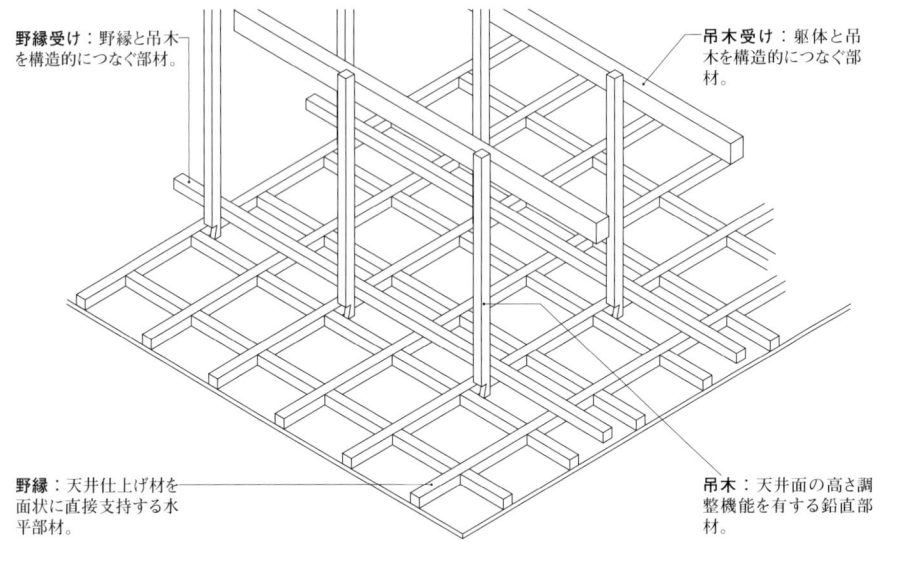

野縁受け：野縁と吊木を構造的につなぐ部材。

吊木受け：躯体と吊木を構造的につなぐ部材。

野縁：天井仕上げ材を面状に直接支持する水平材。

吊木：天井面の高さ調整機能を有する鉛直部材。

直天井の種類

主として天井仕上げ材が上部の構造躯体に直接取り付けられている。直塗り天井（モルタル、プラスターなどを塗ったもの）、直吹付け天井（パーライトなどを吹き付けたもの）、直張り天井（ボード、クロス類を張り上げたもの）がある。安価であるが、性能的に劣る場合もある。

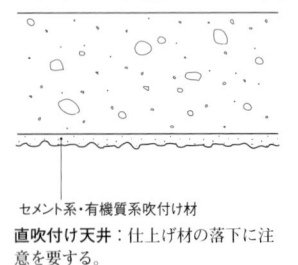

直吹付け天井：仕上げ材の落下に注意を要する。

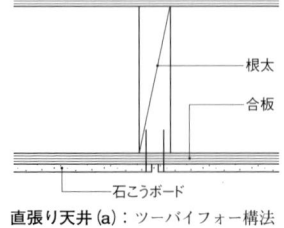

直張り天井（a）：ツーバイフォー構法に用いられる例。

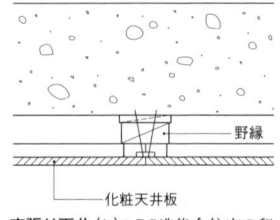

直張り天井（b）：RC造集合住宅の和室に用いられる例。

天井の形状と高さ

一般的な居室では平天井とすることが多い。大きな部屋では、水平に天井を張ると垂れて見えるので、中央部に起（むく）りをつける。折上げ天井や二重折上げ天井は、社寺や格式の高い書院などで用いられる形式である。掛込み天井は草庵茶室の手法として定着したものである。音楽ホールなどでは音響効果を高めるために複雑な形状をもつものが多い。なお、天井高は建築基準法により居室で2.1m以上、床面積50m²を超える学校の教室で3m以上と定められている。一般的な居室の天井高は2.4〜2.7m程度である。

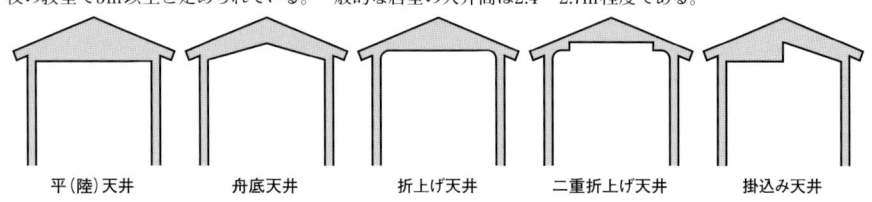

平（陸）天井　舟底天井　折上げ天井　二重折上げ天井　掛込み天井

天井の吊り方

天井の施工において最も重要なことは、天井面を水平に仕上げることである。そのため、吊り材を上下移動させ、高さ調整を行いながら施工する。木製の吊木の場合は、所定の位置に合わせ、吊木受けに釘などで打ち付ける。吊りボルトの場合は、ハンガーとのねじ止め部分で高さ調整を行い、野縁受けを吊り込むのが一般的であるが、ねじ止めの作業性を改善するために、吊りボルトを2分割し、両者の接合と高さ調整にばねの摩擦力を利用したものなどがある。

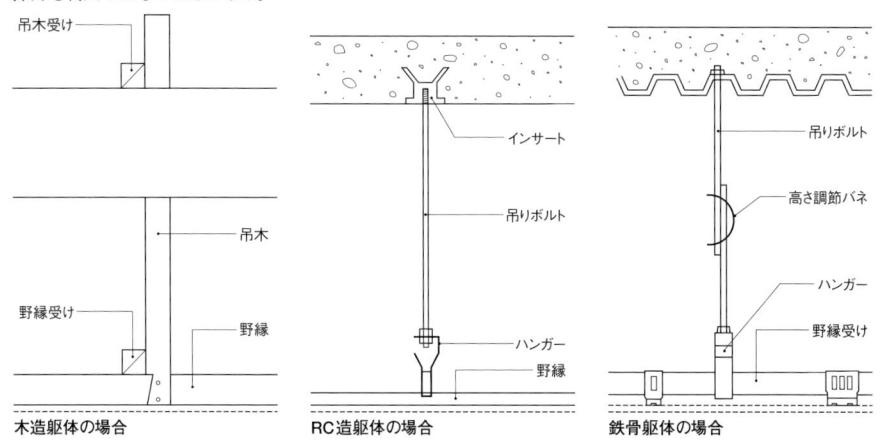

木造躯体の場合　RC造躯体の場合　鉄骨躯体の場合

回り縁の種類

天井と壁との見切りには、両者の納まりを調整する回り縁が用いられる。回り縁は仕上げ材を施工する際の定規としての、また納まり上の誤差を吸収するための機能を有する。天井仕上げ材あるいは壁仕上げ材のどちらかを勝たせ、取合い部を目透しにするといった、回り縁を用いない納め方もある。

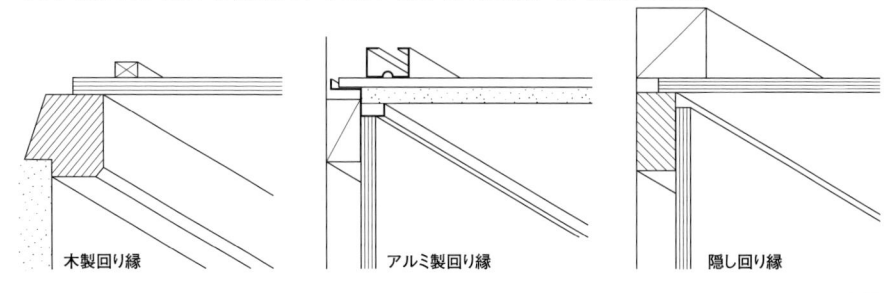

木製回り縁　アルミ製回り縁　隠し回り縁

各部構法　天井

天井の仕上げ *finish of ceiling*

天井の仕上げは、部屋の用途や大きさ・形状、また要求される性能に応じた材料や構法を選択する必要があるが、壁の仕上げとの関係など内部空間の意匠性を考慮して決定されることが多い。現在の一般的な天井仕上げは、張り天井と塗り天井に大別できる。これらの仕上げ材を打ち上げる構法は、伝統的な竿縁天井や格天井のように、竿縁・格縁の上に仕上げ材を載せるものとは異なり、仕上げ材の荷重を釘や接着剤によって重力に逆らいながら支えることになる。仕上げ材の落下防止や上向きによる取付け作業の効率などに留意する必要がある。

敷目板パネル天井の仕上げ

パネル状の天井板どうしの継目部分に敷目板を入れ、張り上げた天井。パネルの長手方向の目地部分を雇い実敷目板方式とした目透し張り天井板構法は、現在、和風建築の天井として従来の竿縁天井に代わり、広く普及している。

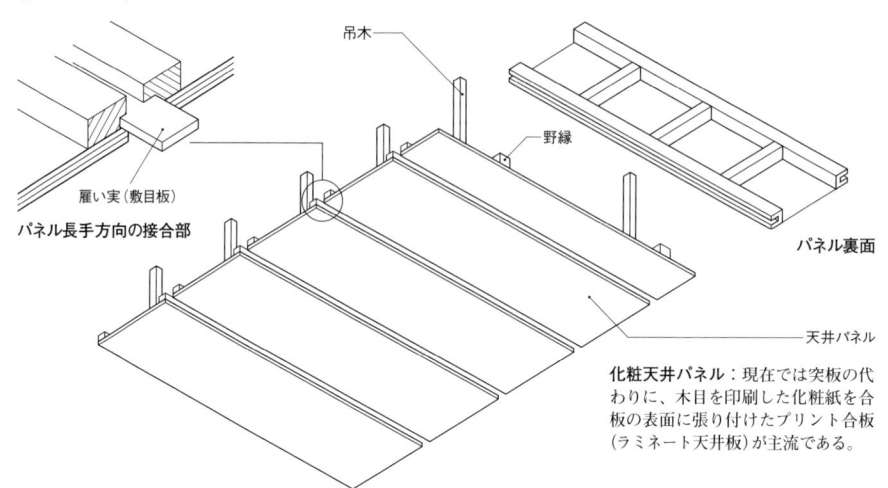

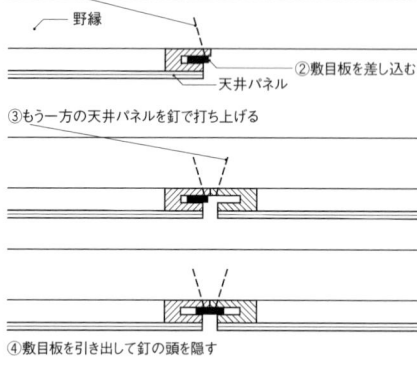

吊木
雇い実(敷目板)
パネル長手方向の接合部
野縁
パネル裏面
天井パネル

化粧天井パネル：現在では突板の代わりに、木目を印刷した化粧紙を合板の表面に張り付けたプリント合板(ラミネート天井板)が主流である。

①片側の天井パネルを下から斜めに釘で打ち上げる
野縁
②敷目板を差し込む
天井パネル
③もう一方の天井パネルを釘で打ち上げる
④敷目板を引き出して釘の頭を隠す

天井パネルの野縁への取付け方

仕上げ例

岩綿吸音板仕上げ天井の仕上げ

吸音性や不燃性、表面の意匠性に富む岩綿吸音板を野縁に張った天井。直張り構法は軽量でコストも低減できるが、野縁間隔を密にする必要があり、下地工事に手間がかかる。

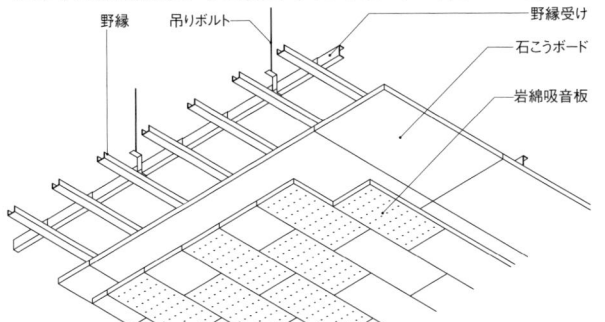

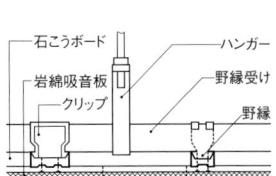

捨張り工法の天井の張り方：岩綿吸音板の裏面に接着剤を塗布し、ステープルで石こうボードに張り付ける。捨張り材と仕上げ材の目地が合わないようにする。

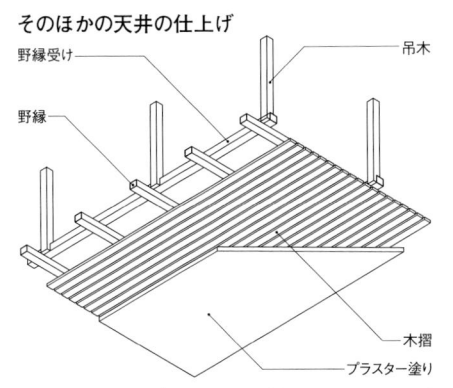

そのほかの天井の仕上げ

木造下地左官仕上げ天井：下地に木摺、ラスボード、リブラスを用い、プラスター、モルタル、漆喰などを塗り上げる天井。剥離落下する危険があり、広い天井を仕上げるには不向きである。

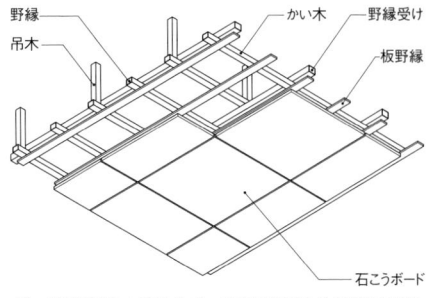

ボード張り天井：石こうボードや繊維板などを下地に張り上げる天井。面材の剛性が低い場合は板野縁を入れ、野縁間隔を狭くして止付け強度を高める。ボードの継目は突付けや目透しなどであるが、意匠的に際立つため割付けに留意する。

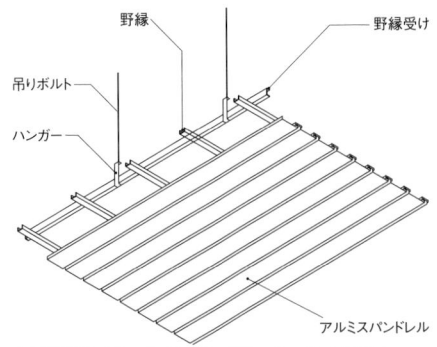

金属板張り天井：曲げ加工・押出し加工した鋼板やアルミニウム板などを下地に張り上げる天井。汚れにくく不燃性に富むが、天井裏と室内との温度差による結露などの対策が必要である。

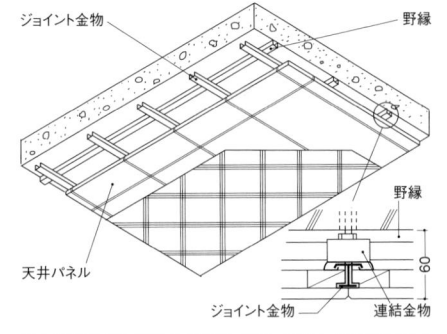

集合住宅用パネル天井：天井パネルをスラブに取り付けた野縁に機械接合した天井。天井先行方式で、広い面積の天井に適している。パネルの着脱ができるため、メンテナンスが容易である。

各部構法　天井

伝統的な天井 *traditional ceiling*

天井の起源は、寺院建築において仏像の上部に塵が落ちるのを防ぐための天蓋にあるといわれる。その後、天蓋を内陣全体に拡張し、梁と梁との間に粗い格子を縦横に組み込んだ組入れ天井、さらに内部空間を自由に設定できるように、構造体と関係なく小屋組から吊り下げられた格天井が現れる。住宅や僧房などでは、梁の間に床板と同じような板を敷き並べた板天井が使用されていたが、板を薄く割く技術が発達し、梁の代わりに小梁のような細い材が入るようになった。この細い材が後に竿縁となり、その上に板を敷き並べる形式が現在の竿縁天井に発展した。

竿縁天井の構成
竿縁と呼ばれる細長い材を回り縁に掛け渡して、その上に天井板を1方向に並べた天井である。現在、和風座敷の天井として広く用いられている形式である。竿縁と吊木との接合や天井板どうしの重ね合せ方などに工夫がなされている。

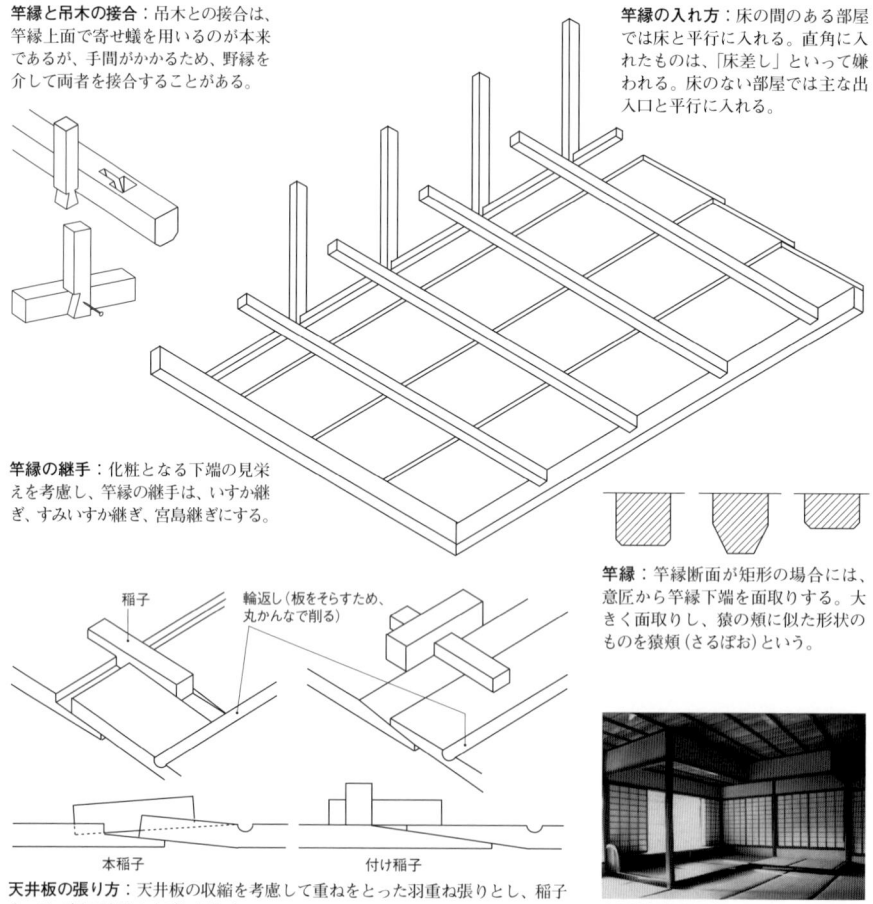

竿縁と吊木の接合：吊木との接合は、竿縁上面で寄せ蟻を用いるのが本来であるが、手間がかかるため、野縁を介して両者を接合することがある。

竿縁の入れ方：床の間のある部屋では床と平行に入れる。直角に入れたものは、「床差し」といって嫌われる。床のない部屋では主な出入口と平行に入れる。

竿縁の継手：化粧となる下端の見栄えを考慮し、竿縁の継手は、いすか継ぎ、すみいすか継ぎ、宮島継ぎにする。

竿縁：竿縁断面が矩形の場合には、意匠から竿縁下端を面取りする。大きく面取りし、猿の頬に似た形状のものを猿頬（さるぼお）という。

稲子　輪返し（板をそらすため、丸かんなで削る）

本稲子　　付け稲子

天井板の張り方：天井板の収縮を考慮して重ねをとった羽重ね張りとし、稲子をつけて板の隙間やあばれを防ぐ。

事例（修学院離宮）

天井　各部構法

格天井の構成

格縁を縦横に組んだものの上に鏡板を張った天井で、格縁天井とも呼ばれる。鏡板の代わりに、小型の格子を組み入れたものを小組格天井という。折上げ天井形式をとることが多く、和風だけでなく洋風建築にも用いられる。

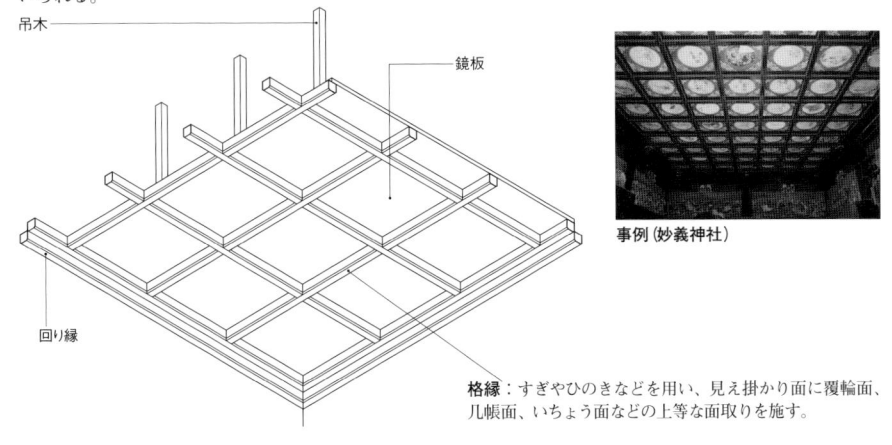

事例（妙義神社）

格縁：すぎやひのきなどを用い、見え掛かり面に覆輪面、几帳面、いちょう面などの上等な面取りを施す。

数寄屋建築の天井の種類

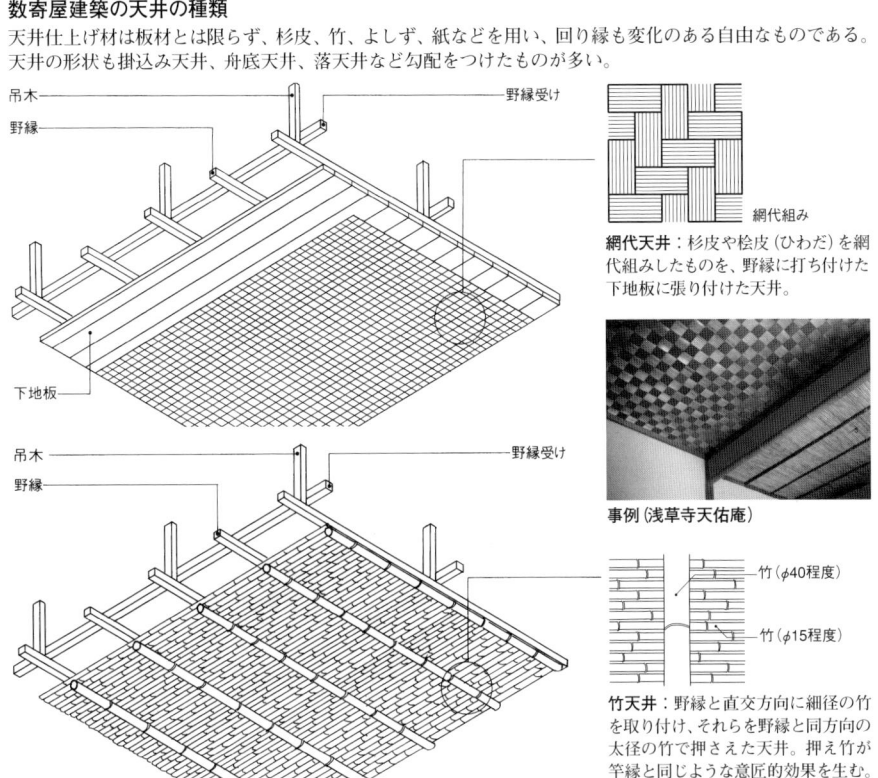

天井仕上げ材は板材とは限らず、杉皮、竹、よしず、紙などを用い、回り縁も変化のある自由なものである。天井の形状も掛込み天井、舟底天井、落天井など勾配をつけたものが多い。

網代組み

網代天井：杉皮や桧皮（ひわだ）を網代組みしたものを、野縁に打ち付けた下地板に張り付けた天井。

事例（浅草寺天佑庵）

竹（φ40程度）
竹（φ15程度）

竹天井：野縁と直交方向に細径の竹を取り付け、それらを野縁と同方向の太径の竹で押さえた天井。押え竹が竿縁と同じような意匠的効果を生む。

各部構法　天井

システム天井 *integrated ceiling*

規模の大きなオフィスビルでは室内環境の向上のために、天井に照明器具、空調機器、感知器、スプリンクラーなど多くの設備が組み込まれるようになり、天井の機能も多様かつ複雑なものになっている。これらの機能を複合化し、天井と設備との取合いを解決するとともに、効率のよい施工および施工後の容易なメンテナンスを実現したものがシステム天井である。システム天井は1970年代初頭に登場し、天井の高機能化・量産化が必要とされる超高層ビルを中心に普及していったが、現在では小規模なオフィスビルにも用いられるようになった。

システム天井の構成（ライン式）

ライン方式は、一定のモジュールに基づいて、ライン状に照明器具や各種設備機器端末を1方向に連続して設けたもので、システム天井として一般的なものである。施工は、まずTバーを取り付け、続いて設備端末機器の取付けおよび配線・配管類の接続を行い、最後に天井板（岩綿吸音板）をTバーの間に掛け渡すという手順で行われる。

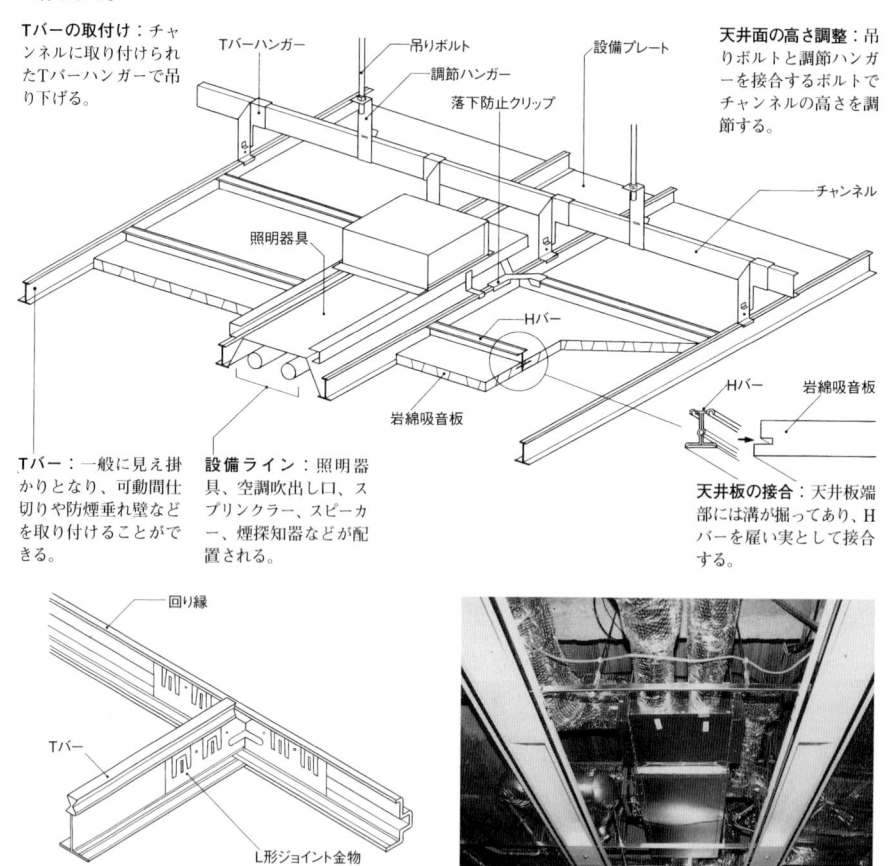

Tバーの取付け：チャンネルに取り付けられたTバーハンガーで吊り下げる。

Tバーハンガー
吊りボルト
設備プレート
調節ハンガー
落下防止クリップ

天井面の高さ調整：吊りボルトと調節ハンガーを接合するボルトでチャンネルの高さを調節する。

チャンネル
照明器具
Hバー
岩綿吸音板

Tバー：一般に見え掛かりとなり、可動間仕切りや防煙垂れ壁などを取り付けることができる。

設備ライン：照明器具、空調吹出し口、スプリンクラー、スピーカー、煙探知器などが配置される。

Hバー
岩綿吸音板

天井板の接合：天井板端部には溝が掘ってあり、Hバーを雇い実として接合する。

回り縁
Tバー
L形ジョイント金物

壁との納まり：壁に取り付けられた回り縁に、変形に追従できるジョイント金物を用いてTバーを接続する。

施工中の状況

システム天井のタイプ

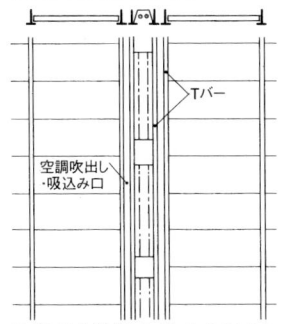

ライン方式ダブルラインタイプ：2本のTバーの隙間が空調用の吹出し・吸込みとなっている。

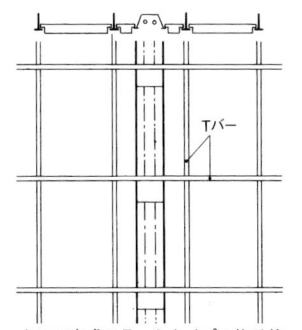

クロス方式フラットタイプ：格子状に組まれたTバーに、天井板や照明器具などを落とし込む。

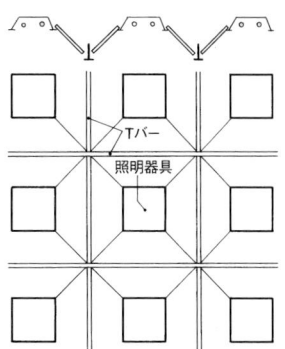

クロス方式コッフェルタイプ：立体感があり、高照度が要求される空間で多く用いられる。

システム天井の耐震安全対策

過去の大規模地震による被害には、壁や柱際の天井パネルの破損・落下、間仕切り壁や天井カセット式空調機周辺の天井パネルの破損・落下が見られる。対策としては、振れ止めブレースや落下防止クリップの設置、吊りボルトの適切なピッチの設定があげられる。また、天井面および天井内に組み込まれた設備機器類の揺れが、天井パネルに被害を与えることも多いため、天井以外の部分での対策も講じる必要がある。

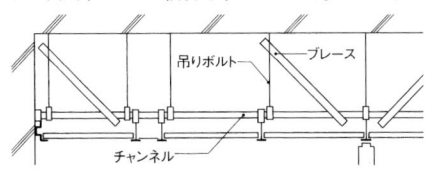

吊りボルトとチャンネルをブレースで緊結し、天井と構造体を一体化することで振れを抑制する。

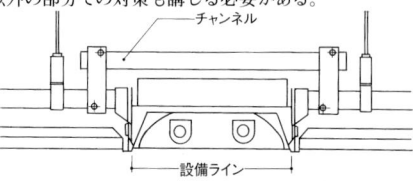

設備ラインなどでチャンネルが分断される場合は、設備機器上部にチャンネルを渡し、山形に接続する。

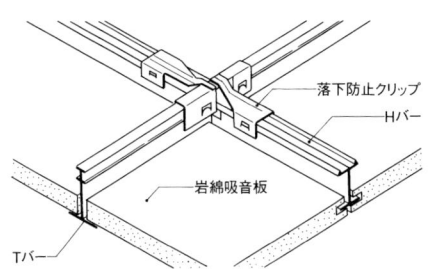

Tバー・Hバーが動くことによって天井板が落下しないように、バーどうしをクリップで止める。

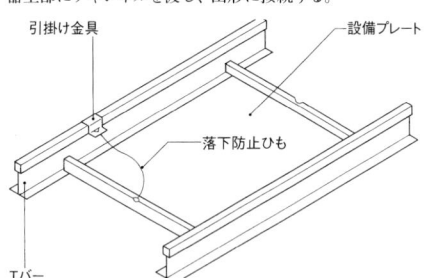

Tバーに載せた設備プレートは、Tバーに引っ掛けた金具にひもをつないで落下を防止する。

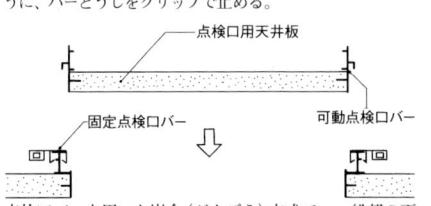

点検口バーを用いた嵌合（がんごう）方式で、一般部の天井板に点検口を固定し、落下を防止する。

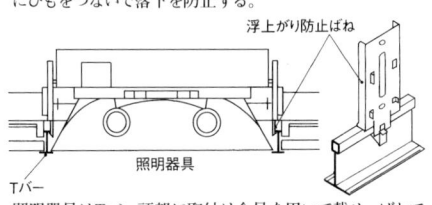

照明器具はTバー頭部に取付け金具を用いて載せ、ばねで浮上がりを防止する。

各部構法　開口部

開口部のしくみ *window and door system*

壁や屋根が主に熱や風雨などの作用因子の遮断を目的としているのに対し、開口部は、必要なものやエネルギーは侵入させ、望ましくないものは遮断するという相反する機能を兼ね備えている。また、昼間は光や風を採り入れ、夜間は室内の熱が外部に放出するのを防ぐというように、時と場合によって作用因子の透過に関して異なる制御をする機能も要求される。そのため、多くの開口部は開閉できるようにつくられており、さまざまな機能を同時に実現するために、カーテンやブラインド、網戸、雨戸、窓手摺などの補助部品が必要に応じて取り付けられている。

開口部の種類

建築物には目的に応じたさまざまな開口部が設けられている。そのうち、人の出入りや物の出し入れ・受渡しを行うものは「出入口」、採光や通風などを目的とした出入口以外のものは「窓」と呼ばれる。そのほかに補助的な開口として、各所の換気口や点検口などがある。

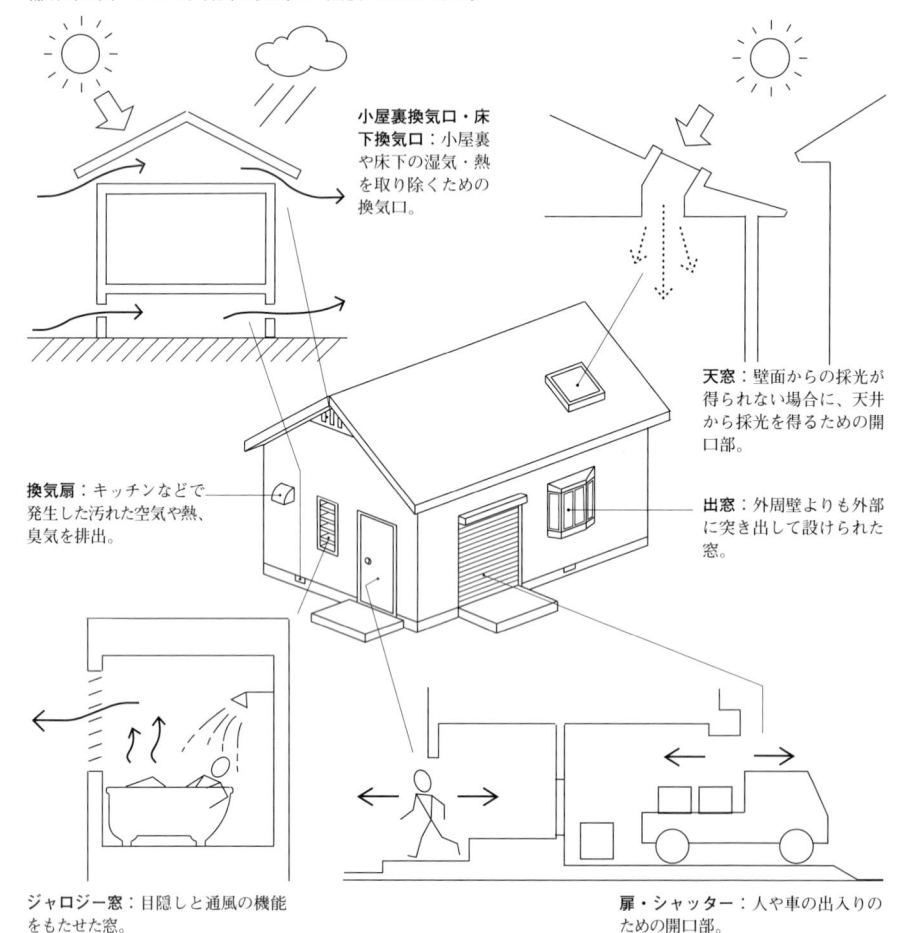

小屋裏換気口・床下換気口：小屋裏や床下の湿気・熱を取り除くための換気口。

天窓：壁面からの採光が得られない場合に、天井から採光を得るための開口部。

換気扇：キッチンなどで発生した汚れた空気や熱、臭気を排出。

出窓：外周壁よりも外部に突き出して設けられた窓。

ジャロジー窓：目隠しと通風の機能をもたせた窓。

扉・シャッター：人や車の出入りのための開口部。

戸の開閉方式とはたらき

窓や出入口は、可動部分である「戸」と、戸を納める「枠」、戸の動作や戸締まりのための金物類で構成されている。戸の開閉方式には、平行移動、回転、またそれらの組合せなどによってさまざまな種類がある。

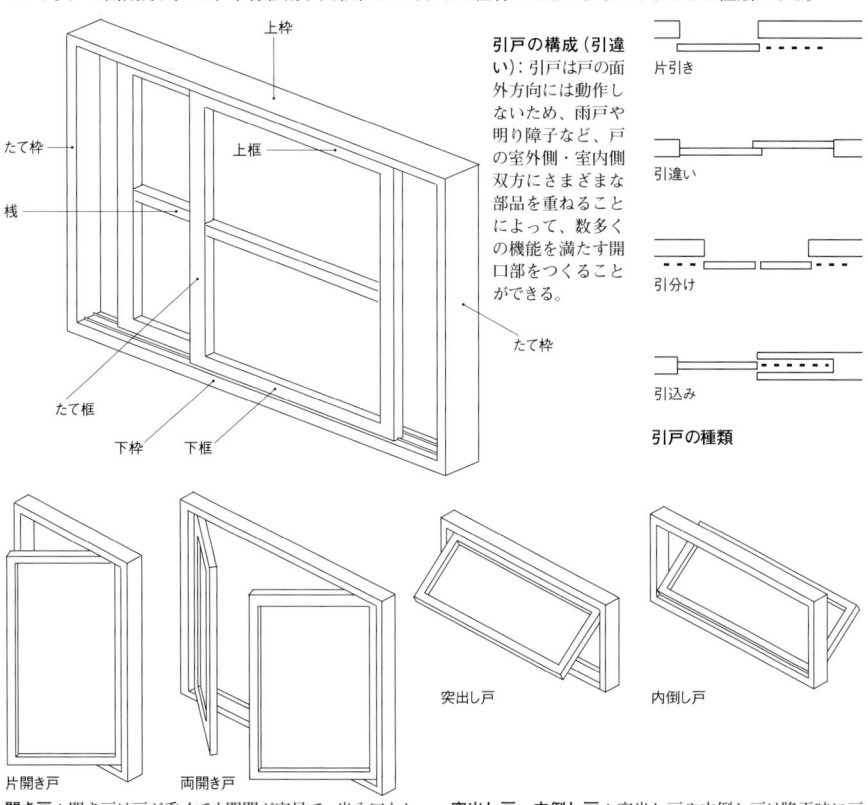

引戸の構成（引違い）：引戸は戸の面外方向には動作しないため、雨戸や明り障子など、戸の室外側・室内側双方にさまざまな部品を重ねることによって、数多くの機能を満たす開口部をつくることができる。

片引き

引違い

引分け

引込み

引戸の種類

開き戸：開き戸は戸が重くても開閉が容易で、出入口としては一般的である。

突出し戸・内倒し戸：突出し戸や内倒し戸は降雨時に戸を開放しておくのに便利である。

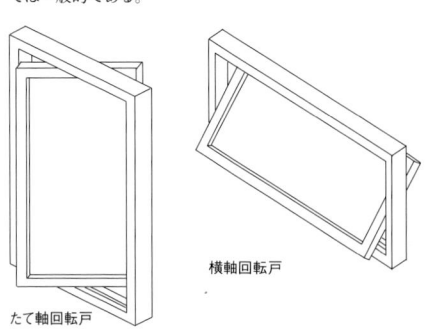

回転戸：回転戸は室内側から両面を清掃することが容易である。

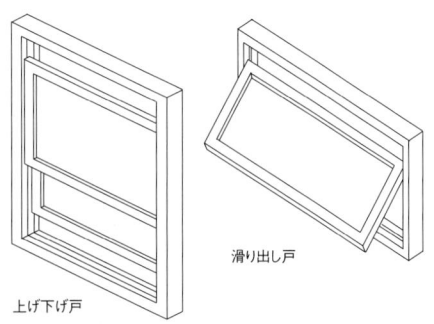

上げ下げ戸・滑り出し戸：上げ下げ戸は召合せ部からの雨水の浸入を防ぐため、上段の戸が外側についている。滑り出し戸やバランス上げ下げ戸は換気を効率よく行うのに適している。

各部構法　開口部

窓の役割 *role of window*

開口部の中でも、窓はデザインや性能においてさまざまな役割を果たしている。かつて照明や空調などの設備が整っていなかった時代は、窓からの自然採光や通風によって室内環境を保っていたため、窓の位置や大きさは室空間の性能を左右する重要な要素であった。設備機器が発達している今日では、眺望や開放感の実現、建物外観のデザインなどの役割も大きい。またガラス面積の増加にともない、窓に採用されるガラスも、熱線反射ガラスや複層ガラスなど、快適な環境を実現するためのさまざまな付加価値をもつに至っている。一方で非常時の避難経路の確保や防火・排煙など、防災面でも重要な役割をもっている。

窓のはたらき

遮音壁や耐火壁など、壁が常に一定のはたらきを有するのに対して、窓はその時々の状況に応じたはたらきをするよう、さまざまな機能をあわせもっている。

平常時の窓の役割：外に面した窓は通風や眺望に、窓口などの開口は書類や物品の受渡しに用いられる。

非常時の窓の役割：火災時には、窓は人の出入りや排煙口の役割を果たす。また、窓口の開口は防犯の機能も必要となる。

開口部の位置と役割

開口部はその位置や大きさによって異なる役割を果たす。室用途や居住者の要求によって、適切な開口部を設置することが必要である。

掃出し窓（テラス戸）：採光と出入り用。

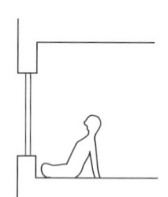

肘掛け窓：床に座った姿勢で眺望が得られる。

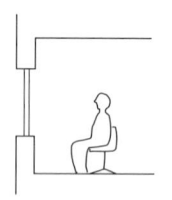

腰窓：いすに座った姿勢で眺望が得られる。

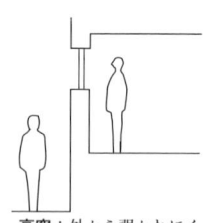

高窓：外から覗かれにくい。

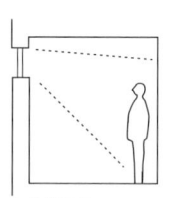

高窓（欄間）：窓の位置が高ければ、奥まで光が届く。

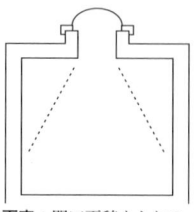

天窓：開口面積あたりの採光効果が最も高い。

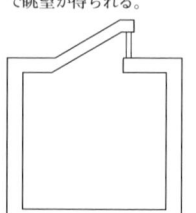

北に面した頂側窓：室内の明るさが均一になる。

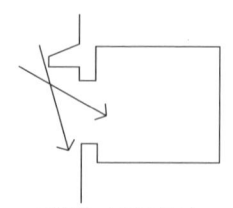

南に面した窓：庇によって夏は涼しく、冬は暖かい。

開口部　各部構法

さまざまな窓の設け方
外周壁に設けられる窓にはさまざまな形状のものがあり、その見え方によって下図のように分類することができる。

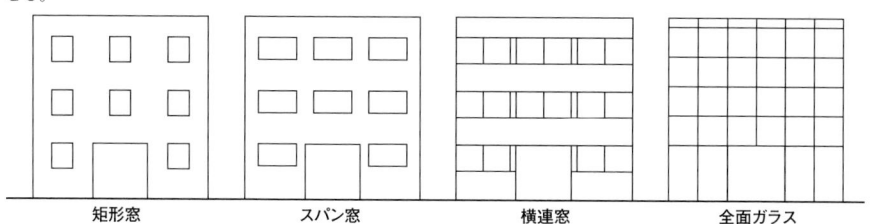

　　　矩形窓　　　　　　スパン窓　　　　　　横連窓　　　　　　全面ガラス

窓に採用される板ガラス
板ガラスは、19世紀までは鋳造や手吹きでつくっていたが、20世紀に入ると需要の増加にともない、さまざまな連続生産方式が開発され、理論的には無限の長さの板ガラスがつくれるようになった。

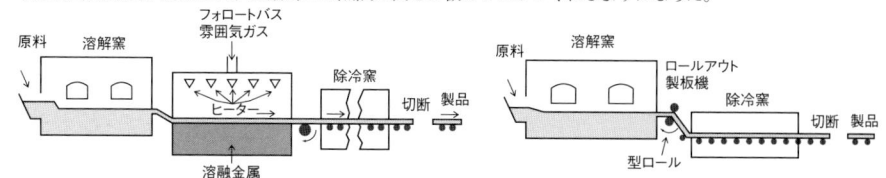

フロート板ガラスの製法（フロート法）：密閉した槽内で溶融金属の上に溶けたガラスを静かに流してつくるため、歪みのない滑らかなガラスが得られる。

型板・網入り板ガラスの製法（ロールアウト法）：ロールに彫った模様がガラスに写されて型板ガラスとなる。ロールの間に網を通すと網入り型板ガラスとなり、さらに両面を研磨すると透明な網入り板ガラスとなる。

板ガラスの種類と役割

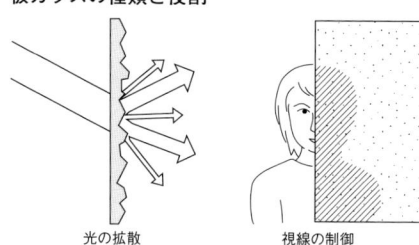

型板ガラスのはたらき：型板ガラスは片面が平滑でないため、光を拡散したり、視線をさえぎる効果がある。

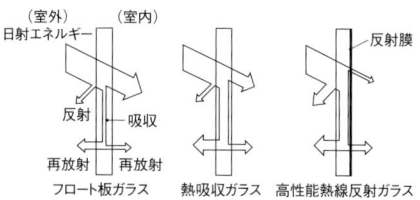

省エネルギーガラスのはたらき：ガラスに到達した日射エネルギーの一部は反射し、また一部はガラス内に吸収された後、熱となり室内外に再放射される。省エネガラスは反射・吸収・再放射を制御して室内に到達する熱を抑える。

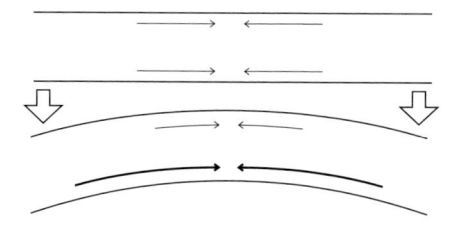

強化ガラスのしくみ：板ガラスを再加熱後、急冷するとガラス表面に圧縮力が残留し、曲げに強くなる。強化にはある程度の厚さが必要で、強化後の加工はできない。

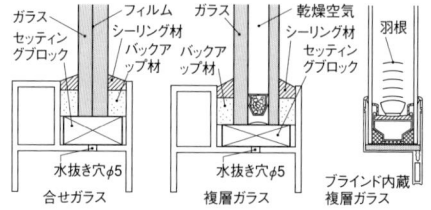

さまざまな機能をもった板ガラス：飛散防止フィルムでガラスを貼り合わせた安全ガラス、2枚のガラスの間に乾燥空気を封入して断熱性をもたせた複層ガラス、ブラインドを内蔵した複層ガラスなどがある。

177

各部構法　開口部

金属製の窓　*metal window*

金属製の窓には、アルミサッシとスチールサッシがある。現在、外周壁の建具のほとんどがアルミ製である。アルミサッシは1952（昭和27）年に国産のものがはじめて使用された。昭和30年代に入ると、経済復興の本格化とともに量産が開始され、1965（昭和40）年以降は住宅にも急速に普及した。一方、スチールサッシは1896（明治29）年にビル用としてアメリカから輸入されたのがはじめで、明治末期から大正期にかけて国産化された。剛性・耐火性に優れるが、主として曲げ加工のため複雑な形状は得にくく、防錆に配慮を要する。

金属製の窓のしくみ（アルミサッシ・引違い窓）

一般に、引違い窓は水密性や気密性の確保に工夫を要する。アルミサッシでは框にガスケットを取り付けたり、クレセントで召合せ部を引き寄せるなどして、水密性や気密性を確保している。

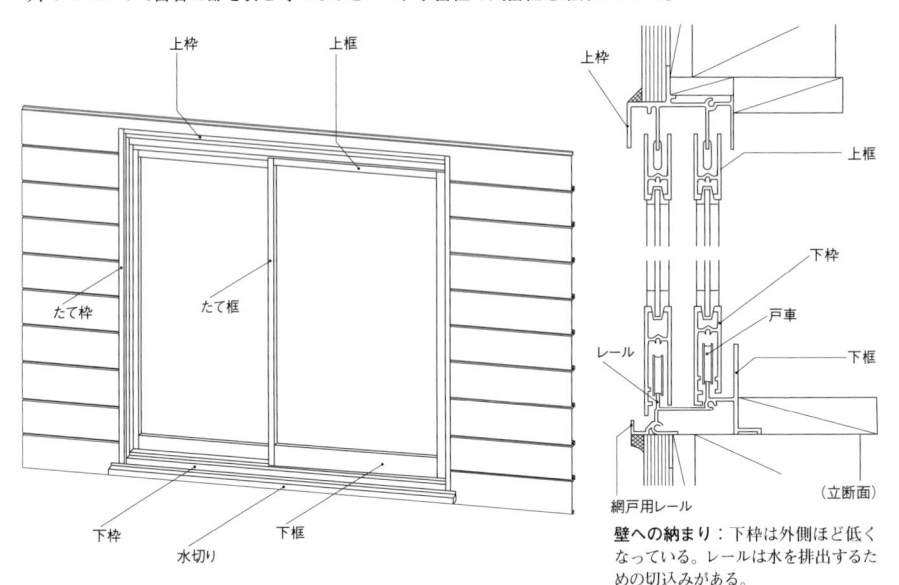

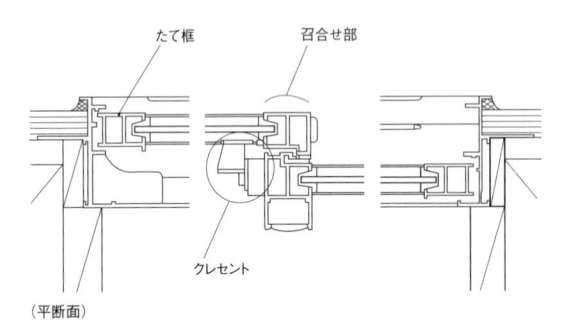

壁への納まり：下枠は外側ほど低くなっている。レールは水を排出するための切込みがある。

壁への納まり：召合せ部は迷路になっており、水の浸入を防いでいる。

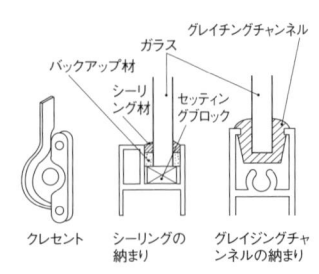

各部の納まりなど：ガラスと框の納まりには、シーリングを用いるものと、グレイチングチャンネルやビードを用いるものがある。

開口部　各部構法

壁への枠の納め方

枠は躯体ごとに納め方が異なるため、木造用、ツーバイフォー用、コンクリート用、ALC用、鉄骨用といった専門のサッシ枠がつくられている。ほかに、古い建具と交換するための改装用サッシもある。

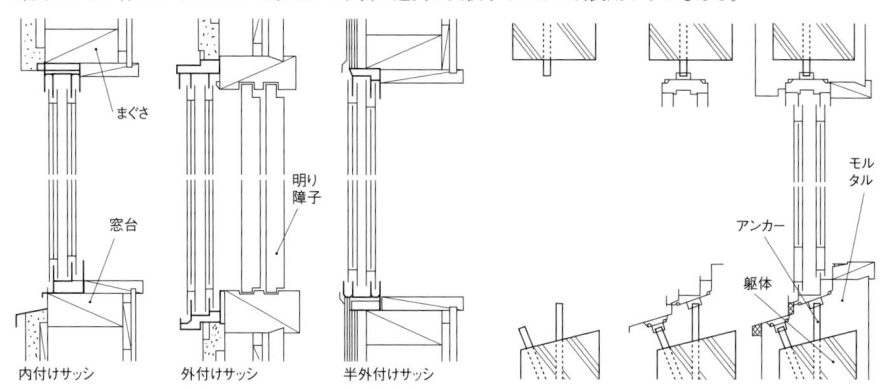

木造軸組構法の場合：枠は内付け、外付け、半外付けの3種類があり、柱、まぐさ、窓台に木ねじで止める。内付けは壁厚内に納まるので耐久性がよく、外付けは明り障子などを壁厚内に納めることができる。半外付けはサイディングなどの乾式外装材の見切りが容易で、現在主流となっている。

鉄筋コンクリート造の場合：あらかじめ枠より大きな開口を設けておき、枠を入れた後に、枠と躯体との隙間をモルタルで埋める後付け工法がよく用いられる。枠はアンカーによって差筋に固定されている。

サッシバーの種類

アルミサッシバーは押出し成形のため、精度のよい複雑な形状が得られる。スチールは曲げ加工が多く、サッシバーは複数の部材を組み合わせてつくる。プラスチックはアルミと同様に複雑な形状が得られ、断熱性に優れるため寒冷地でよく使われるが、剛性が低く、金属などと組み合わせて使われる。

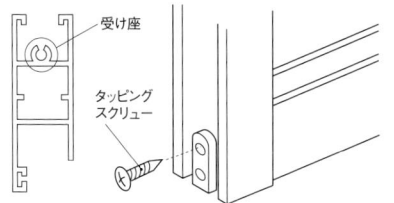

アルミサッシバー：住宅用アルミサッシの組立は、サッシバーを建設現場で組み立てるノックダウン方式が主流であり、サッシバーには、あらかじめ組立のためのタッピングスクリューの受座が一体成形されている。

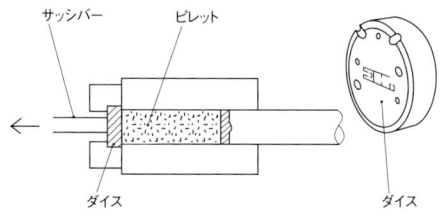

アルミの押出し成形法：約400℃に熱して軟化したアルミ地金（ビレット）をダイスに押しあて、さまざまな断面のバーをつくる。薄肉の断面の場合はバーの端部を引っ張る引抜き法を用いる。

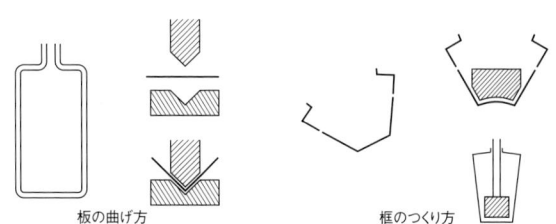

スチールサッシバー：量産期はロール成型品が多かったが、現在は受注生産であり、サッシバーはステンレス鋼板などをベンダーで曲げてつくる。アルミよりも細く製作できる意匠性が見直されてきている。

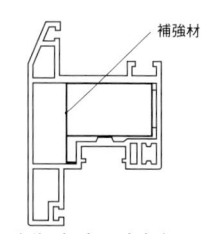

プラスチックサッシバー：寒冷地において、断熱サッシとして用いられている。

各部構法　開口部

木製の窓　*timber window*

わが国では、採光を必要とする開口部には明り障子が多く用いられてきたが、明治時代後期になってガラスが多く輸入されるようになると、一般の商店や住宅にも木製のガラス戸が登場した。木製建具は防火性では金属製に劣るが、断熱性や防露性に優れる。建具の材料となる木は、金属材料と違い、樹種ごとに耐候性や硬さなどの特徴があり、木取りの仕方によっても反りや収縮の仕方が異なる。それぞれの木の特質を読みながら、桟や框など、建具を構成する部分ごとに木をバランスよく使い分けることによって、狂いの少ない、滑りのよい建具がつくられる。

木製窓のしくみ（引違い窓）

ガラス戸はガラスの重量を支えるため、明り障子や板戸と比べて框が太く、框どうしの接合にもより強度の高い方法が用いられる。外部に面した建具には、雨や日照によって反ったり腐ったりしないように、耐候性のある樹種を用いたり、開口部分の軒や庇を深くする工夫が見られる。

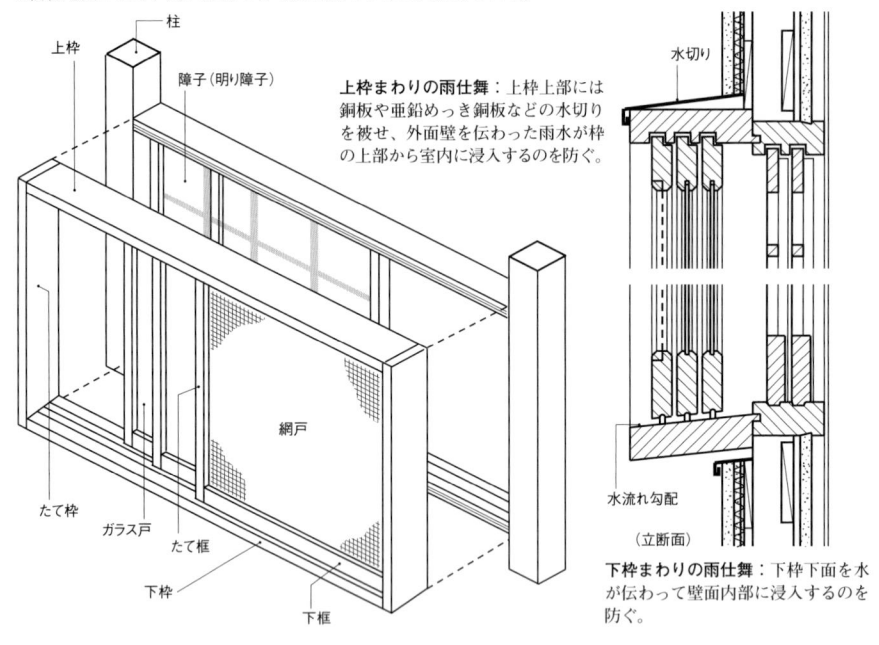

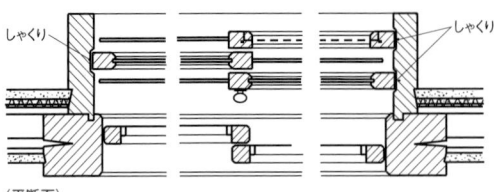

上枠　柱　障子（明り障子）　水切り

上枠まわりの雨仕舞：上枠上部には銅板や亜鉛めっき銅板などの水切りを被せ、外面壁を伝わった雨水が枠の上部から室内に浸入するのを防ぐ。

たて枠　ガラス戸　たて框　下枠　下框　網戸

水流れ勾配
（立断面）

下枠まわりの雨仕舞：下枠下面を水が伝わって壁面内部に浸入するのを防ぐ。

しゃくり　しゃくり
（平断面）

たて枠の雨仕舞：気密性や水密性を考慮して、たて枠にしゃくりをつける。

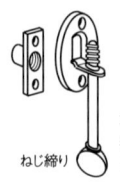

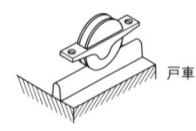

ねじ締り　戸車

木製の窓に使用される金物類：ねじ締りは戸を固定するとともに、たて框どうしを引き寄せ気密性を高める。ガラス戸など重い引戸の下部には戸車がつけられる。

開口部　各部構法

既製木製サッシのしくみ

在来構法の木製の窓は柱と鴨居・敷居の間に合わせて建具を吊り込むのに対し、既製木製サッシは枠と戸が一体となって部品化されている。また、上下の枠をアルミニウム型材としたり、ガスケットを使用するなど、開閉動作を円滑にしたり、気密性を向上させる工夫がみられる。

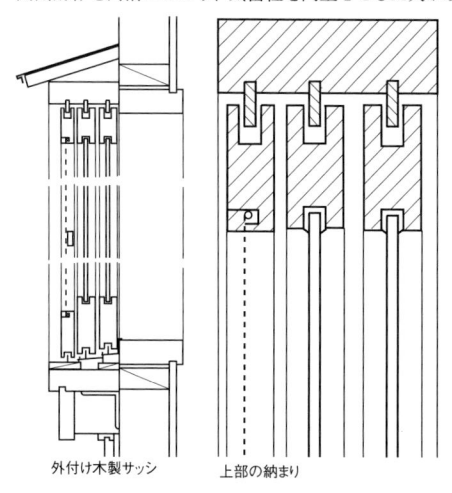

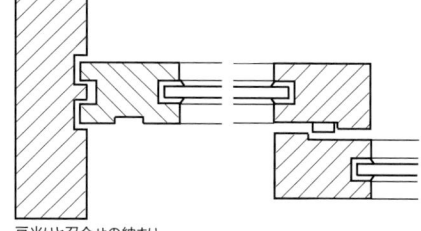

戸当りと召合せの納まり

木製サッシの特性：木製サッシは製造エネルギーが金属製サッシに比べてきわめて少なく、植林により再生産可能な資源であることなどから、省資源・省エネルギー型の部品として注目されている。また、アルミサッシは工場で大量生産されているのに対し、木製サッシは工務店などの小規模な生産組織で製造することができる。戸も枠も木製であるため、現場で状況に合わせて加工しやすいのも大きな特徴である。

外付け木製サッシ　　上部の納まり

ガラスの止め方

ガラスは落し込むか、遣返し（けんどん入れ）の後に押縁で止める方法が一般的である。小穴（ガラスをはめる溝）は、幅が狭いと建具の狂いでガラスが割れ、広すぎてもガラスががたつくため精度よくつくる。外部に面した建具では水密性や気密性を確保する必要から、パテ止めや、木をガラスパテの代用とした木パテ止めが用いられてきたが、それに代わり、現在ではシーリング材やガスケットが普及している。

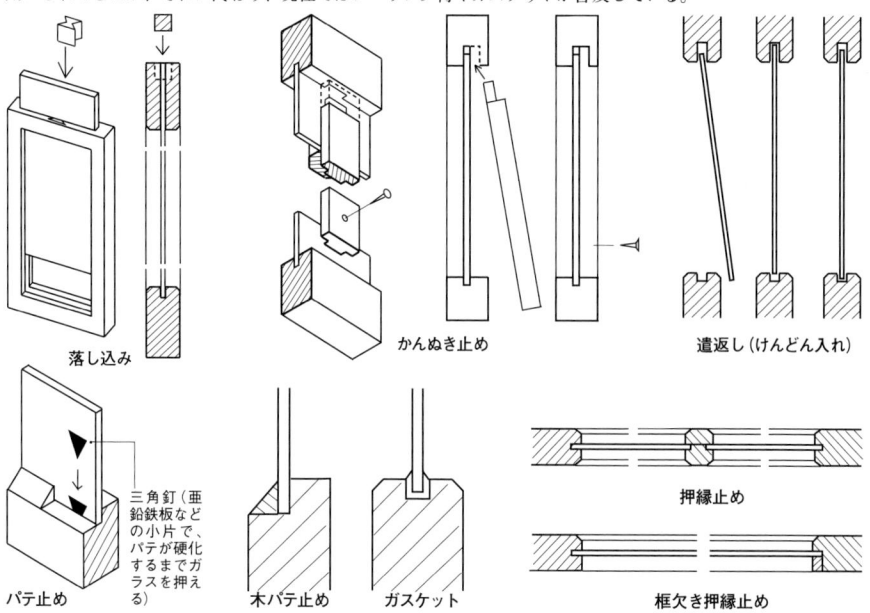

落し込み　　　　　かんぬき止め　　　　遣返し（けんどん入れ）

パテ止め　　三角釘（亜鉛鉄板などの小片で、パテが硬化するまでガラスを押える）

木パテ止め　　ガスケット　　押縁止め　　框欠き押縁止め

各部構法　開口部

天窓・換気のための開口部 　skywindow and opening for vent

天窓は、壁面からの採光がしにくい場合に、天井面からの採光を目的に設置される。また、天井照明器具とは違った演出効果を得るために用いられることもある。天窓の種類としては、主に住宅の傾斜屋根に用いられるものや、ビル建築で用いられるプラスチックドーム、また排煙装置を兼ねた製品が用いられたものなどがある。一方、換気のための開口部の種類には、がらりやジャロジー窓のような建具として用いられるもののほか、床下換気口や小屋裏換気口などがある。

天窓のしくみ

天窓は、同じ面積の側窓採光に比べて3倍程度の採光効果がある。また、開閉機能を有する天窓は、排煙や天井面に滞留した熱気の排出に有効である。一方、ガラス面の清掃などの維持管理は難しい。一般に、屋根面の開口は雨仕舞が困難になるため、製品として販売されているものは、防水シートや立上がり部分を含めて部品化されているものが多い。

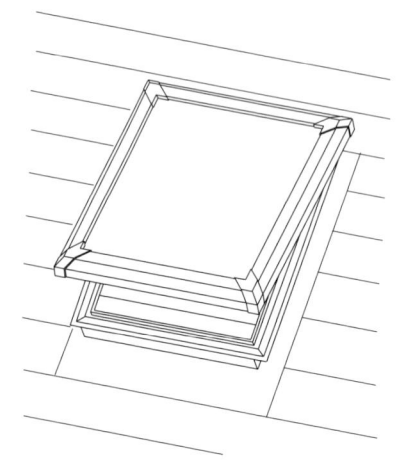

木製の天窓：住宅の屋根裏部屋やロフトの採光に用いられる。屋根面に設置されるため、屋根葺き材との取合いなどの雨仕舞に対する注意が必要である。

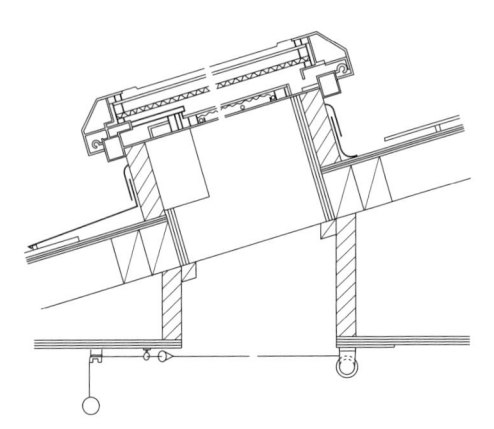

ロールスクリーン：天窓は採光が高いが、その一方で直射日光も強いため、光量を調整したり、入射光を拡散させる機能が付加されている。

天窓の開閉方式

天窓の開閉には以下のような種類がある。一般的なものは、突出し窓とはめ殺し窓である。突出し窓の場合、外側のガラス面の清掃が困難であるが、横軸回転窓や片引き窓はその点を解決したものである。

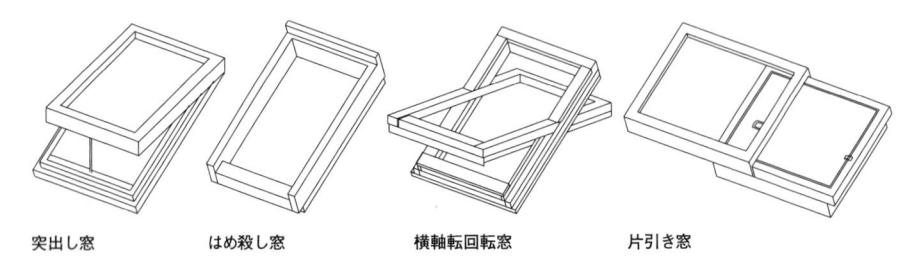

突出し窓　　はめ殺し窓　　横軸転回転窓　　片引き窓

182

そのほかの天窓

主にビル建築の陸屋根に設けられる天窓には、プラスチックドームや排煙装置を兼ねたものなどがある。

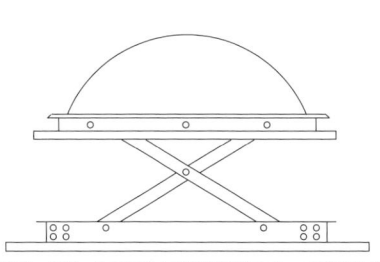

プラスチックドームの天窓：天窓は側窓に比べて雨仕舞が難しくなるが、プラスチックドームは一体成形によってこの問題を解決している。

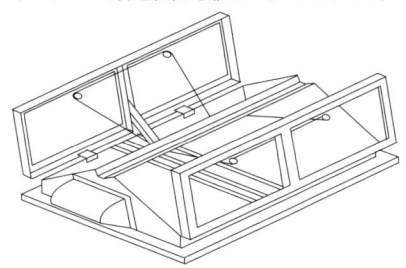

採光を兼ねた排煙装置：通常の側窓のサッシに組み込まれる排煙窓と同様に、火災時に排煙のために用いられる。

採光屋根のしくみ

波板や瓦などの屋根葺き材と同一形状のガラス製品を用いて、屋根の一部や全部を採光屋根とすることができる。

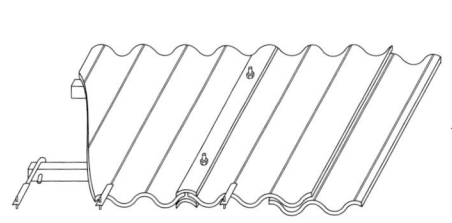

波板ガラスによる屋根：網入りの波板ガラスを用い、傾斜屋根の折板葺きや波板葺きとほぼ同様の方法で葺いたもの。ガラスは重量があるため、下部を金具で引き止める。

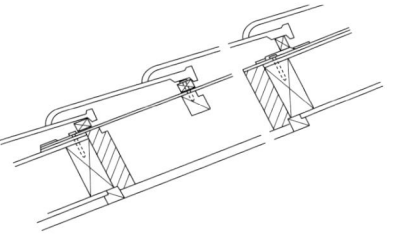

ガラス瓦による採光屋根：通常の瓦と同形状のガラス製の瓦を用いたもの。屋根全面ではなく、部分的に用いられることが多い。また、太陽電池を内蔵したものもある。

換気のための開口部

換気口を設ける場合、通風の確保と雨の降込みを防ぐという相反する条件を満足させる必要がある。一般的には、がらりのように板を下見板風に並べることで解決している。

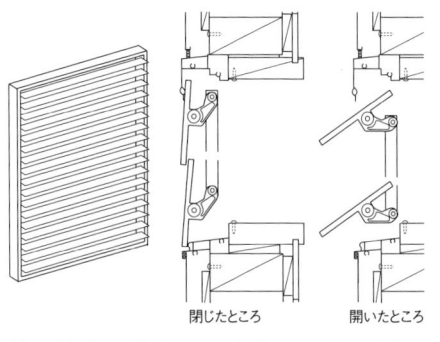

ジャロジー窓：手動式でフィンを回転させ、通風の度合いを調節することができる。フィンに型板ガラスを用いたものは、目隠しを兼ねることができる。

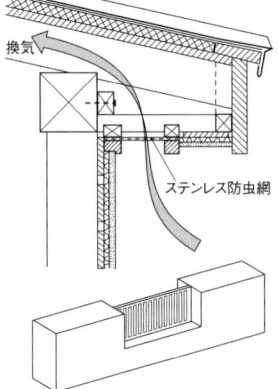

閉じたところ　開いたところ

換気　ステンレス防虫網

小屋裏換気口：小屋裏の換気のために設けられる。主に梅雨や夏の湿気・熱気を外に排出し、かびの発生や室内温度の上昇を防ぐ。

床下換気口：土台や束などの腐食の原因となる地面からの湿気を取り除くために、基礎部分に床下換気口を設ける。

各部構法　開口部

住宅の出入口 *doorway of house*

わが国の一般住宅の開口部は、もともと雨戸や明り障子などの引戸であったが、明治時代後期に入り、和洋折衷住宅が中流階級の住様式として編み出され、徐々に開き戸が使われ始めた。欧米の開き戸は内開きが多いが、わが国の住宅の出入口は外開きが多い。降水量の多いわが国では、外開きのほうが雨仕舞に有利であり、履物を玄関で着脱する習慣があるため玄関面積を有効に利用するうえでも外開きが勝っているなど、さまざまな理由がある。なお、共用廊下など通路に面した出入口では、開いた戸に人があたるなどの不都合を生じさせないよう、あらかじめ何らかの対策を考慮しておくことが望ましい。

玄関戸のしくみ（開き戸・袖付き・欄間付き）

玄関戸には、大型の家具などを搬入するときのために袖付きのドアが用いられたり、また玄関内部の採光のために、ドア上部にガラス製の欄間を設ける場合がある。

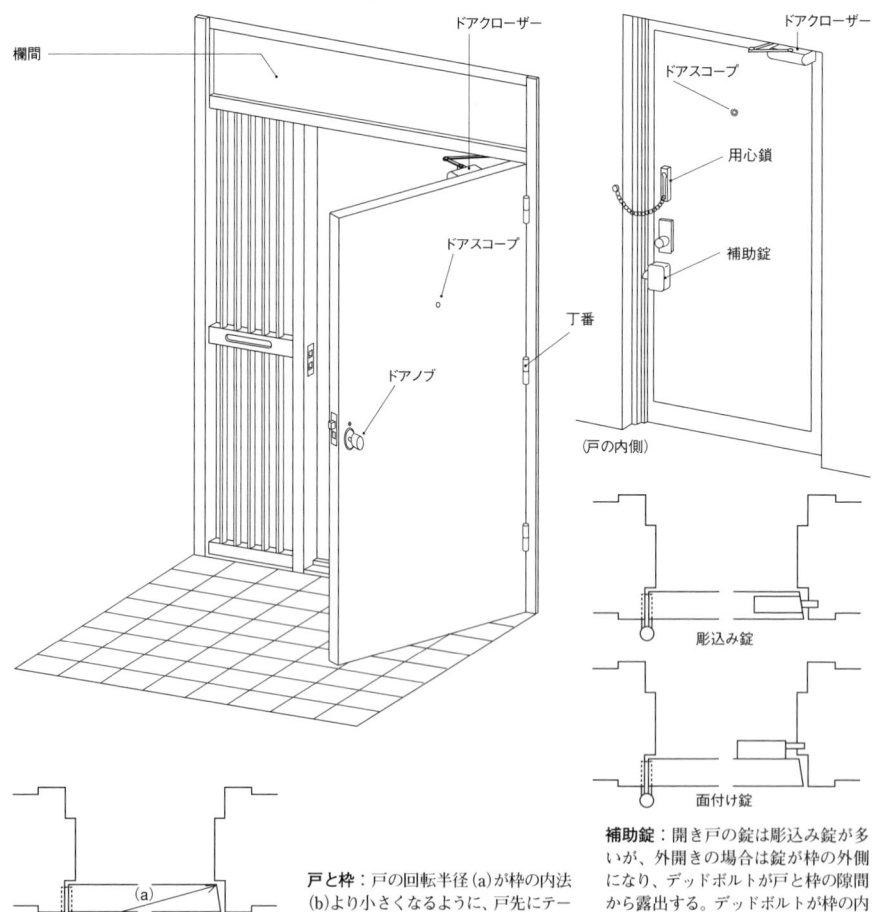

戸と枠：戸の回転半径（a）が枠の内法（b）より小さくなるように、戸先にテーパーをつけるか、戸先と枠の間に隙間を設けておく。

補助錠：開き戸の錠は彫込み錠が多いが、外開きの場合は錠が枠の外側になり、デッドボルトが戸と枠の隙間から露出する。デッドボルトが枠の内側に位置する面付け錠は防犯上有利である。

開口部　各部構法

そのほかの玄関戸（引違い戸）

和風の玄関戸では、引違い戸が主に用いられる。型板ガラスを用いたものが主流である。

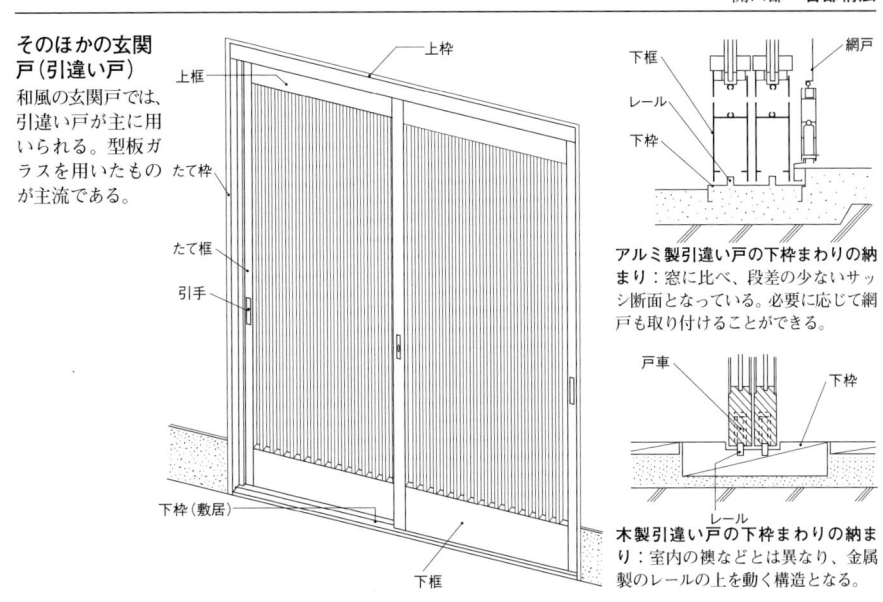

アルミ製引違い戸の下枠まわりの納まり：窓に比べ、段差の少ないサッシ断面となっている。必要に応じて網戸も取り付けることができる。

木製引違い戸の下枠まわりの納まり：室内の襖などとは異なり、金属製のレールの上を動く構造となる。

戸の種類

戸はそのデザインによってさまざまな種類があり、建物の外観や室内のデザイン、また機能や防犯のことを考慮して選択される。

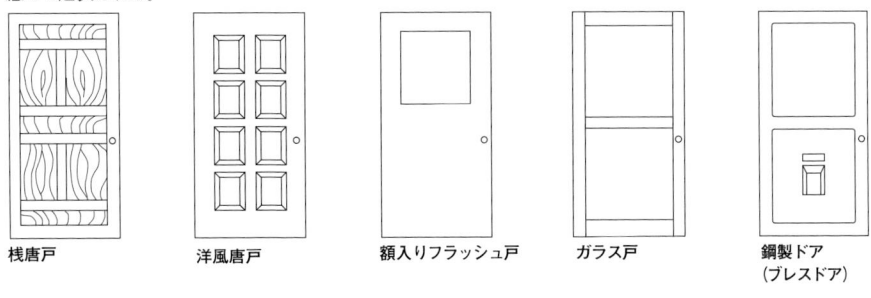

桟唐戸　　洋風唐戸　　額入りフラッシュ戸　　ガラス戸　　鋼製ドア（プレスドア）

住宅内の戸の工夫

浴室出入口や小屋裏の出入口など、住宅内における居室以外の室の出入口では、居室への出入口とは異なる要求があるため、さまざまな出入口の工夫が必要である。

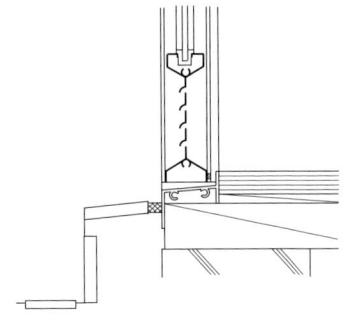

浴室出入口の下枠まわりの納まり：浴室外に水がかからないように、戸は浴室側に開き、框と枠の間をガスケットで塞いだり、下枠に段差を設けるなど水密性を確保する工夫が必要である。

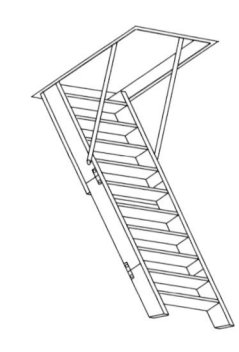

小屋裏への出入口：天井面と同一の仕上げの戸の内側に、伸縮式や折畳み式のはしごが組み込まれている。

和室の建具 *fitting of japanese style room*

和室の建具は、出入口と間仕切りとを兼ねている。「障子」という言葉はもともと間仕切りや建具の総称であり、われわれが現在用いている「障子」は歴史的には「明り障子」と称されるものであった。唐戸などの外来の開き戸は防御性などを考慮して重くつくられているが、引戸である和室の建具は軽量で、戸車などの金物を用いずに鴨居や敷居を摺動する。また、季節によって建具を使い分けたり、2室を続き間として使用するために取り払うことが容易であるのも、軽量な建具ならではの利点である。鴨居や敷居は建具の摺動を支えるとともに、間仕切りとしての建具を建て込む溝としての役割をもつ。

襖の構成

わが国における住宅の室内はもともと壁を設けず、必要に応じて衝立てなどで局所的に仕切っていたが、平安中期あたりから今日のような引戸の襖を室内の間仕切として柱間に建て込むようになったといわれる。襖のたて框とたて縁は、襖紙の貼替え時に分解できるように折合い釘という鈎形の釘で接合されている。

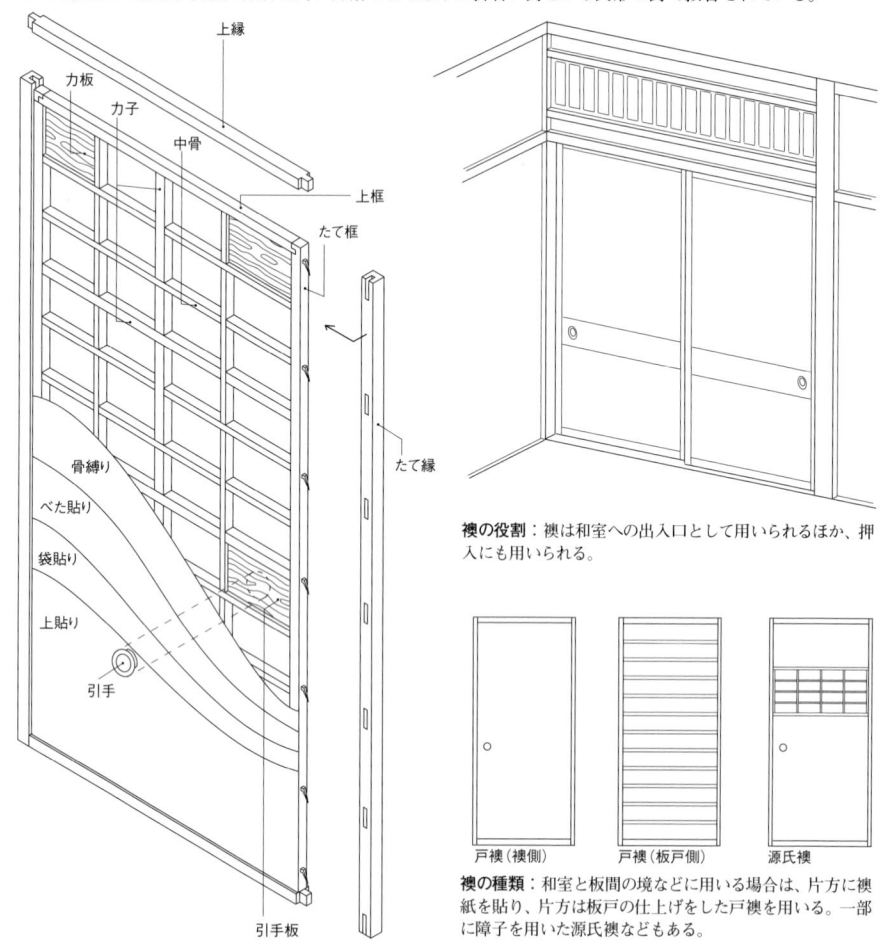

襖の役割：襖は和室への出入口として用いられるほか、押入にも用いられる。

襖の種類：和室と板間の境などに用いる場合は、片方に襖紙を貼り、片方は板戸の仕上げをした戸襖を用いる。一部に障子を用いた源氏襖などもある。

4枚引違い立て襖の構成
2つの室を4枚の襖で仕切る場合には、中央の2枚を、2つの部屋のうちの主要な室から見て手前に建て込む。

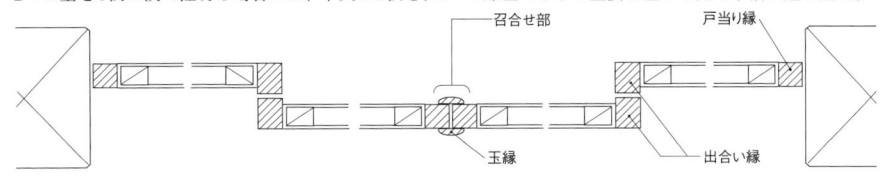

召合せ部　戸当り縁
玉縁　出合い縁

明り障子の種類としくみ
採光を目的とした明り障子は鎌倉時代に水腰障子が登場し、その後室町時代に書院造りとともに普及した。建物外周面に建て込まれる場合は、痛みやすい下部に板を入れた腰付き障子がよく使われる。

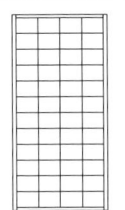

水腰障子：一般的な明り障子。

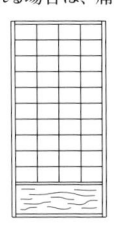

腰付き障子：下部を板張りにした明り障子。

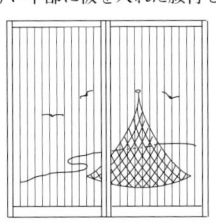

変り組障子(干し網)：組子を幾何学模様や上図のような模様に組んだ明り障子。

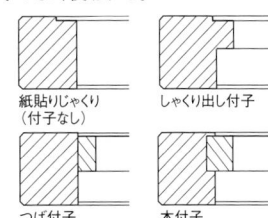

紙貼りじゃくり（付子なし）　しゃくり出し付子
つば付子　本付子

付子(際組子)と紙じゃくり：障子の框に接する組子を付子といい、その形式はさまざまである。

ガラス付き建具の種類としくみ
ガラスは明治時代にはすべて輸入品であり、住宅では座ったときの目の高さ1枚だけガラスを入れた額入り障子などの部分的な使用から始まった。建具全面にガラスを使うガラス戸が一般化したのは、昭和に入ってからのことである。ガラスは日本古来の建具に少しずつ取り入れられながら、雪見障子などの洗練された建具の形が生み出されてきた。

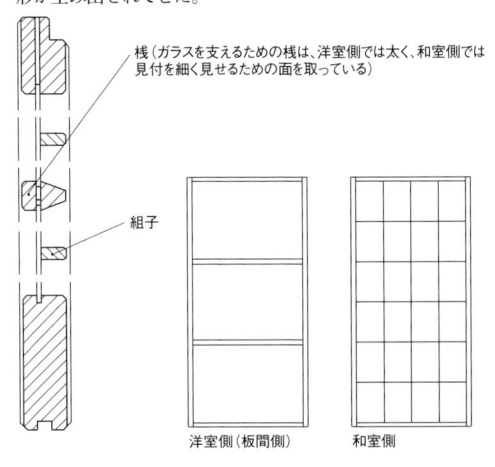

桟(ガラスを支えるための桟は、洋室側では太く、和室側では見付を細く見せるための面を取っている)

組子

洋室側(板間側)　和室側

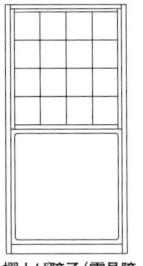

摺上げ障子(雪見障子)：上げたところ

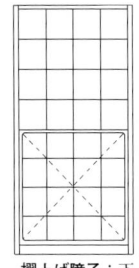

摺上げ障子：下げたところ

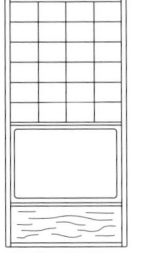

直ガラス障子　額入り障子

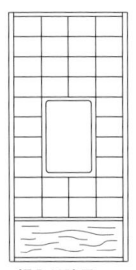

東(あづま)障子：吾妻障子とも書く。主に和室と洋室や板間との境に用いる建具で、紙貼りの代わりに摺りガラスや型板ガラスを入れ、和室側に組子を表したもの。障子紙の貼替えの手間を省くため、貸家建築でよく使われた。

各部構法　開口部

オフィスなどの出入口 *doorway of office etc.*

わが国では明治時代には業者ごとに建物を占有するか、棟割長屋でフロアごとに出入口を設けていたが、大正時代にアメリカ式オフィス建築が導入され、1つの建物を複数の業者で共有する、いわゆるオフィスビルの形態が成立した。オフィスビルでは出入口を多数の人間がスムーズに出入りできるように、戸に自閉機能をもたせたり、自動ドアを採用している。また、引分け戸や両開き戸で広い開口面積を確保している。非常時には不特定多数の人間を素早く避難させるための戸締り機構や、広大な室空間に一気に被害が被らないように、自閉式の鋼製扉などで防火区画を設ける工夫がなされている。

オフィスビルやホテルなどの出入口の役割
出入口を二重に設けることによって、風雨が建物内に直接吹き込んだり、室温が急激に変化するのを防ぐことができる。また、出入口の配置を下図の(c)のようにしておくと、内外双方の出入口が同時に動作しても吹抜けを防ぐことができる。

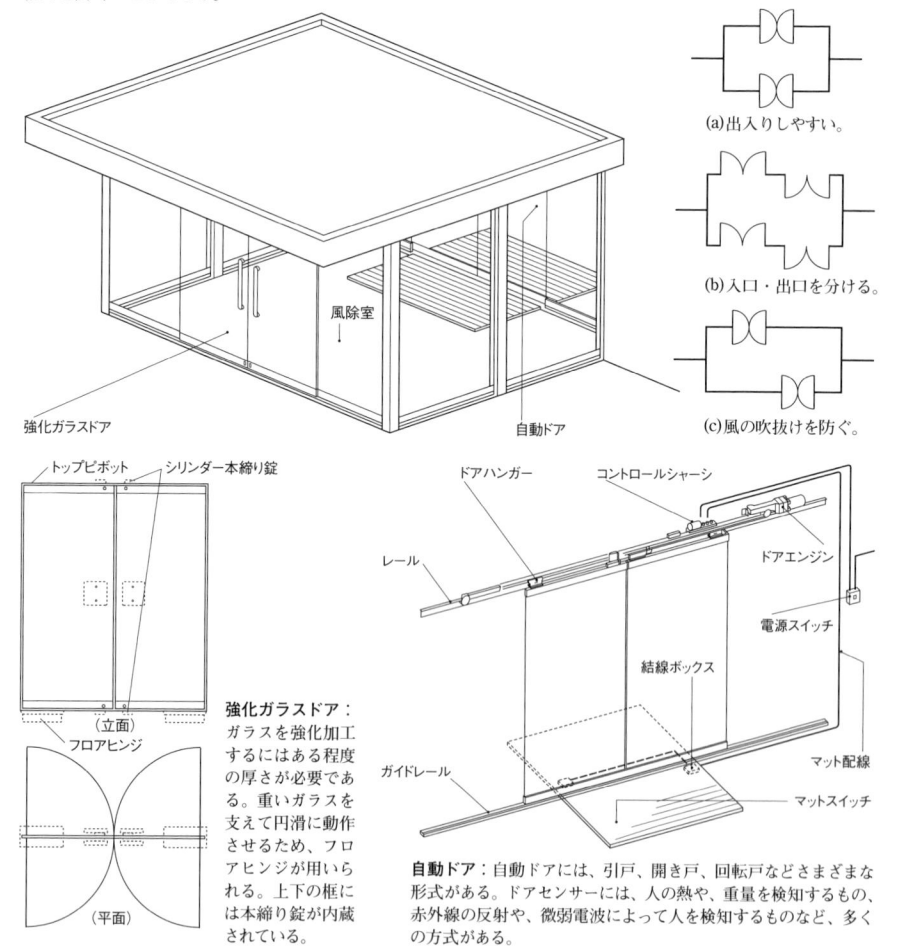

(a)出入りしやすい。

(b)入口・出口を分ける。

(c)風の吹抜けを防ぐ。

強化ガラスドア

風除室

自動ドア

トップピボット　シリンダー本締り錠

（立面）

フロアヒンジ

（平面）

強化ガラスドア： ガラスを強化加工するにはある程度の厚さが必要である。重いガラスを支えて円滑に動作させるため、フロアヒンジが用いられる。上下の框には本締り錠が内蔵されている。

ドアハンガー　コントロールシャーシ

レール

ドアエンジン

電源スイッチ

結線ボックス

ガイドレール

マット配線

マットスイッチ

自動ドア： 自動ドアには、引戸、開き戸、回転戸などさまざまな形式がある。ドアセンサーには、人の熱や、重量を検知するもの、赤外線の反射や、微弱電波によって人を検知するものなど、多くの方式がある。

開口部　各部構法

回転ドアのしくみ
回転ドアは、戸と円筒状の枠によって常に気密性が保たれているため、室内外の温度差の大きい場所や風の強い場所での出入口に適している。一方、安全に出入りできる速度に限界があるため、開き戸などと併用される。戸は回転軸に丁番で取り付けられており、非常時や荷物の運搬時には片側に寄せて開放することができる。

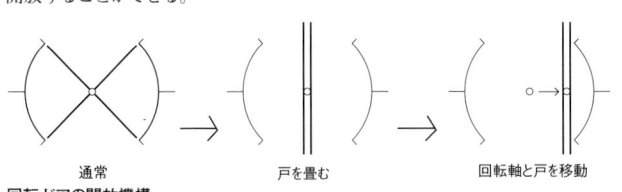

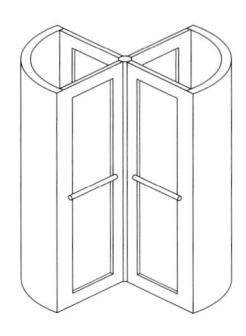

通常 → 戸を畳む → 回転軸と戸を移動

回転ドアの開放機構

そのほかのオフィス用の出入口と倉庫などの出入口
オフィスの出入口には、玄関以外にも非常口や通用門、屋外階段への出入口などがある。また、車庫や倉庫などの出入口では、戸も大型のものを取り付ける必要がある。

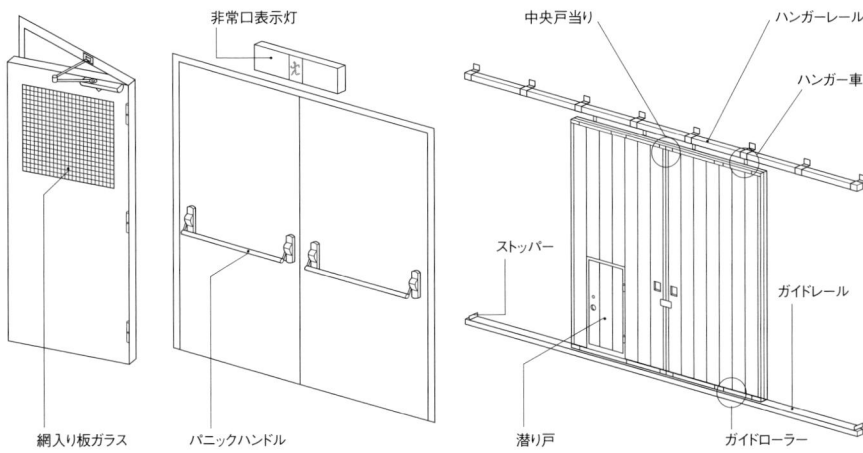

鋼製ドア：防火戸に用いられることが多い（網入り板ガラス）

非常ドア：非常時は、体でハンドルを押すだけで戸が避難方向に開き、火や熱、煙を遮断するための自閉機能をもつ。（非常口表示灯／パニックハンドル）

ハンガードア（潜り戸付き）：引戸が大型で重い場合は、上枠から戸車によって戸を吊る上車式が適している。（中央戸当り／ハンガーレール／ハンガー車／ストッパー／ガイドレール／潜り戸／ガイドローラー）

オーバーヘッドドア：シャッターと同様に開閉するが、スラットを巻取りによって収納するのではなく、天井面へ送り込んで収納するもの。倉庫や駐車場などで用いられる。

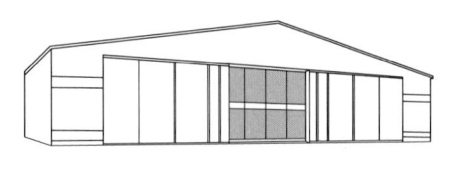

飛行機の格納庫のドア：航空機などの格納庫では、枠を妻面より大きくしたり、戸の引分け枚数を多くするなど、開放面積を広く取る工夫が見られる。

各部構法　開口部

雨戸とシャッター　*window shutter and rolling shutter door*

雨戸は外周開口部の最も外側に設けられ、雨仕舞や防犯を目的とする。わが国では古くから板戸が用いられてきた。欧米の外周建具は上げ下げ戸や開き戸が多いため、戸の外側に両開きの鎧戸を戸締りとして設けている。シャッターは、1837（天保6）年にイギリスで木製スラットのものが誕生した。わが国では、1896（明治29）年に日本銀行でイギリス製の鋼製シャッターが使われたのが最初である。生産が本格化したのは関東大震災以降で、戦後は戦災による影響からシャッターの防火性能が注目され、経済復興とともに使用が増加していった。大型化できる利点を生かし、大空間の防火区画としても用いられている。

雨戸のしくみ

雨戸は、窓や障子などの建具を風雨から守ることを目的としている。また、このほかにも強風時の飛来物から建具を保護することや、遮光や防犯などのはたらきがある。

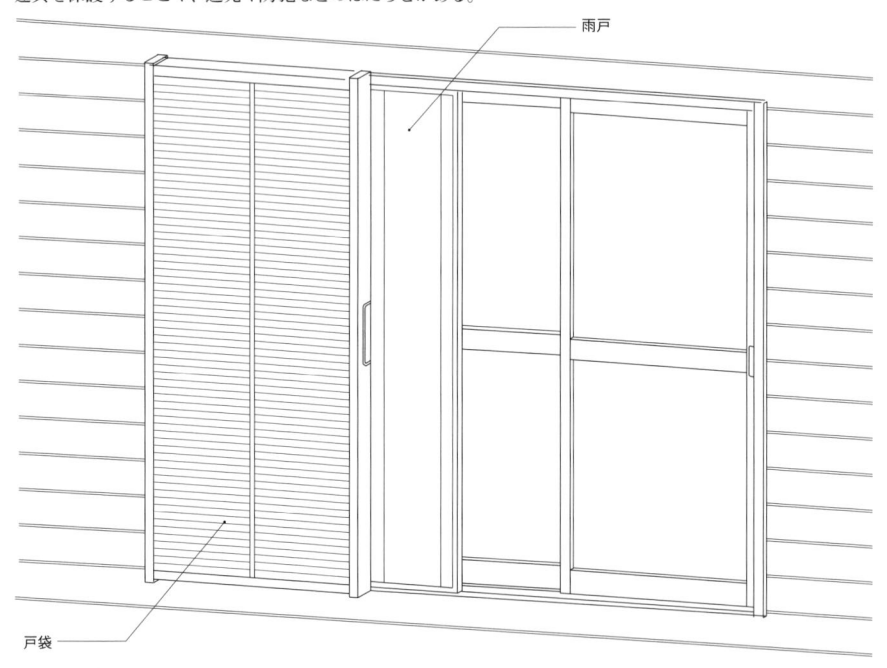

雨戸

戸袋

雨戸の種類

雨戸は木製のほか、木の骨組に金属板張りのものが使われてきたが、現在ではアルミサッシの普及にともない、金属製の雨戸が用いられるようになった。アルミサッシは水密性に優れるため、雨仕舞の点からは雨戸を必要としないが、住宅では雨戸による戸締りの習慣やガラスの保護、遮光や防犯などのために、雨戸を用いることが多い。

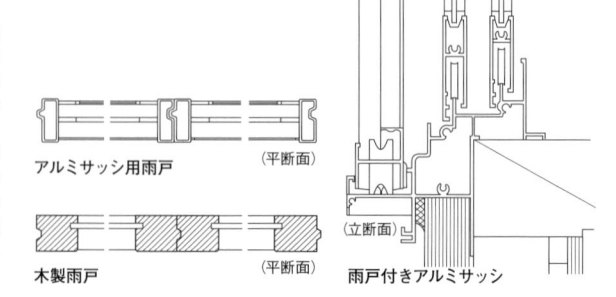

アルミサッシ用雨戸　（平断面）

木製雨戸　（平断面）

雨戸付きアルミサッシ　（立断面）

水平巻上げシャッターのしくみ

水平巻上げシャッターは、スラットが巻上げ機構にすべて収納されるため、開口部全部を開口することができる。店舗などの戸締り用の軽量シャッターや、スラットの厚さが1.5mm以上で防火戸として機能する重量シャッターなどがある。電動重量シャッターは、固定の防火壁を設けたくない空間の防火区画など、開口部以外の用途としても使われている。

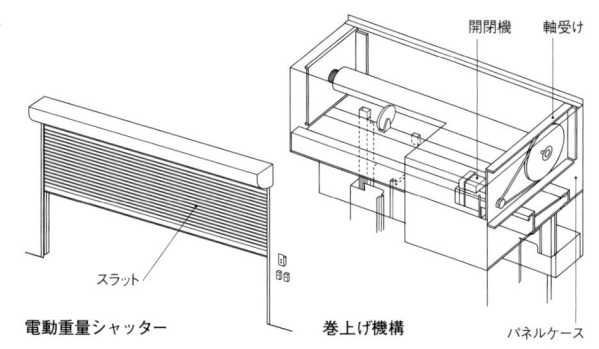

シャッター用のスラットの形状

スラットはシャッター面を構成する部材であり、現在インターロッキング型が主流である。防火戸として使用するスチール製のほか、ステンレス製やアルミ製などがある。インターロッキング型のスラットは明治30（1897）年にアメリカで開発され、大正初期にはわが国でも生産が始まった。

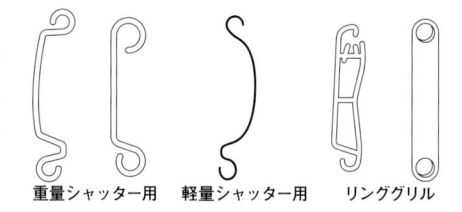

シャッターの開閉機構

シャッターの巻上げには、電動式、スプリングバランス式、ハンドルやチェーンによる手動式がある。重量シャッターで多く用いられる電動式は、ケース内部や天井裏に設置した開閉機によって巻き上げ、停電時には手動で操作できる。軽量シャッターの多くはスプリングバランス式で、これはシャッターカーテンの重量と、スプリングの反発力をバランスさせたものである。

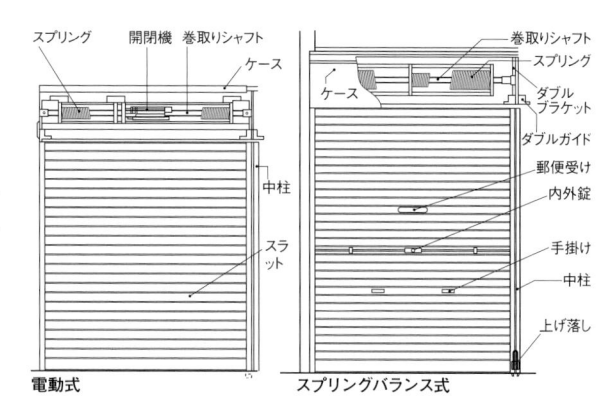

そのほかのシャッター

リンググリルシャッターは、ステンレスなどのパイプを等間隔でつなげた水平巻上げ式の格子である。ショーウィンドウなど視線を遮断したくない箇所の戸締りや、車庫など通風の確保を目的とした箇所に用いられる。軽量シャッターには、上部にリンググリルを組み合わせ、換気用がらりとする例もある。曲面のある開口部の戸締りには、横引きシャッターが適している。

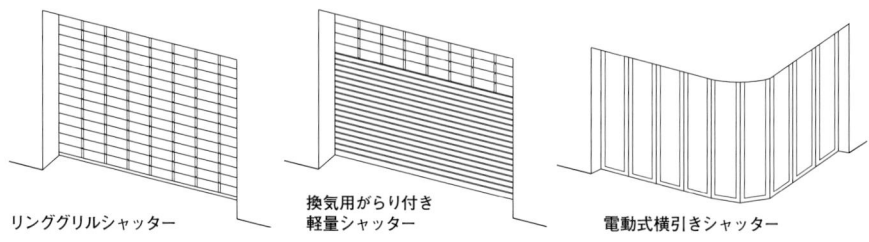

各部構法　開口部

鍵と錠　*key and lock*

鍵は、戸が風などで動かないように枠に固定するとともに、戸を操作する人を判別して侵入者を排除する役割を担っている。錠は、戸を枠に固定する締り機構（デッドボルトなど）と、鍵を判別する鎖錠機構（シリンダーなど）で構成され、特定の人物だけが締り機構を操作することができるようになっている。鍵と錠の歴史は古いが、1818（文政元）年にイギリスで開発されたレバータンブラー錠と、1848（嘉永元）年にアメリカで発明されたピンタンブラー機構が、それぞれ今日使用されているレバータンブラー錠とシリンダー錠の原点である。現在、わが国ではシリンダーケースロックが主流である。最近、集合住宅では暗証番号によるオートロックシステムが、また、ホテルでは合鍵をつくりにくいカードキー方式が数多く用いられるようになった。

シリンダーケースロックのしくみ
錠の締り機構には仮締りと本締りがあり、両方をケースに納めたものをケースロック（箱錠）という。シリンダーケースロックは開き戸用錠（ドアロック）の1つで、戸へのつけ方によって彫込み錠と面付け錠がある。わが国では外開きの戸が多いが、面付け錠はデッドボルトが枠の内側に隠れるため、外開きの戸では面付け錠のほうがより防犯性に優れている。

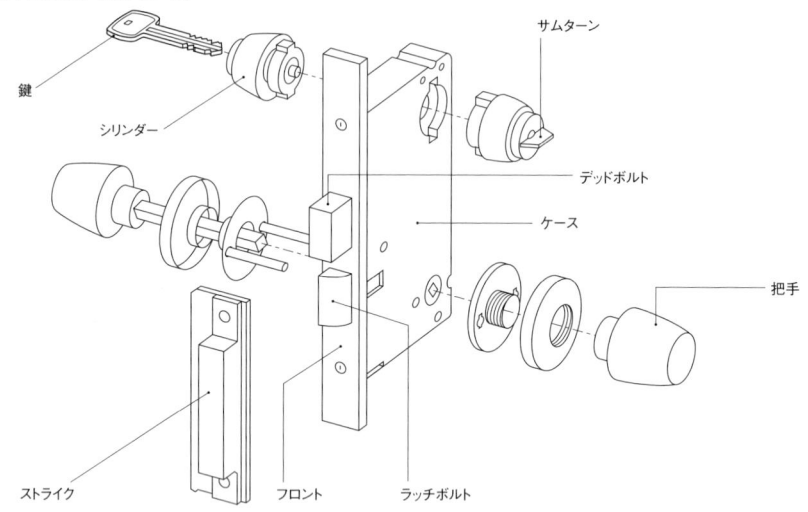

鍵　シリンダー　サムターン　デッドボルト　ケース　把手　ストライク　フロント　ラッチボルト

戸の開閉方式と戸締り機構
錠には、それぞれの戸の開閉方式に応じた締り機構がある。シリンダーケースロックは、開き戸用錠（ドアロック）の1つである。開き戸や引戸ではデッドボルトで戸と枠を連結するが、引違い戸では戸の召合せとなる框どうしをデッドボルトで連結し、戸の動作を阻止する。

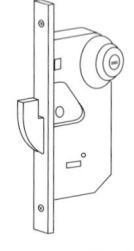

引戸用錠（鎌錠）：鎌状のデッドボルトで戸と枠を連結する。

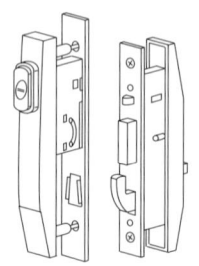

引違い戸用錠：鎌状や棒状のデッドボルトで戸の框どうしを連結する。

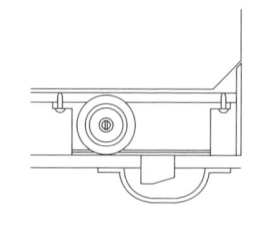

開き戸・引戸用錠：戸と下枠を連結する。ガラス製のドアなどで用いられる。

シリンダー錠のしくみ

シリンダーは固定された外筒、デッドボルトを操作する内筒、およびタンブラーで構成されている。鍵によってタンブラーが2筒の境界（シアライン）上にそろうと、内筒が回転可能となり、施解錠を行う。タンブラーには、ピンタンブラー、ディスクタンブラー、磁気タンブラーなどがある。

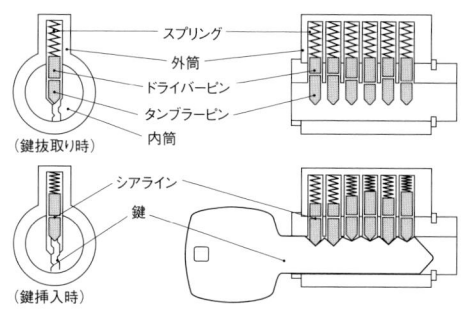

（鍵抜取り時）
スプリング / 外筒 / ドライバーピン / タンブラーピン / 内筒

（鍵挿入時）
シアライン / 鍵

ピンタンブラー錠の構造：ピン境界がシアラインとそろわないと、内筒は回転できない。ピン境界がシアラインとそろえば、内筒は回転可能となる。

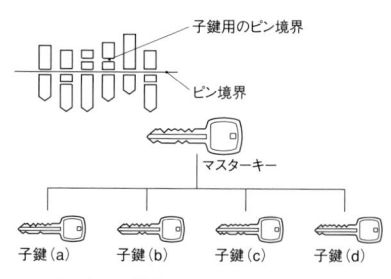

子鍵用のピン境界 / ピン境界 / マスターキー / 子鍵(a) / 子鍵(b) / 子鍵(c) / 子鍵(d)

マスターキーの構成：ピン境界を2カ所設け、1カ所は子鍵ごとに位置を変え、もう1カ所は同じとする。子鍵は子鍵用のピン境界を使用するが、親鍵は共通のピン境界を使用するため、どの鍵穴に差し込んでも施解錠ができる。

レバータンブラー錠のしくみ

デッドボルトから伸びた「ツク」という突起が、レバータンブラーの穴を貫いている。穴の位置はタンブラーごとに異なりツクを固定しているが、鍵をまわしてタンブラーがもち上がると穴がそろい、ツクが移動可能となる。さらに鍵をまわすと、鍵先がデッドボルトを移動して施解錠を行う。

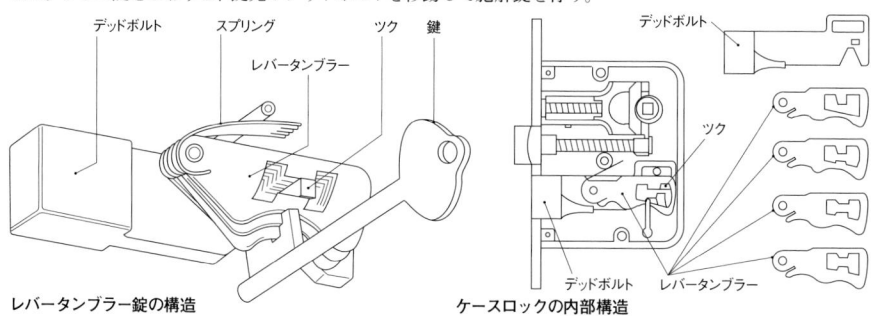

デッドボルト / スプリング / レバータンブラー / ツク / 鍵

レバータンブラー錠の構造

デッドボルト / ツク / レバータンブラー

ケースロックの内部構造

出入口の用途と錠の組合せ

戸の位置	室外側	室内側
玄関扉	鍵で施解錠	サムターンで施解錠
住戸内の個室の出入口	仮締りのみ	仮締りのみ
浴室・トイレの出入口	非常時のみ硬貨で解錠	サムターンで施解錠
ホテル客室の出入口	鍵で施解錠（把手は固定）	把手で解錠
倉庫の出入口	鍵で施解錠	施錠は不可解錠は可
連絡通路の扉	鍵で施解錠	鍵で施解錠
集合住宅の集合玄関	テンキー方式で解錠	電気錠で施錠自動施錠

特殊な施解錠機能をもつ錠

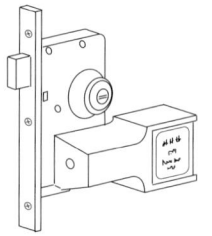

非常錠：非常解錠装置のレバーを押すと解錠する。公共施設などの避難経路に使用される。

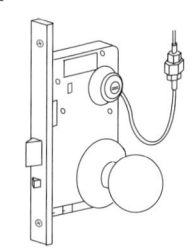

電気錠：電気施解錠を操作する機能をもち、出入口を集中管理することができる。

各部構法　開口部

開口部を支える補助部品 *finish hardware*

開口部および開口部まわりで用いられる部品には、鍵や錠などをはじめさまざまなものがある。建具に取り付けられる金物には、丁番などの動作円滑金物、ドアクローザーなどの動作制御金物、錠などの締り金物などがある。開口部に要求される機能によって、これらの金物が選択されて使用されている。また、カーテンやブラインド、窓の手摺や面格子などは、開口部の機能を補助するものとして重要な役割を果たしている。

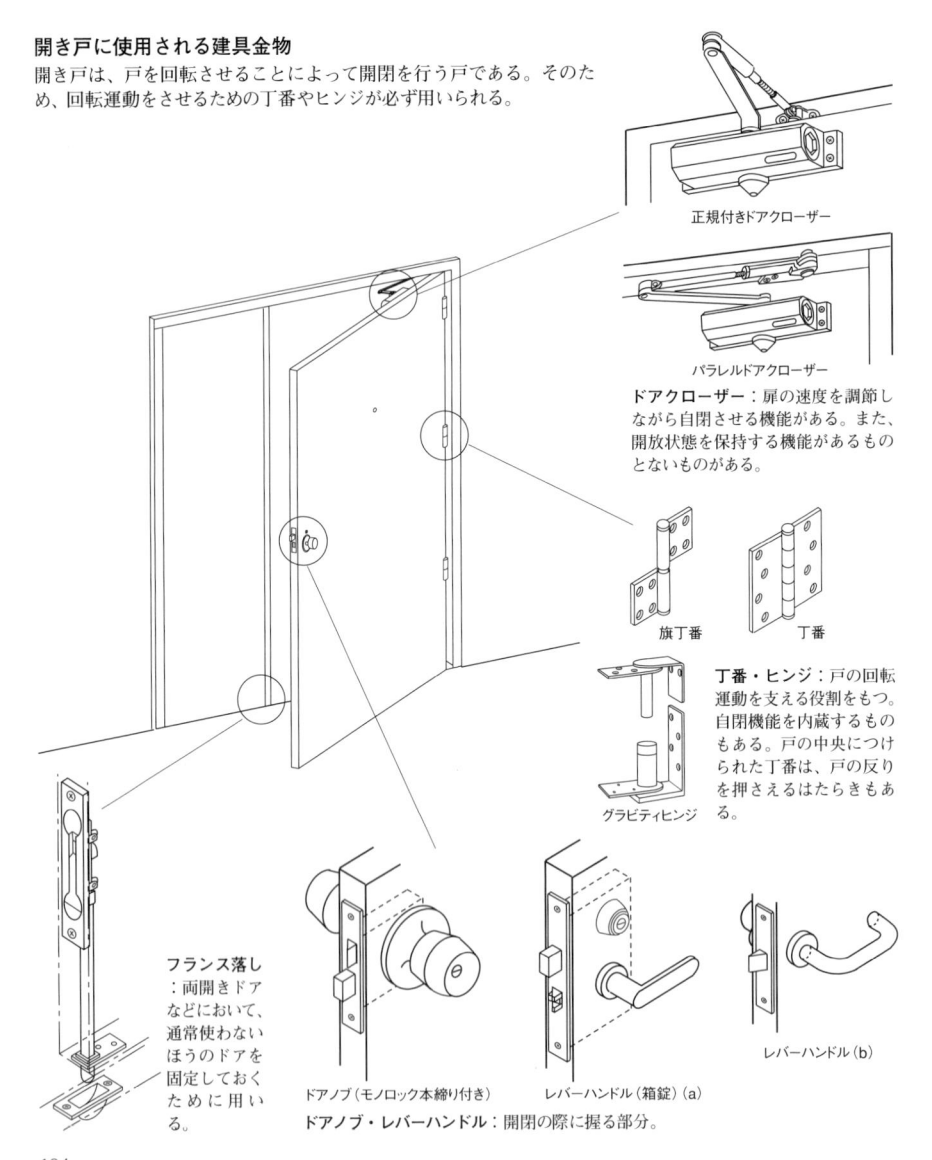

開き戸に使用される建具金物

開き戸は、戸を回転させることによって開閉を行う戸である。そのため、回転運動をさせるための丁番やヒンジが必ず用いられる。

正規付きドアクローザー

パラレルドアクローザー

ドアクローザー：扉の速度を調節しながら自閉させる機能がある。また、開放状態を保持する機能があるものとないものがある。

旗丁番　丁番

グラビティヒンジ

丁番・ヒンジ：戸の回転運動を支える役割をもつ。自閉機能を内蔵するものもある。戸の中央につけられた丁番は、戸の反りを押さえるはたらきもある。

フランス落し：両開きドアなどにおいて、通常使わないほうのドアを固定しておくために用いる。

ドアノブ（モノロック本締り付き）

レバーハンドル（箱錠）(a)

レバーハンドル(b)

ドアノブ・レバーハンドル：開閉の際に握る部分。

引戸に使用される主な建具金物

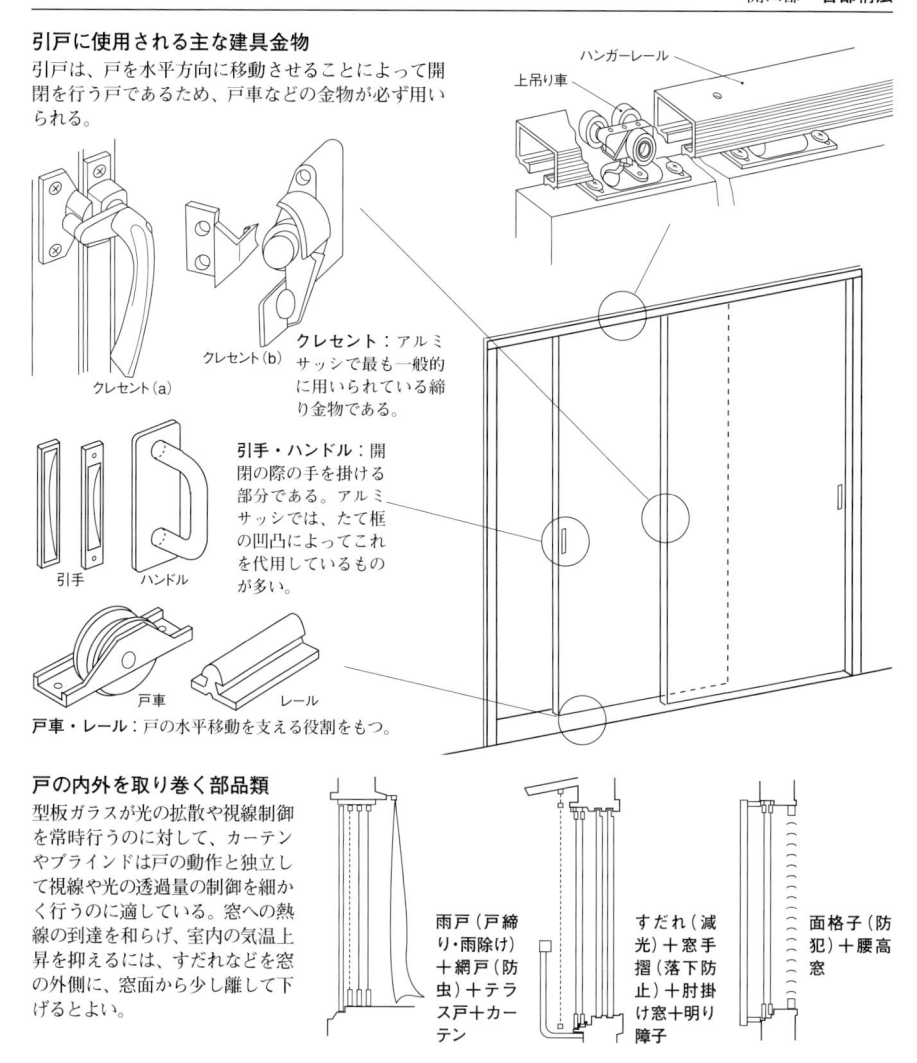

引戸は、戸を水平方向に移動させることによって開閉を行う戸であるため、戸車などの金物が必ず用いられる。

クレセント：アルミサッシで最も一般的に用いられている締り金物である。

引手・ハンドル：開閉の際の手を掛ける部分である。アルミサッシでは、たて框の凹凸によってこれを代用しているものが多い。

戸車・レール：戸の水平移動を支える役割をもつ。

戸の内外を取り巻く部品類

型板ガラスが光の拡散や視線制御を常時行うのに対して、カーテンやブラインドは戸の動作と独立して視線や光の透過量の制御を細かく行うのに適している。窓への熱線の到達を和らげ、室内の気温上昇を抑えるには、すだれなどを窓の外側に、窓面から少し離して下げるとよい。

雨戸（戸締り・雨除け）＋網戸（防虫）＋テラス戸＋カーテン

すだれ（減光）＋窓手摺（落下防止）＋肘掛け窓＋明り障子

面格子（防犯）＋腰高窓

窓手摺と面格子の種類

窓手摺は和室の肘掛け窓に設けられるが、近年は和室の減少にともなって肘掛け窓自体が少なくなっている。面格子は防犯や視線の制御を目的としている。窓手摺や面格子には木造製や金属製があり、鋼製品は鋳物を組んだり、棒鋼やパイプを曲げたさまざまな意匠のものがつくられたが、最近は、アルミやステンレスの量産品に置き替わっている。

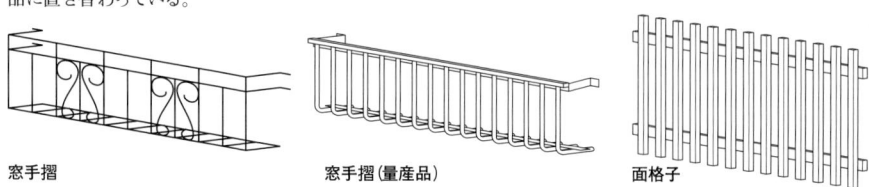

窓手摺　　窓手摺（量産品）　　面格子

階段の構成 *system of stairs*

階段は、建物の上下階の移動手段であり、足を載せる踏板とそれを支える桁や手摺などの部分からなっており、その平面形式には直階段や折返し階段などがある。階段の用途や種類によって各寸法計画や勾配が重要な要素となるが、躯体との取合いにも注意する必要がある。また、階段以外の上下階の移動手段としては、エスカレーターやエレベーターがある。

さまざまな階段

階段には踏板の支持方法や平面形状など、さまざまな種類がある。また材料によっても異なり、木製階段、鉄骨階段、鉄筋コンクリート階段などがある。それぞれの特徴に応じて計画されるが、昇降のための快適性は確保しつつ、形状や材料を工夫することによって、設計上の見せ場になることも多い。

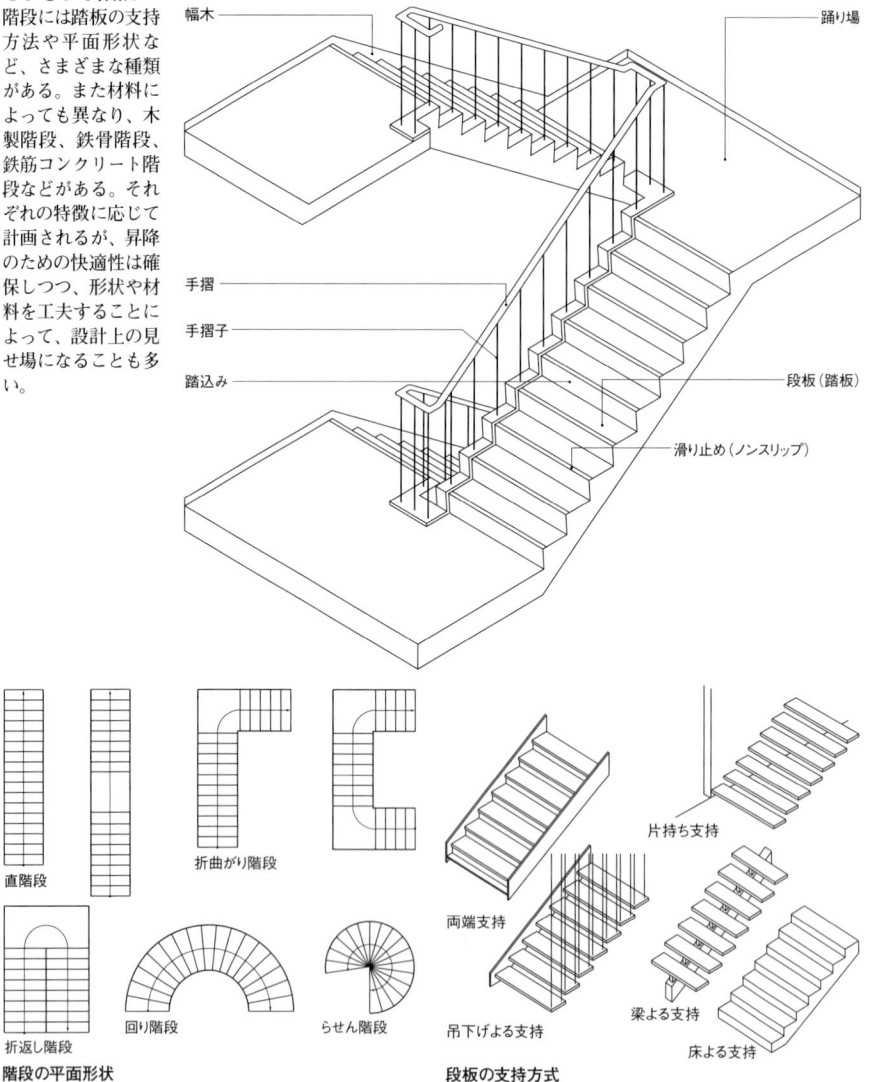

（幅木、踊り場、手摺、手摺子、踏込み、段板（踏板）、滑り止め（ノンスリップ））

階段の平面形状：直階段、折曲がり階段、折返し階段、回り階段、らせん階段

段板の支持方式：両端支持、片持ち支持、吊下げよる支持、梁よる支持、床よる支持

階段・バルコニーほか　**各部構法**

階段の寸法と勾配

階段の各種寸法は、用途や種類によって異なる。たとえば、幅は避難上最低限の寸法が用途ごとに定められている。また、快適な勾配に合わせて踏面と蹴上げのバランスも重要であり、$2R+T≒63cm$などいくつかの式が提案されている。

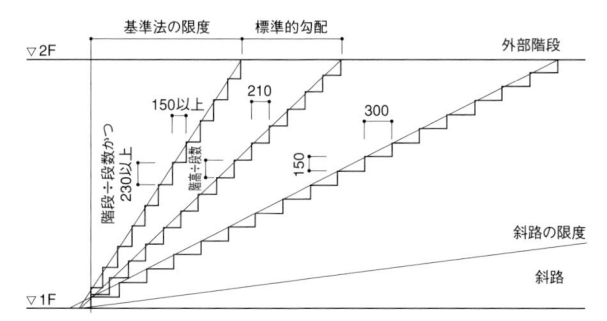

階段・斜路の勾配：勾配は昇降手段によって異なるが、階段勾配は$30～35°$が最も一般的である。

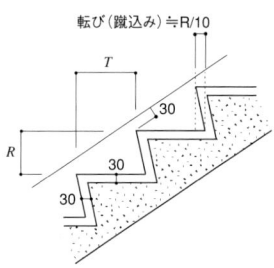

階段の転び(蹴込み)：転びは$R/10$がよいとされている。

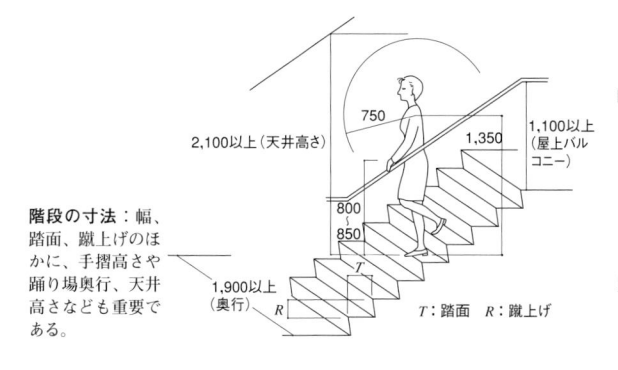

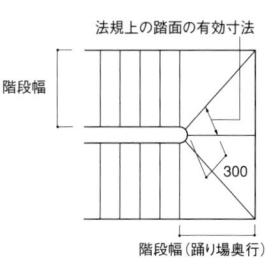

階段の寸法：幅、踏面、蹴上げのほかに、手摺高さや踊り場奥行、天井高さなども重要である。

階段の踊り場：階段には踊り場を設けたほうが上りやすい。奥行は階段幅と同じ寸法を採る。

階段などの垂直導線の建築計画

階段は垂直方向の空間の連結、上下通行のスペースであり、建物の中で効果的に配置されなければならない。これは建築用途によって異なる。たとえば、オフィスではエレベーター計画などとともにコアの配置計画が重要となる。一方、集合住宅においては階段室型なのか、あるいは片廊下型なのかにより異なる。また、すべての用途において避難を確保するための階段の配置が必要となる。階段はこのような計画に基づき、屋外階段と屋内階段を使い分けるが、特に屋内階段の場合は躯体との取合いなどに注意し、梁などに頭がぶつかるような設計をしてはならない。

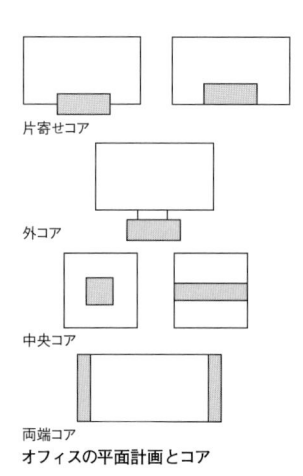

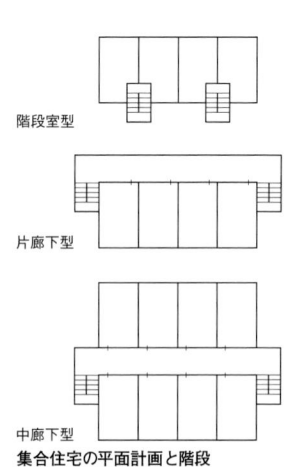

オフィスの平面計画とコア

集合住宅の平面計画と階段

197

木製の階段 *timber stairs*

木製の階段は、木材でつくった段によって高さの異なる床を連絡する通路である。樹種としては、まつ、ひのき、つが、べいまつ、べいつが、けやきなどが使用されてきたが、近年では幅広材の入手が容易な合板や集成材の使用が一般的である。わが国の伝統的な民家でよく見られた側板と踏板からなる箱階段は和風、一方、側桁、踏板、蹴込み板、手摺からなる側桁階段は洋風と呼ばれていたが、今日では部材構成と和風・洋風の対応づけはされない。側面下部の空間を戸棚や押入、引出しなどに利用した箱段（箱はしご）としたり、木製のみに固執せずにスチールとの混構造によって軽やかに見せるなど、さまざまな工夫や表現がなされている。

木製階段の構成
階段の構造形式にはいくつかの類型が見られるが、踏板を桁が支持するという構成は共通である。踏板は材質、仕上げ、厚み、鼻段の形状など、さまざまな点が歩きやすさに大きな影響を与えるため、設計の際に細心の注意が必要となる。機能上または意匠上付属するものとして蹴込み板や裏板、手摺などがある。

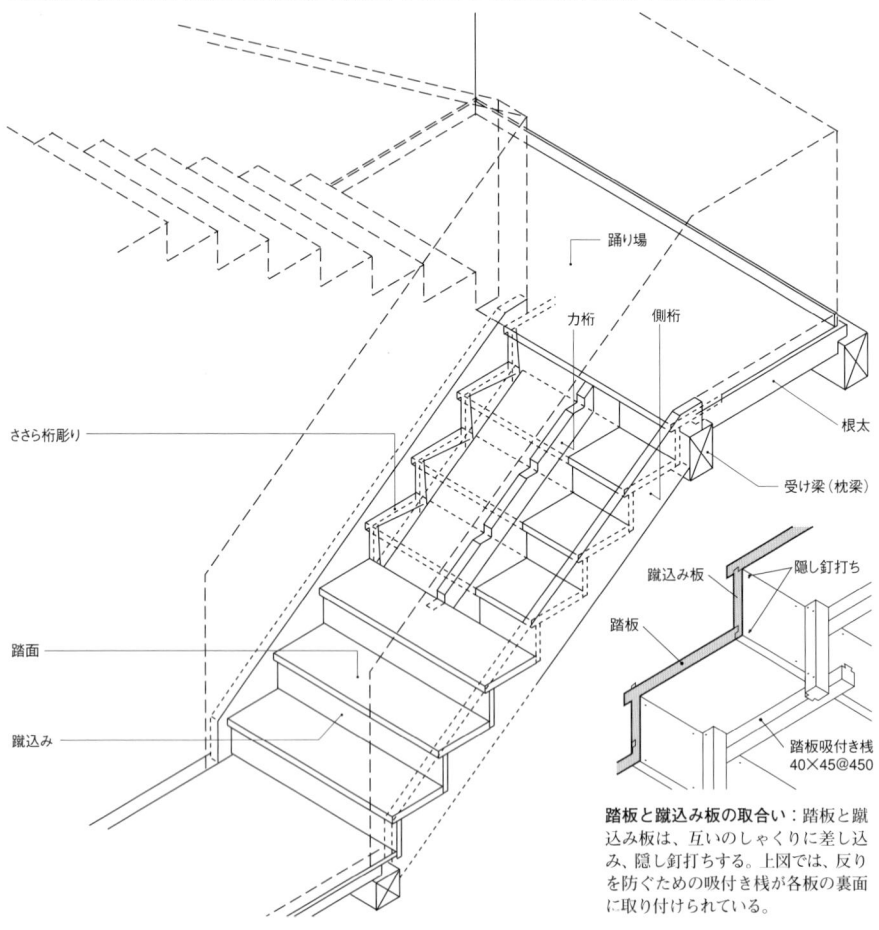

踊り場 / 力桁 / 側桁 / 根太 / 受け梁（枕梁） / ささら桁彫り / 踏面 / 蹴込み / 蹴込み板 / 踏板 / 隠し釘打ち / 踏板吸付き桟 40×45@450

踏板と蹴込み板の取合い：踏板と蹴込み板は、互いのしゃくりに差し込み、隠し釘打ちする。上図では、反りを防ぐための吸付き桟が各板の裏面に取り付けられている。

階段・バルコニーほか **各部構法**

木製階段の構造手形式
木製階段の基本的な構造形式は、主要構成部材により側桁階段、箱階段、ささら桁階段の3種に分類される。

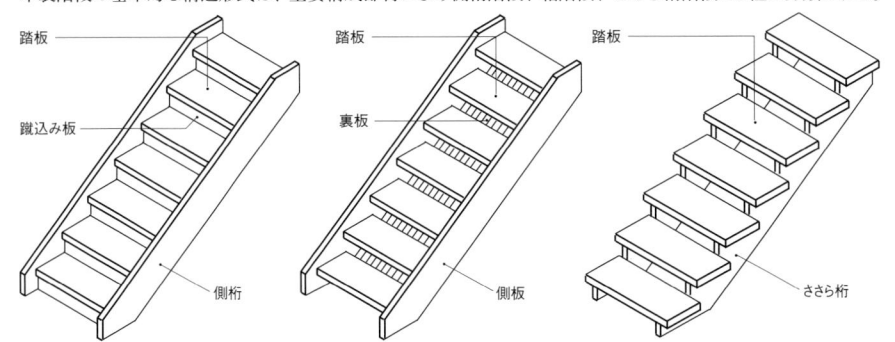

側桁階段：一般に用いられている手法である。通常、側桁は階段壁の面内に納めるが、片側を露出させて手摺が取り付けられている場合もある。

箱階段（はしご階段）：側桁階段の一種とも考えられるが、和風木造階段の代表的な構造形式として知られる。階段の側面が壁で囲まれる場所によく用いられる。

ささら桁階段（雛階段）：側桁の外まで踏板を出して、木口を化粧に見せる形式。これに似た形式として、力桁階段がある。

側桁階段の詳細
側桁には、一般に深さ15mmほどの踏板彫りと蹴込み彫りの欠込みをくさびしろを見込んで施し、側桁を掛け渡した後、踏板と蹴込み板を差し込んでくさび打ちなどで締め付ける。また、階段の幅が広い場合は、踏板の反りを防ぐために吸付き桟を取り付けたり、両側の桁の間に力桁（中桁）を配する処置がとられる。

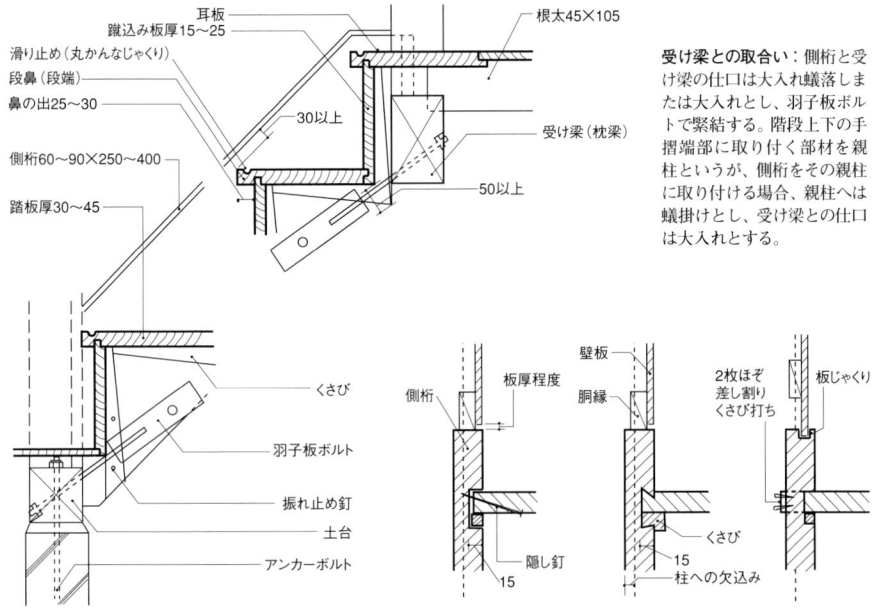

受け梁との取合い：側桁と受け梁の仕口は大入れ蟻落しまたは大入れとし、羽子板ボルトで緊結する。階段上下の手摺端部に取り付く部材を親柱というが、側桁をその親柱に取り付ける場合、親柱へは蟻掛けとし、受け梁との仕口は大入れとする。

土台との取合い：側桁と土台の仕口は大入れ蟻落しまたは大入れとし、側桁上部と同じく羽子板ボルトで緊結する。側桁下部を親柱と土台を取り付ける場合、大入れ蟻掛けとする。

側桁と踏板との納まり例：箱階段でよく使われたのは、大入れ隠し釘打ちと、2枚ほぞ差し割りくさび打ちを交互に繰り返す方法である。通常、側桁階段にはほぞ差しの手法は用いられない。

199

各部構法　階段・バルコニーほか

鉄筋コンクリートの階段 *reinforced concrete stairs*

鉄筋コンクリートの階段は、鉄筋コンクリートでつくった段によって高さの異なる床を連絡する通路である。型枠と鉄筋を組み立て、コンクリートを打設する一体式の構造であり、形状も自由に造形でき、耐火性や耐久性に優れて、歩行騒音・振動が発生しにくいという長所がある。一方、短所としては自重が大きいことがあげられ、また配筋や型枠が複雑であるため、施工には多くの手間がかかる。施工方法は通常現場打ちが多いが、工期短縮・労務軽減のため、集合住宅の屋外階段などではプレキャスト工法が用いられることもある。

鉄筋コンクリートの階段の構成

段々状に打設されるコンクリートは、段の先端部に配置した階段主筋、段型に合わせて稲妻形に連続して折り曲げた稲妻筋、および段押え筋や下端筋などの鉄筋で補強されている。各段は、足を載せる面と、その端で立ち上がる蹴込みからなり、踏面先端の段鼻には、滑りや破損・摩擦の防止をするためノンスリップを設ける。段の途中には、昇降時の危険防止や方向転換のために、踏面の広い段として踊り場がある。

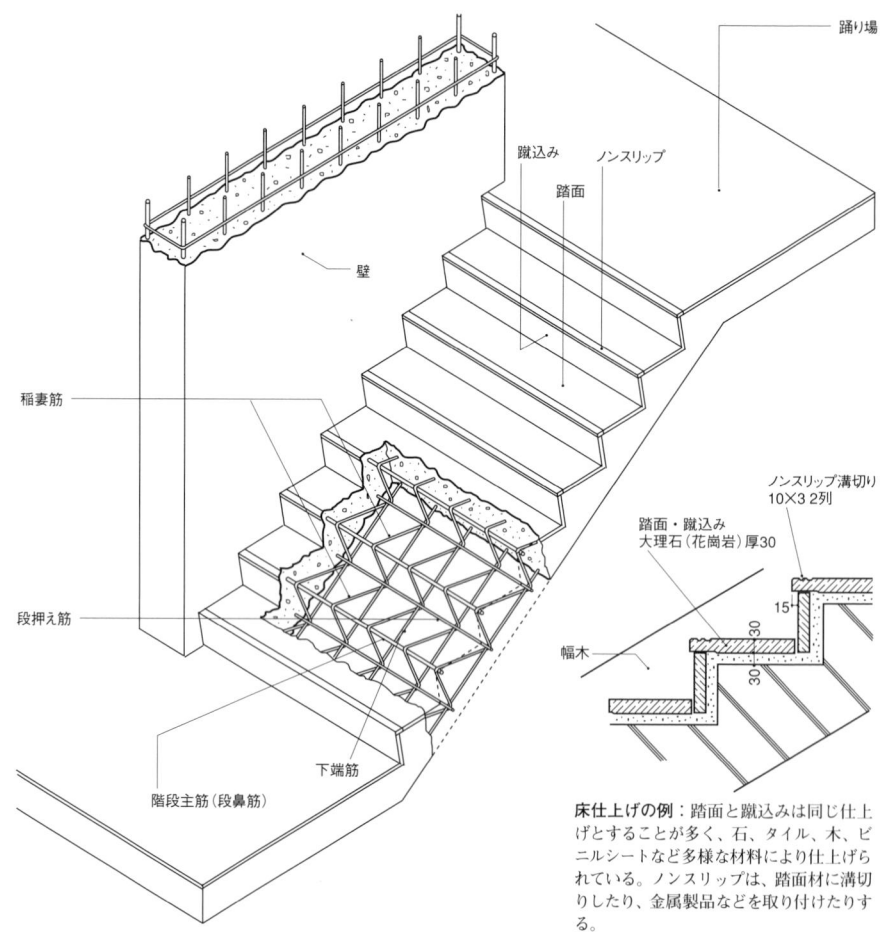

床仕上げの例：踏面と蹴込みは同じ仕上げとすることが多く、石、タイル、木、ビニルシートなど多様な材料で仕上げられている。ノンスリップは、踏面材に溝切りしたり、金属製品などを取り付けたりする。

階段・バルコニーほか　**各部構法**

鉄筋コンクリートの階段の構造形式

鉄筋コンクリートの階段の形態は、建物の用途・規模によってさまざまなものがあるが、構造形式としては、片持ち階段、スラブ階段、トラス階段、そしてこれらを変形・複合したものがある。

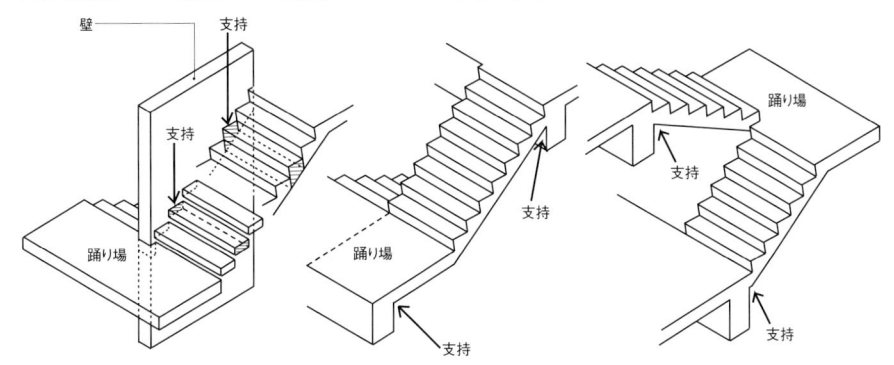

片持ち階段：最も一般的な階段形式であり、壁から段板を片持ちでもち出す方式。段板を一段ずつ独立させることもできる。

スラブ階段：踊り場と段板部を連続した薄い梁とし、階段の上下両端で支える方式。段板部の横に壁のない開放的なものとなる。

トラス階段：上の段板部が引張り、下の段板部が圧縮のトラスとして踊り場を支える方式。最も開放的な階段である。

施工方法の種類

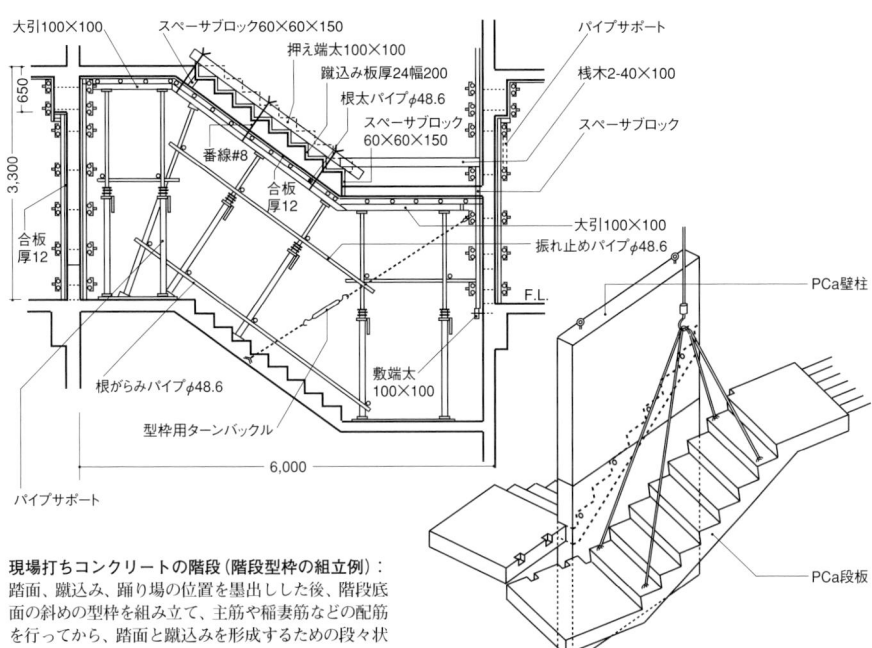

現場打ちコンクリートの階段（階段型枠の組立例）：踏面、蹴込み、踊り場の位置を墨出しした後、階段底面の斜めの型枠を組み立て、主筋や妻梁筋などの配筋を行ってから、踏面と蹴込みを形成するための段々状の型枠でふたをする。そこに、コンクリートを打設することで階段ができる。形状が複雑であるため、墨出しはもちろん、型枠や支保工の組立、鉄筋の加工や配置など、多くの施工手間がかかるうえに、精度を確保することが難しく、高い技能が要求される。

プレキャストコンクリートの階段：工場生産した階段PCa部材を、現場で組み立てる工法。PCa部材のセットには大型の揚重機を用いる。規格化・量産化によってPCa化のメリットが高まる。

各部構法　階段・バルコニーほか

鉄骨の階段 *steel framed stairs*

鉄骨の階段は、主要構造部を形鋼や鋼板、鋼管などの鋼材を用いて組み立てた階段である。一般に非常階段やらせん階段などのように、建物本体から独立した通路としてつくられることが多い。構法としては木造階段と同様の部材配置がとられるが、鋼材のもつ材料特性、すなわち木造や鉄筋コンクリート造と比べてきわめて小さな断面で大スパンを達成できること、さらに線材として用いた場合には引張り（テンション）に対する強度への信頼性などから、軽やかさ、透明性、シャープさといった独自のデザイン表現の可能性をもつ。

鉄骨の階段の構成

鉄骨の階段は、段板、段板の支持部材、手摺、手摺子などによって構成され、このうち段板とその支持部材との位置関係や支持方法によって、下図のような側桁階段（両端固定）や、さらら桁階段（両端ピン）、中桁階段（中央固定）、立体トラス階段（3点ピン）、らせん階段（片端固定支持）などに分類される。

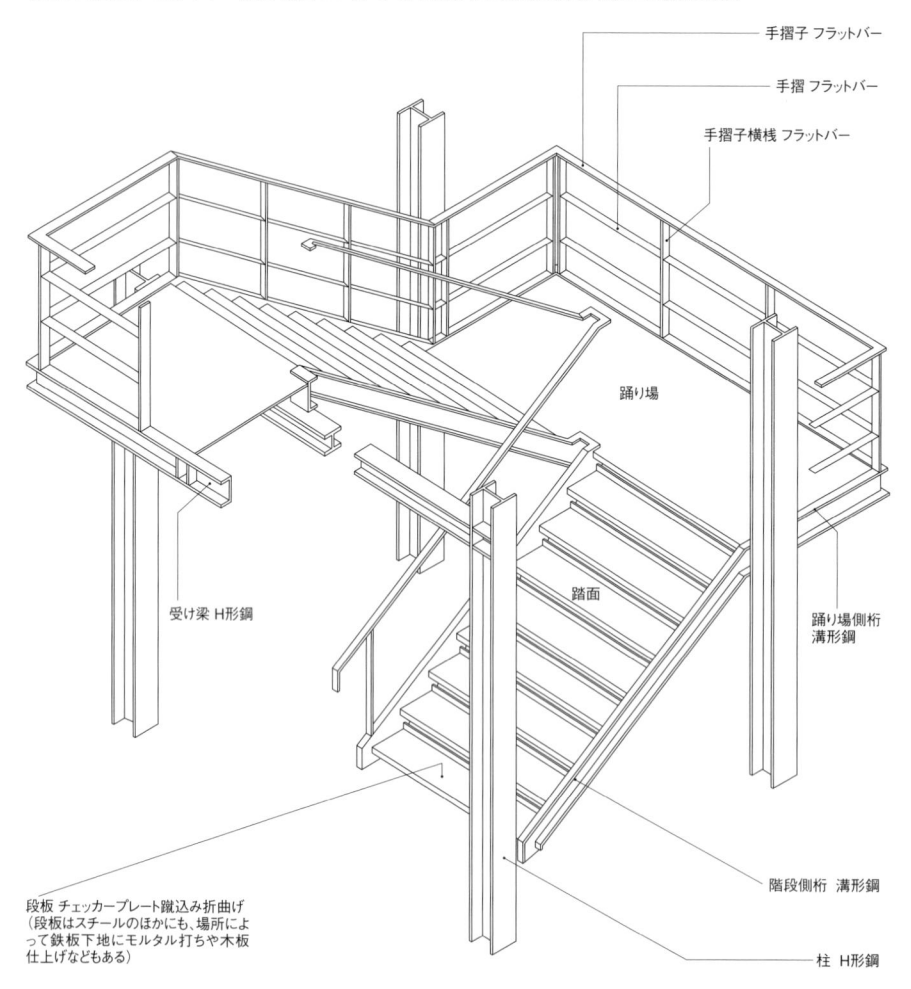

手摺子 フラットバー
手摺 フラットバー
手摺子横桟 フラットバー
踊り場
受け梁 H形鋼
踊り場側桁 溝形鋼
踏面
階段側桁 溝形鋼
柱 H形鋼

段板 チェッカープレート蹴込み折曲げ
（段板はスチールのほかにも、場所によって鉄板下地にモルタル打ちや木板仕上げなどもある）

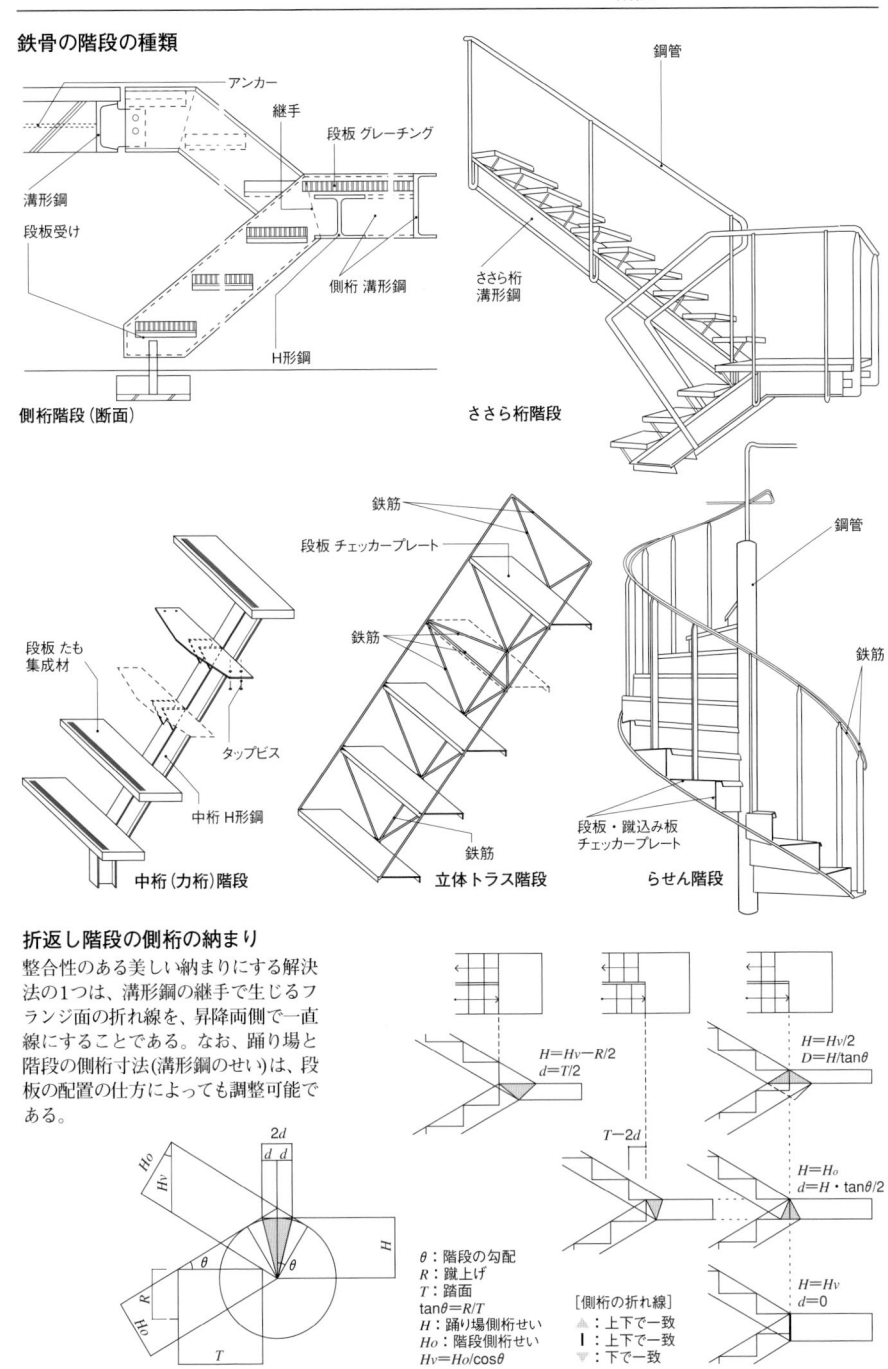

鉄骨の階段の種類

側桁階段(断面)

ささら桁階段

中桁(力桁)階段

立体トラス階段

らせん階段

折返し階段の側桁の納まり

整合性のある美しい納まりにする解決法の1つは、溝形鋼の継手で生じるフランジ面の折れ線を、昇降両側で一直線にすることである。なお、踊り場と階段の側桁寸法(溝形鋼のせい)は、段板の配置の仕方によっても調整可能である。

θ：階段の勾配
R：蹴上げ
T：踏面
$\tan\theta = R/T$
H：踊り場側桁せい
Ho：階段側桁せい
$Hv = Ho/\cos\theta$

[側桁の折れ線]
▲ 上下で一致
▮ 上下で一致
▼ 下で一致

$H = Hv - R/2$
$d = T/2$

$H = Hv/2$
$D = H/\tan\theta$

$T - 2d$

$H = Ho$
$d = H \cdot \tan\theta/2$

$H = Hv$
$d = 0$

階段の手摺 *balustrade/handrail of stairs*

手摺は階段を昇降するときの落下・転落を防ぐ補助装置であり、わが国の伝統様式においては「高欄(こうらん)」「勾欄」と呼ばれる。手摺の構成要素としては、側柵(手摺子、横桟)、腰壁、笠木(かさぎ)、架木(ほこぎ)などがあげられるが、英語では手摺子balusterのついているものをbalustrade、実際に手の接触する部分となる笠木・架木をhandrailと表記して区別する。一般にはhandrailそのものをさして手摺と呼ぶことが多い。手摺を支持する方法によってウォール型とフェンス型に大別されるが、人の誘導はもちろん、人の視線をも上下に誘導する空間装置としてさまざまな意匠提案がなされている。

手摺のタイプ

階段の手摺は、建築物の中では数少ない「直に肌が触れる」部位であり、これを壁から遊離させて直接支持するウォール型と、腰壁部分を側柵に置き換えて透明性をもたせたフェンス型に大別される。公共施設の階段室では周壁側をウォール型、中央の折返し部分をフェンス型にした併用型が見られる。

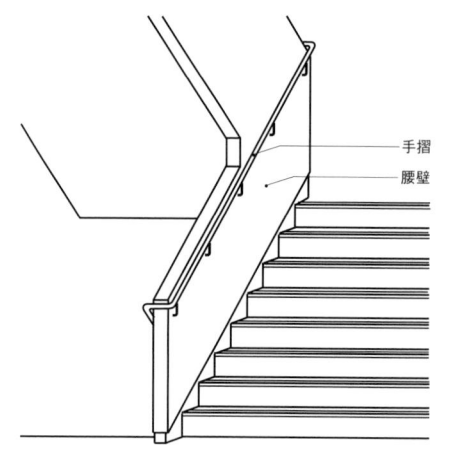

ウォール型：手摺は壁の外側につけるのが一般的であるが、下の事例のように、壁の厚みを利用して手摺を埋め込むこともできる。

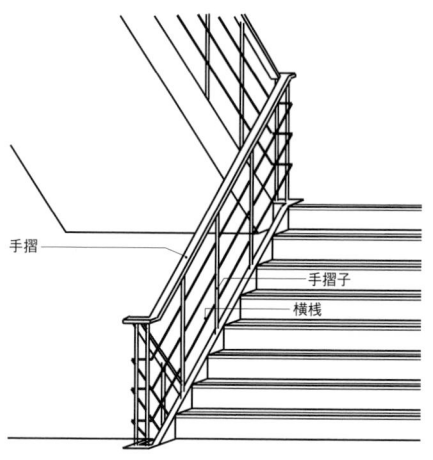

フェンス型：手摺は手摺子によって床から支持され、手摺子の間隔が広くなると安全を考慮して横桟がつけられる。

ウォール型の事例(ルーブル美術館)

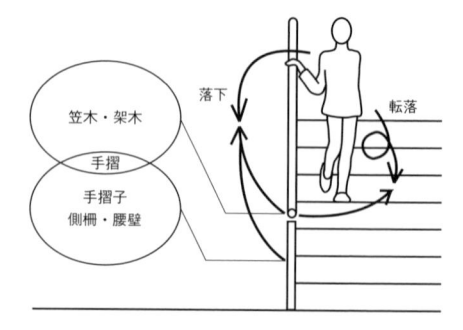

手摺の構成要素と機能：落下・転落の防止装置として、横方向への乗越えやすり抜けに対しては手摺全体で、下方向へは特に手摺子が機能する。

階段・バルコニーほか **各部構法**

手摺の高さ

手摺の高さは、階段部分では段鼻から手摺上端までの垂直距離で80〜85cm、陸手摺では90cmが適当とされる。またバルコニーや落下のおそれのある場合は、安全上から110cm以上に定められている。こうした階段部分と陸手摺との高さの差は、横桟を適当な間隔で配することで解決される。さらに、手摺の開始点（a1, a2, a3）および終了点（b1, b2, b3）をどこにするかは、意匠的な側面だけでなく、階段周辺の状況や使用者の年齢層などによっても決定される。

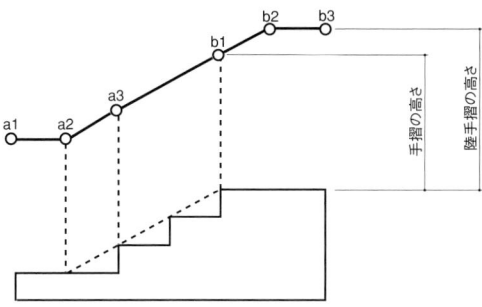

折返し階段の手摺

段板の配置の仕方によって手摺の曲折点の数と位置、さらに踊り場の有効面積が違ってくる。また、材料によって水平部（1′, 2′, 3′）が必要となる。なお、手摺間のクリアランスは最低10cmは保たなければならない。

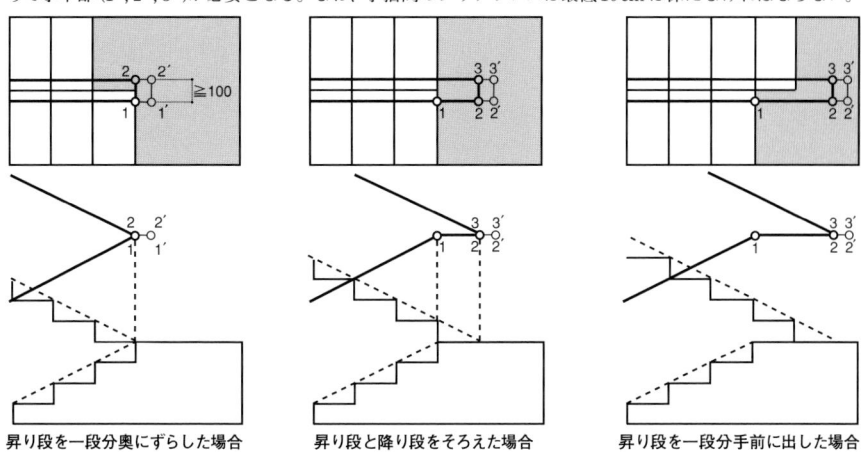

昇り段を一段分奥にずらした場合　　昇り段と降り段をそろえた場合　　昇り段を一段分手前に出した場合

手摺（笠木）の寸法

階段での転落事故は上るときよりも下りるときに多発し、被害も大きい。そのため手摺にはいざというときに「握る」ことと、上り下りの際に手を持ち替えることなく文字通り「摺る」ことの2つが要求される。チェックポイントとしては手摺の形態、支持方向、壁とのクリアランス、材質などがあげられる。

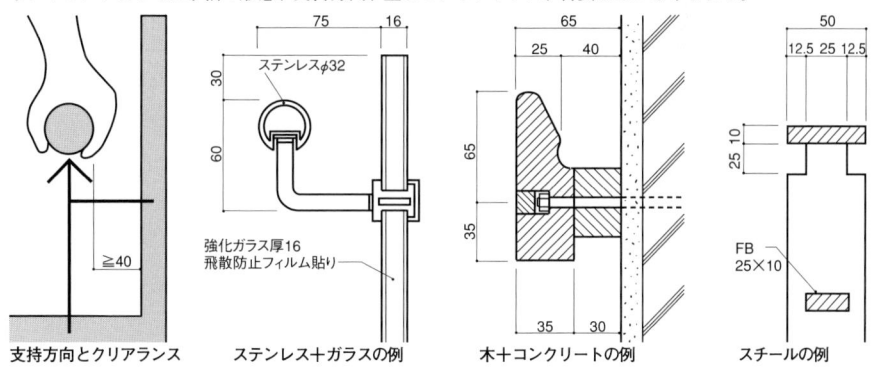

支持方向とクリアランス　　ステンレス＋ガラスの例　　木＋コンクリートの例　　スチールの例

各部構法　階段・バルコニーほか

エスカレーター *escalator*

エスカレーターは自動式の階段で、縦方向の動線として用いられ、一定の方向に連続した人の流れがあるときに大量の輸送能力を有する。高低差がそれほどないものは、エスカレーターの中ほどに1つの駆動装置を設け、ステップと手摺を駆動する。一方、高低差の大きい高揚程型では中間の駆動装置の数を増やすことによって対処するが、速度勾配には制限があり、30°以下に規制されている（建築基準施行令）。エスカレーターが最も用いられているデパートを例にあげると、売場における客の昇降はほとんどがエスカレーターによって行われる。

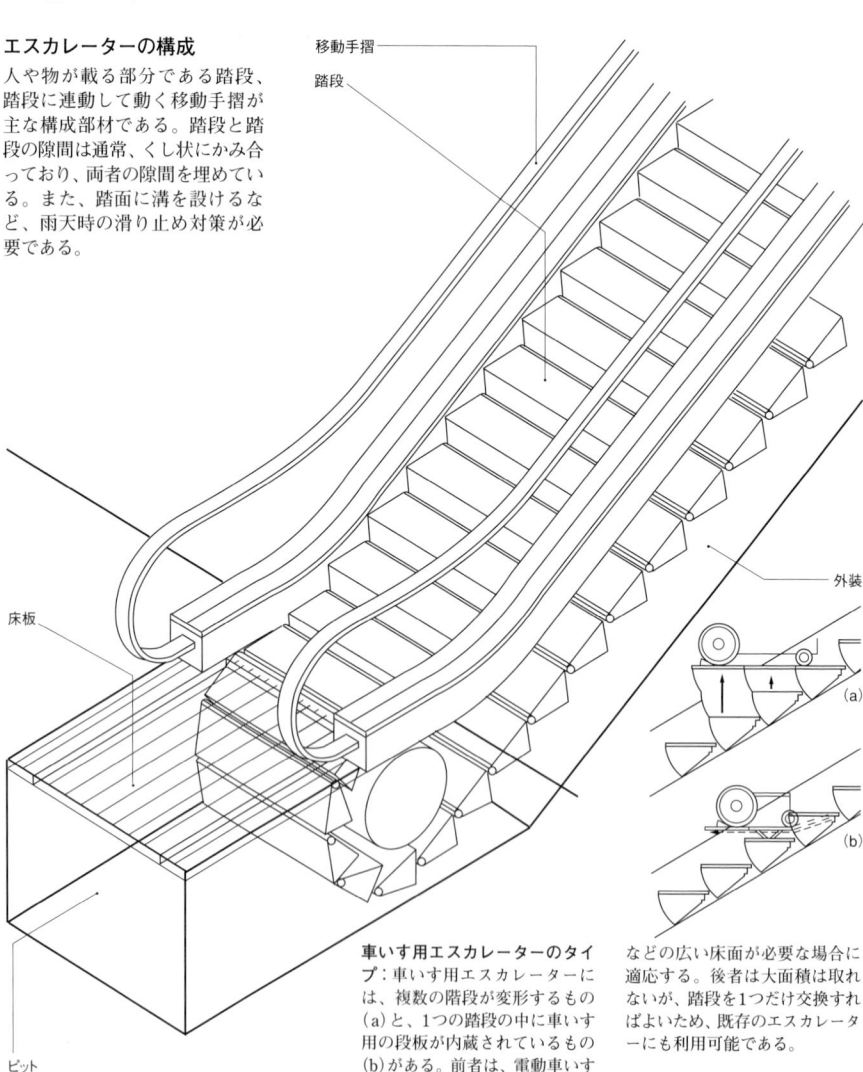

エスカレーターの構成

人や物が載る部分である踏段、踏段に連動して動く移動手摺が主な構成部材である。踏段と踏段の隙間は通常、くし状にかみ合っており、両者の隙間を埋めている。また、踏面に溝を設けるなど、雨天時の滑り止め対策が必要である。

車いす用エスカレーターのタイプ：車いす用エスカレーターには、複数の階段が変形するもの(a)と、1つの踏段の中に車いす用の段板が内蔵されているもの(b)がある。前者は、電動車いすなどの広い床面が必要な場合に適応する。後者は大面積は取れないが、踏段を1つだけ交換すればよいため、既存のエスカレーターにも利用可能である。

階段・バルコニーほか **各部構法**

エスカレーターの配置計画
エスカレーターが頻繁に使用されているデパート内において、エスカレーターが客の昇降に利用される割合は多い。その配置形式としては、断続式配置、並列連続式配置、交差式配置があげられる。

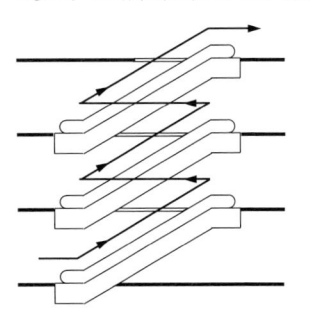

断続式配置：乗客の視界が最もよく、エスカレーターの位置が目立つ。しかし、単一方向に移動するため、客は上り下りのために連続してフロアを歩かなければならない。

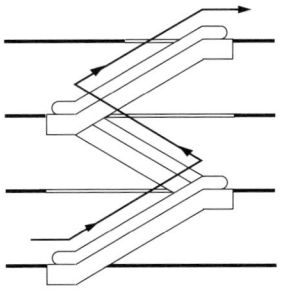

並列連続式配置：上りまたは下りが連続してでき、視界もよい。しかし、上下方向のエスカレーターを別々に設けなければならず、広いスペースが必要となる。

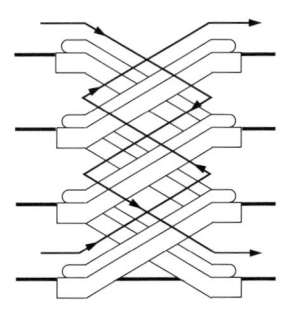

交差式配置：上り下りとも連続して可能であり、狭い場所に上下両方向のエスカレーターを配置できるが、フロアの見通しを狭くしてしまう。

エスカレーターの防火区画
エスカレーターは吹抜けと同じ空間であるため、防火区画をしなければならない。エスカレーターを区画するためには支柱と防火扉を設け、その間に防火シャッターを設置する必要がある。また、エスカレーター自体には多量の油脂類が用いられており、出火元になる可能性がある。出火防止のため禁煙とするなど、管理面での対策が必要である。

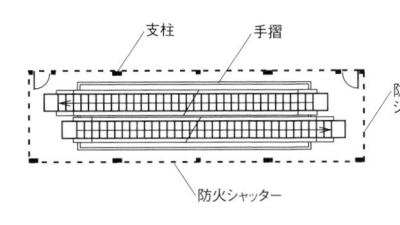

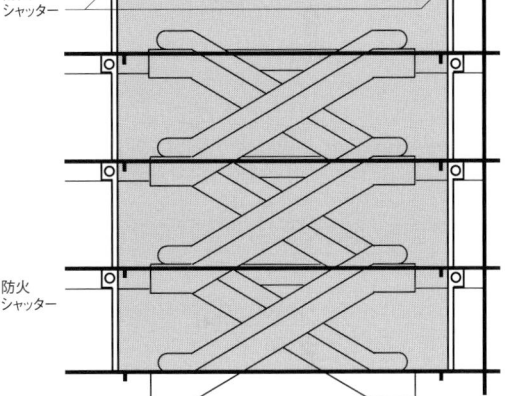

そのほかのエスカレーターの形式
踊り場付きエレベーターは高揚程のものに限らず、踊り場を設けることで視覚的な不安感を和らげる役目を果たしている。らせん式のエスカレーターは、エントランスホールや吹抜けなどの空間の演出に用いられる。登り始めと終わりが90°のものが一般的である。

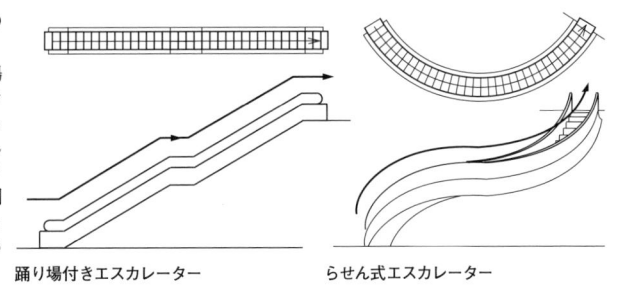

踊り場付きエスカレーター　　　らせん式エスカレーター

エレベーター *elevator*

エレベーターは人や荷物を上下方向に移動する装置で、用途としては乗用、貨物用、寝台用、自動車用などがある。動力には電力や油圧力などがあり、建物の高さによって速度は異なる。電力によるロープ式は最も一般的なエレベーターの方式で、かごの大きさ、速度、揚程について選択の自由度が大きい。また、油圧式は機械室の位置を自由に設定できるが、油圧の限界から高速・高揚程には適さない。オフィスビルなどにおけるエレベーターの計画には、朝夕のピーク時のみではなく、昼食時の利用も考慮する必要がある。そのほかには、傾斜地などに斜めの動線として用いられるものに斜行エレベーターがある。

ロープ式エレベーターの構成と各部寸法

ロープ式エレベーターは、上部からロープで吊るされたかごを巻上げ機によって上下させるものであり、最も一般的な方法である。昇降路については、かごに応じた平面寸法、最上階床面からのオーバーヘッド、最下階床面からのピット深さについて所定の寸法が必要とされている。

機械室・昇降路断面寸法（建築基準法施行令）

かごの定格速度 (m/min)	オーバーヘッド寸法 (cm)	ピット深さの最小値 (cm)	機械室高さの最小値 (cm)
45以下	420	120	200
60 〃	440	150	〃
90 〃	460	180	220
120 〃	525〜530	210	〃
150 〃	545〜550	240	〃
180 〃	575〜580	270	250
210 〃	615〜620	320	〃
240 〃	625〜680	380	280

ロープ式エレベーターの主要各部寸法（JIS A 4301）

定員(人)	積載荷重(kg)	かご内のり寸法(cm) 間口	かご内のり寸法(cm) 奥行	昇降路最小寸法(cm) 間口	昇降路最小寸法(cm) 奥行	出入口寸法(cm)	形式記号	用途
11	750	140	135	175	195	800	P-11-CO	
15	1000	160	150	210	225	900	P-15-CO	
15	1000	180	130	230	205	1000	P-15-CO	一般用
20	1350	180	170	230	250	1000	P-20-CO	
20	1350	200	160	250	230	1100	P-20-CO	
9	600	105	152	150	220	800	R-9-2S	集合住宅用
17	1150	180	150	240	235	1000	E-17-CO	非常用

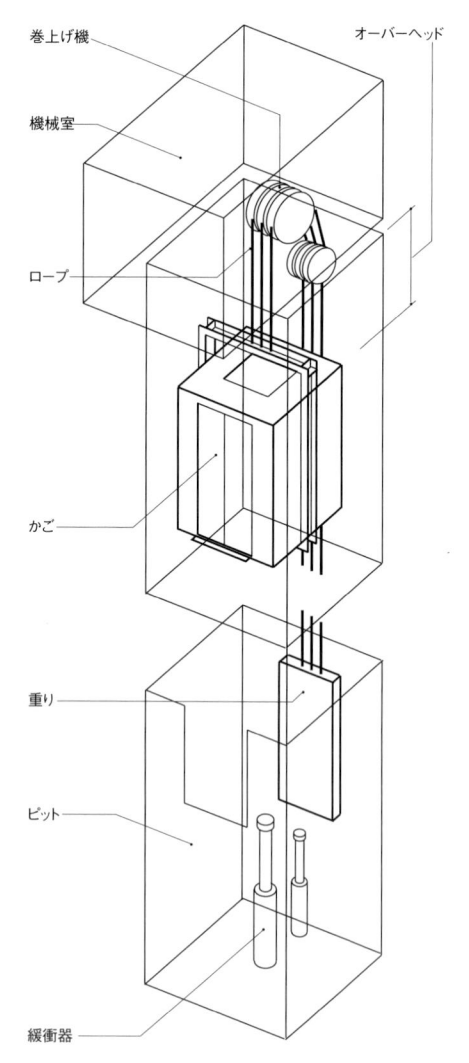

階段・バルコニーほか **各部構法**

一般的なエレベーターの方式

エレベーターの方式はロープ式と油圧式が一般的である。ロープ式は速度や高さについて自由度が高く、最も一般的な方法である。機械室は昇降路の断面積の2倍以上が必要であり、機械の発熱のため換気を行う必要がある。一方、油圧シリンダーの動きによってかごを昇降させる油圧式は、機械室の配置に自由度があり、高さなどの制限に対して有利であるが、小揚程・低速度のものが多い。油圧パワーユニットがある機械室は油圧管と制御用の配線によって結ばれていればよく、配置が自由である。

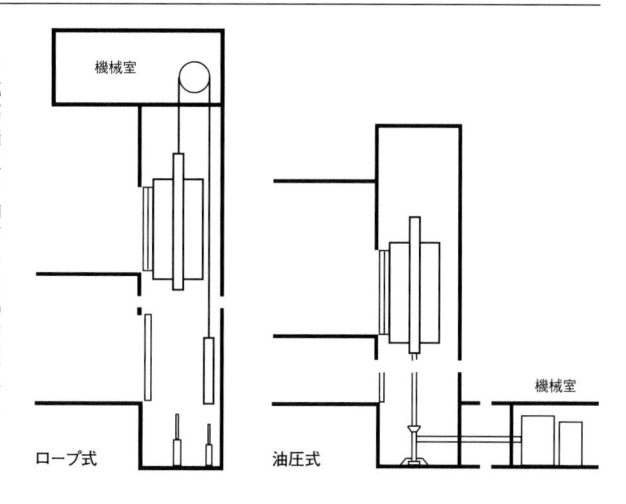

機械室

ロープ式　　油圧式　　機械室

エレベーターホールの平面計画

エレベーターホールの面積は、利用時に待ち人があふれない程度の広さが必要であり、1人あたり0.5〜0.8m^{2}として算出する。また、エレベーターを対向させる場合、その距離は3.5〜4.5mが適当である。

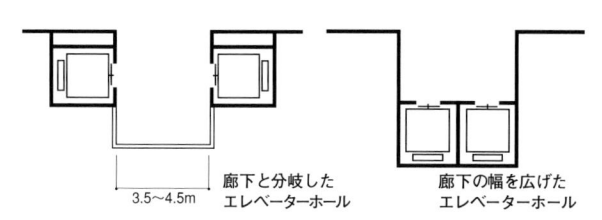

3.5〜4.5m
廊下と分岐したエレベーターホール　　廊下の幅を広げたエレベーターホール

高層建築におけるエレベーター計画

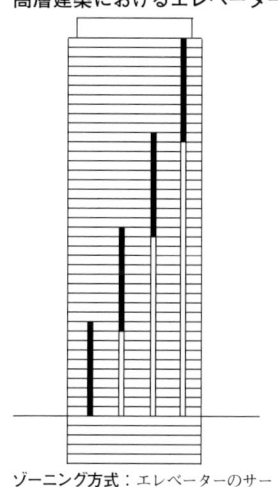

ゾーニング方式：エレベーターのサービス階数を複数のゾーンに分割したゾーニング方式は、建物の低層部分ほどエレベーターシャフトの床面積に対する割合が大きくなる。

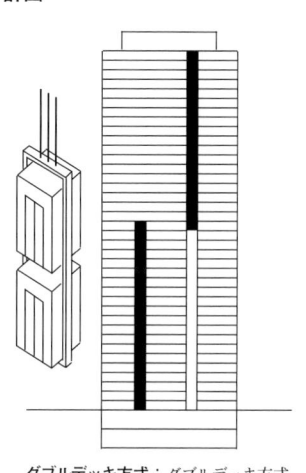

ダブルデッキ方式：ダブルデッキ方式ではエレベータースペースを大幅に縮小することが可能であるが、上下かごの乗客の行き先階を限定してしまうという欠点がある。

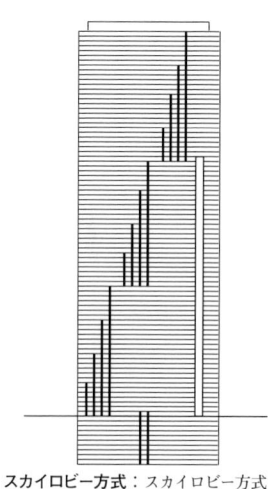

スカイロビー方式：スカイロビー方式はゾーニング方式を重ねたものであり、各ローカルゾーンのロビー階は大容量・高速のシャトルエレベーターによってつながれる。

各部構法　階段・バルコニーほか

バルコニー　*balcony*

バルコニーとは、建物の外壁から空中に張り出し、手摺をめぐらせた屋外の床のことである。共同住宅では、居住空間の延長や家事空間として利用されるとともに、災害時の避難経路やプライバシーの確保、さらには意匠上の効果を考慮して設けられる。なお、劇場などのオーディトリアムの観覧席で空中に突出した桟敷席や階上階も、バルコニーと呼ばれる。バルコニーは形態上、ベランダ、テラスなどとしばしば混同されるが、それらを屋内外の中間領域として比較すると、屋根や庇がない点でベランダと異なり、階下に接する部屋や地面がない点でテラスと区別される。

代表的なバルコニー／バウハウス・アトリエ館（ヴァルター・グロピウス、1926年）
空中に突き出た片持ちのコンクリート床とスチールの手摺からなるシンプルな構成。床上面には水勾配、先端部には水切りが見える。バルコニー（床上空間）が積層することによって、ベランダのような軒先空間（床下空間）が生まれる。

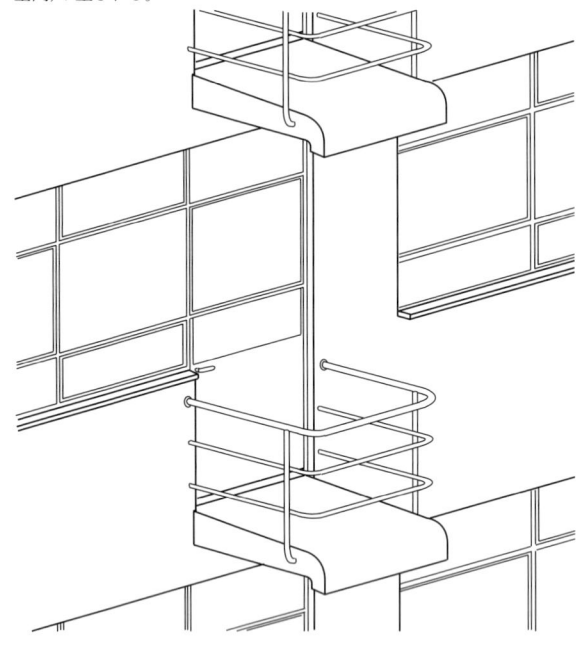

バルコニー・ベランダ・テラスの区別

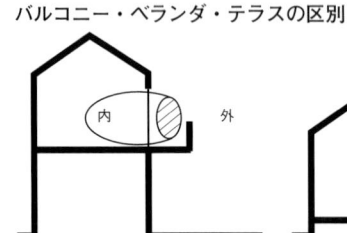

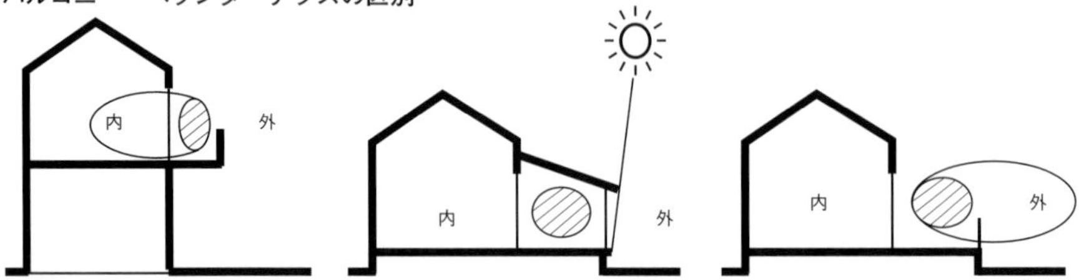

バルコニー：空中突出・庇なし・点（線）状

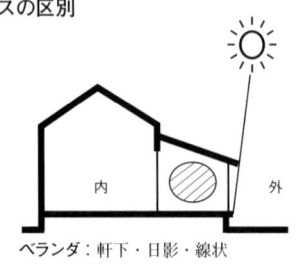

ベランダ：軒下・日影・線状

テラス：接地・庇なし・面状

階段・バルコニーほか **各部構法**

バルコニーの形態

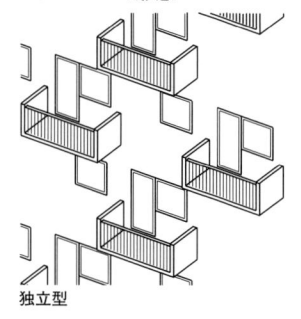

独立型 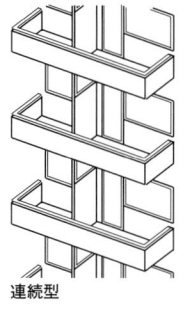　　連続型 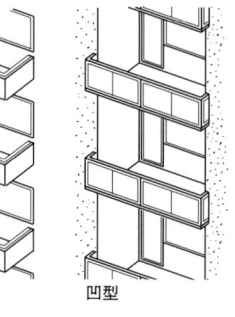　　凹型 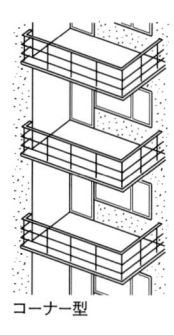　　コーナー型

法的に見たバルコニーの各部寸法

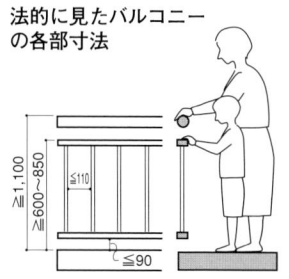

ハッチを除く面積≧2m²
容易に破壊できる隔壁
（平面）
開口幅≧750
≧750

ハッチ有効幅≧600
（断面）
開口高さ≧1,800
≧150

2,000
2,000
床面積に算入しない部分

$h_1≧1,100$
かつ
$h_1≧1/2h_2$
バルコニー　居室

バルコニーと手摺：手摺の高さは、成人の重心の高さを考慮して1.1m以上（令第126条）とするが、乳幼児のよじ登りやすり抜けも配慮して、横桟の高さ（60〜85cm）や手摺子の間隔（11cm）を決定すべきである。

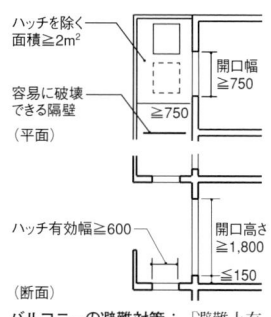

バルコニーの避難対策：「避難上有効なバルコニー」（令第121条）は、「2以上の直通階段」の緩和措置であり、老人や幼児の避難を考えると直通階段が望ましい。

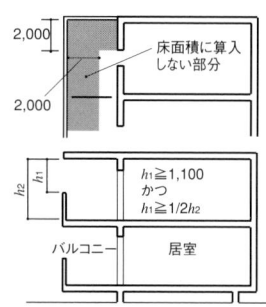

バルコニーの高さ：外気に有効に開放されている部分の高さh_1が、1.1m以上で、かつ天井高h_2の1/2以上のとき、先端からの幅2mまでの部分は床面積に算入しない（令第2条）。

部材別によるバルコニーのディテール

建物の構法や部材、デザインに応じて、バルコニーの形態や使用する部材を決定する。バルコニーには安全性やプライバシーのほかに、通気、採光、景観への配慮、さらに階下に対しては屋根庇や軒裏としての機能が要求される。

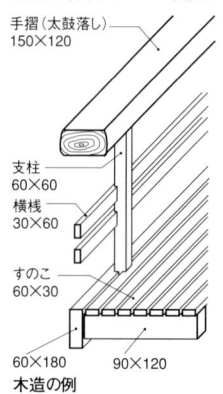

手摺（太鼓落し）150×120
FB-40×9
支柱 60×60
横桟 30×60
すのこ 60×30
60×180　90×120
木造の例

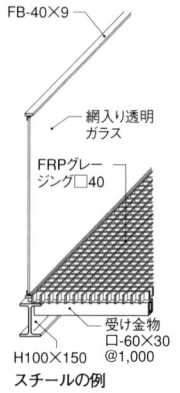

網入り透明ガラス
FRPグレージング□40
受け金物 □-60×30 @1,000
H100×150
スチールの例

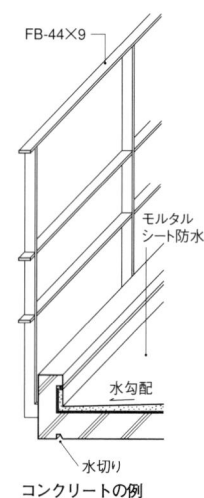

FB-44×9
モルタルシート防水
水勾配
コンクリートの例

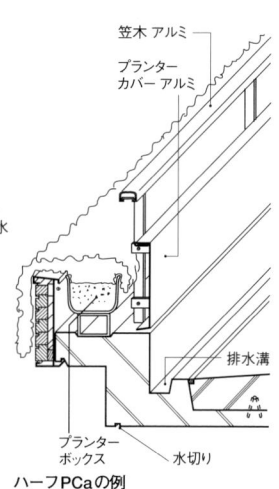

笠木 アルミ
プランターカバー アルミ
排水溝
プランターボックス
水切り
ハーフPCaの例

設備・性能・機能

【設備】
【性能】
【高機能空間】
【高機能建築】

設備・性能・機能　設備

浴室・洗面・トイレユニット *bathroom, lavatory, washroom*

水を扱う行為は、住宅において主行為の1つであるといえる。水まわりには、給排水や給湯のための機器や配管が設けられ、それらの機能が十分に発揮されるとともに、良好に使用されるためのレイアウトやスペースの確保が重要である。浴室や洗面、トイレユニットなどの空間は、配管を効率よく行ううえでも平面的に集約されることが多い。また、配水管の清掃、機器の点検・更新に配慮した設計・計画も重要である。

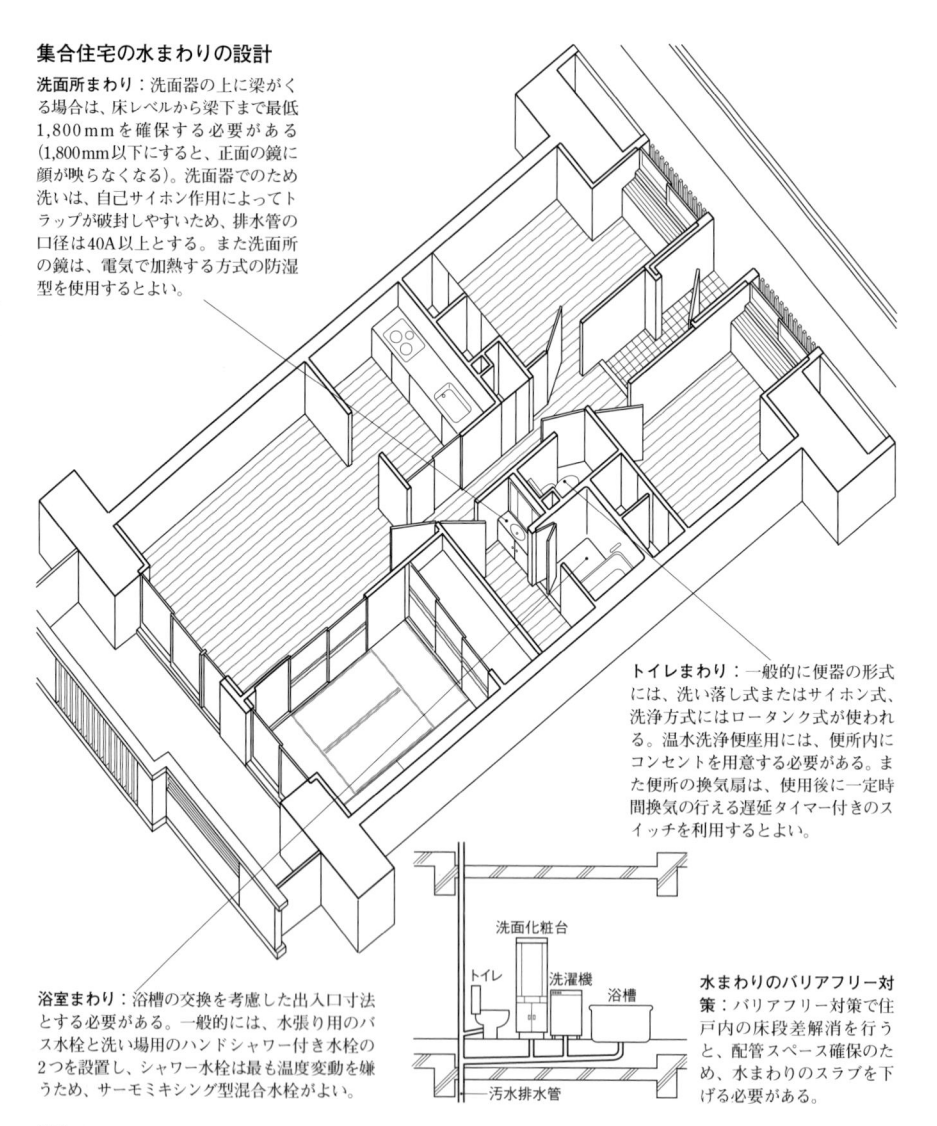

集合住宅の水まわりの設計

洗面所まわり：洗面器の上に梁がくる場合は、床レベルから梁下まで最低1,800mmを確保する必要がある（1,800mm以下にすると、正面の鏡に顔が映らなくなる）。洗面器でのため洗いは、自己サイホン作用によってトラップが破封しやすいため、排水管の口径は40A以上とする。また洗面所の鏡は、電気で加熱する方式の防湿型を使用するとよい。

トイレまわり：一般的に便器の形式には、洗い落し式またはサイホン式、洗浄方式にはロータンク式が使われる。温水洗浄便座用には、便所内にコンセントを用意する必要がある。また便所の換気扇は、使用後に一定時間換気の行える遅延タイマー付きのスイッチを利用するとよい。

浴室まわり：浴槽の交換を考慮した出入口寸法とする必要がある。一般的には、水張り用のバス水栓と洗い場用のハンドシャワー付き水栓の2つを設置し、シャワー水栓は最も温度変動を嫌うため、サーモミキシング型混合水栓がよい。

水まわりのバリアフリー対策：バリアフリー対策で住戸内の床段差解消を行うと、配管スペース確保のため、水まわりのスラブを下げる必要がある。

設備・性能・機能

住宅内の排水方式

排水立て管の詰まりなどのトラブルを考えると、トイレの排水と台所の排水は同じ排水たて管に接続しないほうが衛生的である。また、そうしたトラブルへの対応や台所系排水たて管の定期的な清掃のため、中高層集合住宅では、排水たて管には4階程度ごとに掃除口を設けるとよい。

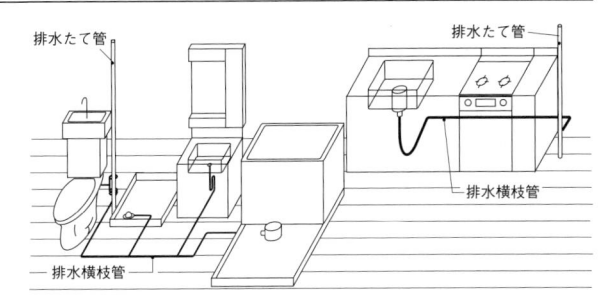

水まわりにおける各配管の納まり

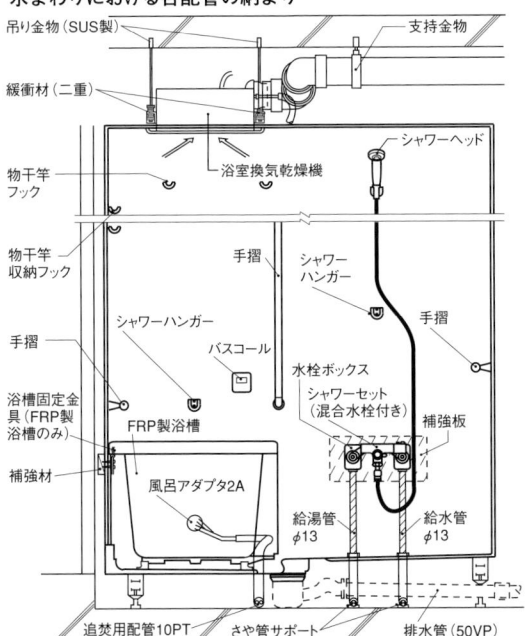

浴室まわり：浴室ユニットの下には、給水管、給湯管、配水管、追焚き用配管などが配管される。これらの配管から漏水があった場合の補修は非常に困難なため、浴室ユニットの下には配管の接続部分（継手など）を設けないほうがよい。

トイレまわり：1本の排水たて管にトイレ、浴室系の排水を接続する場合の一般的な納まりを示しているが、この場合、床下懐（床スラブ上端から床仕上げ材上端まで）は約210mm必要となる。

水まわりスペースの必要寸法

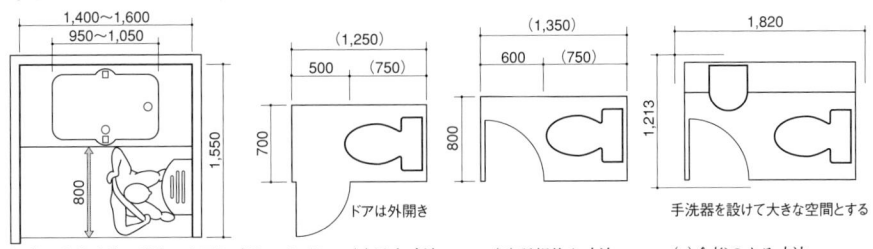

浴室：身体を洗う動作に必要な寸法。　トイレ：(a)最小寸法　(b)理想的な寸法　(c)余裕のある寸法

設備・性能・機能　設備

システムキッチン　system kitchen

カウンタートップやキャビネット、吊り戸棚などのコンポーネントを組み合わせて構成する工業化されたキッチンで、カウンタートップで一体化するもの。単にユニットを並べたものは、キッチンセット、セクショナルキッチンと呼ばれる。わが国における工業化されたキッチンは、昭和30年代に公団住宅のDK（ダイニングキッチン）に導入されたステンレス天板のものが初期のものとして有名だが、システムキッチンタイプは1975（昭和50）年頃より普及していった。現代では、女性の社会進出や変容する家族像、ライフスタイルの多様性に合わせ、新しいキッチンの考え方についての提案が求められている。

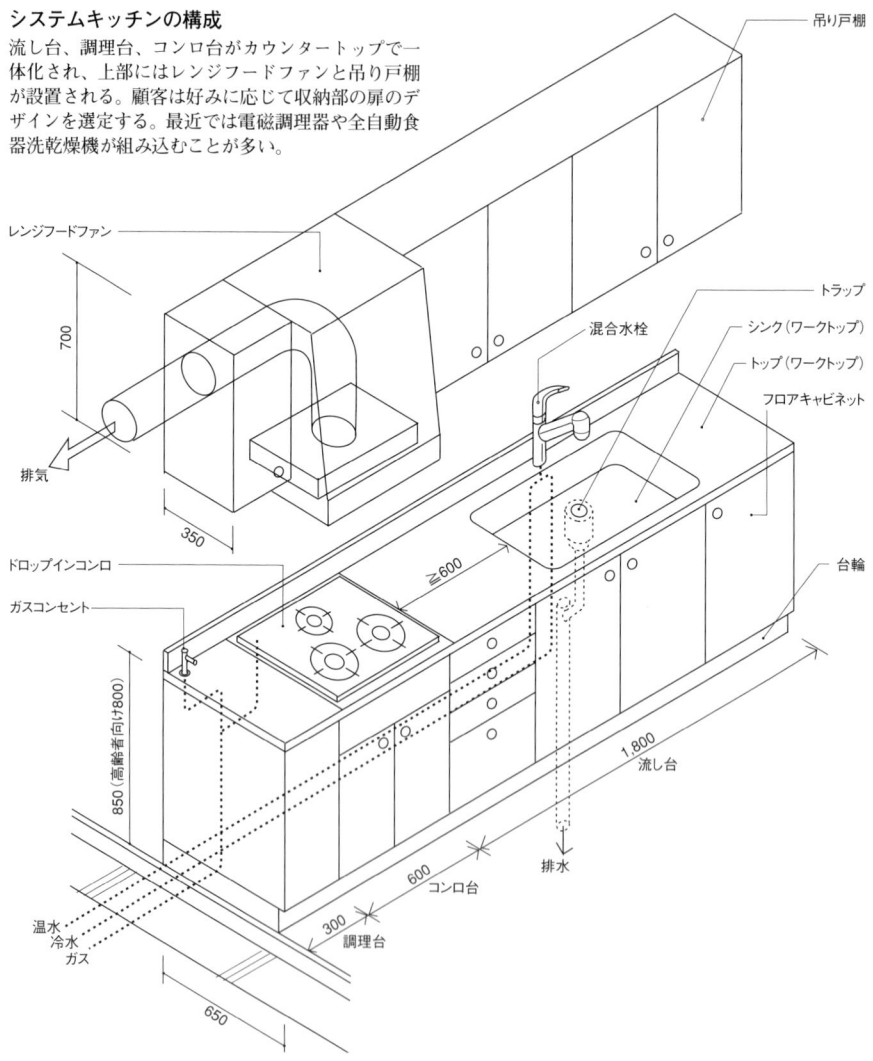

システムキッチンの構成
流し台、調理台、コンロ台がカウンタートップで一体化され、上部にはレンジフードファンと吊り戸棚が設置される。顧客は好みに応じて収納部の扉のデザインを選定する。最近では電磁調理器や全自動食器洗乾燥機が組み込むことが多い。

216

設備　設備・性能・機能

システムキッチンの平面型のタイプ
キッチンの規模や住宅のプランに応じて、さまざまなタイプがある。流し台、調理台、コンロ台を一列に並べたⅠ型が基本となる。流し台を平行に配置した二の字型は、それぞれの間隔を適切に取らないと使用しにくくなる。また、L字型やコの字型に配置したものでは、コーナー部の使い方に工夫が必要となる。

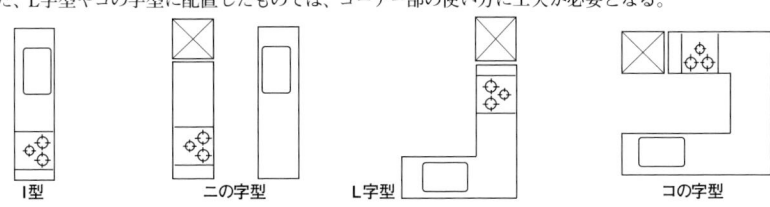

Ⅰ型　　二の字型　　L字型　　コの字型

システムキッチンを構成する設備例

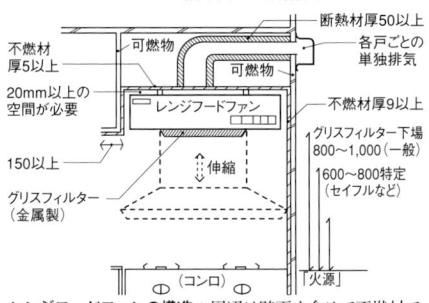

レンジフードファンの構造：周辺は壁面も含めて不燃材で覆われる。最近では、レンジフードファンを大きなブースで囲ったタイプが多く、伸縮式のものもある。

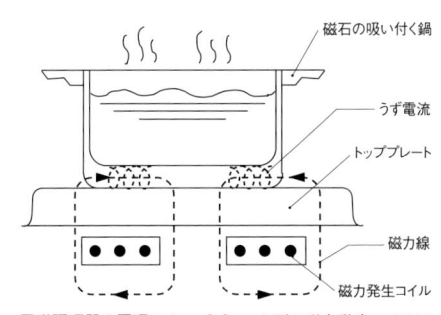

電磁調理器の原理：トッププレート下の磁力発生コイルに電流が流れると磁力線が発生する。この磁力線が金属性の鍋を通るとき、渦巻き状の電流に変わり、鍋底を加熱する。

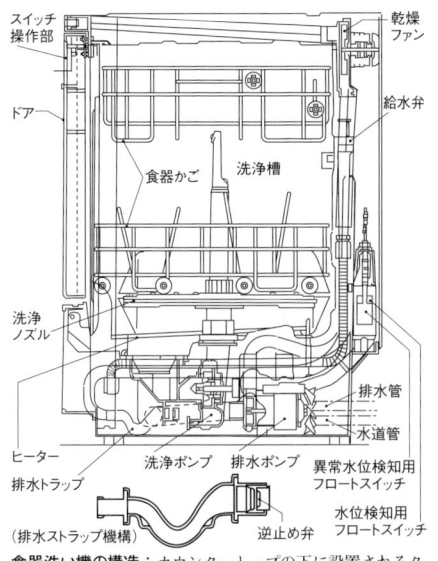

食器洗い機の構造：カウンタートップの下に設置されるタイプは、給排水や電源を背面で処理する。温水を電気で得るタイプとガスで得るタイプがある。

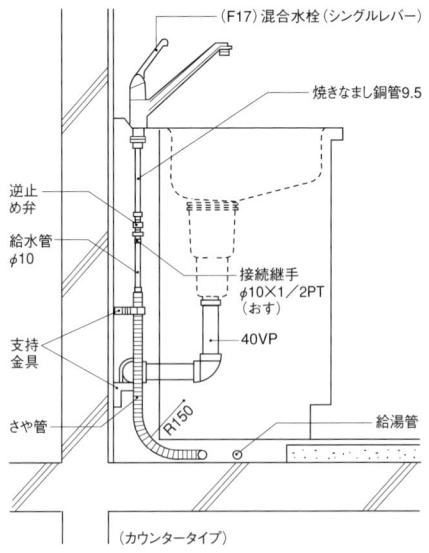

給排水系の取合い：躯体に接続される給排水管の位置は固定されているが、取替えを容易にするため、機器の下部では取合いに余裕をもたせている。

217

設備・性能・機能　設備

給水・排水・給湯のしくみ　*water supply, drainage, hot water supply system*

給排水衛生設備というとき、洗面所やトイレ、給湯室、台所、浴室など、建物内に水や湯を供給し、使用後の排水を建物および敷地外へ排出する給排水設備と、便器や洗面器などの衛生設備が含まれる。低層建物の給水では水道管直結の場合があるが、高層建物ではポンプやタンクを利用して水を供給する。排水には適度な勾配が必要であり、配管計画はこれにより制限される。給湯はボイラーなどを介してお湯を供給する。これらの平面上の位置は、コアとして縦に重ねられることが多く、建物全体の設計に影響する。また、建物を長く使い続けるために、配管などが適切に交換できるように計画することも重要である。

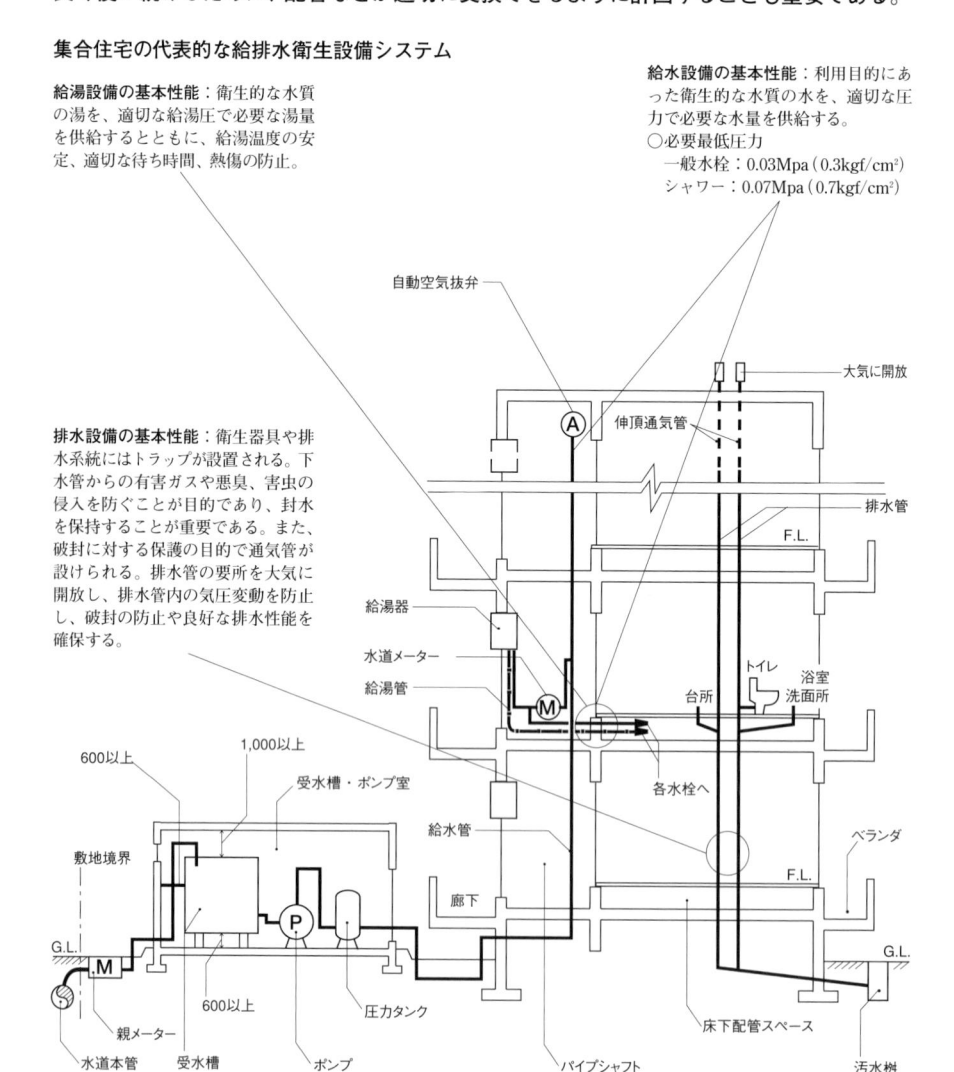

集合住宅の代表的な給排水衛生設備システム

給湯設備の基本性能：衛生的な水質の湯を、適切な給湯圧で必要な湯量を供給するとともに、給湯温度の安定、適切な待ち時間、熱傷の防止。

給水設備の基本性能：利用目的にあった衛生的な水質の水を、適切な圧力で必要な水量を供給する。
○必要最低圧力
　一般水栓：0.03Mpa（0.3kgf/cm²）
　シャワー：0.07Mpa（0.7kgf/cm²）

排水設備の基本性能：衛生器具や排水系統にはトラップが設置される。下水管からの有害ガスや悪臭、害虫の侵入を防ぐことが目的であり、封水を保持することが重要である。また、破封に対する保護の目的で通気管が設けられる。排水管の要所を大気に開放し、排水管内の気圧変動を防止し、破封の防止や良好な排水性能を確保する。

設備　設備・性能・機能

給水設備における給水方式

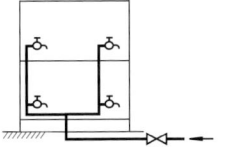

水道直結方式：一般住宅で、2階建までの建物に適応される。

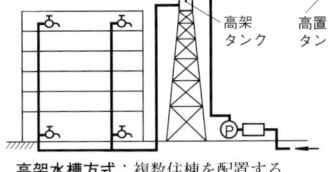

高架水槽方式：複数住棟を配置する大規模団地に適応される。

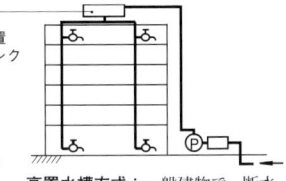

高置水槽方式：一般建物で、断水のありがちな地域に適応される。

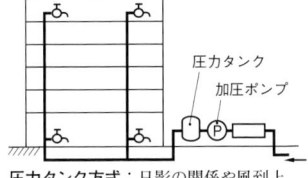

圧力タンク方式：日影の関係や風圧上、高置水槽方式が使えないところで、平均的に使用量が少ない施設に適応される。

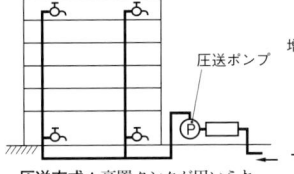

圧送方式：高置タンクが用いられないところで、平均的に使用量が多い施設に適応される。

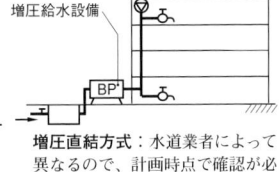

増圧直結方式：水道業者によって異なるので、計画時点で確認が必要である。

排水設備における通気方式

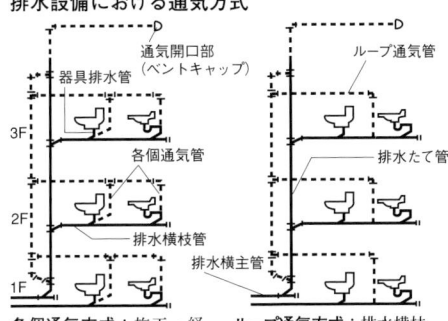

各個通気方式：施工・経済性が劣るため、採用例はきわめて少ない。

ループ通気方式：排水横枝管が長く、接続器具数が多い建物に適応される。

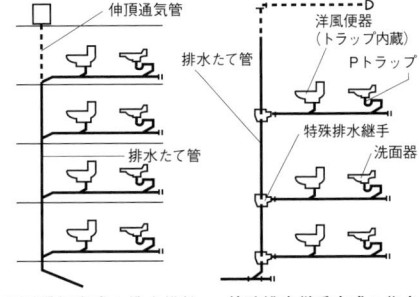

伸頂通気方式：排水横枝管が短く、接続器具数の少ない集合住宅に適応される。

特殊排水継手方式：集合住宅などで積極的に採用されている。

給湯設備における給湯方式

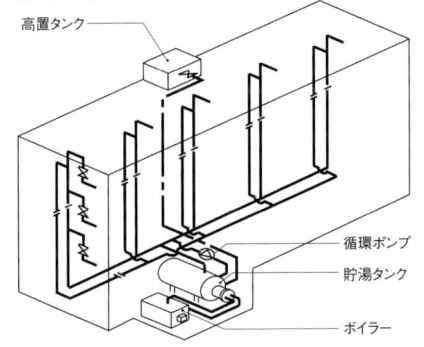

中央式：ホテルや病院など給湯箇所が多く、使用量の多い建物に適応される。

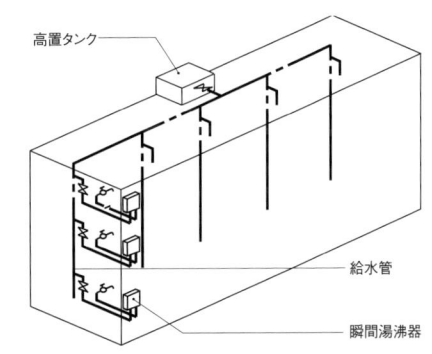

個別式：給湯箇所が少ない比較的小規模な建物、また大規模な建物であっても給湯箇所が分散して存在し、使用状況も異なる場合に適応される。

設備・性能・機能　設備

室内気候のコントロール　*air conditioning system*

空気調和とは、室内の温度・湿度、気流速度、空気清浄度などの室内気候をコントロールすることである。空調設備は、冷水・温水をつくる冷凍機やボイラーなどの熱源機器、空気を加熱・冷却して室内に運ぶ空調機、冷凍機からの排熱を屋外に捨てる冷却塔、冷水を運ぶポンプなどの機器から構成される。空調機の種類(空調システム)や熱源機器の種類(熱源システム)によってさまざまな組合せが考えられるが、最近ではパッケージ空調機のように、1台で空調機と熱源機器の両方のはたらきをする機器を利用した個別分散方式の空調システムが多く採用されるようになっている。

空調設備の構成
熱源方式はターボ冷凍機＋ボイラー、空調方式は各階ユニット単一ダクト＋ファンコイルユニット方式の場合の機器構成。通常は、熱源機械室は地下に、冷却塔は屋上に設置される。

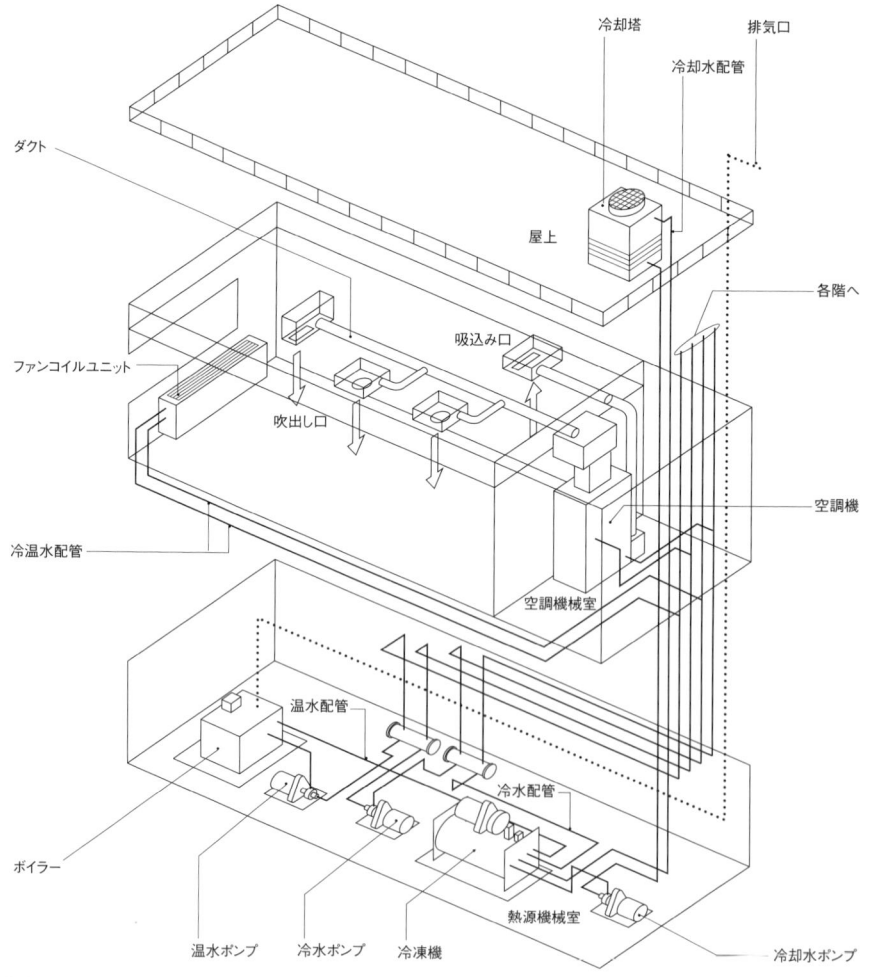

設備　設備・性能・機能

空調設備の方式

中央方式の空調設備は、空調システムと熱源システムの組合せによってさまざまな方法がある。個別方式では、1台の機器で空調機と熱源機器のはたらきをするため、大がかりな熱源設備が不要となる。

	空調システム	熱源システム
中央方式	○各階ユニット定風量単一ダクト方式 ○変風量単一ダクト方式 ○ファンコイルユニット方式 ○セントラル定風量単一ダクト方式 など	○ターボ冷凍機＋ボイラー ○吸収冷凍機＋ボイラー ○直焚き冷温水発生機 ○ヒートポンプ＋蓄熱槽 など
個別方式	○空気熱源ヒートポンプパッケージ方式 ○水熱源ヒートポンプパッケージ方式 など	

個別方式の空調システムのタイプ

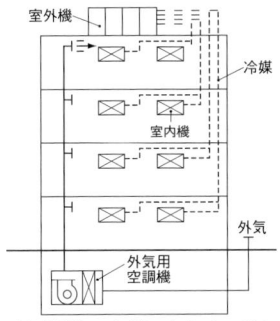

空気熱源ヒートポンプパッケージ方式：屋上に設置した室外機ユニットと複数の室内機を冷媒配管で接続して冷暖房を行う方式。

中央方式の空調システムのタイプ

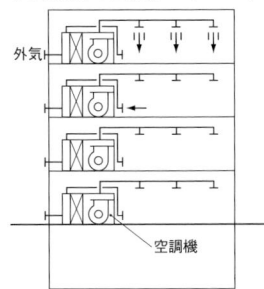

各階ユニット定風量単一ダクト方式：空調機を各階ごとに設置し、それぞれの階で制御を行う最も一般的な方式。

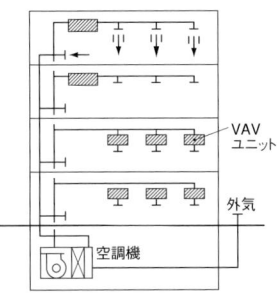

変風量単一ダクト方式：ゾーンまたは室ごとのダクトにVAVユニットを挿入し、それぞれの室内の負荷に合わせて風量を変化させる方式。

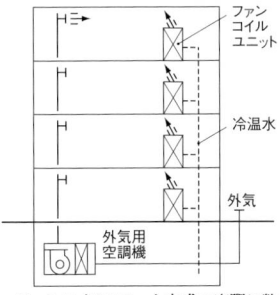

ファンコイルユニット方式：窓際に数台のファンコイルユニットを設置し、主として窓まわりの熱源負荷を処理する方式。通常、単一ダクト方式と併用する。

熱源システムのタイプ

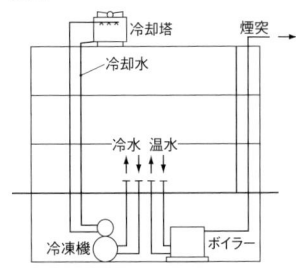

ターボ冷房機＋ボイラー：ガスや油焚きのボイラーで暖房を、電気駆動の冷凍機で冷房を行う。

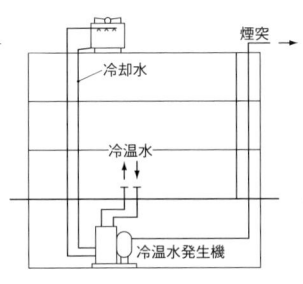

直焚き冷温水発生機：冷暖房を1台の機器でまかなうことができる。エネルギー源には、ガスや油を用いる。

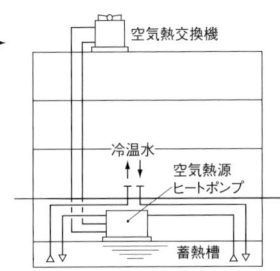

ヒートポンプ＋蓄熱槽：夜間に蓄熱を行い、昼間放熱することによって、安価な深夜電力で冷暖房を行うことができる。

設備・性能・機能　設備

電気を用いる設備　*electric system*

建築において快適な環境を創造し、利便性や安全性を向上するためには、電気設備は必要不可欠なものとなっている。電気設備とは電気を発生・使用する設備全体のことで、大きく電力設備(強電設備)と通信設備(弱電設備)に分けられる。電力設備には照明やコンセント設備のほかに、動力・受変電・非常用発電設備などが含まれる。弱電設備には、電話やインターフォン、火災報知・拡声設備などのほか、最近ではLAN(local area network)などの情報システムも含まれてきている。また避雷設備は、建築基準法上では電気設備とは別分類であるが、通常、電気設備の中で施工される。

電気設備の構成

一般の居室内には照明やコンセント設備のほかに、煙感知器などの火災警報設備やスピーカーなどの拡声設備が設置される。最近のオフィスビルでは天井をシステム天井にし、照明や煙感知器、空調用の吹出し口などを設備ラインとして配列することが多くなっている。また屋上や地下の受変電室に設置された受変電設備では、電力会社から供給される高圧電力(6,600Vなど)を変電(100/200V)し、分電盤を介して各階の照明やコンセントに供給する。建物の規模と用途によっては、非常用の自家発電設備を設置することもある。

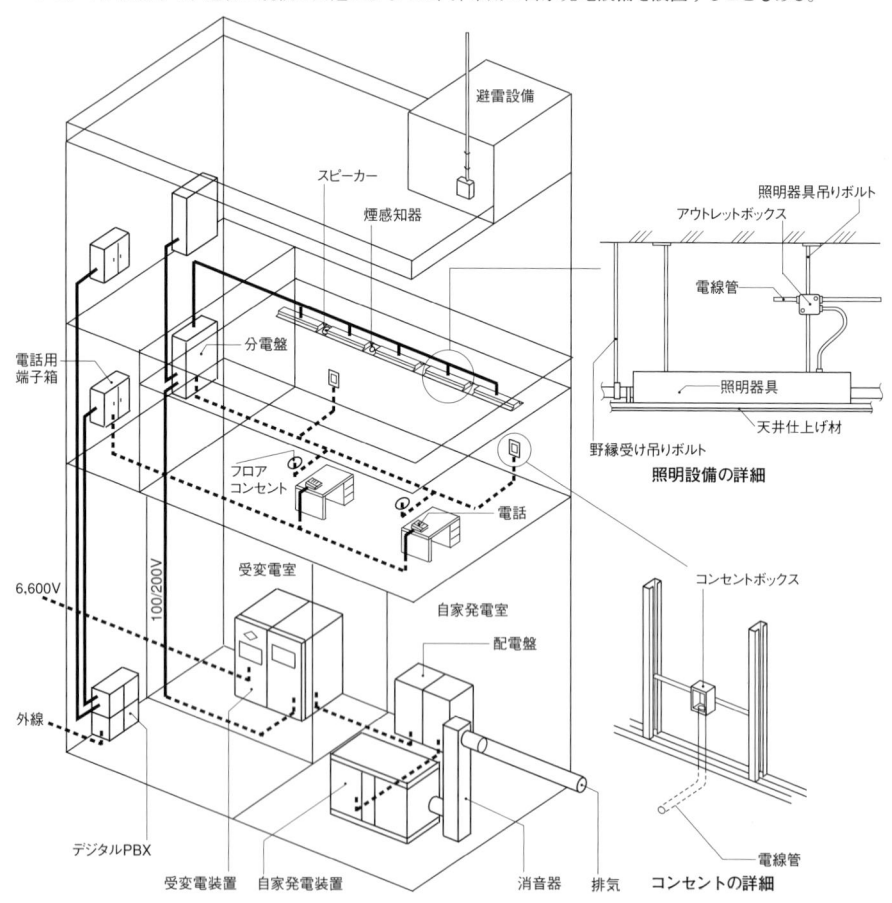

設備　設備・性能・機能

受変電設備とその方式
受変電設備は、開放型とキュービクル（変圧器、コンデンサー、配電盤の一式を鉄板製の箱内に納めたもの）に大きく分けられる。

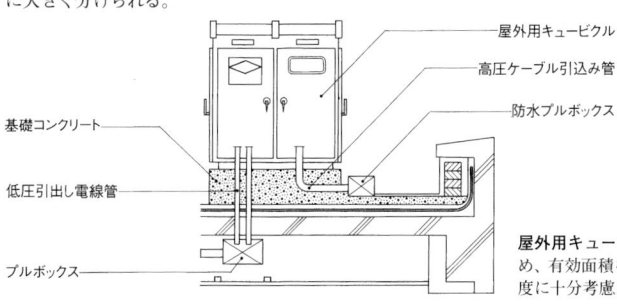

屋外用キュービクル：建築面積に含まれないため、有効面積を稼ぐことができる。ただし、温湿度に十分考慮が必要である。

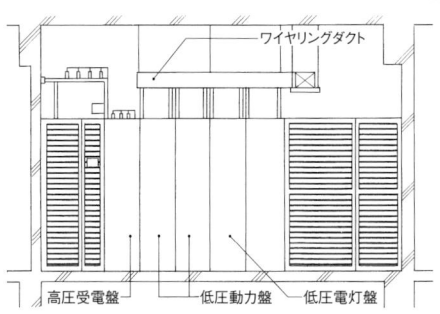

開放型受変電設備：安全性はキュービクルより劣るが、一番安価である。スペースはやや大きい。

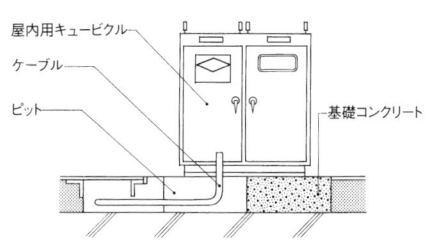

屋内用キュービクル：室内のため建築面積に入るが、安全性は高い。ただし高価である。スペースは開放型より少なくてすむ。

幹線設備の配線方式
通常、使用電流が小容量の場合は、施工・保守が容易な金属管ビニル電線が使用される。大容量になるとケーブルラックやバスダクトが使用される。

金属管ビニル電線

バスダクト

一般の避雷設備の構造
雷撃を受け止める受雷部、雷電流を地中に逃がす接地極、および受雷部と接地極を接続する避雷導線から構成される。

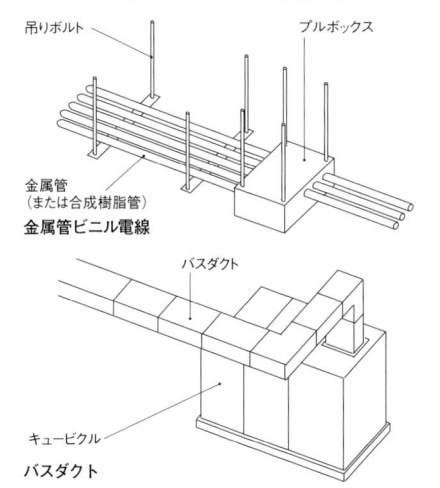

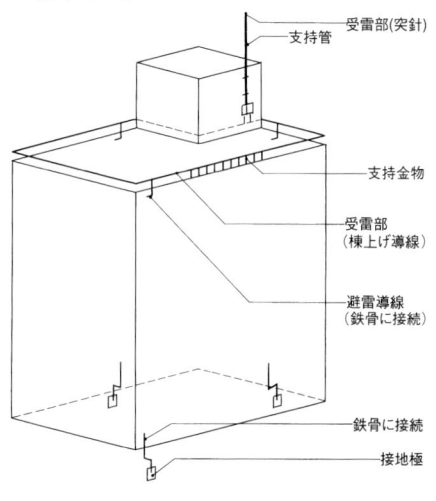

223

設備・性能・機能　設備

快適な放射暖冷房　　radiant heating/cooling

放射暖冷房は、床や天井、周壁の表面温度を調整し、主として放射による熱授受を利用して暖冷房を行う方式である。その中でも床暖房は、温風暖房にありがちな大きな上下温度差や温風が直接身体にあたることがなく、「頭寒足熱」にも合致し、熱的快適性が高い。放射暖冷房設備は、室内側の放射パネル、温・冷水（温・冷風）をつくる熱源装置、および温水（温風）などの熱媒を搬送する配管（ダクト）やポンプ（ファン）などからなる。熱源には太陽熱による温水や地下水など、自然エネルギーを用いるシステムもある。

放射暖冷房設備の構成（水を熱媒とした太陽熱暖房システム）

放射暖冷房は、1つまたは複数の放射パネルを室内に設置して行う。放射パネルは、床や天井に敷設されるものと、パネルヒーターのように室内に置かれるものがある。熱媒は水であることが多いが、近年は空気を利用するシステムも増えており、また電気ヒーターによって発熱するものもある。放射暖冷房による室温の上昇（下降）速度は、一般に空気式暖冷房設備より遅い。

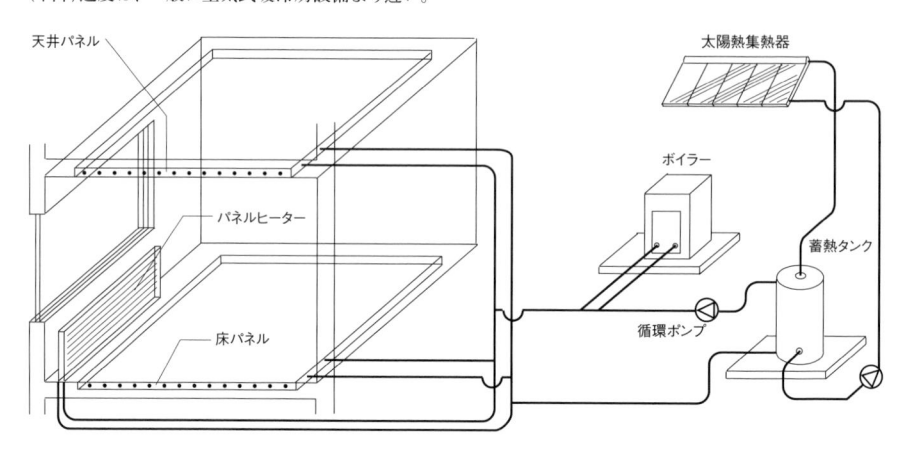

床暖房システムの例（ガスボイラーによる住宅用暖房給湯システム）

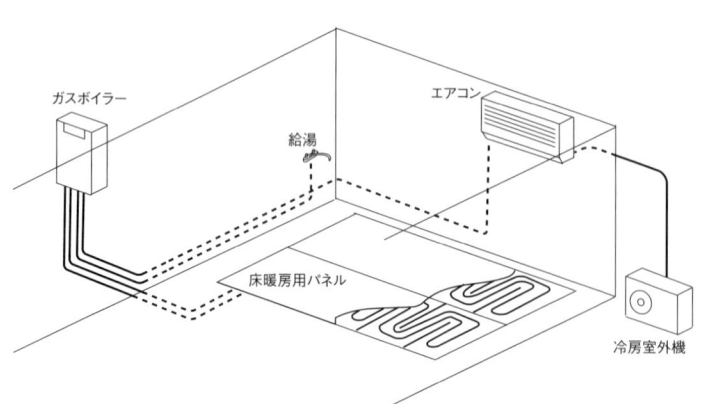

1つの熱源機で床暖房だけでなく、パネルヒーター、エアコン、給湯、浴室乾燥機などの温水をまかなうシステム。各室に給湯コンセントを設けることにより、温風ヒーターなども利用できる。最近、住宅でよく用いられている。

設備　設備・性能・機能

上下温度分布と快適な床暖房の温度範囲

快適性の観点から、空気温の上下温度差は床上1.1mと床付近で3℃以下にすることが推奨されている。右図のように、床暖房は温風暖房などに比べて、室内空気の上下温度差が小さく、床付近の温度が高い。また床暖房では、床表面温度25〜30℃、空気温度18〜23℃の範囲で快適性が高い。低温やけどの危険性を考慮すると、床表面温度は30℃以下にすべきであり、室の熱負荷が大きい場合には、ベースボードヒーターなどを併用する必要がある。

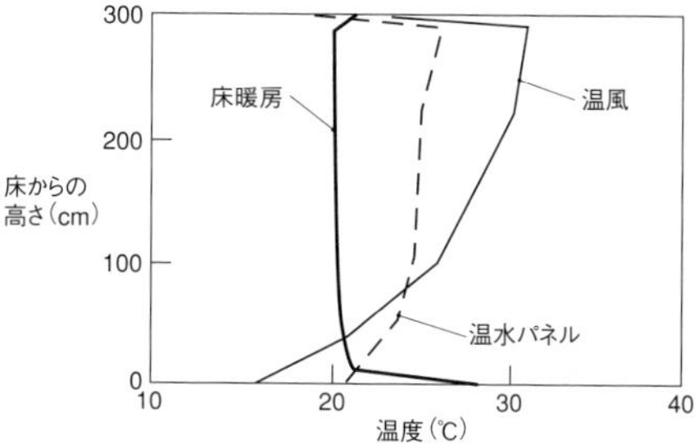

さまざまな床暖房用床仕上げ

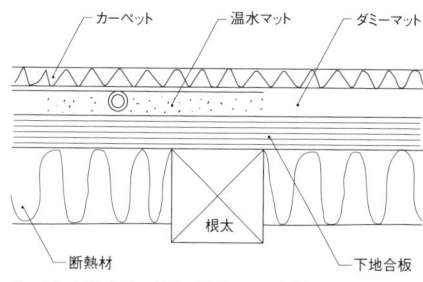

カーペット仕上げ：専用の温水マットを利用する。

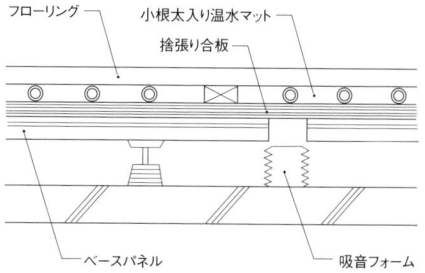

フローリング仕上げ(二重床)：床衝撃音を低く抑える防音床構法への適応例。

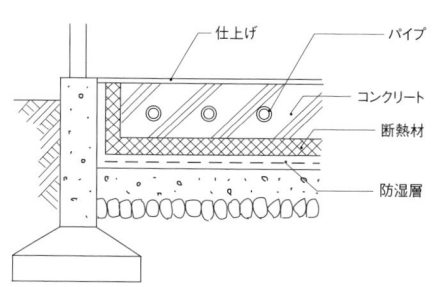

コンクリート蓄熱床：集熱器で得た温水を床スラブ内に循環・蓄熱し、暖房する太陽熱利用システムなどに使われる。コンクリートの厚さは15〜30cm程度。配管の埋込み深さによって表面温がピークとなる時間が異なる。

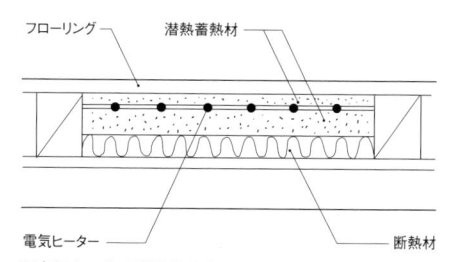

深夜電力による潜熱蓄熱床：料金の安い深夜電力を利用してヒーターにより発熱し、床内の潜熱蓄熱材(硫酸ナトリウムなどの水和塩の液相・固相の相変化にともなう融解熱を利用して蓄熱する材料)に蓄熱する。

天井放射冷房システムの事例

天井裏に通した冷気で天井面を冷やし、放射冷房を行うことによって、このビルでは通常より約1℃室温設定を高くしている。なお、放射冷房では放射面に結露を起こさないよう、表面温度を露点温度以上にする必要がある。

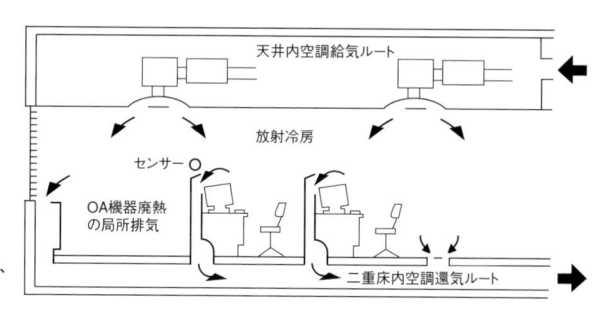

伊藤忠横浜港北ビル(日建設計、1987年)

設備・性能・機能　設備

ソーラーシステム　solar system

ソーラーシステムには、「太陽熱」を利用するものと、「太陽光」による発電の2つがある。太陽熱の利用は地域の季節や気象、運転調整方法を考慮しながら、集熱・蓄熱・放熱(使用)によって給湯や暖房などを行う。建物の屋根で集熱ガラスが太陽に向かって並ぶ姿は、太陽エネルギー利用のイメージを形づくっている。方式には熱媒による空気式と水式があり、空気式は暖房と給湯に用い、建築と一体的に設計することが多い。水式は用途に給湯が多く、集熱器は比較的高温で、耐用年数の違いから建築と分離して設置することが多い。一方、太陽光発電は、太陽電池を屋根や壁に設置し、発電した電気を利用するものである。

空気式ソーラーシステムの構成（空気式集熱／外気導入型システム）

空気式集熱は建築一体型で設計することが多く、建築屋根で集熱、床下コンクリートで蓄熱と放熱を構成している。このシステムの機能は、冬の昼は軒先より外気を取り込んで暖房と換気、夏の昼は屋根に当たる日射の排熱と貯湯、夏の夜は外気取込みによる換気と涼房である。また、集熱屋根面は太陽熱の吸収と伝達がよい暗色の金属板が適当で、最上部に強化ガラスを置いて断熱空気層を構成すれば、さらに集熱性能が上がる。

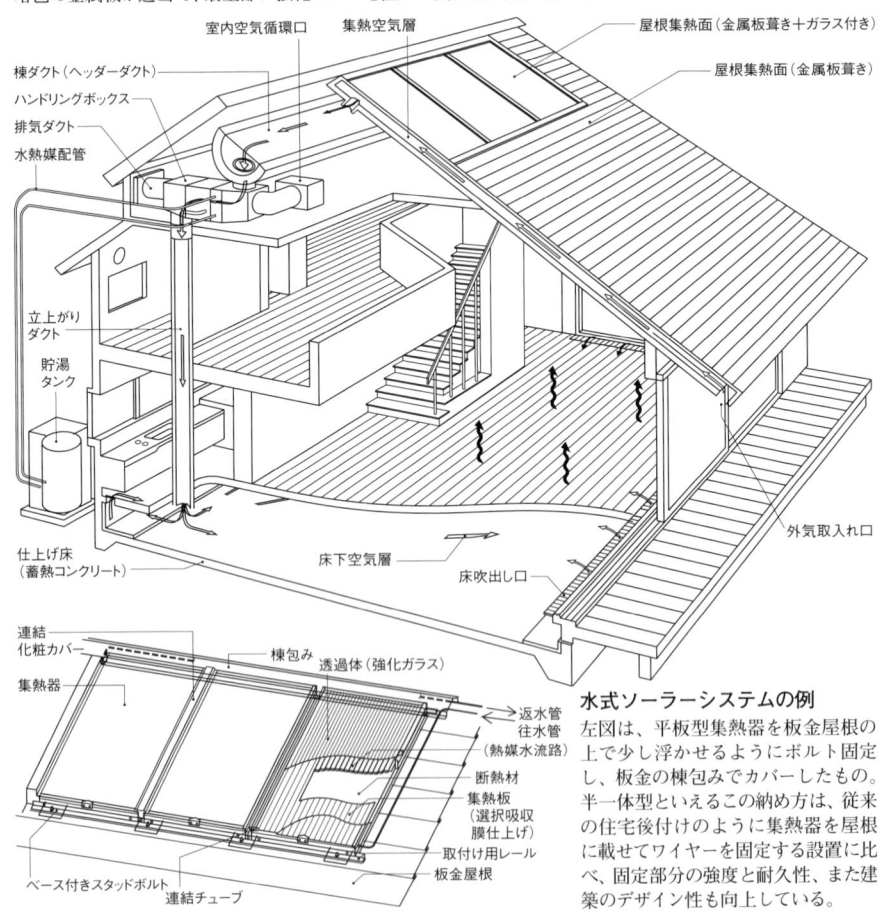

水式ソーラーシステムの例

左図は、平板型集熱器を板金屋根の上で少し浮かせるようにボルト固定し、板金の棟包みでカバーしたもの。半一体型といえるこの納め方は、従来の住宅後付けのように集熱器を屋根に載せてワイヤーを固定する設置に比べ、固定部分の強度と耐久性、また建築のデザイン性も向上している。

設備　設備・性能・機能

屋根に納める集熱器の表情

集熱器には、左ページの図のような建築一体型と、下図のような分離型のいくつかのタイプがある。屋根に納められる集熱器は、建築の表情に大きくかかわる。

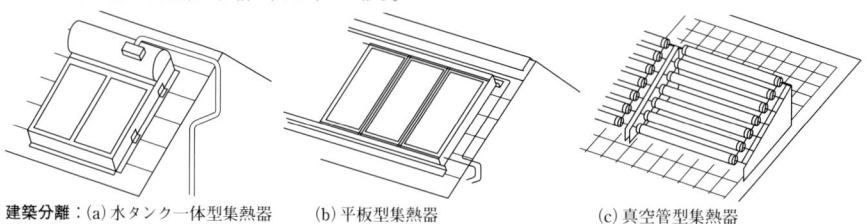

建築分離：(a) 水タンク一体型集熱器　　(b) 平板型集熱器　　(c) 真空管型集熱器

太陽光発電のしくみ

太陽光発電は結晶シリコンなどを用いて、太陽光から電気を得るシステムで、屋根面に設置することが多い。電池は最小の単位のセルを集めてガラスなどで保護し配線したものをモジュール、それを必要発電量だけまとめたものがアレイである。

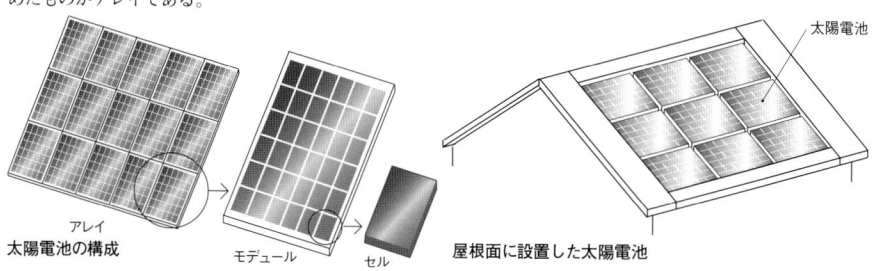

アレイ
太陽電池の構成　　モジュール　セル　　屋根面に設置した太陽電池

さまざまなソーラーシステムのタイプ

熱利用のソーラーシステムは、多種多様な用途とシステムがある。給湯と暖房の用途について、下図のような代表的な例がある。

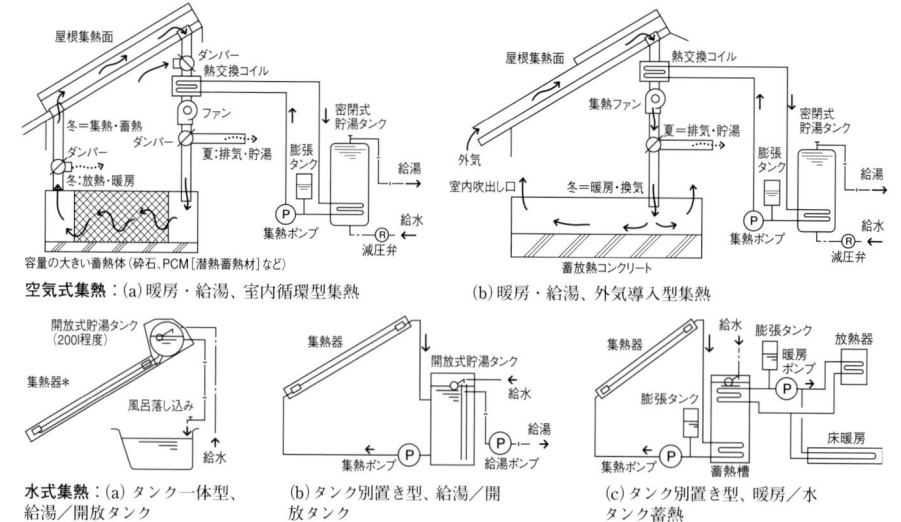

空気式集熱：(a) 暖房・給湯、室内循環型集熱　　　(b) 暖房・給湯、外気導入型集熱

水式集熱：(a) タンク一体型、給湯／開放タンク　　(b) タンク別置き型、給湯／開放タンク　　(c) タンク別置き型、暖房／水タンク蓄熱

*集熱器の熱媒循環方式には、自然循環式、ヒートパイプ式、強制循環(太陽電池駆動)式がある

設備・性能・機能　設備

火災に対処するしくみ　*fire safety design*

建築物の火災安全は、火災の進展や建築物内の人間の挙動に対応した建築設計によって達成される。空間の構成、構造、階段、外壁、内装、建具など、建築の各部位の性能を、出火防止、延焼阻止、煙制御、避難誘導、倒壊防止、類焼防止などに適したようにすることにより、火災に対処するしくみをつくり上げるわけである。スプリンクラーなどの消火設備、感知通報設備、排煙設備などは、火災に対処するために建築物に配置される。これらの火災に対処するしくみを組み合わせて、建築物の用途や形態の特性に応じた火災安全のコンセプトをもつことが、建築設計を進めるうえで重要となる。

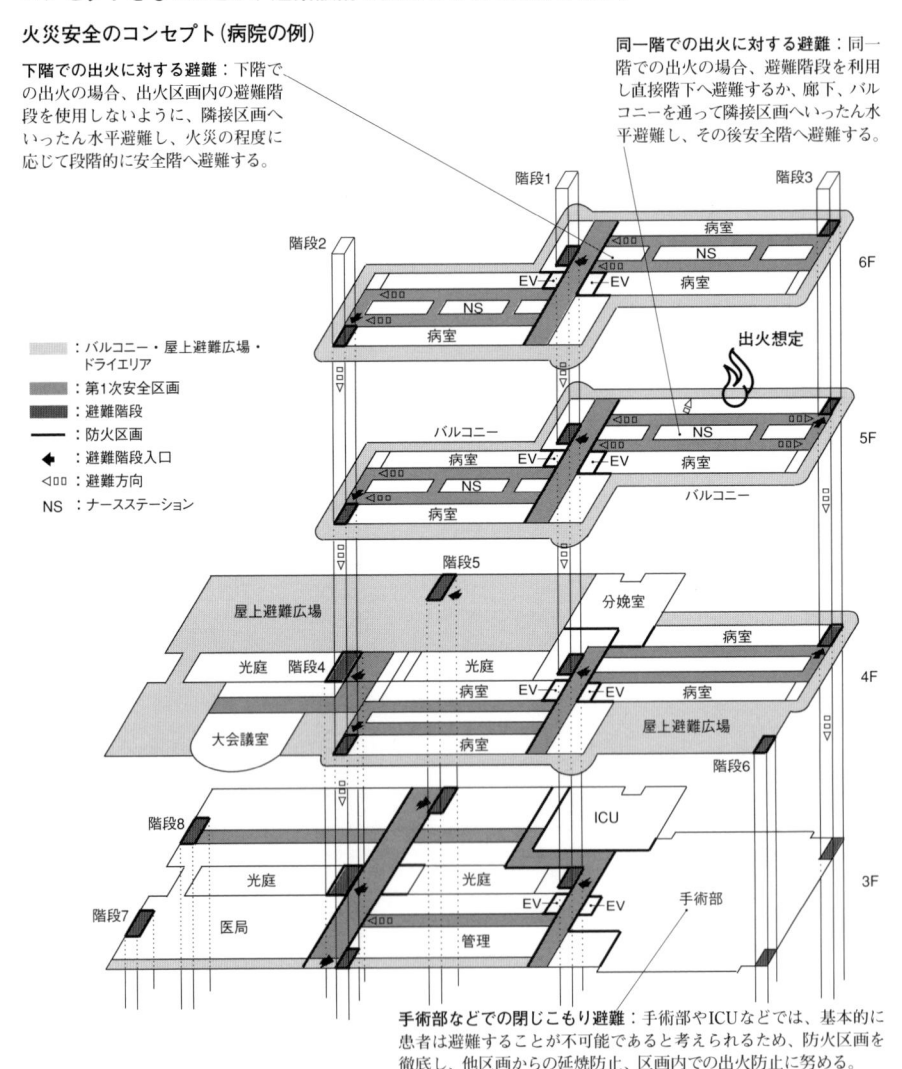

火災安全のコンセプト（病院の例）

下階での出火に対する避難：下階での出火の場合、出火区画内の避難階段を使用しないように、隣接区画へいったん水平避難し、火災の程度に応じて段階的に安全階へ避難する。

同一階での出火に対する避難：同一階での出火の場合、避難階段を利用し直接階下へ避難するか、廊下、バルコニーを通って隣接区画へいったん水平避難し、その後安全階へ避難する。

凡例：
- ：バルコニー・屋上避難広場・ドライエリア
- ：第1次安全区画
- ：避難階段
- ：防火区画
- ◀ ：避難階段入口
- ◁▫▫ ：避難方向
- NS ：ナースステーション

手術部などでの閉じこもり避難：手術部やICUなどでは、基本的に患者は避難することが不可能であると考えられるため、防火区画を徹底し、他区画からの延焼防止、区画内での出火防止に努める。

防火区画による水平避難

階段を使って避難するのに時間を要する高齢者や身障者、入院患者などの場合、階段室の前で待っている間に出火室からの煙で危険な状態になってしまう。そこで、まず隣接区画に避難をし、防火防煙区画で火煙を防いでいる間に、隣接区画の階段で地上へ避難する。

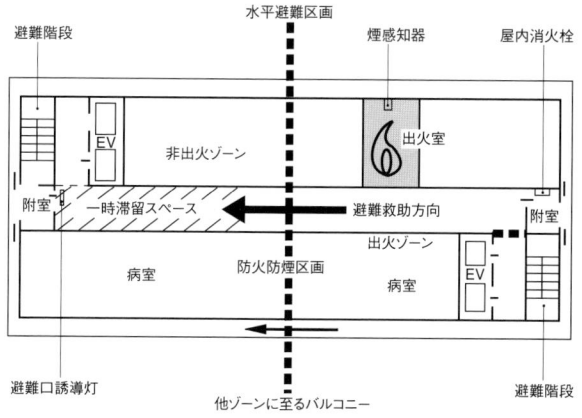

特別避難階段（煙対策を行った避難階段）

機械排煙設備のある附室を廊下と階段の間に設け、廊下からの煙による階段の汚染を防ぎ、安全な避難経路を長時間確保する。

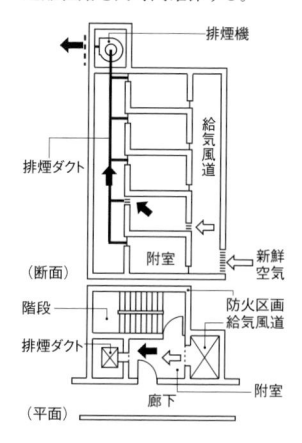

水平避難方式と避難に有効なバルコニーの概念

さまざまな防災設備機器

避難口誘導灯：階段などへの避難方向を在館者に示す。

非常用進入口：消防隊が消火・救助活動のために建物内部に入る際に必要なもので、無窓の外壁が続くときはバルコニーを設けて足場を確保する。高層建築物の場合は非常用エレベーターが用いられる。

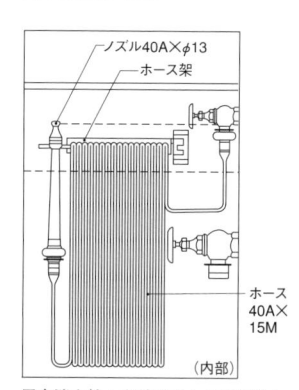

煙感知器：火災で生じる煙を自動的に感知し、警報などで在館者に火災の発生を知らせる。台所などでは熱感知器が用いられる。

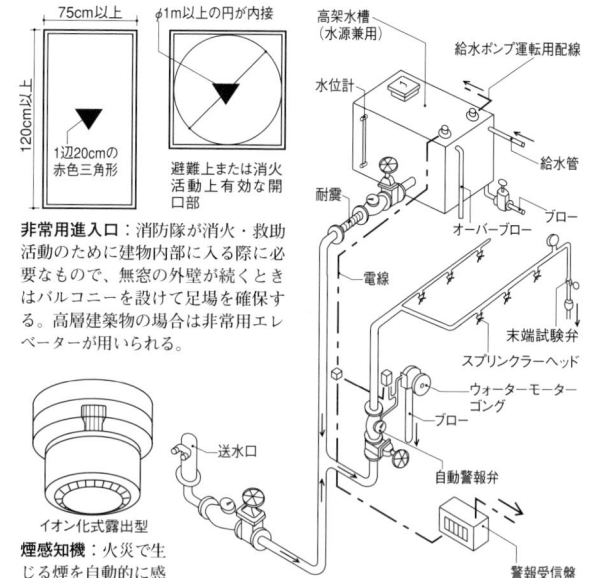

屋内消火栓：在館者による初期消火活動に用いられる。このほか、大規模な建物などでは連結送水管の放水口にホースが格納され、消防隊によって用いられる。

スプリンクラー設備：火災時に発生する熱気によってスプリンクラーヘッドが自動的に開き、散水して消火する。水の流れや水圧の変化をとらえて自動的に警報を発することができる。

設備・性能・機能　設備

エネルギーの有効利用　energy supply system

都市の建物において、使用されるエネルギーを低減する方策として、地域レベルでのエネルギー供給システムを構築する地域冷暖房の導入がある。地域冷暖房は一定地域内の複数の建物に対して、集約化された熱供給プラントから冷暖房や給湯用のエネルギーを供給するものである。地域冷暖房の導入により、エネルギーや空間の有効利用、大気汚染防止、設備管理の省力化などが図れる。特に、熱供給プラントにコージェネレーションシステムや未利用エネルギーを導入することによって、より一層有効なエネルギー利用が可能となるが、建物単体でもこのようなエネルギー供給システムを備える例が増えている。

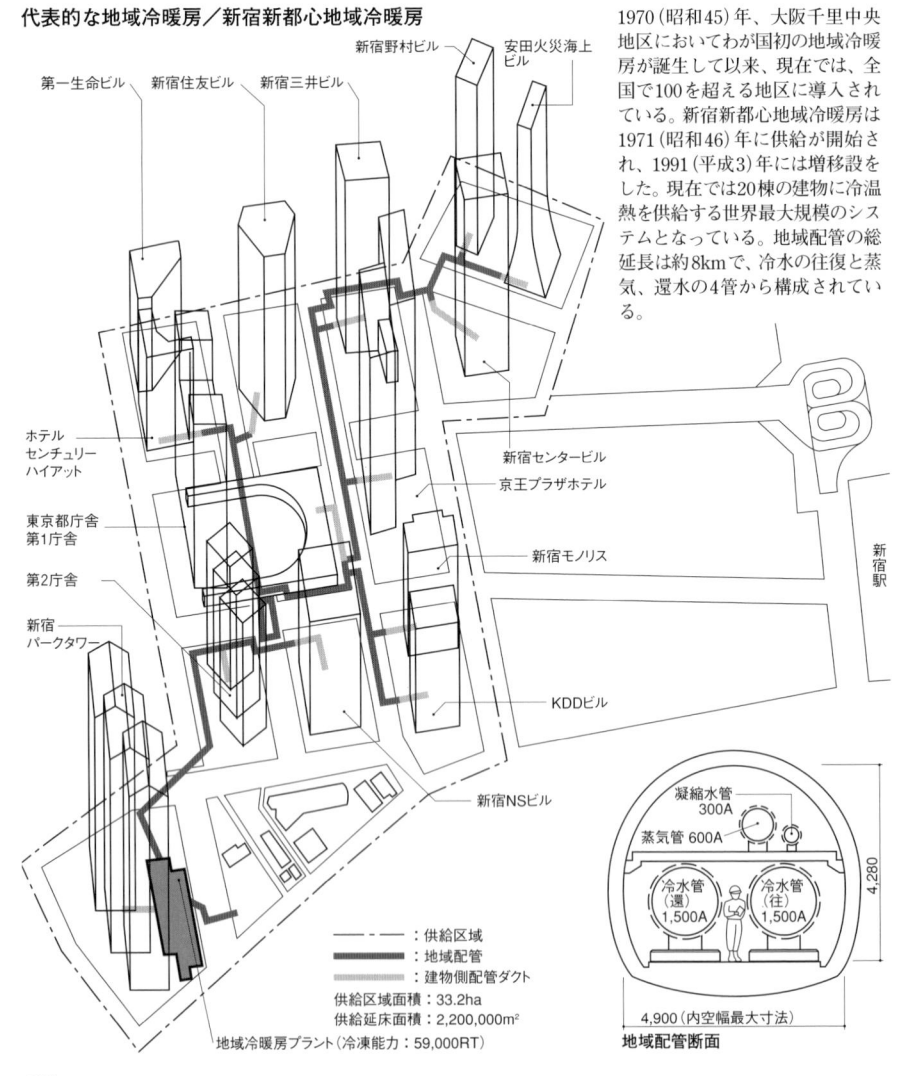

代表的な地域冷暖房／新宿新都心地域冷暖房

1970（昭和45）年、大阪千里中央地区においてわが国初の地域冷暖房が誕生して以来、現在では、全国で100を超える地区に導入されている。新宿新都心地域冷暖房は1971（昭和46）年に供給が開始され、1991（平成3）年には増移設をした。現在では20棟の建物に冷温熱を供給する世界最大規模のシステムとなっている。地域配管の総延長は約8kmで、冷水の往復と蒸気、還水の4管から構成されている。

第一生命ビル　新宿住友ビル　新宿三井ビル　新宿野村ビル　安田火災海上ビル
ホテルセンチュリーハイアット
東京都庁舎第1庁舎
第2庁舎
新宿パークタワー
新宿センタービル
京王プラザホテル
新宿モノリス
新宿駅
KDDビル
新宿NSビル

―――：供給区域
――：地域配管
――：建物側配管ダクト

供給区域面積：33.2ha
供給延床面積：2,200,000m²
地域冷暖房プラント（冷凍能力：59,000RT）

凝縮水管 300A
蒸気管 600A
冷水管（還） 1,500A
冷水管（往） 1,500A
4,280
4,900（内空幅最大寸法）

地域配管断面

設備　設備・性能・機能

地域冷暖房の構成
コージェネレーションや未利用エネルギーの活用は個別ビルでも適応できるが、地域化するほうが導入が容易になる。

```
未利用エネルギー → 地域冷暖房プラント
                    ヒートポンプ
                    コージェネレーション → 地域配管 → 2次側設備
```

未利用エネルギー
都市にはさまざまな排熱や自然のエネルギーが大量に存在している。地域レベルでのエネルギー供給システムを構築することによって、このような未利用エネルギーの活用が可能となる。しかし、下水のように都市に存在する未利用エネルギーには低温のものが多く、利用する側が求める温度レベルには必ずしも適していない場合が多い。このような場合、ヒートポンプを導入することによって、低温の未利用エネルギーでも有効に利用することが可能となる。

未利用エネルギーの種類

都市排熱	高温排熱	発電所 ごみ焼却場 工場
	低温排熱	下水処理場 変電所 地中送電線 工業用水 地下鉄 ビル排熱
自然エネルギー		海水 河川水 井水

コージェネレーション
1つの燃料から電気と熱を同時に生み出し、利用するシステムがコージェネレーションである。一般の火力発電所では発電時の排熱は利用されないが、コージェネレーションは都市内のオンサイト発電であるため、発電時の排熱を有効に利用することができる。

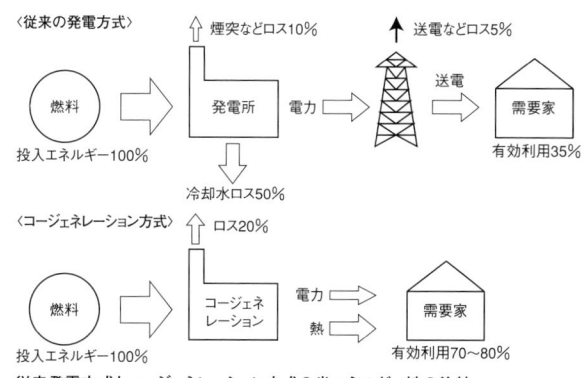

〈従来の発電方式〉
燃料（投入エネルギー100%）→ 発電所 → 電力 → 送電 → 需要家（有効利用35%）
煙突などロス10%／冷却水ロス50%／送電などロス5%

〈コージェネレーション方式〉
燃料（投入エネルギー100%）→ コージェネレーション → 電力・熱 → 需要家（有効利用70〜80%）
ロス20%

従来発電方式とコージェネレーション方式の省エネルギー性の比較

エネルギー供給システムの事例
実験型の集合住宅としてつくられたNEXT21では、建物独自で燃料電池によるコージェネレーションや太陽光発電など複合的なエネルギー供給システムを備えることで、大きな省エネルギー効果を発揮している。

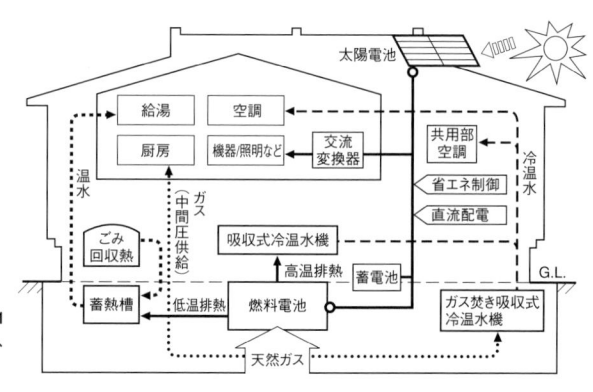

大阪ガス実験集合住宅NEXT21
（大阪ガスNEXT21建設委員会、1993年）

設備・性能・機能　設備

駐車場のしくみ *parking system*

自動車台数の増加にともない、駐車設備が都市空間に与える影響も大きくなっている。そうした状況の中で使われる頻度の高い立体駐車場には自走式と機械式があるが、空間の利用という点では機械式のほうが利用効率が高い。機械式駐車場には、ビル組込みも可能で普及率の高いタワー方式、ビルの地下空間を利用できる水平循環方式、簡単な設備により平面駐車場の収容台数を増やすことができる多段方式、道路の地下などを利用したシステムで、大規模かつ迅速な入出庫が可能な平面往復方式などがある。

タワー方式（垂直循環タイプ）
ケージの循環によって車をタワー内に垂直に収納する方式。下部乗入れが一般的であるが、地下を利用した中間乗入れ、上部乗入れ方式もある。

タワー方式（エレベータータイプ）
エレベーターの移動によって車をタワー内に収納する方式。垂直循環タイプよりも騒音・振動が小さく、エレベーターのスピードが高速であるため、出庫の際の待ち時間も少ない。

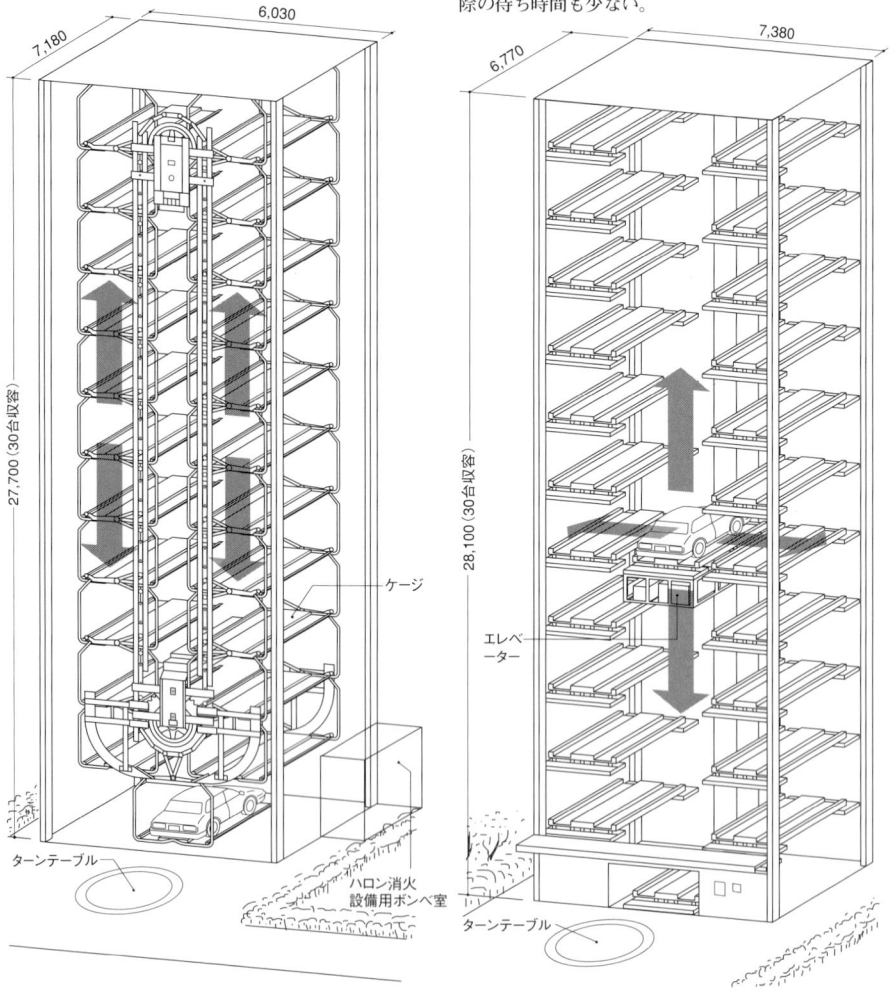

そのほかの駐車場方式

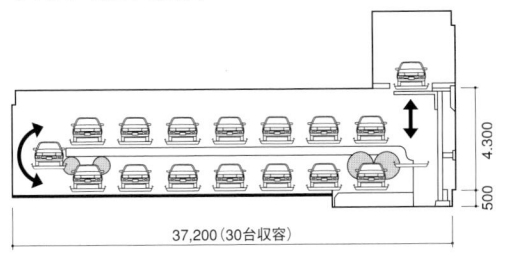

水平循環方式：水平に循環するパレットによって車を収納する方式。上図のように、リフトと組み合わせて地下スペースを利用することができる。

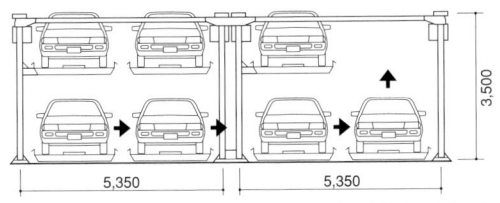

多段方式：水平に循環するパレットによって車を収納する方式。上図のように、リフトと組み合わせて地下スペースを利用することもできる。

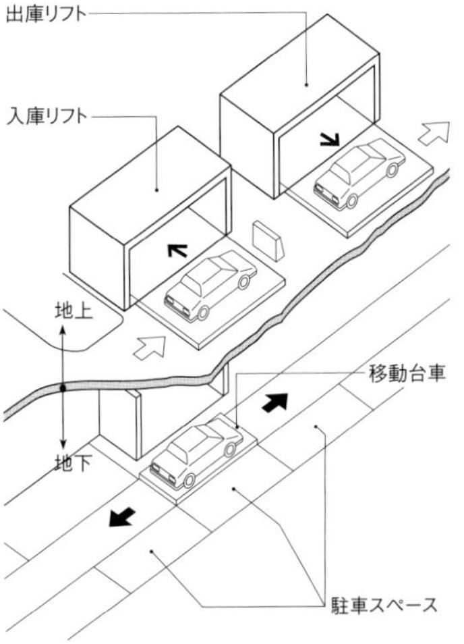

平面往復方式：自動車を地下に移動するリフトと地下において水平移動する移動台車を組み合わせた新しい駐車方式。入庫位置と出庫位置の分割と高速な台車の使用によって迅速な入出庫が可能となっている。道路などの地下の利用に適したシステムである。

駐車場の平面計画

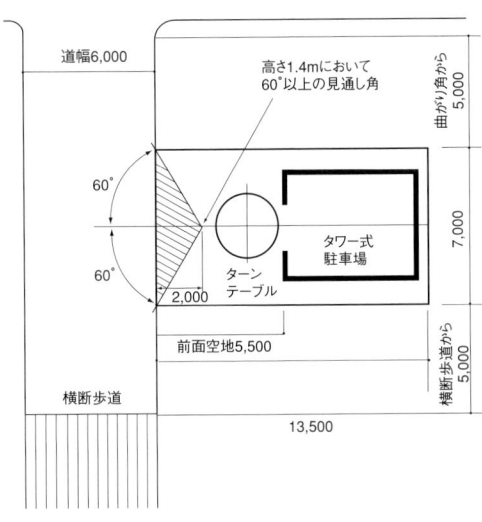

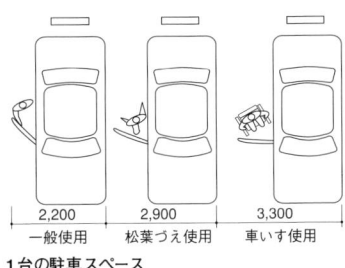

1台の駐車スペース

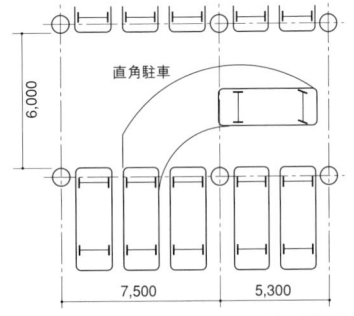

駐車パターン：1台あたりの駐車面積は斜行駐車より直角駐車のほうが小さい。

計画上の留意点：駐車場の出入口は自走式・機械式とも、交差点の側端あるいは曲がり角から5m以上離れた場所と定められている（道路交通法）。また機械式駐車場の前面には、車の退避できる5.5m以上の前面空間が必要となる（駐車場法、東京都建築安全条例）。

設備・性能・機能　性能

熱をさえぎる　*thermal insulaion*

冬季の室内を暖かく保つこと（防寒計画）と、夏季の室内を涼しく保つこと（防暑計画）は、建築空間を快適・健康なものとするために重要なテーマである。一般に、断熱とは「対流」や「伝導」の形で、熱が伝わることを防止することを意味する。たとえば、熱を伝えにくい材料（断熱材）で建物を包み、暖房の熱を屋外に逃さないようにすることである。一方、遮熱とは主として「放射」によって熱が伝わることを防止することを意味している。夏の暑い日差しが室内に差し込まないようにブラインドを設けることなどが、遮熱に該当する。

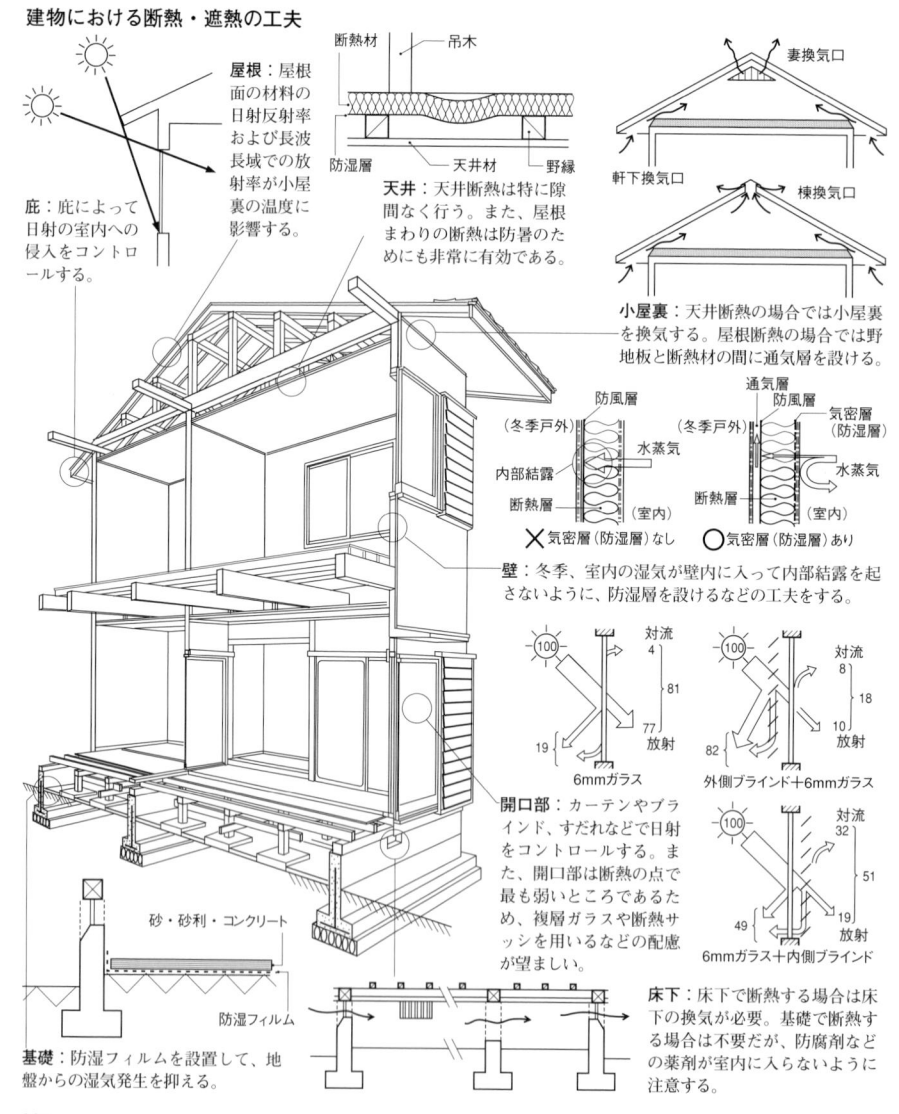

建物における断熱・遮熱の工夫

屋根：屋根面の材料の日射反射率および長波長域での放射率が小屋裏の温度に影響する。

庇：庇によって日射の室内への侵入をコントロールする。

天井：天井断熱は特に隙間なく行う。また、屋根まわりの断熱は防暑のためにも非常に有効である。

小屋裏：天井断熱の場合では小屋裏を換気する。屋根断熱の場合では野地板と断熱材の間に通気層を設ける。

壁：冬季、室内の湿気が壁内に入って内部結露を起さないように、防湿層を設けるなどの工夫をする。

開口部：カーテンやブラインド、すだれなどで日射をコントロールする。また、開口部は断熱の点で最も弱いところであるため、複層ガラスや断熱サッシを用いるなどの配慮が望ましい。

床下：床下で断熱する場合は床下の換気が必要。基礎で断熱する場合は不要だが、防腐剤などの薬剤が室内に入らないように注意する。

基礎：防湿フィルムを設置して、地盤からの湿気発生を抑える。

断熱・気密施工において注意すべき部位

断熱・気密施工における注意事項としては、①断熱材が途切れるなどの断熱欠損箇所をつくらないこと、②断熱材で囲んだ空間の内部に大量の外気が出入りしないようにすること、③暖房期において室内の湿った空気が断熱材内部に侵入しないようにすること、④雨漏りや漏水対策に十分注意すること、があげられる。

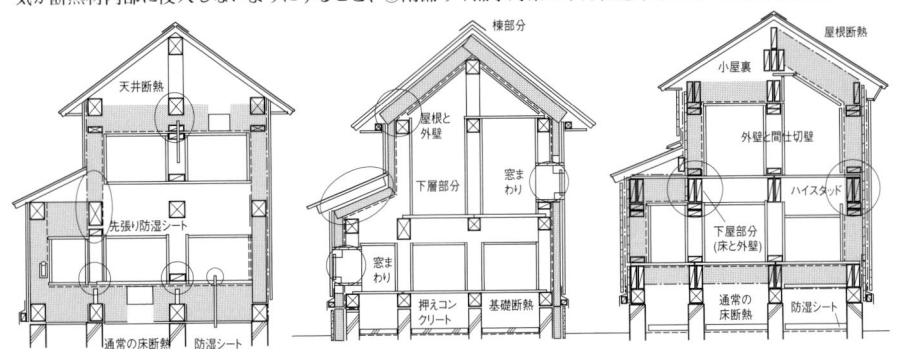

軸組断熱の場合：柱や間柱、筋かいなどを避けて壁内の空隙に断熱材を押し込む。繊維系断熱材の場合にはずり下がらないよう、タッカーにて断熱材の耳部分を固定する。壁と天井・屋根および床の取合い部の納まりと施工に特に注意する。

外張断熱構法の場合：ボード状かフェルト状断熱材を柱、胴差、垂木などの構造材の外側に張り付ける。下地を止め付ける釘の長さを考慮し、数十mmの断熱材厚さまでは1層張りが可能だが、それ以上では断熱材を複層張りとして途中の層に下地を設ける。

ツーバイフォー構法の場合：壁、天井、床の取合いが単純なため、気密を確保することが軸組構法に比べると容易である。充填断熱を壁体内部に行う場合は、ずり落ち防止や別張り防湿気密層の施工に配慮する。

在来木造住宅の断熱・気密施工例

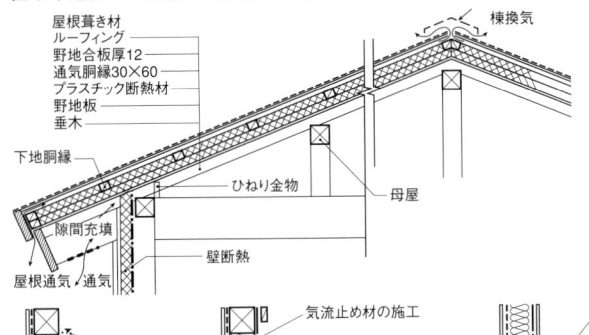

屋根断熱：垂木の上からプラスチック系断熱材によって外張断熱を行う際は、通気胴縁を用いて厚さ30mm程度以上の通気層を設け、断熱材が高温にさらされることを防止する。夏期の遮熱の観点から厚さの要求される屋根断熱では、断熱材を2層張りし下地材を用いることが必要となる。

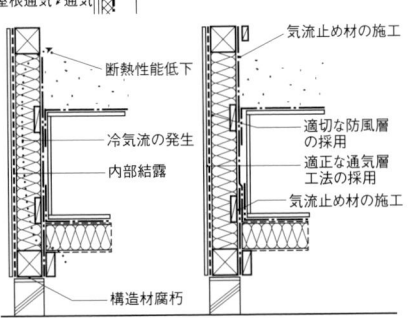

外壁断熱：内部結露の防止のためには、室内側に防湿気密層を設けたり、外装材の直下に通気層を設けることが役立つ。床や天井との取合い部の通気経路をふさぐ。

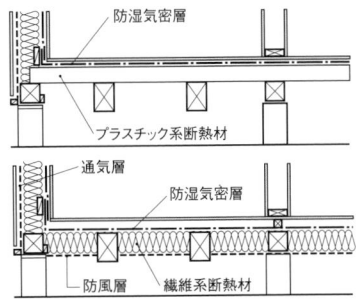

床断熱：床の気密は合板および継目のテープ加工によって確保することもできる。床下換気口の設置、地盤防湿対策が必要である。

設備・性能・機能　性能

空気のコントロール　*ventilation, airtight performance*

室内の空気をコントロールするための性能には、換気と通気、気密がある。換気は、室内で発生するさまざまな空気汚染物質を排除するために欠かすことのできない機能である。通気は、湿気や熱の排出のために行われることが多い。特に大きな風量を動かすときには通風と呼ぶほうがよい。一方、気密には、室内とそれを囲む壁体の内部との間の気密性をさす場合と、単に室内と屋外の間の気密性をさす場合がある。前者の場合、気密を確保する理由は、室内から壁体内部に入り込んだ湿気によって、冬季に内部結露の被害が発生することの防止である。後者の理由は、換気による熱損失の低減と隙間風による温熱快適性低下の防止である。

室内の空気をコントロールするしくみ

空気を流す力としては、空気の浮力（煙突効果）、風力および機械力の3種類が重要である。前二者によって自然換気や通風が、後者によって機械換気や空調が可能となる。いずれにしても、気象条件や周辺環境条件などをベースに、建物の気密性能や換気口、換気システム、空調システムを総合的に計画することが肝要である。

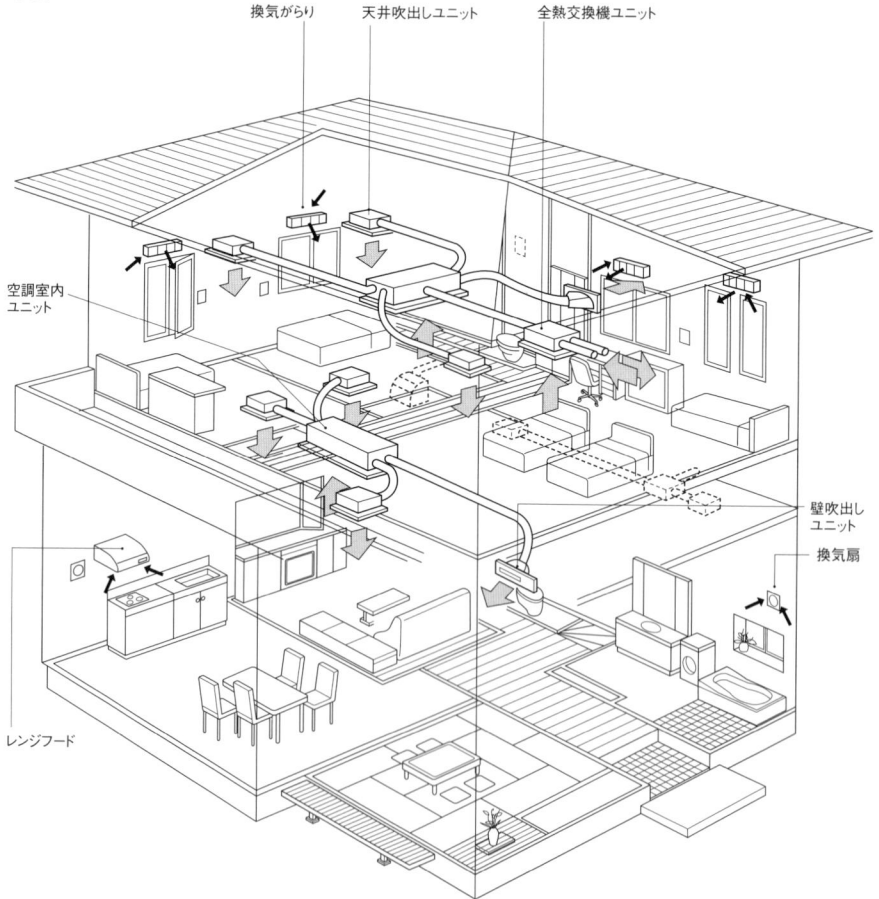

性能　設備・性能・機能

換気の方法

いかに気密性の高い建物であっても、躯体には必ず隙間が存在するため、隙間を通した空気の出入りを無視できない。また、居住者の存在抜きで環境を計画することは好ましくない。換気の方法としては、一般居室に新鮮な外気を供給するための全般換気と、特定の汚染質を排出するための局所換気の区別があり、一般的な機械換気システムには、セントラル排気方式と給排気方式の2種類がある

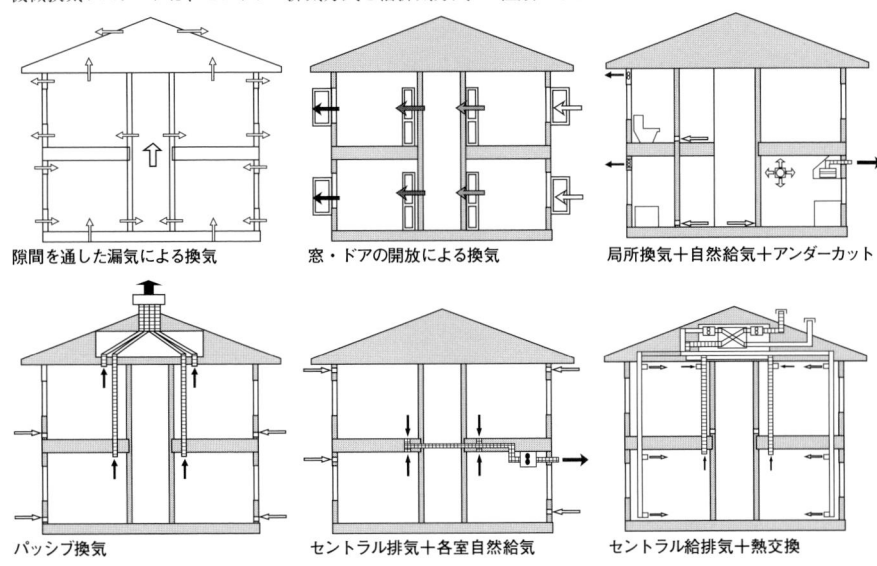

隙間を通した漏気による換気　　窓・ドアの開放による換気　　局所換気＋自然給気＋アンダーカット

パッシブ換気　　セントラル排気＋各室自然給気　　セントラル給排気＋熱交換

外壁の気密構造

気密の確保に使用できる材料としては、防湿気密フィルム、防風シート、合板、乾燥木材、プラスチック系断熱材、コンクリート部材、鋼製部材が該当し、これらを組み合わせて気密層を形成する。

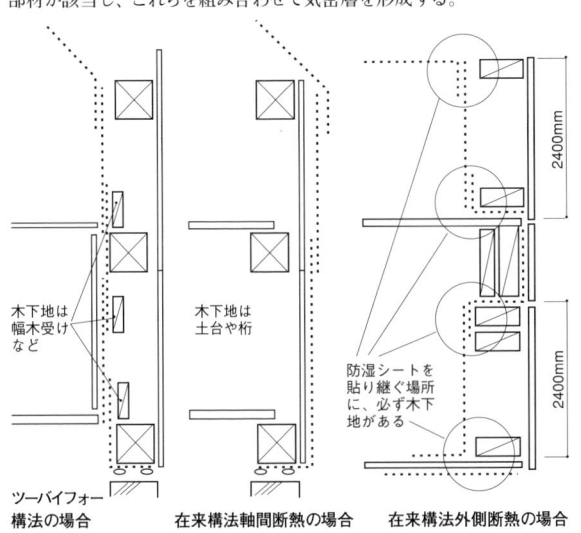

ツーバイフォー構法の外壁の比較

通気構法の採用によって、雨仕舞をより確実にするとともに、壁内における湿気の貯留による結露の発生の防止、夏期の日射熱の排出などを図ることができる。

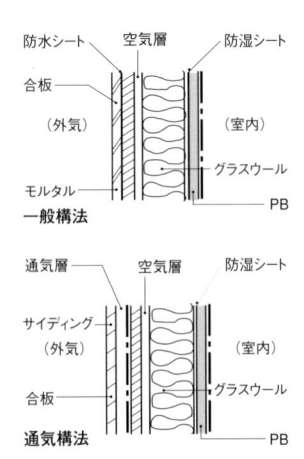

一般構法：防水シート／合板／空気層／グラスウール／防湿シート／モルタル／（外気）／（室内）／PB

通気構法：通気層／サイディング／合板／空気層／グラスウール／防湿シート／（外気）／（室内）／PB

ツーバイフォー構法の場合　　在来構法軸間断熱の場合　　在来構法外側断熱の場合

設備・性能・機能　性能

光を操る *lighting*

建築において操るべき光、およびその操り方にはさまざまなものがある。まず操るべき光は、太陽の光である。太陽の光は、季節や時刻、天候などによって時々刻々と変化していく。この変化をどれだけ多く、正確にイメージできるかが光を操るための第一歩となる。方位を分析し、建物の形を考え、窓を配置する。周囲の環境も配慮しなければならない。そして、庇やバルコニー、ルーバーなどを工夫し、ガラスの種類や内装の仕上げを考える。最後にカーテンやブラインドで仕上げをする。照明器具の光も同様である。光源の種類や配置、器具の形などを工夫し、内装との関係も考慮する。

光を操るための敷地と配置計画
窓を配置する際には、周囲の状況に特に配慮することが必要である。窓からの眺めはどうか、また逆に外部からの視線が気になることはないかなどを検討しなければならない。時には、植栽を有効に利用することも大切である。

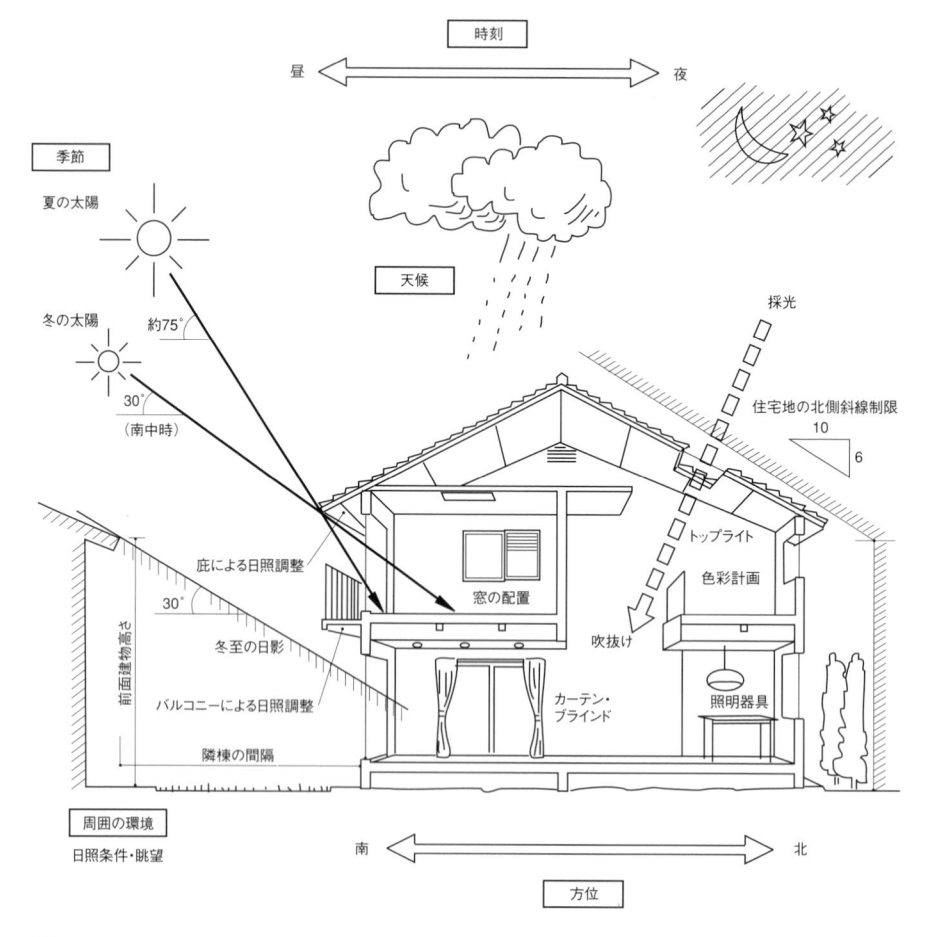

性能　設備・性能・機能

光を導くしくみ

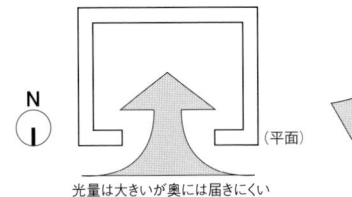

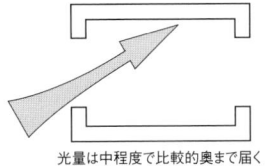

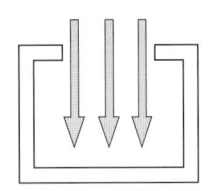

光量は大きいが奥には届きにくい（平面）

光量は中程度で比較的奥まで届く

光量は小さいが安定している

側光：最も一般的な窓。方位による違いが大きい。部屋の奥行が深いときには、明るさの分布に注意する。

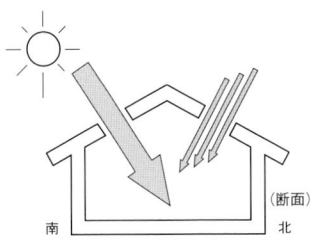

（断面）南　北

南　北

南　北

頂光：トップライト。同じ面積でも採光量はかなり多く、明るさの分布もよくなる。眺めが得られないこと、直射日光にどう対処するかを念頭におかなければならない。頂光でも建物に対する配置や方位は重要である。

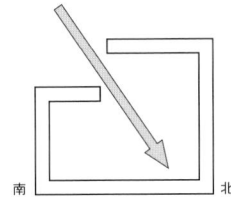

頂側光：側光が天窓のように高い位置にあるもの。美術館や工場によく見られるが、高密度な住宅地での採光にも有効である。

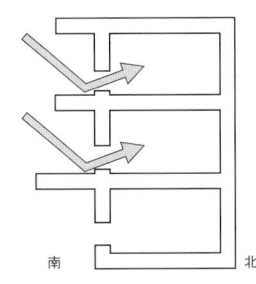

底光：直射日光を排し、間接光のみを低い位置から取り込むもの。

光を生かすしくみ

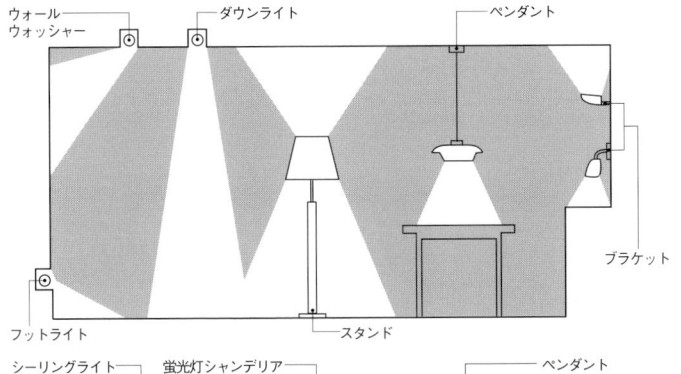

ウォールウォッシャー　ダウンライト　ペンダント　ブラケット　フットライト　スタンド

指向性のある光：点光源と不透明な材料を使った器具の組合せ。内装材との組合せで間接照明とすることもできる。壁面の光の分布や影を生かして計画する。

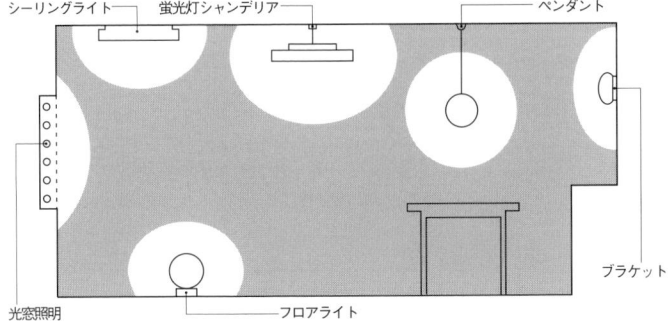

シーリングライト　蛍光灯シャンデリア　ペンダント　ブラケット　光窓照明　フロアライト

拡張性の光：半透明な材料を使った器具は最初から拡張光をつくる。指向性のある光と比べて灯数を少なくできるが、薄暗く感じられないように注意して計画する。

設備・性能・機能　性能

音を制御する　noise and vibration control

居住空間の快適性を音環境の側面からとらえると、静かな環境で生活したいという要求と、周囲を気にせず自由に音を出したいという要求の2つが満たされる必要がある。そのためには音を制御することが求められる。つまり、室内に騒音を発生させないこと、発生した騒音のエネルギーを吸収して大きくしないこと（吸音）、室外から室内および室内から室外への騒音や振動の伝搬を遮断すること（遮音、防振）が必要となる。また、室内で発生する音には、環境騒音や隣室の会話などが窓や壁を透過してくる空気音と、設備機器騒音・給排水音・床衝撃音などの固体音の2種類があることに注意しなければならない。

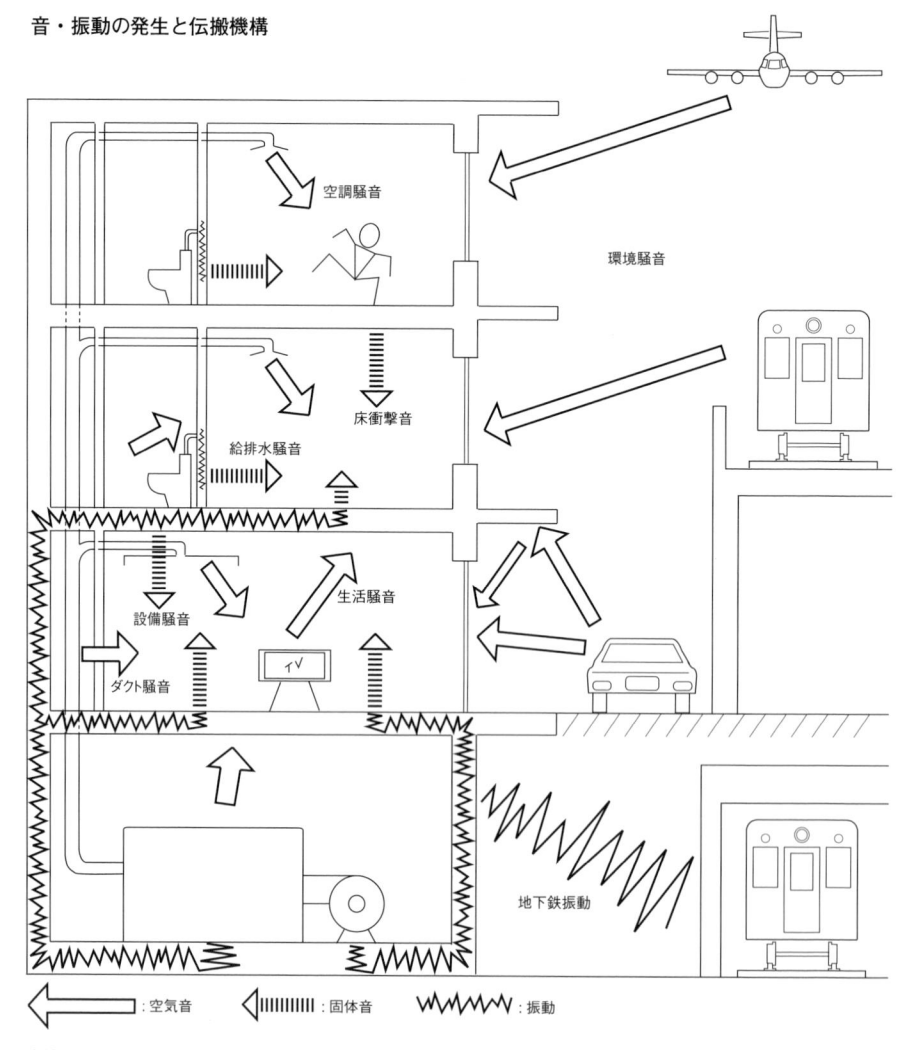

音・振動の発生と伝搬機構

性能　設備・性能・機能

遮音構造のしくみ

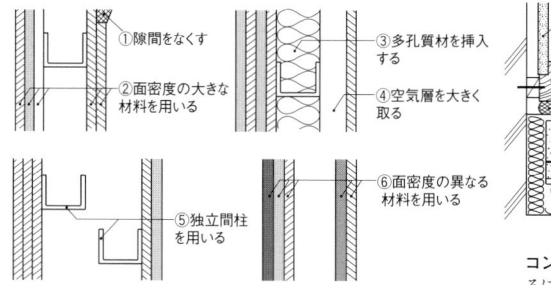

①隙間をなくす
②面密度の大きな材料を用いる
③多孔質材を挿入する
④空気層を大きく取る
⑤独立間柱を用いる
⑥面密度の異なる材料を用いる

隔壁の遮音性能を増加させる設計：機械室などの隔壁では、壁自体の剛性を高める必要がある。

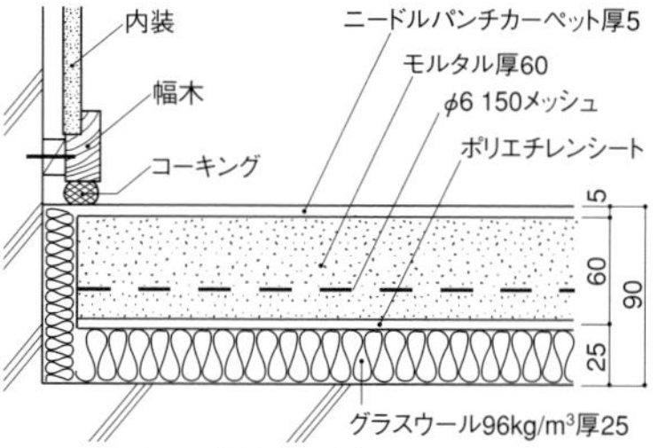

内装／幅木／コーキング／ニードルパンチカーペット厚5／モルタル厚60／φ6 150メッシュ／ポリエチレンシート／グラスウール96kg/m³厚25

コンクリート浮き床の断面：床衝撃音を低減するには、床スラブを厚くし、柔らかい表面仕上げが求められる。浮き床構法は、広い周波数範囲で床衝撃音を小さくできる。

吸音構造に使用される吸音材の種類と特性

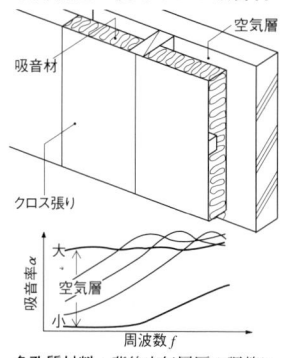

空気層／吸音材／クロス張り
（吸音率α－周波数f グラフ：大／空気層／小）

多孔質材料：背後空気層厚の調整によって、広い周波数で吸音ができる。

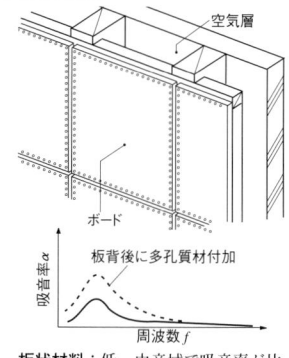

空気層／ボード
（吸音率α－周波数f グラフ：板背後に多孔質材付加）

板状材料：低・中音域で吸音率が比較的大きい。

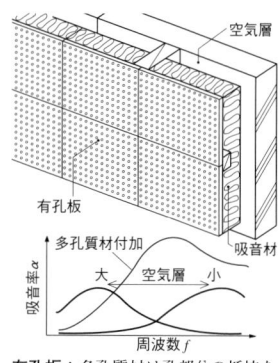

空気層／有孔板
（吸音率α－周波数f グラフ：多孔質材付加／大／空気層／小）

有孔板：多孔質材は孔部分の抵抗を増すように、有孔板に密着させる。

防振構造のしくみ

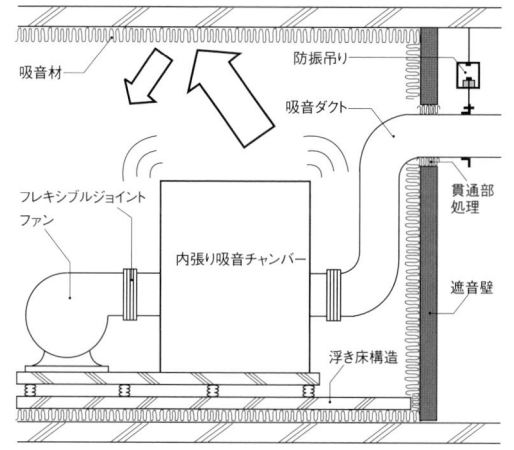

吸音材／防振吊り／吸音ダクト／貫通部処理／フレキシブルジョイント／ファン／内張り吸音チャンバー／遮音壁／浮き床構造

設備機器の防振：設備機器の防振は機器本体だけでなく、ダクト・給排水管と建物躯体の間も振動を遮断する必要がある。

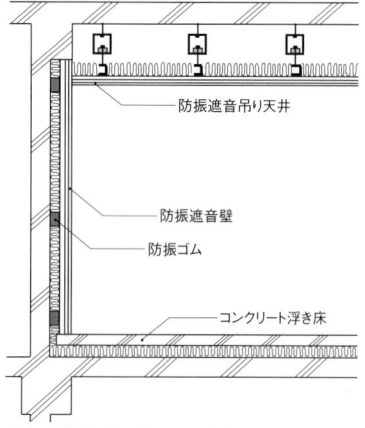

防振遮音吊り天井／防振遮音壁／防振ゴム／コンクリート浮き床

室内の防振：特に静けさを要求される部屋では、防振遮音吊り天井、防振遮音壁、浮き床が用いられる。

241

設備・性能・機能　性能

防水・雨仕舞　*waterproofing, rain screen*

防水・雨仕舞は建築の基本的性能である。それを実現するための構法の考え方は大きく2つに分かれる。1つは、雨水などが浸入する隙間をすべて除去してしまう構法であり、もう1つは隙間に浸入した雨水を排出する機構をつくる構法である。前者の構法の典型例は、陸屋根や室内の浴室に用いるメンブレンの防水構法である。後者の構法の代表例は、瓦屋根など勾配屋根の構法や、下見板などの壁構法である。どちらの構法を用いるにせよ、雨水などの水がどのような方向からどのように流れてきて、どのように流れていくのか、「水道（みずみち）」を予測することが肝心である。

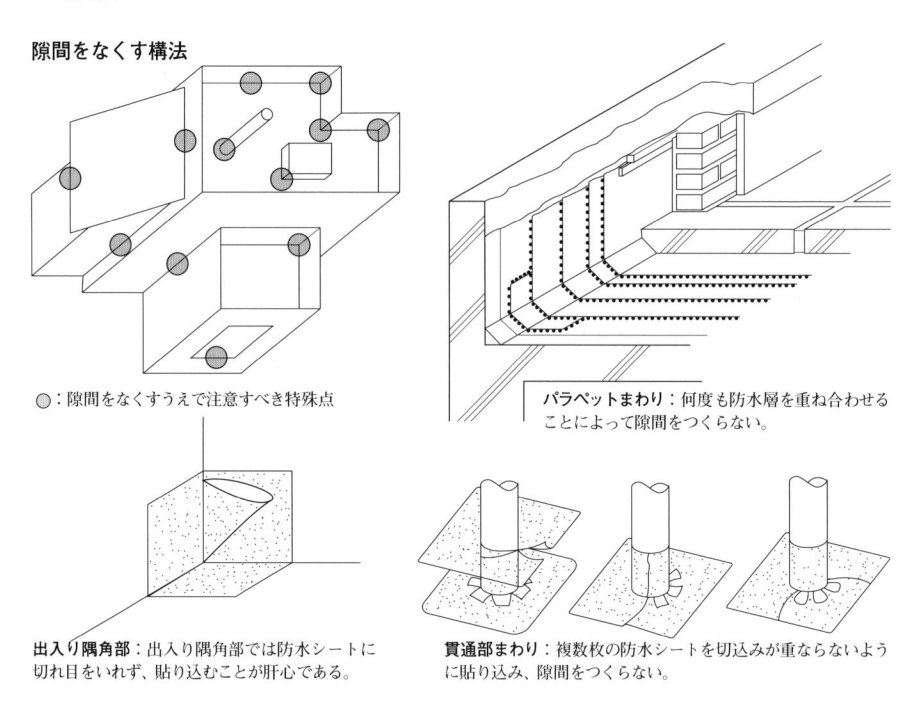

隙間をなくす構法

◯：隙間をなくすうえで注意すべき特殊点

パラペットまわり：何度も防水層を重ね合わせることによって隙間をつくらない。

出入り隅角部：出入り隅角部では防水シートに切れ目をいれず、貼り込むことが肝心である。

貫通部まわり：複数枚の防水シートを切込みが重ならないように貼り込み、隙間をつくらない。

隙間に入った水を排出する機構をつくり込む構法

雨水の浸入要因	①重力	②運動エネルギー	③表面張力	④毛細管作用	⑤気流		⑥気圧の差
対策	上り勾配	じゃま板	水切り溝	水抜き穴	ウインドバリア		気圧の差をなくす

242

雨水を流れやすくする屋根・樋の工夫

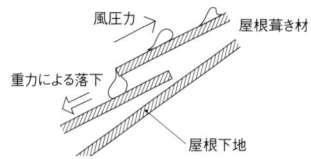

屋根：隙間に入った水は重力で排出される。したがって、隙間の大きい屋根ほど勾配を大きくし、屋根表面の雨水の流速を早めることが肝心である。

最小限必要な屋根の勾配

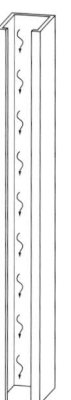

長尺瓦棒葺き	1/10〜
金属板一文字葺き	2.5/10〜
成形石綿スレート葺き	3/10〜
波形スレート葺き	3.5/10〜
桟瓦葺き	4/10〜

オープンたて樋：長い閉鎖管は詰まりやすい。樋は水が伝わらせて落下させる装置であり、左図の例のようにオープンにするほうが有利である。

カーテンウォールのオープンジョイントとクローズドジョイント

クローズドジョイントは「隙間をつくらない」という考え方による接合部構法である。一方、オープンジョイントは、「隙間に入った水を排出する機構を備える」という考え方による構法である。オープンジョイントには、レインバリアとウインドバリアという2つの機能要素が内包されていて、その形状素材は、外装材の素材によってさまざまな様態をとる。

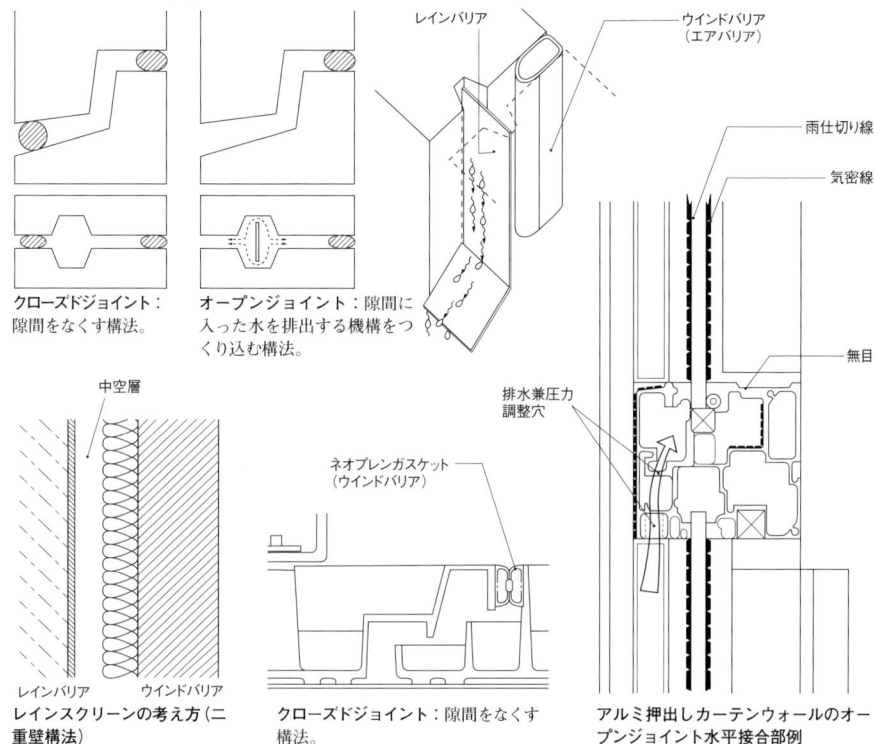

クローズドジョイント：隙間をなくす構法。

オープンジョイント：隙間に入った水を排出する機構をつくり込む構法。

レインスクリーンの考え方（二重壁構法）

クローズドジョイント：隙間をなくす構法。

アルミ押出しカーテンウォールのオープンジョイント水平接合部例

設備・性能・機能　性能

火災を防ぐ　*fire resistant structure, fire compartment*

建物における柱梁などの主要構造部材が、火災により崩壊するのを防ぐためには、耐火構造として、火災時にも固定荷重を支持できる構造とする。また、ある程度以上の大規模な建物では火災の拡大を防ぐため、防火区画と呼ばれる火災遮断帯を設けることによって建物をいくつかの部分に分割する。防火区画を構成する床と壁は耐火構造とし、火熱によって容易に崩壊せず(非損傷性)、火炎や煙、熱の浸透を遮断する性能が要求される（遮炎性、遮煙性、遮熱性）。また、防火区画に設ける開口部は防火戸とし、配管やダクトなどが貫通する場所には、適切な延焼防止措置を施すことが重要である。

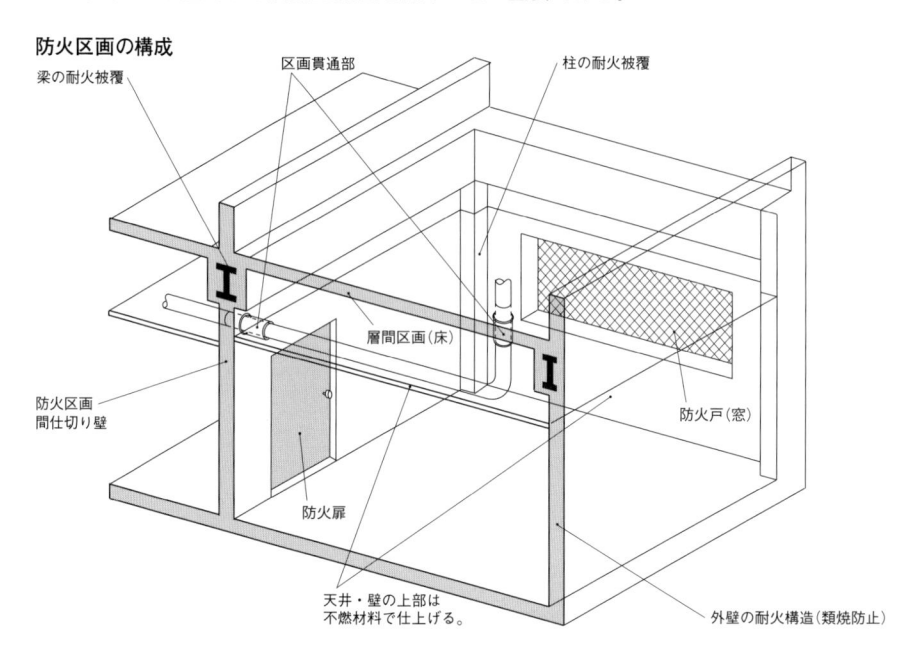

防火区画の構成

梁の耐火被覆
区画貫通部
柱の耐火被覆
層間区画(床)
防火区画間仕切り壁
防火戸(窓)
防火扉
天井・壁の上部は不燃材料で仕上げる。
外壁の耐火構造(類焼防止)

構造部材の耐火被覆

火災の温度は1,000℃程度に達することも多い。このような高温では、ほとんどの構造材料の強度は低下する。顕著なのは鋼材であり、450℃で常温の約2/3程度となる。それゆえ、耐火被覆を施して鋼材の温度上昇を防ぐ必要がある。耐火被覆の方法には、右図のようにさまざまな構法がある。

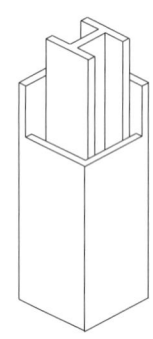

板組構法：耐熱性のある板で鋼材を囲う方法。

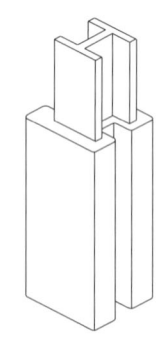

吹付け構法：湿式の断熱材を鋼材に吹き付ける方法。

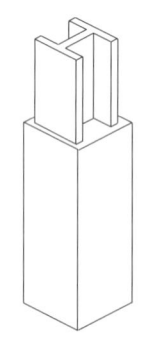

打込み構法（SRC造）：型枠内に鋼材を打ち込む方法。

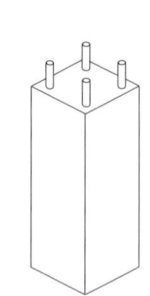

RC造：鉄筋の被り厚さが十分であれば、耐火性が確保できる。

性能　設備・性能・機能

防火区画部材の構造（壁・扉）

防火区画における部材のうち、壁についてはRC造に代表される一体構造や、軽量鉄骨をスタッドとして両側に成形板を張り付けた中空壁が一般的である。成形板としては、ケイ酸カルシウムや石こうボードなどがよく使われるが、加熱されると多少なりとも亀裂が生じるので、2層以上に重ねて張る。扉については、火災と煙を遮断するため、鉄板あるいはアルミ合金でつくり、ガラスは網入り（厚6.8mm以上）として、火災時に割れても飛散しないようにする構造の防火戸が一般的である。

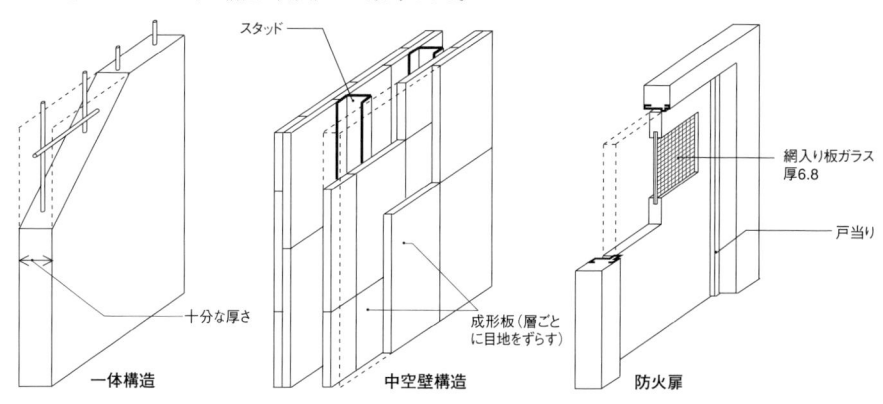

区画貫通部の延焼防止措置

配管、電気ケーブル、空調ダクトなどの設備が防火区画を貫通する箇所では、貫通部が弱点とならないような措置を要する。配管やケーブルの貫通部では、耐熱性のある材料で十分に埋め戻し(a, b)、空調などのダクトには防火ダンパーを設置する(c)。

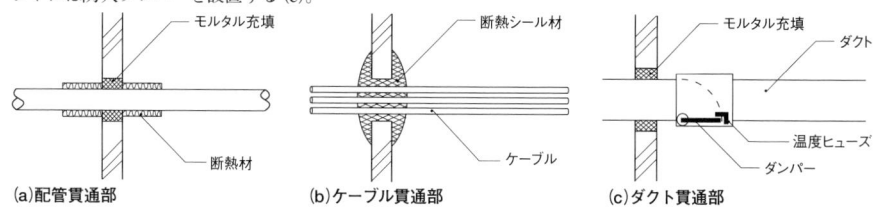

(a)配管貫通部　　(b)ケーブル貫通部　　(c)ダクト貫通部

耐火鋼・耐火塗料を使用した事例

耐火鋼は、高温強度（耐熱性）を高めた鋼材で、普通鋼よりも耐火性に優れる。また耐火塗料は、火災による加熱を受けると数十倍に発泡して断熱材となる耐火被覆材料である。こうした耐火鋼や耐火塗料の使用によって、外部に表れる鋼材の被覆が緩和され、軽快な建築表現の可能性は大きく広がった。

SANKYO新東京ビル（プランテック総合計画事務所、1999年）：耐火鋼を使用した事例。

関西国際空港ターミナルビル（レンゾ・ピアノ、1994年）：耐火塗料を使用した事例。

245

設備・性能・機能　性能

強風対策　*protection from strong wind*

強風対策の目的は、台風や季節風、まれに発生する竜巻などの強風から建物を守ることである。風が強くなりやすい場所は、海岸や大きな川の河口近く、風の通り道となる谷や崖上、高層建物の周辺である。基本となる対策は、構造体と外装材の風圧力に対する構造計算(耐風設計)である。低層の建物では、防風林などを設置することが有効で、飛来物の衝突に対しては、雨戸などでガラス窓などの開口部を守る対策が必要である。周辺環境に対する配慮としては、ビル風を防ぐ対策、手摺や戸の隙間風による騒音の対策、風圧力によるドアの開閉不良への対策も重要である。

建物に対する強風被害

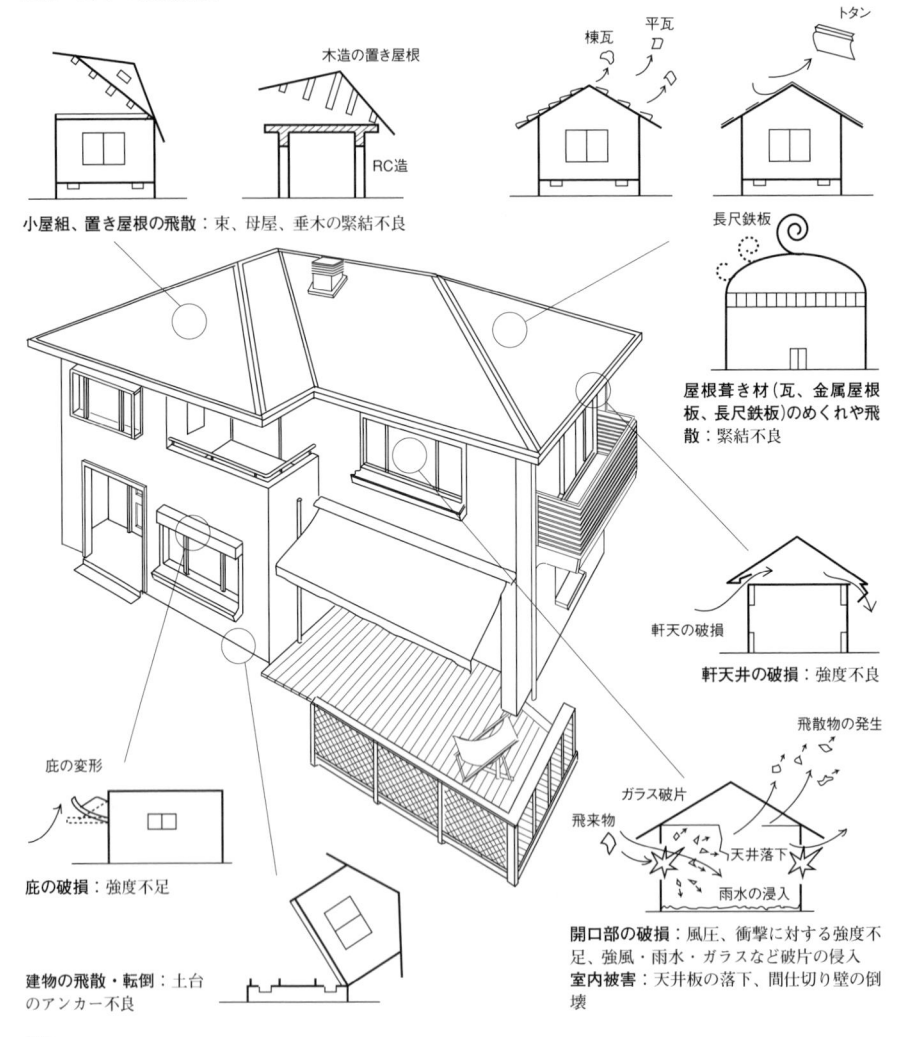

小屋組、置き屋根の飛散：束、母屋、垂木の緊結不良

木造の置き屋根

RC造

棟瓦　平瓦

トタン

長尺鉄板

屋根葺き材(瓦、金属屋根板、長尺鉄板)のめくれや飛散：緊結不良

軒天の破損

軒天井の破損：強度不良

飛散物の発生

ガラス破片

飛来物

天井落下

雨水の浸入

開口部の破損：風圧、衝撃に対する強度不足、強風・雨水・ガラスなど破片の侵入
室内被害：天井板の落下、間仕切り壁の倒壊

庇の変形

庇の破損：強度不足

建物の飛散・転倒：土台のアンカー不良

性能　設備・性能・機能

防風林による強風対策

風の強い地域や海岸に沿った地域では、樹木を帯状などに配置した林を用いて風速を低減させ、風下にある建物や田畑などの環境を強風被害から守る対策が用いられる。これらの風速を低減させる効果を意図した林を防風林と呼ぶ。建物を囲む生垣や屋敷林も防風林と呼ばれることがある。やや規模の小さい防風柵や防風ネットも、風速低減効果がある。

強風の発生しやすい地形

飛来物対策

強風が発生した場合に、植木鉢など地上に置かれた物、看板や屋根葺き材（金属板、瓦）などが飛散し、ほかの構造物に衝突して被害が発生する。ガラス窓は、これらの飛来物の衝突に対して破損しやすいために、雨戸や面格子などで飛来物の衝突から防護する必要がある。

発生源　　衝撃対策

ビル風とその対策

ビル風は、大型で高層の建物ほど影響範囲が大きい。対策としては、建物の設計時に風洞実験などによって検討を行い、適切な設計をすることでビル風の影響を低減できる。また、建物の形状の工夫や、高層部分と低層部分の組合せ、植栽や防風ネットの設置などの手法が用いられる。

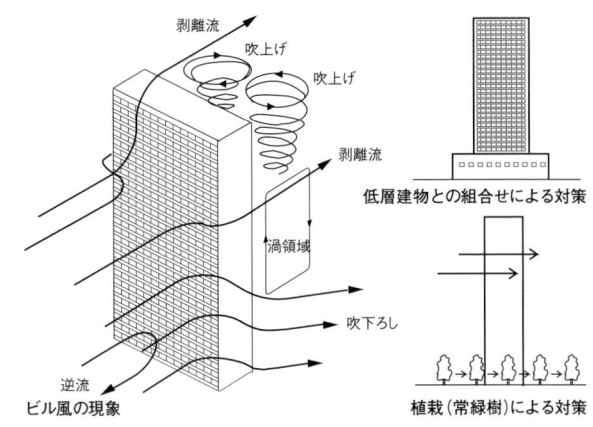

ビル風の現象

低層建物との組合せによる対策

植栽（常緑樹）による対策

戸や窓の隙間風による騒音とその対策

強風時に、戸や窓の隙間を通過する風が騒音を発生する場合がある。エアタイトやセミエアタイト仕様の戸や窓の使用によって騒音を低減できる。そのほか、バルコニーの手摺子の間を通過する風も、風による騒音を起こす場合がある。

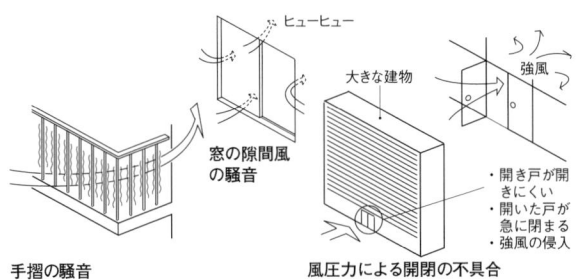

手摺の騒音　　風圧力による開閉の不具合

・開き戸が開きにくい
・開いた戸が急に閉まる
・強風の侵入

247

設備・性能・機能　性能

雪の構法　*design against snow*

北陸から東北地方、北海道にかけての日本海側は、居住地域としては世界で最も積雪の多い地域の1つである。そのため、雪に対するさまざまな対策がとられてきた。都市レベルでは、融雪水路の設置、地下水による道路の融雪などがある。建物の対策としては散水融雪などのほか、体育館などのスパンの大きな建物では、荷重の偏りを考慮して設計する。住宅の場合、従来は雪を速やかに地上に落として融雪する方法がとられてきたが、敷地の狭小化や住民の高齢化などの変化を受けて、近年では雪を落とさない構造が増えている。また、構造に加えて、降雪下の木材の耐久性や、適切な湿度を保持するなどの室内環境が課題となる。

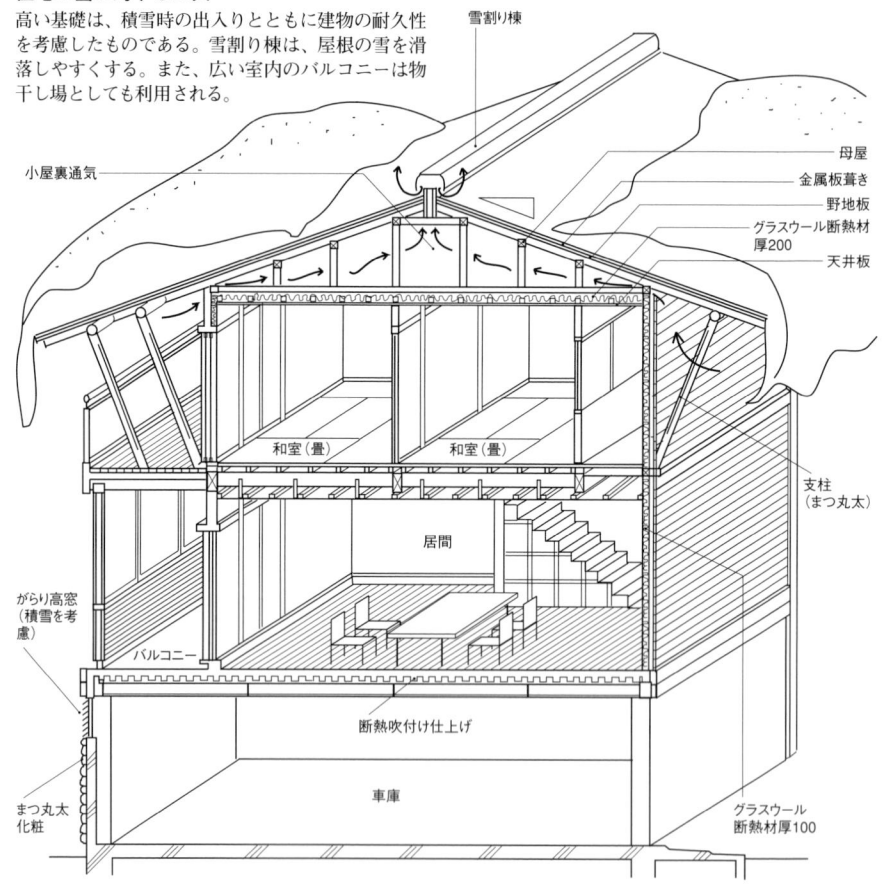

住宅の雪に対する工夫
高い基礎は、積雪時の出入りとともに建物の耐久性を考慮したものである。雪割り棟は、屋根の雪を滑落しやすくする。また、広い室内のバルコニーは物干し場としても利用される。

（図中ラベル：小屋裏通気／雪割り棟／母屋／金属板葺き／野地板／グラスウール断熱材厚200／天井板／和室（畳）／支柱（まつ丸太）／がらり高窓（積雪を考慮）／バルコニー／居間／まつ丸太化粧／断熱吹付け仕上げ／車庫／グラスウール断熱材厚100）

雪下ろし：雪下ろしをすることで、設計用積雪荷重の低減が認められてきたが、実際には高齢化などにより雪下ろしが行えないと指摘されている。現在は雪下ろしをしないことを前提とした設計が増えている。

都市の融雪：従来は地下水で融雪する方法が取られてきたが、地下水の汲上げによる地下水位の低下や地盤沈下が問題となっている。ほかには、歩道や住宅のアプローチを暖めて融雪する方法がある。

雪を落とす構法
屋根の雪を落とすには、雪割り棟を設けて屋根頂部の雪を落ちやすくし、屋根勾配を大きくする(45°以上)。この場合、隣地に雪が落ちないように計画する。

急勾配屋根　　腰折れ屋根　　招き屋根(片流れ)　　庇の積雪荷重対策

雪を落とさない構造
雪を留める方法には、金属板屋根の雪止めや、雪止め瓦などがある。ただし、雪庇が地面の雪とつながると、建物を破壊するほどの大きな力となるため避けなければならない。また、無落雪と呼ばれる水平屋根の住宅も増えている。

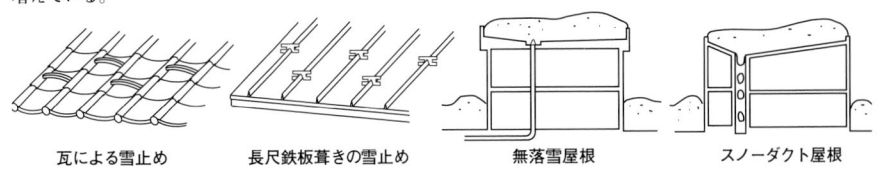

瓦による雪止め　　長尺鉄板葺きの雪止め　　無落雪屋根　　スノーダクト屋根

積雪荷重に対する屋根の工夫
積雪による被害は軒先に生じやすい。そのため、垂木部分の強度を高めるさまざまな工夫がある。

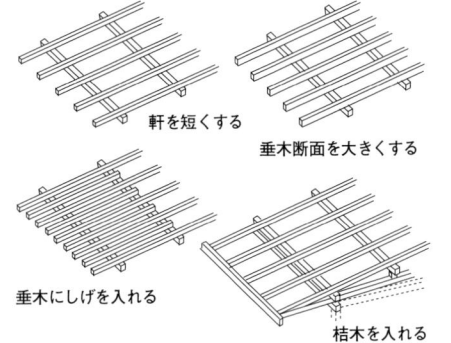

軒を短くする　　垂木断面を大きくする　　垂木にしげを入れる　　桔木を入れる

滑雪させる屋根の事例

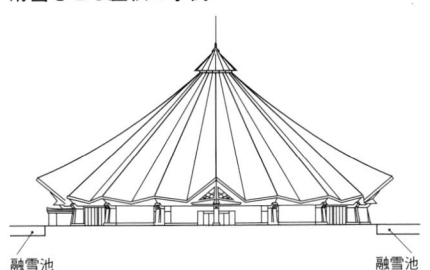

融雪池　　融雪池

膜屋根構造／富山市岩瀬体育館(アルセッド建築研究所、1992年):勾配を大きくして、滑雪することを前提とした屋根。周囲に池を配置して落ちた雪を融かす。

すがもれとその防止対策
軒の上部に溜まった水が、内部に浸入することを「すがもれ」という。防止対策には、天井の断熱や小屋裏通気、軒先へのルーフヒーターの設置などがある。

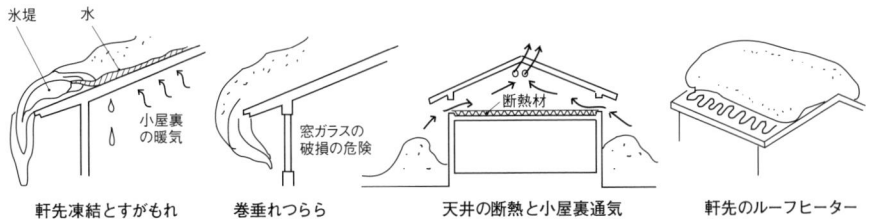

氷堤　水　小屋裏の暖気　　窓ガラスの破損の危険　　断熱材

軒先凍結とすがもれ　　巻垂れつらら　　天井の断熱と小屋裏通気　　軒先のルーフヒーター

設備・性能・機能　性能

迷わないサイン計画　*sign planning*

サインとは、見えない場所、わかりにくい環境をわかりやすく伝える（案内・誘導する）ための表示物である。また、人の行動や人々の流れをスムーズにしたり、注意を促すための機能、施設の存在をアピールする（広告宣伝）機能が備わった表示物でもある。その場所をよく理解している人にとっても、その環境をはじめて体験する人にとっても、必要な情報を与えてくれるメディアである。迷わないサイン計画とは、施設の利用者が必要とする「伝達情報の計画」、その情報が必要となる「設置位置の計画」、見る人が理解しやすい「統一表現の計画」によって、システムを計画することである。

サインシステムの計画（病院の例）

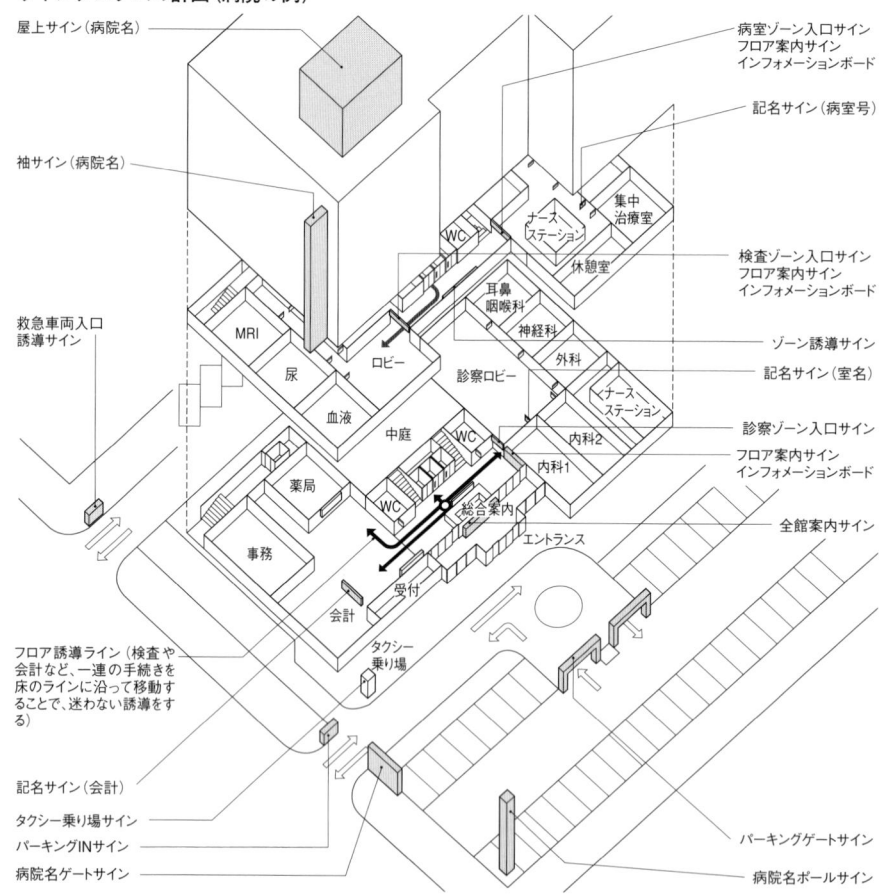

- 屋上サイン（病院名）
- 病室ゾーン入口サイン／フロア案内サイン／インフォメーションボード
- 記名サイン（病室号）
- 袖サイン（病院名）
- 検査ゾーン入口サイン／フロア案内サイン／インフォメーションボード
- 救急車両入口誘導サイン
- ゾーン誘導サイン
- 記名サイン（室名）
- 診察ゾーン入口サイン／フロア案内サイン／インフォメーションボード
- 全館案内サイン
- フロア誘導ライン（検査や会計など、一連の手続きを床のラインに沿って移動することで、迷わない誘導をする）
- 記名サイン（会計）
- タクシー乗り場サイン
- パーキングINサイン
- 病院名ゲートサイン
- パーキングゲートサイン
- 病院名ポールサイン

施設名称とロゴマーク

施設名称をマークとしてデザインすることで図として覚えられ、文字が読めない距離からでも判別できる。ロゴマークをサインのデザインに組み入れることで、その施設のサインであることがわかる。

①第一総合病院　DAIICHI SOGOH HOSPITAL

広告宣伝機能：ロゴやシンボルマークを大きく扱う（遠くからでも存在を確認できる）。

性能　設備・性能・機能

グラフィックの表現

地図や平面図を示す場合、線の太さ、色や影の施し方のデザインを統一し、書体やピクトグラム(絵文字)を一種類に定めることで、無駄な情報を省き、煩雑にならない表現が可能となる。

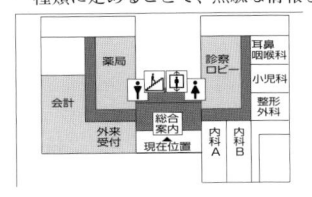

地図や平面図はデフォルメしない(実際の環境に対する広さ感覚が狂わない)。施設の特徴をクローズアップした表現(トイレは階段の近くにあることなど)。目的地周辺の目印を選択し、利用者に関係ない情報の削除(目的地近くでサインを見なくても確認できる)。

読みやすい書体の統一(目立ちやすく、煩雑にならない)。

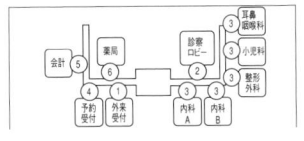

覚えやすいマップ表現と誘導システム(手順を示す表示を理解すれば、はじめてでも迷わない)。

ピクトグラム(言葉の壁を越えて理解できる)

屋外サインの構成

屋外サインはどこから見えるサインにするのかによって、アイテムとそれぞれの大きさおよび表示高さが決まる。駅前などの拠点から見える屋上サイン、交差点などで目印になるポールサイン、通りから目立つ壁面袖サイン、近づいて入口であることがわかる位置にゲートサイン、車両の出入口を示すパーキングサイン、敷地の中で建物や施設の方向を示す誘導サインなどで構成される。

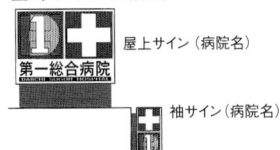

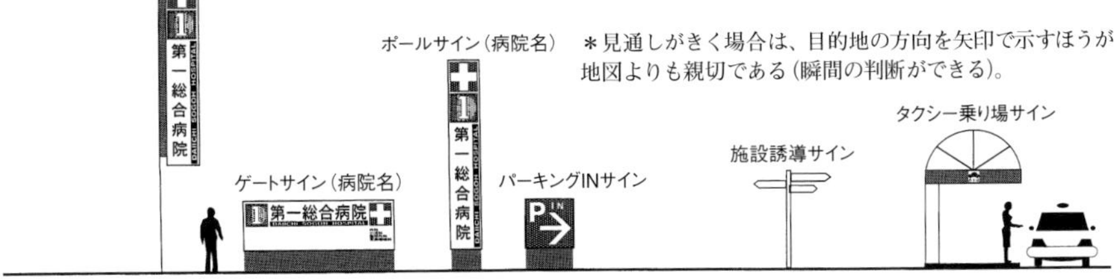

＊見通しがきく場合は、目的地の方向を矢印で示すほうが地図よりも親切である(瞬間の判断ができる)。

室内サインの構成

室内サインについては、サイン設置の必要な場所がどのような情報を必要とする場所なのかを分類し、それぞれの情報内容を整理することでサインアイテムが決まる。また、その掲出方法をルール化することで(サインの掲出を階段の手前、エレベーターの横、分岐する通路のコーナー部分、ドアの右側などに限定)、迷ったときにどこを見ればサインが存在するのか予測することができる。

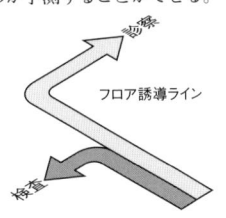

251

設備・性能・機能　性能

人の寸法・動きを読む　*anthropometric dimention*

設計において空間や動作スペース、家具、設備機器などの寸法を決める場合、人体寸法や動作寸法がそのよりどころになる。空間や物の寸法には、高さ、奥行、幅方向の寸法があるが、人間工学的には高さ寸法が最も重要になり、次に奥行、幅方向の順になる。人体の長さ方向の寸法と身長は相関するため、人体の長さ方向の部位寸法を求める場合、身長をもとに略算式で求めることができる。奥行や幅方向の寸法に関しても、部位によっては身長と同様に必要寸法を求められる。また、作業台やいす、操作部などの高さ寸法の場合には、大は小を兼ねない場合があるため、注意が必要である。

設計における人体寸法の考え方

設計に人体寸法を応用する場合、その平均値を採用してはならない。平均値に±のゆとりを加えることが重要になる。日本人成人男子の平均身長は165cm、女子では155cmである。これらの標準偏差（1σ）は5cmで、通常は±3σを寸法の目安とする。特に20歳代の身長は、平均身長に5cmを加えたものとして考える。

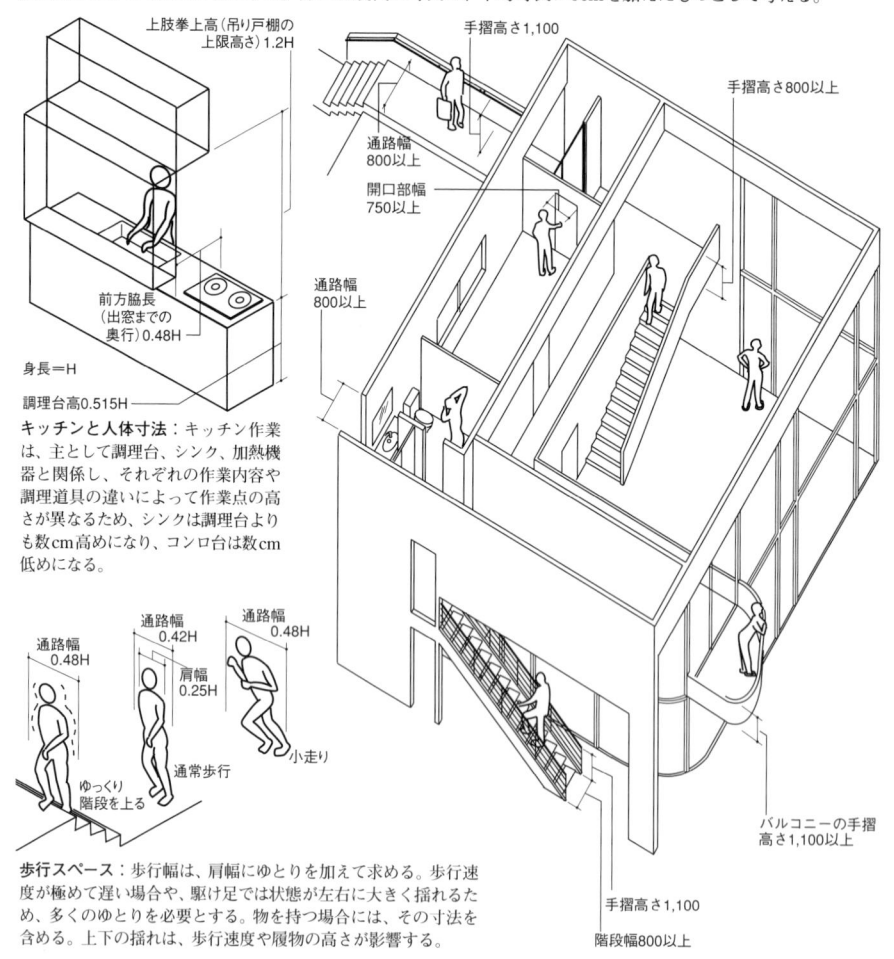

キッチンと人体寸法：キッチン作業は、主として調理台、シンク、加熱機器と関係し、それぞれの作業内容や調理道具の違いによって作業点の高さが異なるため、シンクは調理台よりも数cm高めになり、コンロ台は数cm低めになる。

歩行スペース：歩行幅は、肩幅にゆとりを加えて求める。歩行速度が極めて遅い場合や、駆け足では状態が左右に大きく揺れるため、多くのゆとりを必要とする。物を持つ場合には、その寸法を含める。上下の揺れは、歩行速度や履物の高さが影響する。

性能　設備・性能・機能

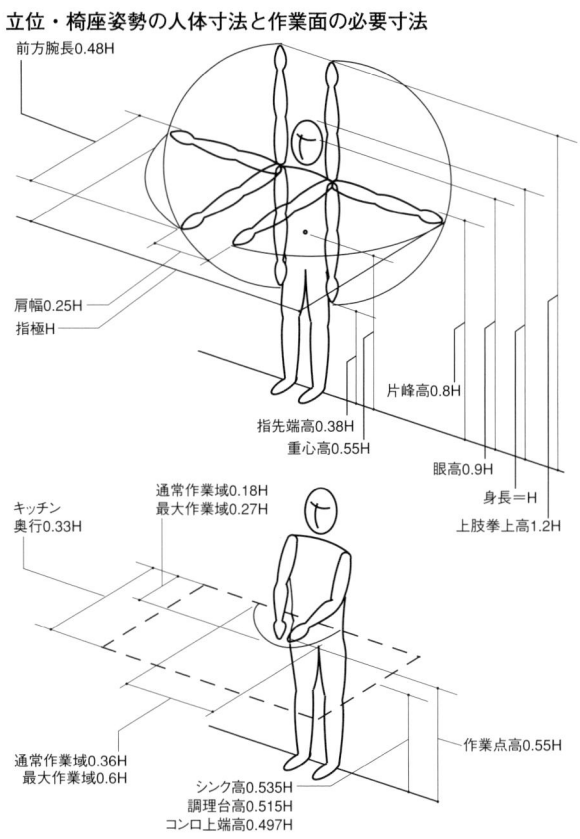

立位・椅座姿勢の人体寸法と作業面の必要寸法

前方腕長0.48H
肩幅0.25H
指極H
片峰高0.8H
指先端高0.38H
重心高0.55H
眼高0.9H
身長＝H
上肢拳上高1.2H

キッチン奥行0.33H
通常作業域0.18H
最大作業域0.27H
通常作業域0.36H
最大作業域0.6H
シンク高0.535H
調理台高0.515H
コンロ上端高0.497H
作業点高0.55H

前腕長0.25H
大腿長0.27H
身長＝H　下腿高0.25H
肘高0.16H
肩峰高0.35H
眼高0.48H
指極H（作業机最大幅）

最大作業域0.3H
通常作業域0.18H
最大作業域0.9H
通常作業域0.67H
差尺0.17H
座面高0.25H
机奥行0.42H
机高0.43H

立位姿勢の人体寸法：立位姿勢は歩行のほか、多くの作業時に見られる姿勢である。基本的には、手を上方や下方、そして前方や横に伸ばした場合の作業範囲内に機器や操作具を配置することが重要になるが、さらに手元に近い範囲で作業ができるような配置にしたほうが、安全性や作業性を高める効果が得られる。立位の場合には、床面が設計上の基準面になり、足のかかとに基準点を設けて、この点を中心に、上下、前後、左右方向の順序で必要寸法の割り出しをする。左図に示してある係数は、成人を対象としたもので、幼児や高齢者などの場合には多少の修正が必要となる。上肢挙上高は、吊り戸棚や収納家具などの上限高さに応用でき、眼高はドアアイや衝立などの高さに、重心高はベランダなどの手摺高さを求める場合に応用できる。

立位姿勢と作業面（キッチン作業）：人が作業する際に最も身体に負担のかからない手の位置を作業点といい、調理作業では包丁を握った手の位置に相当する。この高さは、身長の半分のやや上に位置する。作業域は、椅座姿勢の場合よりも狭くなるが、姿勢を変えやすいことを考慮すれば、大きくは違わないと考えてよい。作業面の高さを求めてから、奥行、幅寸法を決めることが重要になる。

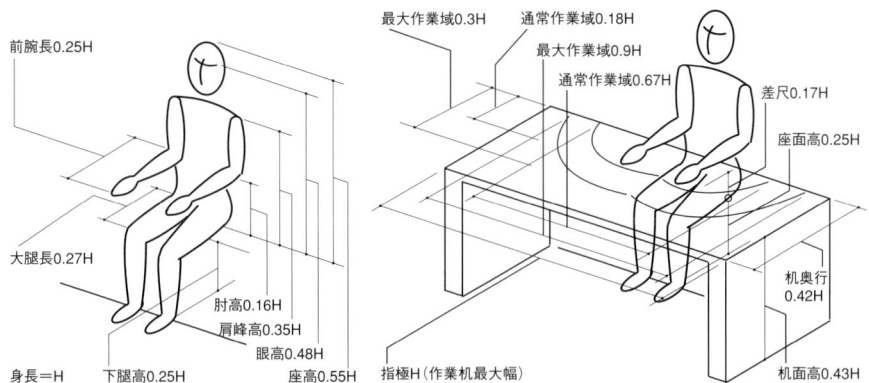

椅座姿勢の人体寸法：椅座姿勢と立位姿勢の異なる点は、身体の移動がしにくくなり、姿勢の拘束度が増すことである。椅座姿勢の基準面は、実際にいすに腰掛けることを前提に、骨盤の下方に位置する座骨結節点に設け、その高さは下腿、すなわち身長の1/4に相当する。

椅座姿勢と作業面（デスク作業）：いすの座面高を決めてから、机や作業台の高さを決める。作業面の高さは、座面高に差尺を加えて求める。使用頻度が高い場合や細かい作業では、通常作業域の範囲内に必要な操作具や道具を配置し、最大作業域を超えて設置するのは適当ではない。

設備・性能・機能　高機能空間

クリーンルーム *clean room*

空気の中にはさまざまな異物がある。特殊な作業を行うために、この異物を取り除いた環境をつくり出すのがクリーンルームである。この場合の特殊な作業としては、電子工業のLSIの研究や製造、生化学の実験、病院の治療などがある。異物とは、空気中の塵や微粒子、微生物である。取り除く装置は異物を吹き落とす送風機であり、遺物を濾(こ)すフィルターである。重要な役割を担うのは制御された精密な空調である。建築的には、作業者が塵を落として着替えをする前室と、目的の作業室、空気を循環させながら塵を取る空調機械室で構成される。建具や幅木も塵の溜まりにくい詳細が必要である。

クリーンルームの構成

作業者は更衣室で着替え、前室のエアシャワーを浴びて身体についた塵を落とした後、クリーンルームに入る。クリーンルーム内は天井吹出し、床吸込みの循環空調となっており、その循環経路にフィルターが設けられ、塵を落とす。

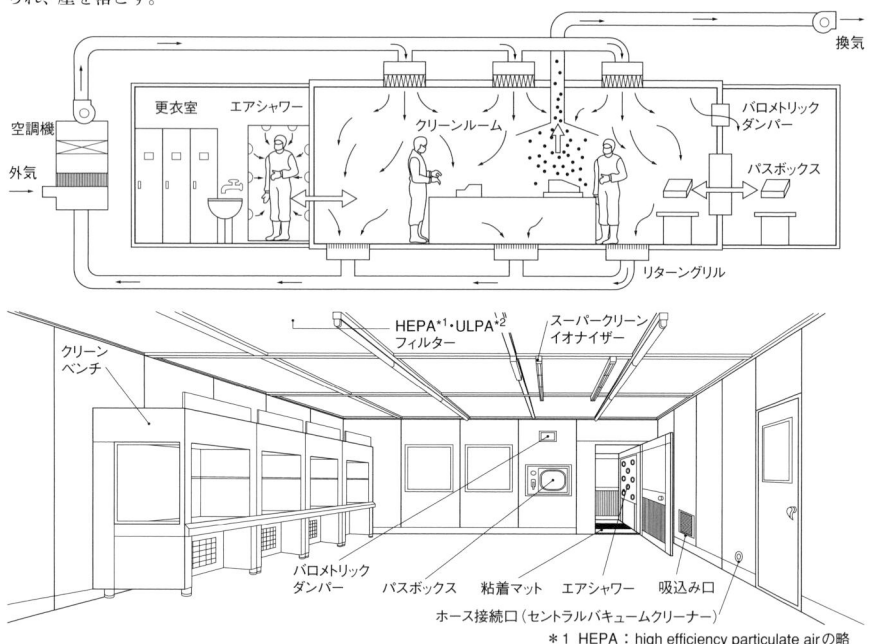

＊1 HEPA：high efficiency particulate air の略
＊2 ULPA：ultra low penetration air の略

清浄度クラスの比較

空気清浄度クラスは、$1m^3$中の粒子数上限濃度で表される。粒子径$0.1\mu m$として10個以下がJISクラス1、100個以下がJISクラス2、1,000個以下がJISクラス3となる。バイオロジカルクリーンルームでは微粒子のほかに、細菌数でクラス分けをしている。作業目的に応じて清浄度の要求が異なり、部屋の装備も変わってくる。

クリーンルームを必要とする産業分野	空気清浄度クラス(JISクラス)							
	1·2	3	4	5	6	7	8
ULSI製造ウェハ工程								
ULSI組立・テスト工程								
ディスプレイ用液晶(TN,STN)								
プリント配線板								
磁気ヘッド								
ディスク								
コンピューター・ディスク装置								
ビデオテープ・フロッピーディスク								
半導体製造装置								
無塵衣クリーニング								
印刷・製版								

高機能空間　設備・性能・機能

クリーンルームの基本形式

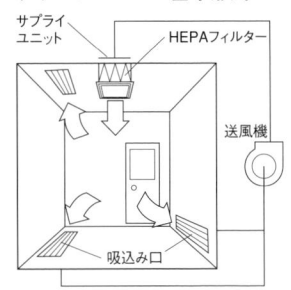

非1方向流形方式：一般空調方式と本質的に変わりないが、一般空調より換気回数が多い。通常、JISクラス6～8のクリーンルームに採用される。

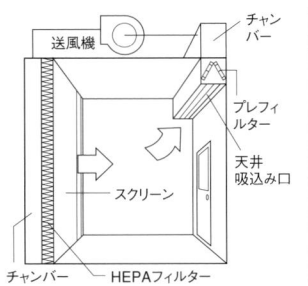

水平1方向流形方式：壁一面にHEPA・ULPAフィルターを並べて吹出し口とし、反対側の壁面または天井面を吸込み口として、1方向に均一に空気を流す方式。JISクラスの3～4の清浄度が得られる。病院の手術室や無菌病室に多く適用される。

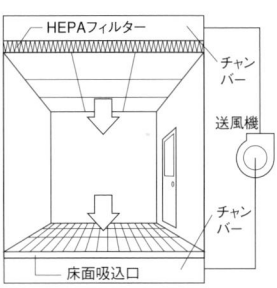

垂直1方向流形方式：天井にHEPA・ULPAフィルターを並べて吹出口とし、気流を床に向けて垂直に流す方式。作業面全域に渡ってJISクラス3～4が得られる。建築費や運転費が最も高価になり、設備スペースも一番大きくなる。

基本方式を応用した組合せ

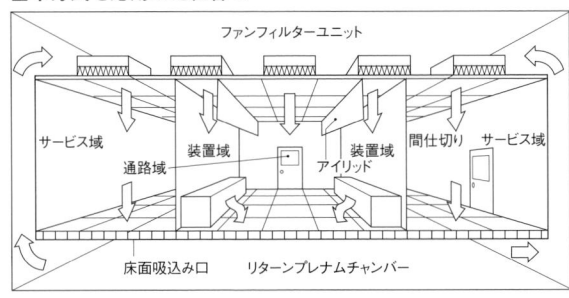

オープンベイ方式：垂直1方向流形方式のフレキシビリティとトンネルクリーン方式の省エネルギー性を兼ね備えた方式。装置域とサービス域とは間仕切りなどで区分けされ、天井のフィルターシステムは、UEPA・ULPAフィルターと天井パネルの組合せによって清浄度と広さを自由に変えられる。

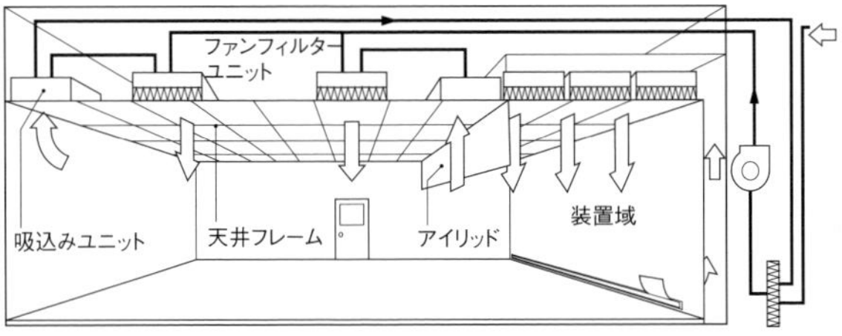

部分1方向流形方式：ファンフィルターユニットを建物天井から懸架した天井フレームのモジュール枠に設置して、必要な面積のクリーンルームを組み立てる。天井吹出し・天井吸込み方式の非1方向流形方式クリーンルーム内に、JISクラス5の部分1方向流域を間仕切りなしで実現できる。

HEPAフィルターのしくみ

使い捨ての多表面濾材の乾式フィルターで、空調経路に取り付けられる。この種のフィルターで濾過された空気には、ほとんど塵埃、細菌は残らない。さらに高効率なULPAもある。高度な清浄性を要求される場合、空調流量が大きくなり、天井とフリーアクセスフロアは全面グリルとなる。

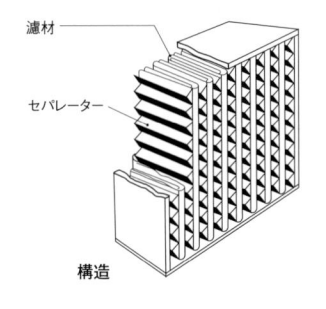

構造 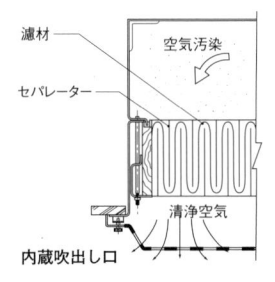　　内蔵吹出し口

設備・性能・機能　高機能空間

アトリウム　*atrium*

古代ローマ住宅の主要広間はアトリウムと呼ばれ、天窓からの雨水を受ける池をもつ半屋外的な空間であった。これが起源となって、現在では建築におけるガラス屋根の半屋外空間をアトリウムと呼んでいる。アトリウムの機能は巨大化した建物の採光であり、通風である。しかし、目的は巨大な気積をもつインテリアの広場づくりである。高い天井、噴水、インテリアグリーン、ベンチなどのしつらえの中で、人々は仕事などから解放された一時を過ごすことができる。また、ハレの空間として祭りや催しの場にもなる。複数の建物を結びつけるアトリウムは、インテリアの都市であり、未来の宇宙基地である。

代表的なアトリウム／新宿NSビル（日建設計、1982年）

わが国の超高層アトリウムの先駆的事例である。その気積はローマのサン・ピエトロ大寺院と同じという。縦長の空間はほどよい緊張感をもつ。上部のガラス屋根には、落下防止対策や清掃ゴンドラなど、十分なメンテナンスの装備がなされている。足元のモニュメント時計をもつホールは、各種のイベントに利用されている。

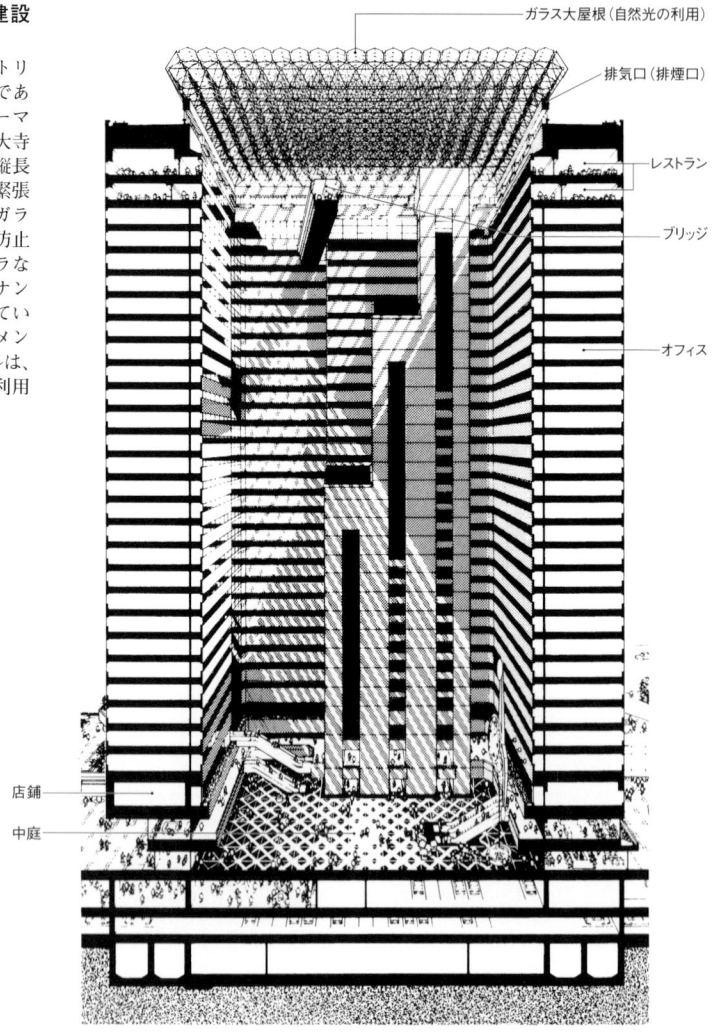

- ガラス大屋根（自然光の利用）
- 排気口（排煙口）
- レストラン
- ブリッジ
- オフィス
- 店舗
- 中庭

高機能空間　設備・性能・機能

古代ローマ住宅のアトリウム

ローマ都市は高密な街区からなる。したがって、各住戸は必然的に内部に開かれた構成になる。性格の異なった中庭空間の中で、最も濃密な空間がアトリウムである。街路に近く、玄関や諸室に囲まれる。天空は狭く、石で舗装した床と雨水を溜める池をもつ。そこには人が出会う、街と家の接点の場所であった。

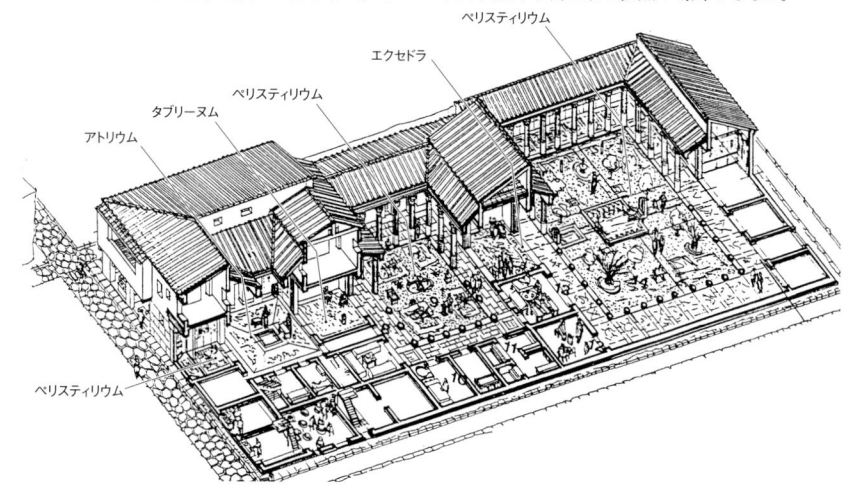

(図：古代ローマ住宅の俯瞰図　ラベル：アトリウム、タブリーヌム、ペリスティリウム、エクセドラ、ペリスティリウム)

アトリウムのバリエーション

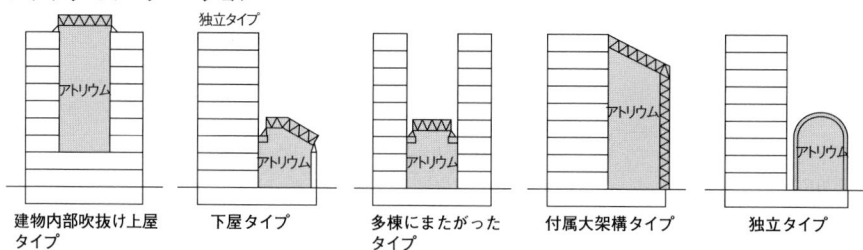

| 建物内部吹抜け上屋タイプ | 下屋タイプ | 多棟にまたがったタイプ | 付属大架構タイプ | 独立タイプ |

アトリウムの構成手法

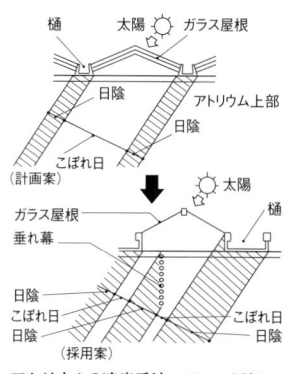

アトリウムの遮光手法：ガラス屋根、樋、垂れ幕で太陽光を制御している。

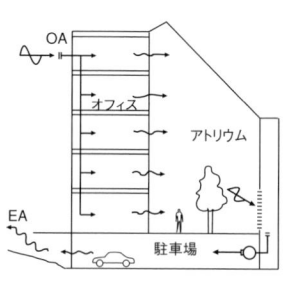

(図ラベル：樋、太陽、ガラス屋根、日陰、アトリウム上部、こぼれ日（計画案）、ガラス屋根、垂れ幕、日陰、こぼれ日、こぼれ日（採用案）)

空気の多段階活用：各オフィスフロアに対する外気を、アトリウム側から地下駐車場を通して排気する。このシステムで機械搬送に頼る分を低減し、省エネルギー化を図る。

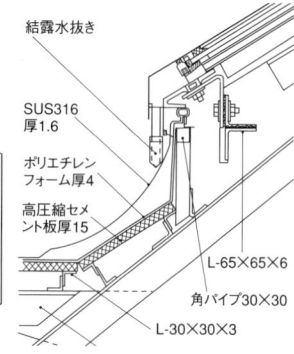

(図ラベル：OA、オフィス、アトリウム、EA、駐車場)

ガラス屋根の詳細：採光のためのガラス屋根は、わが国ではむしろ遮光性が問題となる。また、樋部分が維持通路となるので補強されている。

(図ラベル：結露水抜き、SUS316厚1.6、ポリエチレンフォーム厚4、高圧縮セメント板厚15、L-65×65×6、角パイプ30×30、L-30×30×3)

257

設備・性能・機能　高機能建築

インテリジェントビル *intelligent building*

1984（昭和59）年、アメリカのUTBS社がテナントビルの差別化のために用いたのが、インテリジェントビルという言葉である。その内容はシェアードテナントサービス（共同利用サービス）付きのオフィスであった。これがわが国では、OA（office automation）対応ビルの一般名称となり、高度情報化社会に対応し、情報とエネルギーの重装備化がなされたビルを表すようになった。その設備は、パラボラアンテナ、光ファイバーのLAN（local area network）、二重床、信頼度を高めた大容量電源、冷房中心の単独・個別空調、セキュリティシステム、ローパティションのオフィスインテリア、リフレッシュコーナーなどが定番として装備されている。しかし、最近ではそれらも一般化した。

代表的なインテリジェントビル／NTT品川Twins（NTT設計部、1986年）
このビルはデータセンター的な建物であるが、わが国でのインテリジェントビルとしての要素の決定版といえる手厚い構成になっている。

情報通信とセキュリティ：LANは当初、巨大な中央コンピューターに接続利用するために設けられた。しかし、今日ではパソコンの発達のため、社内通信やデータベース利用が主目的になっている。大量情報の導体としては光ファイバーが用いられるが、同軸線も多い。貴重な情報を守るセキュリティは、物理的・電子的侵入の双方を防止する必要がある。物理的にはIDカード、指紋、声紋、瞳などの識別システムがある。電子的にはパスワード、コールバックなどがある。

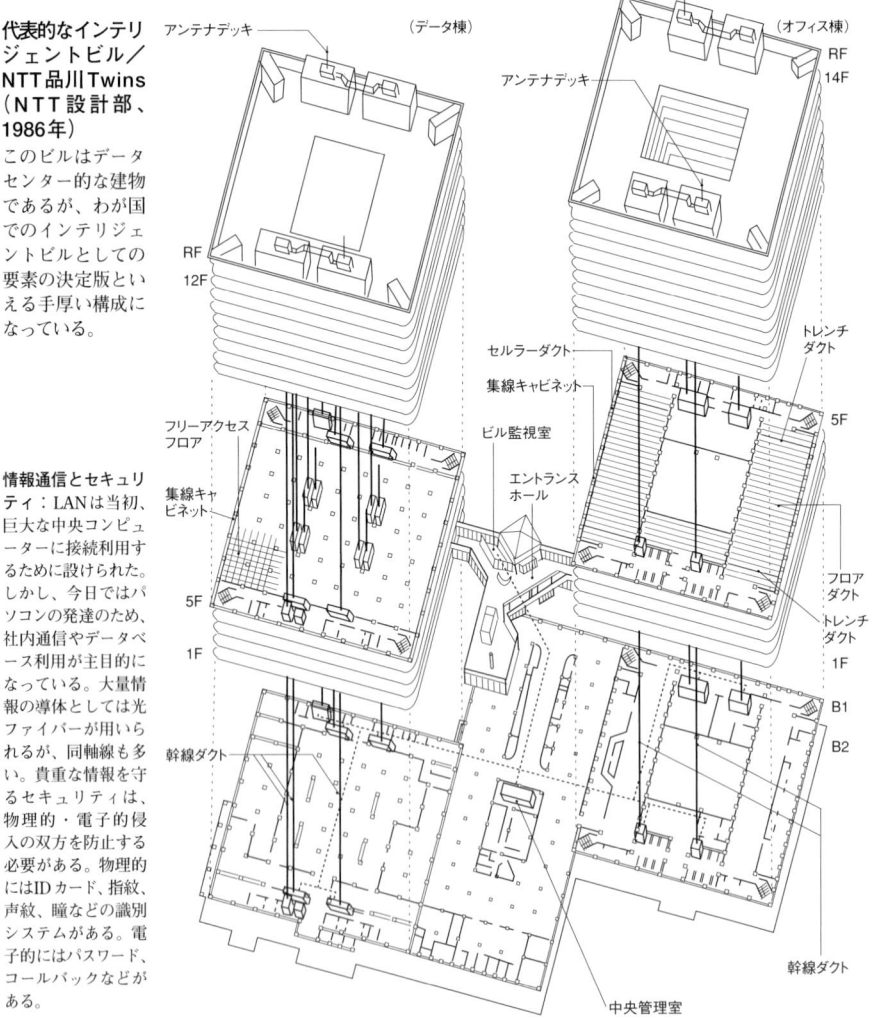

高機能建築　設備・性能・機能

インテリジェントビルの3要素

情報化時代の高度化された作業をサポートするのがインテリジェントビルである。したがって、ビルのメンテナンスや単純事務作業を自動化し、人間が快適な環境の中で人間にしかできない創造的作業を行う環境化が目的である。ハード面では日々進歩しているが、電子機器類の大電源容量や発熱、騒音などを制御する。ソフト面では、各人の好みに応じた個別空調や個別照明、癒しの空間などが求められる。

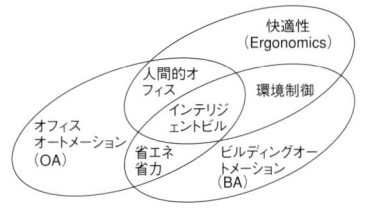

快適性（Ergonomics）
人間的オフィス
インテリジェントビル
環境制御
オフィスオートメーション（OA）
省エネ省力
ビルディングオートメーション（BA）

インテリジェントビルのさまざまな設備仕様例

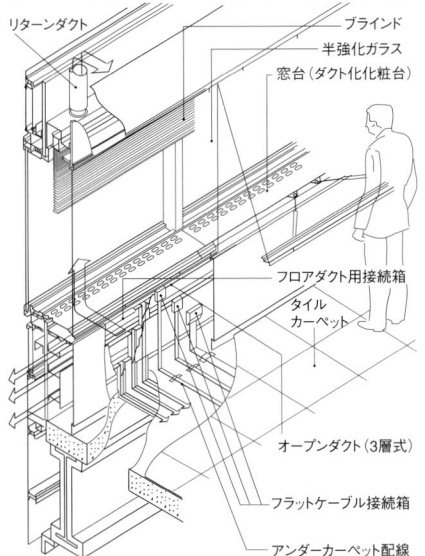

リターンダクト
ブラインド
半強化ガラス
窓台（ダクト化粧台）
フロアダクト用接続箱
タイルカーペット
オープンダクト（3層式）
フラットケーブル接続箱
アンダーカーペット配線

外装（ダブルスキン）：内部発熱が多く、空調負荷の大きいインテリジェントビルでは、外部負荷を低減する必要がある。

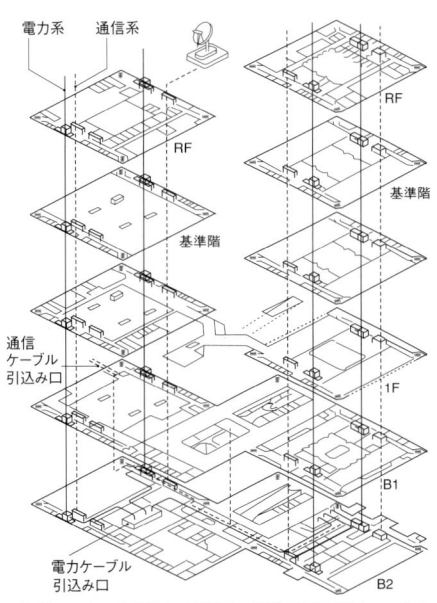

電力系　通信系
RF
基準階
通信ケーブル引込み口
1F
B1
電力ケーブル引込み口
B2

幹線ルート：情報用・電源用の配線が通る幹線ルートを考慮する必要がある。ビル内の幹線ルートとして、ケーブル引込み口、シャフト、電話機械室、コンピューター室、衛星用アンテナなどを自由に結べるルートを確保する。

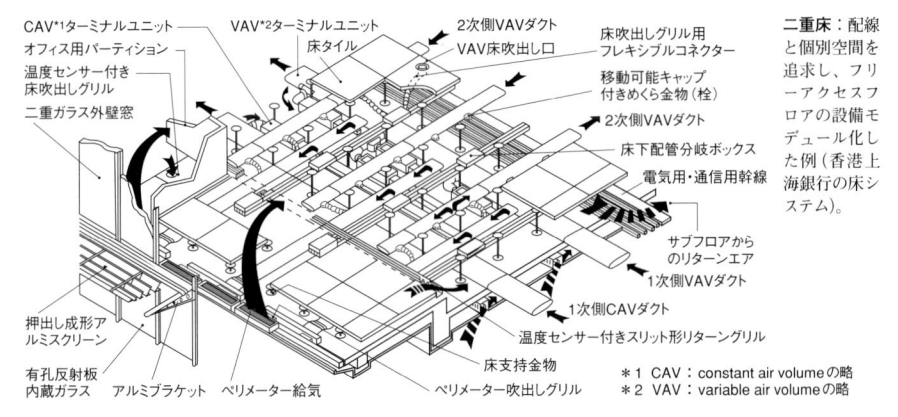

CAV*1 ターミナルユニット
オフィス用パーティション
温度センサー付き床吹出しグリル
二重ガラス外壁窓
VAV*2 ターミナルユニット
床タイル
2次側VAVダクト
床吹出しグリル用フレキシブルコネクター
VAV床吹出し口
移動可能キャップ付きめくら金物（栓）
2次側VAVダクト
床下配管分岐ボックス
電気用・通信用幹線
サブフロアからのリターンエア
1次側VAVダクト
1次側CAVダクト
温度センサー付きスリット形リターングリル

押出し成形アルミスクリーン
有孔反射板内蔵ガラス
アルミブラケット
ペリメーター給気
ペリメーター吹出しグリル
床支持金物

二重床：配線と個別空間を追求し、フリーアクセスフロアの設備モデュール化した例（香港上海銀行の床システム）。

*1　CAV：constant air volumeの略
*2　VAV：variable air volumeの略

設備・性能・機能　高機能建築

サステナブル建築 *sustainable architecture/sustainable building*

サステナブル建築とは、「地域レベルおよび地球レベルでの生態系の収容力を維持しうる範囲内で、建築のライフサイクルを通しての省エネルギー・省資源・リサイクル・有害物質排出抑制を図り、その地域の気候・伝統・文化および周辺環境と調和しつつ、将来にわたって、人間の生活の質を適度に維持あるいは向上させていくことができる建築物」（日本建築学会・サステナブルビルディング小委員会の提言、1999［平成11］年7月）であり、類似の用語として、環境共生住宅、グリーンビルディング、エコスクールなどが使われる。持続可能な社会の構成要素となりうる建築であるために、そのつくり方だけでなく、使い方や住まい方、社会への根づかせ方までの配慮が求められる。

代表的なサステナブル建築／東京ガス・アースポート（日建設計、1996年）

ライフサイクル省エネルギーをメインテーマとして、廊下、階段、エレベーター、玄関ホール、ショールームを兼ねたエコロジカルコア、自然採光で最適化された窓まわりや天井形状など、独特の建築デザインに表れた事例。一般的な設計案に比べてライフサイクルにわたるCO_2排出量が34％削減されている。

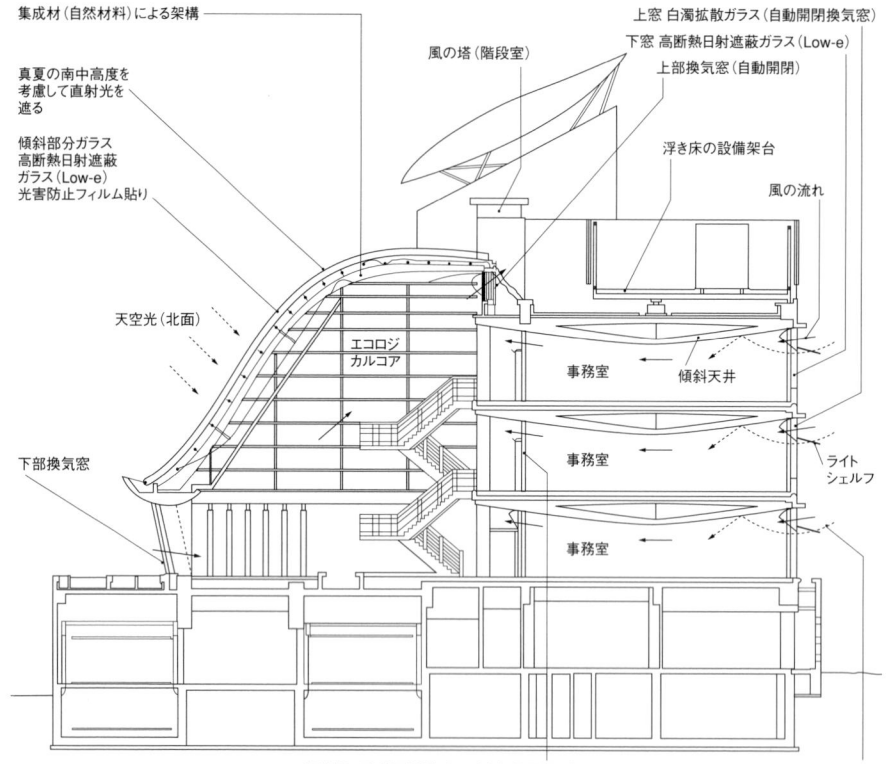

サステナブル建築のキーワード

○省エネルギー：室内環境調整システム、都市基盤施設との協調。
○長寿命化：可変性・適応性の改善、部分的な取替え。
○エコマテリアル：資源の宝庫となる建築。
○適正処理：解体再利用、発泡断熱材、空調冷媒フロン回収。
○周辺環境への配慮：地域環境の改善。

高機能建築　設備・性能・機能

自然環境と共生するさまざまな工夫

自然の地形や植生の保全を最大限に考慮したうえで、気候風土にあった建築計画、自然エネルギー利用、エコマテリアル採用によって、一般的な設計案に比べてライフサイクルにわたるCO_2排出量が30％削減されている。

自然換気：夏の通風による外気冷房。実験排気ガスの高度処理。

断熱強化：開口部（高断熱ガラス、断熱サッシ）と躯体（断熱厚の割増、中空層の活用）。

太陽熱利用：冬季の日射熱の直接利用。太陽電池と空気集熱による複合利用。

昼光利用：開口部の断熱強化による昼光の取入れ。ライトシェルフによる日射遮蔽と拡散光の取入れ。

屋上緑化：屋上緑化による熱の効果。

景観：平均樹高より建物高さを抑制。

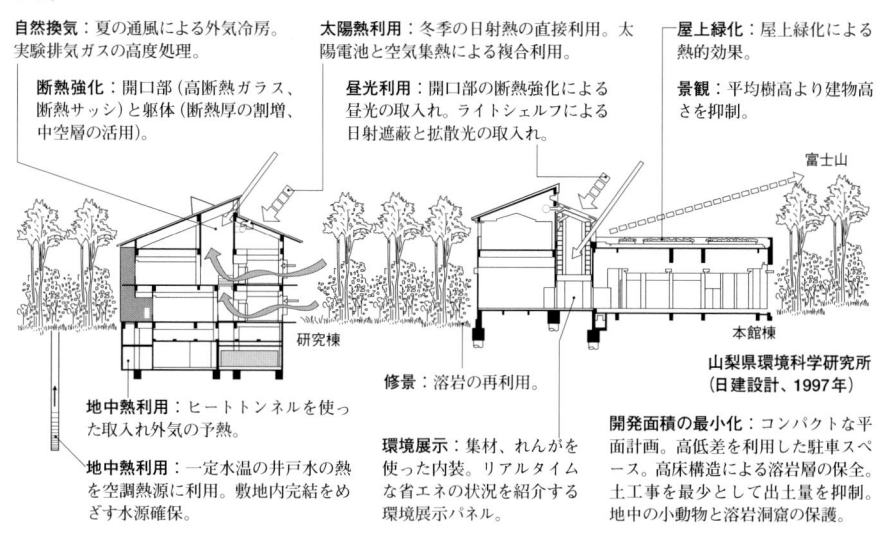

地中熱利用：ヒートトンネルを使った取入れ外気の予熱。

地中熱利用：一定水温の井戸水の熱を空調熱源に利用。敷地内完結をめざす水源確保。

修景：溶岩の再利用。

環境展示：集材、れんがを使った内装。リアルタイムな省エネの状況を紹介する環境展示パネル。

開発面積の最小化：コンパクトな平面計画。高低差を利用した駐車スペース。高床構造による溶岩層の保全。土工事を最少として出土量を抑制。地中の小動物と溶岩洞窟の保護。

山梨県環境科学研究所（日建設計、1997年）

建物の長寿命化のためのしくみ

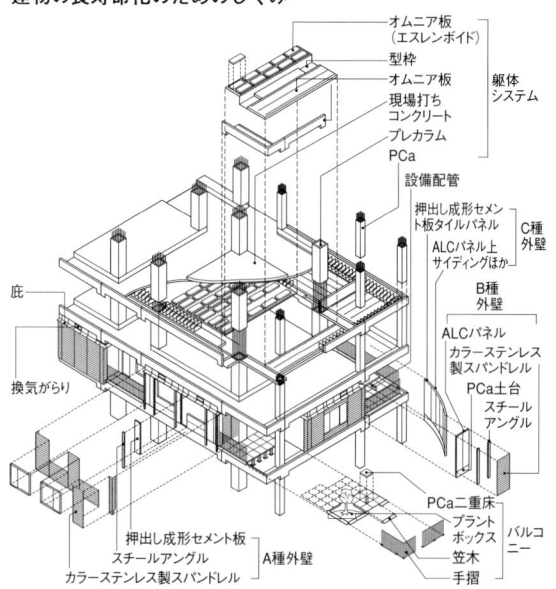

NEXT21のシステム（大阪ガスNEXT21建設委員会、1993年）：住まい方に合わせて、自在に変更できるインフィルと高耐久のスケルトンに明確に分離したSI住宅の先導的な事例。

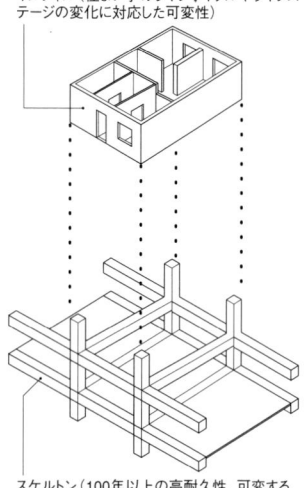

SI住宅の構成（都市基盤整備公団）：住まい手のライフスタイルやライフステージの変化に合わせて、自在に変更できるインフィルと100年以上の耐久性を具備したスケルトンを明確に分離した住宅。

261

設備・性能・機能　高機能建築

障害者・高齢者に使いやすい建築 *universal design*

高齢社会が到来し、高齢者や障害者が生活に不自由を感じることなく、さまざまな人々と共存する社会をつくること（＝ノーマライゼーション）が必要とされている。建築環境に求められる配慮は急務であり、その特性を確実に理解し、整備を進めることが求められている。バリアフリー新法*は、障害者・高齢者への最低限の配慮を促す法律であるが、そのほかにも各自治体で条例、基準や要項、指針などが制定されている。車いすやつえなどで移動しやすくするための配慮から、視覚障害者や聴覚障害者のための誘導、避難時の情報提供、安全性に至るまで、さまざまな配慮が必要である。

＊高齢者、障害者等の移動等の円滑化の促進に関する法律

障害者・高齢者にやさしい建築的配慮

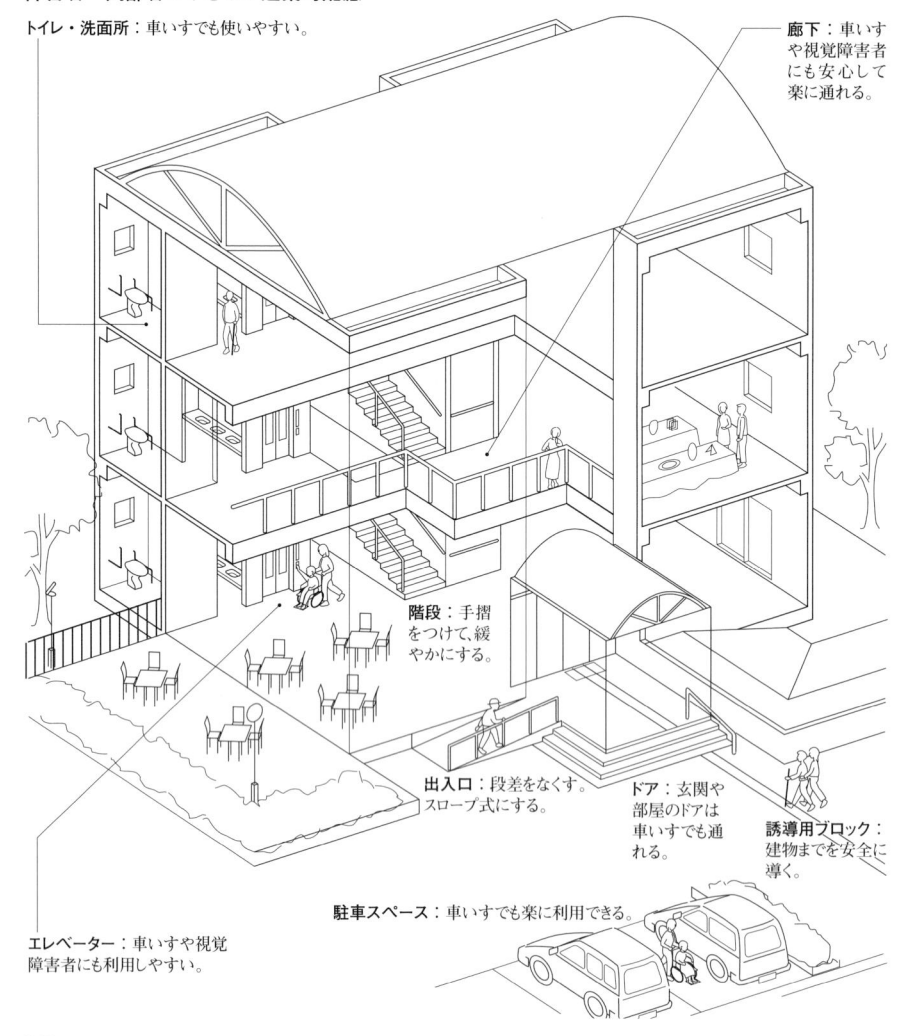

トイレ・洗面所：車いすでも使いやすい。

廊下：車いすや視覚障害者にも安心して楽に通れる。

階段：手摺をつけて、緩やかにする。

出入口：段差をなくす。スロープ式にする。

ドア：玄関や部屋のドアは車いすでも通れる。

誘導用ブロック：建物までを安全に導く。

駐車スペース：車いすでも楽に利用できる。

エレベーター：車いすや視覚障害者にも利用しやすい。

高機能建築　設備・性能・機能

年齢と身体機能の低下の関係

人間のさまざまな身体的運動機能は、一般には20歳頃を頂点として徐々に低下し、高齢になるに従って低下する傾向にある。加齢による身体能力の低下は、運動機能だけではなく神経伝達速度に象徴される動作維持のための統制機能も低下する。機能低下が全身的・総合的である点が、高齢者が一般の身体障害者とは異なる。また、加齢により、人体寸法も縮小する傾向があることも配慮しておく必要がある。

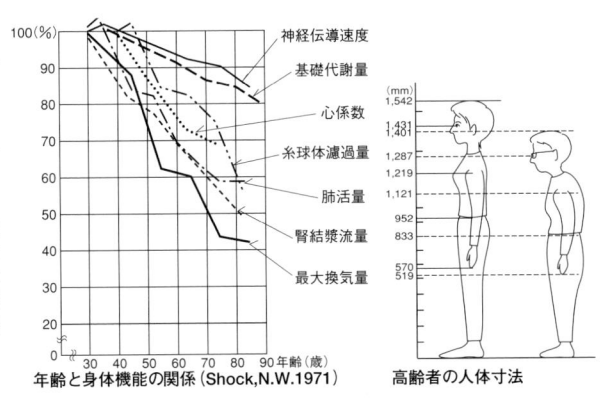

年齢と身体機能の関係（Shock,N.W.1971）

高齢者の人体寸法

水まわりの設計配慮

従来の多くの住宅にはさまざまなバリアがあり、身体に障害をもった場合、日常生活を過ごしやすくするためにはこれらを取り除く必要がある。住宅内において、その最も典型的な場所が水まわり空間である。日常の利用頻度が高い場所であり、安全性にも十分な配慮が必要となる。

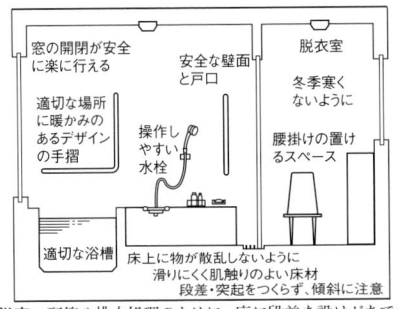

浴室：配管や排水処理のために、床に段差を設けがちであるが、設備・設計の工夫により床面をフラットにすると、車いすでも利用可能となる。床面仕上げは滑りにくいものが必須条件であり、適宜手摺を設ける。

トイレ：高齢者の夜間の使用を考慮して、他室との温度差が少ないよう配慮する。気分の悪くなったときや中で倒れたときのことを考慮して、扉は外開きか引き戸にして外からも解錠できるようなものが望ましい。

車いす・つえ使用者に必要なスペースと寸法

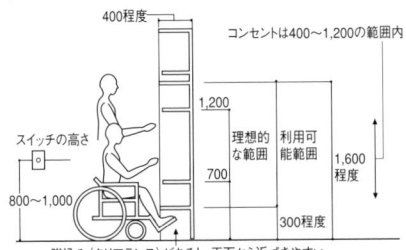

蹴込み（クリアランス）があると、正面から近づきやすい

車いす使用者の作業範囲：作業範囲として適当な高さは、本人の身体寸法や障害の程度によって異なる。しかし、いずれの場合も最適な位置を中心に、上下方向に徐々に扱いにくくなる（寸法は、上肢・体幹に障害のない、成人男子の利用者を目安）。

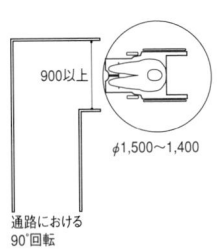

車いすの回転に必要なスペース：車いすの回転には140〜150cmの直径の円が描けるスペースが必要で、廊下の角を曲がるには、最低限90cm、通常120cm程度欲しい。

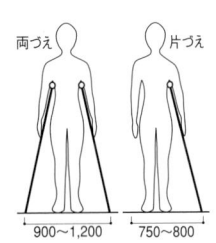

つえ使用者に必要な幅：廊下に一定以上の幅が必要となるのは車いすのためだけではない。松葉づえなどで歩行するには十分な通路幅がないと、つえ先が引っ掛かるなど危険である。

エクステリア・インテリア

【外構】
【街並み】
【しつらえ】

エクステリア・インテリア　外構

住宅まわり exterior of house

住宅まわりには、敷地内において生活を支えるさまざまな装置、たとえばカーポートや物置、バルコニー、テラス、空調室外機、雨樋、アンテナ、トップライト、庭内部の各種構成物、塀、生垣、門、門扉、門柱などがある。一方でそれらは、その住宅を含む街路景観を構成する重要な要素でもある。住居環境の向上が重要視されている現在、住宅まわりは敷地内の生活を確保するだけでなく、街路という公共空間にも貢献するものであることが求められている。

住宅まわりの各種構成物

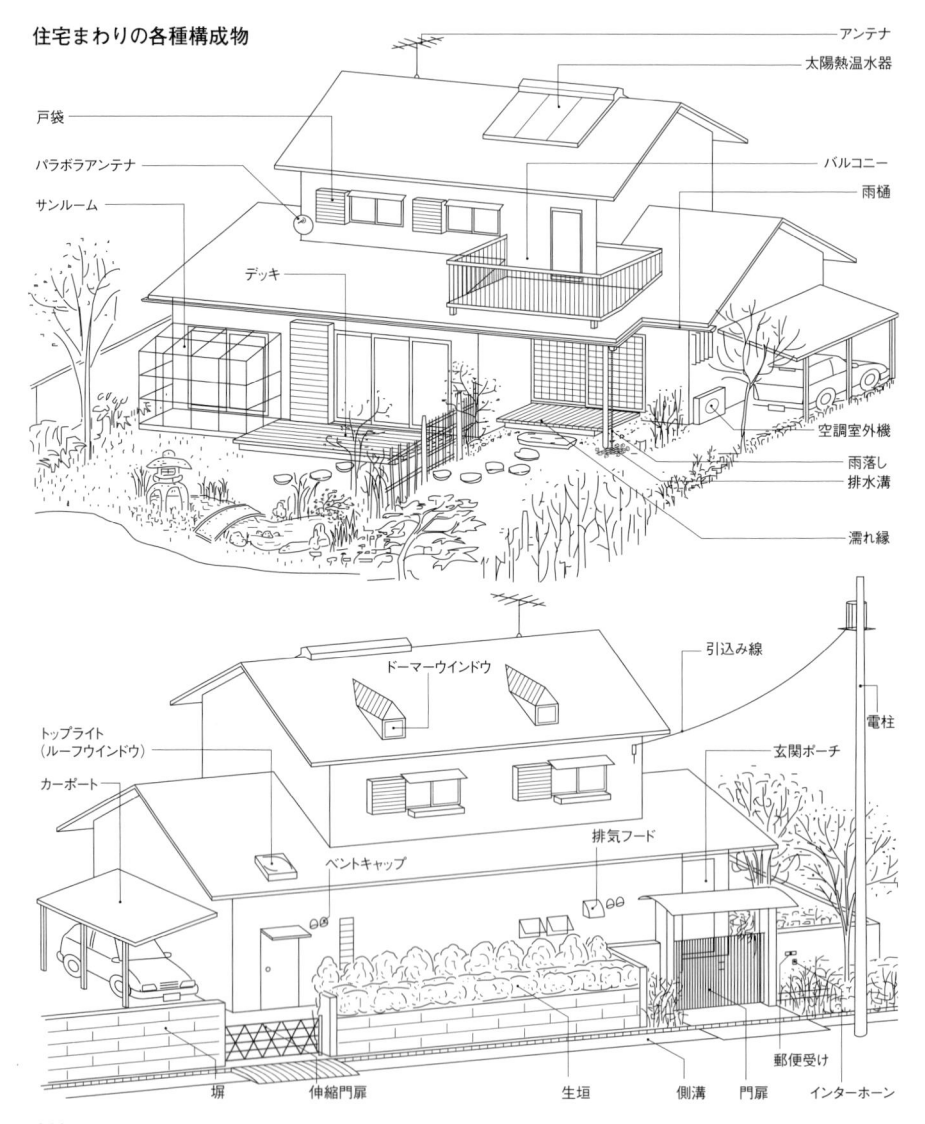

外構　エクステリア・インテリア

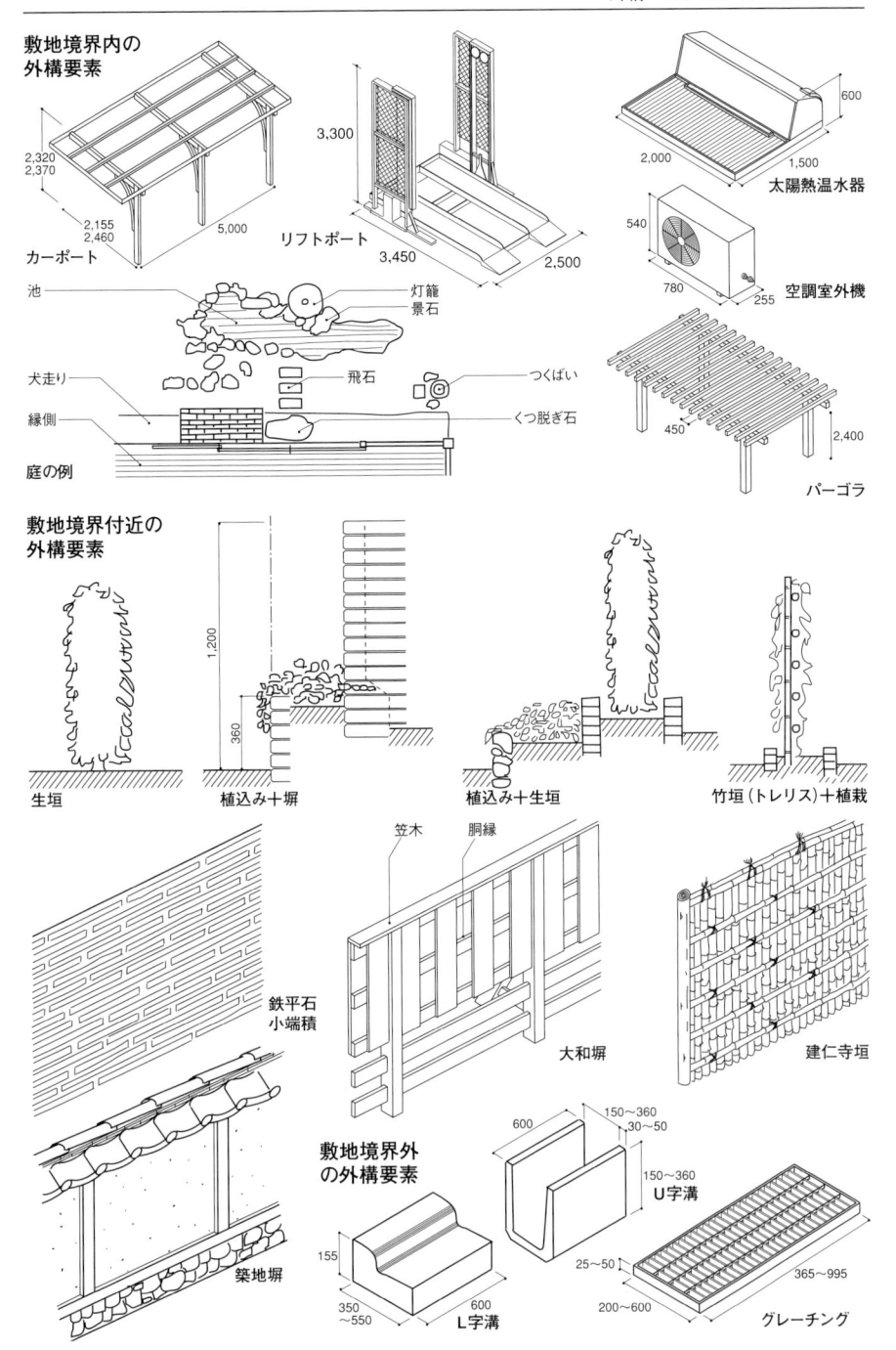

敷地境界内の外構要素

カーポート　2,320/2,370　2,155/2,460　5,000

リフトポート　3,300　3,450　2,500

太陽熱温水器　600　2,000　1,500

空調室外機　540　780　255

パーゴラ　450　2,400

庭の例：池、犬走り、縁側、灯籠、景石、飛石、つくばい、くつ脱ぎ石

敷地境界付近の外構要素

生垣

植込み＋塀　1,200　360

植込み＋生垣

竹垣（トレリス）＋植栽

鉄平石小端積

大和塀（笠木、胴縁）

建仁寺垣

築地塀

敷地境界外の外構要素

L字溝　155　350〜550　600

U字溝　600　150〜360　30〜50　150〜360　25〜50

グレーチング　200〜600　365〜995

267

エクステリア・インテリア　外構

オフィスビルまわり *exterior of office building*

オフィスビルまわりには都市にはたらく人の安全性や利便性を考え、ビルを維持・管理するための機能が必要とされている。その一方で、都市景観の構成要因としての視覚的側面や都心の環境に対する影響を考慮することも求められている。このような機能は、これまで大規模なオフィスビルにおいて人工地盤などの形で部分的に提供されてきたが、最近では小規模なオフィスビルにおいても屋上庭園や壁面緑化などが実現し、都心における居住性や快適性、環境負荷の低減に配慮したオフィスビルまわりの新しい傾向を見ることができる。

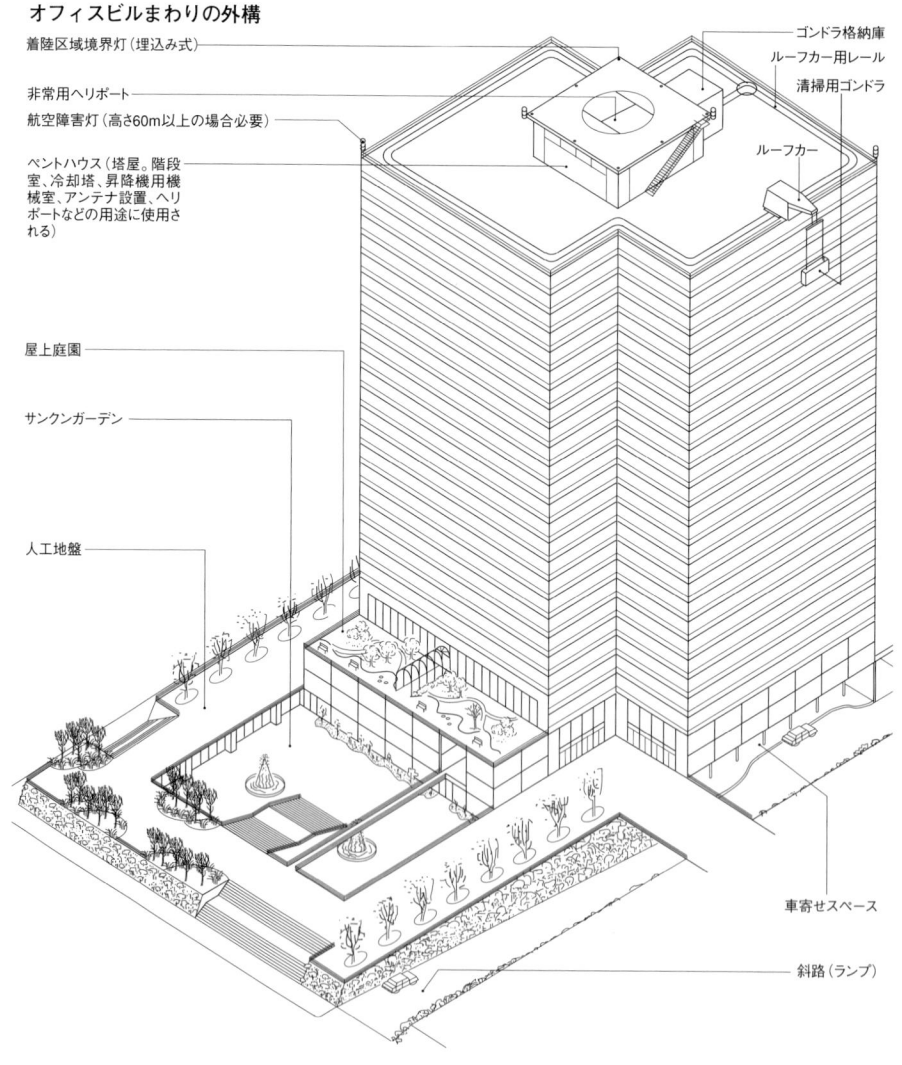

オフィスビルまわりの外構

- 着陸区域境界灯（埋込み式）
- 非常用ヘリポート
- 航空障害灯（高さ60m以上の場合必要）
- ペントハウス（塔屋。階段室、冷却塔、昇降機用機械室、アンテナ設置、ヘリポートなどの用途に使用される）
- 屋上庭園
- サンクンガーデン
- 人工地盤
- ゴンドラ格納庫
- ルーフカー用レール
- 清掃用ゴンドラ
- ルーフカー
- 車寄せスペース
- 斜路（ランプ）

外構　エクステリア・インテリア

ビル屋上の外構要素

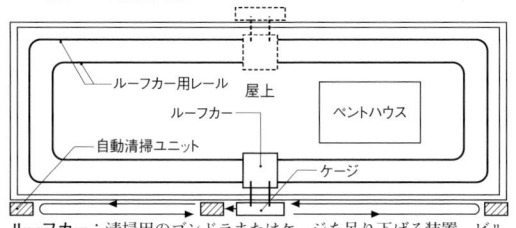

ルーフカー：清掃用のゴンドラまたはケージを吊り下げる装置。ビルの屋上に敷かれたレール上を移動することにより、1台のルーフカーでビルの外壁全面をカバーすることができる。

非常用ヘリポート：火災などの非常時に、ビルの屋上にヘリコプターが離着陸するためのスペース。通常のヘリコプター用とレスキュー用ヘリコプターではスペースの大きさが異なる。

ビル壁面の外構要素

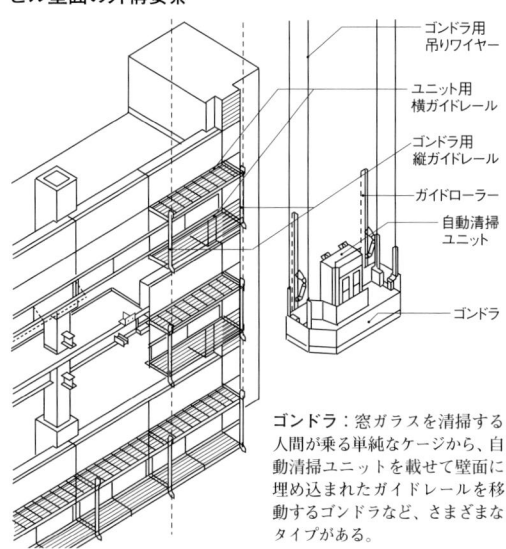

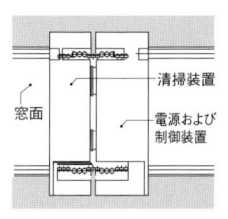

ゴンドラ：窓ガラスを清掃する人間が乗る単純なケージから、自動清掃ユニットを載せて壁面に埋め込まれたガイドレールを移動するゴンドラなど、さまざまなタイプがある。

自動清掃ユニット：屋上のルーフカーからケージまたはゴンドラを降ろし、左右（または上下）に移動する自動清掃ユニットによって窓を清掃する。

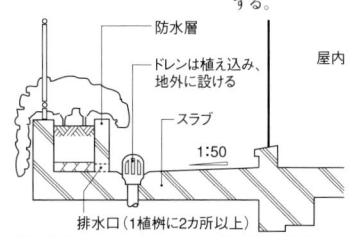

壁面緑化：ベランダなどから部分的に緑化を行うタイプと、ツタ類を這わせて壁面全体を緑化するタイプがある。適切に壁面を保護しないと、壁面が劣化する場合がある。

ビル地上部の外構要素

人工地盤の構成：PCa床板の上部に排水溝や暗渠(あんきょ)を設けて、排水・漏水対策を行う。緑化する場合には、樹木の根の大きさに注意して客土層の厚さや重量を考慮する必要がある。

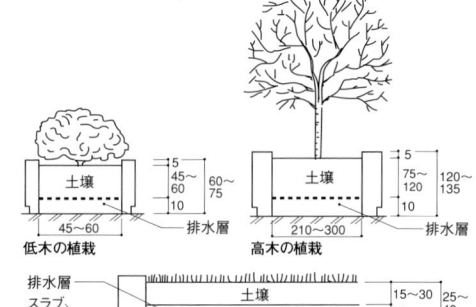

人工地盤上（ビル屋上）の緑化

エクステリア・インテリア　街並み

街並み　*townscape*

建物が道に面して建ち並んでいるさまが街並みであり、その風景を形づくっているのは街路などの公共空間と建物や庭などの私的空間、そして塀や生垣などの両者の境をなしているきわの要素である。建物が直接街路に面する場合には、そのファサードが街並みの表情をつくる。建築の自由の名のもとに建築が無関係に集まったのでは、魅力的な街並みをつくることはできない。建築協定やガイドラインなどによって、建物やきわの要素の形態や意匠、位置などをそろえたり、計画調整者を置くなど、デザイン調整のしくみを設けることによって魅力的な街並みの実現が試みられている。

代表的な都市建築による街並み形成／幕張ベイタウン（千葉県企業庁、1995年〜）

街並み形成のためには、建築が集合した結果、どのような外部空間が形成されるかが問われる。街並みの雰囲気は、日照などの外部空間の環境条件、シークエンスとして展開する風景、沿道の建物の機能や表情、居住者の姿や街路でのさまざまな出来事によってつくられる。

中庭を囲んだ都市建築：特に角の部分では、日照やプライバシーの確保に注意が払われている。

住棟低層部に店舗などの施設を導入：街のにぎわいをつくり出そうとしている。

屋根の形態、素材・色彩に関するガイドライン：ここでは住棟の過半を平坦な屋根で構成することは避け、素材は瓦、金属屋根とし、色彩は原則として無彩色系としている。

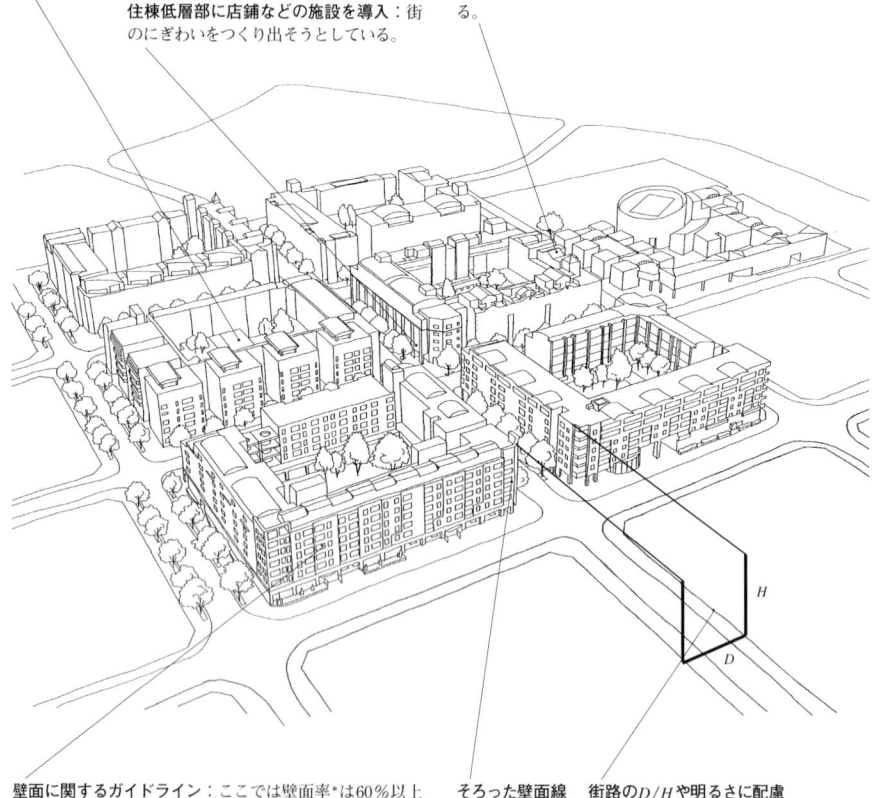

壁面に関するガイドライン：ここでは壁面率*は60％以上とし、ほかに外壁などの仕上げや突出物の範囲、バルコニーの形態などに関するガイドラインを設けている。

そろった壁面線　街路のD/Hや明るさに配慮

*壁面率：ここでは開口部を除いた壁面を明確に構成する部分が立面全体に占める割合をいう

街並み　エクステリア・インテリア

街路景観の構成要素

景観という観点から、公共空間のデザインや建造物のデザインの質を高めるとともに、沿道の敷地利用についても一定のルールをつくることが重要である。

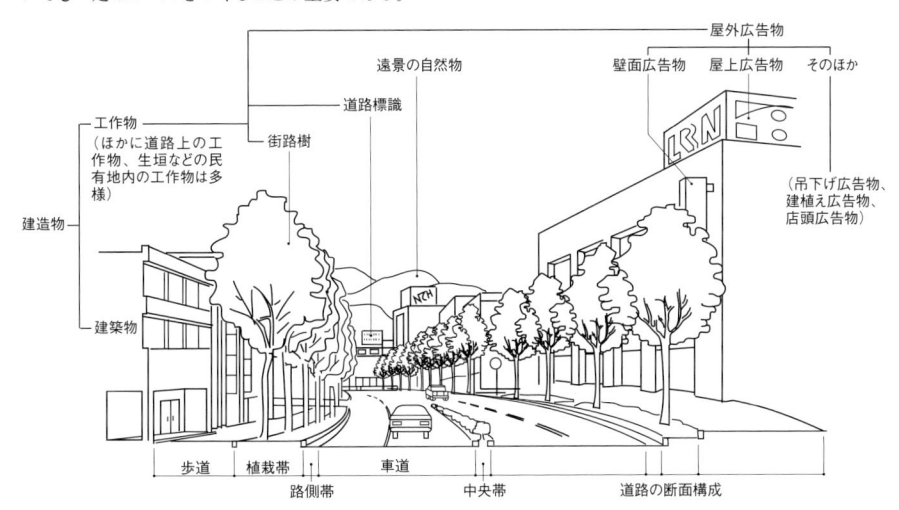

図中ラベル：
- 建造物
  - 工作物（ほかに道路上の工作物、生垣などの民有地内の工作物は多様）
  - 建築物
- 街路樹
- 遠景の自然物
- 道路標識
- 屋外広告物
  - 壁面広告物
  - 屋上広告物
  - そのほか（吊下げ広告物、建植え広告物、店頭広告物）
- 道路の断面構成：歩道、植栽帯、路側帯、車道、中央帯

街並みの事例

日本の街並み／町家地区（岡山県倉敷市）：町家地区では建物が直接道路に面する。地域によって平入りか妻入りか異なる。

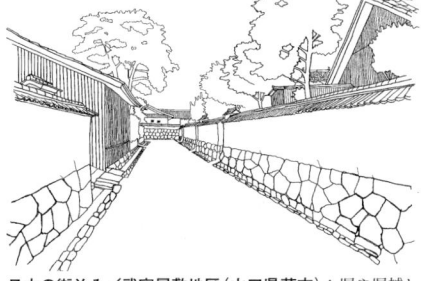

日本の街並み／武家屋敷地区（山口県萩市）：塀や塀越しに見える庭の高木、石垣、側溝が主要な構成要素となっている。

商業地の街並み：サインやストリートファニチュアをデザインし、にぎわいを演出する。

住宅地の街並み：生垣の採用や宅地の植栽によって緑視率を高め、落ちついた雰囲気をつくることができる。

271

エクステリア・インテリア　街並み

広場 *square*

広場は人の集まる空間である。集会が催され、アピールがなされ、祝祭の場ともなる。そこは情報交換の場であり、市民あるいは都市内外の交流の場でもある。広場は、古代ギリシア都市のアゴラ、ローマのフォーラムをはじめ、ヨーロッパの都市に欠かせないものであった。また、中世都市では教会前や領主の居館近くに市が立ち、広場が生まれた。わが国の都市は広場をもたなかったが、境内や通り、あるいは橋詰や辻などがその役割を果たしていた。

代表的な都市広場の形成／日立新都市広場（松永文夫、1990年）
ここでは広場が駅からの人の流れを受け止め、ショッピングモールへとつないでいる。広場のまわりにはショッピングセンター、ホテルなどが配置され、広場での活動を積極的に高めようとしている。モールの入口には量販店が置かれ、街路を挟んで2棟に分かれている。その2棟の間に架けられた連絡通路は、広場の入口を象徴するゲートの役割を果たしている。

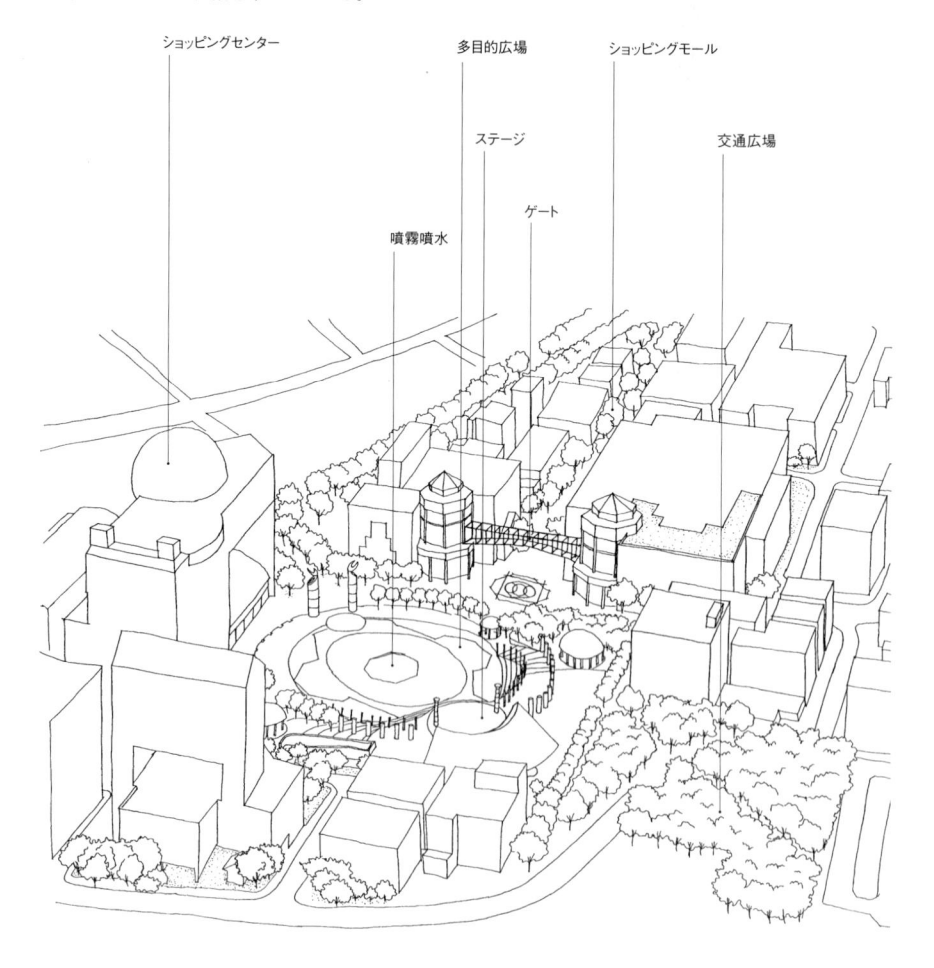

街並み　エクステリア・インテリア

さまざまな歴史上の広場

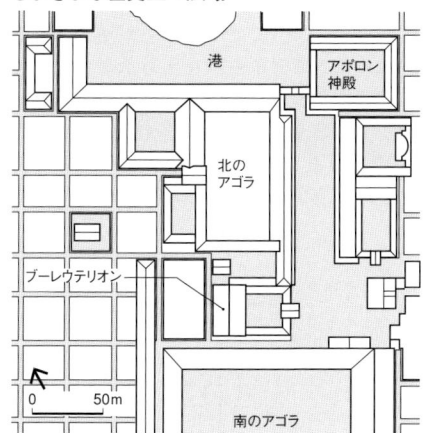

古代ギリシア・ローマの広場／ミレトスのアゴラ：古代ギリシアの都市国家ポリスは、市民生活の中心としてアゴラを生み出した。アゴラは政治的集会、立法集会の場であり、また商取引の場でもあった。

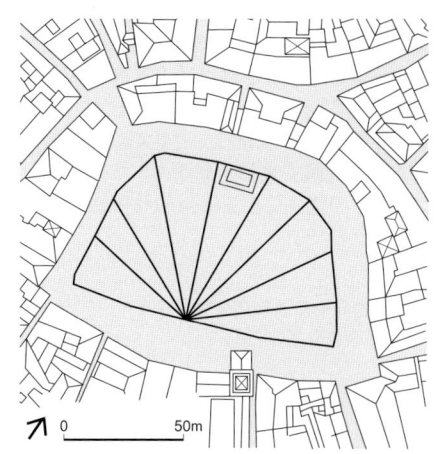

中世ヨーロッパの広場／シエナのカンポ広場：広場は中世ヨーロッパ都市の核でもある。広場に面して教会や市庁舎が建つ。広場は市が開かれる場であるが、祭りの日にはその主要舞台となった。

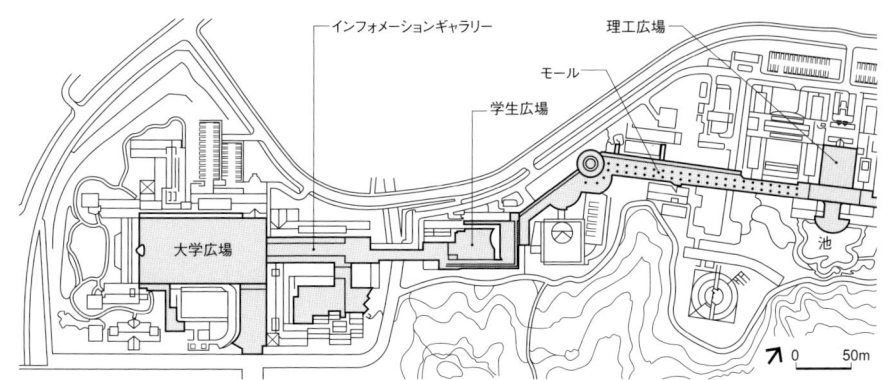

現代の広場／東京都立大学キャンパス：現代においても豊かな環境と密度の高いコミュニケーションが求められる大学キャンパスなどでは、広場やモールが連なってその空間構成の骨格をなす。この場合、自動車のサービス動線は周囲からとられている。

広場と囲み

視点から建物までの距離（D）と建物高さ（H）によって、開放感や囲繞感、圧迫感などが生じる。$D/H=1$より狭いと、近接した感じからやがて狭苦しくなる。$D/H=1$よりも広くなると、離れた感じが生まれ、$D/H=2$を超すと広々した感じになるという（芦原義信著『街並みの美学』）。広場の広がりには、引きをとって建物を効果的に見せるという働きもある。しかし$D/H=4$あたりになると、対象はまわりの情景の一部になってしまうし、囲繞感も薄れてくる。広場内のアクティビティ、交通動線、イベント時の利用だけでなく、周囲の建築形態、建築利用を含めたデザインや維持管理が求められる。

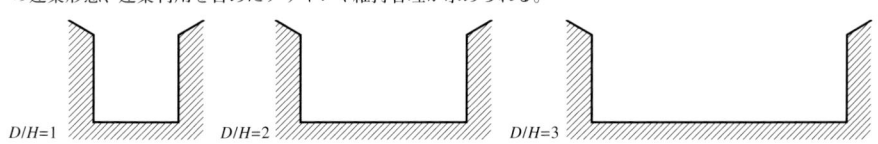

$D/H=1$　　$D/H=2$　　$D/H=3$

エクステリア・インテリア　街並み

屋外広告物と都市景観 *exterior sign and urban landscape*

屋外広告物は視覚的な情報媒体として、今日の都市生活に欠くことのできないものであるが、一方では都市景観に与える影響も大きく、地域によっては無秩序な屋外広告物の氾濫や違反広告物の多発が社会問題となっている。このような問題に対処しつつ都市景観の多様化や地域性を損なうことなく、良好な活気に満ちた都市景観を形成するためには、屋外広告物の種類や規模、意匠などに関する配慮が必要となる。特に、地域的な景観施策や街づくりとの連携による総合的な景観形成の中に、屋外広告物のあり方を的確に位置づけることが必要である。

都市景観の中の屋外広告物

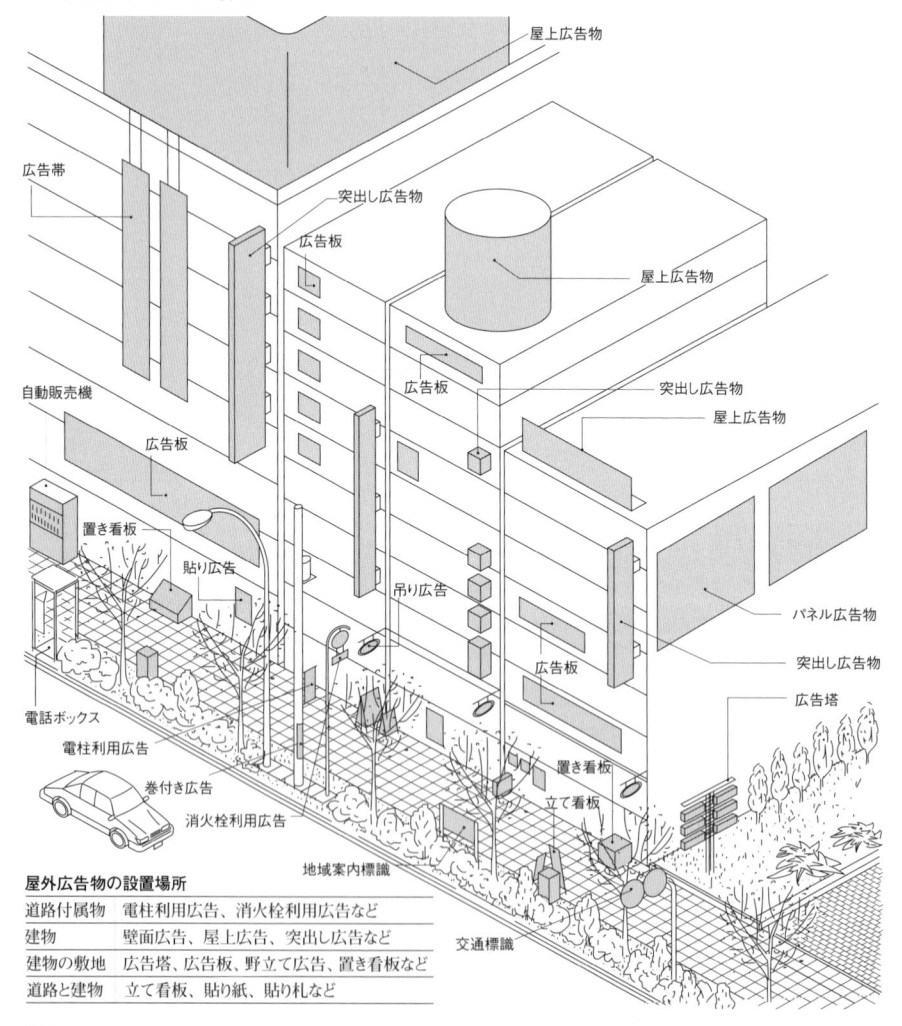

屋外広告物の設置場所

道路付属物	電柱利用広告、消火栓利用広告など
建物	壁面広告、屋上広告、突出し広告など
建物の敷地	広告塔、広告板、野立て広告、置き看板など
道路と建物	立て看板、貼り紙、貼り札など

街並み　エクステリア・インテリア

屋外広告物の誘導による都市景観形成のシミュレーション

一般的な市街地の事例／現状：さまざまな広告物が建物を覆う状態になっており、建物自体にかかわるものがどれなのかわかりにくくなっている。

歴史的な街並みの事例／現状：古い街並みの中で、2階ファサードを覆う大きな看板や突出し看板が無秩序に掲出されている。

誘導事例①：貸し看板を撤去し、建物にかかわるものだけにすることによって、景観の繁雑さを回避し、必要な情報だけを提供する。

誘導事例①：突出し看板をはずし、屋外広告物の掲出位置に制限を設ける。アイストップの屋上広告を小さくする。また、電柱の地下埋設、舗装事業を実施する。

誘導事例②：そのほかの広告物を整理し、掲出する位置を制限することによって、建物に調和し、より訴求性のある広告景観が形成される。

誘導事例②：屋外広告物を街並みに調和した意匠として、のれんやあんどん、ちょうちんなどの歴史的な看板を導入する。また、屋上広告物と建物を一体化する。

近隣の商店街の事例／現状：路上の置き看板、突出し看板、建物の屋上広告物が目立ち、個性的な街並みの創出を意図した街路整備の効果が相殺されている。

誘導事例①：路上広告物と屋上広告物を取り外し、突出し看板の大きさと位置を制限することによって、街路空間の乱雑さを整理することができる。

275

エクステリア・インテリア　しつらえ

数寄屋風のしつらえ *japanese manner of furnishing*

和風住宅のしつらえ（室礼）の基調として、いわゆる数寄屋風の意匠がある。中世末期、茶の湯など遊芸の場所を演出するための独特の室内構成が生まれ、生活空間に普及・発展する。江戸時代初期に完成された書院造りの様式を基本としながらも、草庵茶室（数寄屋）に見られるように材料のもつ自然な表情を生かしつつ、各部に意匠を凝らした自由な構成の内部空間や外観をつくる。こうしてわが国の和風住宅は、装飾の多様化や部材の納まりの洗練をともなってさまざまに変容してきた。

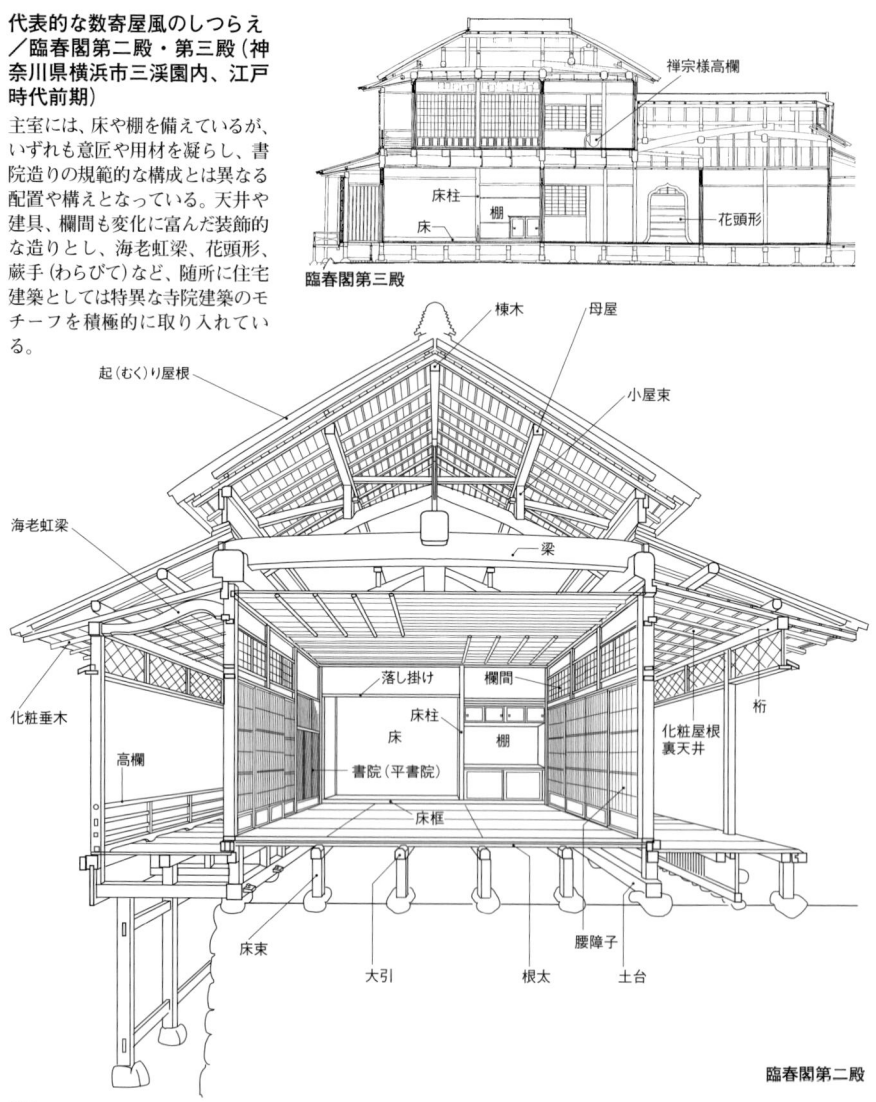

代表的な数寄屋風のしつらえ／臨春閣第二殿・第三殿（神奈川県横浜市三渓園内、江戸時代前期）

主室には、床や棚を備えているが、いずれも意匠や用材を凝らし、書院造りの規範的な構成とは異なる配置や構えとなっている。天井や建具、欄間も変化に富んだ装飾的な造りとし、海老虹梁、花頭形、蕨手（わらびて）など、随所に住宅建築としては特異な寺院建築のモチーフを積極的に取り入れている。

臨春閣第三殿

禅宗様高欄
床柱
棚
床
花頭形

臨春閣第二殿

起（むく）り屋根
棟木
母屋
小屋束
海老虹梁
梁
化粧垂木
落し掛け
欄間
床柱
床
棚
化粧屋根裏天井
桁
高欄
書院（平書院）
床框
床束
大引
根太
腰障子
土台

276

しつらえ　エクステリア・インテリア

草庵茶室（数寄屋）の事例／春草廬（神奈川県横浜市三渓園内、江戸時代前期）

9つの窓をもつ三畳台目の茶室。丸太や竹を用い、壁は粗い仕上げの色土壁とし、平面はもとより天井の張り方や窓の開け方にもさまざまな変化をつける。こうした変化に富んだ平面・立面とさまざまな素材の組合せによって、多様な室内構成が構想されるようになった。

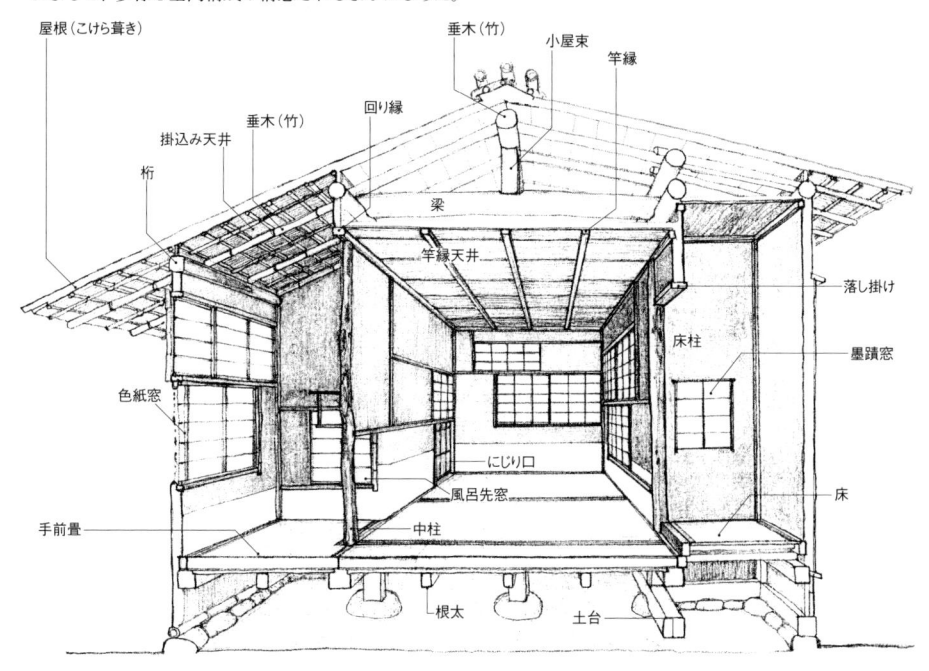

屋根（こけら葺き）
垂木（竹）
小屋束
竿縁
掛込み天井
垂木（竹）
回り縁
桁
梁
竿縁天井
落し掛け
色紙窓
床柱
墨蹟窓
にじり口
風呂先窓
床
手前畳
中柱
根太
土台

数寄屋風の意匠を支える技法

茶室や数寄屋風の建物では、長押を省略したり、丸太材を多用するために、部材の納まりにもさまざまな工夫がなされる。右図は、長押を省略して、面皮柱（四隅に丸太のままの部分が残る柱）に鴨居を取りつける細工を示す。数寄屋風の瀟洒（しょうしゃ）なしつらえの背後には、こうした精緻な技術が求められる。

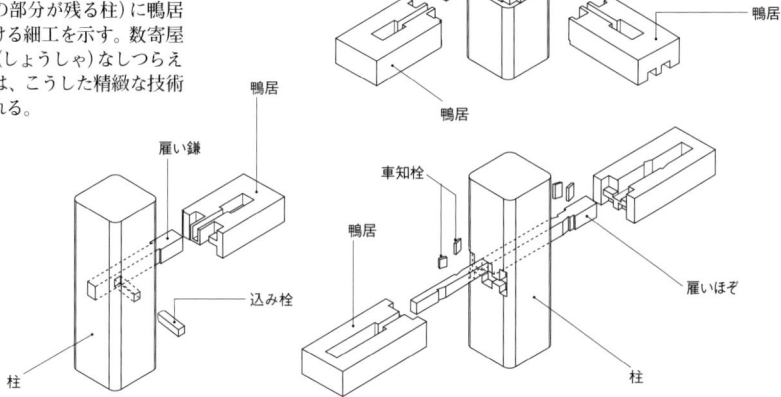

柱
雇い鎌
蟻ほぞ
鴨居

鴨居
雇い鎌
込み栓
柱

鴨居
車知栓
雇いほぞ
柱

エクステリア・インテリア　しつらえ

造付け家具 *built-in furniture*

造付け家具は、空間の用途や形態、デザインなどにあわせて、建築と一体で設計して間仕切や壁に組み込むか、給排水や電気、ガスなどの設備を接続して建築の一部として造り付けたものである。造付け家具の種類には、空間ごとに設計された家具、また、ユニット家具やシステム家具など建築の質にあわせて選択・設計された家具がある。しつらえの方法としては、空間とのかかわり方を意識すると、周囲に溶け込ませて限りなく融合させる方法と、造付け家具を象徴的に演出して建築空間に強い影響を与える方法がある。いずれにしても、素材や色彩、納まりなどのデザイン操作が自在であり、かつ何らかの機能をあわせもつ、空間形成要素としての役割は大きい。近年、耐震性や安全性、デザインの自由度、空間の有効利用、経済性などの理由で、さまざまな分野の建築において増加の傾向にある。

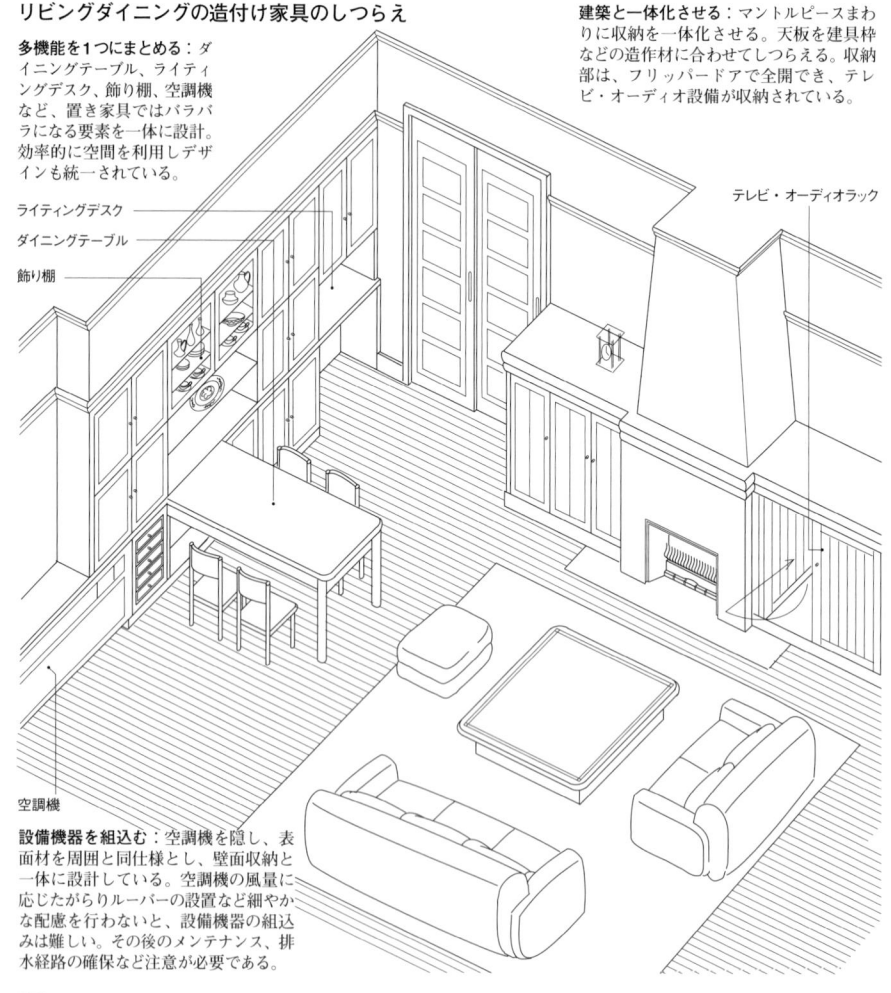

リビングダイニングの造付け家具のしつらえ

多機能を1つにまとめる：ダイニングテーブル、ライティングデスク、飾り棚、空調機など、置き家具ではバラバラになる要素を一体に設計。効率的に空間を利用しデザインも統一されている。

ライティングデスク
ダイニングテーブル
飾り棚
空調機

設備機器を組込む：空調機を隠し、表面材を周囲と同仕様とし、壁面収納と一体に設計している。空調機の風量に応じたがらりルーバーの設置など細やかな配慮を行わないと、設備機器の組込みは難しい。その後のメンテナンス、排水経路の確保など注意が必要である。

建築と一体化させる：マントルピースまわりに収納を一体化させる。天板を建具枠などの造作材に合わせてしつらえる。収納部は、フリッパードアで全開でき、テレビ・オーディオ設備が収納されている。

テレビ・オーディオラック

しつらえ　エクステリア・インテリア

造付け家具のタイプ

造付け家具は構成要素の特徴によって、特注家具、ユニット家具、システム家具の3つに分類できる。特注家具は、空間ごとに設計製作を行い、ほかに転用できない特注品である。どのような要求やスペースにも対応し、時に家具工事の域を超える。ユニット家具は、スペースや収納量、目的に合わせて完成されたユニットを選び、組み合わせて取り付ける。建築の間仕切の位置や天井に合わせてつくるため、スペースによっては家具と壁、天井との間にフィラーを入れるなどの調整が必要となる。システム家具は、パターン化された構成部材を組み合わせ、必要条件にあった家具をつくるもので、パネルや部品など組み方、建築の天井や床、壁との取合い部分に注意が必要となる。

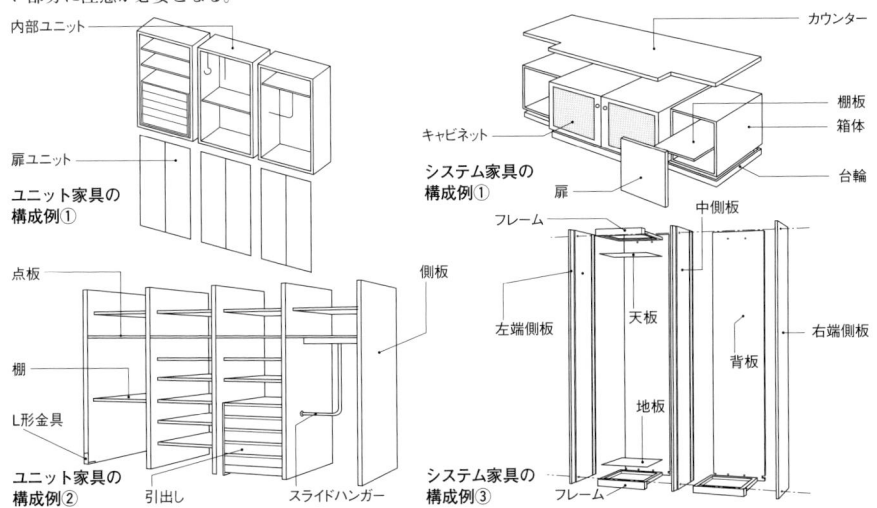

ユニット家具の構成例①　内部ユニット／扉ユニット

システム家具の構成例①　カウンター／棚板／箱体／キャビネット／扉／台輪

ユニット家具の構成例②　点板／棚／L形金具／側板／引出し／スライドハンガー

システム家具の構成例③　フレーム／中側板／左端側板／天板／右端側板／背板／地板／フレーム

計画上の留意点

置き家具と異なり、造付け家具は容易に取り替えられるものではない。そのため、空間の使用目的や場所、耐用年数などを考慮し、材料や塗装、色、接着材、構造などを選ぶ必要がある。たとえば、水まわりの家具に使う材料、日光にさらされる家具の仕上げ、寺院などの半永久的に残る家具など、条件にあった造付け家具をデザインし、製作することが大切である。

用途別の分類

用途別の分類	家具の分類
用途	下足入れ、洋服入れなど収納家具、キッチン、洗面台、電話台など 住宅用家具
住宅用家具	ショーケース、陳列棚、ホテル客室家具、フロントカウンター
商業施設用家具	図書館書架、議事用机・いす、各課用受付カウンター、教壇、実験台など 福祉施設用家具
公共施設用家具	車いす対応キッチン、上下移動する吊り戸棚、視力低下者用整備棚など
福祉施設用家具	座席、寝台、キッチン、収納家具など

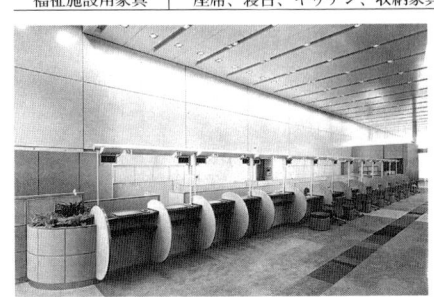

事例①：銀行受付カウンターまわり

事例②：オフィスロビーまわり

生産

【製図】
【施工手順】
【工事】
【維持・保全】
【プレファブリケーション】

生産　製図

モデュール・木割り　*module, kiwari*

モデュールは、建築の設計や組立の際に基準として用いる寸法のことである。モデュールには、単位となる寸法をただ1つさす場合と、数列化した寸法群をさす場合がある。またモデュラーコーディネーションとは、建築および建築各部の寸法をモデュールを用いて調整することである。一方、木割りとは、わが国の伝統的な木造建築に見られる、各部材の寸法を比例的に割り出す原理のことである。木割りは中世後半に発生し、江戸中期頃から普及した。

モデュラースペースグリッド

モデュラースペースグリッドは、建築および建築構成材が位置づけられる3次元の基準系である。このシステムにおいて各面間の距離は、ベーシックモデュールまたはマルチモデュールとする。また、モデュラースペースグリッドにおける基準面をモデュラー面と呼ぶ。

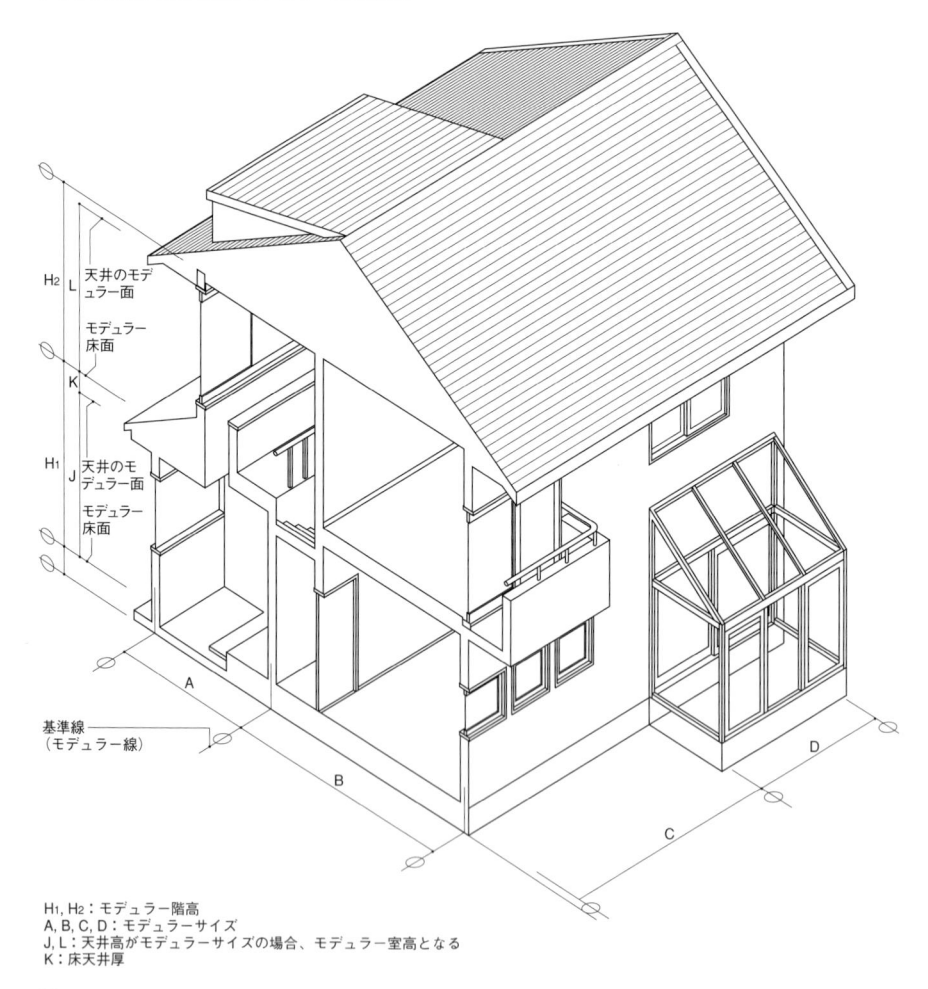

H_1, H_2：モデュラー階高
A, B, C, D：モデュラーサイズ
J, L：天井高がモデュラーサイズの場合、モデュラー室高となる
K：床天井厚

モジュールの基本的な考え方

ベーシックモジュールはモジュールの基本となるモジュールであり、Mで表され、M＝100mmである。マルチモジュールはベーシックモジュールに特定の倍数をかけたものである（たとえば、3M、6M、12M）。また、サブモジュールは、ベーシックモジュールに特定の分数値をかけたものである（たとえば、M/2＝50mm、M/4＝25mm、M/5＝20mm）。

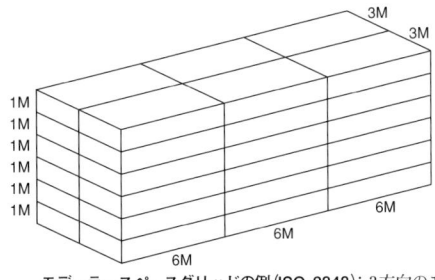

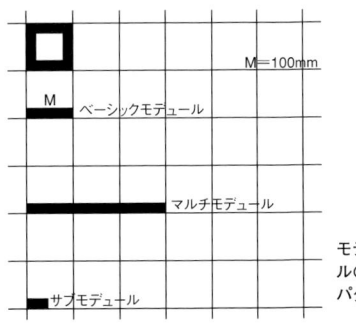

モジュラースペースグリッドの例（ISO 2848）：3方向のモデュール値は異なってもよい。

和風スペースにおける基準面

和風スペースにおいて基準となる寸法を設定する方式には、内法制と心々制がある。内法制は規格化された一定の大きさの畳を基準として各室の大きさを決定し、柱の位置を決定するもので、柱の内法間は一定のモジュールの倍数である。柱の心々間の距離は、柱の太さの影響を受けるので一定ではない。一方、心々制は、柱の心々間の距離に基準となる寸法を与える方法。内法制と違い、畳の大きさは室によって異なる。

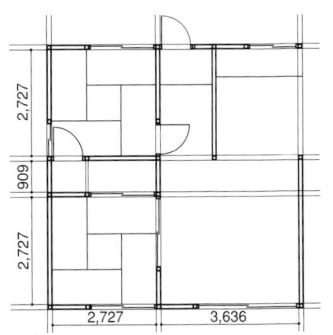

畳の寸法

系統	寸法基準（尺）		畳サイズ（cm）
京間	6.3	内	191×95.5
中京間	6	内	182×91
関東間（田舎間）	6	心	約176×88

内法制：内法制の例には京間がある。京間は関西地方を中心に、茶室や民家などで行われてきた。

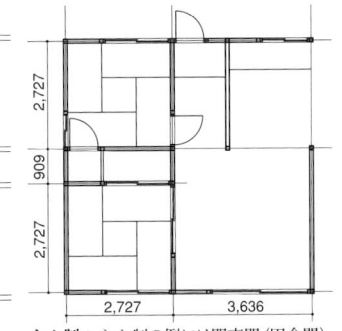

心々制：心々制の例には関東間（田舎間）がある。関東間は関東地方を中心に、民家などで行われてきた。

木割りの考え方

江戸末期、書院造りの様式が一般住宅に座敷飾りとして定型化されたとき、「雑工三編大工棚雛形（ざつくさんぺんだいくだなひながた）座敷向略木割」が考案された。まず、畳の畳数を基本にして、部屋の規模に応じた係数を乗じて柱の太さを計算する。次に、それに各係数を乗じて各部材（右図アルファベットの部分）の寸法が決まる。

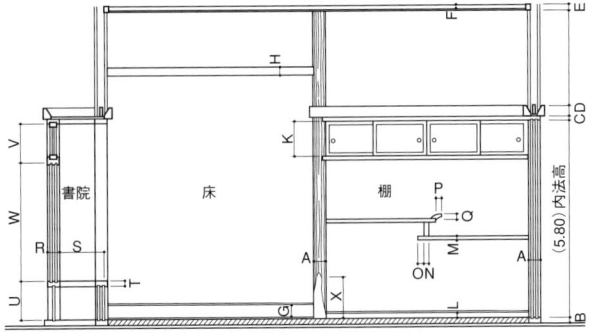

「雑工三編大工棚雛形座敷向略木割」

生産　製図

板図 *itazu*

板図は、大工棟梁が間取りの決定後、一連の木拾い、墨付け、刻みの開始にあたって作成する簡略な線画の図面である。従来、板切れの上に墨さしで描かれるものが一般的であったため、呼称に「板」が残っている。板図の作成・使用を通して間取りから軸組構造が決定され、番付けによるコーディングによって部材が全体の中で位置づけられる。板図は生産段階に応じて必要な書込みがなされ、段階ごとに機能を果たすことによって、生産プロセスを統合している。「イタズ」「テイタ」「カンバンイタ」「カンバン」「イタ」「ズイタ」「エズイタ」「テイタズ」「バンツケ」などの異称がある。

一般的な住宅の板図の例

各階平面図、1階小屋・梁桁伏図、2階小屋・梁桁伏図が描かれている。平面図は間取りが描かれ、室名、柱位置、壁、開口部、大壁と真壁の区別の必要な和・洋室の別、畳数、窓の大きさなどが記入される。伏図は見上げ図の要領で描かれており、下階柱と横架材の関係を理解しやすい。梁、桁、丸太梁、平角材を図示し、断面寸法を付記している。この図に上階の管柱や束、母屋、隅木、軒見上げ線などを重ね書きする。

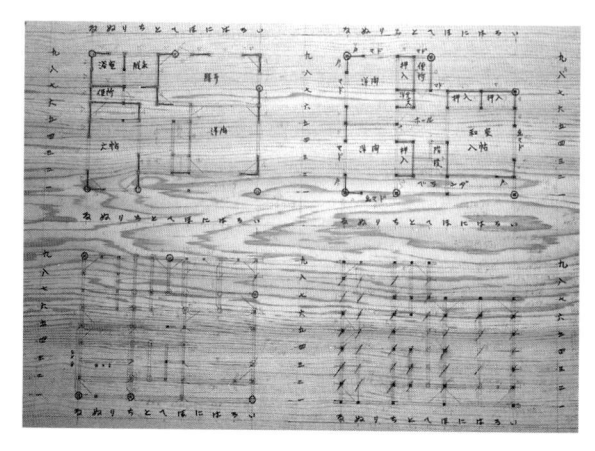

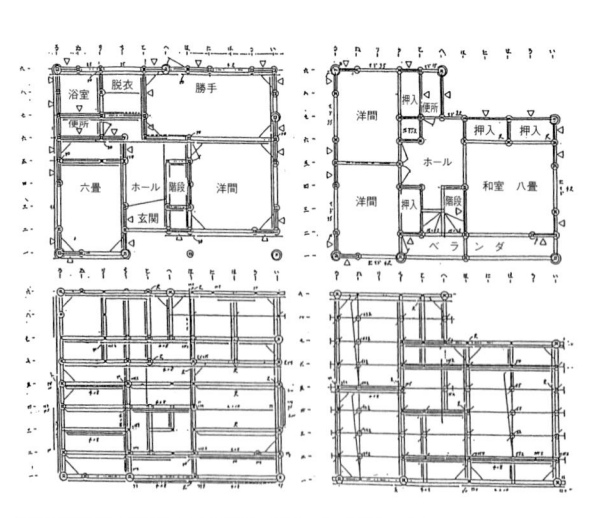

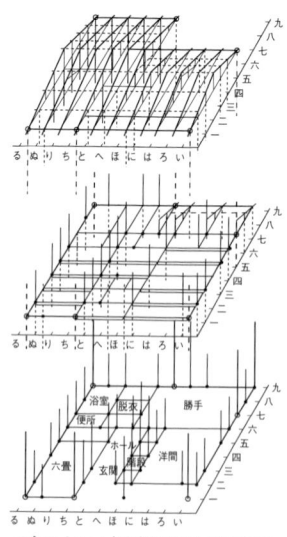

板図の復元図：板図における計画や設計、施工段階の決定と書込みを再現し、見やすく復元したものである。

スケルトン：板図作成時には上図のようなスケルトンが棟梁の頭の中で構想されている。

製図　生産

農家の板図の例

農家建設のために作成された伏図を描いた板図である。2階と1階の小屋断面図が付記されている。小屋断面図は、特定の通りの断面を示しているのではなく、全部の小屋梁を合わせて1枚の断面に示している。部材に付記された数字は断面寸法で、4×5は幅4寸せい5寸、4×120は幅4寸せい1尺2寸(12寸)などを意味する。

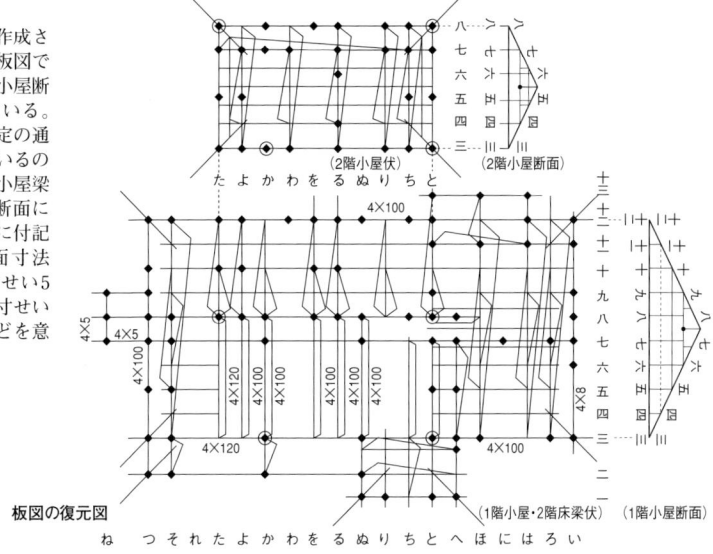

(2階小屋伏)　(2階小屋断面)
板図の復元図
(1階小屋・2階床梁伏)　(1階小屋断面)

生産段階に応じて板図が果たす機能

計画、積算、墨付け、部材案内のために、板図はさまざまな生産プロセスを通して使用され、メモやチェックが生産段階に応じて重ね書きされていく。

	基本設計⇒	実施設計・施工図⇒		墨付け⇒	刻み(加工)	建方(組立)
		板　　　図				
		(計画)	(積算)	(墨付け)		(部材案内図)
				尺杖(精度)		尺杖(土台敷き)
				矩計杖(矩計設計)、曲尺(規矩術)、束定規、記帳面、型板		
設計情報	機能設計 ・和室、洋室 ・壁・柱(通し柱、管柱、床柱、半柱) ・窓・屋根の形 (坪単価、総額)	空間構想 (軸組)	構造設計(計画) ・部品設計(部材断面、長さ) ・部品分割 ・部品配置 意匠設計 (屋根、構造材、化粧柱)	積算 (木拾い)	部品設計(部材加工線) ・下から上へ ・横架材から鉛直材へ 土台→横架材→小屋(束、母屋)→柱(管柱⇒通し柱) (化粧柱⇒野柱)		
			番　　付　　け		(部品コード化)		
生産情報		経済性(木工事の実行予算)の検討←軸組材・化粧柱の選定 組立順序の検討←継手・仕口の検討決定(男木と女木)					
板図機能	板図の準備	板図の作成 [機能1]計画 [機能1-1]スケルトンの構想・計画 [機能1-2]木材構造設計 [機能1-3]木材意匠設計		使用① [機能2] 積算	使用② [機能3] 墨付け		使用③ [機能4] 部材案内図
		[機能5]備忘(メモ)　　[機能6]チェック					

板図の使用①：木拾いによる躯体の積算を行う
板図の使用②：板図を参照しながら選定した木材上に直接加工線を引いて、部材の部品設計(墨付け)を行う
板図の使用③：建方、すなわち部材の組立過程で部材案内図とする

285

生産　製図

CAD *computer-aided design*

CADとは、設計情報の製作作業を定規やコンパスなどの製図道具に代わってコンピューターを使って行うことで、電子情報化の利点を活用することである。線分や図形をレイヤーなどの構造的な概念に基づきデータ化することによって、図面の編集・参照作業を大きく合理化する。さらに、材質や価格などの属性情報をデータベース化することによって、積算や構造解析などの自動化にも応用されている。また、2次元的な投影図だけではなく、3次元的なデータを作成することによって模型のように利用することも可能である。さらに、ネットワークを活用した設計と施工、またマネージメントにおける図面情報の一元化など、急速に設計のさまざまな分野に導入されている。

CADの概略イメージ

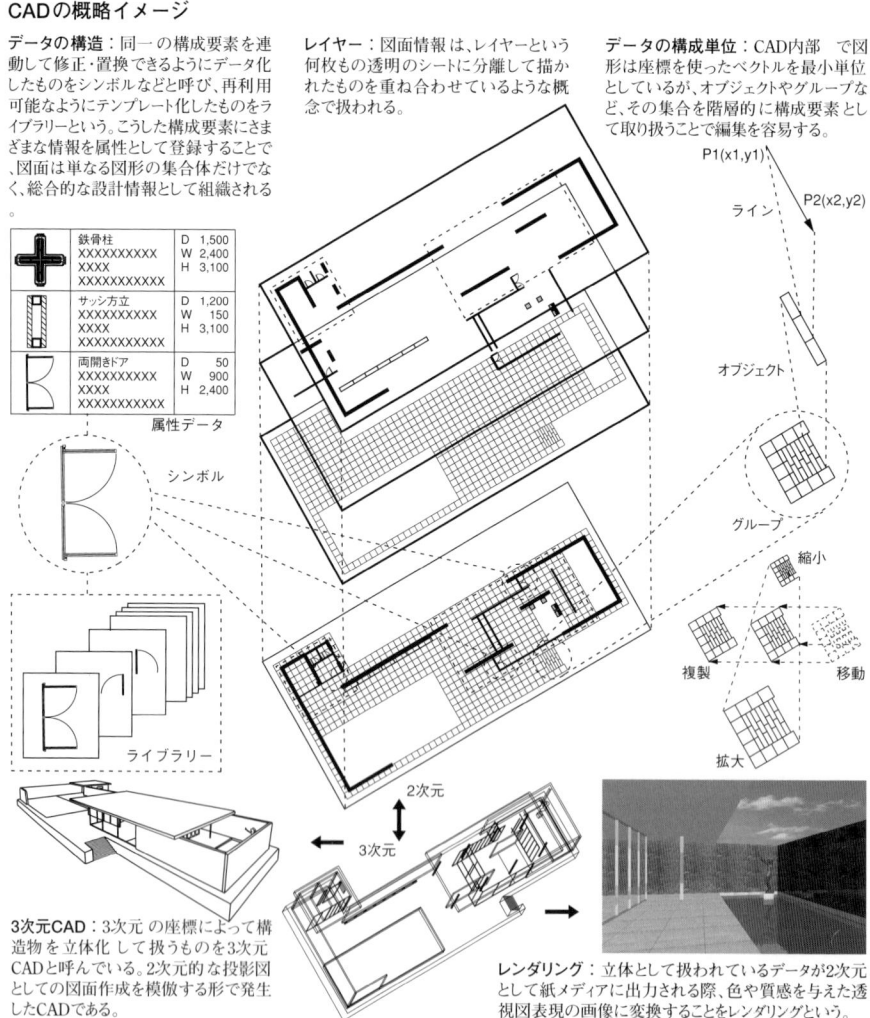

データの構造：同一の構成要素を連動して修正・置換できるようにデータ化したものをシンボルなどと呼び、再利用可能なようにテンプレート化したものをライブラリーという。こうした構成要素にさまざまな情報を属性として登録することで、図面は単なる図形の集合体だけでなく、総合的な設計情報として組織される。

レイヤー：図面情報は、レイヤーという何枚もの透明のシートに分離して描かれたものを重ね合わせているような概念で扱われる。

データの構成単位：CAD内部で図形は座標を使ったベクトルを最小単位としているが、オブジェクトやグループなど、その集合を階層的に構成要素として取り扱うことで編集を容易する。

属性データ

シンボル

ライブラリー

P1(x1,y1)
P2(x2,y2)
ライン

オブジェクト

グループ

縮小　複製　移動　拡大

2次元
3次元

3次元CAD：3次元の座標によって構造物を立体化して扱うものを3次元CADと呼んでいる。2次元的な投影図としての図面作成を模倣する形で発生したCADである。

レンダリング：立体として扱われているデータが2次元として紙メディアに出力される際、色や質感を与えた透視図表現の画像に変換することをレンダリングという。

製図　生産

設計情報メディアとしてのCAD

CADは広い意味では建築設計作業全般へのコンピューターの導入であり、その本質は建築設計の電子情報化にある。設計行為とは、建築的構想を多様なコミュニケーションを経て、物理的実体へと構築する一種の情報処理過程であると考えるとき、図面や模型と同じように、CADにより電子化された情報もコミュニケーションメディアととらえることができる。

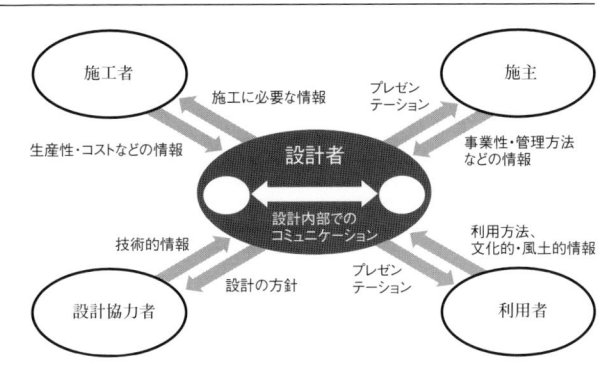

3次元CADによる形態操作の例

3次元CADには、下図のように立体的な形態を直接操作する方法が次々に考案されている。

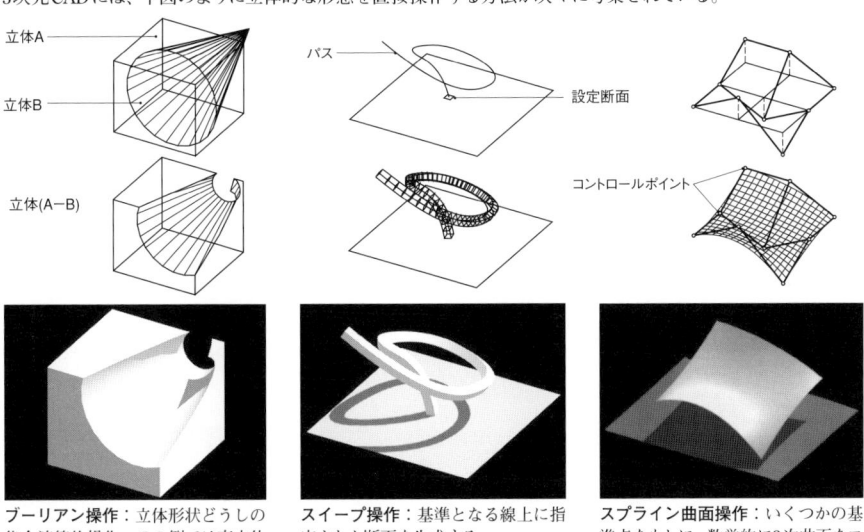

ブーリアン操作：立体形状どうしの集合演算的操作。この例では直方体から円錐を減算した形状をつくっている。

スイープ操作：基準となる線上に指定された断面を生成する。

スプライン曲面操作：いくつかの基準点をもとに、数学的に3次曲面をコントロールする。

CADで使われるハードウェア

システム構成は規模や目的によってさまざまであるが、右図はパーソナルコンピューターを使った基本的構成の例である。

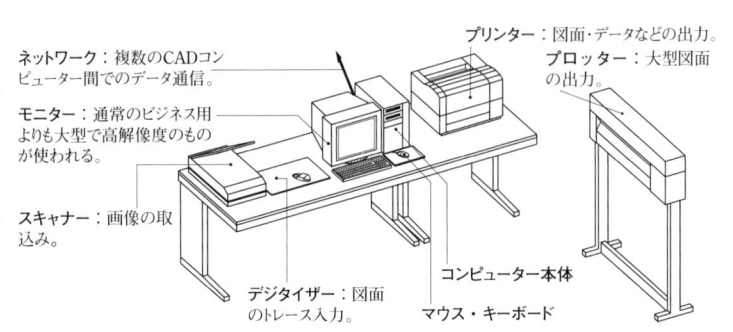

ネットワーク：複数のCADコンピューター間でのデータ通信。

モニター：通常のビジネス用よりも大型で高解像度のものが使われる。

スキャナー：画像の取込み。

デジタイザー：図面のトレース入力。

プリンター：図面・データなどの出力。

プロッター：大型図面の出力。

コンピューター本体

マウス・キーボード

在来木造住宅の施工 construction of conventional timber house

在来木造住宅は、現場施工した基礎上にあらかじめ刻み加工された構造部材を、土台、柱、梁、桁など横架材の順序で組み立てる。その後、小屋組、軸組、床組と構造部位の木工事を行い、並行して屋根を葺く。屋根工事終了後は、窓、出入口、サッシを取り付け、外壁工事を先行する。その後、内部造作、床張り、壁・天井下地と木工事を進めていく。木工事終了後は、左官、塗装などの仕上げ工事へと移行し、並行して内部建具の吊込みをする。壁紙など内装工事終了後、電気、設備機器の取付けを行い、工事が終了する。

建方の施工手順
2階南側にバルコニー、西側には出窓がついた切妻屋根の2階建住宅の例。基礎は布基礎、外部仕上げは、屋根が瓦葺き、壁がラスモルタルリシンかき落しとなっている。

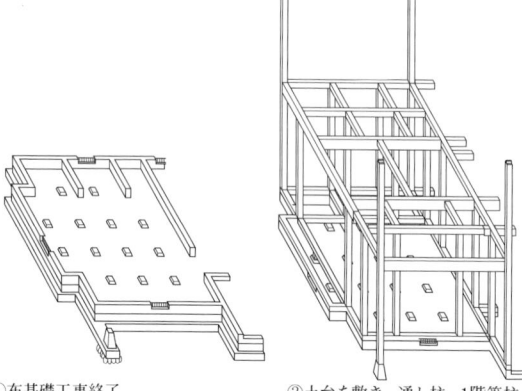

①布基礎工事終了

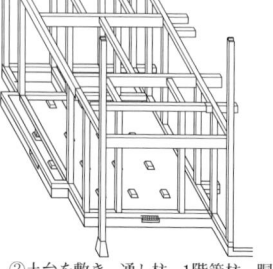

②土台を敷き、通し柱、1階管柱、胴差、2階梁までの建方終了。

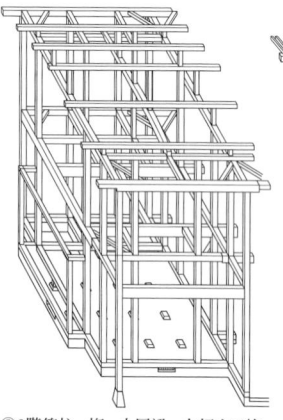

③2階管柱、桁、小屋梁、火打ちまで終了した状態で、補強金物取付けおよび建入れ直しを行う。その後、小屋束、棟木、母屋を取り付けて、建方を終了する。

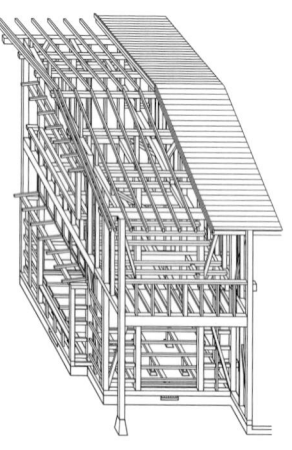

④小屋組、軸組、床組が終了した状態。

建方の施工風景

土台敷き

1階柱・梁の建方

2階通し柱の建方

2階敷桁掛け

施工の工程

在来木造住宅の工事を、仮設・基礎、木工、外装、内装、電気・衛生・空調設備に分割し、その工程フローを示す。

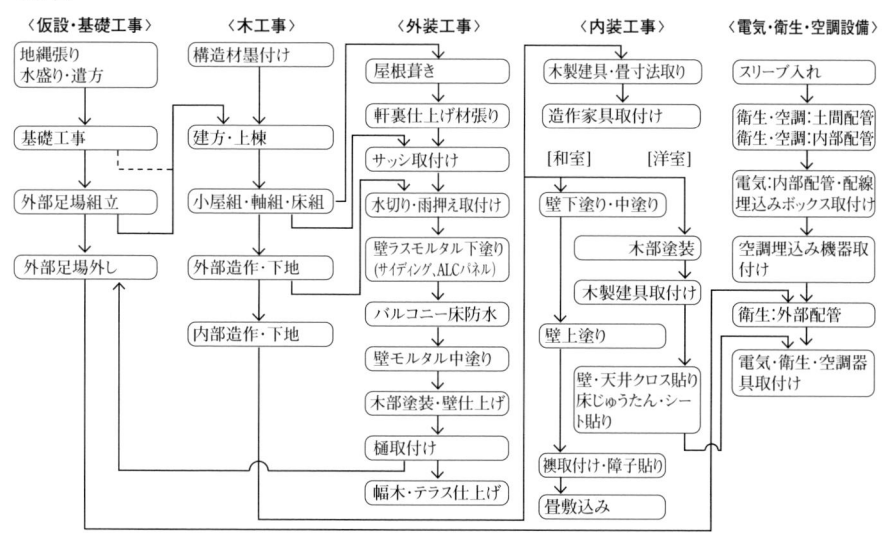

〈仮設・基礎工事〉
- 地縄張り・水盛り・遣方
- 基礎工事
- 外部足場組立
- 外部足場外し

〈木工事〉
- 構造材墨付け
- 建方・上棟
- 小屋組・軸組・床組
- 外部造作・下地
- 内部造作・下地

〈外装工事〉
- 屋根葺き
- 軒裏仕上げ材張り
- サッシ取付け
- 水切り・雨押え取付け
- 壁ラスモルタル下塗り（サイディング、ALCパネル）
- バルコニー床防水
- 壁モルタル中塗り
- 木部塗装・壁仕上げ
- 樋取付け
- 幅木・テラス仕上げ

〈内装工事〉
- 木製建具・畳寸法取り
- 造作家具取付け
- [和室] [洋室]
- 壁下塗り・中塗り
- 木部塗装
- 木製建具取付け
- 壁上塗り
- 壁・天井クロス貼り 床じゅうたん・シート貼り
- 襖取付け・障子貼り
- 畳敷込み

〈電気・衛生・空調設備〉
- スリーブ入れ
- 衛生・空調：土間配管 衛生・空調：内部配管
- 電気：内部配管・配線 埋込みボックス取付け
- 空調埋込み機器取付け
- 衛生：外部配管
- 電気・衛生・空調器具取付け

木工事における施工上の監理ポイント

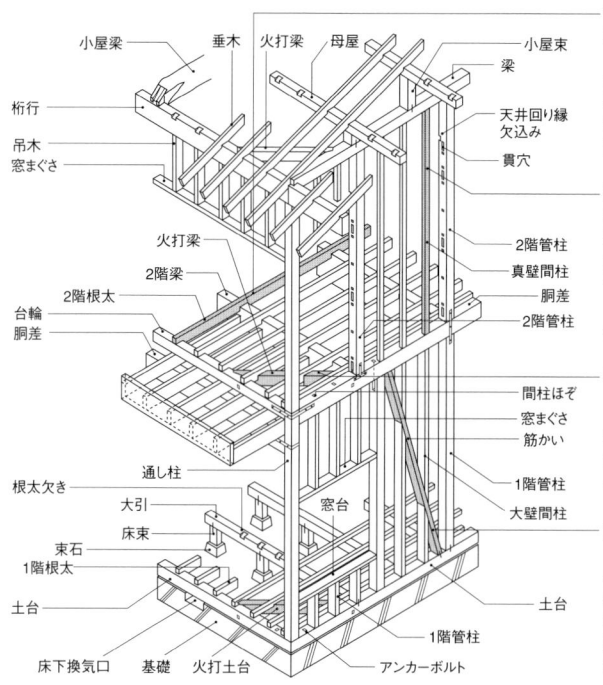

（図：小屋梁、垂木、火打梁、母屋、小屋束、梁、天井回り縁欠込み、貫穴、桁行、吊木、窓まぐさ、2階管柱、真壁間柱、胴差、2階管柱、火打梁、2階梁、2階根太、台輪、胴差、間柱ほぞ、窓まぐさ、筋かい、通し柱、1階管柱、大壁間柱、根太欠き、大引、床束、束石、1階根太、土台、1階管柱、床下換気口、基礎、火打土台、アンカーボルト、土台）

根太のチェックポイント：根太は梁と同様に上下の振動を下階に伝えないという役割をもつ重要な部材である。大梁、小梁のスパンとの兼合いで寸法、ピッチが決まるので、仕上げ下地の感覚で現場任せにせず、しっかりと指示する。

間柱のチェックポイント：間柱は補強的な部材であると同時に、構造用面材による耐力壁の下地になったり、開口部の補強部材になったりするので、十分な強度のものを指定しておく（現場の判断で強度の低い木材が使われていることもあるので要注意）。

火打梁・火打土台のチェックポイント：構造フレームのコーナーに落ちなく入っているか、施工図で示された適切な部材が使われているか、ボルト締めなど取付け方法が適切に使われているか、などを確認する。

筋かい・補強金物のチェックポイント：適切な筋かいの位置、補強金具などによる適切な取付け（ボルトの締め不十分、釘不良、打ち本数の不足などの施工不良が起きやすい）、柱、梁、土台など安定した軸組への固定、などを確認する。

生産　施工手順

オフィスビルの施工　construction of office building

一般にオフィスビルは、昇降、空調、情報通信、ビル管理などの設備の比重が大きく、地下に機械室や駐車場、低層階にホールや店舗など、上部にオフィス用の基準階を配置する。大型のオフィスビルでは鉄骨構造（S造）の高層・超高層が多く、コア部にエレベーターや階段のほか共用施設を配置し、外周部をオフィスとする。地下部は、場所打ち杭、親杭横矢板・鋼矢板と水平切梁などの一般的な山留め工法のほか、地盤アンカー、地中連続壁、逆打ち工法などで施工される。また、地上部では鉄骨建方に続いて床の施工、外装カーテンウォールの取付け、設備工事と乾式工法主体の内装工事となるが、PCa部材と仕上げ、設備を複合した工業化工法（複合化工法）が用いられることが多い。

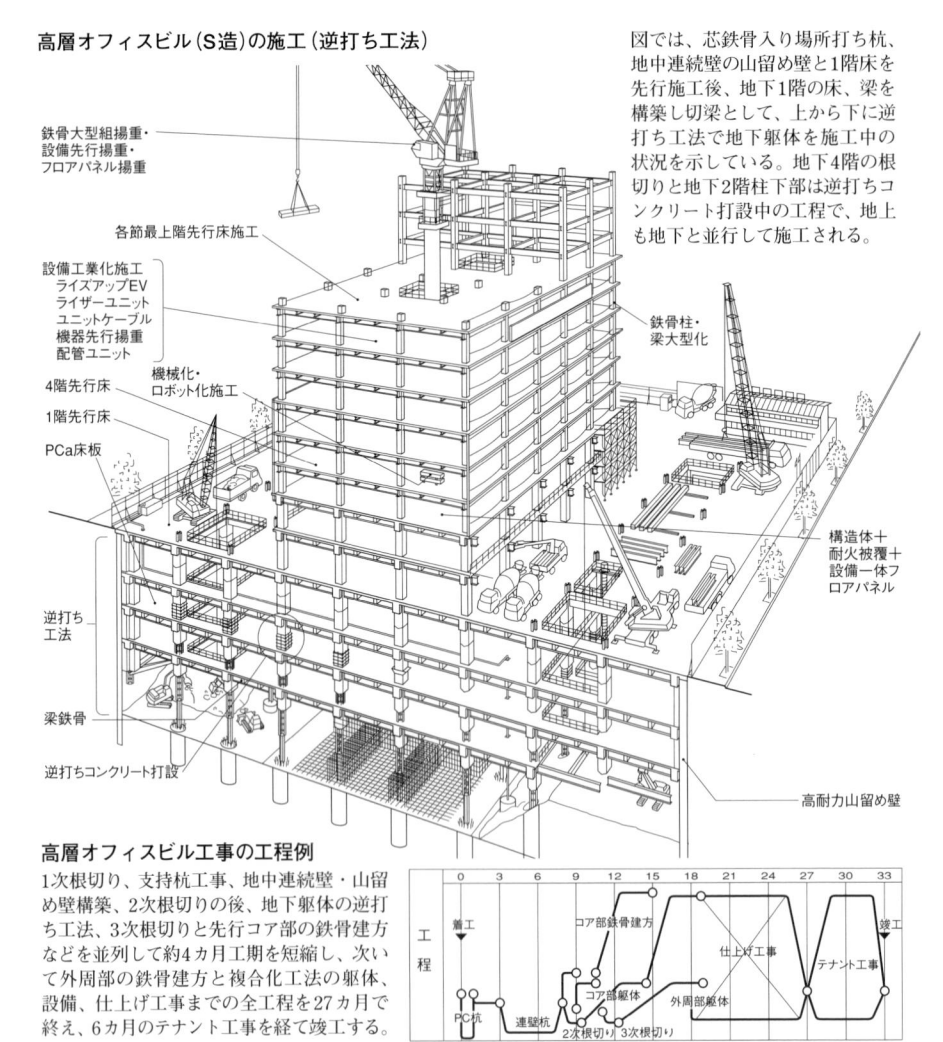

高層オフィスビル（S造）の施工（逆打ち工法）

図では、芯鉄骨入り場所打ち杭、地中連続壁の山留め壁と1階床を先行施工後、地下1階の床、梁を構築し切梁として、上から下に逆打ち工法で地下躯体を施工中の状況を示している。地下4階の根切りと地下2階柱下部は逆打ちコンクリート打設中の工程で、地上も地下と並行して施工される。

主な図中ラベル：
- 鉄骨大型組揚重・設備先行揚重・フロアパネル揚重
- 各節最上階先行床施工
- 設備工業化施工　ライズアップEV　ライザーユニット　ユニットケーブル　機器先行揚重　配管ユニット
- 機械化・ロボット化施工
- 4階先行床
- 1階先行床
- PCa床板
- 逆打ち工法
- 梁鉄骨
- 逆打ちコンクリート打設
- 鉄骨柱・梁大型化
- 構造体＋耐火被覆＋設備一体フロアパネル
- 高耐力山留め壁

高層オフィスビル工事の工程例

1次根切り、支持杭工事、地中連続壁・山留め壁構築、2次根切りの後、地下躯体の逆打ち工法、3次根切りと先行コア部の鉄骨建方などを並列して約4カ月工期を短縮し、次いで外周部の鉄骨建方と複合化工法の躯体、設備、仕上げ工事までの全工程を27カ月で終え、6カ月のテナント工事を経て竣工する。

施工手順　生産

中高層階の施工機械の配置例

200t·mの能力のタワークレーン2機がセンターコア形式の基準階のコア部に配置され、鉄骨建方とPCa床板、設備機器などの揚重に利用される。軽量の資材、作業上の垂直輸送に人荷用高速リフトのほか、本設エレベーターを先行利用する。資材の水平搬送には、コンベアシステムを用いる。

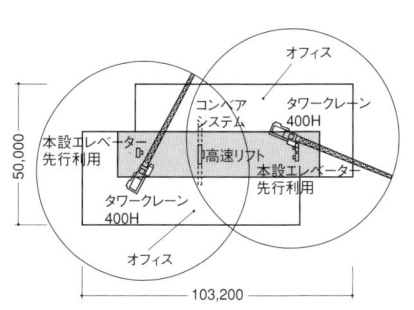

複合化工法による基準階の施工

先行施工のコア部は、タワークレーンによる鉄骨建方とロボットによる自動溶接、PCa床板敷込みの後、空調機械、ライザーユニットが設置される。外周部では梁鉄骨とローリング足場の上にPCa床板を設置、外装PCa板を先付けしたEの字形柱鉄骨とが外周梁を取り付ける。

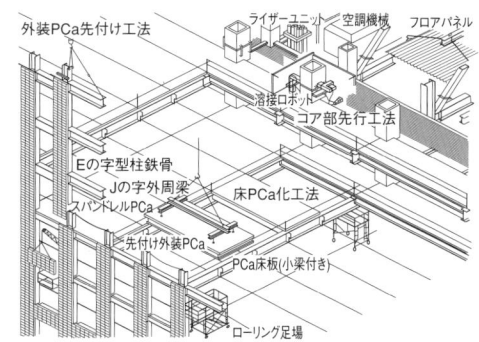

高層オフィスビル工事の進捗状況

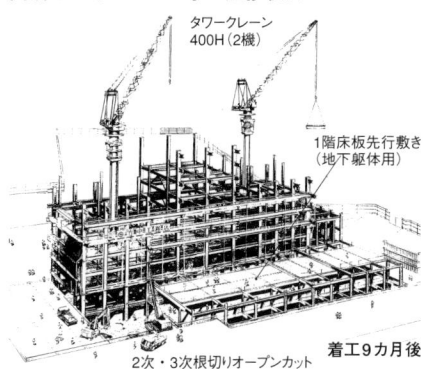

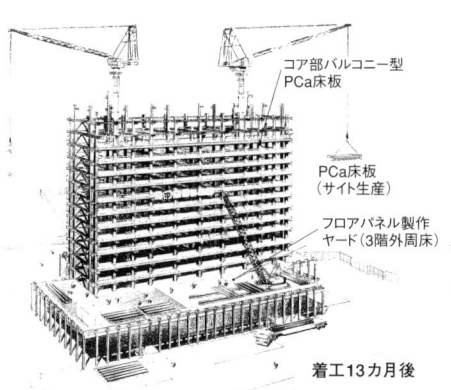

高層オフィスビルの施工を3つの段階に分けて示す。まず着工9カ月後、コア部は逆打ち工法の地下躯体と並行して地上躯体工事が進み、第2節の鉄骨建方中である。外周部はオープンカットで2～3次根切り中で、地下躯体工事のため1階床板の先行敷込みがされる。着工13カ月後には、外周部は躯体が3階床まで進行し、3階床上でPCa床板をサイト製作する。コア部は15～17階の鉄骨建方中で、PCa板を設置している。着工16カ月後には、コア部は鉄骨建方が完了し、設備工事と仕上げ工事がされる。外周部は躯体と外装工事が12階まで進み、外部のヤードでは床板を製作する。

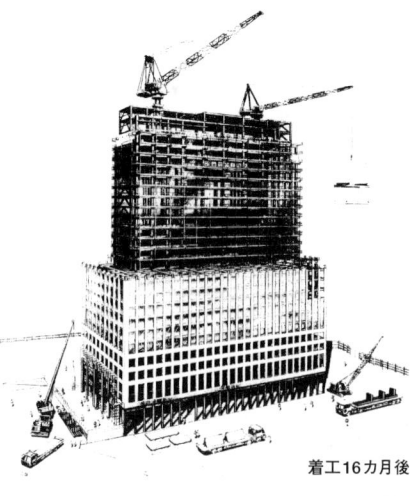

生産　施工手順

集合住宅の施工 *construction of condominium*

集合住宅の構造は、耐震性に優れた鉄筋コンクリート構造や鉄骨鉄筋コンクリート構造が主である。鉄筋コンクリート構造における基準階の施工手順は、垂直部材である柱および壁の型枠・鉄筋作業が先行し、次に水平部材である梁および床の型枠・鉄筋作業が続き、その後1階分の柱、壁、梁、床を一体にしてコンクリート打設を行うのが基本である。具体的なプロジェクト、特に超高層集合住宅のプロジェクトでは、プレキャストや組立鉄筋工法などの工業化工法の積極的な採用が行われている。これらの工業化工法をどの部位に適用するかによって、全体の工法にさまざまなバリエーションが生じる。

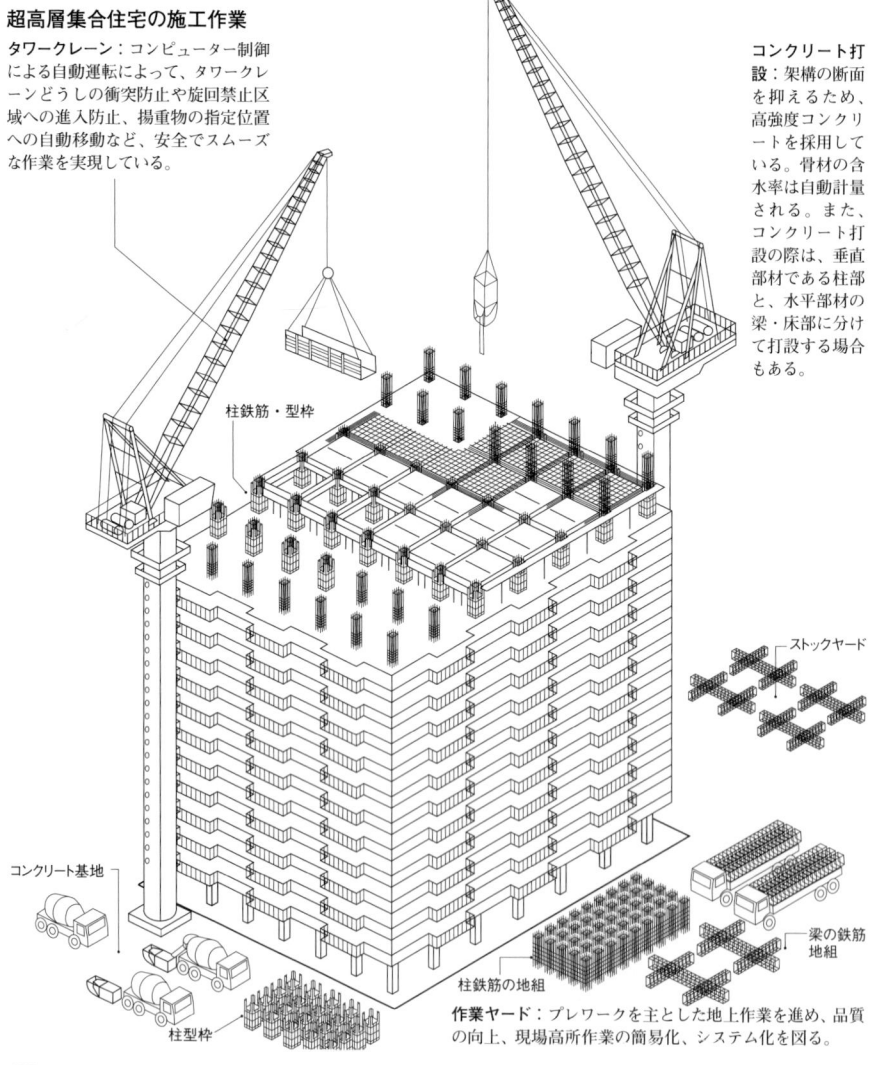

超高層集合住宅の施工作業

タワークレーン：コンピューター制御による自動運転によって、タワークレーンどうしの衝突防止や旋回禁止区域への進入防止、揚重物の指定位置への自動移動など、安全でスムーズな作業を実現している。

コンクリート打設：架構の断面を抑えるため、高強度コンクリートを採用している。骨材の含水率は自動計量される。また、コンクリート打設の際は、垂直部材である柱部と、水平部材の梁・床部に分けて打設する場合もある。

柱鉄筋・型枠

ストックヤード

コンクリート基地

柱鉄筋の地組

柱型枠

梁の鉄筋地組

作業ヤード：プレワークを主とした地上作業を進め、品質の向上、現場高所作業の簡易化、システム化を図る。

施工手順　生産

超高層RC造の施工

超高層RC造の特徴は、在来工法を全面的に見直して徹底した品質管理とシステム化のもとに、高品質・高精度を確保しているところにある。また、経済的なメリットだけでなく、常に安全を第一とした施工計画が追求される。

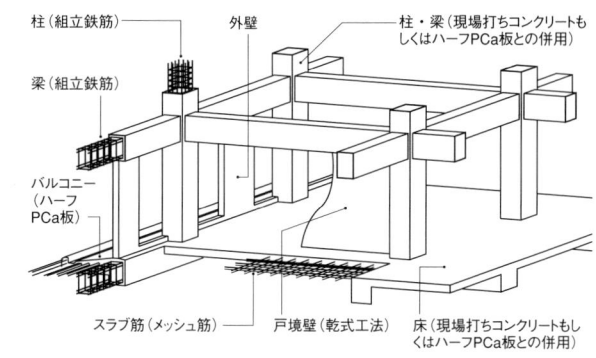

図中ラベル：柱（組立鉄筋）／外壁／柱・梁（現場打ちコンクリートもしくはハーフPCa板との併用）／梁（組立鉄筋）／バルコニー（ハーフPCa板）／スラブ筋（メッシュ筋）／戸境壁（乾式工法）／床（現場打ちコンクリートもしくはハーフPCa板との併用）

超高層RC造の作業手順（基準階サイクル工程）

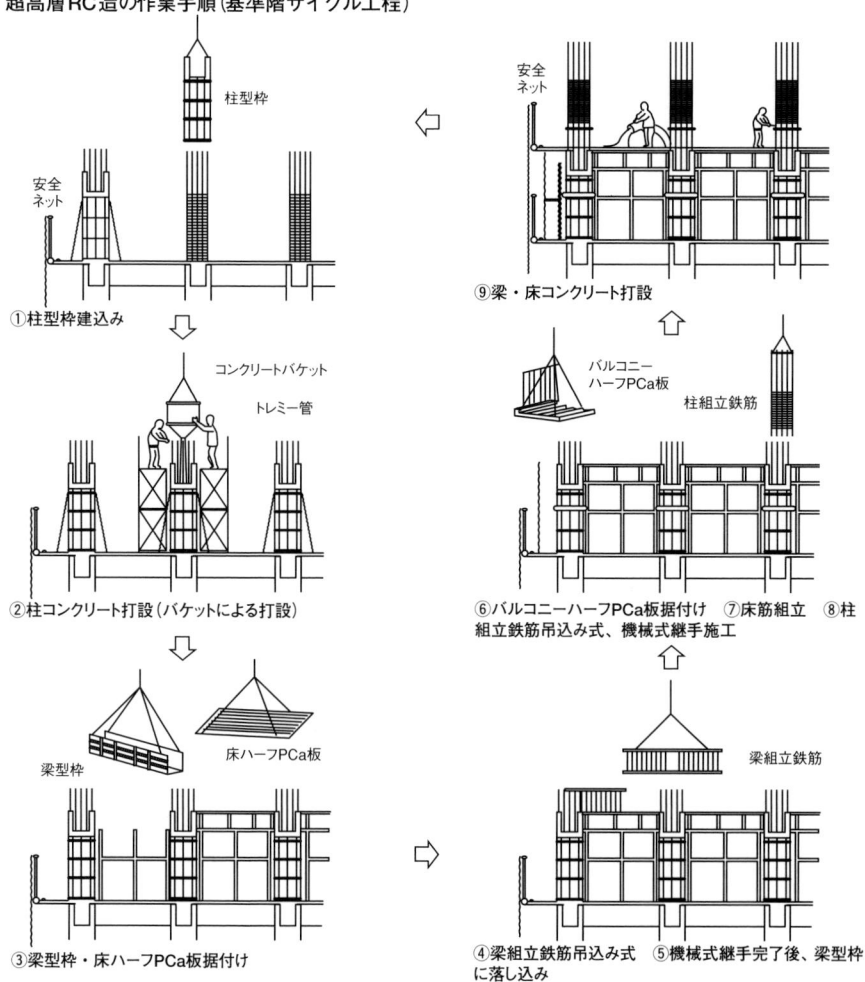

① 柱型枠建込み（柱型枠、安全ネット）

② 柱コンクリート打設（バケットによる打設）（コンクリートバケット、トレミー管）

③ 梁型枠・床ハーフPCa板据付け（梁型枠、床ハーフPCa板）

④ 梁組立鉄筋吊込み式に落し込み

⑤ 機械式継手完了後、梁型枠（梁組立鉄筋）

⑥ バルコニーハーフPCa板据付け　⑦ 床筋組立　⑧ 柱組立鉄筋吊込み式、機械式継手施工（バルコニーハーフPCa板、柱組立鉄筋）

⑨ 梁・床コンクリート打設（安全ネット）

293

生産　施工手順

ドーム屋根の施工　*construction of dome structure*

野球競技を主目的とするドームは超大スパン(≒200m)であるため、屋根架構は分割して建てられる。ドーム屋根の施工手順は、まず仮支柱を建て、これに分割した屋根鉄骨を一時的に支持させて、屋根全体を組み立てる。屋根架構は完成形として安定しているため、全体組立完了後、仮支柱を撤去する。ドームの屋根施工は大規模のため、半年から1年の長期間となり、全体工程や総合仮設計画、および他工事に大きな影響を及ぼすため、施工計画は全体工期、安全性、経済性などを総合的に検討する必要がある。

代表的な開閉屋根の建方(仮支柱[ベント]工法)／福岡ドーム(竹中工務店、1993年)

屋根完成時の高さで屋根架構を仮支柱(ベント)で支持しながら組み立てていく方法である。屋根架構組立完了後、荷重制御またはたわみ制御方式でジャッキダウンを行い、屋根架構と仮支柱との縁を切り、屋根を構造体として完成させる。

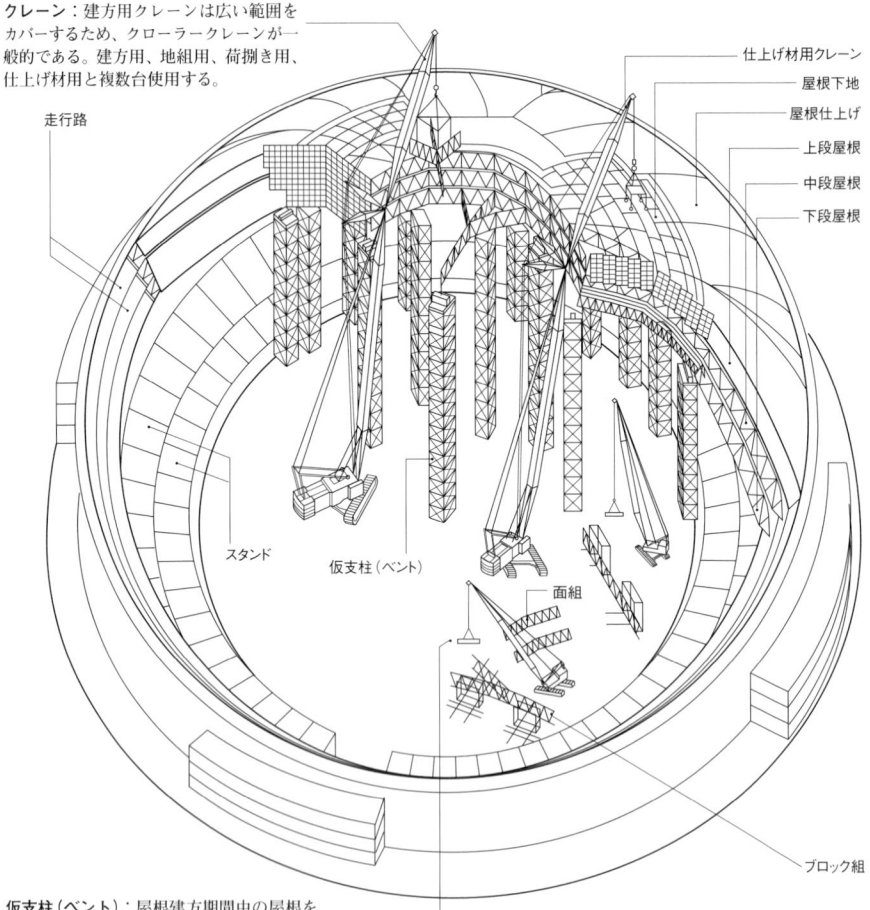

クレーン：建方用クレーンは広い範囲をカバーするため、クローラークレーンが一般的である。建方用、地組用、荷捌き用、仕上げ材用と複数台使用する。

走行路

仕上げ材用クレーン
屋根下地
屋根仕上げ
上段屋根
中段屋根
下段屋根

スタンド
仮支柱(ベント)
面組
ブロック組

仮支柱(ベント)：屋根建方期間中の屋根を一時的に支持する仮支柱の柱。パイプ、アングルなどのトラスで構成された鉄塔である。

地組：建方効率向上、高所作業減少のため地上で単材を面組、あるいはブロック組すること。

横移動工法による施工法

大分スタジアムの屋根は開閉式で、固定屋根と可動屋根があり、前者はベント工法、後者は一部横移動工法で施工された。横移動工法は、大架構をいくつかのブロックに分割して組み立て、順次横移動させながら全体を組み立てる。クレーンから近い場所での組立が可能で、かつ組立の場所が一定のため仮設備の低減、建方の効率向上、安全性の向上が図れる。横移動設備としては、走行レール、台車（または滑りシュー）、ジャッキ、ウィンチなどが必要となる。大分スタジアムの可動屋根は本設の駆動装置で横移動が行われた。

ベント工法（固定屋根）：大分スタジアム（竹中工務店、2001年）

横移動前（可動屋根）

横移動後（可動屋根）

リフトアップ工法の施工法

本設柱（あるいは仮柱）をあらかじめ施工し、これを反力として地上付近で組み立てた屋根架構を吊り上げる。リフトアップ工法は、下部躯体工事と屋根工事の同時作業が可能であり、工期短縮にメリットがある。また、地上付近で作業するため高所作業が減少し、安全性が向上する。吊り上げる装置としては油圧ジャッキ、ウィンチなどがあり、構造体を吊り上げるときの荷重や各部材応力、水平保持しながらリフトアップするための計測、制御、管理技術が必要である。

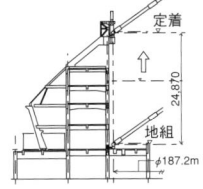

リフトアップ断面：ナゴヤドーム（竹中工務店、1997年）

リフトアップ前

リフトアップ後

エアドーム（空気膜構造）の施工法

エアドームの施工は、まず膜の下がった状態で始められ、最終段階で送風機によって空気を送り込んで膜屋根を膨らませる。このインフレート時の内圧が高まるにつれ、膜屋根がどのような挙動をするかを正確に把握することが施工上最も重要である。東京ドームの場合は室内空気圧を外気圧より0.3％ほど高くしてあり、人間の感覚ではほとんど感じることはない。

インフレート開始：東京ドーム（竹中工務店、1988年）

インフレート過程

ほぼインフレート作業完了

生産　工事

大工道具 *carpenter's tool*

大工道具とは大工が作業時に用いる工具類の総称であるが、その構成は使用者、仕事の内容や質などによって個別性が強い。昭和18年頃の研究(労働科学研究所・村松貞次郎監修『わが国大工の工作技術に関する研究』)によれば、本格的な仕事に要する道具は179種で、その構成は墨掛け道具・定規類(14種)、のこぎり(12種)、かんな(40種)、のみ(49種)、きり(26種)、玄能・槌(6種)、釘抜き・釘締め(9種)、けびき(3種)、まさかり・ちょうな(2種)、雑道具(18種)と分類している。「道具をみればその人の技倆がわかる」といわれるように、手道具は使用者の手の延長として木造建築の重要な技術的要素であるが、近年、これに代わる電動工具の普及が著しい。

大工道具の構成

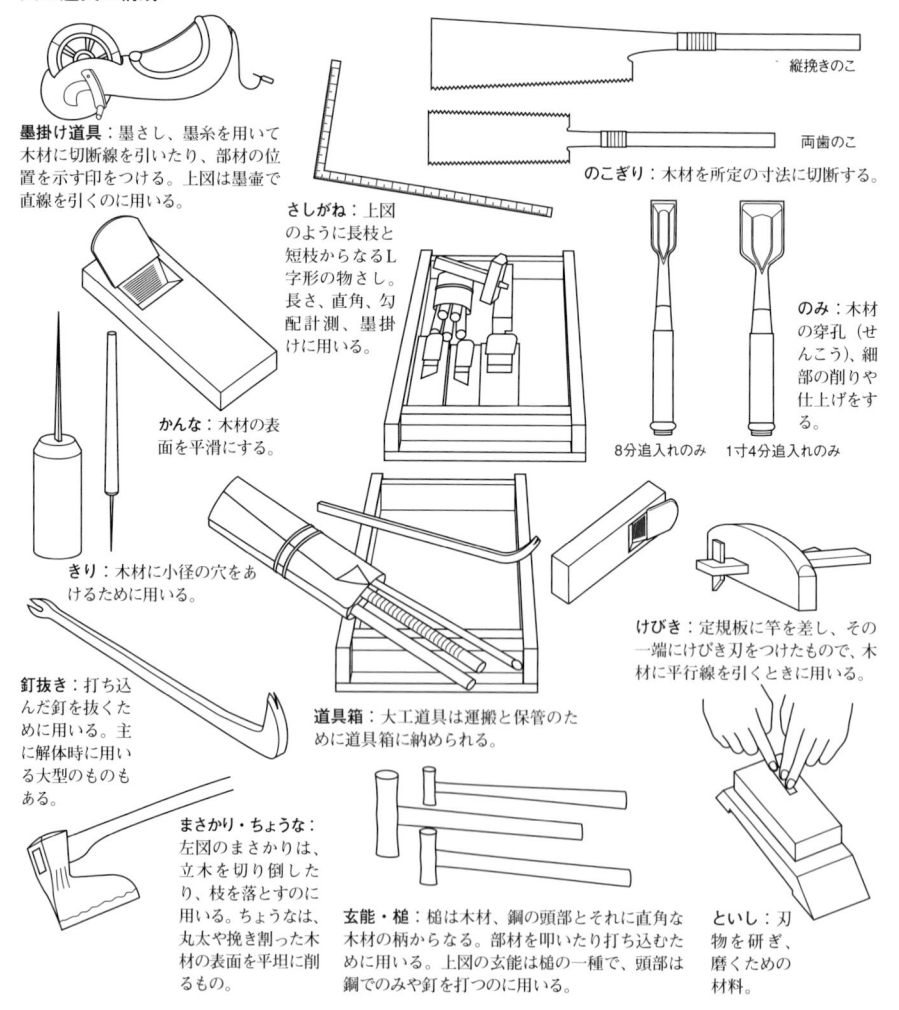

墨掛け道具：墨さし、墨糸を用いて木材に切断線を引いたり、部材の位置を示す印をつける。上図は墨壺で直線を引くのに用いる。

縦挽きのこ

両歯のこ

のこぎり：木材を所定の寸法に切断する。

さしがね：上図のように長枝と短枝からなるL字形の物さし。長さ、直角、勾配計測、墨掛けに用いる。

のみ：木材の穿孔(せんこう)、細部の削りや仕上げをする。

8分追入れのみ　1寸4分追入れのみ

かんな：木材の表面を平滑にする。

きり：木材に小径の穴をあけるために用いる。

けびき：定規板に竿を差し、その一端にけびき刃をつけたもので、木材に平行線を引くときに用いる。

釘抜き：打ち込んだ釘を抜くために用いる。主に解体時に用いる大型のものもある。

道具箱：大工道具は運搬と保管のために道具箱に納められる。

まさかり・ちょうな：左図のまさかりは、立木を切り倒したり、枝を落とすのに用いる。ちょうなは、丸太や挽き割った木材の表面を平坦に削るもの。

玄能・槌：槌は木材、鋼の頭部とそれに直角な木材の柄からなる。部材を叩いたり打ち込むために用いる。上図の玄能は槌の一種で、頭部は鋼でのみや釘を打つのに用いる。

といし：刃物を研ぎ、磨くための材料。

296

工事　生産

のこぎりの概要

のこぎりは木材を所定の寸法に切断するために用いる。歯を刻んだ鋼製ののこ身と木製の柄とに分かれ、切断する木の繊維の方向によって、縦挽きもしくは横挽き、また、使用目的に応じた各種のこぎりもある。かつては目立て職がのこぎりの刃先を研いだが、現在では替え刃式のこぎりも増えている。

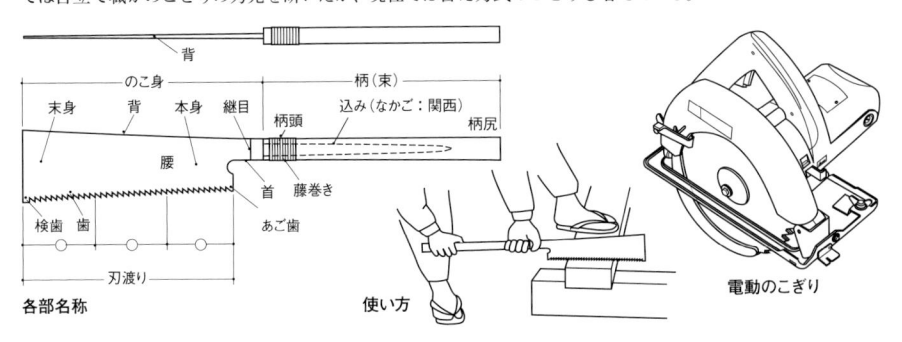

各部名称　　**使い方**　　**電動のこぎり**

かんなの概要

かんなは木材表面を平滑に仕上げるために用いる。かんなはかんな刃とかんな台からなり、かんな台はかんな刃を適当な角度で固定し、また切削の定規ともなる。工作目的に応じて平がんな、溝がんな、特殊がんながある。刃は切削性を維持するために研ぎを要する。

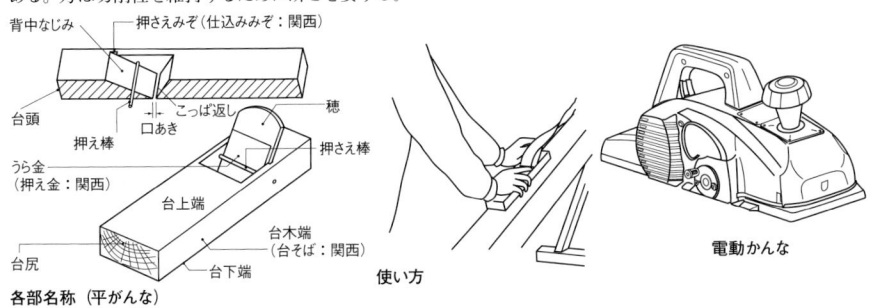

各部名称（平がんな）　　**使い方**　　**電動かんな**

のみの概要

のみは木材の穿孔(せんこう)、細部の削りや仕上げに用いられる。刃先のついた穂および首と柄からなり、玄能で柄頭を叩く叩きのみ、柄頭を利き手で持ち押さえながら前方に突く突きのみ、そのほか特殊のみがある。刃は切削性を維持するために研ぎを要する。

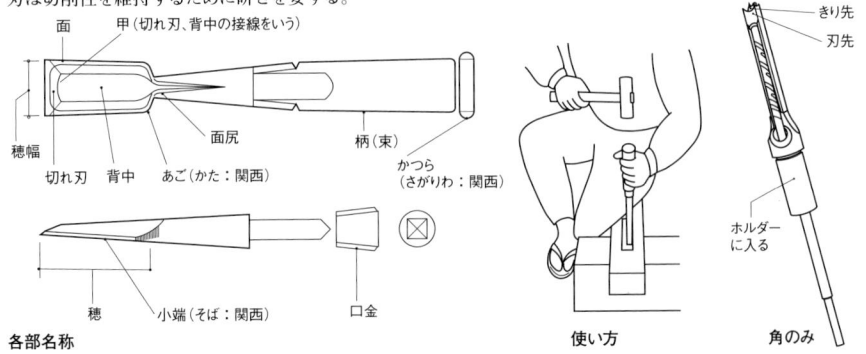

各部名称　　**使い方**　　**角のみ**

生産　工事

左官道具 *plaster's tool*

左官の語源は、律令制下の事務官であった属(そうかん)とされている。大工(おおたくみ)、つまり大工(だい)は衣冠して作業場の監督をしていた。大工寮から派遣された属が大工の横にいて記録などをしていた。後に大工との関係から、壁塗り職人を「そうかんさん」と洒落で呼んだ。左官は「そうかん」が縮まった形の音で、「左」はあて字である。左官道具の中心的なものはこてである。材質は、鋼、ステンレススチール、木材、プラスチックなどに分けられ、柄は元首、中首に大別され、鶴首と呼ばれるものもある。それぞれ仕上げや用途によって、鋼の焼入れ、長さや寸法、形状が微妙に異なる。

こての主な種類と左官道具の構成

黒打ちごて：地金で土壁やモルタル塗付けに適している。

上浦ごて：上塗り、中塗りの塗付け伏込みに使用する。

木ごて：コンクリートの均しやモルタル塗りのむら直しに使用する。

大津通し：漆喰、石こうプラスター、大津壁などの仕上げ用。肉厚が薄く、弾力性がある。

角ごて：洋ごての一種。壁・床のモルタル、プラスター塗りや薄塗り仕上げ用。

富士形引きごて：土蔵の戸前や漆喰、大津壁磨き仕上げに使用する。

中首面引きごて：出隅部分の仕上げに用いられ、細工の中心的存在。

元首角面引きごて：窓まわりなどの角面の仕上げに使用する。

元首切付けごて：壁の入隅の細部に使用する。

四半ごて：一尺の1/4で四半ごてという。すべての左官作業に使用される。

つまみ面引きごて：丸面引きや角面引きで、柄のついてない面引きごて。

お福柳刃ごて：屋根漆喰やなまこ壁などで使用する。

留めさらい：留めの仕上げや、蛇腹や左官彫刻に使用する。

鶴首面戸ごて：首が鶴のようになったため、こう呼ばれる。瓦の合せ目や小舞面戸に使用する。

くしごて：塗り壁に模様をつけるのに使用する。

かなぐし：壁面をかき落すのに使用する。

墨つぼ：ちりや切付けなどの塗り厚を定める基準線を打つ工具。

こて板：適量の塗り材を受け、用途に応じて材料の調節を行う工具。

はけ：のろ引き仕上げや水ばけなどに使用する。

墨さし：墨をつけるのに使用する。

左官作業の工程

材料の混塗りは下塗り、上塗りとも貧調合する。基本墨（地墨、陸墨、心墨、逃げ墨）は総合工事業者の責任、左官は付け代墨、仕上げ墨を打つ。給水の大きい下地はシーラー塗りが必要で、1回の塗り厚7mm以下とし、下地に十分こて圧をかけて塗り付ける。タイル、吹付けとあと工程によって仕上げを変える。

①塗り材をミキサーで練り混ぜる 　②墨つぼで墨を出す 　③こてで塗り付ける 　④こてで仕上げる

入隅・出隅部の仕上げ

左官は昔、「鏝匠」「壁塗り」と称され、鏝匠は道具から、壁塗りは作業形態からの言葉で、こては時代と作業形態によって変化してきた。細工ごての名称を、面引きごて、切付けごてと左官作業の形態によって呼んでいる。洋ごては角ごてで、わが国でのこて先の微妙な形と角度は真壁の散り際のこてさばきを可能にする。

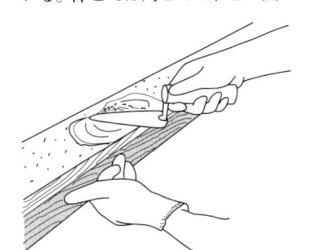

四半ごてで角測りをする 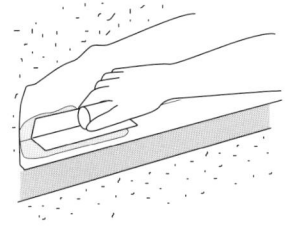　柳刃切付けごてで入隅を仕上げる 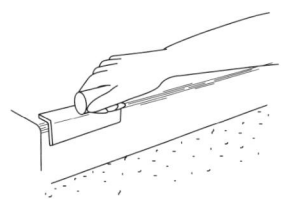　丸面引きごてで角に丸みをつける

そのほかの左官作業

かき落としを例にすれば、骨材の材質、粒径、加入量を変化させればさまざまな肌合いが、顔料を混入すれば多種な色彩が、刷毛、木ごてなどでテクスチュアをつくれば無限大の表情となる。セメント、石こう、土とバインダーを変えれば、異質の壁面が構成される。ここに左官作業の醍醐味と存在価値がある。

かなぐしで壁面をかき落とす 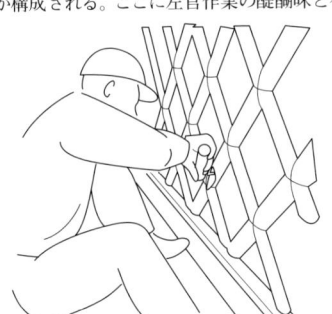　なまこ壁をつくる 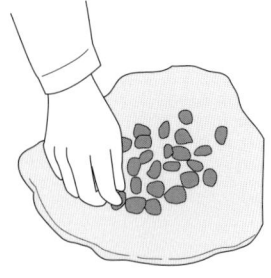　種石を埋め込む

生産　工事

タワークレーン *tower crane*

タワークレーンは鉄塔を有するクレーンをさし、主に高層建築工事の揚重設備として使用される。通常、総合工事業者が設置し、鉄骨建方や躯体、仕上げ、設備などの資材の揚重に用いられる。タワークレーンの能力は、ジブの旋回半径×吊上げ荷重で示されるが、過負荷による転倒などの重大事故が発生しないよう、安全には特に注意する必要がある。その製造や設置、点検、運転資格などについては、「クレーン等安全規則」などの法令に従わなければならない。また、機種選定の適否が工事全体に対して技術的・経済的に大きな影響を及ぼすため、仮設計画や施工計画などの段階で十分に検討しておく必要がある。

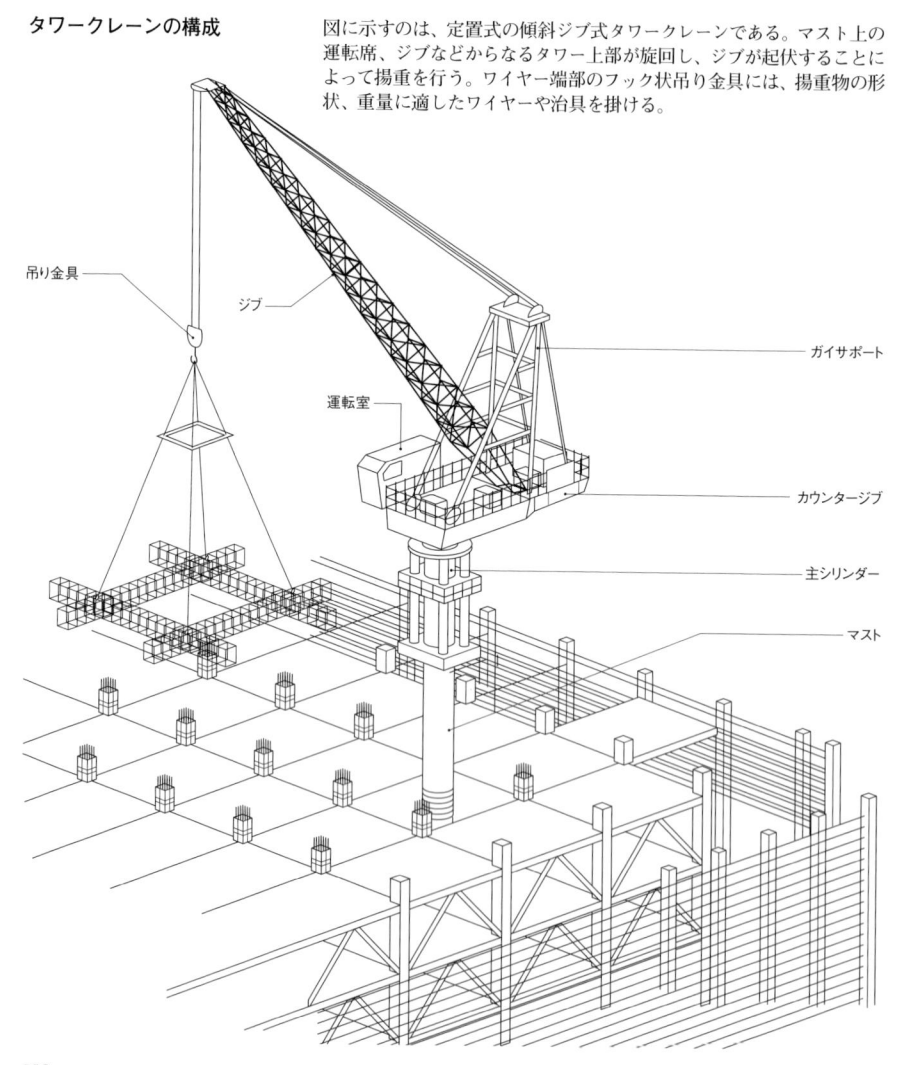

タワークレーンの構成

図に示すのは、定置式の傾斜ジブ式タワークレーンである。マスト上の運転席、ジブなどからなるタワー上部が旋回し、ジブが起伏することによって揚重を行う。ワイヤー端部のフック状吊り金具には、揚重物の形状、重量に適したワイヤーや治具を掛ける。

工事　生産

タワークレーンの分類
タワークレーンをその移動性から分類すると、クローラーなどにタワーを取り付けた移動式と、基礎や躯体に固定された定置式がある。建物の形状や高さ、現場の状況などによって適不適がある。また、ジブの形式から水平ジブ式と傾斜ジブ式に分けられるが、傾斜式のほうが吊上げ荷重を大きくすることが可能で、敷地条件などにも対応しやすい。

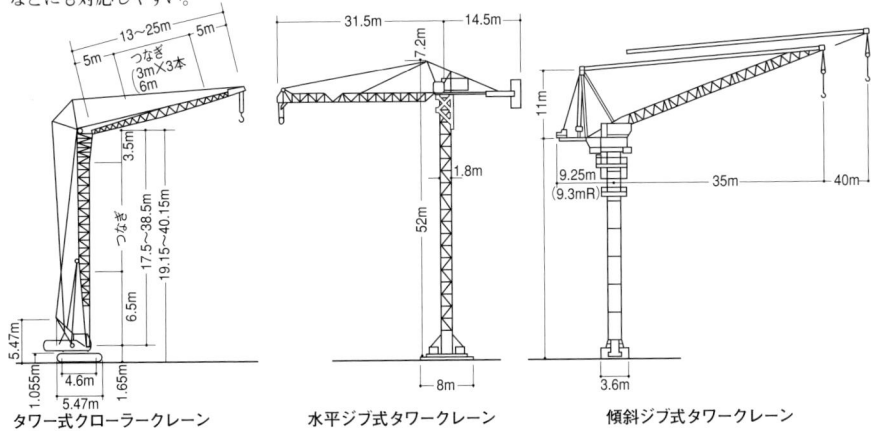

タワー式クローラークレーン　　水平ジブ式タワークレーン　　傾斜ジブ式タワークレーン

クライミングの方式
頂部を上昇させ、揚程を確保することをクライミングという。ほかの揚重機を用いる方式と、自力で上昇するセルフクライミングがある。セルフクライミングは、マスト積上げ方式と固定部をせり上げていく方式がある。

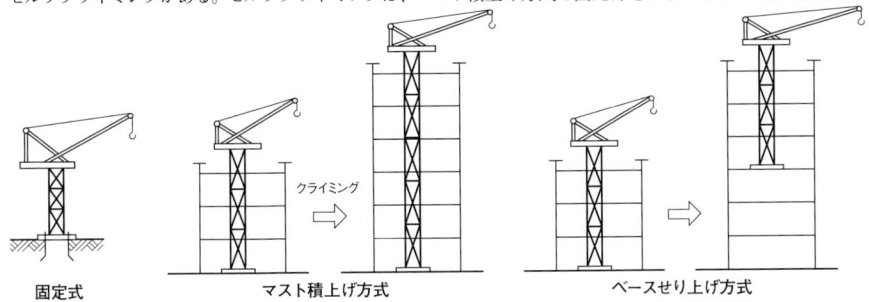

固定式　　マスト積上げ方式　　ベースせり上げ方式

タワークレーンの配置とそのほかの揚重設備
タワークレーンは状況によって複数設置される場合もある。定置式のものは建物の中に設置することもできるが、その場合最後にだめ穴の処理を要する。外部の場合は、建物からステイで支持する。また通常、小運搬用のクローラークレーンや各種リフト、人荷用エレベーターなどを組み合わせ、揚重物を割り振って工事を進める。

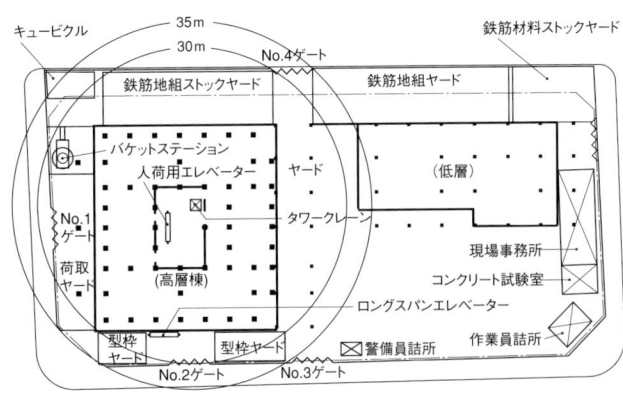

生産　工事

仮設 *temporary work*

現場一品生産を基本とする建築産業においては、仮設が現場を一時的な生産工場として成立させている。仮設には、①安全に作業するための機能（足場や養生ネット）、②形状を保持したり支えたりするための機能（支保工や型枠）、③資機材を運搬したり揚重する機能（クレーンやリフト）、④資材を仮置したり現場で組立・加工するためのスペース、⑤事務や休憩の空間（現場事務所）など、さまざまな機能が含まれる。これらの機種選定や配置（総合仮設計画）は、工程や労務、コストなどあらゆる計画と密接に関係しており、工事全体のパフォーマンスを左右する重要な位置づけにある。

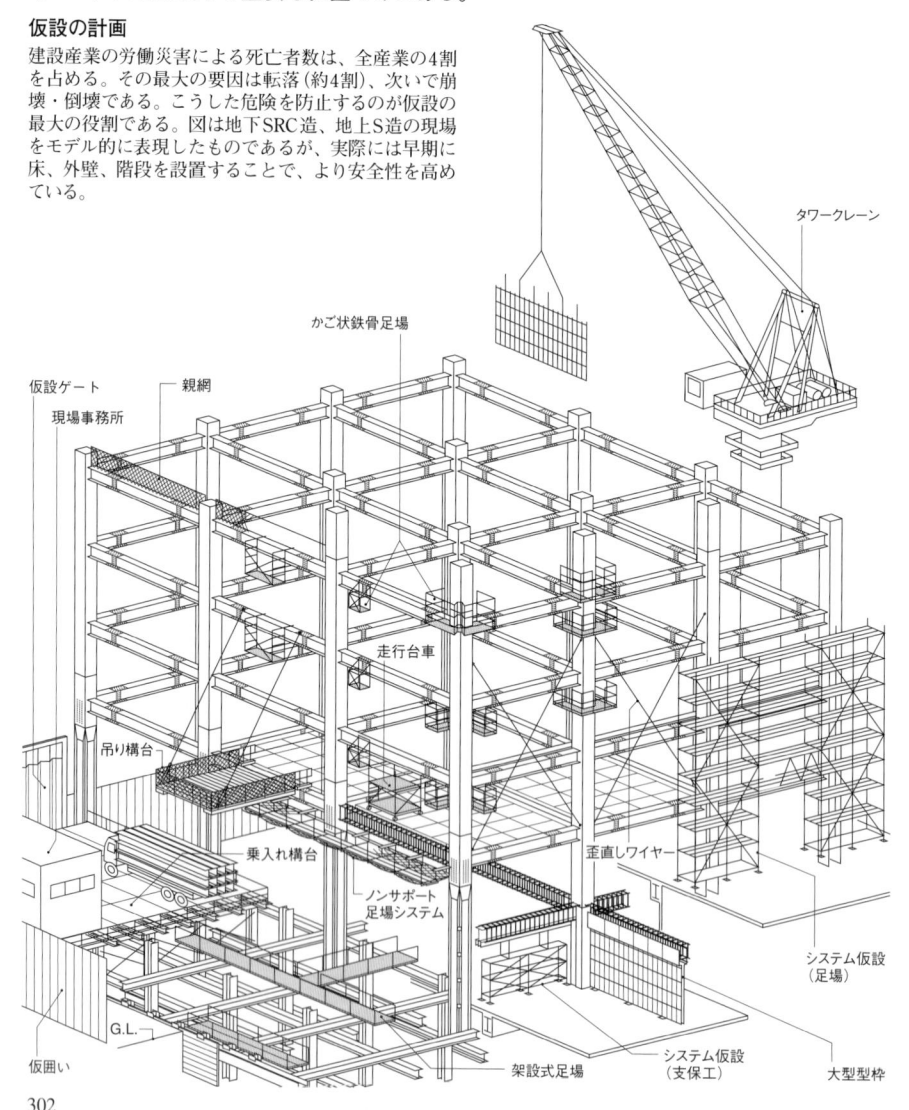

仮設の計画

建設産業の労働災害による死亡者数は、全産業の4割を占める。その最大の要因は転落（約4割）、次いで崩壊・倒壊である。こうした危険を防止するのが仮設の最大の役割である。図は地下SRC造、地上S造の現場をモデル的に表現したものであるが、実際には早期に床、外壁、階段を設置することで、より安全性を高めている。

302

工事　生産

システム仮設の部材構成

システム仮設は、部品の組合せによってさまざまな形状の足場や支保工、あるいはそれらの機能を複合した用途に対応することが可能である。それだけでなく、仮設の観客席や舞台などの幅広い仮設の領域に対応している。システム仮設がシステムと呼ばれる所以は、このように足場、支保工、型枠など、仮設全般が1つのトータルなシステムとして融合するように設計されている点にあり、工業化を進めた施工や転用による効率化、労務の平準化を考えるうえでも無視できない存在である。

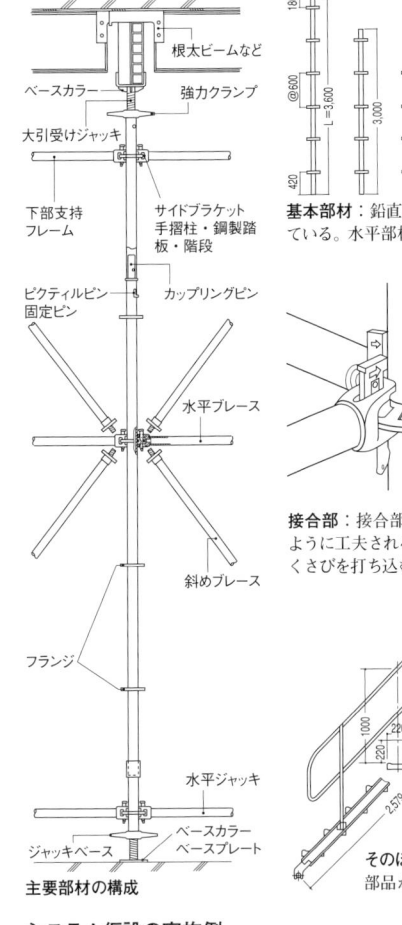

基本部材：鉛直部材には強度に応じた径、およびいくつかの寸法の部材が用意されている。水平部材には、フレキシブルに長さ調整が可能なものもある。

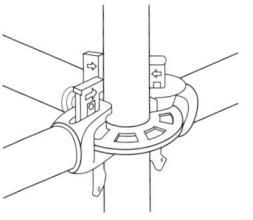

接合部：接合部は組立が容易なように工夫される。上図のようにくさびを打ち込むタイプが主流。

足元・頂部：足元および頂部はジャッキで調整が可能で、盛替え作業や建込みの微調整を容易にしている。

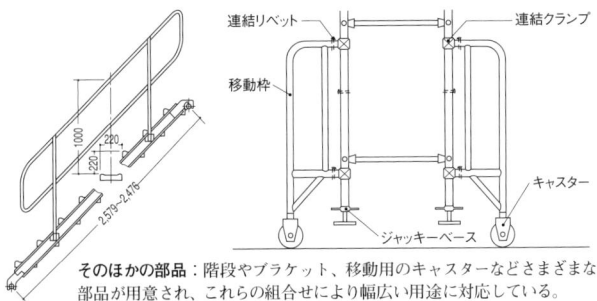

そのほかの部品：階段やブラケット、移動用のキャスターなどさまざまな部品が用意され、これらの組合せにより幅広い用途に対応している。

主要部材の構成

システム仮設の実施例

東京国際フォーラム・ガラス棟（ラファエル・ヴィニオリ、1996年）：複雑な形状の外壁に対して、足場とサポート機能を複合して用いられる例。

横浜博覧会メインゲート（山本理顕設計工場、1989年）：建築作品としてシステム仮設を利用した例。

生産　工事

逆打ち工法　*inverted construction method*

建築工事において地下階や基礎部分の地盤を掘削するために、周辺地盤を支え、バランスを保つのが山留めである。山留め架構の骨組は、山留め壁とそれを支える山留め支保工から構成され、山留め支保工には切梁工法、アンカー工法、逆打ち工法がある。各工法にはそれぞれ長所と短所があり、地盤条件や敷地状況、工程条件などを総合的に考慮して採用する工法を決定する。逆打ち工法とは、建物の躯体自身を支保工にして掘削を進めるもので、採用する主な理由としては工期短縮と山留めの安全性確保、一方デメリットとしては工事の煩雑さやコンクリート打継ぎ面の漏水処理の問題などがある。

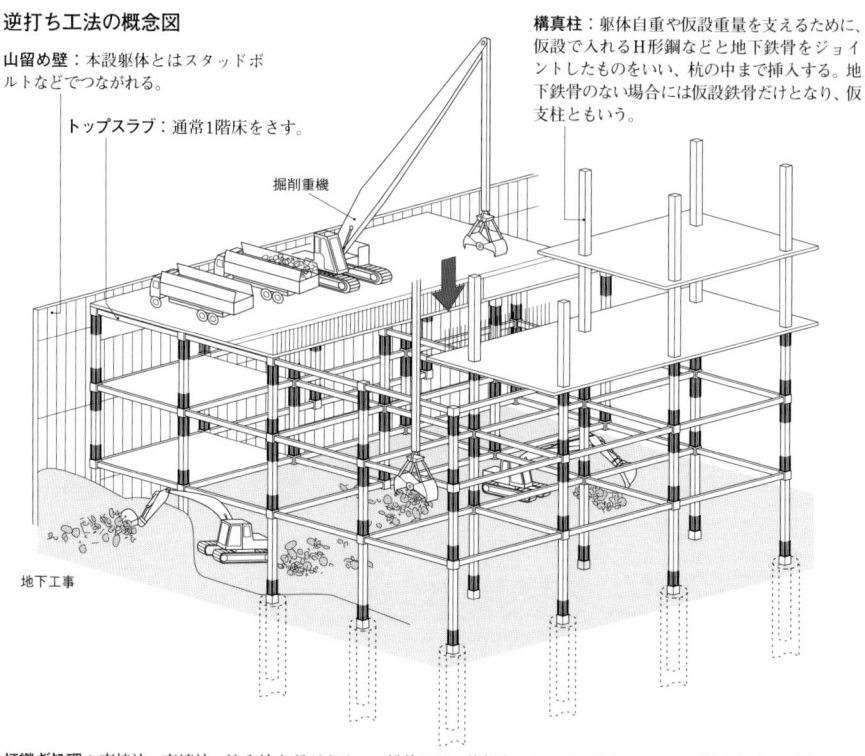

逆打ち工法の概念図

山留め壁：本設躯体とはスタッドボルトなどでつながれる。

トップスラブ：通常1階床をさす。

掘削重機

構真柱：躯体自重や仮設重量を支えるために、仮設で入れるH形鋼などと地下鉄骨をジョイントしたものをいい、杭の中まで挿入する。地下鉄骨のない場合には仮設鉄骨だけとなり、仮支柱ともいう。

地下工事

打継ぎ処理：直接法、充填法、注入法などがある。一般的には、後打ちコンクリートを10～20cm程度あけて打設し、レイタンス処理後無収縮モルタルで充填するか、注入できるホースを先打ちコンクリート下部に取り付けておき、後打ちコンクリート打設後グラウトすることが多い。

逆打ち工法の長所と短所

長所	短所
○山留めの安全性が高い。 ○工期短縮(トップスラブ完了後地上工事を開始すると6カ月前後、掘削完了後開始すると3カ月前後短縮する)。 ○乗入れ構台を最小限にできる。 ○地下水での建設公害防止に有効(騒音・振動)。 ○地下の平面形状が不整形の場合に適している。 ○地下階高の高い階の躯体工事の施工性がよい(掘削深さの調整による)。	○トップスラブの開口部が限定されることによって、掘削や躯体工事の資材搬送がしにくい。 ○1階スラブ、梁の補強範囲が大きくなる。 ○コンクリート打継ぎ面が柱・壁の中間部にでき、グラウトと処理が必要である。 ○トップスラブコンクリート強度の発現まで、2次掘削ができない(早強コンクリートの使用)。 ○躯体の駄目工事が多い。

逆打ち工法の工程

逆打ち工法の工程は、下図のように杭工事施工時に躯体を支える構真柱を設置し、1次掘削後トップスラブを構築し、このトップスラブを作用床として2次掘削、地下1階スラブ構築、3次掘削と繰返し作業で進め、最終掘削・床付けし、耐圧・二重スラブコンクリートと順次躯体を構築し、あわせて各階の柱や壁などの後打ちコンクリート・グラウト処理を行い、地下9階工事を完了する。

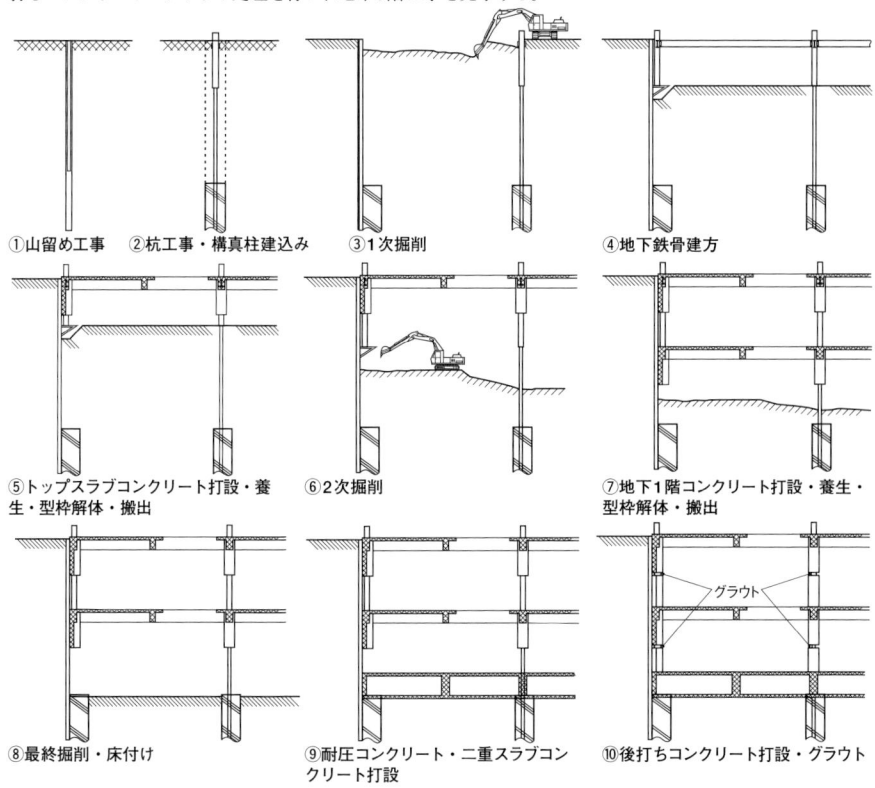

①山留め工事　②杭工事・構真柱建込み　③1次掘削　④地下鉄骨建方

⑤トップスラブコンクリート打設・養生・型枠解体・搬出　⑥2次掘削　⑦地下1階コンクリート打設・養生・型枠解体・搬出

⑧最終掘削・床付け　⑨耐圧コンクリート・二重スラブコンクリート打設　⑩後打ちコンクリート打設・グラウト

逆打ち工法の種類

逆打ち工法は、右図のように最終掘削時に斜め切梁を設置する場合も含め、基本的に地下躯体を山留め支保工として利用する本逆打ち工法と、トップスラブだけを山留め支保工と作業床として利用し、切梁工法・アンカー工法を併用する準逆打ち工法や簡易逆打ち工法に大別される。また、切梁工法・アンカー工法で掘削後、基礎躯体を構築し、地下鉄骨建方を行い、1階床を先行して構築する1階床先行打設工法も、広義の逆打ち工法に含まれる（通常、2段打ちと呼ばれる）。

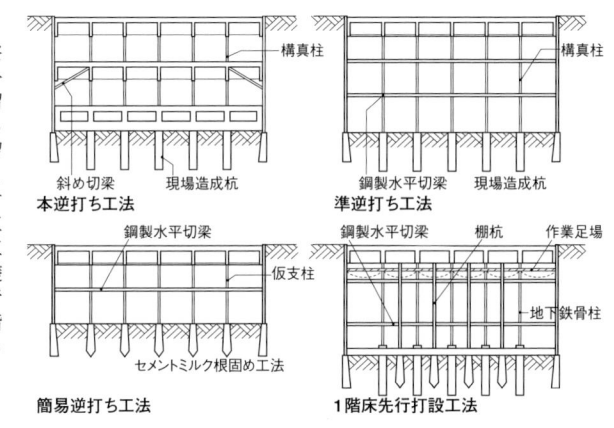

本逆打ち工法（斜め切梁、現場造成杭、構真柱）

準逆打ち工法（鋼製水平切梁、現場造成杭、構真柱）

簡易逆打ち工法（鋼製水平切梁、仮支柱、セメントミルク根固め工法）

1階床先行打設工法（鋼製水平切梁、棚杭、作業足場、地下鉄骨柱）

生産　工事

型枠 *form (mold, shuttering)*

型枠とは、打ち込まれたコンクリートを所定の形状・寸法に保ち、コンクリートが適当な強度に達するまで支持する仮設構造物の総称である。型枠は、コンクリートに直に接するせき板とせき板を支える支保工、およびこれらを緊結する締付け金物から構成される。せき板には通常、脱型を容易にする剥離剤が塗布される。支保工は、せき板を支保する框材、桟木、端太材、鉛直荷重を支える支柱、水平荷重を支え座屈を防止する水平つなぎなどから構成される。締付け金物は、数点で1つのセットとなっている。その中で特にセパレーターは、コンクリートの側圧を支え、かつ寸法精度を維持するための重要な金物である。

型枠支保工の構成

セパレーター：柱・梁側・壁の型枠で、両側の型枠の間隔を維持し、側圧による外側への変形を防ぐ。

梁型枠外端太：梁側の型枠で、内端太の破壊と変形を防ぐ。

スラブ型枠大引：床の型枠で根太を支持する。根太と直交して配置する。

スラブ型枠せき板：スラブ型枠でコンクリートに直に接し、コンクリートの流出を防ぐ。

スラブ型枠根太：スラブ型枠で、せき板を支持する。

梁下受木：梁の型枠を下部で支承する。

パイプサポート：床・梁底の型枠で、大引を支持する。

水平つなぎ

建入れ直しチェーン

建入れ直しアンカー

柱型枠せき板：柱の型枠でコンクリートに直に接し、コンクリートの流出を防ぐ。

締付け金物フォームタイ：柱・梁側・壁の型枠で、セパレーターを端太材に固定する。

壁型枠外端太：壁の型枠で、内端太の破壊・変形を防ぐ。

壁型枠内端太：壁の型枠で、せき板の破壊・変形を防ぐ。

工事　生産

一般的な合板型枠の施工手順

墨出しが終わると柱筋の組立を行い、型枠を建て込み、セパレーターやフォームタイで緊結する。次に梁型枠を組み立てる。梁型枠の建込みと並行して、壁型枠の組立と壁筋の配筋が行われる。そして支柱を立て、これに大引と根太を配し、その上に床パネルを敷き合わせる。

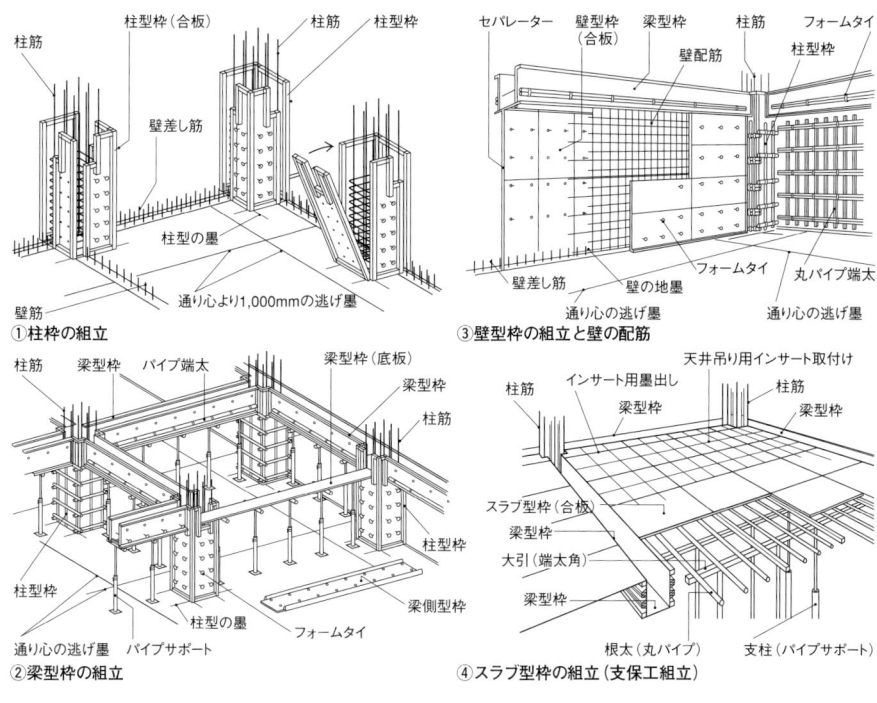

① 柱枠の組立

② 梁型枠の組立

③ 壁型枠の組立と壁の配筋

④ スラブ型枠の組立（支保工組立）

システム型枠工法のしくみ

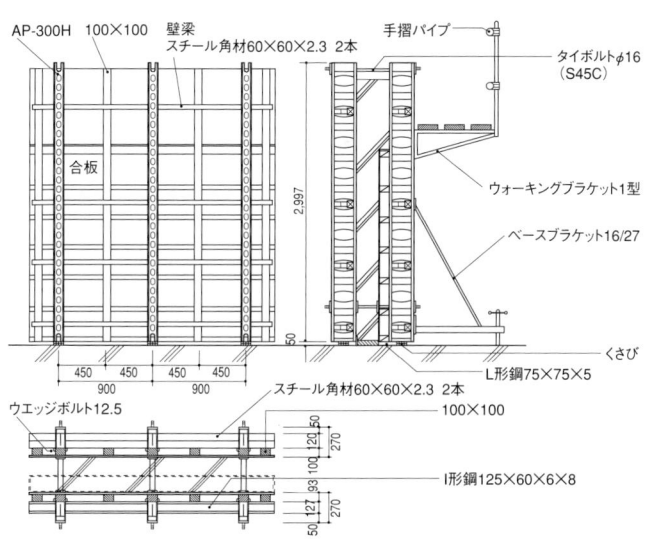

壁や梁型枠を構成するせき板や端太材、および壁や梁にコンクリートを打ち込む際の足場類を、あらかじめ一体として組み立てておき、これをクレーンなどを用いて所定の場所に移動した後、緊結用タイロッドやベースジャッキなどで組み立てて壁や梁用型枠とする工法である。

生産　工事

施工ロボット　*construction robot*

施工ロボットは、移動装置やマニピュレーターなどの機械と、作業手順や動作方法をプログラムしたり遠隔操作するための制御装置、さらに材料供給を行う周辺装置との組合せで構成される。危険作業や悪環境での作業、繰り返しの多い単調な作業や重量物を扱う作業を対象に活躍している。1980（昭和55）年頃からコンクリート打設や床仕上げ、耐火被覆吹付け作業を対象にした施工ロボットが出現し、現在では地下工事、躯体工事、仕上げ工事、メンテナンス工事、資材搬送の各分野に広がっている。

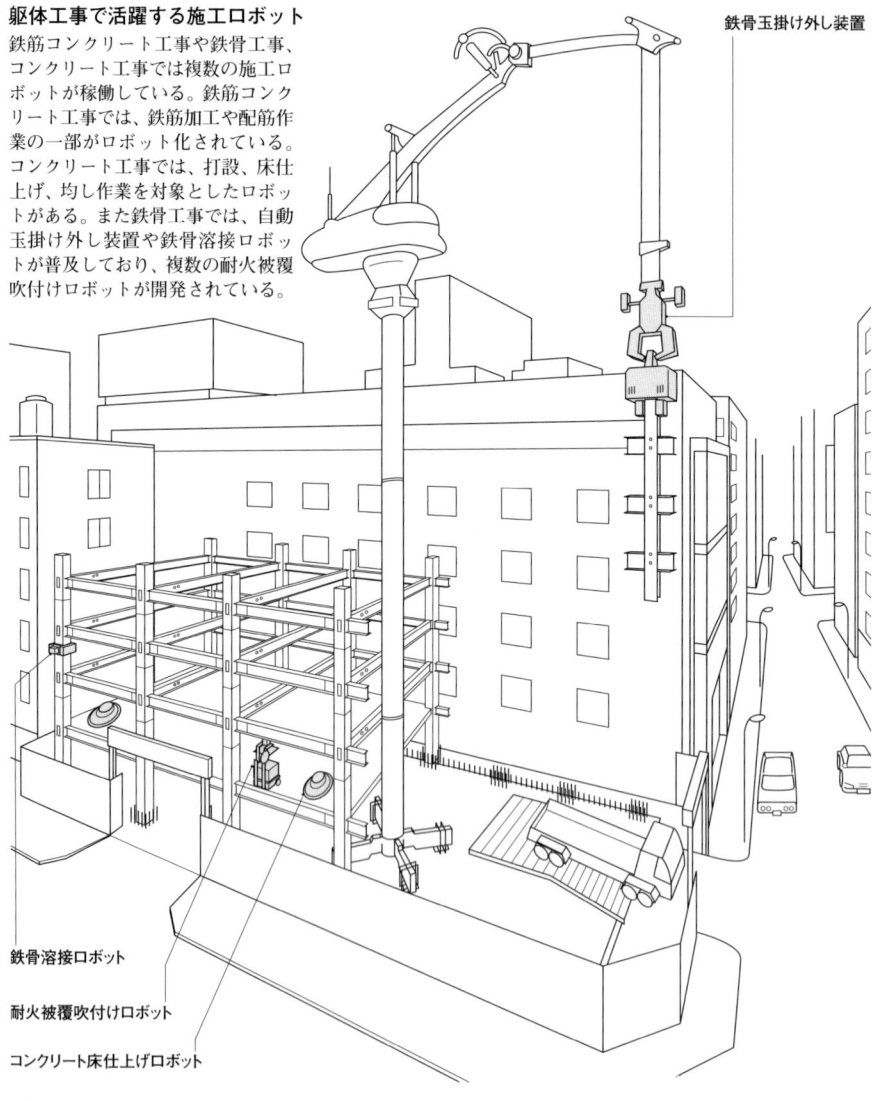

躯体工事で活躍する施工ロボット

鉄筋コンクリート工事や鉄骨工事、コンクリート工事では複数の施工ロボットが稼働している。鉄筋コンクリート工事では、鉄筋加工や配筋作業の一部がロボット化されている。コンクリート工事では、打設、床仕上げ、均し作業を対象としたロボットがある。また鉄骨工事では、自動玉掛け外し装置や鉄骨溶接ロボットが普及しており、複数の耐火被覆吹付けロボットが開発されている。

鉄骨玉掛け外し装置

鉄骨溶接ロボット

耐火被覆吹付けロボット

コンクリート床仕上げロボット

工事　生産

代表的な施工ロボットの種類

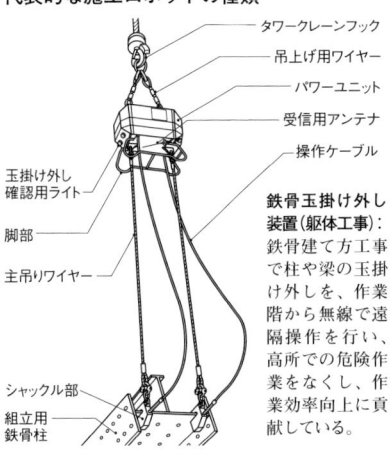

鉄骨玉掛け外し装置（躯体工事）：鉄骨建て方工事で柱や梁の玉掛け外しを、作業階から無線で遠隔操作を行い、高所での危険作業をなくし、作業効率向上に貢献している。

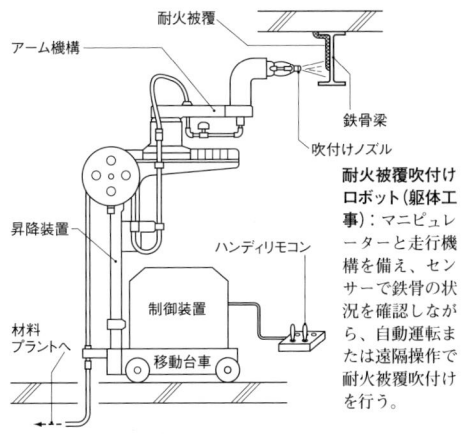

耐火被覆吹付けロボット（躯体工事）：マニピュレーターと走行機構を備え、センサーで鉄骨の状況を確認しながら、自動運転または遠隔操作で耐火被覆吹付けを行う。

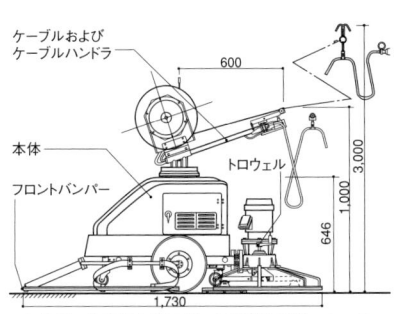

コンクリート床仕上げロボット（躯体工事）：トロウェルや金ごてで行うコンクリート床仕上げ作業を熟練工の数倍の作業効率、熟練工と同等の仕上がり精度で施工をこなす。安全装置として障害物や段差、開口部を検査するセンサーを装備している。

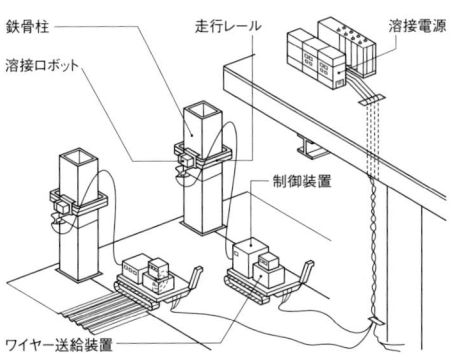

鉄骨溶接ロボットシステム（躯体工事）：柱・柱間と柱・梁間を溶接する2種類の溶接ロボットがある。トーチの角度や溶接速度などの溶接方法に関する膨大なデータベースと開先形状を計測する高度なセンシング技術をベースとしている。

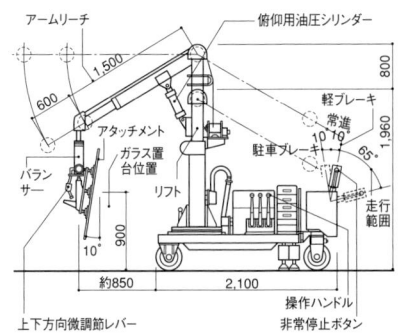

グレージングロボット（仕上げ工事）：重量バランス機能を備えた自由度の高いアームの先端に吸着パッドを装着して、ガラスの取付け作業を容易で安全性の高いものにしている。

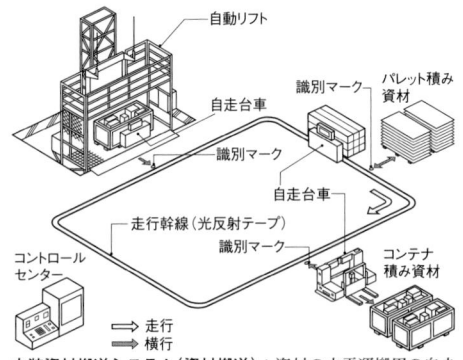

内装資材搬送システム（資材搬送）：資材の水平運搬用の自走台車と水平揚重リフトの組合せで、荷物を降ろす場所を指定すれば、人間の介在なしで指定場所まで資材を移動して荷降ろしをする。

309

生産　工事

ビル自動化施工　*automated building construction*

建設工事の単一の作業をロボット化したものは、一般に建設用ロボット、または施工ロボットと呼ばれる。これに対して、躯体工事の全体の自動化を図ったものを自動化施工と呼ぶ。1989(平成元)年頃からゼネコン各社が高層ビルの自動化施工システムの構想を発表するとともに、開発に取り組み、1992(平成4)年以降実際のビル建設にこれらのシステムを次々と適用した。開発のねらいは、自動化・ロボット化による生産性の向上、仮設の屋根で作業場所を覆うことによる作業環境の確立と天候に影響されない作業の実現、安全性の向上などである。

自動化施工システムの構成例

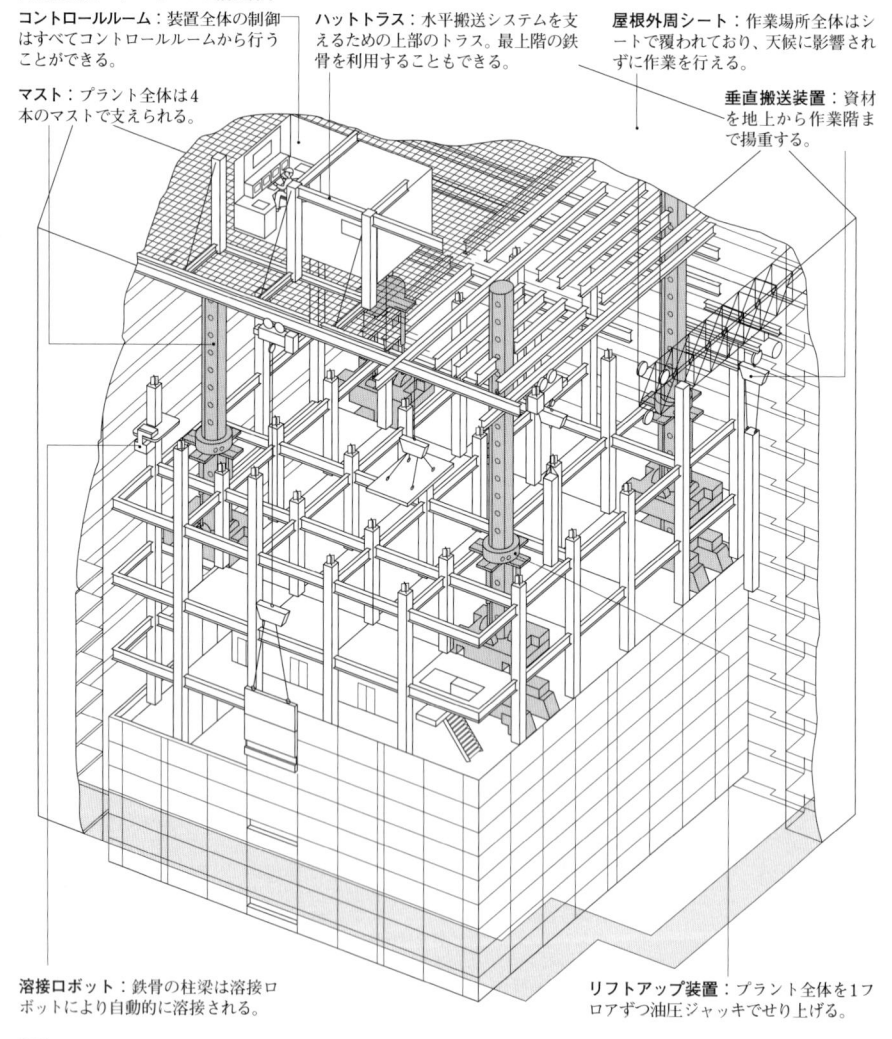

コントロールルーム：装置全体の制御はすべてコントロールルームから行うことができる。

ハットトラス：水平搬送システムを支えるための上部のトラス。最上階の鉄骨を利用することもできる。

屋根外周シート：作業場所全体はシートで覆われており、天候に影響されずに作業を行える。

マスト：プラント全体は4本のマストで支えられる。

垂直搬送装置：資材を地上から作業階まで揚重する。

溶接ロボット：鉄骨の柱梁は溶接ロボットにより自動的に溶接される。

リフトアップ装置：プラント全体を1フロアずつ油圧ジャッキでせり上げる。

工事　生産

搬送システムの構成例

鉄骨やPCa板、外壁パネルなどの資材は垂直搬送装置と水平搬送装置により所定の位置まで自動的に搬送される。このシステムでは資材を吊ったホイストごと垂直搬送装置から水平搬送装置へと乗り換えていく。

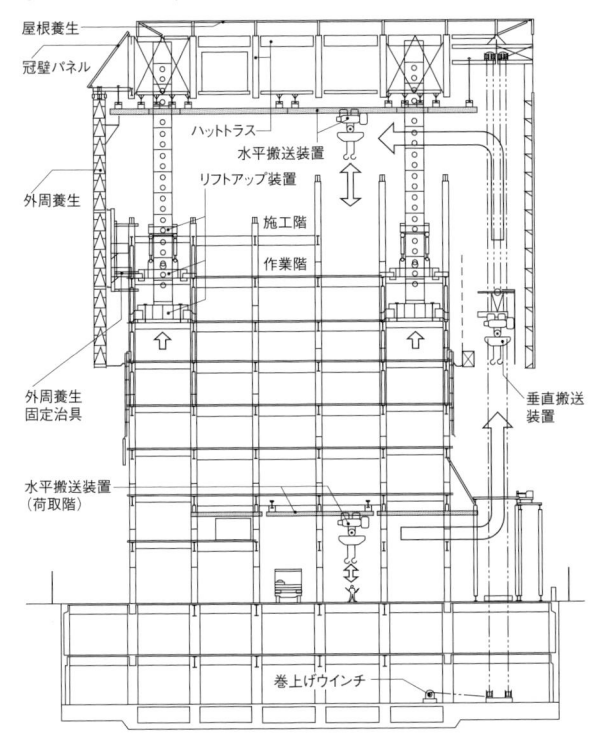

施工例／十六銀行名古屋ビル（日建設計、1994年）：名古屋にある20階建のオフィスビルを施工中の自動化施工システム。

コントロールルーム：ハットトラスの中に設けられたコントロールルームから装置の運転および監視を行うことができる。

自動化施工システムによる工事の手順

1階床面完成後にハットトラス部を組み立て、そこに搬送装置・外周養生を取り付けて施工プラントを組み立てる。次に施工プラントによるシステム化施工で基準階を施工する。最上階を施工後、施工プラントを解体して工事は完了する。

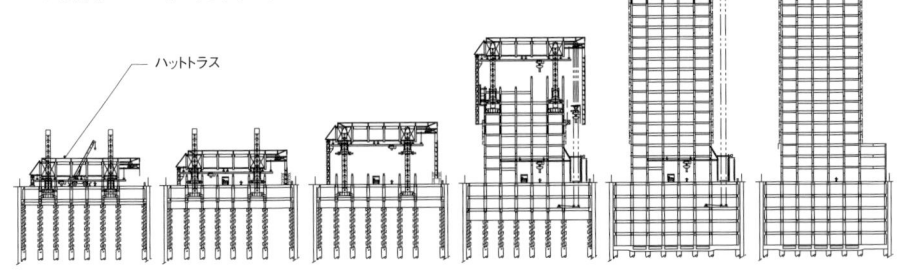

①ハットトラスの組立 → ②ハットトラス部のせり上げ → ③施工プラントの組立完了 → ④施工プラントによるシステム化施工 → ⑤最上階までの施工完了 → ⑥施工プラントの解体

生産　工事

建物の解体工法 *demolition work*

建物の解体工法は、古くは人力工法に始まり、機械的打撃工法を経て、1975（昭和50）年頃から油圧によりコンクリートを破砕する機械が導入されるようになった。わが国でも性能の大幅アップした油圧式破砕機が開発・普及したが、今日では社会環境に影響を与える振動や騒音、粉塵などの規制が厳しくなったため、油圧式圧砕機による解体工法が主力となっている。カッター工法、研削工法が行われるのは特殊な場合のみで、さらに爆破工法にいたっては、わが国では実用として行われていない。将来的に解体工法は、さらなる無公害化と効率化が望まれ、カッター工法やワイヤーソーイング工法、静的破砕材の充填による工法が期待される。

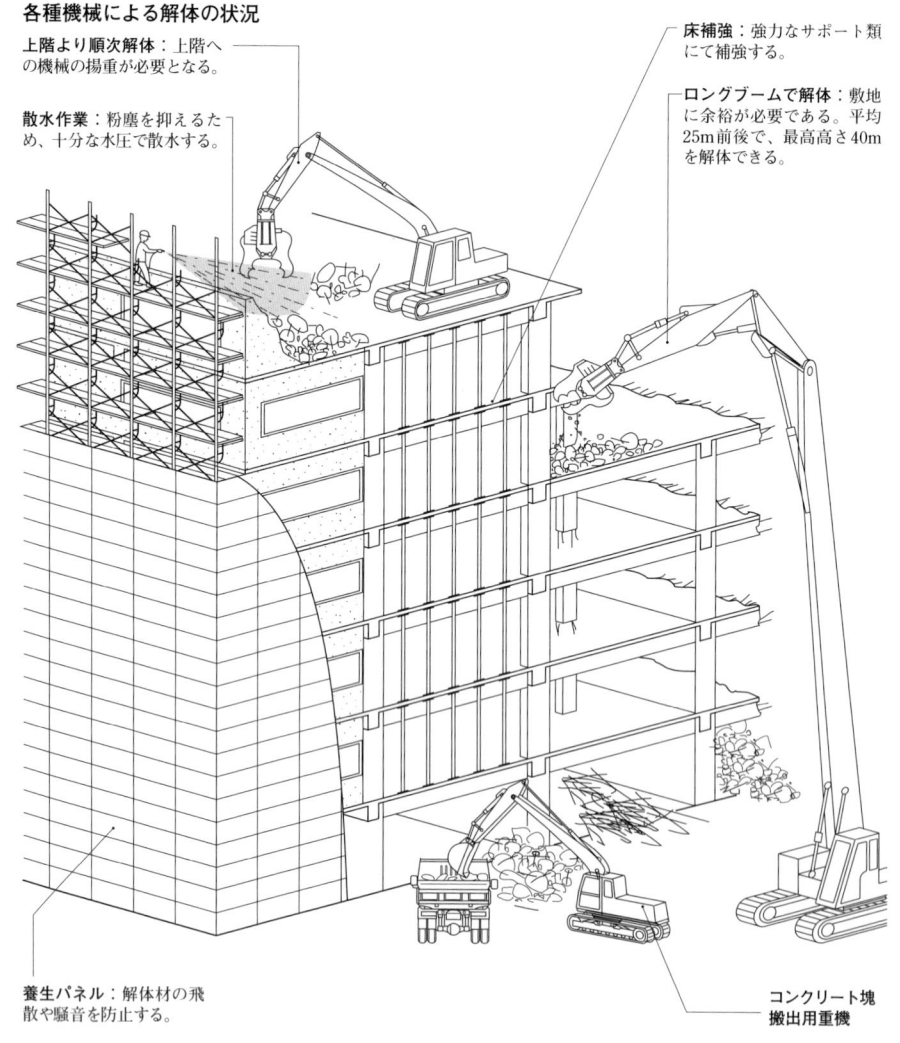

各種機械による解体の状況

上階より順次解体：上階への機械の揚重が必要となる。

散水作業：粉塵を抑えるため、十分な水圧で散水する。

床補強：強力なサポート類にて補強する。

ロングブームで解体：敷地に余裕が必要である。平均25m前後で、最高高さ40mを解体できる。

養生パネル：解体材の飛散や騒音を防止する。

コンクリート塊搬出用重機

解体機械器具の種類

ベースマシンは油圧式のパワーショベルが基本で、建物規模や床耐力を勘案してタイプと台数を選択する。圧砕機には解体用と小割り用があり、解体用はコンクリートの圧砕と鉄筋の切断に、小割り用は解体されたコンクリート塊の小割りとコンクリート塊に付着している鉄筋の選別に使用する。圧砕機の使用できない場所や地下の解体などには、油圧式ブレーカーを使用する。

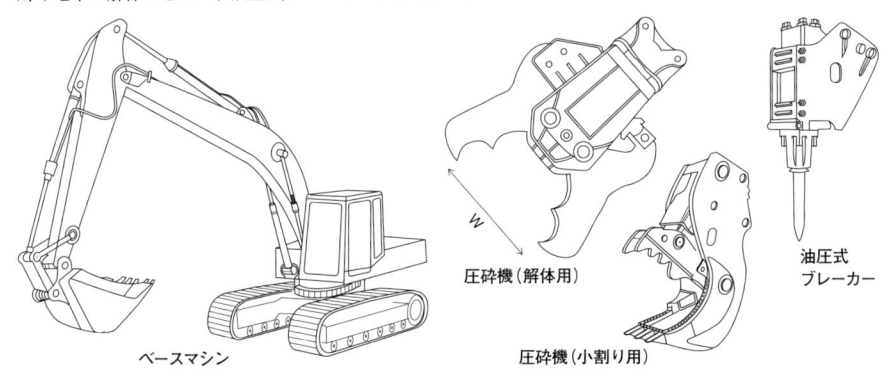

ベースマシン　　圧砕機（解体用）　　圧砕機（小割り用）　　油圧式ブレーカー

建物の基準階の解体手順（上階より機械解体の場合）

解体用機械は、屋上階または直下階に揚重する。解体建物の耐力と解体作業を考慮して、必要であればサポート類にて作業床を補強しておく。解体にともなって解体材が溜まっていくため、解体材の落下用開口部を建物の大きさによって数カ所設ける。下図の手順で上階より下階へ解体しながら進む。

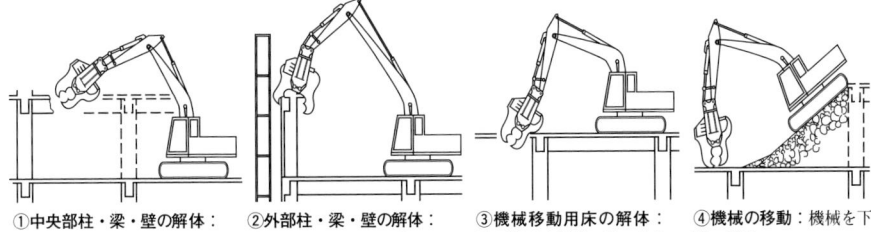

①中央部柱・梁・壁の解体：上階床中央部の壁・梁・柱の順で解体。

②外部柱・梁・壁の解体：外壁は1～2スパンごとに垂直縁切りを行い、壁・梁・柱を解体。足場つなぎの盛替えを確認する。

③機械移動用床の解体：足下階床を解体、開口をあけて解体材を集積し、スロープを設置して下階へ移動。

④機械の移動：機械を下階へ移動。

地下部分の解体

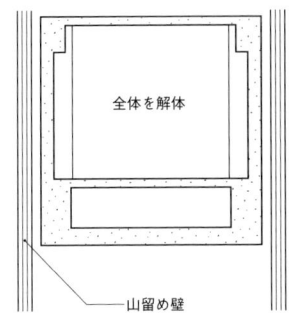

敷地に余裕がある場合：旧建物の外側に山留め壁を構築し、旧建物全体を解体撤去する。基礎抗は旧基礎破砕後、新規築造する。

全体を解体　　山留め壁

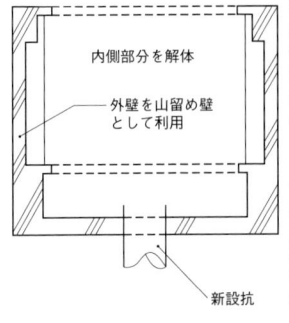

敷地一杯に旧建物がある場合：旧建物の外壁を山留め壁として利用して内部を解体するか（新規建物は小さくなる）、外壁をロックオーガーなどで破砕後、新規山留め壁を構築し、旧建物内側部分を解体する。基礎抗は旧基礎破砕後、新規築造する。

内側部分を解体　　外壁を山留め壁として利用　　新設抗

生産　維持・保全

保存と再生　preservation and reconstruction

歴史的建造物を「保存」し、貴重な文化財として残すことは、人類の重要な責務である。これらを維持するためには、何らかの改修を行う必要が生じることが多い。その手法はさまざまだが、総称して「再生」と呼ぶ。建物を現状のまま維持できる場合は少なく、設備や内装は交換が必要となったり、構造的には耐震補強のために柱・梁を補強したり、耐震壁あるいはブレースの設置、さらに免震・制振（制震）技術の適用も検討することがある。また、石などの古い材料は、すでに入手不可能なものが多いため代替品を使用したり、イメージだけを残して全く新たに設計をする場合もある。

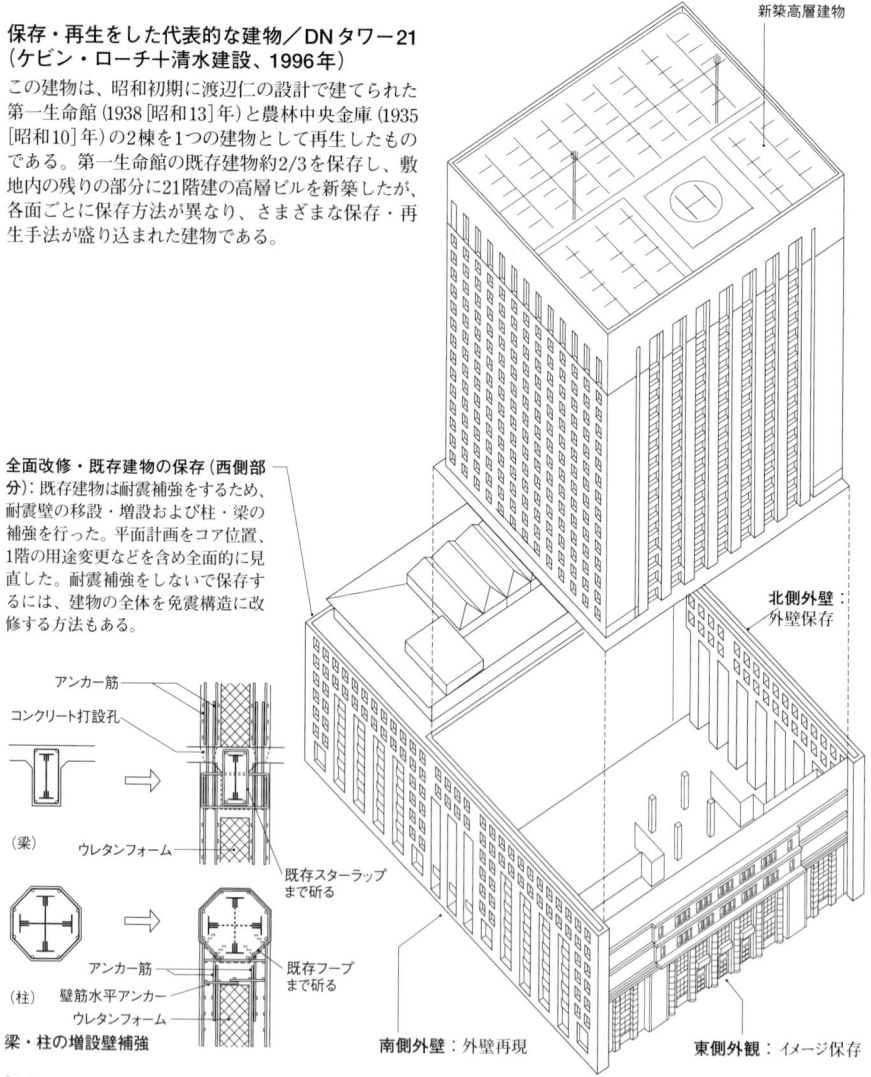

保存・再生をした代表的な建物／DNタワー21
（ケビン・ローチ＋清水建設、1996年）
この建物は、昭和初期に渡辺仁の設計で建てられた第一生命館（1938［昭和13］年）と農林中央金庫（1935［昭和10］年）の2棟を1つの建物として再生したものである。第一生命館の既存建物約2/3を保存し、敷地内の残りの部分に21階建の高層ビルを新築したが、各面ごとに保存方法が異なり、さまざまな保存・再生手法が盛り込まれた建物である。

新築高層建物

全面改修・既存建物の保存（西側部分）：既存建物は耐震補強をするため、耐震壁の移設・増設および柱・梁の補強を行った。平面計画をコア位置、1階の用途変更などを含め全面的に見直した。耐震補強をしないで保存するには、建物の全体を免震構造に改修する方法もある。

北側外壁：外壁保存

アンカー筋
コンクリート打設孔
（梁）
ウレタンフォーム
既存スターラップまで研る

アンカー筋
壁筋水平アンカー
ウレタンフォーム
既存フープまで研る
（柱）

梁・柱の増設壁補強

南側外壁：外壁再現　　東側外観：イメージ保存

維持・保全　生産

外壁保存の手法（北側外壁）
外壁保存には、柱1スパン分残すものと、壁1枚だけ残すものがある。DNタワー21では後者を採用したが、地震時における新築建物との動きの違いの処理、および工事中も壁を自立させるなどの工夫が必要となる。

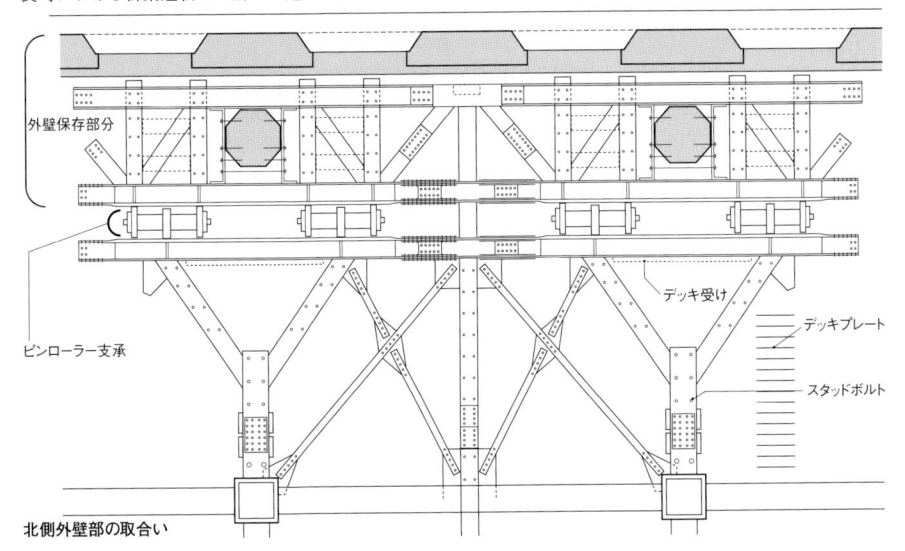

（図：外壁保存部分、ピンローラー支承、デッキ受け、デッキプレート、スタッドボルト）

北側外壁部の取合い

外壁再現の手法（南側外壁）
現在の入手可能な材料で外壁を再現すること、つまり既存建物の外壁と全く同様に見えるようにつくる場合、石材の入手の問題もあるが、目地幅などが建物の外観に大きな影響を与えてしまうことがある。そのため、DNタワー21の南側および東側ではPCa板に止水ラインを設け、そこから空積みの石を支持するダブルスキン構造とし、軟らかい鉄骨造に既存建物と同様の表情をもたせることができた。

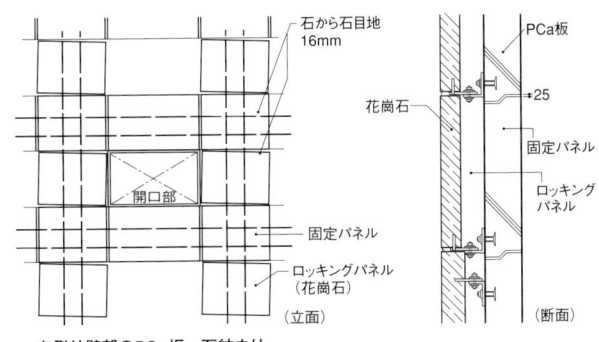

（図：石から石目地16mm、開口部、固定パネル、ロッキングパネル（花崗石）（立面）／PCa板、25、花崗石、固定パネル、ロッキングパネル（断面））

南側外壁部のPCa板・石納まり

イメージ保存の手法（東側外観）
DNタワー21の東側外観では新しい建物に合わせて、解体した農林中央金庫を想起させるような新たな設計を行っている。このような設計をイメージ保存と呼ぶ。高層部のデザインも既存建物に合わせており、イメージの保存の1つといえる。列柱部分では、柱頭や台座部分はもとの建物の石をそのまま再利用し、中間部のみ石を使用し、それらを鉄骨柱に取り付けた。

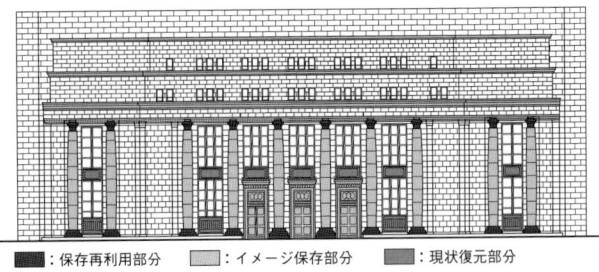

■：保存再利用部分　　：イメージ保存部分　■：現状復元部分

東側外壁の構成

生産　維持・保全

外壁の補修・改修工事 *repair work of exterior wall finish*

鉄筋コンクリート構造などの既存建築物の外壁仕上げであるタイル貼りやモルタル塗りの湿式工法の仕上げ材は、比較的重量があり、近年死傷事故を引き起こす剥落危険性が社会問題となっている。したがって、こうした外壁仕上げ層の剥離を抑え、事故を未然に防ぐため、状況に応じた適切な改修工法を選択し、確実に施工して改修効果をあげる必要がある。最近は注入工事と合わせて、アンカーピンやファスナーの金物を用い、改修後の外壁仕上げ層と構造躯体を適切にコネクトし、地震時や平常時の慣性力や強制変形に対する安全性を確保している。

躯体と下地モルタルの剥離補修工法

コンクリート部分に穿孔(せんこう)された孔内へアンカーピンを挿入し、ピンに内蔵してある金属小棒を打込み具で打ち込むことによってピン先端部が押し広げられ、アンカーピンとコンクリート部分が機械的に固定される。その後、ピンの中空部から樹脂が注入され、ピンのスリットから樹脂が浮き部分などへ浸入する。

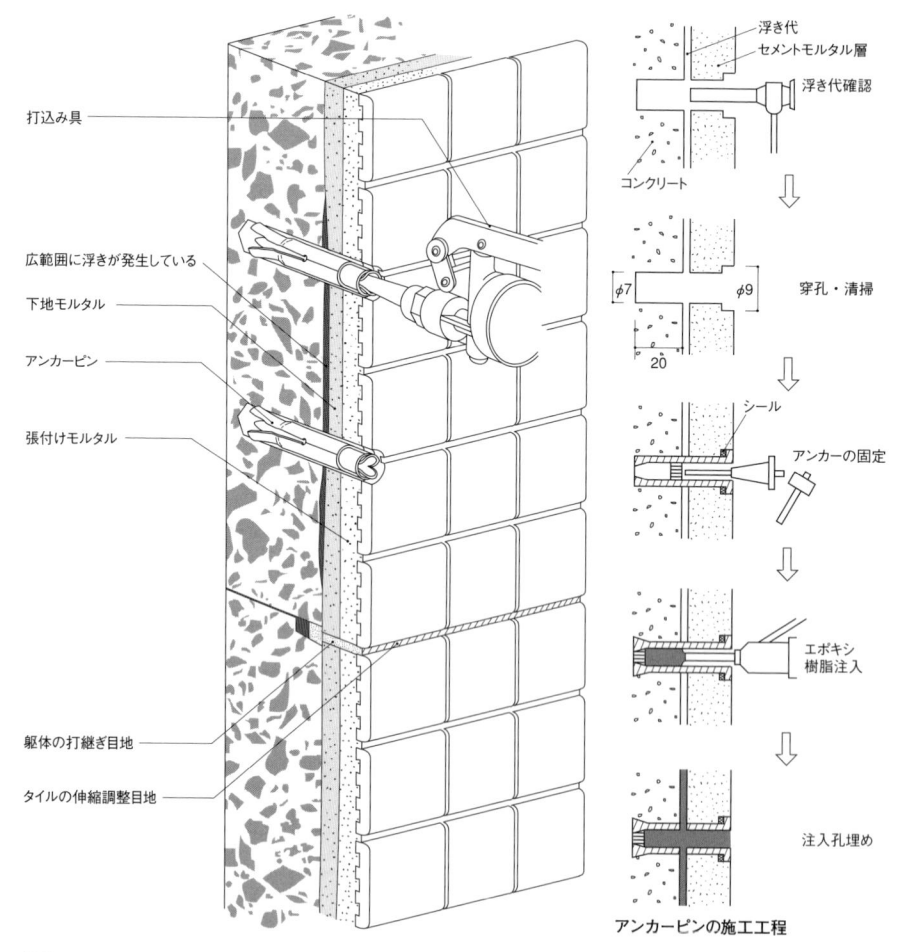

在来の外壁改修工法の種類

既存仕上げの種類にもよるが、ひび割れ部に対しては、エポキシ樹脂注入工法、Uカットシール充填工法、シール工法がある。欠損部に対しては、エポキシ樹脂モルタルまたはポリマーセメントモルタルの充填工法がある。浮き部に対しては、アンカーピンニング部分注入工法、あるいは、アンカーピンニング全面注入工法がある。

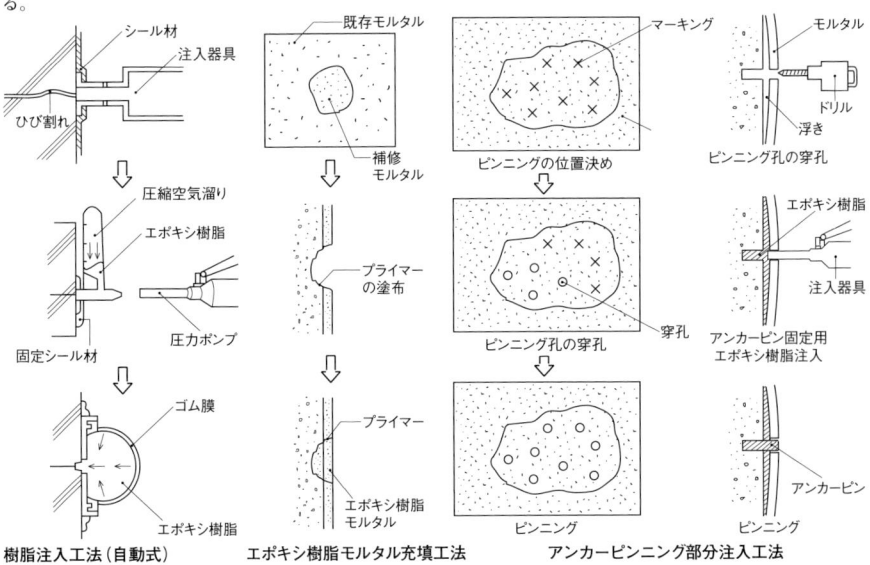

樹脂注入工法（自動式）

エポキシ樹脂モルタル充填工法

アンカーピンニング部分注入工法

新たな外壁改修工法の種類

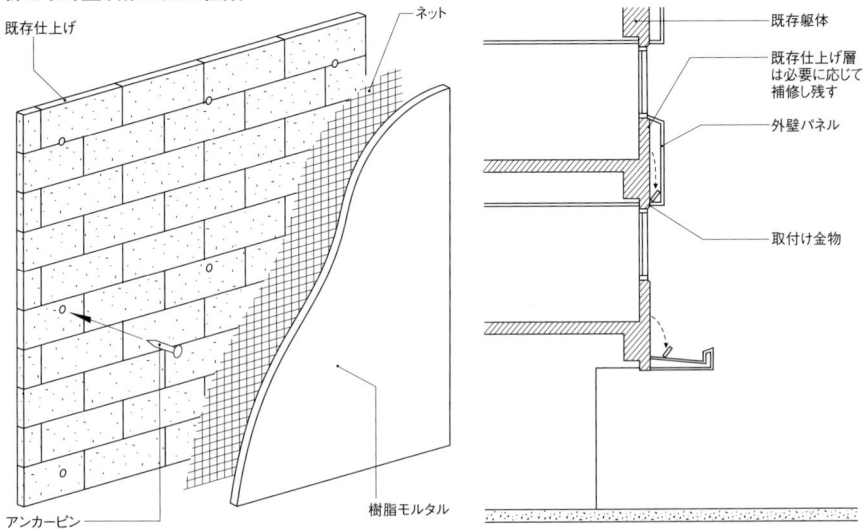

外壁複合改修工法（ピンネット工法）：既存仕上げ層を撤去せずに、ネットの張付けにより全体の一体化を図り、これをアンカーピンによって躯体に固定する。

外壁パネル被覆改修工法：GRC（ガラス繊維補強コンクリート）やアルミニウムなどの軽量で小型の取扱いやすいパネルを用いて、外壁面を被覆する工法である。

生産　維持・保全

躯体の大規模改修工事　*repair work of skeleton on a large scale*

躯体の大規模改修工事は、補修工事、改築・増築工事、耐震補強工事の3つに大きく分けることができる。まず補修工事は、コンクリートのひび割れや欠けなどの構造部材の損傷部分を補い、繕うことによって構造性能を損傷前の状態に復帰させたり、コンクリートの中性化による劣化補修など、材料的に現状復帰させる工事である。また、建物の使用状況に変更がある場合、その使用目的に合わせて構造躯体を変更するのが改築工事であり、建物規模をより大きくするのが増築工事である。耐震補強工事は、耐震診断により耐震性能的に不足と思われる場合、耐震診断によって現状で耐えうる地震動の強さや想定される地震動に対する問題箇所を判定し、あらかじめ構造的に補強を行うことで、いつ起きるかわからない地震に対して被害が出ないようにする工事である。近年では、阪神・淡路大震災を契機に耐震補強を行う建物が増加している。

耐震補強技術の種類と目的

耐震診断の結果、耐震性に欠けると判断された場合は、その建物に最適な補強方法を選定する必要がある。補強方法には、耐力の向上、靭性の向上、地震力の入力の低減などの方法がある。

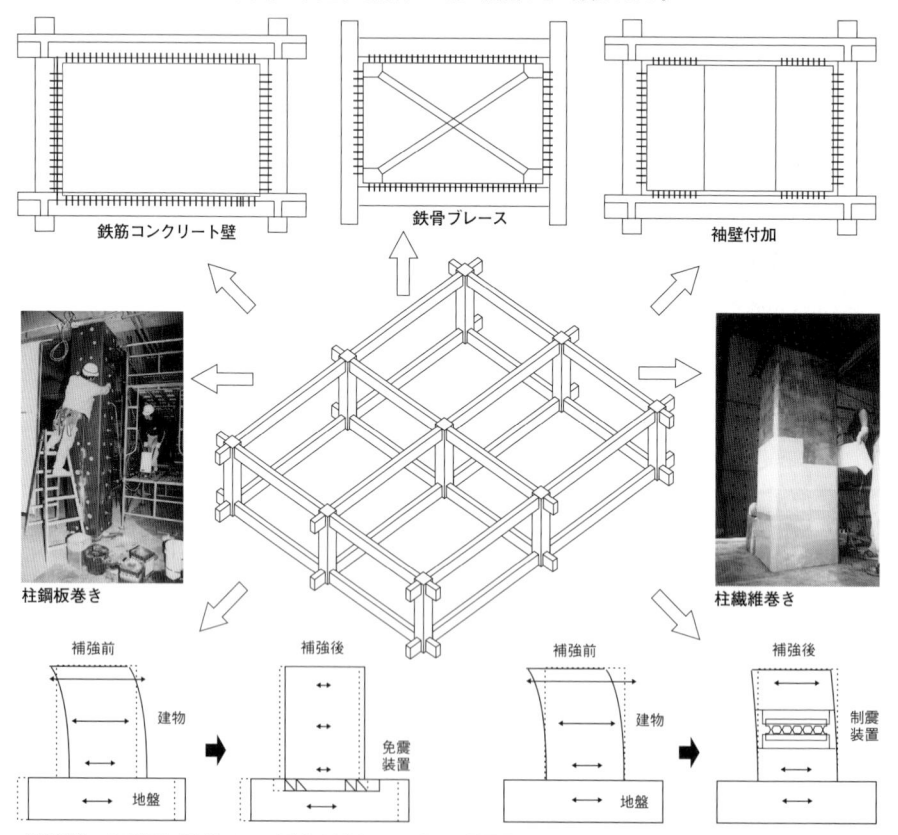

鉄筋コンクリート壁　　　鉄骨ブレース　　　袖壁付加

柱鋼板巻き　　　柱繊維巻き

免震補強：免震装置が地盤からの地震力を低減して、建物に伝え、揺れを小さくする。

制震補強：制震装置のはたらきにより、地震エネルギーを吸収して建物の揺れを抑える。

維持・保全　生産

耐震補強技術の目的と工法の種類

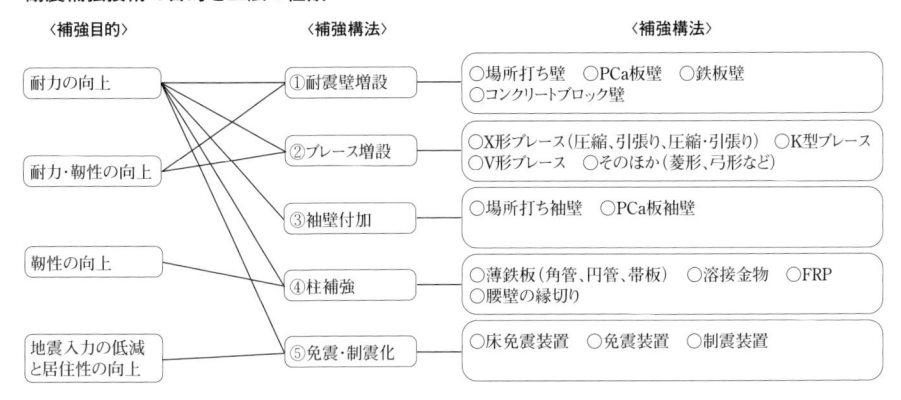

〈補強目的〉　　　　　　〈補強構法〉　　　　　　〈補強構法〉

- 耐力の向上
- 耐力・靭性の向上
- 靭性の向上
- 地震入力の低減と居住性の向上

①耐震壁増設：○場所打ち壁　○PCa板壁　○鉄板壁　○コンクリートブロック壁

②ブレース増設：○X形ブレース(圧縮、引張り、圧縮・引張り)　○K型ブレース　○V形ブレース　○そのほか(菱形、弓形など)

③袖壁付加：○場所打ち袖壁　○PCa板袖壁

④柱補強：○薄鉄板(角管、円管、帯板)　○溶接金物　○FRP　○腰壁の縁切り

⑤免震・制震化：○床免震装置　○免震装置　○制震装置

既存建物の制震施工の事例

1977(昭和52)年竣工の本社機能を有するこのビルは、企業活動の中枢機能の役割を担っているため、大震災にも軽微な被害に留まることが要求され、また、補強工事の際にも高い安全性とともに中枢機能の維持が必要とされた。制震構造化構法を採用した建物の各方向には、外周部四隅にハニカムダンパー付き鉄骨ブレース架構を既存建物の外側に新たに設置し、既存建物とは各階で水平ブレースによって接合するか、もしくは被覆コンクリート柱を既存の柱と一体化することによって水平力伝達を確保している。

制震補強施工中の状況(大正製薬本社ビル)

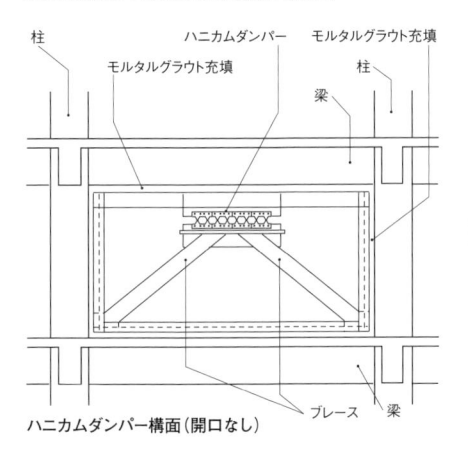

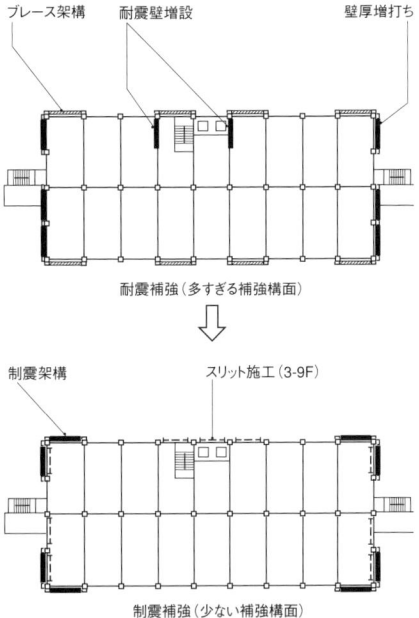

ハニカムダンパー構面(開口なし)

耐震補強(多すぎる補強構面)
↓
制震補強(少ない補強構面)

制震補強による効果：①制震装置による応答低減効果によって補強構面が少なくなる。②既存部分の柱梁の補強が不要になる。③建物の外周部だけの補強形式のため、居抜きでの施工が可能である。

生産　維持・保全

建築のリサイクル　*reuse and recycling*

建築生産の過程で排出される副産物は本来、再利用できるものも含まれている。これらを再利用せず、いたずらに廃棄することは原料である資源の浪費・枯渇を促す。また、再利用せずに廃棄することは、必要以上のエネルギー使用と地球温暖化ガスの排出を生んでしまう。さらに、わが国では最終処分場の設置が困難となって、その残余量が逼迫（ひっぱく）してきている。このような理由から、建築のライフサイクルの各段階で発生する副産物の再利用を進めることは極めて重要である。特に留意すべきことは、構法レベルでの材料の組合せである。材料レベルで再利用の途が開けていても、異種材料を混合した部材は、補修・改修時または建物解体時には原材料への仕分けが難しく、混合廃棄物となり、再利用されない可能性が極めて高い。仕分けできる「分解の容易な構法」を用いることが重要である。

建築のリサイクルのしくみ

建築のライフサイクルと副産物：建築のライフサイクルにわたって副産物が排出される。新築工事は総合工事業者と専門工事業者といった責任主体が明確で、建築という一体物を組み立てる前の廃材でもあるので仕分けしやすい。一方、補修・改修段階や解体段階で発生する廃棄物は、現場での責任が必ずしも明確ではなく、中間処理場およびリサイクル工場からみると、量・質ともに不安定であることなどから、再利用を阻害している。

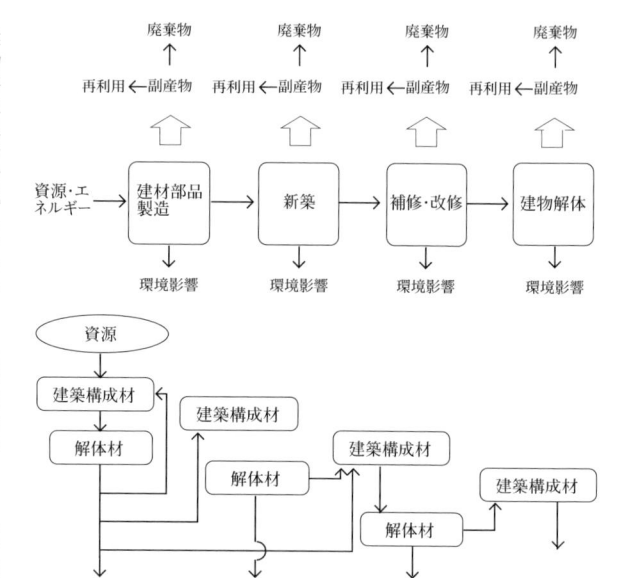

再利用の分類：ひとくちに再利用といっても、再利用にあたって新たに投入される資源・エネルギー量や、再利用によって新たに自然界から採取される資源の削減量によってレベルを分けることができる。

レベル①：同用途による再利用（reuse）。建築構成材の品質や機能、性能を、著しく低下させることなく、ほぼ同じ用途で、ほかの建物で用いる再利用形態。古民家の構成材や造作材を、新築建物で用いることや、住宅を移築することなどが相当する。

レベル②：他用途での再利用（recycling）。建築構成材を、従来とは異なる用途で用いる再利用形態。簡易な加工・調整で再利用する（reconditioning）こと、および木質材料をチップボードの原料とするように、他種材料の原料として再利用する（reprocessing）ことを含む。他用途への再利用では、材料の純度や品質、機能、性能は、再利用前よりも低いレベルになる。

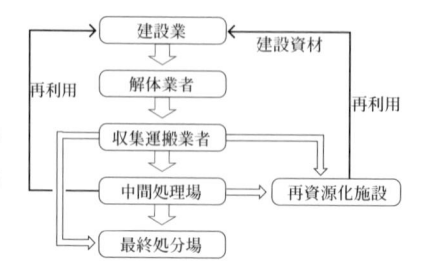

廃棄物の処理の一般的な流れ：マニフェストシステムにより右図のようなルートに乗せないと不法投棄されるおそれがある。

混合廃棄物：分別できない廃棄物は混合廃棄物となる。これらを再利用するのは極めて困難である。

維持・保全　生産

建築構成材の再利用のルート

下図は、木材、鋼材、コンクリート材を再利用するためのルートである。ただし、これは現状を表したルートというよりも、技術的な可能性を示したものである。解体材がさまざまな材料を混合した状態で現場から搬出された場合は、このような再利用のルートに乗りづらい。また、これらのルートの各パスにおける需給関係は必ずしもバランスしていない。このような再利用ルートが成立するには、さまざまな技術的隘路や社会経済システムのもつ隘路が解決されなければならない。

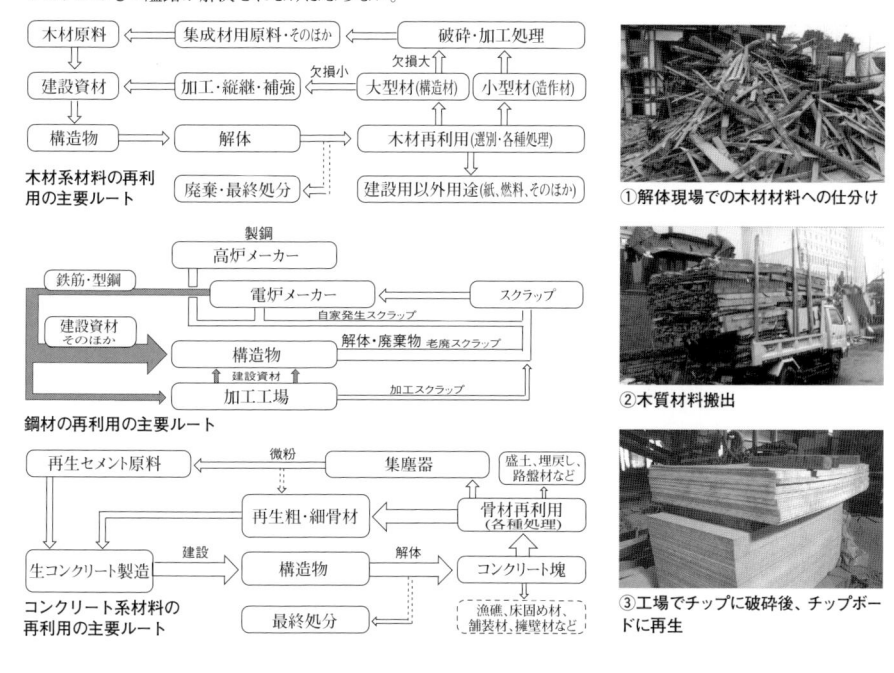

木材系材料の再利用の主要ルート

①解体現場での木材材料への仕分け

鋼材の再利用の主要ルート

②木質材料搬出

コンクリート系材料の再利用の主要ルート

③工場でチップに破砕後、チップボードに再生

再利用を容易にするための構法の原則

再利用を容易にするためには、第1に再利用構成材と非再利用構成材が明確に分離されること、第2に再利用区分の異なる構成材どうしの接合は相互に錯綜しないこと、第3に複合材は簡易に構成素材に分離できること、という基本原則を考慮する必要がある。

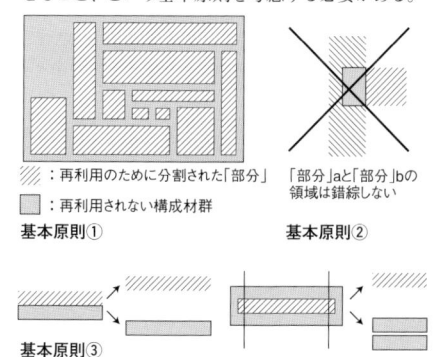

▨：再利用のために分割された「部分」
▧：再利用されない構成材群

基本原則①

基本原則②
「部分」aと「部分」bの領域は錯綜しない

基本原則③

再利用を容易にする構法のイメージ

建築構造材、下地材、仕上げ材、配管、配線、設備器具が、相互に錯綜することなく構成されるとともに、それぞれの接合は、竿縁天井のように、分離しやすい構法によっている。

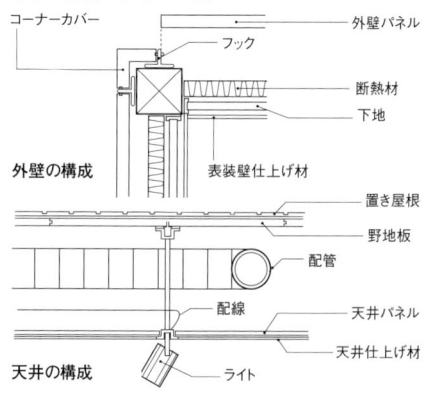

外壁の構成
コーナーカバー／フック／外壁パネル／断熱材／下地／表装壁仕上げ材

天井の構成
置き屋根／野地板／配管／配線／天井パネル／天井仕上げ材／ライト

321

生産　プレファブリケーション

PCa製作　*precast concrete fabrication*

PCa製作とは、型枠に鉄筋をセットし、これにコンクリートを打設してプレキャストコンクリート部材を製作することである。その方法には、現場製作と工場製作がある。現場製作は敷地内、あるいは近隣の敷地にてPCa部材を製作することであり、敷地に余裕のある大プロジェクトで採用されている。工場製作とは、ある一定の設備を備えたPCa部材製作工場にて製作し、建築現場に輸送する方法である。昭和40年代にはさまざまな工場での製作技術がヨーロッパなどから導入されたが、現在は日本独自の方法のみが残っている。工場では質の高いコンクリートが打設され、多様な形状の実現に対応している。

一般的なPCa製作の流れ

一般的にPCa製作は、型枠を製作し、コンクリートを打設、養生後脱型して製作する。さまざまな形状への型枠の対応を少ないほうで実現できることが、コストダウンにつながる。

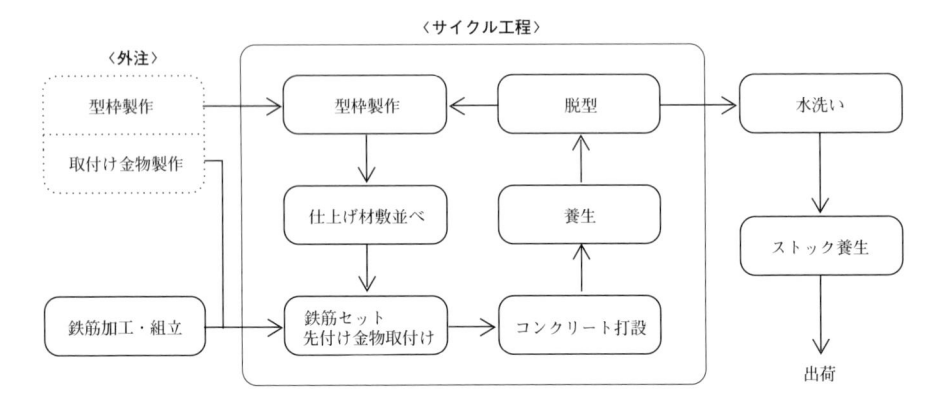

〈外注〉　　〈サイクル工程〉

型枠製作 → 型枠製作 ← 脱型 → 水洗い
取付け金物製作　↓　　↑　　↓
　　　　　　仕上げ材敷並べ　養生　ストック養生
　　　　　　↓　　↑　　↓
鉄筋加工・組立 → 鉄筋セット 先付け金物取付け → コンクリート打設　出荷

型枠組立

裏面処理後、仕上げ材敷並べ

鉄筋・先付け金物などのセット

コンクリート打設

脱型

ストックヤードに保管

プレファブリケーション　生産

初期のPCa製作のシステム

初期のPCaの最も基本的な形が、現場で打設したPCaをそのまま建てるTilt-up工法である。世界的な住宅不足のなか、プレファブ化の進行とともに、製作技術は同じ型枠を使い、大量生産を指向する技術競争となった。バッテリーシステムなどさまざまなものが考案されたが、その後多品種少量生産の時代となり、製作技術もそれに対応するものに変化しつつある。

Tilt-up工法（シンドラー自邸）

PCaを縦にして打設するバッテリーシステム

同じ幅の異なる長さを生産する方式

さまざまなPCa製品

建築用のPCaには、PCa工法やカーテンウォールとして使われる板状のものから、バルコニーや階段のように立体的なものまで多種多様である。

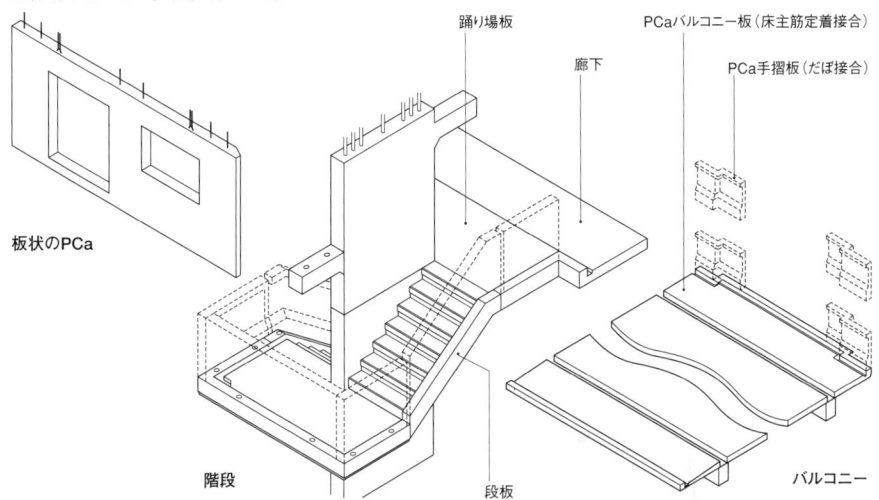

板状のPCa　踊り場板　廊下　PCaバルコニー板（床主筋定着接合）　PCa手摺板（だぼ接合）　階段　段板　バルコニー

表面仕上げの打込み

タイルはシート化されたものを敷き並べ、石は裏面処理を施したものを敷き並べ、これに配筋してコンクリートを打設する。また洗出しや磨き仕上げなど、一般のコンクリートに用いられる仕上げも採用される。

タイルシートの敷並べ

石の裏面処理打設

脱型後の表面の清掃

生産　プレファブリケーション

PCa板の製作工場 *factory of precast concrete fabrication*

PCa板の製作方法には、大きく分けて定置ライン方式とフローライン方式の2方式がある。定置ライン方式とは、型枠とベッドを製造ラインに固定し、配筋、コンクリート打設、仕上げ、養生を同じ場所で行う方式である。一方、フローライン方式とは製造ライン内のベッドが一定時間で移動し、型枠セット、配筋セット、コンクリート打設、仕上げ、養生の各作業が、それぞれの作業場で行われる方式である。設備効率の向上をねらった自動化ラインには、フローライン方式が選択される。

PCa板製作工場のレイアウト(大成プレハブ・川越工場)

コンピューター制御された各種の自動機械を駆使して、工程管理を含め工場生産を効率的に運営していくFA(ファクトリーオートメーション)化フローライン生産システムである。1階のメインラインは3分タクトでベッドが移動し、次の仕事に移る。2階のサブラインでは鉄筋が加工され、1階のメインのラインに搬送される。1階の脇の型枠ラインでは、型枠変更をフローラインの流れを止めることなく別に行う。

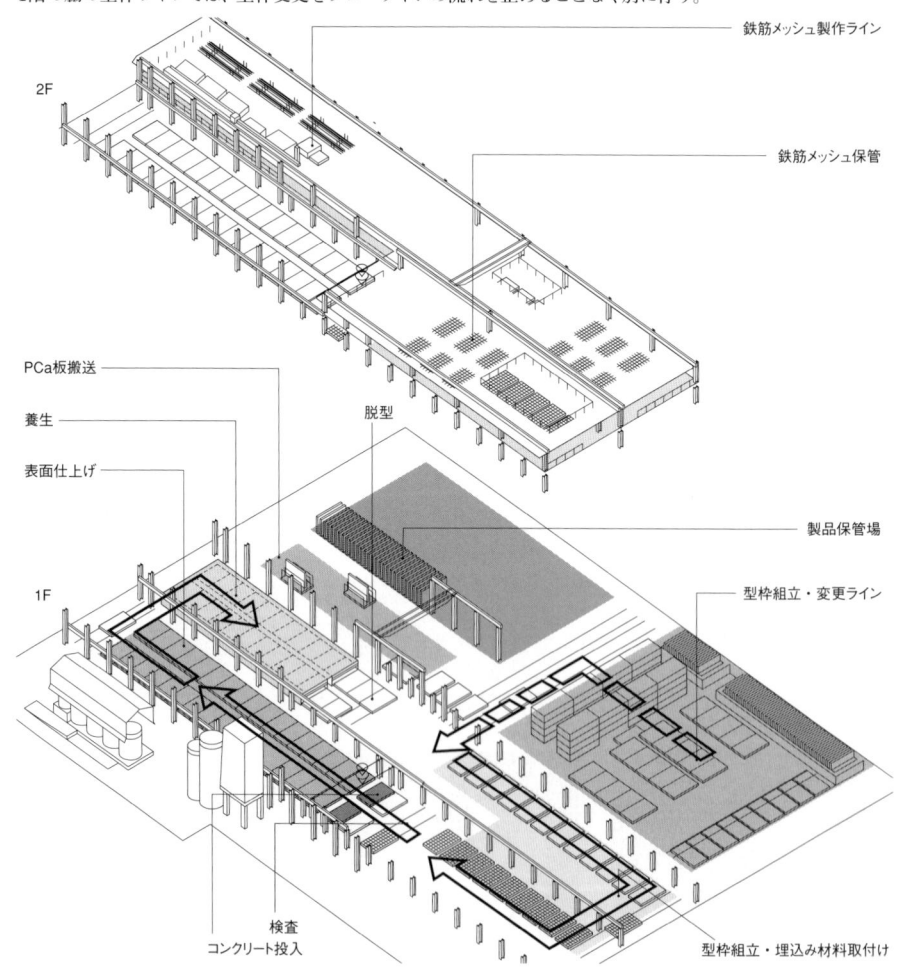

プレファブリケーション　生産

定置ラインの製作のシステム（大成プレハブ・千葉工場）
定置ラインではコンクリートをバケットで運ぶなど、各作業に必要な作業員と設備を動かすことによって作業を行う。

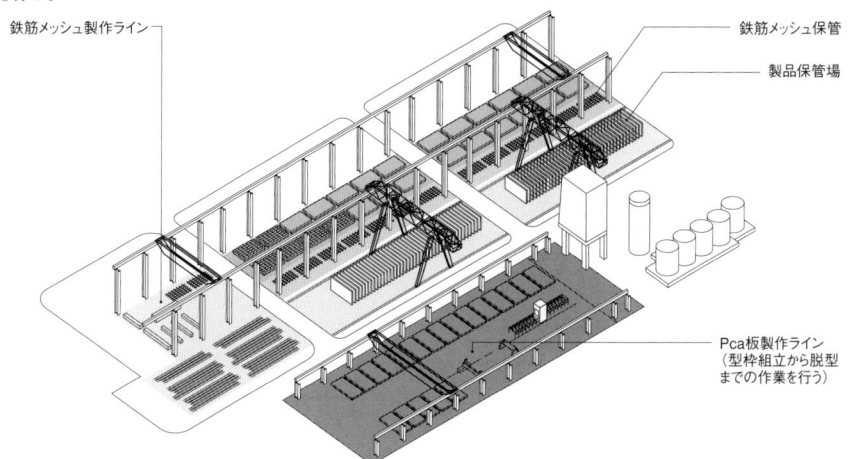

鉄筋メッシュ製作ライン
鉄筋メッシュ保管
製品保管場
Pca板製作ライン（型枠組立から脱型までの作業を行う）

自動化ラインによるPCa板製作作業
自動化ラインの場合、メインライン内での作業は定置のものと同じく、一般的なPCa板の製作作業と同様のものである。しかし、それ以外に各種の自動化技術や情報管理技術が自動化ラインを支えている。

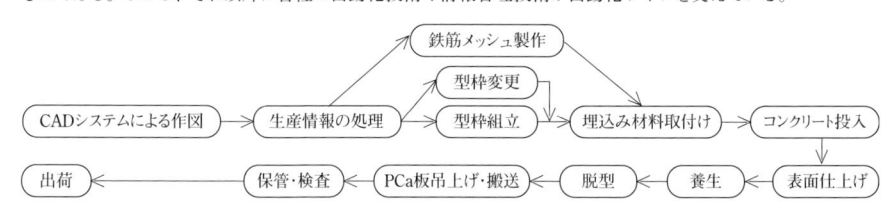

CADシステムによる作図 → 生産情報の処理 → 鉄筋メッシュ製作 / 型枠変更 / 型枠組立 → 埋込み材料取付け → コンクリート投入 → 表面仕上げ → 養生 → 脱型 → PCa板吊上げ・搬送 → 保管・検査 → 出荷

CADシステムによる作図

鉄筋メッシュの製作の自動化

型枠セットのサブライン

コンクリート投入機

表面仕上げの自動化

PCa板吊上げ・搬送

生産　プレファブリケーション

プレカット工法 *precut system*

木造軸組構法において、柱や横架材の接合部に施される継手・仕口の加工を、回転刃などをもつ機械で行う方式をプレカットと呼ぶ。さらに、機械加工された構造部材を用いて木造軸組を建設する工法をプレカット工法と呼ぶ。機械加工の方式から継手・仕口部分の底面や隅角が曲面になる場合が多いが、使用される継手・仕口の位置や基本形状は在来のものと変わらない。昭和50年代に登場し、昭和60年代の大工不足の時代に多くの工場が建設され、急速に普及した。

プレカット工法による軸組

軸組にプレカット工法、床や壁にパネル工法を用いた、工場生産化の進んだ木造軸組構法が数多く登場している。これらは、従来の継手仕口をプレカット加工によってつくられたもので組み立てられている。

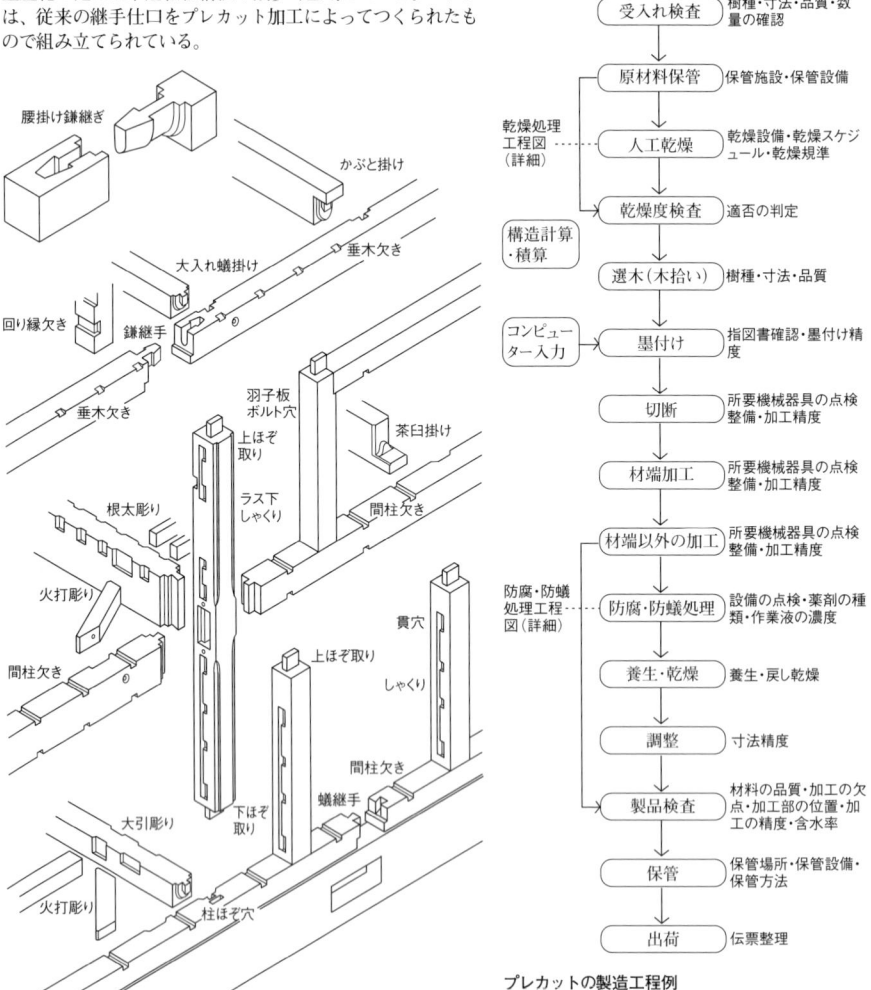

腰掛け鎌継ぎ　かぶと掛け　大入れ蟻掛け　垂木欠き　回り縁欠き　鎌継ぎ　垂木欠き　羽子板ボルト穴　茶臼掛け　上ほぞ取り　ラス下しゃくり　間柱欠き　根太彫り　火打彫り　貫穴　上ほぞ取り　しゃくり　間柱欠き　蟻継ぎ　大引彫り　下ほぞ取り　火打彫り　柱ほぞ穴

原材料受入れ → 受入れ検査（樹種・寸法・品質・数量の確認）→ 原材料保管（保管施設・保管設備）→ 人工乾燥（乾燥設備・乾燥スケジュール・乾燥規準）→ 乾燥度検査（適否の判定）〔乾燥処理工程図（詳細）〕→ 選木（木拾い）（樹種・寸法・品質）〔構造計算・積算〕→ 墨付け（指図書確認・墨付け精度）〔コンピューター入力〕→ 切断（所要機械器具の点検整備・加工精度）→ 材端加工（所要機械器具の点検整備・加工精度）→ 材端以外の加工（所要機械器具の点検整備・加工精度）→ 防腐・防蟻処理（設備の点検・薬剤の種類・作業液の濃度）〔防腐・防蟻処理工程図（詳細）〕→ 養生・乾燥（養生・戻し乾燥）→ 調整（寸法精度）→ 製品検査（材料の品質・加工の欠点・加工部の位置・加工の精度・含水率）→ 保管（保管場所・保管設備・保管方法）→ 出荷（伝票整理）

プレカットの製造工程例

プレファブリケーション　生産

プレカットによる継手・仕口の形状

基本的には伝統的な継手・仕口を機械による製造に置き換えたものであり、プレカット部材の形状は鎌、蟻、ほぞなどが中心である。なお加工企画の関係で、底面部分が円弧状に加工されている。

在来の継手・仕口　　　プレカットの継手・仕口

プレカット工法の普及

プレカットシステムが導入されたのは1975 (昭和50) 年頃からであり、1985 (昭和60) 年以降急増し、その後も増加を続けている。プレカット採用率も木造住宅の4割を超える。

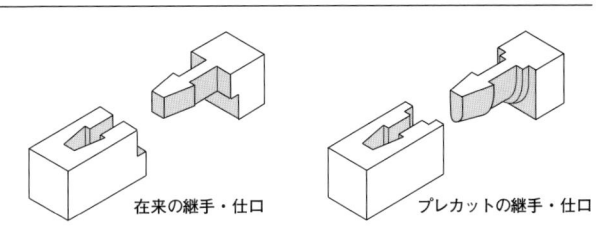

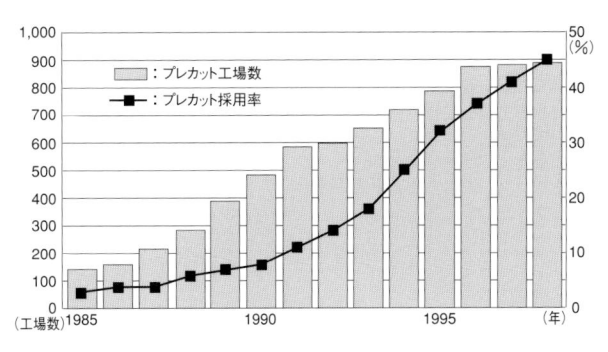

プレカット工場のシステム

プレカット工場は、その加工ラインとCAD・CAMシステムが連動しており、これを核に営業、設計、発注、墨付け、加工、建方現場施工といった一連のプロセスを一括管理できる。

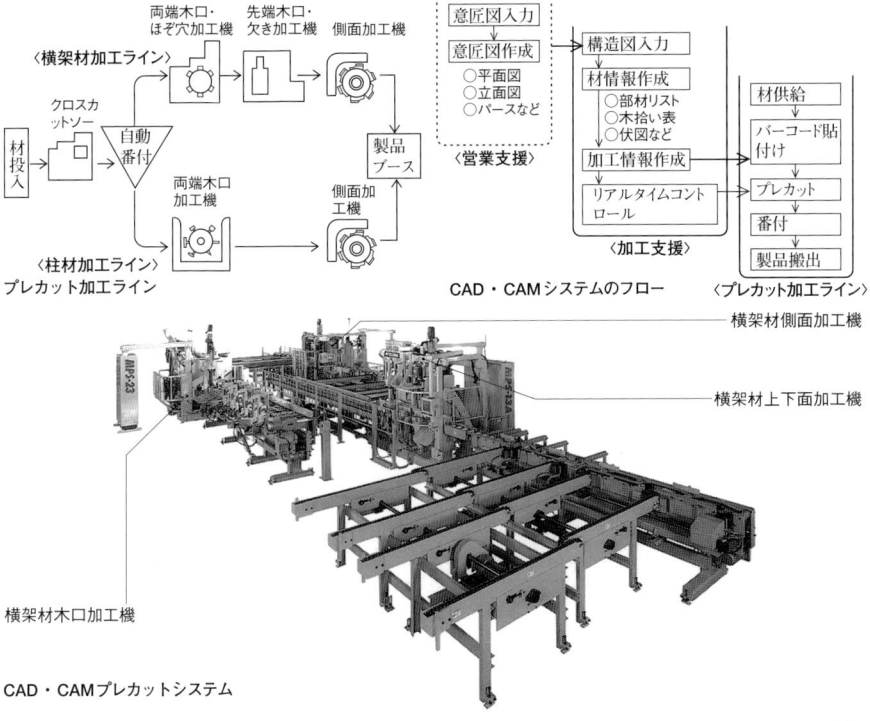

CAD・CAMプレカットシステム

生産　プレファブリケーション

鉄骨の製作工場 *factory of steel fabrication*

鉄骨製作工場の役割は、単に鋼材を加工するだけでなく、材料購入から工作図の作成や各種検査、時には現場施工までを含み、鉄骨工事全般をカバーするものである。こうした専門工事業者を鉄骨ファブリケーターと呼ぶ。鉄骨の製作段階、特に工作図の検討過程においては、設備と仕上げとの取合い、部材間の納まり、現場での施工性などの総合的な検討が必要であり、鉄骨ファブリケーターにはそれが可能なだけの能力が要求される。しかし、この業界には中小の零細工場から先端技術を扱う大規模工場までさまざまな業態が存在するため、業界団体は工場の認定制度を設けて品質の確保に努めている。

鉄骨製作工場のレイアウトと製作工程（横河ブリッジ・千葉工場）

鉄骨製作工場は、扱う製品が巨大であるため、広大な敷地と重厚な生産設備を必要とする。図ではごく簡単な工場の構成のみを示したが、このような大規模の工場では、建築（鉄骨）、土木（橋梁など）、そのほか（管槽など）複数の生産ラインが並立している。鉄骨の場合、まずは原材料である大型の板材を切断するラインから始まり、次いで開先加工や穴あけ加工ライン、組立・溶接ラインと直列に流れ、最後に仮設ピースなどを取り付けて製品が完成する。なかでも溶接は、最も大きな手間と設備を必要とする工程である。

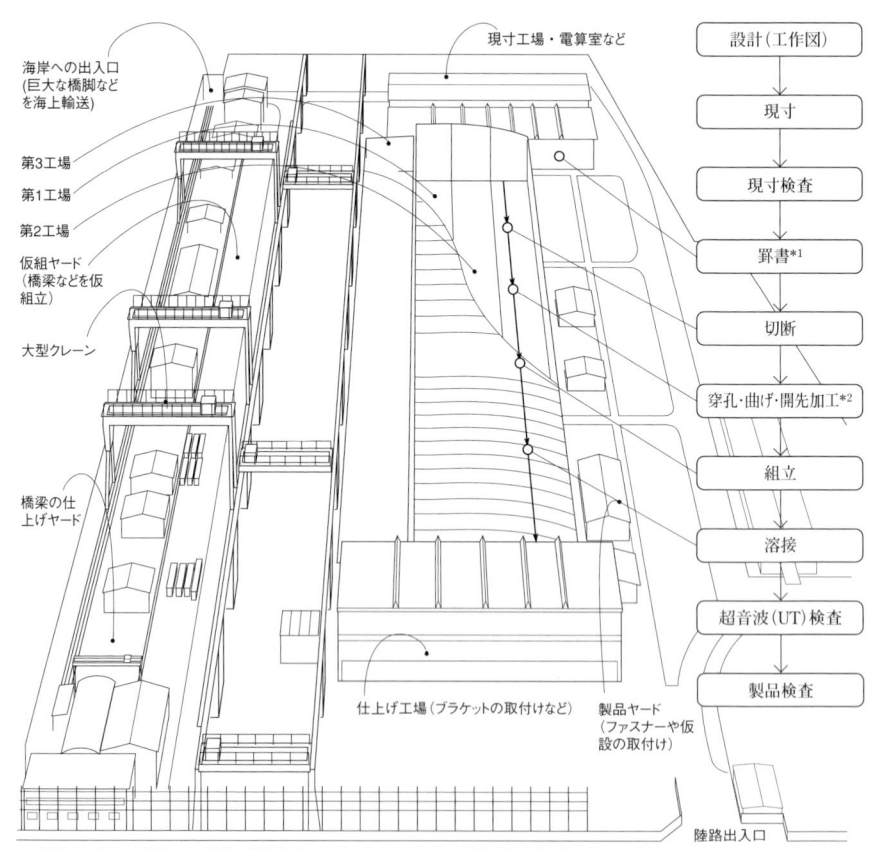

＊1 罫書（けがき）：材料となる鋼材に切断箇所や曲げ、穴あけ加工する位置を示す線や点を記入すること
＊2 開先加工（かいさきかこう）：溶接の作業性や品質確保のために、縁部に角度をつけた形状に加工すること

鉄骨製作の工作図・現寸作業

工作図は、製品を工場で製作するための情報が示された設計図書である。しかし、その作成は単なる製作情報だけではなく、構造部材である鉄骨の仕様を確定するために、意匠、構造、設備を総合的に検討・調整するプロセスである。一方、現寸作業は近年、そのほとんどがCAD化しつつあるが、特殊な構造や複雑な納まりなど、工作図だけでは仕様の確定が困難なときには、なおも重要な決定手段として機能する場合がある。

広大な現寸作業場

現寸の自動製図機

さまざまな鉄骨の加工機械

生産設備を有する鉄骨ファブリケーターは、工場のCAD・CAM(コンピューターによる設計および生産支援)化、FA化を進展させる方向にある。CAD・CAMは、作図・描画機能だけでなく、CADデータを処理して工場加工のための(工作機械が読取り可能な)数値化を行う機能が一元化されたものであり、作成されたデータはNC(numerical control：数値制御)化された工作機械に受け渡され、自動化された生産が成立する。

NC穴あけ機

NCガス切断機(開先加工)

ボックス柱溶接ライン(エレクトロスラグ溶接装置)

仕口溶接ロボット

生産　プレファブリケーション

軽量鉄骨プレファブ住宅の製作 *fabrication of prefabricated house by light-weight steel frame*

工場における軽量鉄骨プレファブ住宅の製作は、各住宅メーカーの構法や構造部材の種類によって異なり、大きくは軸組構法の場合とユニット構法の場合の2種類に分けられる。前者は、主に骨組となる軽量鉄骨の加工と外壁パネルの組立までを工場で行うが、後者は、さらにこれらを組み立て、設備や造作家具の組込みまで工場で行っている。これらの生産工場では、ロボットの導入などによって生産の合理化を図ってきたが、近年のニーズの多様化にともなって、ますます多品種少量生産が必要となり、複雑な生産工程をコントロールするために、CAM（computer aided manufacturing：コンピューター援用製造）化やCIM（computer integrated manufacturing：コンピューター統合生産）化が現在進められている。

軸組構法のパネル加工ライン
塗装されたフレームに、熱反射フィルムや桟木などを取り付ける。次にパネル裏面の作業を行うためにパネルを反転し、桟木を取り付け、断熱材を充填する。その後、接着剤を塗布し、ビスで外壁材を取り付け、外壁塗装を行う。

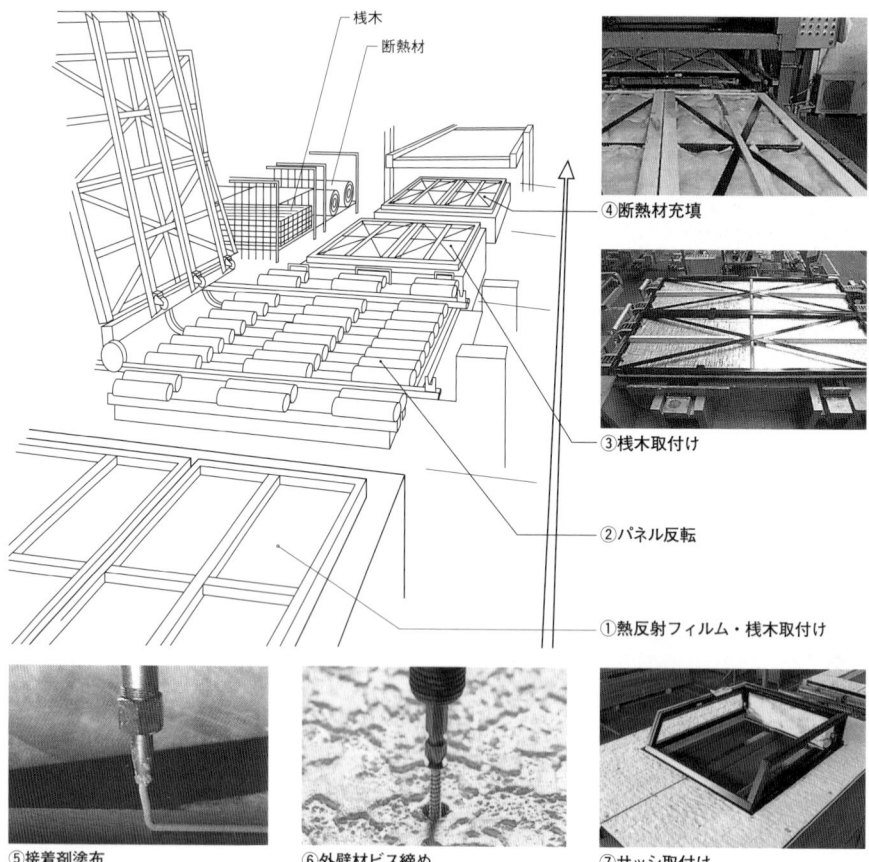

桟木
断熱材
④断熱材充填
③桟木取付け
②パネル反転
①熱反射フィルム・桟木取付け

⑤接着剤塗布　⑥外壁材ビス締め　⑦サッシ取付け

プレファブリケーション　生産

軽量鉄骨プレファブ住宅の全製造工程（軸組構法の例）

もともと住宅は、構成部材の種類や点数が多いうえに、1棟ごとに必要となる部材種類が異なるため、物流形態は非常に複雑である。したがって、製造工程の中でどのように物流をコントロールするかが重要である。

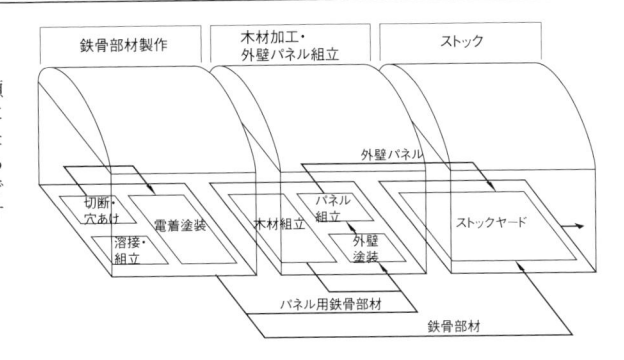

NCライン（鉄骨切断穴あけライン）

NCラインは、鉄骨の定寸送りをコンピューターで数値制御するため、鉄骨の加工精度を高め、安定した品質を確保することができる。また、入力する数値を変えるだけで、穴あけ・切断位置を簡単に変更できることから、多品種少量生産への対応も可能である。

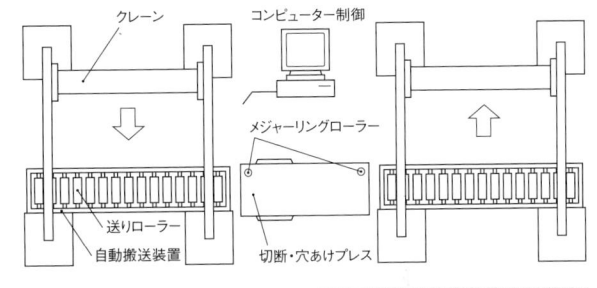

切断：パネル部分の骨組となる鉄骨のフレーム構成部材をつくる。

穴あけ：ボルト締めのために高精度に行う。

溶接：スポット溶接やアーク溶接を用いて組立溶接を行う。

電着塗装ライン

被塗物を塗料中に浸漬し、被塗物と塗料タンク内に用意した銅板との間に電流を流すことによって、電気的に塗料の微粒子を被塗物に引き付け、塗膜を形成する。手作業に頼らない電気的な処理方法であるため、作業ミスがなく、指定した厚みで均一な塗装を行うことが可能である。

前処理：塗料を密着させるために、鉄骨部材の表面の油脂分を脱脂洗浄し、リン酸亜鉛処理を行う。

塗装：塗装槽と鉄骨部材の間に電気を通し、均一で高密着の塗装を行う。

焼付け・乾燥：約200℃の高温で、強固な塗膜にする。

生産　プレファブリケーション

部品工場　*component industry*

建築部品の多品種少量生産化にともない、部品工場は大きく変化している。その変化には、ロットの縮小やグループテクノロジー(GT)による類似部材のロット化という生産上の単位の変化、ジョブショップ型からセル型を指向した工場設備レイアウトの変化、工作機の多能力化という3つの側面がある。こうした変化は、加工工程の多能力化と工場内物流の円滑化の両立をめざすものであり、さらにコンピューターによってNC(数値制御)工作機群や搬送システムが有機的に結合された生産方式は、フレキシブルマニファクチュアリングシステム(FMS)と呼ばれている。

工場設備のレイアウトの3形式

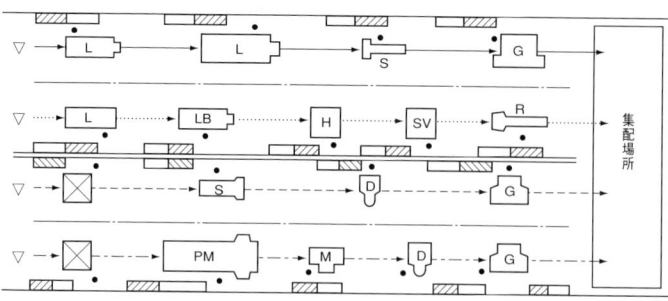

フローライン型(機能的レイアウト):加工順序に応じて設備を配置するもの。品種数が少なく、数量が多い場合に適しており、最も効率の高い物流を可能にする。

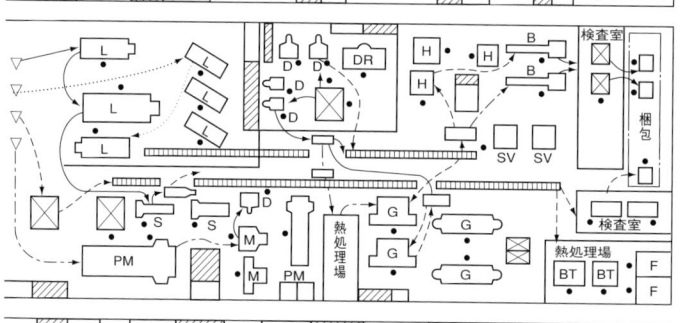

ジョブショップ型(機種別レイアウト):同種の工作機をまとめて配置するもの。品種が多く、数量が少ない場合に適しているが、生産量が増えると製品や仕掛品が滞留しやすい。

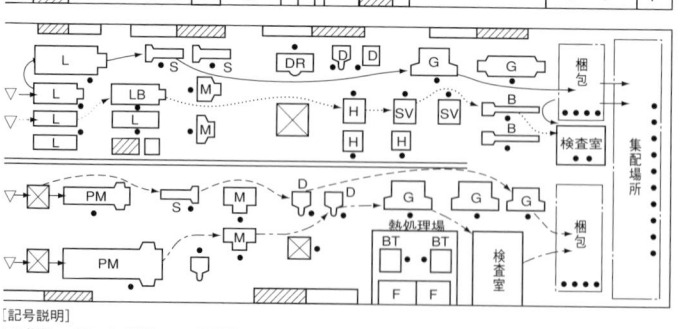

セル型(GT的レイアウト):類似部材別に工作機を配置するもの。上記2つの中間に位置するレイアウトであり、グループテクノロジーや多能力工作機の導入が前提である。左図では上下の2部門に分かれ、それぞれ軸物と箱物が加工される。

[記号説明]
L:旋盤　　LB:中ぐり盤　S:形削盤　PM:プラノミラー　M:フライス盤　D:ボール盤　DR:ラジアル・ボール盤　G:研削盤　H:ホブ盤　B:ブローチ盤　SV:歯車シェービング　F:加熱炉　BT:油(水)浴
▨:定盤　▧▧▧:ベルト・コンベア　☐:治具棚　▨▨:工具棚　☐:テーブル　●:作業員
▽:素材
[物の流れ]　――実線　……破線　― ― ―点線　―・―・―点鎖線

プレファブリケーション　生産

グループテクノロジーの手法

別名「部品群加工」と呼ばれる手法。部品を形状、寸法、加工法の類似性に基づいていくつかのグループに分類し、それぞれのグループに含まれる部品群をロットの単位と見なす考え方である。

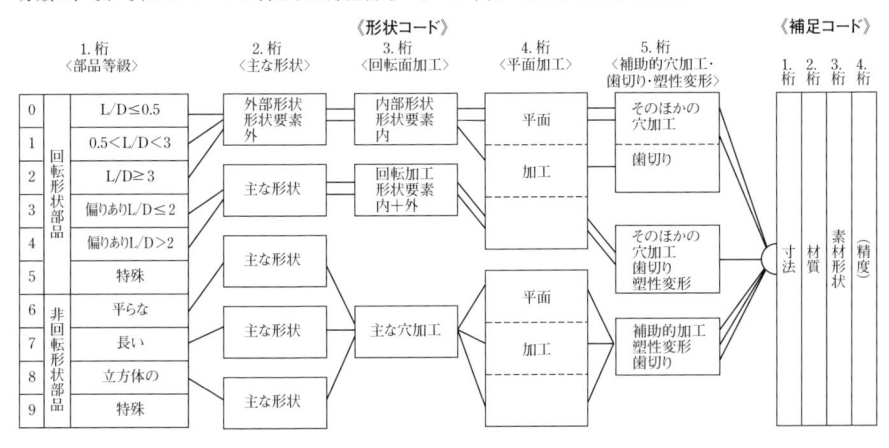

《形状コード》

	1.桁〈部品等級〉	2.桁〈主な形状〉	3.桁〈回転面加工〉	4.桁〈平面加工〉	5.桁〈補助的穴加工・歯切り・塑性変形〉
0	回転形状部品	L/D≦0.5	外部形状形状要素外	内部形状形状要素内	平面	そのほかの穴加工
1		0.5<L/D<3				歯切り
2		L/D≧3		回転加工形状要素内+外	加工	
3		偏りありL/D≦2	主な形状			そのほかの穴加工歯切り塑性変形
4		偏りありL/D>2			平面	
5		特殊				
6	非回転形状部品	平らな	主な形状	主な穴加工	加工	補助的加工塑性変形歯切り
7		長い				
8		立方体の	主な形状			
9		特殊				

《補足コード》1.桁〈寸法〉　2.桁〈材質〉　3.桁〈素材形状〉　4.桁〈精度〉

メタルカーテンウォール工場の工作機

FMSが本格的に導入されたメタルカーテンウォール工場では、たとえば下の写真のような多能力工作機が導入されている。自動金型交換機を備えたプレス加工機は、ビル用サッシの加工に用いられており、約300種類の金型を選ぶことができる。また切削加工機は、カーテンウォールの加工に用いられているもので、マシニングセンタの一種である。

自動金型交換機を備えたプレス加工機

切削加工機

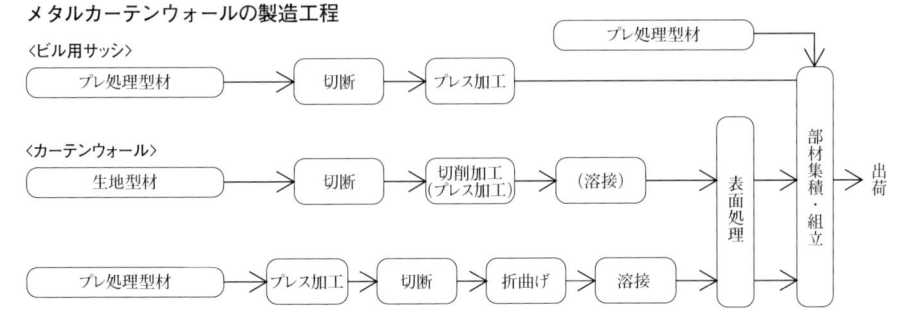

メタルカーテンウォールの製造工程

〈ビル用サッシ〉
プレ処理型材 → 切断 → プレス加工 →
プレ処理型材 →

〈カーテンウォール〉
生地型材 → 切断 → 切削加工（プレス加工）→（溶接）→ 表面処理 → 部材集積・組立 → 出荷

プレ処理型材 → プレス加工 → 切断 → 折曲げ → 溶接 →

あとがき

図示と図解について……

　即物的なキーワードであれば、それの全体および部分を的確に図示することによって、キーワードについて視覚的な理解を得ることができる。本書のキーワードの多くはこの種のものである。適切な図の選択と表現およびその解説によって、全体として効果的な図解に至ることができる。一方、それ自体は即物的な図示になじまないキーワードについては、担当執筆者には、概念的な、あるいは例示的な図示によって、何とか効果的な図解に至るためのご努力をお願いしている。計画、施工、リサイクル、保存と再生などについては、それぞれ大きい分野を背景にもっており、これを見開きで図解することには本来的な難しさがある。各部構法については、部位別に代表的なものを図解するとともに、部位という一段階抽象化された概念についても図解を試みているが、これは必ずしも一様な形のものにはならなかった。設備や性能などは、これを直接図示できないため、概念的な図示と例示的な図示を、キーワードごとにほどよく使い分けている。

　本書は、各キーワードについて的確な図解をすることとともに、全体として統一感のあるイメージの実現を重視している。そのために、大きい図と小さい図の使い分け、大きい図の法法と作図の手法の統一を図る努力をしている。しかしながら、こうした統一の図り方になじみが悪いキーワードもあり、これらについては柔軟に対応している。本書を一読するとき、全体とは調子が異なる箇所が散見されるが、これはむしろ本書の幅を広げ、奥行を深めてくれるものと考えたい。

編集委員会と執筆者について……

　本書の編集のために、編集委員会を設けた。編集委員会の主な役割は、彰国社から頂いた本書の企画を受け、コンセプトを確立すること、キーワードを選定すること、執筆者を選定すること、そして執筆依頼や原稿の調整に協力すること、索引をつくることであった。

　編集委員には、建築構法に詳しいとともに、建築の諸分野に通じている、気鋭の方々をお願いした。この種の本の編集委員としてはかなり若手といえるメンバー構成となったが、これは、本書を息の長いものとし、やがて訪れる改訂の折にも存分にはたらける方をお願いしたいという彰国社の意向に沿ったものである。

　編集委員会の仕事は、メンバーの不慣れなこともあって、キーワードの選定には時間を要した。また、執筆者の選定、執筆依頼、原稿の調整には、正直かなりの時間を要した。これは、多数の方に執筆をお願いしつつ、1冊の本としてのイメージアップを図るうえでは、必要なことであったといえる。

　執筆者には、当然ながら各キーワードの執筆にふさわしい方をお願いしているが、また、各編集委員が直接依頼できる方をお願いしてもいる。編集委員が若いこともあって執筆陣も若手が大勢を占めることとなったが、キーワードによっては経験豊富な方をお願いしており、全体としては多彩な顔ぶれになったと考えている。

　各執筆者には、本書のコンセプトをお伝えし、ご担当のキーワードについて、説明文と大

きい図、小さい図を用いて図解していただいたが、担当キーワードに関する内容の煮詰めとともに、キーワードによっては本書全体から見た調整にもずいぶんとエネルギーを割いていただくこととなった。各執筆者のご専門や業務の種類によっては、本書のコンセプトに対応していただくことが必ずしもなじみがよくない場合もあったようであるが、これらについても何とかうまく本書を構成するものにもってくることができたと考えている。

作成時期と時間について……
　彰国社で本書の企画がまとまったのは、阪神・淡路大震災から間もないころであり、2年後には刊行の目論見であった。考えてみれば、大勢の方に執筆をお願いする場合には、手の速さに個人差があることについては十分覚悟しておくべきであったといえる。また、キーワードによって程度の差はあるが、それを見開き2ページで図解することは難しい作業であったことを改めて感じないわけにはいかない。また、若干ではあるが、執筆の過程でキーワードの分割や再構成も行っている。
　執筆依頼から刊行までに時間がかかっていることについては、依頼後早速に原稿をお届けくださった方にはご心配をおかけした。彰国社の担当編集者に度々苦言が届けられてもいる。当然のことである。さらに、時間が経つ中で扱っている事例やデータが古くなってしまった場合には、稿を改めざるを得なくなってしまい、これについてはただただ申し訳ない限りである。
　ところで、刊行までの間に、建築に関わる法律について大規模な変化があった。性能規定の導入をともなう建築基準法の改正と、住宅の品質確保の促進等に関する法律の制定である。当初の予定通りに刊行できていたとすれば、ただ今、こうしたことへの対応が早速検討されることとなっていたかもしれない。結果的に、こうしたことへの対応ができた形で刊行できたのは、せめてもの幸いであったといえよう。

構法と構法計画について……
　構法および構法計画という用語は、ある年代、大まかには、大学の卒業年次でいえば1970（昭和45）年代以前の方にはなじみが少ないかもしれない。日本建築学会に構法計画部会が設けられたのは1974（昭和49）年であるが、当時、各大学の建築学科のカリキュラムには、建築構法や構法計画という科目は数えるほどしか見られなかった。今日の建築構法や構法計画に対応する内容は、一般構造や各部構造といった名称の科目で扱われていた。当時は、建築に対する需要が質的にも量的にも急激に拡大する中で、新しい建築材料の登場、生産方式の工業化、要求性能の高度化多様化、用途・規模の拡大が進み、建築構法についてもさまざまな観点から多様化が見られるようになっており、今日に至っている。
　こうした中で、大学における建築教育においても、多様な構法の体系的なとらえ方や、計画、性能、生産性などの諸要求を満足できる構法を実現するための手法などを内容とする、建築構法や構法計画といった科目の設置が普及してきている。これを主たる研究分野とする教育者はまだまだ不足しているが、人材の育成が科目の設置に比べて時間を要するのはいたし方のないことではある。
　構法を体系的にとらえる視点として、空間構成から見た部位別、構造や設備などの特定

の機能に対応した一式のもの、一連の生産過程に即した一式のもの、各種性能を実現するための一式のものといった、建築全体をとらえようとするものや、仕上げと下地、取合いと納まり、部材と接合といった、細部への意識に重きを置いたものがある。これらの視点は、もとより、相互に深く関連し合っている。そして、これらの視点は、建築のしくみの図解に有効であると考えられ、このことは本書の編集の骨格となっている。

建築のしくみと構法について……

　もとより本書は、建築のしくみを図解しようとしたものであり、構法や構法計画そのものの書ではない。ものとしての建築のしくみについて、さまざまな視点からヴィジュアルに理解していただくための書である。とはいえ、本書の作成を通して、構法および構法計画は、従来からある専門分野が明確なテリトリーをもった縦割り的な性格が強いのに対し、多くの専門分野との関わりが大きい横断的な性格が強い分野であることが、改めて感じられた。建築の全体あるいは部分をとらえた構法は、それ自体のしくみがあるとともに、構造、計画、環境工学などの諸条件を総合的に反映したものであり、デザインや生産性などに関する諸要求に応えようとしたものである。このことは、本書を、建築の初学者が建築への理解を深めていただくうえで有用なものとし、また、建築諸分野の専門家の方々が、ものとしてつくられている建築と各専門との関わりについて改めて考えていただくきっかけになるといった点からも、活用いただけるものとしたいという、彰国社の意図にも応えられることにつながっていると考えている。

図版の作成について……

　本書の図版のうち、大きい図については執筆者にできるだけオリジナルを作成いただき、図法もアイソメトリックを用いることを原則としている。このことは、本書のイメージアップに有効だったと考えている。そのほかの図については、やはり、オリジナルな創意工夫のあるものを作成していただく一方、多くの文献や資料を参考に作成していただいたものも多い。なお、一部には、こうした原則にとらわれずに作成したものもあるが、キーワードの特性によるものや執筆者の意向を尊重したものである。こうした図版があることは、むしろ、本書全体にとって好ましい結果をもたらしたと思っている。

　2001年1月

　　　　　　　　　　　　　　　　　　吉田倬郎（建築図解事典編集委員会委員長）

執筆者一覧 (50音順)

秋葉泰則 (大和ハウス工業)
　軽量鉄骨プレファブ住宅の製作

安達和男 (Adachi Archi Associate)
　クリーンルーム／アトリウム／インテリジェントビル

阿部達也 (鹿島建設)
　コンクリート系ラーメン構造

荒川稔 (都市再生機構)
　浴室・洗面・トイレユニット／給水・排水・給湯のしくみ

伊香賀俊治 (慶應義塾大学)
　サステナブル建築

池田靖史 (東京大学)
　CAD

石井満 (東京建築研究所)
　免震構造

石川善弘 (竹中工務店)
　ドーム屋根の施工

和泉意登志 (八洋コンサルタント)
　型枠

上野高敏
　ビル自動化施工

上野義雪 (千葉工業大学)
　人の寸法・動きを読む

浦江真人 (東洋大学)
　建築計画と構造計画／構造方式と架構形式／荷重と応力／基礎構造／PC構造

遠藤和義 (工学院大学)
　大工道具／タワークレーン

大井尚行 (九州大学)
　光を操る

太田昭夫 (OT住宅研究室)
　鉄骨系戸建住宅

大橋好光 (元東京都市大学)
　木質系戸建住宅／低層混構造／木質系の構造計画／在来軸組構法／新しい軸組構法／ツーバイフォー構法／3階建木造／木質パネル構法／壁・耐力壁／雪の構法

大原一興 (横浜国立大学)
　障害者・高齢者に使いやすい建築

岡田恒 (日本住宅・木材技術センター)
　耐風設計

奥田宗幸 (元東京理科大学)
　モデュール・木割り

小栗新 (アラップ・ジャパン)
　メガストラクチュア／スペースフレーム構造

小見康夫 (東京都市大学)
　床のしくみ／畳／板・フローリング／石・タイル・れんが／カーペット／OAフロア・床配線／合成樹脂系・そのほかの床仕上げ

嵩英雄 (元工学院大学)
　オフィスビルの施工

加藤雅久 (居住技術研究所)
　開口部のしくみ／窓の役割／金属製の窓／木製の窓／天窓・換気のための開口部／住宅の出入口／和室の建具／オフィスなどの出入口／雨戸とシャッター／鍵と錠／開口部を支える補助部品

蟹澤宏剛 (芝浦工業大学)
　仮設／鉄骨の製作

金箱温春 (金箱構造設計事務所)
　耐震設計／壁式鉄筋コンクリート構造

川合廣樹 (EQEインターナショナル)
　制振(制震)構造／平板構造／コア構造／外殻(チューブ)構造／トラス構造

木村衛 (エイ構造研)
　鉄骨系複合構造

木本健二 (芝浦工業大学)
　集合住宅の施工

栗田紀之 (きがまえ研究室)
　集成材構造／基礎／床組／軸組／小屋組

黒木二三夫
　吊り構造・張弦梁構造／アーチ構造・ヴォールト構造／シェル構造／折板構造／膜構造

後藤治 (工学院大学)
　住宅(町屋[町家]・農家)／住宅(寝殿造り・書院造り・数寄屋造り)／城郭(天守)の構造・意匠／洋館の構造・意匠／社寺建築

小林敬一 (東北芸術工科大学)
　街並み／広場

駒野清治 (OMソーラー)
　ソーラーシステム

佐々木克憲 (都市再生機構)
　システムキッチン

佐々木正明
　PCa工法／PCa板の製作工場

佐藤考一 (金沢工業大学)
　部品工場

澤地孝男 (建築研究所)
　熱をさえぎる／空気のコントロール

清水昭浩 (高砂熱学工業)
　室内気候のコントロール／電気を用いる設備

杉山岳巳 (シドニー大学)
　駐車場のしくみ／住宅まわり／オフィスビルまわり

鈴木光 (鈴木建塗工業)
　左官道具

須永修通 (東京都立大学)
　快適な放射暖冷房

清家剛 (東京大学)
　階段の構成／PCa製作／プレカット工法

清家剛 (東京大学) ＋名取発 (東洋大学)
　屋根のしくみ／草葺き・板葺き・樹皮葺き／瓦葺き／戸建住宅の金属屋根／大規模建築物の金属屋根／陸屋根／いろいろな屋根／壁のしくみ／伝統的な外壁／現代の戸建住宅の外壁／メタルカーテンウォール／PCカーテンウォール／ALCパネルによる外壁／タイル仕上げ／石張り仕上げ／ガラスによる外壁／壁の内部仕上げ／間仕切り／そのほかの乾式外壁

田辺謙一
　建物の解体工法

角田誠 (東京都立大学)
　天井のしくみ／天井の仕上げ／伝統的な天井／システム天井

友田修 (元環境計画研究所)
　迷わないサイン計画

内藤龍夫
　躯体の大規模改修工事

中井敏之 (ナカイアーキテクツ)
　木製の階段

宮島金悟 (フジタ)
　逆打ち工法

那須聖 (東京工業大学)
　エスカレーター／エレベーター

西村慶徳 (アルボックス)
　在来木造住宅の施工

長谷川直司 (国土技術政策総合研究所)
　外壁の補修・改修工事

馬場明生
　鉄筋コンクリート組積造

濱田幸雄 (日本大学)
　音を制御する

原田和典 (京都大学)
　火災を防ぐ

平林裕治 (清水建設)
　施工ロボット

深井和宏 (ものつくり大学)
　板図

北後明彦 (神戸大学)
　火災に対処するしくみ

堀富博 (シグマ建築構造研究所)
　保存と再生

堀江龍巳 (清水建設)
　鉄骨系ラーメン構造

前川秀幸 (職業能力開発総合大学校)
　ログハウス／接合・継手・仕口／接合金物

三浦秀一 (東北芸術工科大学)
　エネルギーの有効利用

宮城俊作 (奈良女子大学)
　屋外広告物と都市景観

八代克彦 (ものつくり大学)
　鉄骨の階段／階段の手摺／バルコニー

野城智也 (東京大学)
　防水・雨仕舞／建築のリサイクル

山口修由
　強風対策

山田泰範 (山田構造設計事務所)
　鉄筋コンクリートの階段

大和智
　数寄屋風のしつらえ

渡辺いづみ (日建ハウジングシステム)
　造付け家具

渡辺光良
　組積造・補強コンクリートブロック構造

図版関係リスト

●図版出典・資料提供

<構造>
日本建築学会編『大架構空間　体育館』(彰国社、1989年) ……… p.12
日本建築学会編『構造用教材』(日本建築学会、1995年) ……… p.16表,21上,26下,27下,29中・右,32下(2点),33下(3点)、41上・中,49上-左上・上-下,57中-下,64下,65下,75上-左,79中-下,93下-左
末永保美編著『構造計画』(朝倉書店、1982年) ……… p.17上・中
清水建設免制震研究会著『耐震・免震・制震のわかる本ー安震建築をめざして』(彰国社、1999年) ……… p.24右上
『建築技術』1996年10月号 ……… p.25下
積水ハウス ……… p.30上・下-右(2点)
建築構造システム耐震研究会編『図解テキスト　建築構造ー構造システムを理解する』(彰国社、1997年) ……… p.30下-左,31下、32上,33上,61上,63上,69上・下-左,71中-上,87上-右上下(2点)
池田彩 ……… p.34
竹中工務店 ……… p.35上
大成プレハブ ……… p.36,37下
三井建設 ……… p.39中(2点)
日本建築学会編『壁構造配筋指針』(日本建築学会、1987年) ……… p.40
北海道メーソンリー建築協会企画『メーソンリー建築設計マニュアル』(北海道メーソンリー建築協会、1997年) ……… p.41上(6点)
『日米共同組積造耐震研究　RM構造の開発』(建設省建築研究所、建築研究振興協会、建築業協会) ……… p.42 (国土交通省建築研究所転載許可承認 [平成13年2月1日付け建研企発第17号] を得て転載)
西日本高建築連盟編『新建築設計ノート　構造計画の進め方』(彰国社、1994年) ……… p.46下,47下
岡田久志・小高昭夫著『入門　鉄骨構造設計』(工業調査会、1997年) ……… p.47中-上・中-下
プランテック総合計画事務所 ……… p.52
宮元健次著『初めての建築構造デザイン』(学芸出版社、1997年) ……… p.53上-上(3点)・上-左下・上-右下
"The Arup Journal", Dec.1982 ……… p.54
加藤勉著『建築学体系17　鉄骨構造』(彰国社、1971年) ……… p.55上
『a+u』1988年5月臨時増刊号 ……… p.56
Philip Johnson, "MIES VAN DER ROHE" (The Museum of Modern Art, N.Y., Third Edition, 1978) ……… p.57
小宮山昭+ユニテ設計・計画 ……… p.57下
トモエコーポレーション ……… p.59中-左上
新日本製鐵 ……… p.59中-左下
日本鋼造協会編『スペース・ストラクチャーの設計と実例』(鹿島出版会、1971年) ……… p.59中-中・中-右
アトリエ・K ……… p.60
KAJIMA DESIGN ……… p.61下-右
日本建築学会編『建築構造パースペクティブ』(日本建築学会、1994年) (作画：小林創、作画協力：インフォマティクス) ……… p.62上,66上
フォレスト・ウィルソン著『構ртと空間の感覚』山本学治・稲葉武司訳 (鹿島出版会、1976年) (原書：Forrest Wilson, "Structure; the Essence of Architecture", Studio Vista, 1971) ……… p.62左下
川口衞ほか著『建築の絵本　建築構造のしくみー力の流れとかたち』(彰国社、1990年) ……… p.63中-上・中-下,67中上・中-下,69中-上・中-下・下-右,71上
内藤廣建築設計事務所 ……… p.64上,86
『プレストレストコンクリート建築マニュアル』(プレストレスト・コンクリート建設業協会、1989年) ……… p.65上-左
フドウ建研 ……… p.65上-右
上杉啓・真鍋恒博ほか著『図解テキスト　基本建築学』(彰国社、1998年) ……… p.65中
柴田知彦・柴田いづみ/SKM設計計画事務所 ……… p.68
大林組 ……… p.70
杉山英男著『デザイナーのための木構造』(彰国社、1982年) ……… p.73上・右
日本住宅・木材技術センター編『3階建て木造住宅の構造設計と防火設計の手引き　1999年版』(日本住宅・木材技術センター、1999年) ……… p.73下-左
積水化学工業 ……… p.79上-右
『建築知識』1992年9月号 ……… p.80,81下-左
エス・バイ・エル ……… p.82
星野和弘著『建築英語事典』(彰国社、1973年) ……… p.87上-左(6点)
伊東豊雄建築設計事務所 ……… p.87下-右
中村裕史ほか著『寒地住宅の基礎知識』(北海道建築士会、北海道指導センター、1987年) ……… p.89下-右
木造建築研究フォラム・図説木造建築事典編集委員会編『図説・木造建築事典[基礎編]』(学芸出版社、1995年) ……… p.91上,93中,95上-中・上-右,99上,101中-上(6点)
鈴木嘉吉編『日本の民家6　町家II(近畿)』(学習研究社、1980年) ……… p.102上-左・上-右
文化財建造物保存技術協会『重要文化財小坂家住宅修理工事報告書』(私家版、1983年) ……… p.102下 (当協会許可済)
文化財建造物保存技術協会『重要文化財牧村家住宅修理工事報告書』(私家版、1982年) ……… p.103上(4点) (当協会許可済)

大野敏………p.103下（3点）
西和夫著『名宝日本の美術15　姫路城と二條城』（小学館、1981年）………p.104
日本建築学会編『日本建築史図集』（彰国社、1980年）………p.105上-左,106,107上-左・上-右上,111下
太田博太郎編『日本建築史基礎資料集成2　社殿Ⅱ』（中央公論美術出版、1972年）………p.105上-右
京都府教育委員会編『国宝慈照寺東求堂修理工事報告書』（京都府教育委員会、1965年）………p.105中-右
太田博太郎編『日本建築史基礎資料集成16　書院Ⅰ』（中央公論美術出版、1971年）………p.105下-左
斎藤英俊著『名宝日本の美術　第21巻　桂離宮』（小学館、1982年）………p.105下-右
文化財保護委員会編『重要文化財旧江戸城田安門、同清水門修理工事報告書』（文化財保護委員会、1967年）………p.107下（3点）
旧開智学校本館移転修理工事事務所編『重要文化財旧開智学校本館移転修理工事報告書』（松本市教育委員会、1965年）………p.108上（2点）
文化財建造物保存技術協会『重要文化財山形県旧県会議事堂修理工事報告書』（山形県、1991年）………p.108下（2点）
福田晴虔編『日本の民家8　洋館』（学習研究社、1981年）………p.109上（4点）・下-左（4点）
Steven J. Phillips, "Old-House Dictionary" (John Wiley & Sons, 1994)………p.109下-右（5点）
大岡実著『日本の美術7　奈良の寺』（平凡社、1965年）………p.110下（5点）
文化庁監修『文化財講座　日本の建築2　古代Ⅱ・中世Ⅰ』（第一法規、1976年）………p.111上-上（4点）・上-左下（2点）
滋賀県教育委員会編『重要文化財苗村神社楼門修理工事報告書』（滋賀県教育委員会、1981年）………p.111上-右下
文化財建造物保存技術協会『重要文化財大乗寺仏殿修理工事報告書』（大乗寺、1994年）………p.111中

＜各部構法＞
安藤邦廣著『茅葺きの民族学』（はる書房、1983年）………p.116
安藤邦廣・乾尚彦・山下浩一著『住まいの伝統技術』（建築資料研究社、1995年）………p.117上・中-中・中-右・下-左, 127中-右（2点）
木造建築研究フォーラム・図説木造建築事典編集委員会編『図説・木造建築事典[基礎編]』（学芸出版社、1995年）………p.117中-左
善光寺編『国宝善光寺本堂保存修理報告書』（善光寺、1990年）………p.117下-右（2点）
日本建築学会編『構造用教材』（日本建築学会、1995年）………p.118右上（2点）,119中-上（7点）・中-左下（8点）,127中-右, 133上-右,188下-左・下-右,194上-右・中-右・下,195上-中・上-右-左下（2点）,196下-右（7点）
内田祥哉監修、大野隆司ほか著『建築構法＜第三版＞』（市ヶ谷出版社、1996年）………p.127上,129中-右（4点）,167上
日中伝統民家・集落シンポジウム：松留慎一郎『能登地方と南紀地方における屋根構法の変遷』（1992年）………p.119下
『ディテール』90号（1986年秋季号）………p.123上（4点）
住友金属建材………p.123下
『建築知識』1990年9月号………p.126
竹中工務店………p.127下-右
『カーテンウォールってなんだろう』（日本カーテンウォール工業会、1995年）………p.129下,134右（2点）,135上-左・中-左（2点）,137上-中
渡邊敬三・石川廣三著『屋根と壁の構法システム』（建築技術、1996年）………p.128上-右
日本建築学会編『建築学便覧Ⅰ　計画（第2版）』（丸善、1980年）………p.129上-左（2点）
日本建築学会編『建築設計資料集成10　技術』（丸善、1983年）………p.129上-右
日本建築学会編『建築工事標準仕様書・同解説14　カーテンウォール工事』（日本建築学会、1996年）………p.129中-左
山田幸一監修『[INAX BOOKLET Vol.5] 日本の壁－鏝は生きている』（INAX出版、1985年）………p.131下-右
丸一俊雄・藤井餂純著『最新タイル工事施工マニュアル』（井上書院、1996年）………p.133中-右
『施工』1979年12月号………p.135中-右
建設省住宅局建築指導課・日本建築主事会議監修『外装構法耐震マニュアル－中層ビル用（第2版）』（日本建築センター、1998年）………p.138下右,139中
日本建築学会編『建築工事標準仕様書・同解説21　ALCパネル工事』（日本建築学会、1998年）………p.139上-右
建築技術『外装メカニズム』ワーキンググループ編『[建築技術増刊] 建築外装メカニズム読本』（建築技術、1995年）………p.140右下,145上-左（2点）
建設省住宅局建築指導課・日本建築主事会議監修『外装構法耐震マニュアル－低層住宅用（第2版）』（日本建築センター、1998年）………p.142右（2点）
日本建築学会編『建築工事標準仕様書・同解説9　張り石工事』（日本建築学会、1996年）………p.143右上（2点）
日本建築学会編『建築工事標準仕様書・同解説17　ガラス工事』（日本建築学会、1991年）………p.145上
彰国社編『建築文化11月号臨時増刊　デザイナーのための内外装材チェックリスト　2001年度版』（彰国社、2000年）………p.147中-左・下-表
日本電子硝子………p.145下-右
内田祥哉ほか編著『現代建築学　建築構法計画』（鹿島出版会、1983年）………p.148下
日本建築学会編『コンパクト建築設計資料集成＜住居＞』（丸善、1991年）………p.168,169
ロックウール工業会「ロックウール化粧吸音板　設計施工資料」………p.172,173
旭硝子………p.177中-上
三和シャッター工業………p.191中-下
美和ロック株式会社企画・監修、赤松征夫著『錠と鍵の世界－その文化史とプラクティカル・テキスト』（彰国社、1995年）………p.193上-左・中-左
『建築技術』1995年7月号………p.200右下
日本建築学会編『型枠の設計・施工指針案』（日本建築学会、1988年）………p.201下-左

日本建築学会編『建築設計資料集成5　単位空間Ⅲ』(丸善、1982年) ……… p.208表(2点)
E.ノイフェルト著『建築設計大辞典』山田稔・池田有隣監訳 (彰国社、1988年) ……… p.211上

<設備・性能・機能>
都市基盤整備公団 ……… p.214,215中,217中・左・下,261下・右
紀谷文樹総合監修、鎌田元康編著『給排水衛生設備学　初級編　水まわり入門』(TOTO出版、1991年) ……… p.215下・右(3点)
松下電気産業 ……… p.217中・下
泉忠之編著、青山正弘ほか著『住まいの水まわり学入門』(TOTO出版、1995年) ……… p.219中・下
日本電設工業協会編集出版委員会・編集専門委員会編『新編・新人教育－電気設備』(日本電設工業協会、1989年) ………
　p.223上(3点)
東京ガス ……… p.224下,230右下
住化プラステック ……… p.225中・右下
日建設計 ……… p.225下,256,260,261上
ＯＭソーラー協会 ……… p.226下
PV建築デザインガイド編集委員会編『PV建築デザインガイド　世界の太陽光発電建築事例集』(新エネルギー・産業技
　術総合開発機構、2000年) ……… p.227中・下
大阪ガス ……… p.231下,261下・左
『建築技術』1996年7月号 ……… p.235上,237下(5点)
次世代省エネルギー基準解説書編集委員会編『住宅の次世代省エネルギー基準と指針』(住宅・建築省エネルギー機構、
　1999年) ……… p.235下(5点)
アルセッド建築研究所 ……… p.249中・右
高砂熱学工業 ……… p.254,255上・中
佐藤清ほか著『クリーンルームの設計・施工実務マニュアルと実例集』(環境企画、1986年) ……… p.255下
日本設計 ……… p.257下・左・下・右
建築技術編『アトリウムの計画とデザイン　都市におけるアメニティ空間の創造』(建築技術、1993年) ……… p.257中・下・
　左・下・中
日本電信電話株式会社建築部編著『インテリジェントビル設計計画ガイドブック』(通信建築研究所、1987年) ……… p.258
『建築文化』1990年7月号 ……… p.259中・下
NTT-IB研究会編著『インテリジェントビル設計計画用語事典』(彰国社、1987年) ……… p.259中・右・下
野村みどり編、秋山哲男・八藤後猛ほか著『バリア・フリーの生活環境論＜第2版＞』(医歯薬出版、1997年) ……… p.263下

<エクステリア・インテリア>
日本建築学会編『構造用教材』(日本建築学会、1995年) ……… p.267下・右(5点)
『建築保全』1992年7月号 ……… p.269上・下・中・右上
千葉県企業庁地域整備部幕張新都心建築課 ……… p.270
彰国社編『東京都立大学－新キャンパスの計画とデザイン』(彰国社、1993年) ……… p.273中
『屋外広告物と都市景観のあり方に関する調査報告書』(建設省・計画技術研究所、1987年) ……… p.275
三渓園重要文化財建造物修理実施委員会編『三渓園内建物 (臨春閣・春草廬・天瑞院寿塔) 修理工事報告書・下巻』
　(1958年) ……… p.276

<生産>
岩井一幸・奥田宗幸著『図解　すまいの寸法・計画事典』(彰国社、1992年) ……… p.283中
日本建築学会編『設計計画パンフレット12　モデュールと設計』(彰国社、1961年) ……… p.283下
『建築知識』1999年10月号 ……… p.289下
竹中工務店 ……… p.290-291,294 (作図：川崎パース工房),295,317下・右
鴻池組 ……… p.293
永雄五十太著『絵でみる大工道具もの知り事典』(井上書院、1987年) ……… p.296中・中,297上右・中右・下右
永雄五十太著『図でわかる大工道具』(理工学社、1986年) ……… p.297上・左・中・左・下・左
新建築学体系研修委員会編、池田太郎・松本信二著『新建築学体系48　工事管理』(彰国社、1983年) ……… p.310中
日綜産業 ……… p.303上(8点)
内藤龍夫・中島正秀・佐貫久著『図解　逆打ち工法の計画と施工』(彰国社、1998年) ……… p.305下
大屋準三編著『図解　型枠支保工計画』(彰国社、1984年) ……… p.306
日本建築学会編『型枠の設計・施工指針案』(日本建築学会、1988年) ……… p.307上(4点)
彰国社編『建設ロボット大図鑑－全自動化施工への羅針盤』(彰国社、1993年) ……… p.308,309上・中・右・下
トキメック ……… p.309中
清水建設 ……… p.311
清水建設株式会社編『DNタワー21 (第一・農中ビル)　歴史的建築物の保存と再生』(丸善、1996年) ……… p.315下
建設大臣官房官庁営繕部監修『建築改修工事施工管理指針 (平成4年版)』(建築保全センター、1992年) ……… p.316右,
　317上・中・上・右
建設大臣官房官庁営繕部監修『建築改修設計基準 (平成4年版)』(建築保全センター、1992年) ……… p.317上・左
『建設技術研究開発の概算要求概要』(建設省、1996年) ……… p.317下・左
鹿島建設 ……… p.318-319
大成プレハブ ……… p.324-325
宮川工機 ……… p.326左,327下・上

全国木造住宅機械プレカット協会編『機械プレカット部材製造マニュアル』(全国木造住宅機械プレカット協会)………
　　p.326右
横河ブリッジ………p.328
人見勝人著『入門編　生産システム工学＜第2版＞』(共立出版、2000年)………p.332
H.オーピッツ著『グループ・テクノロジー』鈴木隆・三宅弘訳(日本能率協会、1969年)………p.333

●作図参考文献

石川島播磨重工業資料………p.232
『ESPLANADE21』1992年1月冬号………p.272
筋野三郎・畑中和穂著『おさまり詳細図集①　木造編』(理工学社、1972年)………p.199下
フランツ・シュスター著『階段　世界のディテール』大萱昭芳訳(集文社、1980年)………p.203下
建築技術「外装メカニズム」ワーキンググループ編著『[建築技術増刊]建築外装メカニズム読本』(建築技術、1995年)………
　　p.316左
『建築技術』1995年12月号………p.145下-左・下-中
内田祥哉監修、大野隆司ほか著『建築構法＜第三版＞』(市ヶ谷出版社、1996年)………p.118左下,119上-左,128左上
『建築知識』1990年9月号、1994年12月号………p.120,121
日本建築センター編『建築防災計画実例集』(日本建築センター、1985年)………p.228
石井肇一夫・安宅信行著『建築　膜構造の設計』(工業調査会、1969年)………p.71
日本建築学会編『構造用教材』(日本建築学会、1995年)………p.146
日本建築学会編『構法計画パンフレット3　カーテンウォールのオープンジョイント』(彰国社、1987年)………p.243下-右
C.A.ドクシアディス著『古代ギリシャのサイトプラニング』長島孝一・大野秀敏訳(鹿島出版会、1978年)………p.243
『[住宅建築別冊・4]混構造住宅の詳細　宮脇檀建築研究室の作品30選』(建築資料研究社、1980年)………p.34
Spiro Kostof, "The City Shaped" (Thames and Hudson, 1991)………p.273上-右
三協アルミニウム工業資料………p.333下
日本建築センター編『新・建築防災計画指針』(日本建築センター、1985年)………p.229上-左
ACEネットワーク著『図解よくわかる建築・土木』(西東社、1997年)………p.19中
レオナルド・ベネーヴォロ著『図説・都市の世界史1　古代』佐野敬彦・林寛治訳(相模書房、1983年)………p.273上-右
木造建築研究フォラム・図説木造建築事典編集委員会編『図説・木造建築事典[基礎編]』(学芸出版社、1995年)………
　　p.90上・下
巽和夫ほか著『住環境の計画2　住宅を計画する』(彰国社、1988年)………p.267上-左下
住宅団地環境設計ノート編集委員会『住宅団地環境設計ノート　その9　住宅づくりの新しいコンセプト・技術』(日本住宅協会、1991年)………p.269下-左
国際シェル学会立体鋼構造作業グループ編『スペースフレーム(立体格子構造)設計・解析・施工(文部省科学研究費補助金総合研究B)』(日本建築学会構造委員会シェル構造分科会講習会、1983年10月)………p.58
セントラル硝子資料………p.177
『竹中工務店設計部編著『竹中工務店のディテール　実例詳細・標準詳細図集』(彰国社、1988年)………p.35上
『ディテール』99号(1989年冬季号)………p.127下-右
Edmund N. Bacon, "Design of Cities" (Penguin Books, 1967)………p.273上-左
興水肇監修、東京都新宿区編著『都市建築物の緑化手法　みどりある環境への技術指針』(彰国社、1994年)………p.269中-右下・下-左
太田博太郎編『日本建築史基礎資料集成7　仏像Ⅳ』(中央公論美術出版、1970年)………p.110上
『ビルディングレター』1991年7月号………p.55
アルベルト・C.カルピチェーチ著『ポンペイ　今日の2000年前の姿』(ボネキ出版《イル・ツーリズモ》、フィレンツェ)………p.257上
里川長生著『木造建築－住宅設計の実務』(理工図書、1990年)………p.198
服部扶桑・坂口清博著『門と塀のデザイン500集』(オーム社、1971年)………p.267下

●写真撮影・提供・出典

アールシーコアビッグフット事業本部………p.29右
一条工務店………p.28左
"Wendepunkt In Bauten" (photo by Harry Callahan)
　　………p.59下-右
鹿島建設………p.318-319
神谷宏治………p.59上
小松清………p.71下
椎名英三………p.39
清水建設………p.311
彰国社写真部………p.71左,135左,245右
新建築写真部………p.67左,303右
新日軽………p.333(2点)

積水化学工業………p.28右・133右
積水ハウス………p.133左
大成プレファブ………p.325
大和ハウス工業………p.330-331
高橋一正………p.67左
竹中工務店………p.309
畑拓(彰国社)………p.137左・右,245左
松村秀一………p.323上(3点)
ミサワホーム………p.29左,133右
宮川工機………p.327
横河ブリッジ………p.329
和木通(彰国社)………p.21,127,135中・右,137中

索引 (＊太字は本書のキーワード名)

【あ】

アースアンカー工法 ———— 27
アーチ ———— 41, 61, 62, 66, 87, 96
アーチ基礎 ———— 66
アーチ構造 ———— 14, 62, 63
＊アーチ構造・ヴォールト構造 ———— 62
アーチ材 ———— 86
アーチタイビーム ———— 66
アーチベースシュー ———— 87
RC壁式構造 ———— 68
RCスラブ ———— 40
RC造 ———— 13, 42, 64, 157, 224
RCバルコニー ———— 42
RC屋根スラブ ———— 42
RC床スラブ ———— 42
相欠き ———— 85, 99
相じゃくり ———— 157
Iビーム ———— 79, 91
あおり止め金物 ———— 101
明り障子 ———— 179, 180, 187
アクティブ制振 ———— 24, 25
上げ下げ戸 ———— 175
足固め貫 ———— 93
足場 ———— 303
アスファルト ———— 124
アスファルトフェルト ———— 74, 78
アスファルト防水 ———— 115, 124
アスファルトルーフィング ———— 68, 74, 78, 82, 96, 124
アスペクト比 ———— 53
校木組手 ———— 85
校倉構法 ———— 29
校倉造り ———— 84
＊新しい軸組構法 ———— 76
圧縮力 ———— 16, 48, 49, 55, 57, 64, 66, 69
圧縮リング ———— 61
圧着接合 ———— 37
圧力タンク ———— 218
＊アトリウム ———— 256
アトリウム ———— 12, 257
あばら筋 ———— 45
雨仕舞 ———— 114, 182, 190, 237, 242
雨戸 ———— 174, 190, 247
＊雨戸とシャッター ———— 190
網入り板ガラス ———— 177
網戸 ———— 174
荒床 ———— 74, 78

蟻 ———— 99
アルミサッシ ———— 178
アルミスパンドレル ———— 150
アンカー ———— 179
アンカー工法 ———— 304
アンカーピン ———— 316
アンカーヘッド ———— 64
アンカーポイント ———— 88
アンカーボルト ———— 29, 68, 74, 80, 83, 88, 92
アングル ———— 148
安全ガラス ———— 177
安全性 ———— 160
アンダーカーペット ———— 163
アンボンドブレース ———— 58
イギリス積み ———— 41
藺草(いぐさ) ———— 154
生垣 ———— 267
椅座(姿勢) ———— 253
石 ———— 136, 158
維持管理 ———— 182
＊石・タイル・れんが ———— 158
＊石張り仕上げ ———— 142
異種構造 ———— 34
板 ———— 156
板壁 ———— 131
板ガラス ———— 177
＊板図 ———— 284
板戸 ———— 190
板張り ———— 131
板葺き ———— 116
＊板・フローリング ———— 156
1方向吊り屋根構造 ———— 61
一面円弧落し ———— 85
一面円弧落し実加工 ———— 85
一面落し ———— 85
一文字葺き ———— 120, 123
移動端 ———— 17
田舎間 ———— 283
犬走り ———— 267
芋積み ———— 41
入母屋 ———— 115
＊いろいろな屋根 ———— 126
隠居家 ———— 101
＊インテリジェントビル ———— 258
インテリジェントビル ———— 259, 290
インフィル ———— 261

V字状柱 ———— 66
ウインドバリア ———— 243
上枠 ———— 178
ウォールウォッシャー ———— 239
ウォール型 ———— 204
ヴォールト ———— 41, 59, 62
ヴォールト構造 ———— 62
浮き床 ———— 241
うだつ ———— 101
打込みサッシ ———— 37
内倒し戸 ———— 175
内法制 ———— 283
内法長押 ———— 93
内法貫 ———— 93
裏足 ———— 140
うろこ葺き ———— 127
上浦ごて(上塗り用) ———— 298
上框 ———— 178
上塗り ———— 75
上端筋 ———— 45
エアドーム ———— 295
HEPAフィルター ———— 254, 255
HP ———— 66
HPシェル ———— 67
ALC ———— 30, 125, 138, 139, 148, 152
ALCパネル ———— 139, 151
＊ALCパネルによる外壁 ———— 138
エコマテリアル ———— 260
SRC造 ———— 13, 48, 224, 290, 302
SI住宅 ———— 261
SSG構法 ———— 135, 144, 145
＊エスカレーター ———— 206
エスカレーター ———— 196, 207
S造 ———— 302
江戸間 ———— 154, 155
NC化 ———— 329
NC工作機群 ———— 332
エネルギー ———— 174
＊エネルギーの有効利用 ———— 230
FA化 ———— 324, 329
エフロレッセンス ———— 141, 142
えり輪入れ小根ほぞ落とし ———— 98
LVL ———— 79, 87, 91
＊エレベーター ———— 208
エレベーター ———— 115, 196, 209, 262, 290
縁側 ———— 267

344

エンジニアリングウッド ― 76	オランダ積み ― 41	街路 ― 272
鉛直荷重 ― 14, 15, 16, 26, 53, 57, 62, 306	折上げ天井 ― 167	街路景観 ― 273
	折置 ― 97	カウンタージブ ― 300
鉛直構面 ― 73, 84	オリエンテッドストランドボード ― 78, 79, 91, 94	カウンタートップ ― 216
鉛直接合部 ― 36		墓股 ― 109
鉛直接合部軸筋 ― 36	折返し階段 ― 196, 203, 205	抱え仕込み ― 75
扇垂木 ― 110	折曲がり階段 ― 196	鍵 ― 192
扇ほぞ ― 75, 98	温水配管 ― 220	＊鍵と錠 ― 192
応力 ― 16, 17, 39, 56, 57, 66, 68	温水ポンプ ― 220	角ごて ― 298
大入れ蟻掛け ― 96, 98		隔雪水路 ― 248
OAフロア ― 162	【か】	角柱 ― 105
＊OAフロア・床配線 ― 162	カーテン ― 174, 194, 195	額縁 ― 146, 168
OSB ― 78, 79, 91, 94	カーテンウォール ― 21, 134, 243, 323, 333	格縁天井 ― 171
大型パネル ― 82		隔壁 ― 241
大型パネル構法 ― 83	＊カーペット ― 160	下弦材 ― 86
大型連続布基礎 ― 30	カーペット ― 161	花崗岩類 ― 143
大壁 ― 74, 109, 130, 131	カーペット敷き ― 160	架構形式 ― 12, 14
大壁耐力壁 ― 95	カーポート ― 266	＊火災に対処するしくみ ― 228
大壁間柱 ― 92	外殻構造 ― 14, 53	＊火災を防ぐ ― 244
大梁 ― 44	＊外殻（チューブ）構造 ― 52	笠木 ― 204
オープンジョイント ― 243	外気取入れ口 ― 226	荷重 ― 12, 15, 17, 56, 64, 248
大津通し ― 298	外構 ― 266	荷重継続 ― 72
大引 ― 28, 74, 82, 89, 90, 92, 130	開口部 ― 174, 194	＊荷重と応力 ― 16
オープンカット工法 ― 27	＊開口部のしくみ ― 174	頭つなぎ ― 28, 94
オープンジョイント ― 135, 243	＊開口部を支える補助部品 ― 194	頭つなぎ上枠 ― 78
屋階 ― 79	ガイサポート ― 300	頭貫 ― 93, 109
屋外広告物 ― 274	改修 ― 314	ガス ― 216
＊屋外広告物と都市景観 ― 274	外周壁 ― 128	かすがい ― 96
屋上庭園 ― 268	外装 ― 259	ガスケット ― 137
屋上緑化 ― 261	階段 ― 85, 97	ガスコンセント ― 216
屋内消火栓 ― 229	階段室型 ― 197	ガスボイラー ― 224
押えケーブル ― 60	＊階段の構成 ― 196	風荷重 ― 15, 16, 20, 21
押出し成形セメント ― 125, 150, 151	＊階段の手摺 ― 204	＊仮設 ― 302
汚水桝 ― 218	＊快適な放射暖冷房 ― 224	仮設 ― 306
尾垂木 ― 110	回転端 ― 17	仮設計画 ― 300
追掛け大栓継ぎ ― 98, 99	回転戸 ― 175	片蟻欠き ― 85
音環境 ― 240	回転ドア ― 189	型板 ― 177
踊り場 ― 196, 197, 202	ガイドライン ― 270	型板ガラス ― 177
踊り場周桁 ― 202	開閉機能 ― 182	形鋼 ― 202
＊音を制御する ― 240	開閉方式 ― 75	片流れ ― 115
鬼瓦 ― 118	開閉屋根 ― 294	片引き ― 175
帯筋 ― 45	界壁 ― 81	片開き戸 ― 175
office automation ― 162	外壁 ― 94	片持ち階段 ― 201
オフィス建築 ― 46	外壁改修工法 ― 317	片持ちスラブ ― 32
＊オフィスなどの出入口 ― 188	外壁仕上げ ― 82, 133	片持ちスラブ配筋 ― 32
オフィスビル ― 12, 46, 52, 172, 188, 222, 268, 290	外壁タイル仕上げ ― 140	片寄せコア ― 51
	外壁通気構造 ― 95	片廊下型 ― 197
＊オフィスビルの施工 ― 290	＊外壁の補修・改修工事 ― 316	＊型枠 ― 306
＊オフィスビルまわり ― 268	界壁パネル ― 76	型枠 ― 201, 200, 302, 307, 324
お福柳刃ごて ― 298	外壁パネル ― 29, 76, 83	型枠コンクリートブロック構造 ― 40, 42, 43
表屋造り ― 102	外力 ― 12, 16, 17, 56, 68	

345

合掌	116	皮付き	105	CAD	76,99
合掌造り	97,103	側根太	94	CAD・CAM(化)	329
カテナリー	61	瓦	74,96,118,119	CAD・CAMシステム	327
可動	148	＊瓦葺き	118	キャピタル	38,39
可動間仕切り	149	瓦棒	121	キャピタルプレート	39
角金物	100	瓦棒葺き	121	キャビネット	216
かなぐし	298	換気	182,183,236,237	CAM(化)	99,330
矩ほぞ差し	93	換気口	74	キャンティレバー	53
金輪継ぎ	98	換気扇	174	キャンティレバー形式	38
矩折れ金物	92,93,100	環境共生建築	260	キャンティレバースラブ	39
下部支持構造	60	雁行形	104	吸音	166,240,241
かぶと蟻	96	乾式石張り仕上げ	142	吸音性	152,160
かぶと造り	103	乾式外壁	125	給水設備	218
壁	94,114	乾式工法	148,290	＊給水・排水・給湯のしくみ	218
＊壁・耐力壁	94	幹線ルート	259	給湯	224
壁型枠内端太	306	乾燥収縮	100	給湯管	218
壁型枠外端太	306	関東間	155,283	給湯器	218
壁紙	147	かんな	296,297	給湯設備	218
壁式	34	岩綿吸音板仕上げ天井	169	キュービクル	223
壁式構造	14,28,29,32,33,36	木負	110	境界アーチ構造	63
＊壁式鉄筋コンクリート構造	32	機械化・ロボット化施工	290	境界縁梁構造	60
壁式ラーメンRC造	45	機械換気システム	237	強化ガラス	177
壁式ラーメン構造	32	機械式駐車場方式	232	強化ガラスドア	188
壁下張り	94	機械的接合	98	共同住宅	81
＊壁のしくみ	128	機械的打撃工法	312	擬洋風	108
＊壁の内部仕上げ	146	機械プレカット	99	＊強風対策	246
壁パネル	28	規矩術	110	強風対策	247
壁梁	32	木ごて	298	京間	154,155,283
壁梁せん断補強筋	42	刻み	284	京呂	97
壁梁曲げ補強筋	42	基準階	292	局部風圧	21
壁横筋	42	木摺下地	133	巨大構造	54
壁量	33	木摺下地ラスモルタル塗り	75	きり	296
鎌	99	既製木製サッシ	181	切妻	115
框	180	＊基礎	88	切梁工法	304
鴨居	92,93,181,186	基礎	26,28,29,66,79,82,83,248	木割り	282,283
かや負	110	基礎アンカーボルト	64	キングポストトラス	39,97
かや葺き	115,117	＊基礎構造	26	金属笠木	125
ガラス曲線	70	基礎コンクリート	88	金属系パネル	150
ガラススクリーン	145	基礎スラブ	32	＊金属製の窓	178
ガラス付き建具	187	基礎断熱	89	金属板一文字葺き	243
＊ガラスによる外壁	144	基礎梁	32,40,70	金属板葺き	115
ガラスの止め方	181	基礎免震	23	金属板防水	115
ガラスブロック	145	亀甲葺き	120,121	クアハウス	68
ガラス屋根	257	キッチン	252	クイーンポストトラス	97
唐破風	106,108	木取り	74	杭基礎	26,27,88
仮支柱工法	294	木鼻	109	空気支持式膜構造	71
臥梁(がりょう)	40,42	木拾い	284	空気調和	220
臥梁配筋	40	気密	235,236	＊空気のコントロール	236
側桁	198	気密性	180	空気膨張式膜構造	71
側桁階段	199,203	気密性能	128	空気膜	70
側柵	204	＊CAD	286	空気膜構造	70,71

空調 — 172,290	化粧垂木 — 109	高層 — 290
空調機 — 220	化粧天井 — 168	高層オフィスビル — 290,291
空調設備 — 220	桁 — 28,90,96,116,196,198	構造解析 — 286
釘 — 132	桁行筋かい — 96	構造計画 — 12
釘抜き — 296	桁行耐力壁 — 36	構造形式 — 64
矩形窓 — 177	結合材 — 82	高層建築 — 209
草葺き — 97,116	結晶化ガラス — 150,151	構造コア — 50
＊草葺き・板葺き・樹皮葺き — 116	結露 — 235	構造方式 — 12,14,16
くしごて — 298	けびき — 296	＊構造方式と架構形式 — 14
＊躯体の大規模改修工事 — 318	煙感知機 — 172,172,222,229	構造用合板 — 68,76,78,79,80,91
管柱 — 92,93	けやき — 198	高断熱・高気密 — 77,94
下り棟 — 114	けらば — 114	格天井 — 168,171
掘削重機 — 304	けらば瓦 — 118	勾配 — 196,197
くつずり — 146	玄関戸 — 184,185	勾配屋根 — 96
組物 — 109,110	玄関ポーチ — 108	鋼板 — 202
クライミング — 301	懸垂 — 61	合板ガゼットプレート — 78
グラウト — 43	建設用ロボット — 310	合板スペーサー — 79
クラウンプレート — 87	＊現代の戸建住宅の外壁 — 132	鋼棒ダンパー — 22
鞍形欠き — 85	間知石 — 95	高麗門 — 107
鞍金物 — 80,100	建築協定 — 270	合理化構法 — 101
グラスウール — 94	建築計画 — 12	合理化認定制度 — 76
クラッチ仕上げ — 140	＊建築計画と構造計画 — 12	虹梁 — 109,110
クリープ — 72	＊建築のリサイクル — 320	コージェネレーション(システム) — 230, 231
＊クリーンルーム — 254	間斗束 — 109	
クリーンルーム — 255	建仁寺垣 — 267	コーナー結合材 — 29
グリッドシステム — 83	玄能 — 296	小壁 — 105
グリッドスラブ — 39	コア — 12,50,51,53,197,218,290	小壁パネル — 29,83
グリッパー構法 — 161	＊コア構造 — 50	こけら — 104
車いす — 263	コア構造 — 14	こけら葺き — 115,117,127
車いす用エスカレーター — 206	鋼管コンクリート構造 — 48	腰掛け蟻 — 96
グループテクノロジー — 332,333	鋼管立体トラス — 58	腰掛け蟻継ぎ — 75,98
グレーチング — 267	工期短縮 — 304	腰掛け鎌継ぎ — 75,98
クレセント — 178,195	工業化工法 — 77,290,292	腰壁 — 128,204
黒打ちごて(中塗り用) — 298	航空障害灯 — 268	腰長押 — 93
クロス仕上げ — 146	交差形転び止め — 79	腰窓 — 176
クロス貼り — 148	工作図 — 328	戸建住宅 — 46
クローズドジョイント — 135,243	格子シェル構造 — 67	＊戸建住宅の金属屋根 — 120
クローラクレーン — 301	剛床 — 91	こて — 298,299
蹴上げ — 197	剛心 — 19	固定アーチ構造 — 63
蛍光誘導 — 164	構真柱 — 304,305	固定荷重 — 14,16,72
傾斜屋根 — 114	剛性 — 19,152	こて板 — 298
軽量鉄骨 — 245	合成壁 — 49	固定端 — 17
軽量鉄骨造 — 30	＊合成樹脂系・そのほかの仕上げ — 164	御殿 — 106
軽量鉄骨プレファブ住宅 — 331	合成樹脂系塗り床 — 165	小はぜ — 120
＊軽量鉄骨プレファブ住宅の製作 — 330	合成樹脂系床シート貼り — 164	小端立て — 88
ケースロック — 192	合成筋かい — 49	小梁 — 28,44,170
ケーブル — 70	鋼製ドア — 189	小梁受け金物 — 101
ケーブル材 — 60	合成梁 — 49	小舞 — 127
ケーブルネット式吊り屋根構造 — 60	剛性率 — 34	小舞下地 — 130
蹴込み — 196,197	剛接合 — 30	小舞竹 — 95
蹴込み板 — 198	剛接点 — 17	込み栓 — 99

347

小屋裏	80, 166, 182
小屋裏換気口	174, 183
＊小屋組	96
小屋組	166, 288
小屋構造	109
小屋筋かい	96
小屋束	74, 80, 96
小屋トラス	82
小屋梁	74, 75, 80, 92, 96
転び	197
＊コンクリート系ラーメン構造（RC造・高層RC造）	44
コンクリート工事	308
コンクリート充填鋼管構造	13
コンクリート布基礎	80
混(合)構造	34, 198
混合水栓	216
混合廃棄物	320
コンセント	222
computer aided manufacturing	99, 327, 329, 330
computer intergrate manufacturing	330
コンロ台	216

【さ】

採光	180
採光屋根	183
最終処分場	320
サイディング	94, 132
サイディング張り仕上げ	132
＊在来軸組構法	74
在来軸組構法	28, 29
在来木造住宅	289
＊在来木造住宅の施工	288
サイン	251, 250
竿	99
竿車知継ぎ	75
竿縁	168, 170
竿縁天井	168, 170
界床	81
＊逆打ち工法	304
逆打ち工法	290, 305
逆打ちコンクリート打設	290
逆さシェル構造	67
座金	83
左官作業	299
＊左官道具	298
座屈	17, 48
ささら桁	198, 203
ささら桁階段	199

さしがね	110, 296
差鴨居	93
鎖錠機構	192
さす構造	96, 97, 116
＊サステナブル建築	260
サスペンション	60
サスペンション膜構造	70, 71
サッシ	135, 183
サッシバー	179
実付き合板	91
作用因子	174
桟	180
3階建	81
＊3階建木造	80
桟唐戸	109
桟瓦	118, 119
桟瓦葺き	115, 118, 243
サンドイッチパネル	78
三平先	110
三面落し	85
三面落し雇い実加工	85
仕上げ床	226
シアコッター	37
GRC	136
CFRC	136
CFT造	48
シート防水	115, 125
Cマーク金物	79, 101
シーム溶接	122
シーリングライト	239
シェル	59, 66, 67, 96, 137
＊シェル構造	66
シェル構造	14, 67
直階段	196
直仕上げ	146
直天井	166
自家発電室	222
自家発電装置	222
敷居	181, 186
敷桁	86, 96
敷梁	96
敷目板	157
敷目板パネル天井	168
敷く	152, 153
＊軸組	92
軸組	75, 93, 288
軸組構造	28, 29
軸組構法	28, 74, 75, 76, 77, 81, 94, 95, 101, 152, 235, 330
仕口	98
軸力	16

支持地盤	26
自重	16, 16, 17, 26
地震応答	34
地震荷重	16, 18, 21
地震動	22
地震力	14, 18, 19, 26, 49, 72
システム家具	278
システム仮設	303
システム型枠	307
＊システムキッチン	216
システムキッチン	217
＊システム天井	172
システム天井	173
自然採光	176
下地板	74
下地床	79
下端筋	45
下見板	131
下見板張り	75
下枠	78, 79
漆喰	101
漆喰壁	109
漆喰塗り	106
湿式石張り仕上げ	143
湿式工法	148
＊室内気候のコントロール	220
室内空気循環口	226
室内床の仕上げ	153
自動化施工システム	311
自動空気抜弁	218
自動清掃ユニット	269
自動ドア	188
地長押	93
地貫	93
地盤アンカー	290
四半ごて	298
ジブ	300
自閉機能	188
ジベル	93
支保工	201, 302, 303, 304, 306
締り金物	194
締り機構	192
CIM化	330
締付け金具フォータイム	306
遮音	240, 241
遮音壁	176
遮音性	128, 152
遮光	257
斜行エレベーター	208
＊社寺建築	119
遮断	174

シャッター	174, 191
遮熱	166, 234
斜路	197
ジャロジー	182
ジャロジー窓	174, 183
集合住宅	13, 32, 36, 46, 157, 192, 200, 214
*集合住宅の施工	292
重心	19
集成材	68, 87
*集成材構造	86
重設備	300
*住宅(寝殿造り・書院造り・数寄屋造り)	104
*住宅(町屋[町家]・農家)	102
*住宅の出入口	184
*住宅まわり	266
充填形鋼管コンクリート構造	48
集熱器	226, 227
集熱空気層	226
集熱板	226
重量鉄骨	30
主筋	45
受水槽	218
主殿	105
主殿造り	105
樹皮葺き	116, 117
受変電室	222
受変電装置	222
純ラーメン	53
純ラーメン構造	14
循環ポンプ	224
書院	105
書院造り	104, 105, 187, 276, 283
ジョイントスラブ	39
錠	192, 194
省エネルギー	260
*障害者・高齢者に使いやすい建築	262
城郭	106, 107
*城郭(天守)の構造・意匠	106
衝撃強度	158
上弦材	86
常時荷重	16, 16, 52, 64
情報通信	290
照明器具	172
照明設備	222
除振	24
食器洗い機	217
シリンダーケースロック	192
シリンダー錠	193
人工地盤	268
真壁	74, 130
真壁耐力壁	95
真壁間柱	92
心木あり瓦棒葺き	123
シンク	216
シングル葺き	126, 127
人工地盤	268
伸縮	158
伸縮目地	124, 141
心々制	283
身体機能	263
人体寸法	252
寝殿造り	104, 105
振動	200
針葉樹合板	94
水圧	16
垂直搬送装置	310
水道本管	218
水道メーター	218
水平荷重	14, 16, 26, 94, 306
水平切梁	290
水平切梁工法	27
水平剛性	73
水平構面	73, 91
水平接合部	36
水平ブレース	96
水平巻上げシャッター	191
水平力	18
水密性	180
水密性能	128
推力	62
スウェイ方式	129
スーパー柱	54
スーパーフレーム	50
すがもれ	249
杉皮葺き	116, 117
数寄屋	276
数寄屋建築	171
数寄屋造り	104, 105
*数寄屋風のしつらえ	276
スクリーン	148
スクリーンガラス	145
スケルトン	261
筋かい	28, 74, 79, 80, 92
筋かいプレート	80, 92, 100, 101
スターラップ	45
スタッド	148
すだれ	195
スチールサッシ	178
スチールサッシバー	179
捨てコンクリート	88
スパンドレルパネル	134
スパンドレルPCa	291
スパンドレル方式	137
スパン窓	177
スピーカー	222
スプライススリーブ	37
スプライススリーブ接合	37
スプリンクラー	172, 229
スペイン瓦	119
スペースフレーム	56
*スペースフレーム構造	58
スペースフレーム構造	59
滑り出し戸	175
滑り止め	196
スポット溶接	122
墨掛け	296
隅木	74, 75, 110
隅木梁	30
墨さし	284, 298
墨出し	307
隅垂木	79
墨付け	284, 285
墨つぼ	298
隅柱	79
隅柱漆喰塗り	95
スラスト	57, 60, 62
スラット	191
スラブ階段	201
スラブ型枠大引	306
スラブ型枠せき板	306
スラブ型枠根太	306
スラブ作用	69
3ヒンジアーチ構造	87
スレート葺き	108, 115, 127
寸法計画	196
成形石綿スレート葺き	243
制振構造	25
制振(制震)	24, 314
*制振(制震)構造	24
制振装置	21
制振ダンパー	25
制震部材	52
制震補強	318
清掃用ゴンドラ	268
性能	114
せき板	306
積載荷重	14, 16, 72
積算	285, 286
積雪荷重	16, 72, 249
積層構造	29

積層ゴム ─ 22		太陽熱集熱器 ─ 224
セキュリティシステム ─ 258	**【た】**	太陽熱暖房システム ─ 224
施工計画 ─ 300	ダイアフラム ─ 69	大理石類 ─ 143
*施工ロボット ─ 308	耐汚染性 ─ 152	耐力金物 ─ 77
施工ロボット ─ 309,310	耐温度差性 ─ 128	耐力壁 ─ 32,36,40,73,92,94,95,128
設計用瞬間最大風速圧 ─ 20	耐火壁 ─ 176	耐力壁線 ─ 73
設計用平均速度圧 ─ 20	耐火鋼 ─ 245	耐力壁中間部縦筋 ─ 42
接合 ─ 98	大架構 ─ 295	耐力壁配筋 ─ 32
*接合・継手・仕口 ─ 98	耐火構造 ─ 151	耐力壁フレーム ─ 30
*接合金物 ─ 100	耐火性 ─ 152,200	耐力壁曲げ補強筋 ─ 42
接合金物 ─ 77	耐火性能 ─ 128,129,149	タイル ─ 136,140,158,316
石こうボード ─ 74	耐火塗料 ─ 245	タイルカーペット敷き ─ 160
接地快適性 ─ 152	耐火被覆 ─ 244,245	*タイル仕上げ ─ 140
接着剤 ─ 86,98	大規模改修工事 ─ 318	タイル張り ─ 133,141
接着パネル構造 ─ 28	*大規模建築物の金属屋根 ─ 122	タイロッド ─ 63,87
Ｚマーク金物 ─ 75,100,101	大規模木造 ─ 101	台輪 ─ 29,83,216
折板 ─ 68,126	耐久性 ─ 200,248	ダウンライト ─ 239
*折板構造 ─ 68	*大工道具 ─ 296	高窓 ─ 176
折板構造 ─ 14,69	大工棟梁 ─ 284	高床式二重床 ─ 162
折板ドーム構造 ─ 68	耐候性 ─ 152,180	ダクト ─ 220,226
折板葺き ─ 123	太鼓落し ─ 85	*畳 ─ 154
設備機器 ─ 176	耐震計画 ─ 52	畳 ─ 154
設備工業化施工 ─ 290	耐震構造 ─ 46,50	畳表 ─ 154,155
セトリングスペース ─ 85	耐震診断 ─ 318	畳敷き ─ 154
セパレーター ─ 306,307	耐震性能 ─ 128,139	畳床 ─ 154,155
セルラーダクト ─ 163	*耐震設計 ─ 18	畳の寸法 ─ 155
禅宗様 ─ 110	耐震壁 ─ 18,44	畳縁(たたみへり) ─ 155
センターコア ─ 51,291	耐震補強 ─ 314,318	縦筋 ─ 40
先端支持杭 ─ 27	耐震補強技術 ─ 319	建具 ─ 186
せん断 ─ 17	耐震要素 ─ 18,19	建具金物 ─ 194
せん断力 ─ 16,66	耐水 ─ 164	たてサイディング ─ 75
全とろ工法 ─ 143	耐水合板 ─ 80	縦軸回転戸 ─ 175
旋風 ─ 72	耐水性 ─ 152	たて樋 ─ 114
全面ガラス ─ 177	耐推力壁 ─ 60	立てはぜ葺き ─ 123
洗面所 ─ 214,218	大スパン ─ 54	たて枠 ─ 28,78,79,180
層間変位 ─ 139	大スパン建築 ─ 54	多品種少量生産(化) ─ 323,332
総合仮設計画 ─ 294	帯電防止 ─ 164	ダブルグリッド ─ 83
装飾性 ─ 160	台所 ─ 218	だぼ ─ 85
*ソーラーシステム ─ 226	大斗肘木 ─ 110	玉石 ─ 89
ソーラーシステム ─ 227	耐熱性 ─ 152	玉石洗出し床 ─ 165
殺ぎ ─ 99	タイビーム ─ 60,63	垂木 ─ 74,79,80,92,94,96,116,118,
速度 ─ 208	耐風圧性能 ─ 128	120,126,127
組積造 ─ 40,41,42	耐風構造 ─ 50	垂木構造 ─ 96,116
*組積造・補強コンクリートブロック ─ 40	*耐風設計 ─ 20	垂木小屋組 ─ 97
袖壁 ─ 128	耐風設計 ─ 21	垂れ壁 ─ 128
外壁 ─ 94	大仏様 ─ 110	*タワークレーン ─ 300
外断熱二重構法 ─ 41	耐磨耗性 ─ 152	タワークレーン ─ 291,292,301
*そのほかの乾式外壁 ─ 150	台持ち ─ 96	段板 ─ 196,202
側窓採光 ─ 182	台持ち継ぎ ─ 98	短冊金物 ─ 74,92,93,100
	耐薬品 ─ 164	単層フローリング ─ 156
	太陽光発電 ─ 227	
	太陽電池 ─ 227	

断熱	234	
断熱材	29, 75, 83, 94, 226	
断熱性	128, 152, 180	
段鼻	198	
単板	87	
タンブラー	193	
地域冷暖房	230, 231	
地下水圧	16	
地下モルタル	316	
地下連続壁	26	
蓄熱タンク	224	
チタン溶接防水工法	122	
地中連続壁	290	
千鳥破風	106	
地盤	88	
着陸区域境界灯	268	
茶室	104, 277	
チャンネル	148	
中型パネル	82	
中型パネル構法	83	
中間層免震	23	
柱脚	47	
柱脚金物	80, 101	
中京間	283	
中空スラブ	39	
駐車場	233, 290	
*駐車場のしくみ	232	
中性化	318	
中層	36	
チューブ	52	
チューブ構造	14	
張弦アーチ構造	61	
張弦梁構造	15, 60	
超高層	12, 52, 54, 136, 137, 256, 290, 292	
超高層RC造	293	
超高層建築	21, 46, 52, 54	
長尺	122	
長尺瓦棒葺き	243	
長寿命化	260	
丁番	194	
眺望	176	
調理台	216	
張力膜	70	
張力膜構造	70, 71	
直接基礎	27	
散りじゃくり	130	
通気	236	
*ツーバイフォー構法	78	
ツーバイフォー構法	28, 29, 74, 76, 78, 79, 81, 94, 152, 235, 237	
通風	176	
つえ使用者	263	
束	84, 86	
つが	198	
束石	74, 89, 90, 92	
束立て床	90	
束床石	82	
築地塀	267	
突出し戸	175	
突付け	99, 157	
継手	98	
継手・仕口	74, 75, 98, 99, 326, 327	
*造付け家具	278	
付け柱	95	
土壁	130	
つなぎ梁	66	
妻桁	92	
妻梁	80, 96	
つまみ面引きごて	298	
吊り金具	300	
吊木	74, 166	
吊りケーブル	60, 70	
吊子	120, 123, 126	
吊り構造	14, 15, 60, 61	
*吊り構造・張弦梁構造	60	
吊り鉄骨	60	
吊り天井	166	
吊り戸棚	216	
吊り屋根構造	60	
吊り床構造	60, 61	
鶴首面戸ごて	298	
TMD	24	
Tバー	172	
D/H	270, 273	
DPG構法	144	
低床式二重床	162	
低層	40, 218	
*低層混構造	34	
低層住宅	40	
ディメンションランバー	77, 79	
低層建物	218	
Tilt-up工法	323	
テーパードドロップ	38, 39	
出組	110	
デジタルPBX	222	
出隅	132	
手摺	40, 194, 196, 198, 202, 204, 205	
手摺子	196, 202, 204, 247	
手摺子横桟	202	
手摺高さ	197	
手摺の高さ	205	
鉄筋	88	
鉄筋コンクリート	318	
鉄筋コンクリート工事	308	
*鉄筋コンクリート組積造	42	
鉄筋コンクリート組積造	40, 43	
鉄筋コンクリート(構)造	34, 42, 64, 290, 316, 292	
*鉄筋コンクリートの階段	200	
鉄筋コンクリートの階段	201	
鉄骨系構造	49	
*鉄骨系戸建住宅	30	
*鉄骨系複合構造(SRC造CFT造)	48	
*鉄骨系ラーメン構造	46	
鉄骨工事	308	
鉄骨(構)造	34, 46, 138, 290	
鉄骨シェル	66	
鉄骨製作	329	
鉄骨鉄筋コンクリート	290	
鉄骨鉄筋コンクリート(構)造	13, 48, 292	
*鉄骨の階段	202	
鉄骨の階段	203	
*鉄骨の製作	328	
鉄骨ブレース	318	
鉄骨プレファブ住宅	31	
鉄板葺き	108	
天端均しモルタル	88	
テフロン膜	70	
出窓	174	
出三斗	110	
テラス	210	
テラス戸	176	
テラスサッシパネル	76	
天蓋	170	
電気錠	193	
電気設備	222	
*電気を用いる設備	222	
電磁調理器	217	
天守	106, 107	
天井	78, 128	
天井高さ	197	
天井長押	93	
天井貫	93	
天井根太	79	
*天井の仕上げ	168	
*天井のしくみ	166	
天井パネル	224	
天井懐	166	
天井放射冷房システム	225	

351

電線管 163	扉 174	ねじりモーメント 66
*伝統的な外壁 130	土間 103	ねじれ 19,98
*伝統的な天井 170	土間コンクリート 88	根太 28,74,78,82,90,92,130,152
天窓 174,176,182	留めさらい 298	根太受け 79
*天窓・換気のための開口部 182	トラス 34,78,79,96,97,108,109	根太掛け 90
電話 222	トラス階段 201	根太材 91
戸 175,184,185,192	*トラス構造 56	根太床 90
ドアクローザー 194	トラス構造 14,15,30,57	熱源機械室 220
土圧 16,27	トラス材 86	熱線反射ガラス 176
ドアノブ 194	トラス作用 69	*熱をさえぎる 234
ドアロック 192	トラス上弦材 84	農家 102,103
樋 114,243	トラップ 214,216,218	ノーマライゼーション 262
といし 296	取付け用レール 226	軒 114,180
トイレ 214,218,263	ドロップ 38,39	軒瓦 118
透過 174	ドロップインコンロ 216	軒桁 74,82,92,114
透過体 226	ドロッププレート 38	軒反り 109
陶器質 140		軒の出 109
凍結深度 89	【な】	のこぎり 296,297
動作円滑金物 194	内壁 147	野小屋 109
胴差 28,74,92,93	中京間 283	野地板 74,79,82,96,118,120,123, 126,127
動作寸法 252	流し台 216	野垂木 109
動作制御金物 194	長ほぞ 96	野地合板 78
透湿防水シート 94	中廊下型 197	野縁 166
胴縁 94	投掛け梁 96	野縁受け 166
棟ダクト 226	長押 92	登り梁 30,76,86,97
銅板一文字葺き 123	ナット 83	登り梁構造 96,97
胴縁 146,147	なまこ壁 131,299	のみ 296,297
通し柱 74,80,92,93	なまこ漆喰 95	ノンスリップ 196
通しボルト 85	鉛ダンパー 22	
ドーマー 76,114	波形スレート葺き 126,243	【は】
ドーマーウィンドウ 108,266	波形板 126	パーゴラ 267
ドーム 89,294	納屋 101	排煙 176,182
ドーム屋根 108	軟弱地盤 26	排煙口 176
*ドーム屋根の施工 294	二重上枠 79	排煙装置 183
塔屋 115	二重折上げ天井 167	排煙窓 183
通り庭 102	二重壁 60	排気口 220
特別避難階段 229	二重床 258,259	排気ダクト 226
独立フーチング基礎 27	二の丸 107	配筋 32,40,200
戸車 180,195	2方向吊り屋根構造 61	排水 215,216
床 105	日本住宅・木材技術センター 75,76	排水管 218
都市景観 274,275	人間工学 252	排水口 115,124
戸締り 188,190	貫 74,92,93,95,105,110	排水設備 218
戸締り機構 192	布基礎 29,40,70,74,78,84,88,89,92,94	配電盤 222
土台 28,29,74,78,82,88,90,106,130	布基礎配筋 40	パイプサポート 306
土台スペーサー 77	塗り天井 168	パイプシャフト 218
ドットポイントグレージング 144	塗る 152,153	パイプスラブ 39
トップスラブ 304	根切り 27,290	ハイブリッド 86
トップライト 239	ねこ土台 89	ハイブリッド構造 42,61
突出し戸 175	ねじ締付け接合 37	掃出し窓 176
飛梁 75		爆破工法 312

剥落	316	
剥離補修工法	316	
はけ	298	
羽子板ボルト	74,93,96,100	
箱階段	199	
端根太	79,94	
場所打ち杭	290	
柱	44,74	
柱型枠せき板	306	
柱壁板	64	
柱梁	244	
柱梁カバー方式	137	
バスダクト	223	
はぜ	121	
はぜ折り	122	
パッシブ型制震装置	55	
パッシブ制振	24,25	
バッテリーシステム	323	
ハットトラス	310	
バットレス	63	
パテ止め	181	
鼻隠	118	
桔木	109	
パネル(化)	29,76,82,94	
パネル構法	83	
パネルヒーター	224	
パネル方式	30,31,137	
幅	197	
幅木	146,148,196	
幅止め筋	45	
破風板	78	
パラペット	115,125	
梁	28,90,96,116	
バリアフリー	214	
バリアフリー新法	262	
梁型	166	
梁型枠外端太	306	
貼瓦	95	
梁下受木	306	
梁充填コンクリート	79	
張付けモルタル	141,316	
張り天井	168	
梁挟み	75	
梁一梁接合金物	101	
梁床	90	
張る	152,153	
貼る	152,153	
*バルコニー	210	
バルコニー	40,205,210,211,238,247,248,266	
バルコニーユニット	76	

バルーンフレーム構法	78,79	
ハンガー	91	
ハンガー付きクラウンプレート	87	
ハンガードア	189	
板金屋根	226	
半土台	29,83	
ハンドリングボックス	226	
ハンドル	195	
半割材	29,83	
PSL	87	
PCa	311	
PCa化	201	
PCa階段板	36,37	
PCa壁板	37	
*PCa工法	36	
PCa工法	37,323	
*PCa製作	322	
PCa製作	323	
PCa手摺	36	
PCaバルコニー	36	
PCa板	37,324,325	
*PCa板の製作工場	324	
PCa非耐力壁	36	
PCa部材	290	
PCa屋根板	36	
PCa床板	36,37,291	
*PCカーテンウォール	136	
PCカーテンウォール	137	
*PC構造	64	
PC構造	65	
PC鋼材	64	
ビーム作用	69	
ビーム式吊り屋根構造	61	
火打	82,90	
火打土台	28,74,92	
火打梁	28,74,80,91,92,96	
控え壁	63	
*光を操る	238	
挽石貼り	158	
引きごて	298	
引込み	175	
引違い	175	
引違い戸	85	
引手	195	
引戸	175,186,195	
引分け	175	
ピクトグラム	251	
庇	40,82,114,115,180,238	
飛散防止フィルム	177	
肘掛け窓	176	
菱葺き	120,121,127	

非常階段	202	
非常錠	193	
非常ドア	189	
非常用進入口	229	
非常用ヘリポート	268	
ビス	132	
非耐力壁	36,128	
引張強度	158	
引張ボルト	93	
引張力	16,48,49,55,57,64,69	
引張リング	61	
*人の寸法・動きを読む	252	
避難	188	
避難口誘導灯	229	
ひのき	198	
避雷設備	222,223	
平金物	80	
開き戸	175,184,186,194	
平葺き	120,121	
平ほぞさび止め	75	
平三斗	110	
ビル風	21,246,247	
*ビル自動化施工	310	
広小舞	118,120	
ピロティ	19,23	
*広場	272	
桧皮	104,116,117	
桧皮葺き	105,117	
ピン	17	
ヒンジ	194	
ピン接合	30	
ピン節点	17	
ファクトリーオートメーション化	324,329	
ファスナー	134,136,142	
ファブリケーター	328	
ファンコイルユニット	220	
フィーレンデールトラス	54	
フィンガージョイント	87	
フィンクトラス	97	
風圧力	14,16,20,72,246	
フーチング	27,40,88,89	
フープ	45	
風力係数	20,21	
フォームタイ	307	
葺き板	120	
複合化工法	290,291	
複合構造	49	
複合式吊り屋根構造	61	
複合フローリング	156	
副産物	320	

353

複層ガラス	176,177	分電盤	222	ホールダウン金物	80,88,101
複床	90	分離コア	51	保温性	160
襖	186	平行弦トラス	57	補強アーチ	66
二手先	110	補強がつか	198	補強金物	101
フットライト	239	平板	59	補強コンクリートブロック	40,41
不同沈下	26	＊平板構造	38	補強セラミックブロック構造	40
舟肘木	105,110	平板構造	14,39	補強組積構造	40
部品化	182	べいまつ	198	歩行安全性	152
＊部品工場	332	べいまつ集成材	68	補剛材	68
踏板	196,198	平面計画	12,13,233	歩行性	160
踏面	197,202	平面剛性	52	歩行	152
ブラインド	174,194,195	平面トラス	56	歩行騒音	200
ブラケット	239	ベーシックモデュール	282,283	補助ケーブル	70
プラスチックサッシバー	179	ベース付きスタッドボルト	226	ポストテンション	64
プラスチック製床束	77	ベースマシン	313	ほぞ	99
フラッシュタイプ	85	壁面緑化	268,269	保存	314
フラットスラブ形式	38	べた基礎	27,88,89	＊保存と再生	314
フラットスラブ構造	38	ベニヤ	87	骨組膜構造	70,71
プラットフォーム構法	78,83	ベランダ	115,210,218	ホテル	13,192,272
フランス落し	194	庇	238	ボルト接合	47
フランス積み	41	ベルトストラクチュア	53	ボルト継ぎ	87
フリーアクセスフロア	162,255,259	ペンダント	239	本瓦	118,119
ブレース	46,53	ベント工法	295	本瓦葺き	118
ブレース構造	30	ペントハウス	115	本実	157
プレカット	76,327	ボイラー	220,224	ポンプ(室)	218
プレカット工場	327	防音	166	本丸	107
＊プレカット工法	326	防音フローリング	156,157		
プレカット工法	327	防火	176,188	【ま】	
フレキシブルマニファクチュアリングシステム	332	防火区画	35,149,190,207,229,244	曲がり家造り	103
プレキャスト	292	防火シャッター	207	膜	70,127
プレキャストコンクリート	36,136,322	防火性	81,152	膜押えケーブル	70
プレキャストコンクリート部材	36	防火扉	245	膜構造	14,15
プレストレス	38,64	防御性	186	＊膜構造	70
プレストレストコンクリート	64	防災設備	229	まぐさ	28,42,74,78,94
プレテンション	64	放射型折板構造	68	まぐさ受け	94
プレファブ(化)	31,323	放射型吊り屋根構造	61	間口	102
プレファブ構法	28,29,74	放射線防護	164	膜屋根構造	249
プレファブ戸建住宅	133	放射暖冷房設備	224	曲げ補強筋	40
プレファブ住宅	29,30,76,132	防振	24,241	曲げモーメント	16,17,47,55,66
プレファブリケーション	29	防水	152,242	まさかり	296
フロア	188	＊防水・雨仕舞	242	まさぐ金物	101
フロアコンセント	222	防水紙	120,133	摩擦杭	27
フロアダクト	163	防水シート	182	摩擦ダンパー	22
フロアライト	239	防水層	115	＊間仕切り	148
フロート板ガラス	177	方立	135	間仕切り	128,146,149,186
フローリング	156,157	方立ガラス	145	間仕切りパネル	76
プロジェクトタイプ	85	防犯	176,190	マシンドピン	87
分散コア	51	防風林	103,247	マスターキー	193
		防露性	180	マスト	300,310
		ボード仕上げ	146	＊街並み	270
				街並み	101,273

町屋 (町家)	102
まつ	198
窓	114
窓台	74,92
窓手摺	174,195
*窓の役割	176
間柱	74,80,92,95,147
*迷わないサイン計画	250
マリオン	134,135
丸太組構法	28,29,84
丸太組構法技術基準	84
丸太材	105
マルチモデュール	282,283
間渡し竹	95
回り階段	196
回り縁	167
マンサードトラス	97
マンサード屋根	108
マンボンドPC鋼線	39
水切り	178
水腰障子	187
水熱媒配管	226
店	102
店構え	102
三手先	110
むく板転び止め	79
起(むく)り	167
無振構造	25
棟木	74,84,96,97,116
棟	114,121
棟仕舞	117
棟包み	226
無目	135
無落雪屋根	249
メインケーブル	60
メガストラクチュア	14,55
*メガストラクチュア	54
メガ柱	54
メガ梁	54
目地切り	157
目地割り	159
*メタルカーテンウォール	134
メタルカーテンウォール	135,145,333
目違い典略鎌	99
メッシュ筋	88
面格子	194,195,247
面構造	68
免震	24,314
免震機構	162
*免震構造	22
免震構造	23
免震層	22,23
免震部材	22,23
免震補強	318
免震床	162
メンテナンス	172
メンブレン防水	124
モーメントフレーム	53
木(構)造	14,34
木3共	80,81
木質系工業化住宅	28
*木質系戸建住宅	28
*木質系の構造計画	72
木質系プレファブ住宅	28
木質パネル	95
*木質パネル構法	82
木製下地	146
木製スラット	190
*木製の階段	198
木製の階段	199
*木製の窓	180
*木製パネル構法	82
木製梁	82
木造軸組構法	326
モザイクタイル貼り	158
モデュール	12,149,282,283
持送り垂木	79
*モデュール・木割り	282
モデュラーコーディネーション	282
モデュラースペースグリッド	282
元首角面引きごて	298
元首切付けごて	298
元首外丸面引きごて	298
物見櫓	106
母屋	68,74,75,84,92,96,101
モルタル	316

【や】

屋切パネル	76
役瓦	118,119
役物タイル	140
櫓	106
屋敷構え	103
雇い実	157
屋根板	64
屋根裏	182
屋根外周シート	310
屋根形状	115
屋根集熱面	226
屋根スレート	78
*尾根のしくみ	114
屋根パネル	60
屋根面	114
破れ積み	41
山形トラス	57
山形プレート	80,100
山形平行弦トラス	57
大和塀	267
山留め	304
山留め壁	26,290,304
山留め工法	290
山留め支保工	305
油圧式	208
ULPAフィルター	254,255
U字溝	267
融雪	248
床	78
*床組	90
床組	91,166,288
床下換気口	30,82,89,92,182,183,235
床下空気層	226
床下地板	82
床下配管スペース	218
床スラブ	32,44
床スラブ配筋	32
床タイル貼り	159
床暖房システム	224
床暖房用パネル	224
床束	74,90,92
床根太	91
*床のしくみ	152
床の下地	152
床配線	162,163
床パネル	224
床梁	30
床吹出し口	226
雪下ろし	248
*雪の構法	248
雪割り棟	248
ユニット家具	278
ユニット構法	77
ユニット方式	30,31
洋瓦葺き	118
洋館	108,09
*洋館の構造・意匠	108
洋小屋	96,97
溶接接合	47
溶接ロボット	310
浴室	214,218,263
*浴室・洗面・トイレユニット	214
横移動工法	295

横筋	40		レインバリア	243
横桟	204		レバータンブラー	193
横軸回転戸	175		レバーハンドル	194
横銅線	75		レール	195
横張りサイディング	94		れんが	108,140
横葺き	121		れんが貼り	159
横連窓	177		連結化粧カバー	226
寄棟	115		連結チューブ	226
鎧戸	190		レンジフードファン	216,217
四面落し実加工	85		連層	73
四面落し二重実加工	85		連続基礎	88
			連続フーチング基礎配筋	32
【ら】			連続フーチング(布)基礎	27
ラーメン	34		楼閣	106
ラーメン構造	14,17,30,31,46,93		ログ材	85
ラス	78		ログ材の乾燥	85
ラスモルタル	94,132		*ログハウス	84
らせん階段	196,202		ログハウス	28,29,85
ラチス梁	84		*陸屋根	124
ラミナ	86,87		陸屋根	114,115,183
LAN	222,258		ロゴマーク	250
欄間	176		ロッキング方式	129
リシンかき落しモルタル壁	74		櫓門	107
リシン吹付けモルタル壁	78		local area network	222,258
立位(姿勢)	253		ロープ式	208
立体構造	58		ロープ式エレベーター	208
立体駐車場	232		ローラー	17
立体トラス	56,59,96		ロールスクリーン	182
リニューアル	150			
リブ構法	145		**【わ】**	
リフトポート	267		和瓦	119
リフトアップ工法	295		枠	79,175
リフトアップ装置	310		枠組壁構法	28,78
梁間耐力壁	36		和小屋	74,75,96,97,108
両開き戸	175		*和室の建具	186
リングビーム	70		渡りあご	96
塁木構造	28		渡りあご欠き	85
ルーバー	238		ワッフルスラブ	39
ルーフカー	268		和様	110
ルーフドレン	124		割石貼り	159
冷温水配管	220		割くさび	99
冷却水配管	220		割栗石	88
冷却水ポンプ	220		割栗地業	88
冷却塔	220		湾曲集成材	86
冷水	216			
冷水配管	220			
冷水ポンプ	220			
冷凍機	220			
冷房室外機	224			
レイヤー	286			
レインスクリーン	243			